OCÉANO

ATLÁNTICO

Estrecho de la Florida

LAS BAHAMAS

La Habana ✪ • Matanzas

ar del Río •

Cienfuegos **CUBA**

Camagüey

nal de Yucatán

umel

Guantánamo

Santiago
de Cuba

**REPÚBLICA
DOMINICANA**

San
Juan

*Islas
Vírgenes*

HAITÍ

Mayagüez ✪

Antigua

Port-au-
Prince ✪

Santo
Domingo

• Ponce

Kingston ✪

**PUERTO
RICO**

Antillas Menores

Guadalupe

JAMAICA

Dominica

Martinica
Santa Lucía

Mar   Caribe

Barbados

San Vicente

Granada

Curaçao

Bonaire

*Isla
Margarita*

NDURAS

Aruba

Trinidad y
Tobago

ucigalpa

NICARAGUA

Caracas ✪

ón

✪ Managua

L. de Nicaragua

*Canal de
Panamá*

**COSTA
RICA**

ntarenas ✪

Colón

VENEZUELA

GUYANA

San José

Río Orinoco

PANAMÁ

• Panamá

*Golfo
de
Panamá*

Río Magdalena

COLOMBIA

✪ Bogotá

B R A S I L

ECUADOR

PERÚ

MOSAICOS

FOURTH EDITION

MOSAICOS

Spanish as a World Language

Matilde Olivella de Castells
Emerita, California State University, Los Angeles

Elizabeth Guzmán
College of Saint Benedict, St. John's University

Paloma Lapuerta
Central Connecticut State University

Carmen García
Arizona State University

PEARSON
Prentice
Hall

Upper Saddle River, NJ 07458

Library of Congress Cataloging-in-Publication Data

Mosaicos : Spanish as a world language / Matilde Olivella de Castells . . . [et al.].— 4th ed.
   p. cm.
  Includes bibliographical references and index.
  ISBN 0-13-192324-2 (student ed. : alk. paper) — ISBN 0-13-154420-9
  (brief ed. : alk. paper) — ISBN 0-13-192325-0 (annotated instructor's ed. : alk. paper)
  1. Spanish language—Textbooks for foreign speakers—English. I.
Castells, Matilde Olivella de.

PC4129.E5M69 2005
468.2'421—dc22

2005002713

Executive Editor: *Bob Hemmer*
Sr. Director of Market Development: *Kristine Suárez*
Director of Editorial Development: *Julia Caballero*
Production Supervision: *Amy Rose of Interactive Composition Corporation*
Project Manager: *Claudia Dukeshire*
Asst. Director of Production: *Mary Rottino*
Supplements Editor: *Meriel Martínez Moctezuma*
Media Editor: *Samantha Alducin*
Media Production Manager: *Roberto Fernández*
Prepress and Manufacturing Buyer: *Brian Mackey*
Prepress and Manufacturing Assistant Manager: *Mary Ann Gloriande*
Interior Design: *Andrew Ogus*
Cover Design: *Ximena Tamvakopoulos*
Line Art Coordinator: *Maria Piper*

Illustrator: *Mari Isabel Rodriguez Martin*
Director, Image Resource Center: *Melinda Reo*
Manager, Rights and Permissions IRC: *Zina Arabia*
Manager, Visual Research: *Beth Boyd Brenzel*
Manager, Cover Visual Research & Permissions: *Karen Sanatar*
Image Permissions Coordinator: *Debbie Hewitson*
Photo Researcher: *Elaine Soares*
Cover image: Antonio Gaudi y Cornet. Mosaics in Park Guell, Barcelona, Spain. Date created: 1900-1914. Photographer: *Charles Lenars*
Sr. Marketing Manager: Jacquelyn Zautner
Marketing Assistant: *William J. Bliss*
Publisher: *Phil Miller*

This book was set in Sabon by *Interactive Composition Corporation* and was printed and bound by *Courier Kendallville*. The cover was printed by *Coral Graphics*.

Printed in the United States of America
10 9 8 7 6 5 4 3 2

Student Text, Regular Edition: ISBN 0-13-192324-2
Student Text, Brief Edition: ISBN 0-13-154420-9
Annotated Instructor's Edition: ISBN 0-13-192325-0

Pearson Education LTD., *London*
Pearson Education Australia PTY, Limited, *Sydney*
Pearson Education Singapore, Pte. Ltd.
Pearson Education North Asia Ltd., *Hong Kong*
Pearson Education Canada, Ltd., *Toronto*

Pearson Educación de México, S.A. de C.V.
Pearson Education–Japan, *Tokyo*
Pearson Education Malaysia, Pte. Ltd.
Pearson Education, Upper Saddle River, *New Jersey*

BRIEF CONTENTS

EXPLICACIÓN Y EXPANSIÓN	MOSAICOS	ENFOQUE CULTURAL
Se + verb constructions 328 More on the preterit and the imperfect 330 Direct and indirect object pronouns 333 Formal commands 335	**Escuchar 339** Contextual guessing **Conversar 341** Asking and answering job-related questions **Leer 343** Identifying categories Making inferences **Escribir 347** Answering a want ad	**Temas 349** La economía **Vistas 350** Chile Para investigar en Internet **Fortunas 352** Episodio 9 **Notas 354** "Gracias a la vida", *Violeta Parra*
The present subjunctive 365 Subjunctive to express wishes and hope 367 Subjunctive with verbs and expressions of doubt 371	**Escuchar 374** Recording detail **Conversar 375** Influencing someone's decision; explaining reasons for a decision **Leer 377** Identifying words that are related semantically and linguistically **Escribir 381** Giving advice to a friend	**Temas 385** Los mercados al aire libre y los artesanales **Vistas 386** Ecuador, Bolivia y Paraguay Para investigar en Internet **Fortunas 388** Episodio 10 **Notas 390** "Sol de primavera", *Inkuyo*
The subjunctive with expressions of emotion 401 Informal commands 403 Por and para 406 Other uses of *por* and *para* 407 Relative pronouns 410	**Escuchar 412** Summarizing information **Conversar 413** Congratulating or expressing happiness at someone's accomplishments; making recommendations **Leer 415** Identifying and discriminating relevant from irrelevant information; discovering the meaning of new words through derivation **Escribir 419** Summarizing information	**Temas 423** Las farmacias y la medicina no tradicional **Vistas 424** Cuba, Puerto Rico, La República Dominicana Para investigar en Internet **Fortunas 426** Episodio 11 **Notas 428** "El Pregonero", *Tito Nieves*

LECCIÓN	OBJETIVOS COMUNICATIVOS	A PRIMERA VISTA
12 **Las vacaciones y los viajes 430** 	Making travel arrangements Asking about and discussing itineraries Describing and getting hotel accommodations Expressing denial and uncertainty Expressing possession (emphatically) Talking about the future	Los medios de transporte 432 Las reservaciones y el hotel 436
13 **La cultura y el arte 468** 	Stating facts in the present and the past Giving opinions Describing states and conditions Talking about the past from a present-time perspective Hypothesizing about the future	Caras de hoy 470 La literatura, la pintura, la música 472 El español en el mundo 473
14 **Cambios de la sociedad 500** 	Describing and discussing demographics Describing social conditions Projecting conditions, goals, and purposes Expressing conjecture Talking about the past from a past perspective	Las sociedades de hoy 502 El papel de la mujer 505 Temas de hoy 506

EXPLICACIÓN Y EXPANSIÓN	MOSAICOS	ENFOQUE CULTURAL
Affirmative and negative expressions 440 Indicative and subjunctive in adjective clauses 443 Stressed possessive adjectives 446 Possessive pronouns 447 The future tense 449	**Escuchar** 452 Reporting **Conversar** 453 Finding out people's plans and reporting them; giving advice **Leer** 455 Summarizing a text **Escribir** 459 Stating facts and giving advice	**Temas** 461 La música y el baile **Vistas** 462 Panamá y Costa Rica Para investigar en Internet **Fortunas** 464 Episodio 12 **Notas** 466 *Ligia Elena*, Rubén Blades
The conditional 475 The past participle and the present perfect 478 Past participles used as adjectives 481 Reciprocal verbs and pronouns 483	**Escuchar** 485 Identifying the speaker **Conversar** 486 Stating facts about a public figure; giving an opinion and supporting it **Leer** 488 Identifying the narrator and protagonist of a story; differentiating facts from hypotheses about the future in a literary text **Escribir** 492 Reporting biographical information; writing to spark interest	**Temas** 495 La cultura y el arte Para investigar en Internet **Fortunas** 496 Episodio 13 **Notas** 498 El sentimiento del latino en Nueva York, *Ángel Canales*
Adverbial conjunctions that always require the subjunctive 508 Adverbial conjunctions: subjunctive or indicative 508 The past perfect 512 Infinitive as subject of a sentence and as object of a preposition 515	**Escuchar** 518 Identifying the speaker's point of view **Conversar** 519 Talking about conditions required to solve problems; narrowing down from general to specific problems and anticipating solutions **Leer** 522 Identifying the tone of a text **Escribir** 525 Expressing feelings toward someone in a poem	**Temas** 527 La democracia en los países hispanos Para investigar en Internet **Fortunas** 528 Episodio 14 **Notas** 530 "Trabajador guajiro", *Luis Perico Ortiz*

LECCIÓN	OBJETIVOS COMUNICATIVOS	A PRIMERA VISTA
15 **La ciencia y la tecnología** 532 	Talking about advances in science and technology Giving opinions and making suggestions Hypothesizing about the present and the future Softening requests and statements Expressing unexpected occurrences Expressing contrary-to-fact conditions in the present	La conservación del medio ambiente 534 La ciudad del futuro 536 Nuevas fronteras 538

	OBJETIVOS COMUNICATIVOS	CONTENIDO LINGÜÍSTICO
Expansión gramatical A1	Telling informally two or more people to do something (in Spain) Expressing an indirect wish so that a third party do something Suggesting that someone do something with two or more people, including the speaker Reacting to a past occurrence or event Hypothesizing about an occurrence or event in the past Expressing contrary-to-fact conditions in the past Emphasizing a fact resulting from the action of someone or something	*Vosotros* commands A1 Indirect commands A2 The Spanish equivalents of English *let's* A4 The present perfect subjunctive A6 The conditional perfect and the pluperfect subjunctive A8 *If*-clauses (using the perfect tenses) A10 The passive voice A11

The authors and editorial team of *Mosaicos* would like to extend a very special thanks to the focus group participants from *Florida International University*. Their suggestions were instrumental in improving the *Mosaicos* program and to helpingus create an even more student-focused text.

María Álvarez
Esther Cantens
Patricia Fitzpatrick
Myriam García
Marie Guiribitey
Adelia Ruiz
Giselle Woods

Additionally, Adelia Ruiz's pedagogical and technological insights were instrumental in improving our our online materials. Many of her suggestions were incorporated in the new Mosaicos OneKey. We are extremely grateful.

PREFACE

About the Mosaicos Program

With each new edition, more and more instructors across North American are discovering that *Mosaicos* offers a distinct and better alternative for their elementary Spanish classes. Why? **Because Mosaicos enables instructors to emphasize communication while taking into account the realities of the classroom!** In most classrooms, the goal is communication, but the realities are . . . that students are taking the course because of a language requirement . . . . that students come to class with questions about grammar . . . . that students feel anxious about communicating in a second language . . . and that students need help developing their reading, writing, and listening skills. With Mosaicos' commonsense communicative approach, the beginning classroom becomes a setting for true communication and cultural exchange. *Mosaicos* combines the best elements of language instruction in a highly interactive approach. An emphasis on frequently used vocabulary, practical applications of grammar, illustrated language contexts, and engaging activities to help successfully develop good communication skills.

Mosaicos is built on a foundation of interaction, communication, and culture. Its functional grammatical syllabus provides an understanding of the language in a clear, concise format. Structures are presented as a means to effective communication and valuable class time can be spent interacting as well as developing and improving language skills in Spanish.

Highlights of the Program

The fourth edition of Mosaicos continues the successful tradition of the first three editions, retaining and enhancing the core features, and integrating many new and exciting features.

Contextualized Vocabulary

The *Mosaicos* program features a lively and visual communicative format for presenting and practicing new language. Abundant activities in the *A primera vista* section of each chapter foster use of newly-acquired and previously-learned words and expressions in a variety of contexts. These contexts provide a natural environment for learning and practicing new vocabulary, as well as for recycling previously-taught language and previewing new structures.

> **WHAT'S NEW!** Active vocabulary words are now highlighted in boldface type to help students quickly identify active vocabulary within each thematic unit and negotiate the meaning of the word as it is presented in the context of words they already know.

> **WHAT'S NEW!** Recordings of the dialogues and language samples in *A primera vista* are now included in the *Mosaicos* audio program. The recordings give students opportunity to hear vocabulary pronounced in context, as well as giving them exposure to a variety of native speakers.

> **WHAT'S NEW!** *En directo* boxes throughout the chapter introduce colloquial expressions and ideas and encourage students to use them in communicative activities such as Situaciones, A conversar, and others.

Integrated Grammar

Mosaicos presents grammar as a means to communicate effectively. The clear and concise bulleted explanations are easy to understand and are designed to be studied at home, yet their integration into the text enables students to use them for quick reference as they practice communication in class.

The carefully sequenced, communicative activities that practice the grammar in the *Explicación y expansión* section of each chapter have been a hallmark feature of *Mosaicos* since the first edition. They develop the ability to use linguistic structures for direct communicative purposes.

WHAT'S NEW! The first activity in each activity sequence in *A primera vista* and *Explicación y expansión* is now consistently an input-oriented comprehension check requiring minimal output from the student. This helps students recognize new forms and meanings based on language input before progressing to activities requiring guided output, then open-ended communication.

WHAT'S NEW! The open-ended *Situaciones* activities that culminate the activity sequence for each grammar point have been thoroughly revised to focus more on real-life situations. Direction lines for these activities are now consistently in English.

The grammatical scope and sequence in *Mosaicos* has always been dictated by the perceived communicative needs of beginning students. Based on reviewer suggestions we have retained the third edition scope and sequence of grammatical topics in *Mosaicos, Fourth Edition,* with one exception.

WHAT'S NEW! The indirect commands and the equivalents of English *let's* have been moved from chapters 10 and 11, respectively, to the *Expansión gramatical* section at the back of the text. Many instructors no longer consider these structures necessary to the elementary year language acquisition process, and we have responded accordingly. However, these structures, as well as others in the *Expansión gramatical* section, use the same format as the grammatical material throughout *Mosaicos* and may easily be incorporated, if desired.

Integrated Culture

The fourth edition of *Mosaicos* continues with the successful integration of culture and language of the third edition. Each chapter focuses on a country or region and numerous examples from that country or region are used consistently throughout the chapter in language samples, photos, maps, and realia. Related cultural content is interwoven throughout the text in activities and readings.

Mosaicos also includes a section called *Enfoque cultural* in each chapter that provides practical knowledge of specific cultural topics of the Spanish-speaking world as well as an orientation to the countries that make up that world.

WHAT'S NEW! *Enfoque cultural* sections of each chapter are now less textual and more visual; they feature several large, colorful photographs and an attractive topographical map highlighting the country or countries that forms the focus of the chapter. This section whets students' appetites and creates interest in cultural features without turning itself into a serious reading activity.

WHAT'S NEW! *Notas*, a new section within the *Enfoque cultural*, features a song corresponding to the Hispanic country or region of the chapter, along with pre-, during-, and post-listening activities. *Notas* uses music to motivate student interest in Hispanic culture.

A four-skills synthesis

Following the *A primera vista* and *Expansión gramatical* sections is the 4-skills section called *Mosaicos*. This section provides the student with a unique opportunity to bring all the pieces of the chapter together: vocabulary, grammar, and culture. The fourth edition of *Mosaicos* retains the core elements of skill-building, skill-using and skill chaining for listening, speaking, reading, and writing and adds new features to enhance and extend the effectiveness of this section.

WHAT'S NEW! The *process approach* is applied to the acquisition of all four skills. Pre-, during, and post-activities for listening, speaking, reading, and writing are included in each chapter.

WHAT'S NEW! In the *Mosaicos* section of each chapter, explicit strategies are provided for listening, reading and writing. In addition to skill-building activities, "strategies" for speaking are addressed in new *En directo* boxes.

Listening.   In *Escuchar* in the *Mosaicos* skills section, students listen for different purposes, for example: to make inferences, to distinguish between facts and opinion, identify the speaker, listen for specific details, etc. In many cases, students are asked to fill in charts, comment on, or otherwise process the information they hear after completing the specific listening task, integrating listening with productive skills.

WHAT'S NEW! New scripts, audio recordings, and accompanying activities have been created for practically all listening sections. Scripts now simulate authentic discourse. Their short conversations, announcements, etc. all relate to the topics and content of each chapter.

Speaking.   Open-ended activities in every chapter provide opportunities for individuals, pairs and groups of students to gather, process and share information in Spanish, stimulating real communication in the classroom. Conversation activities in the *Conversar* section of each chapter encourage interaction on a personal level combining newly acquired structures and vocabulary in discussions of chapter topics.

Reading.   Pre- and post-reading activities provide opportunities and strategies for developing reading skills. Reading selections include a greater number of authentic texts and reflect a variety of discourse types and styles ranging from journalistic to literary.

WHAT'S NEW! **Visual Advance organizers** have been added to the pre-reading activities in every chapter to help students activate their background knowledge and prepare them to comprehend the reading passage that follows.

WHAT'S NEW! The last three chapters of the full version *Mosaicos* now have **literary readings.** (Chapters 1-12 offer cultural readings.) Chapters 13-15 expose students to Hispanic literature and serve as a transition to Intermediate Spanish while continuing to develop their abilities to read literature in Spanish.

WHAT'S NEW! Many **new readings** have been selected to reflect greater diversity of topics and appeal to a broader range of students.

WHAT'S NEW! Readings in early chapters are now shorter and simpler, with length and difficulty of readings increasing consistently from chapter to chapter. This allows students to develop confidence gradually in their ability to read materials in the target language.

Writing.   Carefully-crafted process writing activities conclude each *Mosaicos* section. Pre- and post-writing activities are a guide through critical steps in the writing process. Throughout, extensive annotations guide instructors to teach writing as a recursive—rather than linear—process.

WHAT'S NEW! Writing tasks have been simplified and revised to relate more directly to chapter theme. The writing task is now more realistic—assignments are realistic in both scope and content, ensuring that students can complete the task with confidence.

WHAT'S NEW! Sample texts have been included in the pre-writing activity of each chapter and function as input for the writing process. The sample texts also give students a model so that they have clear guidelines to successfully complete the task.

Other features of the fourth edition are:

WHAT'S NEW! New *En directo* boxes highlight formulaic expressions that will help students sound more "adult-like," and more spontaneous in their speech. The *En directo* boxes are found throughout the text and are placed alongside the activity in which students can put them to immediate use. Learning these expressions will help students carry out their interpersonal or presentational exchanges more effectively.

The range of the *Cultura* boxes has been expanded in the third edition and they now appear in each chapter to ensure students gain an understanding and appreciation of people and cultures while building linguistic skills.

Acentos boxes are placed strategically throughout *Mosaicos*. The stress and accent rules in Spanish are presented on an as-needed basis. A complete presentation of accents is located in Appendix 1.

Lengua boxes, which inform learners of socio-linguistic distinctions in the Spanish language, appear at strategic intervals throughout the fourth edition, just as they did in the third edition.

Extensive, practical teachers' annotations provide instructors with lively ideas and pertinent information to facilitate their task in getting the most out of the *Mosaicos* Program.

 Vínculos are a new type of annotation. Located in the Annotated Instructor's Edition, the *Vínculos* correlate appropriate sections of supplementary materials with the activities in the Student Text.

Organization of the Text

The full version of *Mosaicos* consists of a preliminary chapter (*Bienvenidos*) and fifteen regular chapters.

A brief version of *Mosaicos* is now available for those instructors who wish to cover less material during the first year of instruction. The brief edition contains the preliminary chapter and chapters 1-12 of the full edition.

Through a variety of visual stimuli, the *Bienvenidos* chapter allows instructors to conduct classes in Spanish from the very first day. Each regular chapter maintains the following consistent structure:

A primera vista. This opening section of each chapter provides a richly contextualized, cultural framework for learning and practicing new language. New material is presented within two or three thematic groupings, which make use of photos, illustrations, and authentic documents. Comprehensible input is provided through a wide variety of language samples (dialogs, brief narratives, brochures, comic strips, captions, etc.). Within each thematic grouping, activities provide opportunities to practice the new vocabulary and in some cases preview grammar points which are formally presented later in the chapter. The last activity in this section is a listening activity that recycles vocabulary in an authentic conversational framework while providing practice of global listening skills. Previously-taught material is consistently recycled and reinforced.

Explicación y expansión. The *Explicación y expansión* sections consist of concise grammar explanations focused on usage and followed by immediate practice of each new structural item within a contextualized framework. The exercises and activities in this section develop students' abilities to use linguistic structures for direct communicative purposes. Contextualized and personalized, the exercises focus student attention on a variety of useful tasks and provide practice for communicating effectively in pairs or small groups in a variety of real-life situations. These activities reinforce both vocabulary introduced in the *A primera vista* section of the chapter and vocabulary presented in previous chapters.

Mosaicos. Students get an opportunity to "bring all the pieces together" in this process-oriented, strategy-focused section. Skills and topics are interwoven at the end of each chapter into a series of skill-building and skill-chaining activities that bring together the chapter vocabulary, structures, and cultural content:

Escuchar develops students' ability to listen to and understand spoken Spanish in a variety of authentic contexts: brief exchanges and longer conversations between two or more speakers, telephone messages, radio broadcasts, literary texts, etc.

Conversar includes open-ended speaking activities based on naturally-occurring discourse situations and authentic written texts. Students learn to express and discuss their own needs and interests. This section provides many opportunities for personalized expression.

Leer teaches students how to become independent readers by introducing basic strategies for understanding the general meaning of a text as well as for extracting specific information from it. The activities guide students to develop their ability to read a variety of high-interest, authentic Spanish texts, from simple documents such as advertisements to the extended discourse of brochures, newspaper and magazine articles, letters, literary texts, etc.

Escribir provides step-by-step activities in which students learn to compose messages and memos, postcards and letters, journals, simple expository paragraphs and brief essays. Activities guide students through critical steps in the writing process, including: brainstorming (to develop ideas for topics); defining one's purpose, means of communication, tone, and reader; making an outline; revising; and conferencing and peer editing. Additionally, useful tips in **Leer** provide students with specific lexicon, structures, and points of syntax relevant to the writing task at hand.

Enfoque cultural. This lively and informative section focuses on contemporary cultural issues related to the chapter theme. Each section of the *Enfoque cultural* includes activities that encourage students to explore the cultural topics and compare and contrast them with their own.

Temas introduces students to a broad variety of topics ranging from distinctive and changing aspects of daily life, such as family, housing, shopping, and travel, to broader social, political, and economic issues in Hispanic countries. Pre- and post-activities accompany the short illustrated reading.

Vistas employs a graphic layout, combining photos, maps, and captions to capture students' interest and expose them to key cultural information.

 Fortunas, a storyline video, is now integrated into the student texts with pre-, during–, and post-activities included in the text.

 Notas exposes beginning students to the various rhythms and topics of Hispanic music.

The Complete Program

Mosaicos is a complete learning and teaching program that includes the following components.

For the student
Mosaicos: Spanish as a World language (0-13-192324-2)
The full Student edition consists of a preliminary chapter followed by Chapters 1-15.

Mosaicos: Spanish as a World Language (0-13-154420-9)
The brief Student text consists of a preliminary chapter followed by Chapters 1-12 (the same content as the full edition).

Student Activities Manual (0-13-192326-9)
The new Student Activities Manual includes both workbook and lab manual materials in a single convenient volume, with all materials for a given chapter grouped together, saving students money and simplifying navigation. The *Mosaicos* Workbook parallels the organization of the text and provides more reading comprehension activities, sentence building and completion exercises, fill-ins, realia and art-based activities as well as composition exercises. Each chapter of the *Mosaicos* Lab Manual contains activities based on recordings of native speakers in situations thematically related to the corresponding chapters in the text. The listening material for the Lab Manual, the student audio for the in-text listening activities, and recordings of all the text's active vocabulary is provided for free on the *Mosaicos* Companion Website™.

Answer Key to Accompany Student Activities Manual (0-13-196985-4)
A separate Answer Key to the *Mosaicos* SAM is available, giving instructors the option of providing their students with answers to check their homework. The Answer Key now includes answers to both Workbook and Lab Manual activities.

Supplementary Activities Book (0-13-193045-1)
The Supplementary Activities Book consists of a range of fun, engaging activities that complement the vocabulary and grammar themes of each chapter and offers instructors additional in-class activities that serve to energize and enrich students' classroom experience.

Audio CDs to Accompany Text (0-13-196984-6)
These CDs correspond to the in-text listening activities and include recordings of the end-of-chapter vocabulary.

Audio CDs to Accompany Student Activities Manual (0-13-154642-2)
These CDs correspond to the Lab Manual portion of the Student Activities Manual.

Student Video CD-ROM (0-13-196979-X)
The Student Video CD-ROM contains the entire *Fortunas* video as well as the *Entrevistas* interview segments together with interactive comprehension activities. The *Fortunas* video will be accompanied by new comprehension activities and increased pedagogical support. The video is displayed using the Divace® media player developed by Sanako—the only media player on the market that was designed specifically for the language learner.

For the instructor
Annotated Instructor's Edition (0-13-192325-0)
The Annotated Instructor's Edition now includes *Vínculos* boxes with cross-references to related material in other components of the *Mosaicos* program. This enables instructors to see at a glance what material is available for homework assignments or additional practice, as well which specific materials are available for instructor use. Marginal annotations in the Annotated Instructor's Edition include warm-up and expansion exercises and activities, teaching tips and additional cultural information. The annotations are specifically designed for novice teaching assistants and adjunct faculty teaching from *Mosaicos* for the first time or who may have limited course preparation time. Answers to discrete point activities and the tapescript for the in-text listening activities are also provided for the instructor's convenience.

Instructor's Resource Manual (0-13-196982-X)
The Instructor's Resource Manual now contains complete lesson plans for all chapters as well as helpful suggestions for foreign and new instructors. Additionally, there are new video activities for the *Fortunas* video, and video activities will also be provided for the new *Entrevistas* and cultural videos. The Instructor's Resource Manual is a comprehensive source that contains everything from information on the philosophy behind the textbook to a complete Testing Program, Video Manual, and full, integrated syllabi and lesson plans.

Testing Audio CD (0-13-154643-0)
These CDs correspond to the listening comprehension portions of the Testing Program.

Image Resource CD (0-13-196983-8)
All illustrations from the textbook are provided on the CD. Instructors can use the images to create their own activities, implement in testing, create unique transparencies, etc.

Spanish Picture File (0-13-931313-3)
A beautifully crafted photo file of 50 full-color photographs mounted on cardboard and indexed by theme also accompanies *Mosaicos*. These can be used in the classroom in order to provide practice using the target vocabulary while discussing lesson themes and culture.

Instructor's Music CD (0-13-193419-8)
The Instructor's Music CD contains recorded versions of the songs found in the *Notas* section of each chapter, giving instructors convenient access to music for classroom use. The songs on this CD represent a variety of musical styles from a range of Spanish-speaking countries.

***Fortunas* VHS Video Cassette** (0-13-196980-3)
Written and filmed specifically for *Mosaicos*, the *Fortunas* video is an ongoing drama that features four contestants competing to locate three fortunes within Mexico. The three fortunes correspond with the three cultural periods of Mexican history (Pre-colonial, Colonial and Contemporary). Clues highlight and teach students about these cultural periods while the contest atmosphere provides students with a dynamic, interesting environment in which to learn the target grammar and vocabulary. New video activities are included in the IRM that include pre-, during–, and post-viewing exercises designed for in-class or lab use.

Online resources
Mosaicos OneKey is available in CourseCompass, WebCT, and Blackboard.

Companion Website™ *www.prenhall.com/mosaicos*
The *Mosaicos* Web site contains a wealth of practice and expansion exercises for students. Each chapter of the web site complements a chapter in the text and contains automatically graded exercises that practice and reinforce the vocabulary and grammar in each chapter. The section *Para investigar* includes link-based activities that take the student to a wealth of Spanish-language websites for linguistic and cultural discovery. In addition, the complete audio program to accompany the text and the Student Activities Manual is available for free, as well as an interactive soccer game and flashcard module.

National Standards

The National Standards in Foreign Language Education Project published *Standards for Foreign Language Learning: Preparing for the 21st Century* which identified five goal areas for programs of foreign language instruction: Communication, Cultures, Connections, Comparisons, and Communities. These goal areas inform the pedagogy of the fourth edition of *Mosaicos*.

Communication. Throughout the text, students engage in meaningful conversations, providing and obtaining information, expressing their opinions and feelings, and sharing their experiences. Students also listen to, read, and interpret language on a variety of topics. Through *informes* as part of many activities and in compositions in **Escribir,** students present information and ideas in both written and oral communication.

Cultures. *Cultura* boxes and the *Enfoque cultural* sections of each chapter give students an understanding of the relationship between culture and language throughout the Spanish-speaking world.

Connections. Realia, readings, and conversation activities throughout the text provide opportunities for making connections with other discipline areas. Students gain information and insight into the distinctive viewpoints of Spanish speakers and their cultures.

Comparisons. *Lengua* boxes often provide students with points of comparison between English and Spanish. *Para pensar* activities in the *Enfoque cultural* sections encourage students to reflect on aspects of daily life in their own culture before reading about and investigating similar aspects of daily life in Spanish-speaking countries.

Communities. The text encourages students to go beyond the classroom through Internet activities, and the *Mosaicos* Website provides abundant opportunities for exploration, personal enjoyment, and enrichment. Instructors are reminded to encourage students to explore and become a part of Spanish-speaking communities in their areas.

Acknowledgments

The fourth edition of *Mosaicos* is the result of a collaborative effort between ourselves, our publisher, and you, our colleagues. We are sincerely appreciative of all the comments and suggestions from first, second, and third edition users, and we look forward to continuing the dialog and having your input on this edition. We are especially indebted to the many members of the Spanish teaching community whose reviews and comments at various stages throughout the preparation of the first, second, third, and fourth editions have made *Mosaicos* the solid program that it is. We especially acknowledge and thank:

Shannon Álvarez, Monmouth College

Jorge Arbujas, Louisiana State University

Antonio Baena, Louisiana State University

Cora Bauza, Louisiana State University

Heather Beal, Louisiana State University

Betty Becker-Theye, University of Maine Hutchinson Center

Dr. Joan Cammarata, Manhattan College

Olga Casanova-Burgess, Baruch College City University of New York

José J. Colín, University of Oklahoma

Michelle Connolly, Community College of Rhode Island

David Cruz de Jesús, Baruch College/CUNY

Mark Del Mastro, The Citadel

Claudia Díaz, Texas Tech University

Carmen Eblen, Oxnard College

José Antonio Fábres, College of Saint Benedict/ St. John's University

Sara Fernández-Medina, Texas Tech University

Wayne Finke, Baruch College (CUNY)

Jill Gauthier, Miami University—Hamilton

Jim Gregory, Texas Tech University

Janis Hanson, University of WI—La Crosse

María Hernández, Louisiana State University

Kelly Holmquist, Idaho State University

Hildegart Hoquee, San Jacinto College Central

Casilde Isabelli, University of Nevada, Reno

Kyra Kietrys, Davidson College

Nancy Laguna-Luque, Louisiana State University

Miguel Lechuga, Germanna Community College

Armanda Lewis, Columbia University

Nuria López Ortega, Miami University

Magdalena Maíz-Pena, Davidson College

Paola Marin, Gustavus Adolphus College

Rosa-María Moreno, Cincinnati State Technical & Comm. College

Jeanne Mullaney, Comm. College of Rhode Island

William O'Donnell, Canisius College

Carimer Ortiz Cuevas, Columbia University

María Pérez, Iowa Western Community College

Silvia Peart, Texas Tech University

Michelle Petersen, Arizona State University

Silvia T. Pulido, Brevard Community College

M. Mercedes Rahilly, Lansing Community College

Marilyn Reit, Shasta Tehama Junior College

Maria Rippon, The Citadel

Patricia Romero, Columbia University

Raúl Rosales, Columbia University

Linda Stewart, Idaho State University

Julie Sykes, Arizona State University

Andrew Tabor, Louisiana State University

Helen Tarp, Idaho State University

Glenn Thompson, Texas Tech University

Janos Welsch, Louisiana State University

Angela Willis, Davidson College

Hilma-Nelly Zamora, Valparaiso University

Sally Zengaro, University of Alabama

We would like to thank Blanca and César Gómez Villegas, Ana María and Juan Jorge Sanz, Gloria Toriello de Herrera, Johanna Herrera, Miguel Ordóñez, Benjamín Guzmán, and Raúl E. Salas for their help in obtaining authentic materials, and their advice regarding elements of current Spanish usage in their respective countries; Ninon Larché for her English language advising and technical support.

We would also like to thank all the editorial, production, and marketing staff at Prentice Hall who have contributed to the *Mosaicos* program. The authors of *Mosaicos, Fourth Edition* are deeply grateful to Bob Hemmer, Executive Editor, for his insightful guidance, invaluable support, and tireless work, particularly considering the special circumstances under which the fourth edition of *Mosaicos* was written. Many thanks to Julia Caballero, Director of Editorial Development, for her organization and continued encouragement.

We are also grateful to Mercedes Roffe, Development Editor, and Sarah Ramsey, for their dedication and meticulous work on the manuscript; Mary Rottino, Assistant Director of Production, who supervised all phases of the book's production; Claudia Dukeshire, Production Editor, for her careful and resourceful attention to every detail; Ximena de la Piedra Tamvakopoulos for the beautiful cover design; Meriel Martínez Moctezuma, Supplements Editor, for her calm efficiency and good humor in managing the print and audio supplements; Samantha Alducin, Media Editor, for her creativity, dedication, and many hours of hard work on the exciting online materials and videos; Roberto Fernández, Media Production Manager, for his commitment to the success of the Web site and CD-ROM projects; Kristine Suárez, Senior Director of Market Development, for her keen observations and market knowledge; and Jacquelyn Zautner, Senior Marketing Manager, for her many excellent ideas for the marketing campaign.

We are also grateful for the work of our talented colleagues at other institutions who have contributed to the supplementary materials for *Mosaicos, Fourth Edition*. Thanks to Mónica Prieto (Florida International University), Silvia Sobral (Brown University), JoAnne Flanders, Rebecca Williams and María Luisa Torres (all of Coastal Carolina University), Michelle Petersen (Arizona State University), Lina Lee (University of New Hampshire), James Crapotta (Barnard College), Nurial López-Ortega (Miami University), María Emma Ticio (University of Houston), and Anne Prucha (University of Cental Florida).

The coauthors of *Mosaicos* would like to express their thanks and admiration to Matilde Castells for her strength, love of life, and disposition to bringing *Mosaicos, Fourth Edition,* to a successful completion.

P

LECCIÓN PRELIMINAR
BIENVENIDOS

Objetivos comunicativos

- Introducing oneself and others
- Greetings and good-byes
- Expressions of courtesy
- Spelling in Spanish
- Identifying people and classroom objects
- Locating people and objects
- Using numbers from 0–99
- Expressing dates
- Telling time
- Using classroom expressions

Contenido

UN PRIMER PASO

Las presentaciones

AUDIO ANTONIO: **Me llamo** Antonio Mendoza.
Y tú, ¿cómo te llamas?
BENITO: Benito Sánchez.
ANTONIO: **Mucho gusto.**
BENITO: **Igualmente.**

PROFESOR: **¿Cómo se llama usted?**
ISABEL: Me llamo Isabel Mendoza.
PROFESOR: Mucho gusto.
ISABEL: **Encantada.**

LAURA: María, **mi amigo** José.
MARÍA: Mucho gusto.
JOSÉ: **Encantado.**

- Spanish has more than one word meaning *you*. Use **tú** when talking to someone on a first-name basis (close friend, relative, child). Use **usted** when talking to someone you address in a respectful or formal manner; for example, **doctor, doctora, profesor, profesora, señor, señora,** and so on. Finally, use it to address individuals you do not know well.

- Young people normally use **tú** when speaking to each other.

- **Mucho gusto** is used by both men and women when they are meeting someone for the first time. A man may also say **encantado,** and a woman, **encantada.**

- When responding to **mucho gusto,** you may use either **encantado/a** or **igualmente.**

¿Qué dice usted?

P-1 Presentaciones. Complete the following conversation with the appropriate expressions from the box on the right. Then move around the classroom, introducing yourself to several classmates and introducing classmates to each other.

ALICIA: Me llamo Alicia. Y tú, ¿cómo te llamas?
ISABEL: Isabel Pérez. _Mucho_ gusto

| Igualmente |
| Mucho gusto |

ALICIA: _igualmente_

ALICIA: Isabel, _mi amigo Pedro_
ISABEL: Mucho gusto.
PEDRO: _Encantado_

| Encantado |
| mi amigo Pedro |

Los saludos

AUDIO
SEÑOR: **Buenos días, señorita** Mena.
SEÑORITA: Buenos días. **¿Cómo está usted, señor** Gómez?
SEÑOR: **Bien, gracias. ¿Y usted?**
SEÑORITA: **Muy** bien, gracias.

MARTA: **¡Hola,** Inés! **¿Qué tal? ¿Cómo estás?**
INÉS: **Regular,** ¿y tú?
MARTA: **Bastante** bien, gracias.

SEÑORA: **Buenas tardes,** Felipe. ¿Cómo estás?
FELIPE: Bien, gracias. Y usted, ¿cómo está, **señora?**
SEÑORA: **Mal,** Felipe, mal.
FELIPE: **Lo siento.**

- Use **buenos días** until lunch time.

- Use **buenas tardes** from noon until nightfall. After nightfall, use **buenas noches** (*good evening, good night*).

- **¿Qué tal?** is a more informal greeting. It is normally used with **tú,** but it may also be used with **usted.**

- Use **está** with **usted** and **estás** with **tú.**

¿Qué dice usted?

P-2 Saludos. You work as a receptionist in a hotel. Which greeting (**buenos días, buenas tardes, buenas noches**) is appropriate at the following times?

a. 9:00 a.m ⬚⬚   c. 4:00 p.m. ⬚⬚   e. 1:00 p.m. ⬚⬚
b. 11:00 p.m. ⬚⬚   d. 8:00 a.m ⬚⬚   f. 10:00 p.m. ⬚⬚

Las despedidas

AUDIO

adiós	*good-bye*
hasta luego	*see you later*
hasta mañana	*see you tomorrow*
hasta pronto	*see you soon*

■ **Adiós** is generally used when you do not expect to see the other person for a while. It is also used as a greeting when people pass each other but have no time to stop and talk.

■ **Chao** (also spelled **chau**) is an informal way of saying good-bye. It is very popular in South America.

Expresiones de cortesía

AUDIO

con permiso	*pardon me, excuse me*
de nada	*you're welcome*
gracias	*thanks, thank you*
lo siento	*I'm sorry*
perdón	*pardon me, excuse me*
por favor	*please*

Con permiso and **perdón** may be used "before the fact," as when asking a person to allow you to go by or when trying to get someone's attention. Only **perdón** is used "after the fact," as when you have stepped on someone's foot or have interrupted a conversation.

¿Qué dice usted?

P-3 ¿Perdón o con permiso? Would you use **perdón** or **con permiso** in these situations?

a. Perdón   b. Perdón   c. Perdón

d. con permiso   e. con permiso

P-4 Expresiones de cortesía, y despedidas. Which expression(s) would you use in the following situations?

gracias	de nada	por favor
adiós	hasta luego	lo siento

1. Someone thanks you. de nada
2. You say good-bye to a friend you will see later this evening. hasta luego
3. You are asking a classmate for his/her notes. por favor
4. You hear that your friend is sick. Lo siento
5. You receive a present from a friend. gracias
6. Your friend is leaving for a vacation in Spain. adiós

P-5 Encuentros. You meet the following people on the street. Greet them, ask them how they are, and then say good-bye. Switch roles.

1. su (*your*) amigo Miguel
2. su profesor/a
3. su amiga Isabel
4. su doctor/a

Distinguishing Registers

AUDIO When you talk to different people, you use different registers. For example, when you talk to a professor, you most likely use more formal language than when you talk to your classmates or friends. In Spanish, one way of marking this difference is by using **tú** (informal) and **usted** (formal).

Now you will hear four brief conversations in which people greet each other. But before you listen, complete the following chart with the pronoun you think you would use.

WHEN TALKING TO YOUR . . .	TÚ	USTED
1. brother or sister		
2. doctor		
3. coach		

Saludos. As you listen to the four brief conversations, mark the appropriate column to indicate whether the greetings are formal (with **usted**) or informal (with **tú**). Do not worry if you do not understand every word.

FORMAL   INFORMAL

1. ____   ____
2. ____   ____
3. ____   ____
4. ____   ____

AUDIO *El alfabeto*

a	a	**o**	o
b	be	**p**	pe
c	ce	**q**	cu
d	de	**r**	ere, erre
e	e	**s**	ese
f	efe	**t**	te
g	ge	**u**	u
h	hache	**v**	ve, uve
i	i	**w**	doble ve,
j	jota		doble uve
k	ka		uve doble
l	ele	**x**	equis
m	eme	**y**	i griega, ye
n	ene	**z**	zeta
ñ	eñe		

■ The Spanish alphabet includes **ñ**, a letter that does not exist in English. Its sound is similar to the pronunciation of *ni* and *ny* in the English words *onion* and *canyon*.

■ The letters **k** and **w** appear mainly in words of foreign origin.

¿Qué dice usted?

P-6 ¿Cómo se escribe? Ask your classmate how to spell these Spanish last names.

MODELO: <u>Z</u>amora
            E1: ¿Cómo se escribe Zamora?
            E2: Con z.

1. <u>C</u>elaya
2. Montal<u>v</u>o
3. <u>S</u>alas

4. <u>B</u>olaños
5. <u>H</u>enares
6. <u>V</u>elá<u>z</u>quez

P-7 Los nombres. Ask three of your classmates their names. Write down their names as they spell them.

MODELO: E1: ¿Cómo te llamas?
            E2: Me llamo David Robinson.
            E1: ¿Cómo se escribe Robinson?
            E2: R-o-b-i-n-s-o-n

Identificación y descripción de personas

`AUDIO`   CARLOS: **¿Quién es ese chico?**
      SANDRA: Es Julio.
      CARLOS: ¿Cómo es Julio?
      SANDRA: Es romántico y sentimental.

       LUIS: ¿Quién es **esa chica**?
    QUIQUE: Es Carmen.
       LUIS: ¿Cómo es Carmen?
    QUIQUE: Es activa y muy seria.

SER (to be)			
yo	soy	I	am
tú	eres	you	are
usted	es	you	are
él, ella	es	he, she	is

■ Use **ser** to describe what someone is like.

Es Carmen. Ella **es** activa y muy seria.

■ To make a sentence negative, place the word **no** before the appropriate form of **ser**. When answering a question with a negative statement, say *no* twice.

Ella es inteligente. → Ella **no** es inteligente.
¿Es rebelde? → **No, no** es rebelde.

Cognados

Cognates are words from two languages that have the same origin and are similar in form and meaning. Since English shares many words with Spanish, you will discover that you already recognize many Spanish words. Here are some cognates that are used to describe people.

The following cognates use the same form to describe a man or a woman.

arrogante	importante	optimista	popular
eficiente	independiente	paciente	responsable
elegante	inteligente	perfeccionista	tradicional
idealista	interesante	pesimista	valiente

The following cognates have two forms. The **-o** form is used to describe a man, and the **-a** form to describe a woman.

ambicioso/a	creativo/a	impulsivo/a	religioso/a
atlético/a	dinámico/a	introvertido/a	sincero/a
atractivo/a	extrovertido/a	moderno/a	tímido/a
cómico/a	generoso/a	pasivo/a	tranquilo/a

There are also some words that appear to be cognates but do not have the same meaning in both languages. These are called false cognates. **Lectura** (*reading*) and **éxito** (*success*) are examples of this kind. You will find some examples in future lessons.

¿Qué dice usted?

P-8 Conversación. Ask each other about your classmates. Describe them by using cognates from the lists above.

MODELO: E1: ¿Cómo es... ?
            E2: Es...

P-9 ¿Cómo es mi compañero/a? Choose from the cognates list on page 10 to ask the person next to you about his/her personality traits.

MODELO: E1: ¿Eres pesimista?
E2: No, no soy pesimista. *o* Sí, soy (muy) pesimista.

Then find out what he/she is really like.

MODELO: E1: ¿Cómo eres (tú)?
E2: Soy activo, optimista y creativo.

SITUACIÓN

You are walking through campus, and you run into a friend from your hometown. Your friend is walking with a person you do not know. As your friend is doing the introductions, your Spanish professor walks by. Your friend asks you who she/he is. Describe your professor to your friend and his/her companion, using at least three cognates.

¿Qué hay en el salón de clase?

¿Qué dice usted?

❷ P-10 Identificación. With a partner, identify the items on this table.

❷ P-11 Para la clase de español. Write down a list of the things you need for this class. Compare your list with that of your partner.

¿Dónde está?

To ask about the location of a person or an object, use **dónde + está.**

¿Dónde está la profesora?	Está en la clase.
¿Dónde está el libro?	Está sobre el escritorio.

¿Qué dice usted?

P-12 ¿Sí o no? Primera fase. Indicate whether each of the following statements is true or false, based on the relative position of people or objects in the drawing.

	Sí	No
1. El televisor está detrás de la profesora.	_____	_____
2. Juan está al lado de la profesora.	_____	_____
3. El libro está sobre el escritorio.	_____	_____
4. María está entre Mercedes y Juan.	_____	_____
5. Mercedes está enfrente de la ventana.	_____	_____
6. El cesto está debajo de un pupitre.	_____	_____

Segunda fase. Now complete the following sentences, based on the relative position of people or objects in the drawing.

1. La pizarra está _____ la profesora.
2. María está _____ la profesora.
3. Mercedes está _____ Juan y María.
4. Juan está _____ Mercedes
5. El cesto está _____ Juan.
6. El televisor está _____ la pizarra y la puerta.

❷ **P-13 La clase de español.** Look at the seating chart below, and then follow the instructions.

María	Juan	Ester	Susana	Pedro
Carlos	Cristina	Ángeles	Alberto	Anita
Mercedes	Victoria	Roberto	Rocío	Pablo
	Profesor Gallegos			

1. Tell where Juan, Ángeles, Rocío, and Pedro are seated.
2. Ask questions about the location of other students.

❷ **P-14 ¿Dónde está?** Take turns asking where several items in your classroom are. Answer by giving their position in relation to a person or another object.

MODELO: E1: ¿Dónde está el libro?
         E2: Está sobre el escritorio.

❷ **P-15 ¿Quién es?** Based on what your partner says regarding the location of another student, guess who he/she is.

MODELO: E1: Está al lado de Juan. ¿Quién es?
         E2: Es María.

AUDIO Listening with Visuals

When you are talking with someone, you can understand what is being said by paying attention to the pictures or objects that the people point or refer to. Sometimes these objects are around you, but other times they are not. You have only a mental representation of them. For example, when a friend describes his/her Spanish classroom, an image of a classroom comes to your mind from your experience of being a student.

In Spanish, make a list of the people and objects you expect to see in a regular classroom.

_____

_____

_____

Now look at the drawing of the classroom on page 12. As you hear the different statements about the location of several people and objects, mark the appropriate column to indicate whether each of the statements is true (**cierto**) or false (**falso**).

	CIERTO	FALSO		CIERTO	FALSO
1.	____	____	4.	____	____
2.	____	____	5.	____	____
3.	____	____	6.	____	____

Los números 0–99

AUDIO

0 cero	11 once	21 veintiuno
1 uno	12 doce	22 veintidós
2 dos	13 trece	30 treinta
3 tres	14 catorce	31 treinta y uno
4 cuatro	15 quince	40 cuarenta
5 cinco	16 dieciséis	50 cincuenta
6 seis	17 diecisiete	60 sesenta
7 siete	18 dieciocho	70 setenta
8 ocho	19 diecinueve	80 ochenta
9 nueve	20 veinte	90 noventa
10 diez		

- Numbers from sixteen through twenty-nine are usually written as one word. Note the spelling changes and the written accent on some forms.

    18: **dieciocho**   22: **veintidós**

- Beginning with thirty-one, numbers are written as three words.

    31: **treinta y uno**   45: **cuarenta y cinco**

- The number *one* has three forms in Spanish: **uno, un,** and **una.** Use **uno** when counting: **uno, dos, tres...** Use **un** or **una** before nouns: **un borrador, una mochila, veintiún libros, veintiuna mochilas.**

- Use **hay** for both *there is* and *there are.*

    Hay un libro sobre la mesa.   *There is a book on the table.*
    Hay dos libros sobre la mesa.   *There are two books on the table.*

¿Qué dice usted?

P-16 ¿Qué número es? Your instructor will read a number from each group. Circle the number.

a. 8   4   3   5
b. 12   9   16   6
c. 37   59   41   26
d. 54   38   76   95
e. 83   62   72   49
f. 47   14   91   56

P-17 Una lista. This is a list of items you might need for your new office. Choose five items and tell your partner (the acquisitions manager) how many of each you want. Exchange roles.

MODELO: 4–7 mesas: Necesito cuatro mesas.

a. 6–10 teléfonos   f. 24–48 bolígrafos
b. 8–12 escritorios   g. 9–15 computadoras
c. 14–18 sillas   h. 1–2 computadora(s) portátiles
d. 6–12 calculadoras   i. 1–3 reloj(es)
e. 10–20 cestos   j. ...

P-18 Problemas. Take turns in solving the following problems. Use **y** (+), **menos** (–), and **son** (=).

MODELO: 2 + 4 =   12 – 5 =
                 dos y cuatro son seis   doce menos cinco son siete

a. 11 + 4 =   d. 20 – 6 =   g. 50 – 25 =
b. 8 + 2 =   e. 39 + 50 =   h. 26 + 40 =
c. 13 + 3 =   f. 80 – 1 =   i. 90 – 12 =

ACENTOS

You may have noticed that the word **tú** (meaning *you*) has an accent, and that the word **tu** (meaning *your*) does not. Beginning with *Lección 1,* you will learn and practice the rules for accentuation step by step in the *Pronunciación* section of the Activities Manual. Additional practice is also presented in the manual. In your text, boxes similar to this will help you focus your attention on when to use accents. You will find a complete set of the rules for accentuation in the appendix.

2 **P-19 Los números de teléfono y las direcciones.** Ask each other the addresses and phone numbers of some of these people. Use the chart below.

MODELO: Castellanos Rey, Carlos   Colón 62   654-6416
E1: ¿Cuál es la dirección de Carlos Castellanos Rey?
E2: Calle Colón, número 62.
E1: ¿Cuál es su teléfono?
E2: (El) 6-54-64-16

● Cárdenas Alfaro, Joaquín	General Páez 40	423-4837
● Cárdenas Villanueva, Sara	Avenida Bolívar 7	956-1709
● Castelar Torres, Adelaida	Paseo del Prado 85	218-3642
● Castellanos Rey, Carlos	Colón 62	654-6416
● Castelli Rivero, Victoria	Chamberí 3	615-7359
● Castillo Montoya, Rafael	Santa Cruz 73	956-3382

Los meses del año y los días de la semana

enero	*January*	mayo	*May*	septiembre	*September*
febrero	*February*	junio	*June*	octubre	*October*
marzo	*March*	julio	*July*	noviembre	*November*
abril	*April*	agosto	*August*	diciembre	*December*

Days of the week and months of the year are not generally capitalized in Spanish, but sometimes they are capitalized in advertisements and invitations.

■ Monday (**lunes**) is normally presented as the first day of the week.

■ To ask what day it is, use **¿Qué día es hoy?** Answer with **Hoy es...**

■ To ask about the date, use **¿Qué fecha es?** or **¿Cuál es la fecha?** Respond with **Es el (14) de (octubre)**.

- Express *on + a day of the week* as follows:

el lunes	*on Monday*
los lunes	*on Mondays*
el domingo	*on Sunday*
los domingos	*on Sundays*

- Cardinal numbers are used with dates (e.g., **el dos, el tres**) except for the first day of the month, which is **el primero**. In Spain the first day is also referred to as **el uno**.

LENGUA

When dates are given in numbers, the day normally precedes the month: *11/8* = **el 11 de agosto.**

¿Qué dice usted?

2 P-20 ¿Qué día de la semana es? Take turns asking and answering the following questions. Use the calendar on page 16.

1. ¿Qué día de la semana es el 2?   *Es el jueves.*
2. ¿Qué día de la semana es el 5?
3. ¿Qué día de la semana es el 22?
4. ¿Qué día de la semana es el 18?
5. ¿Qué día de la semana es el 10?
6. ¿Qué día de la semana es el 13?
7. ¿Qué día de la semana es el 28?
8. ¿Qué día de la semana es el... ?

2 P-21 Preguntas. Take turns asking and answering these questions.

1. ¿Qué día es hoy?   *Hoy es lunes.*
2. Hoy es... ¿Qué día es mañana?   *Hoy es el veinticis de septiembre.*
3. Hoy es el... de... ¿Qué fecha es mañana?
4. ¿Hay clase de español los domingos? ¿Y los sábados?   *No. No hay clase de español los domingos o los sábados.*
5. ¿Qué días hay clase de español?   *Clase de español es los martes y los jueves.*

2 P-22 Fechas importantes. Tell each other the dates on which these events take place.

MODELO: la reunión de estudiantes (10/9)
       E1: ¿Cuándo es la reunión de estudiantes?
       E2: (Es) el 10 de septiembre.

1. el concierto de Cristina Aguilera (12/11)   *¿Cuándo es el concierto de Cristina Aguilera? Es el doce de noviembre.*
2. el aniversario de Carlos y María (14/4)
3. el banquete (18/3)   *Es el catorce de abril.*
4. la graduación (22/5)   *Es el dieciocho de marzo.*
5. la fiesta de bienvenida (24/8)   *Es el ventidos de mayo.*   *Es el veinticuatro de agosto.*

G P-23 El cumpleaños. Find out when your classmates' birthdays are. Write your classmates' names and birthdays in the appropriate space in the chart.

MODELO: E1: ¿Cuándo es tu cumpleaños?
       E2: (Es) el 3 de mayo.   *Es el doce de agosto.*

CUMPLEAÑOS			
enero	febrero	marzo	abril
mayo	junio	julio	agosto
septiembre	octubre	noviembre	diciembre

La hora

- Use **¿Qué hora es?** to inquire about the hour. To tell time, use **es la...** from one o'clock to one thirty and **son las...** with the other hours.

Es la una.	*It is one o'clock.*
Son las tres.	*It is three o'clock.*

- To express the quarter hour, use **y cuarto** or **y quince**. To express the half hour, use **y media** or **y treinta**.

Son las dos **y cuarto**.	*It is two fifteen.*
Son las dos **y quince**.	
Es la una **y media**.	*It is one thirty.*
Es la una **y treinta**.	

- To express time after the half hour, subtract minutes from the next hour, using **menos**.

Son las cuatro **menos** diez.	*It is ten to four.*

- Add **en punto** for the exact time and **más o menos** for approximate time.

Es la una **en punto**.	*It is one o'clock sharp.*
Son las cinco menos cuarto, **más o menos**.	*It is about quarter to five.*

- For *a.m.* and *p.m.*, use the following:

de la mañana	(from midnight to noon)
de la tarde	(from noon to nightfall)
de la noche	(from nightfall to midnight)

¿Qué dice usted?

P-24 **¿Qué hora es en...?** What time is it in the following cities?

Los Ángeles, A.M.   México, P.M.   San Juan, P.M.

Buenos Aires, P.M.   Madrid, P.M.

P-25 El horario de María. Take turns to ask and answer questions about María's schedule.

MODELO: E1: ¿A qué hora es la clase de español?
E2: Es a las nueve.

LUNES	
9:00	clase de español
10:15	receso
10:30	clase de matemáticas
11:45	laboratorio
1:00	almuerzo
2:00	clase de física
5:00	partido de tenis

P-26 Mi horario. Write down your Monday schedule, omitting the time each class meets. Exchange schedules with your partner, and find out what time each of his/her classes starts.

LENGUA

To ask the hour at which an event takes place or something happens, use **¿A qué hora es...?** To answer, use **A la(s)...**
¿A qué hora es la clase?
At what time is (the) class?
(Es) **a las** nueve y media.
It is at 9:30.

Expresiones útiles en la clase

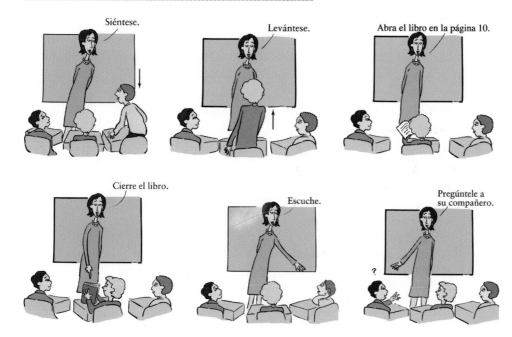

Siéntese. Levántese. Abra el libro en la página 10.

Cierre el libro. Escuche. Pregúntele a su compañero.

Vaya a la pizarra.

La tarea, por favor.

Conteste.

Repita.

es-pa-ñol

Levante la mano.

Lea.

Escriba.

- When asking two or more people to do something, the verb form ends in -n: **vaya → vayan, conteste → contesten, repita → repitan.**

- Although you may not have to use all these expressions, you should be able to recognize them and respond accordingly. Other expressions that you may hear or say in the classroom include the following:

Más alto, por favor.	*Louder, please.*
Otra vez.	*Again.*
¿Comprende(n)?	*Do you understand?*
¿Tiene(n) alguna pregunta?	*Do you have any questions?*
No comprendo.	*I do not understand.*
No sé.	*I do not know.*
Tengo una pregunta.	*I have a question.*
Más despacio, por favor.	*More slowly, please.*
¿En qué página?	*On what page?*
¿Cómo se dice... en español?	*How do you say . . . in Spanish?*
¿Cómo se escribe...?	*How do you spell . . . ?*
Presente.	*Here (present).*

VOCABULARIO

Presentaciones

¿Cómo se llama usted?	*What's your name? (formal)*
¿Cómo te llamas?	*What's your name? (familiar)*
encantado/a	*delighted*
igualmente	*likewise*
me llamo...	*my name is ...*
mucho gusto	*pleased/nice to meet you*

En el salón de clase

el bolígrafo	*ballpoint pen*
el borrador	*eraser*
la calculadora	*calculator*
el cesto	*wastepaper basket*
la computadora	*computer*
el cuaderno	*notebook*
el escritorio	*desk*
la grabadora	*tape recorder, cassette player*
el lápiz	*pencil*
el libro	*book*
la mesa	*table*
la mochila	*backpack*
la pizarra	*chalkboard*
la puerta	*door*
el pupitre	*student's desk*
el reloj	*clock*
la silla	*chair*
el televisor	*television set*
la tiza	*chalk*
la ventana	*window*
la videocasetera	*VCR*

La dirección

la calle	*street*
el número	*number*

Personas*

el/la amigo/a	*friend*
la chica	*girl*
el chico	*boy*
él	*he*
ella	*she*
el/la estudiante	*student*
el/la profesor/a	*professor*
señor (Sr.)	*Mr.*
señora (Sra.)	*Mrs.*
señorita (Srta.)	*Miss*
tú	*you (familiar)*
usted	*you (formal)*
yo	*I*

Posición

al lado (de)	*next to*
debajo (de)	*under*
detrás (de)	*behind*
enfrente (de)	*in front of*
entre	*between, among*
sobre	*on, above*

Tiempo, hora y fecha

el año	*year*
cuarto	*quarter*
el día	*day*
en punto	*sharp*
la fecha	*date*
la hora	*hour, time*
hoy	*today*
mañana	*tomorrow*
la mañana	*morning*
media	*half*
menos	*minus, to (for telling time)*
el mes	*month*
la semana	*week*

Verbos

eres	*you are (familiar)*
es	*you are (formal), he/she is*
está	*he/she is, you are (formal)*
estás	*you are (familiar)*
hay	*there is, there are*
son	*they, you (plural) are*
soy	*I am*

Palabras útiles

a	*at, to*
en	*in*
ese/a	*that (adjective)*
mi	*my*
sí	*yes*
tu	*your (familiar)*
un/una	*a, an*
y	*and*

Expresiones útiles

¿Cómo es?	*What is he/she/it like?*
¿Dónde está...?	*Where is ... ?*
más o menos	*more or less*
¿Quién es...?	*Who is ... ?*

See page 10 for cognates.
See pages 14 and 16 for numbers, days of the week, and months of the year.

1

LOS ESTUDIANTES Y LA UNIVERSIDAD

Objetivos comunicativos

- Asking for and providing information
- Expressing needs
- Asking for prices

- Talking about daily activities
- Asking about and expressing location

Contenido

A primera vista

- Los estudiantes y los cursos
- La vida estudiantil

- En la universidad

Explicación y expansión

- Subject pronouns
- Present tense of regular -ar verbs
- Articles and nouns: Gender and number

- Present tense of the verb estar
- Question words
- Algo Más: Some regular -er and -ir verbs

Mosaicos

- Escuchar: Listening for the gist
- Conversar: Summarizing the results of a poll

- Leer: Identifying the format and content of a text to guess meaning; identifying cognates to improve reading comprehension
- Escribir: Identifying basic aspects of writing; writing an email to a friend to talk about classes

Enfoque cultural

- Temas: Las universidades en España y en Hispanoamérica
- Vistas: España
  Para investigar en Internet

- Fortunas: Episodio 1
- Notas: Cuéntame alegrías, *Tachú*

Vocabulario

A PRIMERA VISTA

Los estudiantes y los cursos

Me llamo Carmen Granados. **Estudio sociología** en la **Facultad** de **Humanidades** de la **Universidad** de Salamanca. **Llego** a la universidad a las ocho y media. Mis cursos este semestre son **economía, ciencias políticas, psicología, antropología** y **estadística.** La clase de **economía** es mi **favorita.** La clase de antropología es **difícil,** pero el profesor es muy bueno. La clase de psicología es **fácil** y muy interesante. Por las tardes **trabajo** en una **oficina.**

Este chico es mi amigo. Se llama David Thomas. Es **norteamericano** y estudia español en mi universidad. **También** estudia **literatura, historia** y **geografía.** David es un chico muy responsable y **estudioso.** Generalmente llega a la universidad a las diez. Habla español y **practica todos los días** con sus **compañeros** de clase, sus profesores y sus amigos de la universidad. Por la tarde, estudia con uno de sus compañeros y **escucha** música o programas en español.

¿Qué dice usted?

2 **1-1 ¿Qué sabe usted de Carmen?** First circle all of the classes above that Carmen is taking. Then match the courses in the right column with the information on the left.

1. __e__ nombre completo   a. antropología
2. __c__ universidad   b. psicología
3. __d__ clase favorita   c. Salamanca
4. __a__ clase difícil   d. economía
5. __b__ clase fácil   e. Carmen Granados

1-2 ¿Y David? Indicate whether each statement is true (**Cierto**) or false (**Falso**).

1. _Cierto_ David es norteamericano.
2. _Cierto_ David habla español.
3. _Cierto_ David estudia literatura, historia y geografía.
4. _Falso_ David llega a la universidad a las nueve.
5. _Falso_ David practica español con sus amigos.
6. _Falso_ David escucha música por la mañana.

AUDIO David y Carmen hablan de sus clases

DAVID: Hola, Carmen. ¿Cómo estás?

CARMEN: Hola, David. **¿Cómo te va?**

DAVID: Bueno... bastante bien, **pero** mi clase de historia es muy difícil.

CARMEN: ¿Quién es tu profesor?

DAVID: Se llama Pedro Hernández. Es inteligente, pero la clase es **aburrida**.

CARMEN: ¡Vaya! Lo siento. ¿Estudias bastante?

DAVID: Estudio mucho, pero **saco malas notas.** ~grades~

CARMEN: **¡Qué lástima!** Mis cinco clases son excelentes. Y tú, **¿cuántas clases tienes?**

DAVID: **Tengo sólo** cuatro.

CARMEN: ¡Uy! Son las once. Tengo un **examen** de economía **ahora**. Hasta luego.

DAVID: Hasta pronto. **¡Buena suerte!**

¿Qué dice usted?

1-3 ¿En qué clase... ? Match the words on the left with the appropriate class on the right.

1. _c_ casete y CD
2. _e_ números
3. _a_ mapa digital
4. _b_ animales
5. _f_ Freud
6. _d_ Napoleón

a. geografía
b. biología
c. español
d. historia
e. matemáticas
f. psicología

G **1-4 Mis clases.** Make a list of your classes. Next to each one, indicate the days and time it meets. Also say whether the class is easy, difficult, interesting or boring. You will find some subjects in the box below. Compare your list with those of your classmates.

ciencias	comunicaciones	historia contemporánea
bioquímica	geografía	historia del arte
física	cálculo	genética
artes plásticas	estadística	seminario
contabilidad	astronomía	filosofía

CLASE	DÍAS	HORA	¿CÓMO ES?
español	martes y jueves	son las nueve y media	Interesante

A INVESTIGAR

Look up **Universidad de Salamanca** on the Internet (www.usal.es).

1. Go to **Centros y Departamentos** and write down six of the departments listed.
2. Find the name of one professor in each department. Share your findings with those of other classmates.
3. Did you notice any differences between the last names used in the United States and those from Spain?

② **1-5 Las clases de mis compañeros/as. Primera fase.** Use the following questions to interview one of your classmates. Take notes. Then switch roles.

1. ¿Qué estudias este semestre?
2. ¿Cuántas clases tienes?
3. ¿Cuál es tu clase favorita?
4. Tu clase de español, ¿es fácil, difícil, interesante o aburrida?
5. ¿Trabajas con computadoras/ordenadores?
6. ¿Escuchas casetes en el laboratorio?
7. ¿Sacas buenas notas?
8. ¿Tienes muchos exámenes?

Ⓖ **Segunda fase.** First, introduce your new friend to another classmate and give him/her one piece of information about your new friend that you find interesting. Your classmate will ask your friend questions about his/her classes.

MODELO: Él es Pedro, estudia ciencias políticas y tiene cuatro clases este semestre.

La vida estudiantil

AUDIO **En la biblioteca**

Unos **alumnos** estudian en la **biblioteca**. No **conversan porque** está prohibido. Estudian, **toman apuntes** y trabajan en sus **tareas. A veces buscan** palabras en el **diccionario.**

Sometimes

¿Y qué hacen los fines de semana?

Los estudiantes **toman algo** en un **café**.

Miran televisión en **casa**.

Bailan en una **discoteca** con amigos.

el club

Caminan en la **playa**.

Montan en bicicleta.

¿Qué dice usted?

1-6 Para escoger. Look at the illustrations above and on the previous page. Then choose the word or phrase that makes sense.

1. Los estudiantes __b__ en la biblioteca.
   a. toman café
   b. estudian
   c. hablan

2. Buscan palabras en __b__.
   a. el reloj
   b. el diccionario
   c. el laboratorio

3. Miran televisión en __c__.
   a. la biblioteca
   b. la playa
   c. casa

4. Montan en bicicleta __a__.
   a. los fines de semana
   b. en el café
   c. los jueves

🔊 AUDIO En la librería

ESTUDIANTE: **Necesito comprar** un diccionario **para** mi clase de español.
DEPENDIENTE: **¿Grande** o **pequeño?**
ESTUDIANTE: Grande y todo en español.
DEPENDIENTE: **Este** diccionario es muy bueno.
ESTUDIANTE: **¿Cuánto cuesta?**
DEPENDIENTE: Cuarenta y ocho euros.

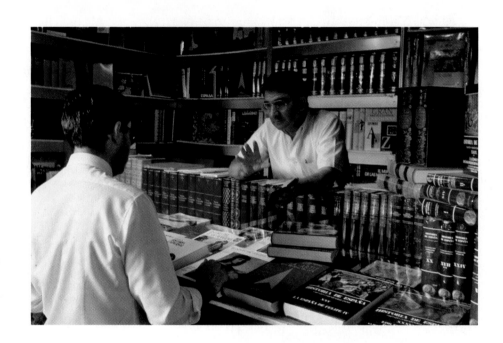

CULTURA

Although many Spanish-speaking countries (Argentina, Chile, Colombia, Cuba, México, República Dominicana, and Uruguay) use the **peso** as the basic currency, a significant number do not. Note the following countries and their currencies: Bolivia –**boliviano;** Costa Rica –**colón;** Ecuador –**sucre, dólar (U.S.);** El Salvador –**colón, dólar (US);** Guatemala –**quetzal;** Honduras –**lempira;** Nicaragua –**córdoba;** Panamá –**balboa;** Paraguay –**guaraní;** Perú –**nuevo sol;** Puerto Rico –**dólar (U.S.);** España –**euro;** and Venezuela –**bolívar.**

¿Qué dice usted?

1-7 Para completar. Complete the following statements, based on the previous conversation.

1. El estudiante necesita _comprar un diccionario_.
2. Es un diccionario _muy bueno_.
3. Es para su clase de _español_.
4. El diccionario cuesta _cuarenta y ocho euros_.

2 **1-8 ¿Cuánto cuesta?** You are at the university bookstore. Ask the salesclerk how much each of the following items costs.

MODELO:

ESTUDIANTE:
¿Cuánto cuesta la grabadora?

DEPENDIENTE/A:
Cuesta cincuenta euros.

En la universidad

Facultad de Arquitectura

Facultad de Medicina

Gimnasio

Cafetería

Plaza

Librería

Facultad de Informática

Computación
= la facultad ...

Facultad de Ciencias

Facultad de Humanidades

Biblioteca

¿Qué dice usted?

1-9 Entrevista (*Interview*). Ask a classmate where and when he/she does each of the following activities.

MODELO: practicar frisbi
　　　　　　E1: ¿Dónde practicas frisbi?
　　　　　　E2: Practico frisbi en la plaza.
　　　　　　E1: ¿Cuándo practicas?
　　　　　　E2: Practico por las tardes.

ACTIVIDAD	DÓNDE	CUÁNDO
1. estudiar para un examen difícil		
2. mirar televisión		
3. tomar café/chocolate		
4. bailar salsa		
5. escuchar música		
6. comprar un diccionario		

2 **1-10 En la universidad.** Tell your partner about your classes. Take turns completing the following sentences.

1. Llego a la universidad a la(s)...
2. Mi clase favorita es...
3. El/La profesor/a se llama...
4. La clase es muy...
5. Practico español en...
6. Para mi clase de composición en español, necesito...

2 **1-11 Busco una escuela.** With a classmate, read the following brochure and look for the following specific information: name of the school, classes offered, school's address, and school's telephone number.

Centro Audiovisual
MÉTODOS AUDIOVISUALES

Informática

Inglés

Contabilidad

Prácticas de oficina

Cálculo comercial

Secretariado y administración

Miguel Moya, 16 - 2.°, Valencia
Telf. (96) 329 58 48
(Junto al Mercado)

AUDIO **1-12 ¿Qué hacen estas personas?** You will hear three people talking about their activities during the week and on weekends, but before you listen, complete the following chart with your own activities.

MIS ACTIVIDADES DE TODOS LOS DÍAS	MIS ACTIVIDADES DEL FIN DE SEMANA
1.	
2.	
3.	

Now pay attention to the general idea of what is said. As you hear the three people talking about their activities, determine what they are talking about. Then write the number of the description next to the appropriate heading.

_____ los estudios
_____ el tiempo libre
_____ el trabajo

1. Subject pronouns

SINGULAR		PLURAL	
yo	*I*	nosotros, nosotras	*we*
tú	*you*	vosotros, vosotras	*you* (familiar)
usted	*you* (formal)	ustedes	*you* (formal/familiar)
él	*he*	ellos	*they* (masculine) — or mixed
ella	*she*	ellas	*they* (feminine)

- In Spain, the plural of **tú** is **vosotros** or **vosotras**. In other Spanish-speaking countries, the plural of both **tú** and **usted** is **ustedes**.

- Except for **ustedes**, the plural pronouns have masculine and feminine endings. Use **-as** for a group composed only of females; use **-os** for a mixed group or one composed only of males.

- Because the endings of Spanish verbs indicate the subject (the doer of the action), subject pronouns are generally used only for emphasis, clarification, or contrast.

¿Qué dice usted?

1-13 ¿Qué pronombre usa usted? Primera fase. You are talking *about* the people in the left column. Match the pronouns on the right with the people on the left.

1. __d__ Alfredo y Juana   a. él
2. __b__ la Sra. Gómez   b. ella
3. __e__ usted (*yourself*)   c. ellas
4. __a__ el Sr. Martínez   d. ellos
5. __f__ Ana y usted   e. yo
6. __c__ Alicia y Susana   f. nosotros/as

Segunda fase. Now you are talking *with* the following people. Match the pronouns on the right with the people mentioned on the left.

1. __b__ su profesor de historia   a. tú
2. __a__ su amigo íntimo   b. usted
3. __c__ dos doctores   c. ustedes
4. __b__ una senadora
5. __a__ dos compañeros
6. __a__ un niño (*a child*)

G **1-14 Mis compañeros.** Ask questions to find out what your classmates are like. Every student will take notes to share answers with the class.

MODELO: E1: ¿Quién es optimista?
E2: Yo (*o* él, ella, nosotros, etc.).
COMENTARIO: Hay tres estudiantes optimistas. *o*
No hay estudiantes optimistas en el grupo.

	TOTAL	COMENTARIO
responsable	3	Hay 3 estudiantes responsables.
pesimista		
estudioso/a		
hiperactivo/a		
perfeccionista		
tolerante		
creativo/a		

2. Present tense of regular *-ar* verbs

HABLAR			
yo	hablo	nosotros/as	hablamos
tú	hablas	vosotros/as	habláis
él, ella, Ud.	habla	ellos, ellas, Uds.	hablan

■ Use the present tense to express what you and others generally or habitually do or do not do. You may also use the present tense to express an ongoing action. Context will tell you which meaning is intended.

Ana trabaja en la oficina. *Ana works in the office.*
Ana is working in the office.

■ Here are some expressions you may find useful when talking about what you and others habitually do or do not do.

siempre	*always*	**muchas veces**	*often*
todos los días/meses	*every day/month*	**a veces**	*sometimes*
todas las semanas	*every week*	**nunca**	*never*

■ Other common -ar verbs are **bailar, buscar, caminar, comprar, conversar, escuchar, estudiar, llegar, montar, practicar, tomar, trabajar.**

¿Qué dice usted?

1-15 Preferencias. Primera fase. Rank the following activities from 1 to 8, according to your preferences (1 = most interesting, 8 = least interesting).

_____ bailar en una discoteca
_____ mirar televisión en casa
_____ conversar con amigos en los cafés
_____ caminar en la playa
_____ montar en bicicleta los fines de semana
_____ escuchar música rock
_____ comprar casetes y videos
_____ hablar por teléfono con amigos

2 **Segunda fase.** Now compare your answers with those of a classmate according to the model.

MODELO: E1: Para mí, caminar en la playa es número 1. ¿Y para ti?
E2: Para mí, conversar con amigos en los cafés es número 1.

1-16 Mis actividades. Primera fase. Indicate with a check mark the activities that are part of your routine at the university.

1. _____ Llego a la universidad a las nueve de la mañana.
2. _____ Tomo notas en todas las clases.
3. _____ Converso con mis amigos en la plaza.
4. _____ Hablo con mis compañeros en la cafetería.
5. _____ Estudio en la biblioteca por las mañanas.
6. _____ Practico español con el CD-ROM en el laboratorio de computadoras.
7. _____ Miro programas cómicos en la televisión.
8. _____ A veces camino en el parque con un amigo.

② **Segunda fase.** Now compare your answers with those of a classmate. The expressions in the box will help you react to the information you hear as your classmate tells you about himself/herself. Report your findings to the class.

MODELO: Daniel y yo somos (muy) similares. Él y yo miramos programas cómicos en la televisión. o Daniel y yo somos (muy) diferentes. Yo estudio por las mañanas; él estudia por las tardes.

1-17 A preguntar. Find one classmate who does each of the following activities. Write his/her name in the corresponding column. The expressions in the box will help carry out a more spontaneous conversation.

MODELO: mirar televisión por la noche
　　　　 E1: ¿Miras televisión por la noche?
　　　　 E2: Sí, miro televisión por la noche.
　　　　　　 No, miro televisión por la tarde.

PERSONA	ACTIVIDAD
_____	estudiar español los fines de semana
_____	llegar a la universidad a las 9:30 a.m.
_____	escuchar música clásica en casa por la noche
_____	trabajar en una oficina por la tarde

② **1-18 Unos estudiantes excelentes.** Make a list of things that the excellent students in your class do. Then, compare your lists.

MODELO: Siempre toman apuntes.

1-19 Mis actividades. Primera fase. Place a check mark in the space that indicates the frequency with which you do the following activities.

ACTIVIDADES	A VECES	MUCHAS VECES	SIEMPRE	NUNCA
estudiar con amigos				
sacar buenas notas				
llegar a la facultad a las ocho				
mirar televisión por la noche				
bailar los sábados				
montar en bicicleta los fines de semana				

EN DIRECTO

To express disbelief:
¡Qué increíble!
To show surprise at a coincidence:
¡Qué coincidencia!
To express interest at a finding:
¡Qué interesante!

EN DIRECTO

To call the attention of someone or to interrupt to ask questions:
¡Oye! (*to someone around your age or younger*)
Oiga, por favor. (*to someone unknown to you*)
Perdón, tengo unas preguntas.
To agree to answer:
Con mucho gusto.

② **Segunda fase.** Now, take turns telling the frequency with which you do the previous activities. Then, find out where he/she does them.

MODELO: E1: Yo estudio con amigos a veces, ¿Y tú?
E2: Yo siempre estudio con amigos.
E1: ¿Dónde estudias/estudian?
E2: Estudio/Estudiamos en la biblioteca.

② **1-20 Tengo mucha curiosidad.** You are really curious about how busy or quiet Friday evenings/nights are for one of your classmates. Write down four questions and ask him/her. Be prepared to answer his/her questions as well.

MODELO: ¿Estudias los viernes por la noche?

G **Segunda fase.** Determine what activities are common to both of you. Then share them with another couple.

② **1-21 Un día típico en la vida de Luisa. Primera fase.** Describe what Luisa does on a typical day.

MODELO: Luisa llega a la oficina a las nueve menos diez.

1.

2.

3.

4.

5.

6.

Segunda fase. Now, based on a typical day in her life, say what Luisa is like. Then explain what you normally do on a regular workday.

SITUACIONES

Use the expressions you have learned to sound more natural and spontaneous.

1. Your friend tells you that he/she works in the afternoons and you would like to know more about his/her job. Ask him/her a) where he/she works, b) the days of the week and the hours that he/she works, and c) how interesting/boring/difficult/easy the job is.

2. Greet your partner and ask a) how he/she is, b) what subjects he/she is studying this semester, c) the time of his/her first class **(primera clase)**, and d) what the professor is like.

3. Greet a new friend on campus and ask what he/she and his/her friends normally do on weekends (**¿Qué hacen...?**). Explain to him/her what you and your friends normally do on weekends.

4. You need to buy some school supplies at the university bookstore. Ask the salesperson for at least three items. Be specific and ask for prices. He/She will give you some choices and inform you of the prices.

3. Articles and nouns: Gender and number

Nouns are words that name a person, place, or thing. In English all nouns use the same definite article, *the*, and the indefinite articles *a* and *an*. In Spanish, masculine nouns use **el** or **un** and feminine nouns use **la** or **una**. The terms masculine and feminine are used in a grammatical sense and have nothing to do with biological gender.

Gender

	MASCULINE	FEMININE	
SINGULAR DEFINITE ARTICLES	el	la	*the*
SINGULAR INDEFINITE ARTICLES	un	una	*a/an*
	unos	unas	

■ Generally, nouns that end in **-o** are masculine and require **el** or **un**, and those that end in **-a** are feminine and require **la** or **una**.

el/un libro   el/un cuaderno   el/un diccionario
la/una mesa   la/una silla   la/una ventana

■ Nouns that end in **-dad, -ción, -sión** are feminine and require **la** or **una**.

la/una universidad   la/una lección   la/una televisión

■ Some nouns that end in **-a** and **-ma** are masculine.

el/un día   el/un mapa
el/un programa   el/un problema

■ In general, nouns that refer to males are masculine and require **el/un**, whereas nouns that refer to females are feminine and require **la/una**. Masculine nouns ending in **-o** change the **-o** to **-a** for the feminine; those ending in a consonant add **-a** for the feminine.

el/un amigo   la/una amiga
el/un profesor   la/una profesora

■ Nouns ending in **-ante** and **-ente** normally share the same form (**el/la estudiante**), but sometimes they have a feminine form ending in **-a** (**el dependiente, la dependienta**).

■ Use definite articles with titles (except **don** and **doña**) when you are talking about someone. Do not use definite articles when addressing someone directly.

<table>
<tr><td>**La** señorita Andrade trabaja en el Departamento de Lenguas. Cuando **el** profesor Jones llega por la mañana, ella dice: "Buenos días, profesor Jones", y él contesta: "Buenos días, señorita Andrade".</td><td>*Miss Andrade works in the Department of Languages. When Professor Jones arrives in the morning, she says, "Good morning, Professor Jones," and he answers, "Good morning, Miss Andrade."*</td></tr>
</table>

Number

	MASCULINE	FEMININE	
PLURAL DEFINITE ARTICLES	los	las	*the*
PLURAL INDEFINITE ARTICLES	unos	unas	*some*

■ Add **-s** to form the plural of nouns that end in a vowel. Add **-es** to nouns ending in a consonant.

la silla	→ las sillas	el cuaderno	→ los cuadernos
la actividad	→ las actividades	el señor	→ los señores

■ Nouns that end in **-z** change the **z** to **c** before **-es**.

el lápiz → los lápi**c**es

■ To refer to a mixed group, use masculine plural forms.

los chicos *the boys and girls*

¿Qué dice usted?

2 **1-22 Conversaciones incompletas.** Complete the following dialogs with the appropriate articles.

A. Supply the appropriate definite articles (**el, la, los, las**).

E1: ¿Dónde está María?
E2: Está en _la_ clase de _la_ profesora Sánchez.
E1: ¡Qué lástima! Necesito hablar con ella. Es urgente.
E2: Bueno, ella está en _el_ salón de clase hasta _la_ una, y por _las_ tarde trabaja en _el_ laboratorio.
E1: ¿Y a qué hora llega?
E2: Llega a _las_ dos, más o menos.

B. Supply the appropriate indefinite articles (**un, una, unos, unas**).

E1: Necesito comprar _una_ grabadora y _unos_ lápices.
E2: Y yo necesito _un_ bolígrafo y _un_ diccionario, pero no sé qué diccionario comprar.
E1: Para el primer curso, _unos_ profesores usan _un_ diccionario pequeño y otros usan _un_ diccionario grande. Habla con tu profesor.

C. Supply the appropriate definite or indefinite articles.

E1: Tengo ___el___ examen de matemáticas mañana y necesito sacar ___una___ buena nota en esa clase.

E2: ¿Quién es ___el___ profesor?

E1: Es ___la___ doctora Solís.

E2: ¡Ah! Es ___una___ profesora excelente.

E1: Sí, pero ___la___ clase es muy difícil. Estudio y reviso ___las___ tareas todos ___los___ días, pero no saco buenas notas.

E2: ¡Vaya! Lo siento mucho.

2 **1-23 ¿Qué necesitan?** Take turns saying what these classmates need.

MODELO: Alicia tiene que escuchar unos casetes.
          Necesita una grabadora.

Tiene + que + inf.

1. Mónica tiene que tomar apuntes en la clase de historia.
2. Carlos y Ana tienen que hacer (*to do*) la tarea de matemáticas.
3. Alfredo tiene que estudiar para el examen de geografía.
4. Isabel tiene que escribir una composición para su clase de inglés.
5. Blanca y Lucía tienen que encontrar (*find*) dónde está Salamanca.
6. David tiene que copiar un programa de su computadora para un compañero.

SITUACIONES

To sound more natural and spontaneous in your conversation use the expressions you have learned.

1. **Role A.** You have missed the first day of class. Ask one of your classmates a) at what time the class is, b) who the professor is, and c) what you need for the class.

   Role B. Tell your classmate a) the time of the class, and if the class is in the morning, afternoon, or evening; b) the name of the professor and what he/she is like; and c) at least three items that your classmate will need for the class.

2. **Role A.** You work for the student newspaper at your college and you have been asked to interview students to find out what they typically do on weekends. After introducing yourself, find out from your interviewee a) if he/she works, and where; b) what he/she studies; and c) what he/she does on Saturdays and Sundays.

   Role B. Tell the interviewer a) if you work, and where you work; b) the classes you take; and c) the things you do on weekends, where you do them, and with whom you do them.

4. Present tense of the verb *estar*

ESTAR			
yo	**estoy**	*I*	*am*
tú	**estás**	*you*	*are*
Ud., él, ella	**está**	*you are, he/she*	*is*
nosotros/as	**estamos**	*we*	*are*
vosotros/as	**estáis**	*you*	*are*
Uds., ellos, ellas	**están**	*you, they*	*are*

■ Use **estar** to express the location of persons or objects.

¿Dónde **está** el gimnasio?　　*Where is the gym?*
Está al lado de la cafetería.　　*It is next to the cafeteria.*

■ Use **estar** to talk about states of health.

¿Cómo **está** el señor Mora?　　*How is Mr. Mora?*
Está muy bien.　　*He is very well.*

¿Qué dice usted?

2 **1-24 En la cafetería.** In the cafeteria, you run across a former classmate whom you have not seen for some time. Complete the following conversation, using the correct forms of **estar.**

estoy	estás	está	estamos	están

ROBERTO: Hola, Carlos. ¿Qué tal? ¿Cómo _estás_ ?
  CARLOS: _Estoy_ muy bien. ¿Y tú?
ROBERTO: Muy bien, muy bien. ¿Y cómo _está_ tu hermana *(sister)* Ana?
  CARLOS: Ella y mamá _están_ en España ahora.
ROBERTO: ¡Qué suerte! Y nosotros _____ en la universidad, ¡y en la semana
  de exámenes!　　_estamos_

2 **1-25 Lugares en el campus. Primera fase.** Determine four places on campus that in your view are frequently visited by students in your university.

Segunda fase. You run across a classmate in the hallway. Tell him/her what you need from two of the buildings mentioned in **Primera fase,** and then ask where these buildings are located. He/She will answer as specifically as possible. Do not forget to address him/her appropriately as you approach him/her and ask for help. Also, thank him/her for the information.

MODELO:　E1: Necesito un mapa. ¿Dónde está la biblioteca?
　　　　　E2: Está _al lado de librería._

2 **1-26 Horas y lugares. Primera fase.** Ask where your classmate usually is at the following times and days.

MODELO:　8:00 a.m. / los lunes
　　　　　E1: ¿Dónde estás a las ocho de la mañana los lunes?
　　　　　E2: Estoy en la clase de física. ¿Y tú?
　　　　　E1: Estoy en casa.

a. 9:00 a.m. / los martes
b. 11:00 a.m. / los miércoles.
c. 1:00 p.m. / los viernes

d. 3:00 p.m. / los domingos
e. 9:00 p.m. / los lunes
f. ...

G **Segunda fase.** Ask two classmates where they usually are a) in the morning, b) in the afternoon, and c) in the evening on weekends. Then share this information with the class.

2 **1-27 Conversación.** Look at the following drawings. Ask a classmate where these people are, how they feel, and what they are doing.

MODELO: E1: ¿Dónde está María Luisa?
E2: Está en la biblioteca.
E1: ¿Cómo está?
E2: Está regular.
E1: ¿Qué hace?
E2: Estudia.

María Luisa

1. Berta   Lorena

2. Carlos   el Dr. Núñez

3. Marcelo   Eduardo

SITUACIONES

1. **Role A.** You are the university representative who has to give directions to a graphic designer for the new student handbook. Explain to him/her the location of the various buildings below.

| la cafetería | la biblioteca | la Facultad de Humanidades |
| la Facultad de Ciencias | la librería | el gimnasio |

   Role B. You are the graphic designer for the campus map. Ask questions about the location of these buildings as you draw the new map. When you have finished, show the map to the university representative to check if you have understood his/her explanations.

2. **Role A.** You are a new student at the university and you do not know where the bookstore is. Introduce yourself to one of your classmates. Then, a) tell him/her that you need to buy some books and b) ask where the bookstore is. Thank him/her for the help (**Gracias por la ayuda**).

   Role B. A new student will greet you and ask questions. Make your answers as complete and specific as possible.

5. Question words

cómo	how/what	cuál(es)	which
dónde	where	quién(es)	who
qué	what	cuánto/a	how much
cuándo	when	cuántos/as	how many

■ If a subject is used in a question, it normally follows the verb.

¿Dónde **trabaja Elsa?** *Where does Elsa work?*

■ Use **por qué** to ask *why* and **porque** to answer *because.*

¿Por qué está Pepe en la biblioteca? *Why is Pepe at the library?*
Porque necesita estudiar. *Because he needs to study.*

■ Use **qué + ser** when you want to ask for a definition or an explanation.

¿Qué es la sardana? *What is the sardana?*
Es un baile típico de Cataluña. *It is a typical dance of Catalonia.*

■ Use **cuál (es) + ser** when you want to ask which one(s).

¿Cuál es tu mochila? *Which (one) is your backpack?*
¿Cuáles son tus papeles? *Which (ones) are your papers?*

■ Questions that may be answered with **sí** or **no** do not use a question word.

¿Trabajan ustedes los sábados? *Do you work on Saturdays?*
No, no trabajamos. *No, we do not.*

■ Another way to ask a question is to place an interrogative tag after a declarative statement.

Tú hablas inglés, **¿verdad?** *You speak English, don't you?*
David es norteamericano, **¿no?** *David is an American, isn't he?*

¿Qué dice usted?

1-28 Entrevista. Look at the cues in the right column before completing the questions using **quién, cuándo, cuántos/as, cuál, por qué**, as needed. Then walk around the room to interview two classmates.

1. ¿_____ clases tomas? Tomo...
2. ¿_____ son tus clases? Por la...
3. ¿_____ es tu clase favorita? La clase de...
4. ¿_____ es tu profesor favorito? El/La profesor/a...
5. ¿_____ estudias español? Porque...
6. ¿_____ estudiantes hay en tu clase de español? Hay...

1-29 Entrevista. Ask appropriate questions to find out the following information. Use the appropriate expressions to show: disbelief, coincidence, how interesting the answers you hear are, etc.

1. número de clases que toma este semestre
2. su clase favorita y por qué
3. número de alumnos en la clase favorita
4. nombre del/de la profesor/a favorito/a
5. lugar donde estudia y cuántas horas
6. lugar donde trabaja

2 **1-30 Entrevista.** You are conducting a survey for a Spanish television station. Ask appropriate questions to find out the information requested below.

1. Dirección _____
2. Teléfono _____
3. Número de personas en la casa/el apartamento _____
4. Número de televisores en la casa/el apartamento _____
5. Programas favoritos _____
6. Número de horas que miran televisión durante la semana _____
7. Número de horas que miran televisión los fines de semana _____

 SITUACIONES

✓ HW
6+05entencia

1. You have just run across a Spanish-speaking friend that you have not seen for a long time. Tell him/her about a) your university (location and size), b) your courses, and c) your activities. Ask him/her questions to get the same information.

2. **Role A:** It is the beginning of the term, and you missed yesterday's class. As usual, you expect some minor changes in the course schedule and syllabus. Ask your partner a) if there is homework, b) if there is an exam soon **(pronto)**, and c) when the exam is.

   Role B: Answer your classmate's questions being as specific as possible. You may add that the exam will take place in a different classroom and give him/her the classroom location.

ALGO MÁS

Some regular -er and -ir verbs

The verb form found in dictionaries and in most vocabulary lists is the infinitive: **hablar, estudiar,** etc. Its equivalent in English is the verb preceded by *to: to speak, to study.* In Spanish, most infinitives end in **-ar**; other infinitives end in **-er** and **-ir**.

So far you have practiced the present tense of regular **-ar** verbs. Now you will practice the **yo, tú,** and **usted/él/ella** forms of some **-er** and **-ir** verbs: **leer,** *to read;* **comer,** *to eat;* **aprender,** *to learn;* **escribir,** *to write;* **vivir,** *to live;* **asistir,** *to attend.*

■ As you did with **-ar** verbs, use the ending **-o** when talking about your daily activities.

Leo y **escribo** en la clase todos los días.	*I read and I write in class every day.*

■ For the **tú** form, use the ending **-es.**

¿**Comes** en la cafetería o en tu casa?	*Do you eat in the cafeteria or at home?*
Vives en una casa, ¿verdad?	*You live in a house, right?*

■ For the **usted/él/ella** form, delete the final **-s** of the **tú** form.

Ella **vive** en la calle Salud.	*She lives on Salud Street.*

¿Qué dice usted?

2 **1-31 Las actividades de su profesor.** Try to guess whether the following information about your instructor is true (**cierto**) or false (**falso**). Then ask your instructor to verify the information.

1. _____ Escribe poemas.
2. _____ Come en restaurantes los fines de semana.
3. _____ Tiene cuatro clases todos los días.
4. _____ Vive en un condominio.
5. _____ Toma mucho café.
6. _____ Consulta Internet para sus clases.

2 **1-32 ¿Con qué frecuencia?** Decide who is going to be **Estudiante 1** and who will be **Estudiante 2.** After filling out the chart corresponding to your role, ask your classmate when he/she does each activity listed under his/her column.

MODELO: comer pizza
E1: Yo como pizza los domingos. Y tú, ¿cuándo comes pizza?
E2: Yo nunca como pizza.

ACTIVIDAD	TODOS LOS DÍAS	A VECES	LOS DOMINGOS	NUNCA
ESTUDIANTE 1				
comer hamburguesas				
mirar televisión por la noche				
leer novelas de detectives				
escribir composiciones				
ESTUDIANTE 2				
comer pasta				
asistir a conciertos de rock				
leer libros de ciencia				
aprender palabras en español				

MOSAICOS

Escuchar

Listening for the gist

When you are involved in a conversation or when you hear somebody else talking you may get the gist of the conversation without understanding every word or paying attention to every detail. You do this based on your experience, knowledge of the situation, etc.

Antes de escuchar

1-33 ¿Cierto o falso? You will hear two students talking about their classes. Before listening to the recording, think about the kinds of things they may say and make a list of what you might expect to hear based on your experience.

_____

_____

_____

A escuchar

AUDIO **1-34 Dos estudiantes.** First read the following statements. Then listen to the conversation between Ana and Mario and indicate whether each statement is **Cierto** or **Falso.**

	CIERTO	FALSO
1. Mario y Ana son buenos estudiantes.	✓	
2. Mario toma clases de ciencias y de humanidades.	✓	
3. Ana toma sólo clases de ciencias.		✓
4. Todas las clases de Ana son muy fáciles.	✓	
5. La clase favorita de Mario es historia.		✓

Después de escuchar

1-35 ¿Y usted? Answer the following questions.

1. ¿Toma usted clases de humanidades y ciencias?
2. ¿Cuál es su clase más fácil?

Antes de escuchar

1-36 ¿Qué clases toman? You will listen to the class schedule of three students. Before you listen, list the classes you take on Mondays, Wednesdays, and Fridays. Then list the classes you take on Tuesdays and Thursdays.

LUNES, MIÉRCOLES Y VIERNES	MARTES Y JUEVES

AUDIO A escuchar

1-37 Horarios. Now you will listen to Cristina's, Ester's, and Jorge's schedule. As you listen, complete the following chart based on the information that you hear.

NOMBRE DEL ESTUDIANTE	LUNES, MIÉRCOLES Y VIERNES	MARTES Y JUEVES
	economía	biología
	química	psicología
	contabilidad	
	matemáticas	biología
	química	física
		portugués
	portugués	psicología
	geografía	informática

Después de escuchar

1-38 ¿Y usted? In the following chart, write down your schedule and compare it with that of a classmate.

HORA	LUNES	MARTES	MIÉRCOLES	JUEVES	VIERNES

Conversar

Antes de conversar

1-39 El arte de preguntar. In column A, write the questions to the answers provided in column B.

    A   **B**

1. _____ La dirección de la librería es Calle Mayor, número 50.
2. _____ Sí, tengo libros de historia de España en español.
3. _____ Sí, tengo diccionarios en español.
4. _____ Los estudiantes compran más el diccionario que cuesta 40 euros.

A conversar

1-40 Un favor. You live in Málaga, Spain. Your American friend would like to send his girlfriend some gifts from Spain: a fancy pen, a history book, a Spanish dictionary, and a map of Spain. Read the following ad and call the bookstore to find out if it has what your friend needs. Your classmate will play the role of the bookstore clerk. Remember to follow the formalities of phone conversations with someone you do not know. Switch roles.

LIBRERÍA CERVANTES

Papelería • Impresos • Artículos para escritorio

Libros de textos • Revistas

Casa especializada en estilógrafos y bolígrafos

Plaza Constitución, 3

29005   Málaga

Teléfono 221 19 99

> **EN DIRECTO**
>
> **To answer the phone in Spain:**
> ¿Diga?
>
> **To greet someone formally:**
> Buenos días/Buenas tardes.
>
> **To ask if they have what you need:**
> Necesito/Busco un/una... (*name what you are looking for*).

Después de conversar

1-41 Favor hecho (*done*). Write an e-mail to your American friend informing him whether the bookstore has each item he needs and the price.

Antes de conversar

1-42 ¿Qué clases tomas este semestre? Make a list of the classes you are taking this term.

A conversar

 1-43 Entrevista. Ask all members of your group what courses they are taking and what their classes are like. Complete the chart with the results of your poll.

MODELO: E1: ¿Estudias estadística?
            E2: Sí, estudio estadística./No, no estudio estadística. Estudio...
            E1: ¿Es una clase difícil?
            E2: No, es (una clase) fácil.
            E1: ¿Es una clase obligatoria?
            E2: Sí, (es obligatoria). / No, (es optativa).

MATERIAS	ESTUDIANTE	DIFÍCIL	FÁCIL	OBLIGATORIA	OPTATIVA
ciencias políticas					
economía					
español					
literatura inglesa					
matemáticas					

Después de conversar

 1-44 Resultados de la entrevista. Now summarize the results of your poll and share them with the class.

1. ¿Cuántos/as compañeros/as estudian economía, física, etc.?
2. Según la opinión del grupo, ¿qué clases son fáciles? ¿Qué clases son difíciles?
3. ¿Qué clases son obligatorias? ¿Y qué clases son optativas?

 Leer

Introduction to reading

Reading is an important skill that you will develop as you study Spanish. You should not expect to be able to read proficiently at first; however, it is important to begin developing this ability early in the language learning process.

In each chapter of *Mosaicos,* you will be focusing on one or two reading strategies to improve your reading skills in Spanish. As the term unfolds, you will also review previously learned strategies that are necessary to face more complex texts.

In *Lección 1,* you will do the following:

- Draw on your experience and knowledge of the world to comprehend an unfamiliar text. Use what you know about the topic as you read; this will help you predict and/or discover new meanings.

- Pay attention to cognates; that is, words that are spelled similarly in Spanish and English and that bear the same meaning. Such words will help tremendously with comprehension of the text. Beware that there are also false cognates (words with the same or almost the same spelling), which may hinder your interpretation of meaning.

■ Pay close attention to visual cues like photographs, illustrations, and charts that may accompany the reading, or to the size of type used for headings, and so on. These visual cues will help you make educated guesses about the content and meaning of the text.

■ Get used to reading every text at least twice. First read the text to get the general sense and main ideas. When you read the second time, underline or jot down unfamiliar expressions that block your comprehension of the text. Make hypotheses about possible meanings and read the text a third time. This last reading should serve as a confirmation of your guesses.

Guía de prelectura

1. As you take a quick look at the text in 1-46, rely on your previous knowledge to answer these questions:

A. Does the following text appear in a newspaper?   Yes   No

B. What information led you to answer the way you did?
   1. the format of the text   Yes   No
   2. some cognates in the text   Yes   No
   3. the illustrations   Yes   No

2. Use your knowledge of the English language for comprehension. If cognates helped you figure out the kind of text this is, can you write at least three of the cognates that facilitated your work?

   a. _____   b. _____   c. _____

Antes de leer

1-45 Preparación. Which of the classes below should be mandatory for students majoring in the following careers? Write the classes under the corresponding career.

fisiología
diseño gráfico
drogas tóxicas
conflictos sociales contemporáneos
la estructura del español

muralistas mexicanos
anatomía
medicinas alternativas
historia de las lenguas modernas
la depresión

MEDICINA	BELLAS ARTES	FARMACIA	PSICOLOGÍA	FILOLOGÍA

A leer

1-46 Primera mirada. Underline the correct response in each statement taken from the Web page of a Spanish educational institution.

1. Esta página web es de una escuela secundaria/de una universidad/del gobierno español.
2. El logo indica que esta institución es muy nueva/muy antigua.
3. Esta página web presenta una lista de clases/una lista de carreras.
4. La información de esta página web es muy específica/muy general.
5. Esta institución tiene un campus/más de un campus.
6. Es posible/No es posible escribir un correo electrónico (*e-mail*) para obtener información sobre las carreras.

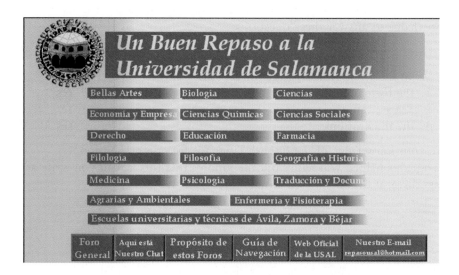

1-47 Segunda mirada. According to the information on the Web page, answer the following questions.

1. ¿Qué palabras de esta página Web son probablemente nombres de ciudades?
2. Al final (*the bottom*) de esta página Web hay varias teclas (*keys*). ¿Qué tecla usan los estudiantes para conversar con personas que trabajan en la Universidad de Salamanca?
3. Imagínese que usted necesita información sobre su especialidad en la Universidad de Salamanca. ¿Qué facultad tiene la información que usted necesita?

Después de leer

1-48 Ampliación. In general, most of the words ending in **-ía, -cia, -ción** are feminine in Spanish. Find the names of some careers that have a feminine ending. Write them below.

-ÍA	-CIA	-CIÓN

Escribir

Identifying basic aspects of writing

Writing is an act of communication in every language. In order for your writing to be effective, you need to consider the following questions before you begin:

1. **Purpose:** Why are you writing? To communicate with a friend? To request something in a business situation? To complain? To inform?
2. **Medium of communication:** What medium of communication are you using? Is it a letter, a postcard, an essay? Are you filling out a form, writing a report?
3. **Reader:** Are you writing to a friend, a business person, a young or an old person?
4. **Topic:** What is the content of your writing? Are you writing about your personal experience or about a broader, more general topic?
5. **Language:** What vocabulary and structures will you potentially need to develop your topic? When writing in a language other than your own, you will find it helpful to list these before you begin. For example, if you are interviewing a classmate about his or her background, you will find it useful to make a list of the questions for requesting personal information: *¿Dónde vives? ¿Qué estudias?*, and so on.

In this chapter, you have talked about your life at school, outside school, and your daily routine. Now, you will have the opportunity to do it in writing.

Antes de escribir

1-49 Preparación. Primera fase. Imagine that this is your first year in college and you would like to write your Spanish-speaking pen pal an e-mail about your new life as a university student. To show your pen pal that your Spanish skills have improved greatly, think about the following information and complete what's missing.

1. Specify the purpose of your message/writing.
2. Determine your reader.
3. Determine the topic of your message.

Segunda fase. Now plan the language you will probably use.

1. Think of two ways to tell your friend how things are going for you. Write them down.
2. Make a list in Spanish of the classes you are taking this term.
3. Write some expressions that you would use to describe what your professors and your classes are like.
4. Make a list of the activities that you routinely do . . .
   a. during the week: When and where do you do them? Do you do them in the morning, in the afternoon, or at night? Do you do them with a friend or with a classmate?
   b. on weekends: How different is your weekend from the rest of the week? Do you break up your routine? How?

A escribir

1-50 Manos a la obra. Now write your Spanish-speaking pen pal an e-mail telling him/her about your new life at the university. You may use the information you gathered in Activity 1-49. Do not forget to tell him/her . . .

■ how things are going for you.

■ about your university or college, the number and names of your classes, when you are taking them, how interesting (or not) your classes and professors are.

■ what your daily routine at school is like, what you do after (*después de*) class and on weekends, where and with whom you do these activities, and so on.

Para:

Asunto:

Querido/a....,

Hasta pronto.....

Después de escribir

2 **1-51 Revisión.** After writing your e-mail, discuss it with a classmate. Then make any necessary changes.

■ Make sure you have provided all the information requested in 1-50 or any other you may deem necessary.

■ Revise any possible inaccuracies you may find regarding language use, spelling, punctuation, accentuation, and so on.

■ Finally, make any necessary changes that will make your text clear and comprehensible to your e-mail pen pal.

ENFOQUE CULTURAL

Para pensar

¿Cómo se llama su universidad? ¿Es grande o pequeña? ¿Nueva o antigua? ¿Privada o pública? ¿Es difícil ingresar (*be admitted*) a la universidad en los Estados Unidos? ¿Qué examen toman los estudiantes de secundaria para entrar a la universidad?

Algunas universidades españolas son modernas, pero también hay otras que son muy antiguas. Entre las universidades más antiguas está la Universidad de Salamanca, fundada en el siglo XIII.

En Hispanoamérica, las primeras universidades se fundan en el siglo XVI: la Universidad de Santo Tomás de Aquino (en la foto), en Santo Domingo, República Dominicana; la Universidad de San Marcos, en Lima, Perú; y la Universidad de México.

Para contestar

A. Las universidades. Responda a las siguientes preguntas:

1. ¿Cómo son las universidades en el mundo hispano? Explique.
2. ¿Hay muchas universidades antiguas en los países hispanos? Dé un ejemplo.

G B. Riqueza cultural. Mencionen dos cosas similares y alguna diferencia entre las universidades de los Estados Unidos y las de España o Hispanoamérica.

Algunas universidades son muy grandes, como, por ejemplo, la Universidad Complutense de Madrid, donde estudian más de 120.000 estudiantes. Otras son mucho más pequeñas y tienen menos estudiantes.

Para pensar

¿Sabe usted dónde está España? ¿Qué ciudades importantes hay? ¿Qué museos y parques importantes hay? ¿Conoce usted (*do you know*) alguna actividad típica española? ¿Cuál es?

Café al aire libre en la Plaza Mayor de Madrid.

El Museo del Prado en Madrid.

Madrid, la capital de España, es una ciudad de gran vitalidad y energía. Durante el día los madrileños se reúnen en los cafés y terrazas y en la noche, hasta la madrugada, en los bares y discotecas.

Expresiones españolas:

ir de tapas	¡Vamos **de tapas**!	*Let's go have some tapas!*
catear	¡Me han **cateado**!	*They've flunked me!*
majo/a	Ella es muy **maja**.	*She's a very nice person.*
vale	Te llamo luego, ¿**vale**?	*I'll call you later, OK?*
chaval	¿Dónde está ese **chaval**?	*Where's that kid?*

Para contestar

En el mapa

1. Busque tres ciudades importantes de España. Indique dónde están.
2. Diga qué ciudad está más cerca de (*near*) Portugal. ¿Y de Francia?

Ahora diga...

1. ¿Por qué es famosa Sevilla?
2. ¿Qué lugar de Madrid le gustaría (*would you like*) visitar?

Los madrileños también disfrutan de los muchos museos, palacios, iglesias, y de las impresionantes plazas, fuentes y parques de su ciudad.

En el sur de España está Sevilla, ciudad de un encanto sin par. Sevilla es famosa por sus históricos edificios y también por sus celebraciones de Semana Santa con sus procesiones religiosas. En la Feria de abril, las sevillanas, que son los bailes típicos, y las corridas de toros llenan de alegría la ciudad. Visitar España es una experiencia cultural muy importante.

¿Qué dice Ud...

1. para describir a una persona agradable?
2. si quiere comer algo con sus amigos?
3. si saca una nota muy mala en un examen?

Para investigar en Internet

Busque información en *www.prenhall.com/mosaicos* sobre elementos importantes en la vida universitaria en España y en Hispanoamérica (eventos deportivos, bibliotecas, cafés, exposiciones de arte, conferencias, etc.). Informe a sus compañeros de alguna actividad interesante.

¡Prepárese!

1-52 Cognados. Before watching the first episode of *Fortunas,* look at the following list of cognates. Can you guess the meaning of these words?

a. la fortuna   _____
b. el misterio   _____
c. la competencia   _____
d. el/la participante _____
e. el público   _____

1-53 Diccionario. Now use a bilingual dictionary or the glossary at the back of the book to learn the meanings of the following words, which will also be helpful as you participate in *Fortunas.*

a. la pista   _clue_
b. el premio   _award, prize_
c. el concurso   _contest_
d. la regla   _____
e. la encuesta   _____

Ángela y Manolo trabajan en la producción del video.

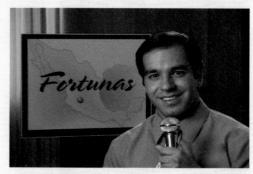

Tito anuncia que el concurso es en México.

Sabrina es de España.

Carlos es de Colombia.

Efraín es de Argentina.

Katie es de los Estados Unidos.

¡Responda!

1-54 Participantes. After watching the first episode of *Fortunas*, answer the following questions in Spanish, based on what you saw.

1. ¿Cómo es Manolo?
2. ¿Cómo es Ángela?
3. ¿De qué habla Tito?
4. ¿Cuántos participantes hay?
5. ¿Cuál es su participante favorito y por qué?

NOTAS: CUÉNTAME ALEGRÍAS, TACHÚ

The rhythms and singing style of this song (*canción*) reflect the influence of Spanish flamenco music, which originated in southern Spain.

¡Prepárese!

G **1-55 Estilos musicales.** What other styles of music besides flamenco do you know that are popular in Spain and other countries of the Spanish-speaking world? Work in groups to generate a list and then compare your list to those of other groups. Which group has the longest list?

¡Escuche!

1-56 Parejas. Primera fase. Look at each of the following words you will hear in *Cuéntame alegrías*. Then, match them to the English equivalents.

1. corazón _____
2. flor _____
3. amor _____
4. luz _____
5. alegría _____

a. *flower*
b. *heart*
c. *happiness*
d. *love*
e. *light*

Segunda fase. Thinking of the words in the **Primera fase**, what will the song that you will hear probably refer to? Mark your answer.

a. love _____   b. nature _____   c. sorrow _____

Cuéntame alegrías, mi "vía",
y dame tu amor.
Hazme una caricia, sonrisa,
dame el corazón.
Tienes mi alma, caramba,
hay para ti un rincón
y siempre presente en mi mente
Ahí te mantengo yo.

No quiero que llegue el día
¡Ay! que me digas que en la vida
todo tiene que acabar.
Que me digas que el cariño
igual que viene se va,

que ese amor que compartimos
lo arrastra una tempestad,
que ese amor tú lo compartas
con una persona más.

Eres luz del día, mi "vía",
flor de mi jardín
donde guardo flores y olores
sólo para ti.
Entre tierra y cielo, te quiero.
¡Ay! Nunca podrá haber
amor más sincero, espero
que nuestro querer

¡Responda!

1-57 Cantar, escuchar... After listening to the song, write sentences in Spanish, using the words of the two columns provided and adding some further information.

MODELO: Los chicos escuchan *Cuéntame alegrías* en la radio.

SUBJECTS	VERBS
yo	escuchar
la cantante (*singer*)	bailar
la canción (*song*)	cantar (*to sing*)
la música española	hablar
el flamenco	ser
mis compañeros y yo	estar

VOCABULARIO

AUDIO
En la clase

el diccionario	*dictionary*
el examen	*test, examination*
el mapa	*map*
la nota	*note, grade*
la tarea	*homework*

Materias o asignaturas

la antropología	*anthropology*
las ciencias políticas	*political science*
la economía	*economics*
el español	*Spanish*
la geografía	*geography*
la historia	*history*
la literatura	*literature*
la (p)sicología	*psychology*
la sociología	*sociology*

Lugares

la biblioteca	*library*
el café	*coffee house*
la cafetería	*cafeteria*
la casa	*house, home*
la discoteca	*dance club*
el gimnasio	*gymnasium*
el laboratorio	*laboratory*
el laboratorio de lenguas	*language lab*
la librería	*bookstore*
la oficina	*office*
la playa	*beach*
la universidad	*university*

Facultades

arquitectura	*architecture*
ciencias	*sciences*
humanidades	*humanities*
informática	*computer science*
medicina	*medicine*

Personas

el/la alumno/a	*student*
el/la compañero/a	*partner, classmate*
el/la dependiente/a	*salesperson*
ellos/ellas	*they*
nosotros/nosotras	*we*
ustedes	*you* (plural)

Descripciones

aburrido/a	*boring*
difícil	*difficult*
estudioso/a	*studious*
excelente	*excellent*
fácil	*easy*
grande	*big*
malo/a	*bad*
norteamericano/a	*American*
pequeño/a	*small*

Verbos

bailar	*to dance*
buscar	*to look for*
caminar	*to walk*
comprar	*to buy*
conversar	*to talk, to converse*
escuchar	*to listen (to)*
estar	*to be*
estudiar	*to study*
hablar	*to speak*
llegar	*to arrive*
mirar	*to look (at)*
montar	*to ride*
montar en bicicleta	*to ride a bicycle*
necesitar	*to need*
practicar	*to practice*
sacar	*to get, to take (out)*
tomar	*to take, to drink*
tomar apuntes	*to take notes*
trabajar	*to work*

Palabras y expresiones útiles

algo	*something*
buena suerte	*good luck*
¿Cómo te va?	*How is it going?*
con	*with*
¿Cuánto cuesta?	*How much is it?*
este/a	*this*
el fin de semana	*weekend*
para	*for, to*
pero	*but*
¡Qué lástima!	*What a pity!*
su	*his, her, their, your* (formal)
también	*also*
tengo/tienes	*I/you have*
¿Verdad?	*Right?*

See page 32 for expressions of frequency. See page 41 for some *-er* and *-ir* verb forms. See page 40 for question words.

2

LOS HISPANOS EN LOS ESTADOS UNIDOS

Objetivos comunicativos

- Asking about and describing persons, animals, places, and things
- Expressing nationality and place of origin
- Expressing where and when events take place
- Expressing possession
- Expressing likes and dislikes

Contenido

A primera vista

- Mis amigos y yo
- ¿Cómo son...?
- ¿De qué color son...?
- ¿De dónde son...?

Explicación y expansión

- Adjectives
- Present tense and some uses of the verb *ser*
- *Ser* and *estar* with adjectives
- Possessive adjectives
- Algo Más: Expressions with *gustar*

Mosaicos

- Escuchar: Listening for specific information
- Conversar: Describing appearance and personality
- Leer: Scanning a text; inferring meaning
- Escribir: Responding to an ad; addressing an unknown reader

Enfoque cultural

- Temas: Los hispanos en los Estados Unidos
- Vistas: La influencia hispana en los Estados Unidos
  Para investigar en Internet
- Fortunas: Episodio 2
- Notas: Oh Naná, *Millo Torres y el Tercer Planeta*

Vocabulario

A PRIMERA VISTA

Mis amigos y yo

Me llamo Mario Quintana. Soy de Puerto Rico, y tengo veintidós años. **Me gusta** escuchar música y mirar televisión. Estudio en una universidad americana y **deseo ser** profesor de historia. Los **chicos** en estas fotografías son **mis amigos. Ellos también** son **hispanos y** estudian en la universidad. **Todos** somos **bilingües.**

Esta chica es Amanda Martone. Es **alta, delgada,** tiene los **ojos** de **color café** y el **pelo castaño** y muy **largo.** Amanda es una chica muy **agradable.** Estudia mucho y desea ser economista. Su familia es argentina, pero vive en los Estados Unidos.

Este chico se llama Ernesto Fernández. Ernesto es **moreno, bajo, fuerte,** muy **conversador** y **simpático.** Le gusta **usar** la computadora para conversar con sus amigos de aquí y de México.

Esta amiga se llama Ana Villegas. No es alta ni baja, es **mediana** y usa **lentes de contacto**. Es **pelirroja**, tiene pelo **corto** y ojos **negros**. Ana es **callada, trabajadora** y muy inteligente. Sus padres son cubanos.

Esta chica es Marta Chávez Conde. Es española y tiene veintiún años. Es **rubia**, tiene los ojos **azules**, y es muy **divertida**. Este año está en los Estados Unidos con su familia.

¿Qué dice usted?

2-1 Asociaciones. To whom do the descriptions on the left refer?

1. __b__ Tiene el pelo largo.
2. __a__ Tiene veintidós años.
3. __e__ Es de España.
4. __c__ Es bajo y fuerte.
5. __d__ Es callada y muy inteligente.
6. __c__ Habla mucho.
7. __b__ Tiene los ojos de color café.
8. __e__ Es rubia.
9. __e__ Tiene los ojos azules y es muy divertida.
10. __a__ Desea ser profesor de historia.

a. Mario Quintana
b. Amanda Martone
c. Ernesto Fernández
d. Ana Villegas
e. Marta Chávez

2-2 ¿Quién es? Primera fase. Read again the texts on pages 60–61 and write a list of at least eight expressions that you may use to describe people in regards to: a) their physical appearance and b) their personality traits.

G **Segunda fase.** Now, without mentioning his/her name, describe a classmate in at least three sentences, using the vocabulary from **Primera fase,** or any other that you may need. The rest of the group will guess who this person is. If they cannot guess his/her identity, they should ask Yes/No questions to the student who made the description. He/She will answer using **Sí** or **No.**

MODELO: E1: Es alto y delgado. Tiene pelo negro. Es fuerte y callado.
                 E2: Es...

2 **2-3 ¿Qué (no) me gusta?** Indicate whether you like or dislike each of the following activities. Then ask a classmate, and compare your answers.

MODELO: estar en casa por las noches
                 E1: ¿Te gusta estar en casa por las noches?
                 E2: Sí, me gusta. /No, no me gusta.

ACTIVIDADES	USTED		COMPAÑERO/A	
	Sí	No	Sí	No
1. mirar televisión por la tarde				
2. estudiar español				
3. practicar tenis/fútbol/béisbol				
4. escribir en la computadora				
5. trabajar los fines de semana				
6. tomar café por la noche				
7. bailar los sábados por la noche				
8. hablar con los amigos en los cafés				

¿Cómo son...

estas personas?

fuerte   débil   joven   vieja/mayor

lista

tonto

trabajador

perezoso

antipático

simpático

alegre

triste

pobre

rica

casado

soltero

estos animales?

el hipopótamo

Es feo.

la gata

Es muy bonita.

la serpiente

Es delgada.

el oso

Es gordo.

¿De qué color son...

estos autos?

Es rojo.   Es amarillo.

Otros colores

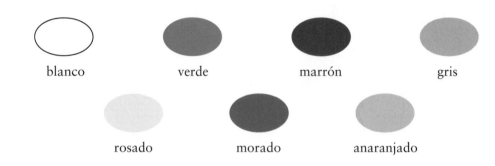

blanco   verde   marrón   gris

rosado   morado   anaranjado

2-4 Opuestos. Complete the following statements.

MODELO: Shakira no es vieja, es joven.

1. _c_ Penélope Cruz no es gorda, es...   a. trabajador
2. _a_ El presidente no es perezoso, es...   b. lista
3. _f_ Jennifer López no es antipática, es... c. delgada
4. _b_ Madonna no es tonta, es...   d. rico
5. _d_ Bill Gates no es pobre, es...   e. guapo
6. _e_ Enrique Iglesias no es feo, es...   f. simpática

2 **2-5 Autodescripción. Primera fase.** You are appearing on the TV program **Cita a ciegas** (*Blind Date*). Describe yourself to make a good first impression. Your partner should take notes.

1. Me llamo...
2. Soy... No soy...
3. Tengo...
4. Estudio...
5. Trabajo...
6. Me gusta...

Segunda fase. Use your notes to describe your partner to the rest of the class.

1. Se llama...
2. Es... No es...
3. Tiene...
4. Estudia...
5. Trabaja...
6. Le gusta...

2-6 Vamos a describir. Look at the following photos and describe the people in them.

  Alberto   Nicolás   Marisol   Mirta

2-7 ¿Quién soy? Write down a brief description of yourself (physical and personality wise). **Do not** include your name. Give the piece of paper to your instructor. He/She will ask each of you to pick a description, read it, and match the description with the name of your classmate who wrote it.

MODELO: Soy alta y morena; llevo lentes, tengo el pelo corto; soy muy trabajadora.

¿De dónde son...?

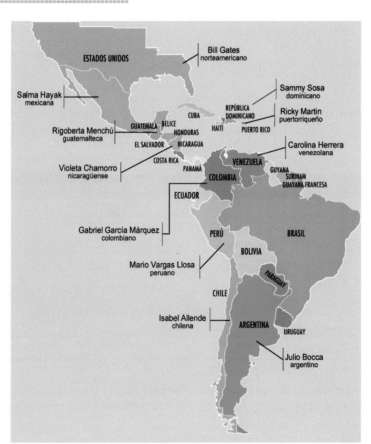

¿Qué dice usted?

2-8 ¿Quiénes son? Primera fase. Identify the following people (map pg. 65).

1. jugador (*player*) de béisbol dominicano
2. diseñadora (*designer*) famosa de Venezuela
3. escritor de Perú; autor de *La ciudad y los perros*
4. actriz mexicana, protagonista de *Frida*
5. activista guatemalteca, Premio Nobel de la Paz, 1992
6. bailarín argentino
7. cofundador de Microsoft
8. ex-presidenta de Nicaragua
9. escritor colombiano, autor de *Cien años de soledad*, Premio Nobel, 1982
10. novelista chilena, autora de La casa de los espíritus

a. Bill Gates
b. Mario Vargas Llosa
c. Isabel Allende
d. Rigoberta Menchú
e. Gabriel García Márquez
f. Sammy Sosa
g. Carolina Herrera
h. Julio Bocca
i. Salma Hayek
j. Violeta Chamorro

Segunda fase. Which of the public personalities in **Primera fase** is interesting to you? Why?

MODELO: Para mí, ... es interesante. Es un/a actor/actriz famoso/a.

2-9 Adivinanzas. Think of a well-known person. A classmate will try to guess his or her identity by asking you questions.

MODELO: E1: ¿De dónde es?
          E2: Es española.
          E1: ¿Cómo es?
          E2: Es bonita, morena y muy inteligente.
          E1: ¿En qué trabaja?
          E2: Es actriz.
          E1: ¿Es Penélope Cruz?
          E2: ¡Sí!

AUDIO **2-10 ¿Quiénes son?** Before you listen to a student describing himself, mark in the appropriate **Antes de Escuchar** column the information you think he will provide.

	ANTES DE ESCUCHAR		DESPUÉS DE ESCUCHAR	
	Sí	No	Sí	No
1. name				
2. age				
3. his parents' names				
4. physical description				
5. country where he was born				
6. place where he will work in the future				

Now, pay attention to the general idea of what is said. Then, in the **Después de escuchar** column in the chart, indicate if the information was or was not provided.

1. Adjectives

Adjectives are words that describe people, places, and things. Like articles (**el, la, un, una**) and nouns (**chico, chica**), they generally have more than one form. In Spanish an adjective must agree in gender (masculine or feminine) and number (singular or plural) with the noun or pronoun it describes. Adjectives that describe characteristics usually follow the noun.

■ Most masculine adjectives end in **-o,** and most feminine adjectives end in **-a** when used with feminine words. To form the plural, these adjectives add **-s.**

	MASCULINE	FEMININE
SINGULAR	el chico alto	la chica alta
PLURAL	los chicos altos	las chicas altas

■ Adjectives that end in **-e** and some adjectives that end in a consonant are both masculine and feminine. To form the plural, adjectives that end in **-e** add **-s;** adjectives that end in a consonant add **-es.**

	MASCULINE	FEMININE
SINGULAR	un amigo interesante	una amiga interesante
	un chico popular	una chica popular
PLURAL	unos amigos interesantes	unas amigas interesantes
	unos chicos populares	unas chicas populares

■ Other adjectives that end in a consonant add **-a** to form the feminine and **-es** and **-as** to form the plurals.

	MASCULINE	FEMININE
SINGULAR	el alumno español	la alumna española
	el alumno trabajador	la alumna trabajadora
PLURAL	los alumnos españoles	los alumnas españolas
	los alumnos trabajadores	las alumnas trabajadoras

las

■ Adjectives that end in **-ista** are both masculine and feminine. To form the plurals, add **-s.**

Pedro es muy optim**ista,**	*Pedro is very optimistic,*
pero Alicia es pesim**ista.**	*but Alicia is pessimistic.*
Ellos no son material**istas.**	*They are not materialistic.*

¿Qué dice usted?

2-11 ¿Cómo son estas personas? Choose the correct completion to describe the following people. In some cases, there is more than one possible answer.

1. Muchos de los alumnos de mi universidad son...
   a. alto
   b. hispanos
   c. norteamericanas
   d. mexicanos

2. Mi profesora favorita es muy...
   a. joven
   b. perezosas
   c. atractiva
   d. delgado

3. En mi clase de español, los estudiantes son...
   a. trabajadora
   b. calladas
   c. agradables
   d. simpáticos

4. Mi amigo Nicolás es muy...
   a. tonta
   b. fuerte
   c. callado
   d. antipática

5. Mi amiga Isabel es...
   a. rubio y guapo
   b. simpática y divertida
   c. joven y soltero
   d. baja y pelirroja

6. Las dos chicas más populares de la clase son...
   a. activos y trabajadores
   b. inteligentes y estudiosas
   c. altos y morenos
   d. anaranjadas y verdes

2 **2-12 Descripciones.** You are the personnel manager of a Hispanic company in California and you have just hired some staff. Mark the qualities that you think these people have and then describe them to a partner, making all the necessary changes. Answer the questions he/she may have.

1. La directora de relaciones públicas
   _____ activo   _____ competente   _____ pasivo   _____ agradable
   _____ bilingüe   _____ callado   _____ antipático   _____ trabajador
   _____ extrovertido   _____ atractivo   _____ casado   ...

2. Dos empleados para la oficina de ventas (*sales*)
   _____ perezoso   _____ inteligente   _____ débil   _____ hablador
   _____ tímido   _____ perfeccionista   _____ tonto   _____ simpático
   _____ imparcial   _____ eficiente   _____ joven   ...

2 **2-13 Personas importantes. Primera fase.** Take turns describing the people below, using at least three of the following adjectives or expressions for each one. Compare your description with those of other classmates.

serio	trabajador	cómico
inteligente	simpático	atlético
guapo	extrovertido	liberal
tiene ojos...	tiene pelo...	...

1. Christina Aguilera
2. Toni Morrison
3. Alex Rodríguez
4. Shakira
5. Antonio Banderas
6. Tiger Woods

Segunda fase. Now, take turns describing someone important in your life. Your partner will ask questions to get more information about the person you describe and to find out why he/she is important to you.

SITUACIONES

1. **Role A.** You have just rented a two bedroom apartment near campus and are looking for a roommate **(compañero de cuarto)**. You receive a call from a student who is interested. Verify his name and ask him a) where he is from, b) what his personality traits are, c) if he currently works; if so, where, and d) what he likes to do in his free time **(tiempo libre)**.

   Role B. Through an ad **(anuncio)** on a campus bulletin board, you found out that someone is looking for a roommate **(compañero de cuarto)** to share an apartment. You call the person in the ad. Answer your potential roommate's questions in detail and ask any questions you may have.

2. **Role A.** Your best friend has called to tell you that she has a new boyfriend **(novio)**. Ask a) where your best friend's boyfriend is from, b) what he is like, c) what he studies, d) if he has a car, and e) what car he has.

   Role B. You call your best friend to tell him about your new boyfriend. Your friend wants to know more about him. Answer all of your friend's questions in as much detail as possible.

2. Present tense and some uses of the verb *ser*

SER (*to be*)			
yo	**soy**	nosotros/as	**somos**
tú	**eres**	vosotros/as	**sois**
Ud., él, ella	**es**	Uds., ellos/as	**son**

You have practiced some forms of the verb **ser** and have used them for identification (**Ese señor es el dependiente**) and to tell time (**Son las cuatro**). Below you will learn other uses of the verb **ser**.

■ **Ser** is used with adjectives to describe what a person, a place, or a thing is like.

¿Cómo **es** ella?	*What is she like?*
Es inteligente y simpática.	*She is intelligent and nice.*
¿Cómo **es** la casa?	*What is the house like?*
La casa **es** grande y muy bonita.	*The house is big and very beautiful.*

■ **Ser** is used to express the nationality of a person; **ser + de** is used to express the origin of a person.

NATIONALITY

Luis **es** chileno.	*Luis is Chilean.*
Ana **es** mexicana.	*Ana is Mexican.*

ORIGIN

Luis **es** de Chile.	*Luis is from Chile.*
Ana **es** de México.	*Ana is from Mexico.*

■ Ser + de is also used to express possession. The equivalent of the English word *whose* is ¿de quién?

¿De quién es la casa?	*Whose house is it?*
La casa es de Marta.	*The house is Marta's.*

■ Ser is also used to express the location or time of an event.

El baile es en la universidad.	*The dance is (takes place) at the university.*
El examen es a las tres.	*The test is (takes place) at three.*

3. *Ser* and *estar* with adjectives

■ Ser and estar are often used with the same adjectives. However, the choice of verb determines the meaning of the sentence.

■ Ser + *adjective* states the norm—what someone or something is like.

Manolo es delgado.	*Manolo is thin.* (He is a thin boy.)
Sara es muy nerviosa.	*Sara is very nervous.* (She is a nervous person.)
El libro es nuevo.	*The book is new.* (It is a new book.)

■ Estar + *adjective* expresses a change from the norm, a condition, or how one feels about the person or object being discussed.

Manolo está delgado.	*Manolo is thin.* (He lost weight recently.)
Sara está muy nerviosa.	*Sara is very nervous.* (She has been nervous lately.)
El libro está nuevo.	*The book is/looks new.* (It seems like a brand new book.)

■ The adjectives contento/a, cansado/a, enojado/a are always used with estar.

Ella está contenta ahora.	*She is happy now.*
El niño está cansado.	*The boy is tired.*
Carlos está enojado.	*Carlos is angry.*

■ Some adjectives have one meaning with ser and another with estar.

Ese señor es malo.	*That man is bad/evil.*
Ese señor está malo.	*That man is ill.*
El chico es listo.	*The boy is clever.*
El chico está listo.	*The boy is ready.*
La manzana es verde.	*The apple is green.*
La manzana está verde.	*The apple is not ripe.*
Ella es aburrida.	*She is boring.*
Ella está aburrida.	*She is bored.*

¿Qué dice usted?

2-14 ¿Cómo somos? Primera fase. Look at the following descriptions and write an *X* under the appropriate heading.

	Sí	No
1. Soy muy estudioso/a y trabajador/a.	✓	
2. A veces soy callado/a.	✓	
3. Mi familia es muy religiosa y tradicional.		✓
4. Mi mejor amigo es muy simpático y conversador.	✓	
5. Él y yo somos agradables.	✓	
6. Mis clases de este semestre son interesantes.	✓	

② **Segunda fase.** Now compare your answers with those of a classmate. Ask questions to get additional information about your classmate.

② **2-15 Descripciones.** Ask what the following people and places are like.

MODELO: tu profesor/a de inglés
            E1: ¿Cómo es tu profesor de inglés?
            E2: Es alto, moreno y muy simpático.

1. la oficina del Departamento de Lenguas
2. tu cuarto (*bedroom*)
3. tu compañero/a de cuarto
4. tu auto/bicicleta
5. los chicos/las chicas de la clase
6. el laboratorio de lenguas

② **2-16 ¿De quién es/son...?** You walk into your room and find several objects that do not belong to you. Ask your classmate (roommate) whose they are. He/She will ask you at least two questions to help you identify the owner.

MODELO: computadora portátil (*laptop*)
            E1: ¿De quién es la computadora?
            E2: No sé. ¿De qué color es?
            E1: Es negra.
            E2: ¿Es grande o pequeña?
            E1: Es pequeña.
            E2: Entonces es la computadora portátil de Luis.

1.

2.

3.

4.

5.

6.

2-17 Una persona diferente. One of you will use the adjectives in the following list to describe several people you both know. The other, who knows those people have changed, tells him/her what they are like now.

MODELO: Arturo/gordo
    E1: Arturo es gordo.
    E2: Pero ahora está muy delgado.

1. Ramón/optimista
2. Ana y Gustavo/conversadores
3. Catalina/tranquila
4. Julián/fuerte
5. Berta y Luisa/trabajadoras
6. Carmen/alegre

2-18 ¿Quiénes son estas personas? You are at a gathering where there are several foreign students. Ask a friend about the following people. Follow the model.

MODELO: Olga Mendoza/Bolivia
    E1: ¿Quién es esa chica?
    E2: ¿Qué chica?/¿Cuál de ellas?
    E1: La chica alta y rubia.
    E2: ¡Ah! Es Olga Mendoza.
    E1: ¿De dónde es?
    E2: Es boliviana. Es de La Paz.

1. Elda Capetillo/México
2. Fernando y Eduardo Arenas/Argentina
3. María Juana Herrera/Nicaragua
4. Ernesto Gutiérrez/Colombia
5. Alberto Díaz/Puerto Rico
6. Carmen Cisneros/Venezuela

2 **2-19 Termómetro emocional. Primera fase.** Write an *X* under the words that describe how you feel in the corresponding places and situations. Then write two more words, one under **yo** and the other under **compañero/a**, showing how you feel and how you guess your classmate feels.

LUGARES	ABURRIDO/A	CONTENTO/A	TRANQUILO/A	NERVIOSO/A	YO	COMPAÑERO/A
en la cafetería con mis compañeros						
en los exámenes finales						
en la oficina de un/a profesor/a						
en el parque con mis amigos						
en una fiesta formal						
en mi casa por la noche						

Segunda fase. Now compare your responses and write down one similarity and one difference between you and your classmate. Report to the class.

MODELO: en la clase de español
    E1: En la clase de español, yo estoy contento/a. Tú también estás
      contento/a (en la clase de español).
    E2: Sí, yo estoy contento/a. *o* No, yo estoy aburrido/a.

2 **2-20 Eventos y lugares.** You are working at the university's information booth, and a visitor (your classmate) stops by. Answer his/her questions. Then switch roles.

MODELO: la exposición del club de fotografía   *está*

  VISITANTE: Perdón/Disculpe, ¿dónde es la exposición del club de fotografía?
EMPLEADO/A: Es en la biblioteca.
  VISITANTE: ¿Dónde está la biblioteca?
EMPLEADO/A: Está al lado de la cafetería.

1. el concierto
2. la conferencia
3. el banquete

4. la reunión de profesores
5. la fiesta del club de español
6. la ceremonia de graduación

 SITUACIONES

1. **Role A.** A new student from a Spanish-speaking country has joined your math class. Introduce yourself and find out the following information from him/her: a) name; b) country and city **(ciudad)** of origin; and c) characteristics of people from his/her country (what they are like).

  Role B. You are a foreign student from a Spanish-speaking country who has recently joined a class. Answer your classmate's questions with as much detail as possible. Then ask him/her questions in order to get the same information he/she obtained from you.

2. **Role A.** You are trying to set up your classmate on a blind date with a friend. Answer your classmate's questions trying to tailor your answers to what you think he/she would like in a person since you want them to meet.

  Role B. Your classmate is trying to set you up on a blind date. Ask as many questions as possible to get the information you would like to know before deciding what to do.

ACENTOS

All words that are stressed on the third syllable from the end must have a written accent:

examen → **e xá me nes.**
      3 2 1
joven → **jóvenes**
      3 2 1

4. Possessive adjectives

POSSESSIVE ADJECTIVES	
mi(s)	*my*
tu(s)	*your* (familiar)
su(s)	*your, his, her, its, their*
nuestro(s), **nuestra**(s)	*our*
vuestro(s), **vuestra**(s)	*your* (familiar plural)

- These possessive adjectives always precede the noun they modify.

    mi casa　　　　**tu** bicicleta

- Possessive adjectives change number to agree with the thing possessed, not with the possessor.

    mi casa, **mis** casas

- The **nosotros** and **vosotros** forms must agree also in gender.

    nuestro profesor, **nuestros** amigos; **nuestra** profesora, **nuestras** amigas

- **Su** and **sus** have multiple meanings. To ensure clarity, you may use **de** + the name of the possessor or the appropriate pronoun.

$$\text{su compañera = la compañera} + \begin{cases} \textbf{de ella} \text{ (la compañera de Elena)} \\ \textbf{de él} \text{ (la compañera de Jorge)} \\ \textbf{de usted} \\ \textbf{de ustedes} \\ \textbf{de ellos} \text{ (la compañera de Elena y Jorge)} \\ \textbf{de ellas} \text{ (la compañera de Elena y Olga)} \end{cases}$$

¿Qué dice usted?

2-21 Mi mundo. Primera fase. Write down two things that you own and two different people that you value very much.

POSESIONES

1. _____
2. _____

PERSONAS

1. _____
2. _____

Segunda fase. Take turns describing the two objects and the people you value.

Posesiones

E1: Mi bicicleta es nueva y muy bonita. ¿Y cómo es tu bicicleta?
E2: Mi bicicleta es azul y bastante vieja.

Personas

E1: Mi madre es muy alegre y activa. ¿Y tu mamá, cómo es?
E2: Es tranquila y muy inteligente.

2 **2-22 Mi familia.** First, mark your answers in the appropriate column. Then interview each other and compare your answers.

	YO		MI COMPAÑERO/A	
	Sí	No	Sí	No
1. Mi familia es grande.	_____	_____	_____	_____
2. Otros miembros de la familia viven en nuestro barrio (*neighborhood*).	_____	_____	_____	_____
3. A veces pasamos las vacaciones con mis abuelos (*grandparents*).	_____	_____	_____	_____
4. Siempre conversamos sobre temas políticos.	_____	_____	_____	_____
5. A veces no estamos de acuerdo y discutimos.	_____	_____	_____	_____
6. Nuestros amigos visitan la casa frecuentemente.	_____	_____	_____	_____

2-23 Nuestra universidad. Primera fase. In preparation for **Segunda fase**, write down some words that describe in general the following at your university.

1. profesores: _____
2. clases: _____
3. estudiantes: _____
4. equipo (*team*) de béisbol/basquetbol/fútbol: _____

Segunda fase. Now, prepare a short oral presentation—to a group of students from another college/university—about your university, using the correct form of **nuestro**.

SITUACIONES

1. **Role A.** You are looking for a new apartment. One of your classmates is trying to talk you into moving in with him/her into his/her apartment. Before making a decision, ask questions regarding a) size, b) location c) cost, and d) color.

   Role B. You would like your classmate to move in with you. Answer his/her questions regarding your apartment trying to make it look as spacious and desirable as possible.

2. **Role A.** You are planning to give your best friend a surprise birthday party at your house and would like to invite one of your classmates. Tell your classmate a) that your friend's birthday is on Sunday, and b) where the party will take place.

   Role B. You've been invited to a party. Find out a) the exact address, b) the time of the party, c) who the other guests (**otros invitados**) are, and d) thank your classmate for the invitation (**por la invitación**).

EN DIRECTO

To emphasize a characteristic, use the adverb **muy.**
El apartamento es **muy** grande.
Está **muy** cerca (*near*) de la Universidad, etc. . .

___

To initiate the conversation:
Mira, el domingo es el cumpleaños de...
¿Sabes? (*You know?*) El domingo es el cumpleaños de, ...
To acknowledge information by showing surprise:
Ah, ¿sí?
¡No me digas! (*Oh, really?*)

ALGO MÁS

Expressions with gustar

- To express what you like to do, use **me gusta** + *infinitive*. To express what you don't like to do, say **no me gusta** + *infinitive*.

  Me gusta bailar.　　　　　　　　　*I like to dance.*
  No me gusta mirar la televisión.　　*I don't like to watch television.*

- To express that you like something, use **me gusta** + *singular noun* or **me gustan** + *plural noun*.

  Me gusta la música clásica.　　*I like classical music.*
  Me gustan las fiestas.　　　　*I like parties.*

- To ask a classmate what he/she likes, use **¿Te gusta/n... ?** To ask your instructor, use **¿Le gusta/n... ?**

  ¿Te gusta/Le gusta tomar café?　　　　*Do you like to drink coffee?*
  ¿Te gustan/Le gustan los chocolates?　*Do you like chocolates?*

A INVESTIGAR

The number of Hispanics has increased tremendously in the last few years. Find out the percentage of Hispanics in the population of your state according to the last census and the one before. Has it increased? Can you give some examples of the Hispanic presence in this country?

¿Qué dice usted?

2-24 Mis preferencias. Fill in the following chart, based on your preferences. Compare your answers with those of a classmate.

ACTIVIDAD	ME GUSTA MUCHO	ME GUSTA	NO ME GUSTA
escribir correos electrónicos			
hablar por teléfono			
bailar salsa			
leer libros sobre Hispanoamérica			

2-25 ¿Te gusta...? Ask a classmate if he/she likes the following things. Do not forget to ask follow-up questions as appropriate.

1. el gimnasio de la universidad
2. las discotecas
3. la informática
4. los autos de este año
5. los animales
6. los conciertos de música pop

2-26 ¿Qué te gusta hacer? Primera fase. Write down some questions that you would ask a classmate to find out the following:

1. What he/she likes to do during the week: in the morning, afternoon, night.
2. What he/she likes to do over the weekend: Saturdays and Sundays.

Segunda fase. Interview two classmates and ask each of them the questions you prepared in **Primera fase**. Compare their responses and be prepared to share your conclusions regarding how your classmates spend their time with the rest of the class or with another group. The expressions in the box may help you express your conclusions.

EN DIRECTO

To compare:
M y N son semejantes.
Los/Las dos hablan mucho por teléfono.
M y N son diferentes.
M estudia mucho toda la semana. N estudia de lunes a viernes.

MOSAICOS

 Escuchar

Listening for specific information

When you are asking specific questions, you need to understand only the answer to the question you have asked; that is, you need to understand the specific information you have requested. For example, if you want to know the name or place of origin of a new friend, you might want to focus only on his/her name or the place he/she is from. Although you might understand everything else, you just need to understand what you are interested in.

Antes de escuchar

2-27 ¿Quiénes son? You will listen to a conversation between two Hispanic students, Rafael and Laura. First write down the names of four Spanish-speaking countries and the nationality of the people born in each of them.

Countries: _____

Nationalities: _____

A escuchar

AUDIO **2-28.** Now, listen to the conversation and complete the following chart.

NOMBRE	NACIONALIDAD	FACULTAD	UNIVERSIDAD
Rafael			
Laura			

Después de escuchar

2-29 ¿Y usted? Answer the following questions.

1. ¿Cómo se llama usted? _____
2. ¿De dónde es? _____
3. ¿Dónde estudia? _____

Antes de escuchar

2-30 ¿Cómo son? In **2-31,** you will listen to a conversation between a student and her mother. The student is talking about how different her roommates are. Before listening to their conversation, write your roommate(s)' name(s) and a sentence that describes her/him/them.

_____

_____

A escuchar

AUDIO **2-31 Dos personas diferentes.** Now, listen to the conversation between a student and her mother. Mark the appropriate column(s) to indicate whether the following statements describe Rita, Marcela, or both.

	RITA	MARCELA
1. Estudia economía.		
2. Le gusta bailar.		
3. Es baja, morena y tiene los ojos negros.		
4. Es alta, delgada y es muy seria.		
5. Estudia arte moderno.		

Después de escuchar

2-32 ¿Semejantes o diferentes? Complete the following ideas, according to your experience.

1. (No) Me gusta(n) mi(s) compañero/a(s) de cuarto porque _____

_____

2. Es/Son semejantes/diferentes porque _____

_____

 ## Conversar

Antes de conversar

Ⓖ **2-33 ¿Descripción física o de personalidad?** Classify the following expressions under the appropriate column in the chart below.

Es inteligente.   Es guapa.
Tiene buen humor.   Es listo.
Tiene los ojos marrones.   Es pelirroja.
Es simpático.   Es muy delgada.
Le gusta bailar.   Tiene el pelo largo.

CARACTERÍSTICAS FÍSICAS	CARACTERÍSTICAS DE PERSONALIDAD

A conversar

2-34 Adivinen quién es. Describe a student in the class or a public figure that everyone knows. The class will guess who this person is.

Después de conversar

2-35 Descripción. Choose one of the persons described and write a complete paragraph about him/her. Describe the person physically as well as his/her personality. Also indicate whether or not you like the person and why.

Antes de conversar

WWW **2-36 Condorito y sus amigos.** *Condorito* is a comic strip magazine named after its central character. *Condorito* is very popular among children and adults in many Spanish-speaking countries. Go to www.prenhall.com/mosaicos, choose one of the characters shown in the picture below, and read the description about him/her.

Pepe Cortizona   Condorito   Yayita

World Editors®

A conversar

2 **2-37 Mi personaje (*character*) favorito.** Describe physically and in personality terms the *Condorito* character you read about in **2-36.** Your classmate will ask questions or make comments when appropriate.

Después de conversar

2-38 Mi visión de un personaje cómico. Find out about another popular comic character, like those mentioned in the *Cultura* box, page 80, and make a small information poster that includes a description of the character.

Leer

Accurate, fluent reading is an important skill that must be developed to become proficient in another language. It is important to develop this skill from the earliest stages of learning a new language.

Reading proficiently means more than just knowing words. It represents an active process in which linguistic and non-linguistic variables intervene while you are trying to make sense of a written text.

Before proceeding with the following activities, review some of the reading tips you practiced on pp. 46–47 of *Lección 1*. Then, in *Lección 2*, you will skim a text and infer meaning from context clues.

Guía de prelectura

Skim the texts in activity 2-40 and answer the questions, based on what you know from your own experience.

1. What type of texts are the following?
   a. e-mail messages
   b. for sale ads
   c. personal ads

2. What helped you identify the type of text?
   a. the format
   b. some expressions used
   c. the length

3. What do the people in the texts probably need?
   a. to find a lost relative
   b. to find someone to marry
   c. to make friends

4. Now, use your knowledge of the English language to comprehend what you read.

What cognates helped you figure out the answer to question 3 in the previous section?

   a. _la compaña_   b. _tolerante_   c. _generosa_

Antes de leer

2-39 Preparación. Primera fase. Read the following list and mark with an X those aspects that you find desirable in a friend.

1. _____ las características físicas
2. _____ el dinero (*money*)
3. _X_ la ideas políticas
4. _____ el lugar de origen
5. _X_ la educación
6. _____ la raza (*race*)
7. _X_ la personalidad
8. _____ la fidelidad

2 **Segunda fase.** Now interview each other to find out the qualities that your best friends have. Mark your choices with an X. Then, determine which aspects in **Primera fase** are important for both of you. Do both of you value the same characteristics in a friend?

MODELO: E1: Tu mejor amigo/a, ¿es generoso/a?
　　　　　　E2: Sí, es generoso/a. *o* No, no es generoso/a. Es tacaño (*stingy*).

1. _____ moreno/a
2. _____ rubio/a
3. _____ simpático/a
4. _____ conservador/a
5. _____ liberal

6. _____ rico/a
7. _____ alegre
8. _____ extranjero/a
9. _____ trabajador/a
10. _____ ...

A leer

2-40 Primera mirada. Read the ads below and find one person you would like as your friend or as a friend of someone you know. Fill in the form below. In some cases, it may not be possible to provide all the information requested.

	SU CANDIDATO/A	CANDIDATO/A PARA OTRA PERSONA
Nombre		
Edad		
Forma de comunicación		
Estado civil		
¿Por qué?		

LENGUA

Y changes to **e** when it precedes a word beginning with **i** or **h**.

inglés y español, but **español e inglés**

inteligente y agradable, but **agradable e inteligente**

hipócrita y ambicioso, but **ambicioso e hipócrita**

Amigos sin fronteras

Soltera, sin hijos y sin compromiso. Me llamo Susana y tengo 24 años. Busco amigos extranjeros, solteros, separados o divorciados, jóvenes o mayores. Soy amable, cariñosa y muy trabajadora. Por mi trabajo, viajo mucho, pero me gusta la compañía de otras personas. Soy bilingüe. Hablo español e inglés. Escriban a sincompromiso@comcast.net.

Soy Ricardo Brown. 21 años, sincero, dedicado. Me gustan las fiestas. Deseo conocer a una chica de unos 23 años. Prefiero una mujer activa e independiente. Me gusta practicar deportes y explorar lugares nuevos. Escríbanme a amigosincero@msn.com.

Me llamo Pablo Sosa, tengo 31 años, y soy chileno. Soy agradable y muy trabajador. Me gusta hacer mi trabajo a la perfección, pero soy tolerante. Mi pasión son los autos convertibles. Deseo mantener correspondencia por correo electrónico con jóvenes del extranjero para intercambiar información sobre los convertibles europeos o americanos. Mi dirección electrónica es locoporlosautos@yahoo.com.

Soy Xiomara Stravinsky, decoradora y fotógrafa. Soy joven, dinámica, agradable y generosa, pero tengo pocos amigos porque tengo dos trabajos y paso muchas horas con mis clientes. Necesito un cambio en mi vida. ¿Deseas ser mi amigo/a? Por favor, escríbeme a xiomarastravinsky@hotmail.com.

Después de leer

2 **2-41 Ampliación.** What qualities do you associate with Susana (**S**), Ricardo (**R**), Pablo (**P**), and Xiomara (**X**)? Why? With a classmate, write the initial(s) next to each quality, and support your opinions.

1. __S__ sociable
2. __X__ simpático/a
3. __R__ divertido/a
4. __P__ perfeccionista

5. __P__ mayor
6. __P__ flexible
7. __SPX__ trabajador/a
8. __X__ ocupado/a

 Escribir

Writing a Description

Writing a description is similar to painting a picture, except we use words instead of paint. There are many ways to write a description, but in general a good written description . . .

■ presents enough information about the object so the reader may visualize the characteristics of what is described: colors, physical characteristics, personality traits, etc.

■ places the object described in a particular space and time: an empty classroom after classes are over looks and feels different from a crowded one during class time. The physical or psychological description of an individual helps the reader visualize what is described. Through the use of adjectives, the writer may cause the reader to like, dislike, enjoy, remember, etc.

■ requires organization of information, and a good selection of vocabulary and structures (nouns, adjectives, verbs, adverbs, etc.).

■ is always made with the reader in mind: What does the reader need to know? How much information should be provided? Why will he/she read our description?

As you gain more experience with the language, you will start focusing on ways to approach the writing task more effectively with your peers and your instructor. The following will be very useful in discussing your writing:

■ to state the purpose (**propósito**) of your writing: **describir, narrar, explicar,** etc.

■ to describe the means of communication (**medio de comunicación**): **carta** (*letter*), **anuncio** (*ad*), **correo electrónico,** etc.

■ to determine the reader (*lector/a*): **amigo/a, conocido/a** (*acquaintance*), **familiar,** etc.

Antes de escribir

2-42 Enfoque (*Focus*). Primera fase. A male movie fan writes the following ad in the local newspaper to meet other people with whom he can share his passion and with whom he can have fun outdoors. First, read the ad and the response he got from a female reader of the ad. Then, follow the instructions.

Fanático del cine necesita amigos para discutir películas los fines de semana. Tengo 24 años y estudio cinematografía. Me fascinan las películas de acción y también las románticas. Soy fuerte, activo, atlético y aventurero. Me gusta practicar deportes, especialmente el tenis y el esquí. Siempre estoy muy ocupado, pero tengo unas horas todas las semanas para conversar sobre películas y hacer deportes. Interesados, favor de enviar correo electrónico a fanaticodelcine@yahoo.com.

```
Para: fanaticodelcine@yahoo.com
De: Marta20@chat.com
Asunto: anuncio

Estimado fanaticodelcine,

Me llamo Marta y me gustan mucho las películas y los deportes. Tengo
20 años y estudio en la universidad. Tú y yo somos similares. Yo soy
atlética, aventurera, pero muy responsable. Me gusta tener muchos
amigos y explorar lugares con ellos.

Este semestre tomo seis clases y tengo mucho trabajo, pero siempre
miro películas o practico deportes. Los fines de semana tengo un poco
de tiempo para hacer actividades interesantes. Vivo cerca de la
universidad y me gusta mucho mi apartamento. No necesito tomar el
bus para asistir a clase. También me gusta mucho caminar. Por favor,
responde a mi dirección de correo electrónico: marta20@chat.com

Hasta pronto.
```

Segunda fase. Answer the following questions based on Marta's response.

1. Does Marta describe herself appropriately in her response to *fanaticodelcine*?
   Yes   No

2. Mark with an X the reason for your response or write your own response:

   _____ Marta describes herself as a physically attractive young woman.

   _____ Marta provides *fanaticodelcine* with a description of the potential friend he is looking for.

   _____ Marta addresses the needs of *fanaticodelcine* by telling him how compatible their free time activities are.

   _____ Marta plans her ideas carefully. She specifies her free time activities and hobbies, talks about her personality features, etc. to match the person *fanaticodelcine* is looking for.

   _____ . . .

2-43 Preparación. Reread the ads in **Amigos sin fronteras,** page 81, and choose one ad you would like to respond to. Then, make a list of words that will help you describe yourself (or someone you'd like to be) to become friends with the person who wrote the ad.

1. one way to tell your age
2. indicate your place of origin
3. some words (adjectives) that describe you physically
4. some expressions (adjectives) that describe your personality
5. some activities (verbs) that you like to do that match the needs of the person in the ad

A escribir

2-44 Manos a la obra. Now answer the ad using the information you prepared in the previous activity.

Para: _____

De: _____

Asunto: Anuncio

Hola _____,

Respondo a tu anuncio del periódico. Me llamo _____.

Primero, aquí tienes alguna información personal: _____

_____

_____

En segundo lugar, éstas son algunas de las actividades similares a tus actividades que me gustan en mi tiempo libre: _____

_____

En tercer lugar, por las tardes/noches, o los fines de semana, me gusta

_____

_____

Finalmente, deseo ser tu amigo/a. Por favor, escríbeme un correo electrónico a mi dirección: _____

Hasta pronto.

Después de escribir

2-45 Revisión. After completing your letter or e-mail, read it at least twice. Check the following:

■ The content of the letter or e-mail: Did you include all the information your reader needs?

■ The form of the text: Did you use punctuation correctly? Did you verify that there are no spelling or grammatical mistakes?

Finally, discuss your letter or e-mail with a classmate.

TEMAS: LOS HISPANOS EN LOS ESTADOS UNIDOS

Para pensar

¿Tiene usted amigos hispanos? ¿De qué países son? ¿Hay estudiantes hispanos en su universidad? ¿Sabe usted el nombre de una comida hispana?

Las personas de origen hispano viven en muchos estados de los Estados Unidos: Arizona, California, Colorado, Illinois, Nueva York, Nueva Jersey, Nuevo México, Texas, etcétera.

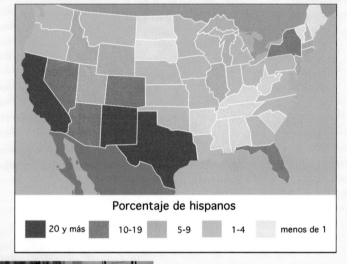

Porcentaje de hispanos

| 20 y más | 10-19 | 5-9 | 1-4 | menos de 1 |

La Mujer Puertorriqueña Es El Alma y Corazón de nuestra Comunidad

Los hispanos en los Estados Unidos vienen de todos los países de Hispanoamérica, pero no todos son inmigrantes; los chicanos (personas de ascendencia mexicana) son ciudadanos desde que la región del suroeste pasó a ser territorio norteamericano en 1848. Los puertorriqueños son ciudadanos norteamericanos desde 1917.

Algunos hispanos abandonan sus países por razones políticas o económicas. Otros buscan mejores oportunidades de trabajo o una educación especializada.

Los hispanos traen su rica y valiosa cultura, su voluntad de trabajo y deseo de superación, y contribuyen a la vida cultural, política, artística y deportiva de los Estados Unidos.

Para contestar

2 **Los amigos hispanos.** Respondan a las siguientes preguntas:

1. ¿De qué países vienen los hispanos que viven en los Estados Unidos?
2. ¿Cómo contribuyen los hispanos a la vida de los Estados Unidos?

G **Riqueza cultural.** Mencionen las ventajas y desventajas (*advantages and disadvantages*) que tiene un país con muchos inmigrantes.

Para pensar

¿Conoce usted alguna ciudad en los Estados Unidos con una gran influencia hispana? ¿Cómo se refleja esa influencia?

Al lado del Viejo San Juan está el San Juan moderno, una ciudad con una intensa vida nocturna y hermosas playas.

El Viejo San Juan es una parte muy hermosa de la capital de Puerto Rico. En esta zona hay muchas tiendas, cafés al aire libre y museos.

La influencia de la población cubana en Miami es inmensa. Hay muchos festivales donde la gente baila, come y disfruta de muchas tradiciones de su país de origen.

Expresiones puertorriqueñas:

cabuya	No le des **cabuya**.	*Don't give him/her ammunition to bother you.*
macacoa	Yo no compro la lotería porque tengo una **macacoa** terrible.	*I don't buy the lottery because I have horrible bad luck.*
majarete	Dejó su cuarto hecho un **majarete**.	*He/she left his/her room a complete mess.*
babada	No hagas caso. Es una **babada**.	*Don't pay attention. It is something foolish.*

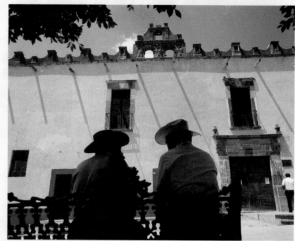

En San Diego, California, y San Antonio, Texas, la población y la arquitectura de origen mexicano son partes integrales de estas ciudades.

Expresiones chicanas:

Ando brujo.	*I have no money.*
¡Ándale, güero!	*Let's go, blondey (male).*

Para contestar

En el mapa

1. Busque una ciudad en los Estados Unidos con una alta población hispana. Indique dónde está.
2. Diga qué ciudad con una alta población hispana está más cerca de su ciudad.

Ahora diga...

1. qué ciudad de los Estados Unidos con una alta población hispana quiere visitar y por qué.
2. una actividad de los cubanos en Miami.

¿Qué dice usted si...

1. no tiene dinero?
2. su compañero/a de cuarto no limpia (*clean*) su cuarto?

WWW *Para investigar en Internet*

Busque el nombre de diez personas importantes de origen hispano en el gobierno, en la empresa privada, en los deportes, en el arte o en el mundo de la moda de los Estados Unidos. Seleccione una persona y después informe a la clase sobre esta persona.

¡Prepárese!

3 **2-46 Misterios y pistas.** Before watching the second episode of *Fortunas*, read the first mystery (*misterio*) and the four clues (*pistas*). In groups of three, discuss the meanings of the *misterio* and the *pistas* and possible relationships between them. Use the following questions as a guide for your discussion. Remember that the first mystery is related to the history of the Aztecs.

Misterio No. 1: Cinco es suficiente.

Pistas:
a. Destrucción de los gigantes por el viento (monos)
b. Destrucción por la lluvia (pájaros)
c. Destrucción por el diluvio (peces)
d. Destrucción por el jaguar

1. ¿El número cinco tiene un significado especial en la cultura o en la sociedad?
2. ¿Qué importancia tiene el número cinco, u otros números, para usted personalmente?
3. ¿Qué tienen en común el viento, la lluvia y el diluvio?
4. ¿Es importante la idea de la destrucción en la historia de los aztecas?
5. ¿Qué tipo de animal es el jaguar?

Manolo y Ángela hablan del comienzo del concurso.

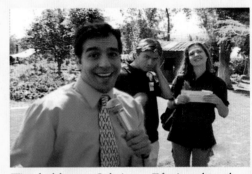

Tito habla con Sabrina y Efraín sobre el concurso.

Sabrina y Efraín están en Xochimilco.

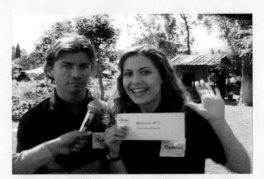

A Sabrina le gustan mucho los misterios pero a Efraín no.

Efraín no es mucha competencia para Sabrina.

Sabrina desea ganar el concurso, pero su plan es un secreto.

¡Responda!

2-47 Ser o estar. Primera fase. After watching the second episode of *Fortunas*, complete the following sentences with the correct form of **ser** or **estar**.

1. Manolo y Ángela _____ contentos con el concurso.
2. Tito _____ en Xochimilco para hablar con los participantes.
3. Efraín _____ de Argentina, y Sabrina _____ española.
4. Efraín _____ músico.
5. Sabrina _____ una persona inteligente y agresiva.

Segunda fase. Now, write complete sentences in Spanish to describe the following people and things related to the *Fortunas* contest. Use adjectives from the list or any others that you can think of.

MODELO: E1: concurso
          E2: El concurso es muy interesante.

alegre	listo/a	joven
simpático/a	divertido/a	tonto/a
interesante	nervioso/a	misterioso/a
contento/a	hablador/a	ridículo/a

1. Ángela y Manolo
2. Xochimilco
3. Tito

4. misterio número 1
5. Efraín y Sabrina
6. la entrevista de Sabrina

The music of this Puerto Rican group combines several musical styles like rock, reggae, ska, and Afro-Caribbean rhythms. Their songs frequently comment on social problems.

2-48 ¡Prepárese! Try to match the following themes from *Oh Naná* with their Spanish equivalents. Use a bilingual dictionary if necessary.

1. sadness
2. the enjoyment of life
3. happiness

a. _____ respira alegría
b. _____ ríe también, vive, goza
c. _____ la pena

What things do you associate with these themes? Do you know any songs in your own language with the same themes?

Hoy desperté con la pena
de mi corazón, que entre latidos me
decía no pierdas la razón.
Me dijo, mira el cielo brillando está
y si llueve no temas, ya el sol vendrá,
que yo te digo, canta conmigo
Oh Naná, Oh Nanananá.
Y luego en la noche un viejo amigo que
me visitó. Y aunque vestía su sonrisa,
su rostro demostró, entró y lloró.
Yo le dije, oye, mira, escucha bien
respira alegría y luego ven
que yo te digo, canta conmigo
Oh Naná, Oh Nanananá.
No sé por qué desperté con tanta
tristeza, me lastimé el corazón,
perdí la cabeza, pero alguien dijo así.
Si sufres llora, ríe también, vive, goza,
tiene que ser, y yo te digo,
canta conmigo...
Oh Naná, Oh Nanananá.

2-49 ¡Escuche! As you listen to *Oh Naná*, indicate with an X which adjectives from the list below you would use to describe the song.

_____ agradable   _____ bonita   _____ aburrida
_____ interesante   _____ corta   _____ divertida
_____ feliz   _____ fuerte   _____ enojada
_____ tranquila   _____ triste   _____ seria
_____ alegre   _____ simpática   _____ lenta

2 **2-50 ¡Responda!** Now, using the adjectives you have chosen and the verb **ser**, write five questions to ask your partner to find out how he/she would characterize the song (*la canción*), the lyrics (*la letra*), and/or the rhythm (*el ritmo*). Then answer the questions your partner has written.

MODELO: E1: ¿Es bonita la canción?
          E2: Sí, es bonita./No, no es bonita.

VOCABULARIO

AUDIO ## Descripciones

agradable	*nice*
alegre	*happy, glad*
alto/a	*tall*
antipático/a	*unpleasant*
bajo/a	*short* (in stature)
bilingüe	*bilingual*
bonito/a	*pretty*
callado/a	*quiet*
cansado/a	*tired*
casado/a	*married*
contento/a	*happy, glad*
conversador/a	*talkative*
corto/a	*short* (in length)
débil	*weak*
delgado/a	*thin*
divertido/a	*funny, amusing*
enojado/a	*angry*
feliz	*happy*
feo/a	*ugly*
fuerte	*strong*
gordo/a	*fat*
guapo/a	*good-looking, handsome*
joven	*young*
largo/a	*long*
listo/a	*smart, ready*
mayor	*old*
mediano/a	*average, medium* (height)
moreno/a	*brunet, brunette*
nervioso/a	*nervous*
nuevo/a	*new*
pelirrojo/a	*redhead*
perezoso/a	*lazy*
pobre	*poor*
rico/a	*rich, wealthy*
rubio/a	*blond*
simpático/a	*nice, charming*
soltero/a	*single*
tonto/a	*silly, foolish*
trabajador/a	*hardworking*
tranquilo/a	*calm, tranquil*
triste	*sad*
viejo/a	*old*

Verbos

desear	*to wish, to want*
ser	*to be*
usar	*to use*

El cuerpo

los ojos	*eyes*
ojos azules	*blue eyes*
ojos verdes	*green eyes*
ojos (de color)	
café	*brown eyes*
el pelo	*hair*
pelo castaño	*brown hair*
pelo negro	*black hair*

Nacionalidades*

argentino/a	*Argentinean*
chileno/a	*Chilean*
colombiano/a	*Colombian*
cubano/a	*Cuban*
dominicano/a	*Dominican*
español/a	*Spanish*
guatemalteco/a	*Guatemalan*
mexicano/a	*Mexican*
nicaragüense	*Nicaraguan*
peruano/a	*Peruvian*
puertorriqueño/a	*Puerto Rican*
venezolano/a	*Venezuelan*

Palabras y expresiones útiles

ahora	*now*
de	*of, from*
¿de quién?	*whose?*
del	*of the* (contraction of *de + el*)
le gusta(n)	*you* (formal) *like*
los lentes de contacto	*contact lenses*
me gusta(n)	*I like*
mucho/a	*much, a lot*
no (ni)... ni	*neither . . . nor*
pero	*but*
que	*that*
te gusta(n)	*you* (familiar) *like*
Tengo... años.	*I am . . . years old*
tiene	*he/she has, you* (formal) *have*

Other adjectives of nationality can be found in the English-Spanish and Spanish-English glossaries at the end of the book. See pages 63–64 for animals and additional colors. See pages 74 for possessive adjectives.

3

LAS ACTIVIDADES Y LOS PLANES

Objetivos comunicativos

- Asking about and discussing leisure activities
- Communicating by phone
- Ordering food in a restaurant
- Making suggestions and future plans
- Accepting and rejecting invitations
- Using numbers 100 and above

Contenido

A primera vista

- Diversiones populares
- La comida

Explicación y expansión

- Present tense of regular -er and -ir verbs
- Present tense of the verb ir
- Ir + a + infinitive to express future action
- The present tense to express future action
- Numbers 100 to 2,000,000
- Algo Más: Some uses of por and para

Mosaicos

- Escuchar: Using background information
- Conversar: Discussing menus and events
- Leer: Identifying key words to comprehend
- Escribir: Writing a letter to a friend
  Using appropriate form of address

Enfoque cultural

- Temas: El cine, el teatro, las peñas
- Vistas: El Perú
  Para investigar en Internet
- Fortunas: Episodio 3
- Notas: Camino de la montaña, Los kjarkas

Vocabulario

🔲 AUDIO *Diversiones populares*

En las **fiestas** y **reuniones,** los jóvenes bailan, escuchan **música** o conversan. A veces **tocan** la **guitarra** y **cantan canciones** populares.

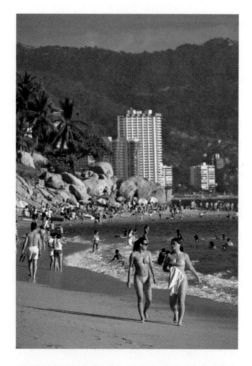

Estas chicas **van** a la playa en su **tiempo libre** y también **durante** las **vacaciones.** Allí, caminan y conversan mientras otras personas **toman el sol, nadan** en **el mar, corren** o **descansan.**

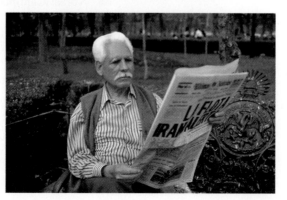

Este señor **lee** el **periódico al aire libre.** Y usted, ¿lee el periódico? ¿Qué periódicos o **revistas** lee?

*Muchos jóvenes van al **cine**, especialmente los fines de semana. También es común **alquilar películas** para **ver** en casa.*

AUDIO Una conversación por teléfono

TERESA: ¿Aló?

JAVIER: Hola, Teresa, ¿qué te parece si **vamos** al cine esta tarde y **después** vamos a **cenar** a un restaurante de **comida** peruana para **celebrar** tu **cumpleaños**?

TERESA: ¡Ay, Javier, qué bien! ¿Y qué vamos a ver?

JAVIER: Tú decides, mi amor; es tu **cumpleaños.**

TERESA: Pues, la película nueva de Alfonso Cuarón.

JAVIER: **Fabuloso.** Voy para la casa ahora. Hasta pronto.

TERESA: Chao.

¿Qué dice usted?

3-1 Asociaciones. What activities do you associate with the following places?

1. __c__ la playa
2. __e__ la fiesta
3. __a__ el cine
4. __b__ la biblioteca
5. __d__ la casa

a. ver una película
b. leer el periódico
c. tomar el sol
d. mirar televisión
e. bailar y conversar

3-2 Mis actividades. What do you do in the following places? Take turns asking each other questions.

MODELO: las fiestas
      E1: ¿Qué haces en las fiestas?
      E2: En las fiestas bailo mucho. ¿Y tú?
      E1: Bailo y hablo con mis amigos.
      E2: Y tú, ¿qué haces en... ?

1. la universidad por las mañanas
2. la biblioteca pública de tu ciudad
3. casa el fin de semana
4. un parque de tu ciudad
5. la playa durante las vacaciones
6. la discoteca con tus amigos

3-3 ¿Adónde vamos? Primera fase. Look at the cultural section of a Peruvian newspaper below. Underline three activities that you would like to do on the weekend. Then fill in the information in the following chart, including the day and the time that you are planning to do them.

EL Diario de Trujillo

Muestras y Exposiciones

Exposición del séptimo concurso de artes visuales. *Pasaporte para un artista*, que este jueves, a las 7:30 p.m., se inaugura en la Casona Orbegoso.

Los monstruos de Salid. Muestra del pintor Sadid Luján. Lugar: Casa de la Emancipación. Horario al público: De 9 a.m. a 1 p.m. y de 4 a 7 p.m.

Presencia colombiana en nuestro país. Cuadros de los pintores colombianos Félix Ángel y Jenaro Mejía. Lugar: Sexto piso de El cultural.

Sarita & Co. Muestra colectiva con motivo del Día Internacional de la Mujer. Lugar: Casa de la Emancipación.

Música y Teatro

Orquesta Sinfónica de Trujillo. (OST), Dirigida por el maestro Teófilo Álvarez: Suite No. 1 de la ópera Carmen de Bizet y Obertura de Rossini. Teatro Municipal de Trujillo a las 10:30 de la mañana.

Compañía Regional del Ballet. Escenas de la ópera rock, *Jesucristo Superstar*. La coreografía pertenece a Stella Puga, la música a Andrew Lloyd Webber y la letra a Timothy Rice.

Cine

La prueba (*The Recruit*). Un thriller que nos muestra los secretos de la CIA: cómo se recluta a los agentes, cómo se entrenan para el espionaje y cómo aprenden las reglas de la supervivencia. Con Colin Farrell y Al Pacino.V.O.S. A las 5 p.m., 8 p.m. y 10 p.m. En los Minicines Trujillo.

Las horas (*The Hours*). Tres mujeres que viven en épocas y lugares diferentes, pero están vinculadas entre sí porque las tres buscan el sentido de sus vidas. Con Nicole Kidman, Julianne Moore y Meryl Streep. V.O.S. A las 12 p.m, 4 p.m. y 7 p.m. En los Minicines Trujillo.

Mi vida sin mí de la directora catalana Isabel Coixet. Sobre una mujer que decide vivir a fondo los pocos meses que le quedan de vida. Con Sarah Polley y Mark Ruffalo. A las 2 p.m. 8 p.m. y 10 p.m. En los Minicines Trujillo.

¿ADÓNDE VAMOS?	¿QUÉ VAMOS A VER/ HACER/ ESCUCHAR?	¿CUÁNDO?

EN DIRECTO

To invite a friend over the phone:
Te llamo para ver si quieres (*if you would like*) + *infinitive.*
Tengo una idea. ¿Por qué no... (nosotros *form, present tense*)?

❷ **Segunda fase.** Phone a classmate and invite him/her to one of the events you chose in *Primera fase*. He or she will give you an excuse as in the model.

MODELO: E1: ¿Aló?
E2: Hola, Pedro. Soy María. ¿Vamos el viernes por la tarde a la exposición "Los monstruos de Salid"?
E1: Lo siento, María, el viernes Carlos y yo vamos al cine a las cuatro. Vamos a ver *Las horas*.

La comida

ESPECIALIDADES DE LA CASA

ENTRADAS
Ceviche de pescado S/.15
Papa a la huancaína S/.10
Causa a la limeña S/.12

PLATO PRINCIPAL
Chupe de camarones S/.25
Ají de gallina S/.18
Lomo saltado S/.17

POSTRES
Suspiro de limeña S/.8
Alfajor S/.8
Mazamorra morada S/.6

BEBIDAS
Chicha morada S/.4
Jugo de maracuyá S/.4
Inca Kola S/.3

A INVESTIGAR

"S/." is the abbreviation for the monetary unit in Peru. What is the name of the monetary unit? What is the current rate of exchange?

CULTURA

Peruvian cooking uses mainly regional ingredients and follows the traditional ways of preparing them inherited from various indigenous cultures. A very typical dish of Peru and other countries in Latin America is *ceviche*. It is generally made with seafood that is not cooked, but cured in lime and spices. For more information about this dish and its variations, see www.prenhall.com/mosaicos

Tap water is generally not brought to the table in restaurants in the Spanish-speaking world as it is in the United States. Most restaurant-goers order bottled mineral water (*agua mineral*) to drink with their meal, in either its carbonated (*con gas*) or noncarbonated (*sin gas*) form.

AUDIO **En el restaurante.** Ahora Javier y Teresa están en el restaurante *El jardín limeño* para **celebrar** el **cumpleaños** de Teresa.

CAMARERO: Buenas noches. ¿Qué desean los señores?

JAVIER: Teresa, ¿qué vas a comer?

TERESA: Para mí, una **ensalada** primero y después **pollo** con **verduras.**

JAVIER: Yo, para empezar, **ceviche** de camarones. Y luego un **bistec** con **papas.**

CAMARERO: ¿Y para **beber**?

JAVIER: Vamos a beber **vino.** Y también **agua** con gas, por favor.

La comida rápida

La comida rápida es muy popular entre la gente joven. Las "hamburgueserías" de tipo norteamericano existen en muchas **ciudades** del mundo hispano. Los restaurantes de comida rápida en los **países** hispanos frecuentemente combinan comida de los Estados Unidos con comidas **típicas** de cada país. Por ejemplo, usted puede comer una **hamburguesa** con **papas fritas** o con **arroz** y frijoles negros. En muchos países, usted puede tomar vino o **cerveza** en estos restaurantes.

Ají de gallina

Papas a la huancaína

Ceviche de pescado

Más comidas y bebidas

el cereal
la leche
el jugo de naranja
el café caliente
el pan tostado/las tostadas
los huevos fritos

el desayuno

el almuerzo

el sándwich de jamón y queso
la ensalada de lechuga y tomate
una cerveza fría
las papas fritas
el refresco
la hamburguesa
la fruta

¿Qué dice usted?

3-4 La dieta. Primera fase. Which of the following contains more calories? Underline your response.

1. la sopa de tomate, las hamburguesas, la sopa de pollo
2. el pollo frito, el pescado, la ensalada
3. los vegetales, la fruta, las papas fritas
4. la cerveza, la leche, el café
5. el helado de chocolate, el cereal, el arroz

Segunda fase. Mention one food item or drink in *Primera fase* that you eat or drink frequently. Do you and your classmate like to eat and drink the same foods?

MODELO: E1: Frecuentemente como ensaladas y bebo cerveza. ¿Y tú?
E2: Yo frecuentemente como papas fritas y bebo refrescos.

3-5 Las comidas. Tell a classmate what you have for breakfast, lunch, and dinner. Then find out what he/she has.

MODELO: En el desayuno, como tostadas y bebo café. ¿Y tú?

la comida/la cena

el pescado
el arroz
el helado
el pollo
el agua
los vegetales/las verduras
los espaguetis
la sopa

3-6 Dietas especiales. Look at the menu below and decide which would be the best option for the following people.

1. Su padre y usted son un poco delgados y desean subir de peso (*gain weight*) ¿Qué van a comer de este menú?
2. Su mamá es alérgica a los productos del mar. ¿Cuál de las ensaladas va a comer?
3. Su mejor amigo/a está un poco gordo/a y quiere bajar de peso (*lose weight*). ¿Cuál de los platos principales no debe comer?
4. El/La profesor/a de español está enfermo/a (*sick*) hoy. ¿Qué debe comer?

SOPAS	
Sopa de pollo	S/. 12
Sopa de tomate	S/. 10
Sopa de vegetales	S/. 10
Sopa de pescado	S/. 14

ENSALADAS	
Ensalada de lechuga y tomate	S/. 8
Ensalada de pollo	S/. 14
Ensalada de atún	S/. 12

PLATOS PRINCIPALES	
Bistec con papas y vegetales	S/. 20
Hamburguesa con papas fritas	S/. 16
Pescado con papas fritas	S/. 18
Arroz con vegetales	S/. 15

3-7 ¿Qué te gusta más? Using the words below, ask a classmate what he/she prefers to drink **por las mañanas, a la hora del almuerzo, por las noches.** Alternate asking questions and taking notes. Then in small groups decide which are the most popular drinks.

MODELO: E1: ¿Qué te gusta más por las mañanas, el té o el café?
E2: Me gusta más el café.

el té	un vaso (*a glass*) de leche	una cerveza	un chocolate caliente
el café	el agua mineral con gas	un refresco	un batido (*shake*) de fruta
el jugo de naranja	el agua mineral sin gas	una copa de vino	un té de hierbas

3-8 En el café. It is 8:00 Saturday morning, and a friend and you are in your favorite café. Ask your friend what he or she would like to order. Then say what you would like to order.

MODELO: E1: El desayuno es muy bueno aquí. ¿Qué deseas comer?
E2: _____ ¿Y tú?
E1: _____ ¿Y qué vas a tomar?
E2: _____

café . . . . S/. 4
té . . . . S/. 4
café con leche . . . . S/. 6
jugo de naranja . . . . S/. 5
chocolate . . . . S/. 7
tostadas . . . . S/. 5
pan con mantequilla . . . . S/. 5
pan dulce . . . . S/. 6
cereal . . . . S/. 8
huevos fritos . . . . S/. 10

G **3-9 Una excursión.** You are spending a few days in Peru, and you are planning a day trip to Machu Picchu. Make arrangements to take some food and beverages for a picnic.

 a. Make a list of the food and beverages that you need to take.
 b. Talk about the things that you are going to see.

La ciudad de Machu Picchu en los Andes

2 **3-10 Nuestro menú.** Your roommate and you want to have guests for dinner tonight. First decide whom each of you is going to invite; then ask each other the guests' phone numbers so one of you can make the calls later. Decide what you are going to serve. Finally, compare your menu with that of another pair of classmates.

AUDIO **3-11 ¿Qué hacen estos estudiantes?** You will listen to two students, Rafael and Miguel, talking about their daily and leisure activities. Before you listen, write down three activities you do in your leisure time, and three activities other students you know do.

Mis actividades: _____

_____

Las actividades de otros estudiantes: _____

_____

Now, listen to the audio and pay attention to the general idea of what is said. Then, in the chart below, mark **Sí** next to the activities they mention they will do during the weekend and **No** next to those they will not do.

	Sí	No
1. leer el periódico al aire libre	____	____
2. estudiar para los exámenes	____	____
3. ir a la playa y nadar	____	____
4. descansar y conversar	____	____
5. trabajar en la librería	____	____

1. Present tense of regular *-er* and *-ir* verbs

COMER (*to eat*)				
yo	**como** *o*		nosotros/as	**comemos** *emos*
tú	**comes** *es*		vosotros/as	**coméis**
Ud., él, ella	**come** *e*		Uds., ellos/as	**comen** *en*

VIVIR (*to live*)				
yo	**vivo** *o*		nosotros/as	**vivimos** *imos*
tú	**vives** *es*		vosotros/as	**vivís**
Ud., él, ella	**vive** *e*		Uds., ellos/as	**viven** *en*

- The endings for **-er** and **-ir** verbs are the same, except for the **nosotros** and **vosotros** forms.

- The verb **ver** has an irregular **yo** form.

  ver: **veo**, ves, ve, vemos, veis, ven

- Use **deber** + *infinitive* to express what you *should* or *ought to* do.

  Debes beber mucha agua.   *You should (must) drink lots of water.*

- Other common **-er** and **-ir** verbs are **aprender, correr, leer, asistir,** and **escribir.**

¿Qué dice usted?

3-12 Mi profesor/a modelo. Primera fase. Indicate which of the following activities are or are not part of an ideal instructor's routine.

	Sí	No
1. Lee el periódico en la clase.	——	——
2. Nunca está en su oficina.	——	——
3. Siempre prepara sus clases.	——	——
4. Saca libros de la biblioteca y lee mucho.	——	——
5. Comprende los problemas de los estudiantes.	——	——
6. Bebe café en la clase todo el tiempo.	——	——
7. Escribe ejemplos muy buenos en la pizarra.	——	——
8. Come papas fritas en la clase.	——	——

2 **Segunda fase.** Compare your answers with those of a classmate. Do both of you agree? Finally, write down two more features of an ideal instructor's academic life and ask your instructor if they are part of his/her real routine.

3-13 Para pasarlo bien *(To have a good time)*. **Primera fase.** Indicate which of the following activities your classmates do to have a good time.

1. _____ Estudian español hasta las dos de la mañana.
2. _____ Escriben y leen correos electrónicos.
3. _____ Van de vacaciones con sus amigos.
4. _____ Asisten a conferencias y exposiciones de arte.
5. _____ Corren en el gimnasio o en el parque.
6. _____ Leen el periódico y revistas para jóvenes.
7. _____ Alquilan películas para ver en casa.
8. _____ Comen en restaurantes donde la comida es buena.
9. . . .
10. . . .

②Segunda fase. Compare your answers with those of a classmate. Then get together with another pair and exchange information about the activities that all of you do to have a good time. Use the expressions in *En directo* to help you react more naturally to your classmates' responses.

MODELO: PAREJA 1: Nosotros bailamos en discotecas los sábados por la noche. ¿Y ustedes?

   PAREJA 2: Bebemos cerveza y conversamos con amigos en un café.

> **EN DIRECTO**
>
> **To react to what someone said:**
> ¡Qué interesante!
> ¡Qué divertido! (*How funny!*)
> ¡Qué aburrido!

②3-14 Lugares y actividades. Ask a classmate what he/she does in the following places. He/She will respond with one of the activities listed. Then ask your classmate what he/she does not do in each place.

MODELO: en la clase/ver videos
   E1: ¿Qué haces en la clase?
   E2: Veo videos en español.
   E1: ¿Y qué no haces en la clase?
   E2: No hablo inglés (ni leo el periódico).

LUGARES	ACTIVIDADES
en la playa	beber cerveza
en un café	tomar el sol y descansar
en una discoteca	bailar salsa
en una fiesta	mirar televisión
en el cine	leer el periódico
en la casa	comer un sándwich y tomar algo
en un restaurante	ver películas españolas y argentinas
en la biblioteca	escuchar música clásica

Ⓖ 3-15 Las diversiones estudiantiles. Primera fase. Working in a small group, appoint a secretary to tally responses. Then find out which of you do the following things in your free time. Next get together with another group, compare your findings, and tally responses once again.

MODELO: nadar en la playa
E1: ¿Nadas en la playa los fines de semana?
E2: Sí, nado (en la playa) los fines de semana.

	Sí	No
1. beber café y conversar con amigos	____	____
2. tocar la guitarra	____	____
3. comer en restaurantes peruanos	____	____
4. ver programas cómicos en la televisión	____	____
5. tomar cerveza con amigos	____	____
6. leer libros de misterio	____	____

Segunda fase. Finally, as a class, discuss the following:

1. ¿Cuál es la actividad favorita de la clase?
2. ¿Cuál es la actividad que le gusta menos a la clase?

3-16 ¿Qué deben hacer? Read the situations in the column on the left and select the appropriate advice for each person(s) from the column on the right.

1. _____ Mariela desea estar delgada.
2. _____ Los turistas están en Lima y desean visitar Machu Picchu.
3. _____ Mónica estudia música y canta muy bien.
4. _____ Mis amigos están aburridos.
5. _____ Emilia y yo siempre estamos cansados.
6. _____ Yo tengo problemas de estómago porque bebo mucho café.

a. Debes beber té o café sin cafeína.
b. Deben ir al cine o alquilar una película cómica.
c. Deben tomar vitaminas y descansar más.
d. Deben ir a Cuzco primero.
e. Debe caminar todos los días y beber mucha agua.
f. Debe aprender canciones en español.

3-17 Sugerencias. What should or should not the following people do?

MODELO: Luis está muy cansado.
E1: ¿Qué debe hacer Luis?
E2: Debe descansar o No debe trabajar hoy.

1. Juan tiene un examen el lunes.
2. Francisco está débil y muy delgado.
3. Manuel y Victoria no tienen trabajo.
4. Marta ve televisión todos los días y saca malas notas.
5. Luis y Emilia desean aprender español.
6. Isabel y Lucía desean visitar Perú.

3-18 Un/a compañero/a nuevo/a. Get together with a classmate you do not know very well and ask him/her questions to find out more about him/her.

1. lugar donde vive
2. si ese lugar le gusta o no le gusta
3. lugar donde come fuera de casa
4. si le gusta o no le gusta la comida de ese lugar
5. comida favorita
6. bebida favorita
7. ...
8. ...

ACENTOS

You have probably noticed that the words **examen, casas, fruta** do not have a written accent, whereas **débil, sándwich, López** do. In Spanish, words stressed on the next-to-last syllable do not have a written accent if they end in **n, s,** or a vowel (**examen, casas, fruta**). If they end in any other letter, they carry an accent mark (**débil, sándwich, López**).

SITUACIONES

1. You meet one of your classmates at the library. After greeting him/her, find out (a) if your partner likes to read, (b) when he/she reads, (c) what newspapers and magazines he/she reads, and (d) if he/she reads newspapers or magazines in Spanish. If the answer is yes, find out the names of the newspapers or magazines.

2. You are a waiter/waitress at a café. Two of your classmates will play the part of the customers. Greet your customers and ask them what they would like to eat and drink. Be prepared to answer any questions they may have.

2. Present tense of the verb *ir*

IR (*to go*)			
yo	**voy**	nosotros/as	**vamos**
tú	**vas**	vosotros/as	**vais**
Ud., él, ella	**va**	Uds., ellos/as	**van**

■ Use **a** to introduce a noun after the verb **ir.** When **a** is followed by the article **el,** the two words contract to form **al.**

a + el = al

Voy **a la** fiesta de María. / *I am going to María's party.*
Vamos **al** gimnasio. / *We are going to the gymnasium.*

■ Use **adónde** when asking *where to* with the verb **ir.**

¿**Adónde** vas ahora? / *Where are you going now?*

3. *Ir + a +* infinitive to express future action

■ To express future action, use the present tense of **ir + a +** the infinitive form of the verb.

Voy a pagar.

Ellos **van a nadar** después. / *They are going to swim later.*
¿**Vas a ir** a la fiesta? / *Are you going to go to the party?*

4. The present tense to express future action

■ You may also express future action with the present tense of the verb. The context shows whether you are referring to the present or the future.

Mañana **tengo** un examen. / *I have a test tomorrow.*
¿**Vas** al cine esta noche? / *Are you going to the party tonight?*
movie

■ The following expressions denote future time:

después	*afterwards, later*
más tarde	*later*
esta noche	*tonight*
mañana	*tomorrow*
pasado mañana	*the day after tomorrow*
la próxima semana	*next week*
el próximo mes/año	*next month/year*

¿Qué dice usted?

3-19 Lugares y actividades. Match where the following people are going with the activities that they are probably going to do there.

1. ___d___ Victoria va a su casa.
2. ___f___ Elena y Alberto van a la biblioteca.
3. ___b___ Rodrigo y Berta van a la playa.
4. ___a___ Alina va a una librería hispana.
5. ___c___ Nosotros vamos al cine.
6. ___e___ Estela va a un café.

a. Va a comprar un libro sobre Perú.
b. Van a tomar el sol y a nadar.
c. Vamos a ver una película española.
d. Va a descansar y a mirar televisión.
e. Va a tomar un refresco.
f. Van a estudiar para un examen.

G 3-20 Mi agenda para la semana. Primera fase. Invite six classmates individually to do the following activities with you. Each will accept or reject your invitation according to his/her agenda for the week. Write down your plans in the chart, indicating the activity and the name of the classmate who accepted your invitation.

MODELO: estudiar en la biblioteca el lunes
E1: ¿Vamos a estudiar en la biblioteca el lunes?
E2: Lo siento, Miguel, el lunes voy a ir al cine con David. Pero, ¿por qué no comemos en un restaurante peruano el martes?
E3: Buena idea. Hablamos después.

1. ir al cine
2. mirar televisión en casa
3. tomar algo en un café
4. estudiar para la clase de español
5. bailar en la discoteca
6. correr una milla

DÍA	¿QUÉ VA A HACER?	¿CON QUIÉN?
martes	comer en un restaurante peruano	Miguel

Segunda fase. Prepare your own agenda for the upcoming week. Take turns asking questions to find out what your partner is going to do.

3-21 Vamos a comer fuera. A friend and you are planning to eat out tonight. Each one should suggest a restaurant and mention the dishes they prepare, the prices (*precios*), and so on. Decide on the time and where you will go. Finally, tell other classmates about your plans.

❷ 3-22 Los planes de Maribel. Primera fase. Take turns to tell what Maribel is going to do. Ask questions to get additional information from your partner regarding Maribel.

Segunda fase. Tell your classmate what you are going to do on Friday. Are your plans similar or different from Maribel's?

3-23 Este fin de semana. With a classmate, discuss what each of you is going to do this weekend. Expand the conversation by asking questions of each other to get more details, if necessary. Take notes about each other's plans. Then share your findings about your partner with another classmate.

 3-24 ¡Vivan los feriados! Choose a new classmate with whom you would like to share information about your plans for the next holiday; for example **Navidad (Christmas), Januká, Ramadán, el Año Nuevo, el Día de la Independencia.** Get as much information as possible about each other's plans. Make sure to address the following points.

1. lugar adonde va a ir
2. con quién(es) va a ir

3. cuánto tiempo va a estar allí
4. qué va a hacer

SITUACIONES

1. Your friend is planning to go to a concert **(un concierto).** Call him/her to find out a) where and when the concert is going to be, b) who is going to sing, c) who is going to play an instrument, and d) how much the ticket **(el boleto/billete, la entrada)** costs.

2. A friend calls you on the phone. Tell him/her about your plans for tonight. Tell him/her a) what you are planning to do, b) with whom, and c) how much money **(dinero)** you are going to need. Inquire about his/her plans too.

---

5. Numbers 100 to 2.000.000

100	cien/ciento		1.000	mil
200	doscientos/as		1.100	mil cien
300	trescientos/as		2.000	dos mil
400	cuatrocientos/as		10.000	diez mil
✶500	quinientos/as		100.000	cien mil
600	seiscientos/as		150.000	ciento cincuenta mil
✶700	setecientos/as		500.000	quinientos mil
800	ochocientos/as		1.000.000	un millón (de)
✶900	novecientos/as		2.000.000	dos millones (de)

■ Use **cien** to say 100 used alone or followed by a noun, and use **ciento** for numbers from 101 to 199.

100	**cien**
100 chicos	**cien** chicos
120 profesoras	**ciento** veinte profesoras

■ Multiples of 100 agree in gender with the noun they modify.

200 periódicos	**doscientos** periódicos
1.400 revistas	**mil cuatrocientas** revistas

■ Use **mil** for *one thousand.*

1.000	**mil alumnos, mil alumnas**

- Use **un millón** to say *one million*. Use **un millón de** when a noun follows.

    1.000.000   **un millón**
    1.000.000 (personas)   **un millón de personas**

- In many Spanish-speaking countries, a period is used to separate thousands, and a comma to separate decimals.

    $1.000 $19,50

¿Qué dice usted?

3-25 Para identificar. Your instructor will say a number from each of the following series. Identify each one.

a. 114	360	850	524
b. 213	330	490	919
c. 818	625	723	513
d. 667	777	984	534
e. 1.310	1.420	3.640	6.860
f. 10.467	50.312	100.000	2.000.000

3-26 ¿Cuándo va a ocurrir? Exchange opinions with a classmate about when each of the following events will occur.

MODELO: Todos los libros van a ser electrónicos.
         E1: En el año 2010.
         E2: Estoy de acuerdo. *o* No estoy de acuerdo. Va a ser en el 2020.

1. Las personas van a trabajar sólo 20 horas a la semana.
2. Los estudiantes no van a ir a clases. Van a estudiar en universidades virtuales.
3. Todos los autos van a ser eléctricos y muy rápidos.
4. Los turistas van a ir de un país a otro sin pasaporte.
5. La contaminación va a ser muy grande, y las personas van a usar máscaras (*masks*) en los parques y en las calles.
6. Los robots, y no los camareros, van a servir la comida en los restaurantes.
7. Las personas van a comunicarse por telepatía.

3-27 Unas vacaciones. Primera fase. Your classmate has chosen one of the destinations in the ad on page 110 for his/her next vacation. To find out where he/she is going, ask him/her the following questions. Switch roles.

1. ¿Adónde vas?
2. ¿Con quién vas?
3. ¿Qué lugares vas a ver?
4. ¿Cuándo vas?
5. ¿Cuántos días vas a estar allí?
6. ¿Por qué vas a ir a ese lugar?
7. ¿Cuánto cuesta la excursión?
8. …

Segunda fase. Based on your classmate's answers, fill in the information requested and share it with the rest of the class.

1. Su compañero/a necesita…
   a. _____ sacar un pasaporte.
   b. _____ obtener una visa.
   c. _____ hacer reservaciones.

2. Lugar(es) que va a visitar: _____
3. Tiempo que va a estar allí: _____
4. Costo de la excursión: _____
5. Dinero extra que usted cree que su compañero va a necesitar: _____

AGENCIA MUNDIAL

A SU SERVICIO SIEMPRE
20 años de experiencia, responsabilidad y profesionalismo

TODOS LOS PRECIOS INCLUYEN PASAJES AÉREOS Y SERVICIOS TERRESTRES POR PERSONA

PERÚ Y BOLIVIA

LIMA, AREQUIPA, CUZCO, MACHU PICCHU, PUNO, LA PAZ, 15 días. La Ruta del Inca. Hoteles de 3 y 4 estrellas. Desayuno incluido.
$1.960

PERÚ

LIMA, CUZCO, MACHU PICCHU, NAZCA, 12 días. Visite fortalezas incas. Vea las misteriosas líneas de Nazca desde el aire. Hoteles de primera. Desayuno y cena incluidos.
$2.250

LIMA, NAZCA, AREQUIPA, LAGO TITICACA, 10 días. Admire la arquitectura colonial de Lima y Arequipa. Vea las líneas de Nazca desde el aire. Navegue en el lago más alto del mundo. Hoteles de primera.
$1.650

ARGENTINA

BUENOS AIRES, BARILOCHE, MENDOZA, 12 días. Disfrute de una gran metrópoli. Esquíe en uno de los lugares más bellos del mundo. Hoteles de 4 y 5 estrellas. Desayuno y cena.
$2.990

CHILE Y ARGENTINA

SANTIAGO, PUERTO MONTT, BARILOCHE, BUENOS AIRES, 12 días. Excursión a Viña del Mar y Valparaíso. Cruce de los Andes en minibús y barco. Hoteles de 3 y 4 estrellas.
$3.190

CARIBE

JAMAICA, 7 días. Happy Inn, todo incluido. Exclusivo para parejas.
$1.750

PUERTO RICO

SAN JUAN, 5 días. Hotel de 5 estrellas. Excursión a Ponce. Visita con guía al Viejo San Juan. Desayuno incluido.
$1.250

MÉXICO

MÉXICO, TAXCO, ACAPULCO, 7 días. Hoteles de 3 y 4 estrellas. Excursión a Teotihuacán. Desayuno bufet incluido.
$1.450

CANCÚN, 5 días. Hotel de 4 estrellas. Excursión a Cozumel. Visita a ruinas mayas. Las mejores playas.
$1.150

Solicite los programas detallados con variantes de hoteles e itinerarios a su agente de viajes.

Tel. 312-785-4455 Fax: 312-785-4456

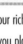

SITUACIONES

1. **Role A:** You are going to receive a very generous check from your rich aunt (*tía*) to take the trip of your dreams. Call your best friend to explain to him/her (a) where you plan to go, (b) when, and (c) what you plan to do.

   Role B: Your classmate is going to receive a large sum of money from his/her wealthy aunt (*tía*) to take a trip. Ask him/her (a) with whom he/she is planning to go, (b) what places he/she is going to visit, and (c) what he/she is planning to buy.

2. **Role A:** A friend and you are making plans for Saturday. Your friend is going to tell you what he/she plans to do. Tell your friend that you need to rest and want to spend (*pasar*) the day at the beach. He/She will try to convince you to change your mind. Inquire about specifics of his/her plan, such as: where he/she is going, with whom, and so on. Politely, be firm about your original plans.

   Role B: Your friend and you are making plans for Saturday. Tell him/her that you want to go to a fancy restaurant and to a discotheque afterward. Try to convince your friend to change plans. Answer his/her questions. Finally, tell him/her that you are going to go along with his/her plans.

ALGO MÁS

Some uses of **por** *and* **para**

In previous activities, you used **para** as an equivalent of *for*, with the meaning *intended* or *to be used for*:

Necesito un diccionario **para** la clase.   *I need a dictionary for the class.*

You used **por** in expressions such as **por favor**, **por teléfono**, and **por la mañana/tarde/noche**. Other fixed expressions with **por** that you will find useful when communicating in Spanish are:

por ejemplo	*for example*	**por lo menos**	*at least*
por eso	*that is why*	**por supuesto**	*of course*
por fin	*finally, at last*	**por ciento**	*percent*

Por and **para** can also be used to express movement in space and time.

■ Use **para** to indicate movement toward a destination.

Caminan **para** la playa.   *They walk toward the beach.*
Vamos **para** el túnel.   *We are going toward the tunnel.*

■ Use **por** to indicate movement through or by a place.

Caminan **por** la playa.   *They walk along the beach.*
Vamos **por** el túnel.   *We are going through the tunnel.*

■ You may also use **por** to indicate length of time or duration of an action. Many Spanish speakers omit **por** in this case, or they use **durante**.

Necesito el auto (**por**) tres días.   *I need the car for three days.*

¿Qué dice usted?

3-28 ¿Para dónde van? Read the following, guess where these people are going, and compare your guess with that of your classmate. Are the guesses similar? Then find out where a classmate is going after class, and why.

MODELO: *Jorge busca su uniforme de fútbol.*
                Va para el estadio.

1. Es la una de la tarde, y Pedro desea comer.
2. Sebastián lleva una mochila con sus libros de química y una calculadora.
3. Magdalena y Roberto van a consultar unos libros porque tienen un examen.
4. Gregorio va a comprar un libro para su clase de español.
5. Ana María va a ver una película de su actor favorito.
6. Amanda y Clara están muy elegantes y contentas. En este momento llegan Arturo y Felipe en su auto.

3-29 Caminante. Your classmate likes to walk. Ask him/her the following questions. Then, switch roles.

1. ¿Por dónde caminas?
2. ¿Te gusta caminar por la playa o por un parque?
3. ¿Caminas por la mañana?
4. ¿Caminas con amigos o solo/a (*by yourself*)?
5. ¿Caminas durante media hora o más?

MOSAICOS

■ Escuchar

Using background information

When you are listening to a conversation, you use your background knowledge of the situation to understand what is happening or what is being said. For example, it is probably much easier for you to understand what your roommate tells you about his/her daily activities than to understand a neurosurgeon talking about his/her day in the operating room. This is because you have much more experience with the activities of a college student than with the activities of a neurosurgeon.

Antes de escuchar

3-30 Las grabaciones telefónicas. In **3-31,** you will be calling several museums in Lima to find out their days and hours of operation, addresses, and phone numbers. Use your knowledge of museum hours to write down what days and hours you think the museums you are calling will be open.

Horario: _____

A escuchar

3-31 Exhibiciones y horarios. Now listen to the automated recorded messages and fill in the following chart with the missing information.

	DÍAS	HORAS	DIRECCIÓN	TELÉFONO
Museo de Arte			Avenida Ponce de León 1782	423-.......
Museo de Historia		9:00–	San Martín	
Museo de Antropología	los lunes, ... y	desde las .... hasta las	Mercaderes	
Museo de Ciencias Naturales	.... y sábado		.... Bolívar 840	

Después de escuchar

3-32 ¿Y usted? Answer the following questions.

1. ¿Qué museo desea visitar? _____
2. ¿Qué museo tiene un horario conveniente para usted? _____

Antes de escuchar

3-33 Diferentes precios. In **3-34,** you will listen to a recorded announcement of ViajaMás, a travel agency. The recording will provide the name of the destination cities in Latin America, the flight numbers, the days of the flights, and the price of the ticket from Miami. Before you listen, using your knowledge of Latin American countries and your knowledge of traveling costs, write down the names of three large cities you think the recording may mention and the probable cost of the ticket.

Ciudad: _____ Precio del pasaje: _____
Ciudad: _____ Precio del pasaje: _____
Ciudad: _____ Precio del pasaje: _____

A escuchar

3-34 Días y vuelos. Now listen to the recording and complete the following chart with the information provided.

CIUDAD	VUELO #	DÍAS	PRECIO DEL PASAJE
		sábados y domingos	
Buenos Aires	479		
			$250
Bogotá			

Después de escuchar

3-35 ¡Ahora usted! Your best friend, who is studying Spanish, would like to visit a large capital city in Latin America, but he/she is unsure where to go. After listening to the ad in **3-34,** you would like to suggest a city to him/her. Complete the following e-mail for your best friend.

```
De: ........................
A:............................
Asunto: Una ciudad interesante en América Latina
Hola......,
¡Tengo una información excelente para ti! Hay tarifas fantásticas para
visitar ................. Los vuelos salen ............. y los
boletos cuestan ............. Hablamos por teléfono este fin de semana,
¿OK?

............................
```

Conversar

CULTURA

Despite the differences from country to country, mealtimes in Hispanic countries differ from those in the United States. People typically eat breakfast at around 7:00 or 8:00 a.m. Breakfast normally consists of *café con leche* (hot milk with strong coffee), *té*, or *chocolate caliente* with bread, a sweet roll, and sometimes juice or fruit. This is a light breakfast, so people sometimes have a snack in the late morning. Cereals are becoming more popular, especially among the younger generation.

In some countries, the main meal of the day is lunch (*el almuerzo* or *la comida*), eaten between 12:30 and 3:00 p.m. Supper (*la cena* or *la comida*) is served after 7:00 or 8:00 p.m., and sometimes as late as 10:00 or 11:00 p.m.

Antes de conversar

3-36 ¿Qué comen sus compañeros? A new cafeteria is going to open on campus. You have been hired to do a random survey on the most popular foods so the cafeteria may include them on the menu. First find out what your classmates like to eat and drink at different meals on campus. Write down the names of students who answer **Sí** or **No** in the appropriate column.

MODELO: E1: Susana, ¿comes cereal en el desayuno?
E2: Sí, como cereal en el desayuno./No, no como cereal.

	DESAYUNO SÍ	NO	ALMUERZO SÍ	NO	CENA SÍ	NO
cereal con leche						
café/chocolate caliente						
jugo de naranja/tomate/manzana						
hamburguesas						
ensalada de frutas						
vino						
pan						
...						

A conversar

2 **A la cafetería.** Analyze the information you collected in *Primera fase* and go to see the new cafeteria supervisor (your classmate). Explain what most students eat and drink. Discuss with him/her a possible menu for breakfast, lunch, and dinner. Write down your menu.

Después de conversar

G **3-37 ¿Cuál es el menú más saludable (*the healthiest*)?** Compare your menu with those of other classmates. Then vote on which menu is the healthiest and the most complete. Explain why.

Antes de conversar

❷ 3-38 ¿Cómo pasarlo bien? Go to www.prenhall.com/mosaicos and find out how to have fun in any of the countries whose websites have been provided, or in another of your choice. Take notes on at least the following information.

1. Nombre del lugar o evento: _____
2. Dirección: _____
3. Teléfono: _____
4. Actividad(es) que las personas hacen allí: ¿Son actividades culturales, deportivas (*sports*), etcétera? _____

A conversar

3-39 ¡Vamos a pasarlo bien! Invite a classmate to the event or place you researched in activity **3-38**. Explain to him/her (a) what type of event or place it is, (b) where it is, (c) how you are planning to get there. He/She may accept or reject the invitation. Make sure to review expressions on pages 106 and 110.

Después de conversar

3-40 Planes excepcionales. Write a postcard to a friend, explaining what you are planning to do, with whom, where, how you are going to get there, and so on. Include as much information as possible.

 Leer

In *Lección 1* and *Lección 2* you used some basic reading strategies to help you comprehend a text better: a) drawing on your knowledge of the world to anticipate the content of a text; b) identifying cognates; and c) determining the kind of text and the text format. It is important to remember that successful second-language readers systematically use these strategies as they face the reading of a variety of texts. Therefore, as you gain insights and experience with other reading strategies, keep in mind the ones you have practiced before and utilize them.

In this chapter, you will practice identifying key words to comprehend the message of the text. Do not worry if you do not answer correctly the first time. Over time, practice will help you improve this crucial reading skill in Spanish.

Guía de pre-lectura. Skim the texts in activity **3-42** and answer the questions, based on your knowledge of the world.

1. What type of texts are included in **3-42?**
   a. brochures
   b. ads advertising services
   c. entertainment ads

2. In what section of the newspaper would you find these texts?
   a. in the sports section
   b. in the business section
   c. in the recreations section

3. What is the purpose of the ads? Use an X to mark all that apply.
   a. ——— to get the attention of adults with children
   b. ——— to catch the attention of ethnic food restaurant goers
   c. ——— to entice potential actors
   d. ——— to advertise a play in Spanish

4. Now, use your knowledge of the English language for comprehension. What words *in each text* helped you figure out the answer to question 3 above?
   Text 1. ——————————————　Text 3. ——————————————
   Text 2. ——————————————　Text 4. ——————————————

Antes de leer

3-41 Preparación. Primera fase. Look at the picture and follow the instructions.

1. La fotografía muestra (*shows*) una ciudad importante de Perú. ¿Qué ciudad peruana es probablemente?
2. Marque con una X los lugares de diversión (*entertainment*) que probablemente hay en esta ciudad.
   a. ——— museos para los aficionados (*fans*) al arte
   b. ——— discotecas para bailar y pasar el tiempo libre
   c. ——— hospitales modernos
   d. ——— teatros que presentan dramas y comedias nacionales e internacionales
   e. ——— cines que pasan películas nacionales y extranjeras
   f. ——— parques de diversión para los niños
   g. ——— restaurantes de comida étnica
   h. ——— universidades excelentes

2 Segunda fase. Take turns answering the following questions.

1. En la opinión de usted, ¿cuál es la mejor hora para divertirse (*to have fun*)?
2. ¿Qué hace usted para divertirse?

A leer

3-42 Primera mirada. Read these ads from a Peruvian newspaper, and offer a
solution for each of the problems.

NIÑOS

CORPORACIÓN CULTURAL DE LIMA. Santa
María y Gálvez. 2209451. A las 12 y 16 horas.
Bagdhadas. S/. 12.
TEATRO INFANTIL A DOMICILIO. 2390176.
El patito feo. Adaptación del cuento de Andersen.
Compañía Arcoiris.
CENTRO LIMA. Av. Grau y Velásquez. A las 12,
show especial de Navidad.
FANTASÍA DISNEY. Desde las 15. Niños, S/. 8;
adultos, S/. 14. Parque de entretenimientos.
EL MUNDO FANTÁSTICO DE MAFALDA.
Desde las 10. Entrada general a todos los juegos.
Niños, S/. 12. Calle Domingo Sarmiento 358.
PLANETARIO DEL MORRO SOLAR. A las 12,
17 y 19. Gratis para niños; adultos, S/. 15.
Circunvalación, Nuevo Perú. Tel. 5620841.
PARQUE DE LAS LEYENDAS (ZOO). De 9 a 19
hrs. Niños y 3ra edad, S/. 5; S/. 10, otro público.
Cerro Tongoy, 3701725.

Costa Verde

Sabrosa comida tradicional peruana
Menú especial los fines de semana

- Aperitivo
- Entrada
- Segundo
- Postre
- Café y plus café (crema de
  café, crema de menta, anisado)

Valor: S/. 75

Carnes, pescados y mariscos preparados
por los mejores cocineros del país

Avenida Arequipa 357
Reservas: 428 9654
Fax: 428 9655

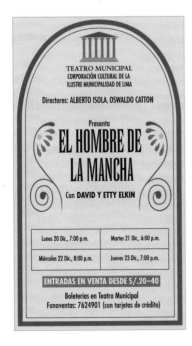

TEATRO MUNICIPAL
CORPORACIÓN CULTURAL DE LA
ILUSTRE MUNICIPALIDAD DE LIMA

Directores: ALBERTO ISOLA, OSWALDO CATTON

Presenta
EL HOMBRE DE LA MANCHA
Con DAVID Y ETTY ELKIN

| Lunes 20 Dic., 7:00 p.m. | Martes 21 Dic., 6:00 p.m. |
| Miércoles 22 Dic., 8:00 p.m. | Jueves 23 Dic., 7:00 p.m. |

ENTRADAS EN VENTA DESDE S/.20–40

Boleterías en Teatro Municipal
Fonoventas: 7624901 (con tarjetas de crédito)

El Chifa Lungfung
La más exquisita, variada y exótica
carta de comida cantonesa-peruana:
finas carnes, pescados y todo tipo
de mariscos.
SÁBADOS Y DOMINGOS:
Almuerzos y cenas familiares
...los esperamos
AIRE ACONDICIONADO
MÚSICA AMBIENTAL
CAMAREROS PROFESIONALES
AV. REPÚBLICA DE PANAMÁ 8720
RESERVAS 3817543, 3816532, 3814241

PROBLEMAS

1. El señor y la señora Molina tienen cuatro hijos entre tres y ocho años. A los niños les fascinan los animales, en particular las especies que no existen en Perú. Toda la familia desea salir este fin de semana, pero tiene poco dinero. ¿Adónde van a ir ellos probablemente? ¿Por qué?

2. El señor Liskin, un turista norteamericano, visita Lima por primera vez. Él desea ver todo lo típico de Perú. Este fin de semana va a poder hacer sus actividades favoritas. Al señor Liskin le gusta mucho escuchar música clásica, ir al teatro y comer bien. ¿Qué debe hacer durante el fin de semana?

3. Hoy es el cumpleaños de Carlitos, el hijo de Paloma. ¡Ya tiene ocho años! A diferencia de otros años en esta fecha, hoy el niño está en casa. El doctor dice que no debe caminar porque se fracturó una pierna. Carlitos está muy triste porque no va a celebrar su fiesta de cumpleaños con sus amigos, pero su mamá tiene una sorpresa para él. ¿Qué va a hacer Paloma?

4. Cuatro médicos alemanes visitan el Centro de Investigaciones del Cáncer del Hospital Central. El Dr. Moreira, director del Centro, desea invitar a sus colegas a un buen lugar esta noche para comer productos del mar peruanos. Él desea un restaurante cómodo, con buena comida y excelente atención. ¿A qué restaurante va a invitarlos? ¿Por qué?

3-43 Segunda mirada. Go back and read the ads (3-42) again to answer the following questions.

1. ¿Cuál de los anuncios es básicamente para menores (*minors*)? Indique algunas palabras que indican esta idea.
2. En la sección de niños, Parque de las Leyendas, ¿qué significa 3ra edad? ¿Cuántos años tiene como mínimo una persona de la 3ra edad?
3. En el anuncio del restaurante Costa Verde, identifique la expresión que indica que este restaurante prepara comida nacional.
4. Chifa Lungfung es probablemente un restaurante de excelente calidad (*quality*). ¿Qué expresiones en el anuncio se refieren a la buena calidad del restaurante?
5. En el anuncio de Chifa Lungfung, ¿qué palabra significa *reservation*?

Después de leer

3-44 Expansión. With a classmate, answer the following questions on the ads in activity **3-42**.

1. ¿Cuál de las siguientes actividades desean hacer ustedes en Lima: ir a un parque de entretenimiento (*entertainment park*), comer comida tradicional peruana, ver teatro o comer comida china? ¿Por qué?
2. ¿Cuál de los dos restaurantes sirve comida que a ustedes les gusta, Costa Verde o Chifa Lungfung?

Escribir

The writing process

The series of steps you follow to produce a clear and effective piece of writing is the same in any language. First you organize your thoughts, perhaps by writing an outline. Then you write a first draft. As you write, or once you finish, you may revise to find better ways of expressing your ideas. For example, you may change the organization, rewrite sentences, or choose better words. Finally, you correct any content inaccuracies or errors in spelling, punctuation, accent marks, and so on.

In *Lección 3* you will have the opportunity to write a letter to a friend. Although correspondence to friends tends to be less formal, well-written messages always follow writing conventions such as including the date, a salutation, an introduction, a body, a closing line, and so on. What follows is an example of a letter to a friend.

Antes de escribir

3-45 Enfoque. Primera fase. Juanita recently took a trip to Peru with her family. She wrote the following letter to a friend about her trip. Read Juanita's letter and do as indicated.

Cuzco, 8 de enero de 2005

Querida María Fernanda,

¿Cómo están tú y tu familia? ¿Cómo van tus clases? Espero que fantástico.

¡Sorpresa! En estos momentos, mi familia y yo estamos en Perú, un país increíble. Esta semana visitamos Cuzco y Machu Picchu, lugares con una historia muy interesante.

Muchos turistas visitan Cuzco y Machu Picchu para aprender sobre la cultura de los incas. En Cuzco, algunos visitan los mercados artesanales, compran productos indígenas y caminan por las antiguas calles de la ciudad. Otros montan en bicicleta y hacen excursiones por las montañas. Por las noches, muchos comen en restaurantes de comida típica de Perú. Los cuzqueños son muy amables y simpáticos. Muchos hablan español y quechua, su lengua nativa. En Machu Picchu, algunos escalan los Andes y escuchan a los expertos que hablan sobre la historia del lugar.

Tengo muchas fotografías de los Andes, de los mercados artesanales, de algunos restaurantes peruanos, etcétera. María Fernanda, debes visitar Perú. Te va a gustar. Es un lugar ideal para vacaciones, con mucha historia y tradiciones antiguas.

Bueno, ahora vamos a una excursión a Tambopata, una reserva natural con muchos animales autóctonos. Te llamo pronto. Chao.

Tu amiga,
Juanita

Segunda fase. Answer the following questions about Juanita's letter.

1. Mark with an *X* the purposes of Juanita's letter to María Fernanda.
   _____ To describe her vacation activities.
   _____ To describe a vacation spot that she likes.
   _____ To inform her friend of fun leisure activities people can do in Cuzco and Machu Picchu.
   _____ To suggest that her friend visit Peru.
   _____ To provide a profile of Peruvian people.

2. Based on its purpose, is Juanita's letter effective? _____ Yes _____ No
   Mark some possible reasons for your response.
   _____ Juanita organizes the information clearly.
   _____ The letter is poorly organized.
   _____ Juanita describes Cuzco and Machu Picchu very well.
   _____ The tone of the letter is friendly.
   _____ Juanita informs María Fernanda of the way her days are spent in Peru.
   _____ Juanita presents a positive portrait of Cuzco and Machu Picchu so María Fernanda may visit them in the future.

3. What salutation did María Fernanda use with her friend? How would you write the salutation to a male friend? Do you know any other way to say hello to a friend in Spanish? What is it?

4. How does María Fernanda say good-bye to her friend in the letter? Do you know any other way to say good-bye to a friend in Spanish? What is it?

3-46 Preparación. Choose a vacation spot or any other fun place you know well. Pretend that you are visiting the place. To prepare to write a letter to a friend informing him/her of your vacation, do the following:

1. Identify the place: Is it a beach, a park, a city, a historical landmark?
2. Make a list of words (adjectives) that describe the place: Is it small, big, beautiful, comfortable?
3. Write down some fun activities (verbs) that people do there: Are they outdoor activities, sports, culturally oriented (museums, explorations, fairs)?
4. Indicate some of the activities in #3 that you personally like.
5. Write down possible salutations and closings you may use.

A escribir

3-47 Manos a la obra. Now write a brief letter to your best friend, informing him/her of your vacation. Use the information you prepared in **activity 3-46.** Do not forget to date your letter and write the salutation and closing.

Después de escribir

3-48 Revisión. After completing your letter, read it at least twice with your reader in mind. Check the following:

■ The content of the letter: Did you include information your friend would like to read about? Is there any new information for your friend?

■ The form of the text: Did you use punctuation correctly? Did you verify that there are no spelling or grammatical mistakes?

Finally, discuss your letter with one of your peers.

ENFOQUE CULTURAL

TEMAS: EL CINE, EL TEATRO, LAS PEÑAS

Para pensar

¿Qué hace usted cuando quiere pasar un rato agradable?
¿Adónde va—A la playa, al cine, al teatro, a la discoteca,
al parque? ¿Con quién va a estos lugares?

*Muchas familias peruanas pasan
los meses de verano en las playas
cerca de sus ciudades.*

*En los países hispanos, una costumbre muy popular
entre los jóvenes y los adultos es ir al cine con amigos.
Generalmente después del cine las personas van a un
café a conversar y disfrutar del ambiente.*

*En Perú, unos lugares muy atractivos para jóvenes y adultos son las
peñas, donde se presentan cantantes de música criolla y conjuntos de
bailes folclóricos (marinera, huayno, tondero, por ejemplo), y donde las
personas escuchan música, cantan, bailan y comen comida criolla. Si
prefieren conversar con sus amigos y disfrutar al mismo tiempo de una
obra de teatro, van a los café-teatros donde se presentan comedias cortas
y se puede comer y tomar un café o una copa.*

Para contestar

2 Los amigos hispanos. Responda a las siguientes preguntas:

1. Si Uds. son personas muy activas y visitan Perú, ¿a qué lugares les gustaría ir?
2. Si prefieren actividades más tranquilas, ¿qué pueden hacer en un país hispano?

G Riqueza cultural. Hablen sobre las actividades que pueden hacer en los países
hispanos y que no pueden hacer en los Estados Unidos.

Para pensar

¿Conoce usted a alguna persona del Perú? ¿Sabe dónde está el Perú? ¿Qué lugares le gustaría visitar en el Perú?

El Perú es un país de geografía muy variada. Tiene una larga costa, una zona andina y una selva amazónica.

Lima, la capital del Perú, tiene zonas antiguas de gran belleza y valor histórico, y también tiene zonas modernas. Hay muchos museos importantes. El Museo de Oro tiene una excelente colección de joyería (jewelry) y objetos precolombinos; el Museo de la Nación exhibe joyería, artesanía y gran variedad de objetos de las civilizaciones que se desarrollaron en el Perú.

Otro lugar de gran interés en la costa del Perú es Nazca, al sur de Lima, muy conocida por sus famosas líneas de origen desconocido en el desierto.

Una de las ciudades más importantes del Perú es Cuzco, la antigua capital del imperio de los incas. Cerca de Cuzco se encuentran las ruinas de la ciudad inca de Machu Picchu y la fortaleza de Sacsayhuamán.

Expresiones peruanas

chamba	Me conseguí una chamba.	*I got myself a job.*
maldita	¡La película estuvo maldita!	*The movie was great!*
bacán	¡Ella es bacán!	*She is great / a lot of fun!*
chancón	¡Él es un chancón!	*He studies all the time.*

Para contestar

En el mapa

1. Busque tres ciudades del Perú: una en la costa, otra en la zona andina y otra en la selva amazónica.
2. Diga qué países están al norte, al sur y al este del Perú.

Ahora diga...

1. si le gustaría visitar las líneas de Nazca o las ruinas de Machu Picchu, y por qué.
2. qué ciudad del Perú le gustaría visitar, y por qué.

¿Qué dice usted si...?

1. le gusta mucho su nuevo auto
2. su compañero/a de cuarto es muy estudioso

Para investigar en Internet

Busque información *www.prenhall.com/mosaicos* sobre los espectáculos que hay en una peña en Lima esta semana. Averigüe el nombre de la peña, dónde está, a qué hora abre, qué artistas se presentan, cuánto cuesta el espectáculo, etcétera. Traiga a clase la información e informe a la clase.

¡Prepárese!

3-49 Los personajes. Before watching the *Fortunas* video segment for *Lección 3*, conjugate the verbs in parenthesis for the following sentences that go with the video images below.

1. A Ángela no le _____ (gustar) la reacción del público.
2. Carlos y Katie _____ (caminar) por Coyoacán.
3. Katie _____ (deber) decidir colaborar o no colaborar con Carlos.
4. Ellos _____ (ir) a investigar la mitología para solucionar el misterio.
5. Carlos _____ (leer) un libro sobre la mitología de los aztecas.
6. Los padres de Efraín _____ (vivir) en diferentes países.

Ángela está preocupada sobre la reacción del público.

Carlos y Katie están en Coyoacán.

Hay una posible colaboración entre Carlos y Katie.

Las pistas tienen una posible relación con la mitología.

Carlos sabe bastante sobre la mitología azteca.

Efraín habla sobre sus padres y sus problemas familiares.

¡Responda!

3-50 Katie y Carlos. Keeping in mind the concept of collaboration discussed by Katie and Carlos, after watching the *Fortunas* video segment for *Lección 3*, work together in groups of three on the following word association activity.

Asociación de palabras:
Take turns saying the following words. After each word the members of your group should say aloud any words or phrases that come to mind. Record your answers.

> destrucción / gigantes / viento / monos / global / jaguar

Look at your lists. Discuss possible connections and relations to see if you can form an idea of what the first *misterio* means. Share your ideas with the class.

In your opinion, what are the advantages and disadvantages of collaborating with your classmates?

NOTAS: CAMINO DE LA MONTAÑA, LOS KJARKAS

The title of *Camino de la montaña,* which means "mountain journey," is a metaphor for the journey we take in life. The country and people of Peru are closely associated with the Andes mountains; thus, the symbolic mountain of the song is related to Peruvian culture and tradition.

¡Prepárese!

3-51 Metáforas. Before listening to *Camino de la montaña* think about the idea of metaphor and what it means to you. The mountain journey is a metaphor for life's journey. Based on your personal experience, what are some possible metaphors for the following concepts from the song? Refer to the lyrics if necessary.

1. *la libertad* / freedom   3. *el peregrino* / pilgrim
2. *la verdad* / truth   4. *el destino* / destiny

> Camino de la montaña, camino de libertad
> Yo quiero subir por ella en busca de mi verdad
> Ser el santo y peregrino en busca de mi destino
> Y unos ojos soñadores que mi vida me alumbran
> Camino de la montaña, camino de libertad
> Yo quiero subir por ella en busca de mi verdad
> Ser el santo y peregrino en busca de mi destino
> Y unos ojos soñadores que mi vida me alumbran
> Hay amores en la vida que se buscan locamente
> Que andan perdidos sin rumbo por los caminos del mundo
> Más buscarán sus destinos, quizás por otros caminos
> Porque la vida misma es un camino por andar
> Más buscarán sus destinos, quizás por otros caminos
> Porque la vida misma es un camino por andar

¡Escuche!

3-52 Los instrumentos. Indicate with an X the instruments you hear as you listen to the song.

_____ el piano   _____ la quena*   _____ la guitarra
_____ el clarinete   _____ la trompeta   _____ las maracas
_____ el tambor

Which instrument do you like most, and why? Describe it in your own words in Spanish, using adjectives you have learned.

¡Responda!

❷ **3-53 La entrevista.** Imagine that you are a journalist who has been assigned to interview the artists of Los Kjarkas. Use the **ir + a +** *infinitive* construction with the verbs from the list to find out what their plans are. Present your questions and answers to the class.

MODELO: ¿Van Uds. a cantar en un concierto en EE.UU.?

            cantar / escribir / ir / tocar / vivir / celebrar

*an Andean flute prominent in Peruvian music

VOCABULARIO

Comunicación

el periódico	*newspaper*
la revista	*magazine*
el teléfono	*telephone*

Diversiones

la canción	*song*
el cumpleaños	*birthday*
la fiesta	*party*
la guitarra	*guitar*
la música	*music*
la película	*film*
la reunión	*meeting, gathering*
las vacaciones	*vacation*

Personas

e/la camarero/a	*waiter/waitress*
el/la joven	*young man/woman*

En un café o restaurante

el agua	*water*
el almuerzo	*lunch*
el arroz	*rice*
la bebida	*drink*
el bistec	*steak*
el café	*coffee*
la cena	*dinner, supper*
la cerveza	*beer*
el ceviche	*raw fish dish*
la comida	*dinner, supper*
el desayuno	*breakfast*
la ensalada	*salad*
la fruta	*fruit*
la hamburguesa	*hamburger*
el helado	*ice cream*
el huevo	*egg*
el jugo	*juice*
la leche	*milk*
la lechuga	*lettuce*
la naranja	*orange*
el pan	*bread*
la papa	*potato*
las papas fritas	*French fries*
el pescado	*fish*
el pollo	*chicken*
el refresco	*soda*
la sopa	*soup*
el tomate	*tomato*
la tostada	*toast*

el vegetal/la verdura	*vegetable*
el vino	*wine*

Lugares

el cine	*movies*
la ciudad	*city*
el mar	*sea*
el país	*country, nation*

Descripciones

caliente	*hot*
fabuloso/a	*fabulous, great*
frío/a	*cold*
frito/a	*fried*
rápido/a	*fast*
típico/a	*typical*

Verbos

alquilar	*to rent*
beber	*to drink*
cantar	*to sing*
celebrar	*to celebrate*
cenar	*to have dinner*
comer	*to eat*
correr	*to run*
deber	*ought to, should*
descansar	*to rest*
escribir	*to write*
ir	*to go*
leer	*to read*
nadar	*to swim*
tocar	*to touch*
tocar (un instrumento)	*to play* (an instrument)
tomar el sol	*to sunbathe*
ver	*to see*
vivir	*to live*

Palabras y expresiones útiles

¿Aló?	*Hello*
¿Adónde?	*Where (to)?*
al	*to the* (contraction of **a** + **el**)
al aire libre	*outdoors*
otro/a	*other, another*
si	*if*
tiempo libre	*free time*

See page 105 for expressions that denote future time. See page 111 for expressions with *por*.

4

LA FAMILIA

Objetivos comunicativos

- Identifying and describing family members
- Describing routine activities
- Expressing preferences, desires, and feelings
- Asking and giving permission

- Expressing when, where, or how an action is done
- Expressing how long events and states have been going on

Contenido

A PRIMERA VISTA

AUDIO *Las familias*

Una foto familiar de tres generaciones: **abuelos, hijos** y **nietos.** ¿Cuántos **niños** hay? ¿Hay muchos niños en la familia de usted? ¿Es el **perro** parte de la familia?

Una familia colombiana celebra el **bautizo** de su hija. En estas ceremonias participan los **padres,** los **padrinos** y los **ahijados.** Para muchas familias hispanas, el bautizo es un día muy especial.

La familia de Pablo

don José   doña Olga

María   Jorge   Lola   Elena   Jaime

Elenita Ana   Jorgito   Sofía   Inés   Pablo

LENGUA

The equivalent of the English word *apartment* varies depending on the country: *piso* in Spain and **apartamento** or *departamento* in Latin America.

AUDIO Pablo habla de su familia

Me llamo Pablo Méndez Sánchez y vivo con mis padres, mi **hermana** y mis **abuelos** en un apartamento en Bogotá, la capital de Colombia.

Mi **madre** tiene un hermano, mi **tío** Jorge. Su **esposa** es mi tía María. Tienen tres hijos y viven también en Bogotá. Mi **primo** Jorgito es el **menor**. Mis primas Elenita y Ana son **gemelas**. Mis primos son muy simpáticos y **pasamos** mucho tiempo **juntos**.

Mis tíos tienen sólo dos **sobrinos** en Bogotá, mi hermana Inés y yo. Su otra **sobrina**, la hija de mi tía Lola, vive en Cartagena, al norte del país.

La **nieta** favorita de mis abuelos es mi hermanita Inés. Tiene sólo tres años y es la **menor** de todos sus nietos.

¿Qué dice usted?

4-1 Asociación. Asocie la descripción a la izquierda con la expresión correcta.

1. __C__ la esposa de mi papá   a. mi primo
2. __a__ el hermano de mi prima   b. mi nieto
3. __d__ los padres de mi papá   c. mi madre
4. __b__ el hijo de mi hijo   d. mis abuelos
5. __e__ el hermano de mi mamá   e. mi tío

4-2 La familia de Pablo. Complete las siguientes oraciones de acuerdo con el árbol genealógico (*family tree*) de Pablo.

1. La hermana de Pablo se llama _Inez_.
2. Don José y doña Olga son los _abuelos_ de Pablo. Ellos tienen _dos_ hijas y _un_ hijo.
3. Pablo es el _hijo_ de Jaime.
4. Jaime es el _padre_ de Pablo, y Elena es su _madre_.
5. Inés y Ana son _primas_. Elenita y Ana son _gemelas_.
6. Don José y doña Olga tienen _dos_ nietos y _cuatro_ nietas en Bogotá.
7. Elena es la _tía_ de Jorgito, Elenita y Ana.
8. Lola es la _hermana_ de Jorge y Elena.

4-3 ¿Quién es y cómo es? Escoja (*Choose*) a un miembro de la familia de Pablo. Su compañero/a debe decir cuál es su relación familiar con Pablo y usar su imaginación para dar información adicional.

MODELO: E1: ¿Quién es Elenita?
E2: Es la prima de Pablo. Tiene dieciocho años y estudia psicología. Es muy simpática y tiene muchos amigos.

CULTURA

The ending **-ito/a** (**Jorge → Jorgito**) is very common in Hispanic countries; it is particularly used to differentiate parents from children of the same name. The ending **ito/a** also expresses smallness (**hermanito/a, sillita**) or affection (**mi abuelita**).

Hispanics are often given more than one name (**Carlos Alberto, María del Carmen**). These names are often combined (**Mariví**, from **María Victoria**). The name **María** may also be used as part of a man's name: **José María**.

Otros miembros de la familia de Pablo

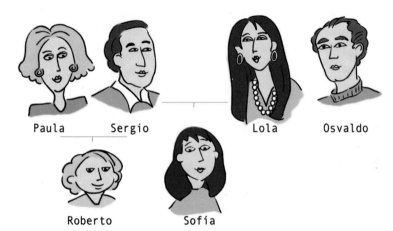

Paula   Sergio   Lola   Osvaldo

Roberto   Sofía

que viene – is coming

La única hermana de mi mamá es mi tía Lola. Lola y Sergio están **divorciados** pero tienen una hija, mi prima Sofía. Ahora tía Lola está casada con Osvaldo, el **padrastro** de Sofía. Sergio está **casado** con Paula y tienen un hijo, Roberto. Paula es la **madrastra** de Sofía, y Roberto es su **medio hermano**.

¿Qué dice usted?

appropriate column that agrees with

4-4 ¿Cierto o falso? Marque la columna adecuada de acuerdo con la información sobre la familia de Lola.

	CIERTO	FALSO
1. La tía Lola está casada con Sergio.		√
2. Osvaldo es el papá de Roberto.		√
3. Paula es la madrastra de Roberto.		√
4. Lola es la madre de Sofía.	√	
5. Sofía tiene un medio hermano.	√	

phase

4-5 El arte de preguntar. Primera fase. Preparen las preguntas necesarias para obtener la siguiente información.

1. Tengo cuatro abuelos vivos (*alive*).
2. No, no soy hija única.
3. Tengo dos hermanos.
4. Vivo con mi madre y mi padrastro.
5. Mis abuelos no viven con nosotros.
6. Tengo muchos primos.
7. Tengo una media hermana, pero no vive con nosotros.
8. Mi media hermana vive con su madre.

② Segunda fase Ahora intercambien preguntas para obtener información sobre sus propias familias. Después, compartan (*share*) esta información con la clase.

Then Later

2 **4-6 Mi familia.** Preparen un árbol genealógico individualmente. Luego, deben intercambiar su árbol. Finalmente, cada uno/a debe hacerle preguntas a su compañero/a sobre su familia para obtener la siguiente información.

1. nombre de los abuelos vivos
2. nombre de los padres (padrastro/madrastra)
3. número y nombre de los hermanos o medios hermanos
4. número y nombre de los primos
5. descripción de dos familiares

AUDIO ¿Qué hacen los parientes?

Mis abuelos viven en una casa al lado del parque. Normalmente, ellos **pasean** por las mañanas y **almuerzan** muy temprano. Después, **duermen** una siesta, y por la tarde **visitan** a sus **parientes**.

Jorgito es mi primo favorito. Es **un poco** menor que yo, pero corremos y **jugamos** mucho **juntos**. También nos gusta ver el fútbol en la televisión y montar en bicicleta los domingos.

Hace dos años que mi prima Ana tiene **novio**, y **frecuentemente** dice que **quiere casarse** muy pronto. Elena, su hermana gemela, **piensa** que Ana no debe casarse porque es muy joven.

Mi tío Jorge es un hombre muy **ocupado**. **Sale** de casa muy **temprano** y **vuelve tarde** todos los días. Mi tía María, su esposa, dice que él **prefiere** el trabajo a su familia. Pienso que en todas las familias hay problemas. En la mía también, pero me gusta mi familia.

¿Qué dice usted?

4-7 ¿Cierto o falso? Conteste de acuerdo con información adicional sobre la familia de Pablo.

	CIERTO	FALSO
1. Normalmente los abuelos están muy ocupados.	✓	
2. El tío Jorge cree que Elenita tiene problemas.		✓
3. Elenita piensa que su hermana es muy joven para casarse.	✓	
4. Jorgito y Pablo montan en bicicleta frecuentemente.	✓	
5. El tío Jorge trabaja mucho.	✓	
6. El tío Jorge llega temprano a su casa.		✓

based

4-8 ¿Y qué hace su familia? Hágale preguntas a su compañero/a para obtener más información sobre su familia, basándose en los siguientes puntos:

1. número de personas en la casa, edad y relación
2. ocupación y descripción (física y de personalidad) de algunos miembros de la familia
3. actividades de estas personas en su tiempo libre
4. nombre del pariente favorito, relación familiar y razón de su preferencia

4-9 Familias de famosos. Primera fase. Va a hacer el árbol genealógico de una familia famosa. Vaya a **www.prenhall.com/mosaicos** para obtener la información necesaria. Haga el árbol genealógico. Incluya toda la información posible.

Segunda fase. Túrnese (*Take turns*) con su compañero/a para describir la familia que escogieron (*chose*).

4-10 Algunas familias hispanas. You will listen to descriptions of four Hispanic families. Before you listen, answer the following questions: Is your family large or small? How many brothers and sisters, cousins, aunts, and uncles do you have?

_____

_____

_____

Now pay attention to the general idea of what is said. As you hear each description, write a check mark in the corresponding column.

	TIENE UNA FAMILIA GRANDE	TIENE HERMANOS	TIENE MUCHOS TÍOS	TIENE PRIMOS
Pedro				
Alicia				
Magdalena				
Alberto				

1. Present tense of stem-changing verbs: e → ie, o → ue, e → i

PENSAR (e → ie) (*to think*)			
yo	pienso	nosotros/as	pensamos
tú	piensas	vosotros/as	pensáis
Ud., él, ella	piensa	Uds., ellos/as	piensan

VOLVER (o → ue) (*to return*)			
yo	vuelvo	nosotros/as	volvemos
tú	vuelves	vosotros/as	volvéis
Ud., él, ella	vuelve	Uds., ellos/as	vuelven

PEDIR (e → i) (*to ask for, to order*)			
yo	pido	nosotros/as	pedimos
tú	pides	vosotros/as	pedís
Ud., él, ella	pide	Uds., ellos/as	piden

- These verbs change the stem vowel **e** to **ie**, **o** to **ue**, and **e** to **i** except in the **nosotros** and **vosotros** forms.[1]

- Other common verbs and their vowel changes are:

e → ie	o → ue	e → i
cerrar (*to close*)	**almorzar** (*to have lunch*)	**servir** (*to serve*)
empezar (*to begin*)	**costar** (*to cost*)	**repetir** (*to repeat*)
entender (*to understand*)	**dormir** (*to sleep*)	
preferir (*to prefer*)	**poder** (*to be able to, can*)	
querer (*to want, to love*)		

poder → puedo

- Use **pensar** + *infinitive* to express what you or someone else is planning to do.

  Pienso estudiar esta noche.   *I plan to study tonight.*
  Pensamos comer a las ocho.   *We are planning to eat at 8:00.*

- Note the irregular **yo** form in the following e → ie and e → i stem-changing verbs.

tener (*to have*)	**tengo**, tienes, tiene, tenemos, tenéis, tienen
venir (*to come*)	**vengo**, vienes, viene, venimos, venís, vienen
decir (*to say, tell*)	**digo**, dices, dice, decimos, decís, dicen
seguir (*to follow*)	**sigo**, sigues, sigue, seguimos, seguís, siguen

- The verb *jugar* (*to play* a game or a sport) changes **u** to **ue**.

  Mario **juega** muy bien al tenis, pero nosotros **jugamos** regular.

[1]Stem-changing verbs are identified in vocabulary lists as follows: **pensar (ie)**; **volver (ue)**; **pedir (i)**.

LENGUA

- The Spanish equivalent for *to think of/about* someone or something is **pensar en.**
  ¿Piensas en tu familia cuando estás fuera de casa? *Do you think of your family when you are away from home?*
  Sí, **pienso** mucho **en** ellos. Y también **pienso en** mi casa *Yes, I think about them a lot. And I also think of my home.*

- **Pensar de** is used to inquire for an opinion about someone or something. **Pensar que** is normally used to answer these questions.
  ¿Qué **piensas de** los planes de ayuda familiar? *What do you think of the plans to help families?*
  Pienso que son excelentes. *I think they are excellent.*

¿Qué dice usted?

4-11 Preferencias de la familia. Primera fase. En la casilla (*box*) adecuada, escriba una **Y** para indicar lo que usted prefiere beber y comer, y una **F** para lo que prefiere otro miembro de su familia.

¿QUÉ PREFIERO BEBER YO Y QUÉ PREFIERE...?			
EN EL ALMUERZO	leche	chocolate caliente	café
DESPUÉS DE CORRER	jugo	refresco	agua
PARA CELEBRAR UN CUMPLEAÑOS	vino	cerveza	champaña

¿QUÉ PREFIERO COMER YO Y QUÉ PREFIERE...?			
EN EL DESAYUNO	cereal	tostadas	huevos
LOS DOMINGOS	comida mexicana	comida italiana	comida española
EN UN RESTAURANTE	pollo	pescado	espaguetis

Segunda fase. Túrnense para decirle a su compañero/a qué prefieren beber y comer usted y otro miembro de su familia en cada situación. Después pregúntele a su compañero/a cuáles son sus preferencias.

MODELO: Por la mañana: jugo, café, té
E1: Por la mañana, yo prefiero tomar té, pero mi hermano prefiere tomar café. ¿Y tú?
E2: Pues yo prefiero té.

4-12 ¿Qué piensan hacer estas personas? Túrnense para decir qué piensa hacer cada persona en las situaciones siguientes. Cada uno debe dar una respuesta diferente.

MODELO: Mi hermano desea estar delgado.
E1: Piensa correr mucho.
E2: Piensa empezar una dieta.

1. Mi hermana tiene un examen de matemáticas mañana.
2. Mi hermana estudia bastante, pero no entiende muchos de los problemas.
3. Mi tía está muy débil y cansada.
4. Mis abuelos están de vacaciones en Colombia.
5. Mis primos quieren ir a Cartagena para visitar a los abuelos.

order
pedir – to take order

❷ **4-13 Comidas y bebidas.** Túrnense para preguntarle a su compañero/a qué pide
para comer y beber en estos lugares. Él/Ella debe contestarle y además decir lo
que pide algún miembro de la familia que tiene gustos diferentes.

> MODELO: en un partido de béisbol *match, contest, game*
> > E1: ¿Qué pides en un partido de béisbol?
> > E2: Pido un perro caliente y un refresco, pero mi hermano pide una
> > hamburguesa.

1. en un restaurante español muy elegante
2. en un McDonald's si quieres estar delgado/a
3. en un bar con tus amigos
4. en un restaurante en una playa
5. en una pizzería

cubrir – to cover

❷ **4-14 Entrevista.** Túrnense para entrevistarse entre ustedes (*each other*). Deben
cubrir los siguientes puntos en su entrevista y después compartir la
información con otro/a compañero/a.

1. hora del desayuno y qué prefiere beber y dónde
2. lugar donde almuerza y qué prefiere comer
3. bebida que prefiere a la hora del almuerzo
4. sus actividades después del almuerzo
5. hora de la cena, dónde y con quién
6. número de horas que duerme por la noche

❷ **4-15 ¿Cuándo y con quién? Primera fase.** Háganse preguntas entre ustedes para
obtener la siguiente información sobre lo que cada uno hace con sus amigos.

1. lo que hacen juntos durante el año académico durante la semana y los fines
   de semana
2. si practican algún deporte (*sport*), qué días y dónde
3. actividades preferidas del fin de semana

Segunda fase. Comparen sus actividades. ¿Cuáles son semejantes o diferentes?
Compártanlas con otra pareja. *partners, mates*

> MODELO: Durante la semana, nosotros almorzamos en la cafetería de la
> universidad.

Ⓖ **4-16 Una reunión.** Imagínense que todos son miembros de una misma
familia y determinen cuál es la relación entre ustedes (hermanos, primos, tíos,
etc.). Ahora, organicen una reunión familiar para celebrar el aniversario de los
abuelos y decidan lo siguiente:

1. lugar y hora de la reunión
2. número de niños y adultos que participan (especifiquen la relación familiar)
3. obligaciones de los adultos antes de la reunión
4. comida y bebida que van a servir
5. actividades y diversiones para los niños y para los adultos

1. You and a/some member(s) of your family are planning to take a trip abroad. Your partner should find out a) when you are planning to go, b) with whom you are going, c) what country and cities you prefer to visit, d) why, and e) if the other family member(s) prefer(s) to go to other places.

2. **Role A:** Your grandparents are celebrating their 50th wedding anniversary and the entire family has gathered for a party. You encounter an old aunt who is very curious about your life in college. After commenting on the party and several family members, answer her questions politely.

   Role B: You are very happy to see your young nephew/niece who is studying in college. After commenting on the party and several family members, ask him/her the following questions about college life: a) the classes he/she is taking; b) which one(s) he/she prefers; c) the type of job he/she wants to do in the future; d) where he/she normally eats; e) when vacations start; f) what he/she is planing to do; and g) when he/she is coming back.

2. Adverbs

- Adverbs are used to describe when, where, and, how an action/event takes place. You have used Spanish adverbs when expressing time (**mañana, siempre, después**) and place (**detrás, debajo**). You have also used adverbs when expressing how you feel (**bien, muy mal, regular**). These same adverbs can be used when expressing how things are done.

  Rafael nada **bien**.   *Rafael swims well.*

- Spanish also uses adverbs ending in **-mente**, which corresponds to the English *-ly*, to qualify how things are done. To form these adverbs, add **-mente** to the feminine form of the adjective. With adjectives that do not have a special feminine form, simply add **-mente**.

  María lee **lentamente**.   *María reads slowly.*
  Cantan **alegremente**.   *They sing happily.*

- Some commonly used adverbs ending in **-mente** are:

básicamente	normalmente	relativamente
frecuentemente	perfectamente	simplemente
generalmente	realmente	tradicionalmente
lógicamente	regularmente	tranquilamente

¿Qué dice usted?

4-17 ¿Está de acuerdo o no? Primera fase. Indique si está de acuerdo (**Sí**) o no (**No**) con las siguientes afirmaciones.

1. _____ Los padres deben hablar frecuentemente con sus hijos adolescentes.
2. _____ Los nietos deben visitar regularmente a sus abuelos.
3. _____ Normalmente los hijos solteros viven con sus padres.
4. _____ Los padres siempre hablan lentamente cuando están enojados con sus hijos.
5. _____ Generalmente las familias grandes son más felices que las familias pequeñas.
6. _____ Los padres deben tener reuniones con los profesores de sus hijos regularmente.

Segunda fase. Compare sus respuestas con las de su compañero/a y diga por qué están o no están de acuerdo.

4-18 ¿Lenta o rápidamente? Primera fase. Escriba tres actividades que usted hace rápidamente y tres que hace lentamente.

RÁPIDAMENTE
1. Me gusta leer
2. Me gusta caminar/pasear
3. Me gusta estudiar

LENTAMENTE
1. Me gusta comer
2. Me gusta manejar
3. Me gusta beber cerveza

Segunda fase. Compare sus actividades con las de su compañero/a. Puede usar las actividades de la **Primera fase** o usar los verbos que aparecen más abajo.

MODELO: Nado lentamente.
E1: Yo nado lentamente cuando estoy cansado/a.
E2: Pues, yo siempre nado rápidamente.
E1: ¡Qué impresionante!

almorzar	beber	estudiar
bailar	caminar	nadar
hablar español	tomar apuntes	leer el periódico
escribir composiciones	pasear	...

4-19 Entrevista. Primera fase. Hágale estas preguntas a su compañero/a. Después él/ella le debe hacer las mismas preguntas a usted.

1. ¿Qué haces normalmente por la tarde?
2. ¿A qué lugares vas regularmente y con quién?
3. Generalmente, ¿adónde vas por la noche?
4. ¿Adónde vas para conversar tranquilamente con tus amigos?
5. ¿A quiénes llamas por teléfono más frecuentemente, a tus amigos o a tu familia?

Segunda fase. Ahora escriba una breve comparación entre usted y su compañero/a con respecto a cada pregunta en la **Primera fase.** ¿Hacen ustedes actividades semejantes (*similar*) o diferentes? ¿Van ustedes a los mismos (*same*) lugares? ¿Quién de ustedes es más sociable: usted o su compañero/a? ¿Por qué?

EN DIRECTO

To express surprise at what you hear:
¡Qué increíble! *Incredible!*
¡Qué impresionante! *How impressive!*

SITUACIONES

1. Your class is conducting a survey regarding students' movie habits. Ask a classmate a) when he/she goes to the movies, b) with whom he/she generally goes, c) the type of movies he/she normally prefers (romantic, dramas, science fiction, etc.), d) what he/she eats or drinks at the movies, and e) the name of his/her favorite movie theater.

2. You are conducting a survey regarding family customs and activities for your Sociology class. Ask a classmate a) if the members of his/her immediate family generally eat together, b) if they visit other family members frequently (grandparents, aunts, uncles, cousins), c) who is the family member that normally organizes family reunions, and d) if there are traditions in his/her family and what they are.

3. Present tense of *hacer, poner, salir, traer,* and *oír*

El padre pone la mesa.

La madre oye música y también las noticias.

La hija trae las tostadas a la mesa.

El hijo hace la cama.

El abuelo pone la televisión.

La familia desayuna y sale.

HACER (*to make, to do*)			
yo	**hago**	nosotros/as	**hacemos**
tú	**haces**	vosotros/as	**hacéis**
Ud., él, ella	**hace**	Uds., ellos/as	**hacen**

PONER (*to put*)			
yo	**pongo**	nosotros/as	**ponemos**
tú	**pones**	vosotros/as	**ponéis**
Ud., él, ella	**pone**	Uds., ellos/as	**ponen**

■ **Poner** normally means *to put*. However, with some electrical appliances,
poner means *to turn on*.

Yo **pongo** los platos en la mesa a la hora de la cena.	*I put the plates on the table at dinner time.*
Mi abuelo siempre **pone** la televisión después de la cena.	*My grandfather always turns on the T.V. after dinner.*

SALIR (*to leave*)			
yo	**salgo**	nosotros/as	**salimos**
tú	**sales**	vosotros/as	**salís**
Ud., él, ella	**sale**	Uds., ellos/as	**salen**

■ **Salir** can be used with several different prepositions: to express that you are
leaving a place, use **salir de**; to express the place of your destination, use **salir
para**; to express with whom you go out or the person you date, use **salir con**;
to express what you are going to do, use **salir a**.

Yo **salgo de** mi cuarto ahora.	*I am leaving my room now.*
Salgo para la librería.	*I am leaving for the bookstore.*
Mi hermana **sale con** Mauricio.	*My sister goes out with Mauricio.*
Ellos **salen** a bailar los sábados.	*They go out dancing on Saturdays.*

TRAER (*to bring*)			
yo	**traigo**	nosotros/as	**traemos**
tú	**traes**	vosotros/as	**traéis**
Ud., él, ella	**trae**	Uds., ellos/as	**traen**

OÍR (*to hear*)			
yo	**oigo**	nosotros/as	**oímos**
tú	**oyes**	vosotros/as	**oís**
Ud., él, ella	**oye**	Uds., ellos/as	**oyen**

[handwritten margin notes:]
salir de — leaving from
Salir para — to a place
salir con — with whom
salir a — going to do - future

salgo a bailar ...
Voy a bailar ...

¿Qué dice usted?

4-20 El rey (*king*) de la organización. Primera fase. Alberto es una persona muy organizada, considerada, estudiosa y puntual. Marque con una X las afirmaciones que Alberto probablemente hace sobre sí mismo (*about himself*).

1. _____ Yo no **hago** mi cama.
2. _____ Yo **hago** mi cama temprano por la mañana.
3. _____ Para concentrarme en mis estudios, yo no **pongo** música.
4. _____ Siempre **pongo** música rock cuando estudio.
5. _____ Para ayudar (*help*) a mi madre, **pongo** la mesa para el desayuno.
6. _____ No **pongo** la mesa porque no me gusta trabajar en casa.
7. _____ Generalmente, **traigo** el periódico a la mesa porque me gusta leer las noticias mientras desayuno.
8. _____ En general, no **traigo** el periódico a la mesa mientras desayuno porque prefiero conversar con mi familia.
9. _____ Después de desayunar **salgo** rápidamente para la universidad porque no me gusta llegar tarde.
10. _____ Desayuno lentamente y luego **salgo** para la universidad porque tengo suficiente tiempo para llegar a la hora que la clase empieza.

Segunda fase. Túrnense para comparar las actividades de Alberto con las actividades de ustedes. ¿Son ustedes organizados/as, considerados/as, estudiosos/as y puntuales como Alberto?

MODELO: E1: Yo también... ¿Y tú?
         E2: Pues yo también... o No, yo no...

4-21 ¿Familias tradicionales o modernas? Primera fase. Indique quiénes hacen estas actividades en su familia: los hombres (H), las mujeres (M) o ambos (*both*) (A).

1. _____ comprar la comida
2. _____ poner la mesa
3. _____ hacer el desayuno
4. _____ salir solo/a porque no le gusta la compañía de otras personas
5. _____ hacer las camas
6. _____ oír los chismes (*gossip*) más recientes sobre los famosos en la radio
7. _____ traer el periódico a la casa
8. _____ poner la televisión para ver las noticias

Segunda fase. Comparen sus respuestas. Determinen cuál de las familias es más tradicional y cuál es más moderna. ¿Por qué?

4-22 Intercambio. Primera fase. Hoy la familia de su compañero/a está muy ocupada. Hágale preguntas a su compañero/a para saber a qué hora salen y para dónde van las personas que aparecen en la tabla.

MODELO: E1: ¿A qué hora sale Juan?
         E2: (Sale) a las 8 de la mañana.
         E1: ¿Para dónde va Juan?
         E2: Va para el gimnasio.   *Sale para el gimnasio.*

NOMBRE	HORA	LUGAR
Juan	8:00 a.m.	gimnasio
Alicia	9:30 a.m.	laboratorio de computadoras
tu sobrino	2:00 p.m.	café
Cristina	8:30 p.m.	oficina
tú	...	...

Segunda fase. Respondan a las siguientes preguntas sobre las personas de la **Primera fase.**

1. ¿Quién hace ejercicio (*exercise*)? ¿Por qué?
2. ¿A quién le gusta socializar?
3. ¿Quién es fanático/a del trabajo? ¿Por qué?
4. ¿A quién le gusta usar las computadoras?

4-23 Las clases de español de mi hermano. Hable sobre las actividades escolares de su hermano, y después pregúntele a su compañero/a sobre sus actividades.

MODELO: tener la clase de español por la mañana
         E1: Mi hermano tiene la clase de español por la mañana. ¿Y tú?
         E2: Yo tengo la clase (de español) por la tarde. *o* Yo también tengo la clase (de español) por la mañana.

1. hacer la tarea por la noche
2. salir para la universidad a las nueve frecuentemente
3. poner la tarea sobre el escritorio del profesor generalmente
4. traer los libros a la casa
5. salir de la clase a las diez normalmente

4-24 Entrevista. Usted quiere saber qué hace su compañero/a en su tiempo libre y él/ella quiere saber qué hace usted. Háganse preguntas para averiguar (*to find out*) lo siguiente:

1. hora de salida de la universidad
2. lugares para donde va
3. actividades en esos lugares
4. actividades en su casa por las noches
5. programas de televisión favoritos
6. ...

4-25 ¿De dónde salen, con quién y para dónde? Mire el dibujo y complete el siguiente párrafo (*paragraph*) con la forma correcta de **salir + de, salir + para** o **salir + con.**

1. Javier y Marcelo son amigos. Ellos _____ la casa de Javier. _____ el cine. Javier siempre _____ Marcelo los domingos por la tarde.

Ahora complete el siguiente párrafo de acuerdo con sus propias actividades y su propio horario. Compare sus respuestas con las de su compañero/a.

2. Yo _____ casa a las _____ de la mañana. _____ la universidad. Llego a la universidad a las _____. Las clases terminan a las _____. A esa hora _____ casa. Por las noches _____ mi novio/a.

 SITUACIONES

1. Find out the following information about your partner's family: a) who sets the table, b) who prepares breakfast, c) who makes the beds, and d) what time each family member leaves the house in the morning.

2. **Role A.** You are participating in a school play in which you act out the part of a character who has many family problems. In this scene, you are telling your counselor: a) that you have a stepsister/brother that is very lazy and unpleasant, b) that you work a lot in the house, c) that your stepmother is not nice to you and explain why, and d) that you talk with your father about these problems, but he thinks you exaggerate (*exagerar*). Then ask your counselor what you should do in this situation.

   Role B. You play the part of the family counselor. After listening to your client, you ask for the following information: a) the number of family members, b) what they are like, and c) the things he/she does at home. Then, tell your client to be nice to his/her step sister/brother for two weeks, to write down the work her sister/brother should do in the house and to note whether he/she does it or not.

4. *Hace* with expressions of time

■ To say that an action/state began in the past and continues into the present, use **hace** + *length of time* + **que** + present tense.

   Hace dos horas que juegan.   *They've been playing for two hours.*

■ If you begin the sentence with the present tense of the verb, do not use **que.**

   Juegan hace dos horas.   *They've been playing for two hours.*

■ To find out how long an action/state has been taking place, use **cuánto tiempo + hace que** + *present tense.*

   ¿Cuánto tiempo hace que juegan?   *How long have they been playing?*

¿Qué dice usted?

4-26 Éste soy yo. Primera fase. Lea la siguiente descripción y conteste las preguntas.

Me llamo Jaime Caicedo. Soy de Cali, Colombia, pero mis padres viven ahora en Bogotá. Hablo español, pero deseo aprender inglés para poder hablar con personas de los Estados Unidos. Estudio inglés **hace** dos años, pero debo estudiar más para hablar, leer y escribir inglés correctamente. Para aprender más, siempre miro programas de televisión en inglés en los canales del cable. Mi programa favorito es *Friends*. **Hace** dos años **que** miro el programa y me gusta mucho. En mi tiempo libre, voy al cine y a fiestas. Tengo un auto un poco viejo **hace** un año, pero salgo en él con mis amigos y también con mi novia. **Hace** cuatro meses **que** somos novios. Somos muy felices.

1. Jaime Caicedo es de...
   a. los Estados Unidos   b. Bogotá   c. *Friends*

2. Hace dos años que Jaime...
   a. tiene novia   b. va al cine   c. mira *Friends*

3. En su tiempo libre, jaime...
   a. va a fiestas   b. estudia inglés   c. estudia español

Segunda fase. Ahora escriba su propia descripción, siguiendo el modelo. Luego, comparta su descripción con un/a compañero/a.

Me llamo _____. Soy de _____, _____ (ciudad y país). Hablo _____ (su lengua materna), pero deseo aprender _____ (lengua extranjera) para _____ (razón). Estudio _____ **hace** _____(lengua extranjera y período de tiempo), pero debo estudiar más para hablar, leer y escribir en la lengua correctamente. Para aprender más, siempre miro _____ (programa que usted escucha o mira para aprender más). Mi programa favorito es _____. **Hace** dos años **que** _____ el programa y me gusta mucho. En mi tiempo libre, _____ Tengo _____ (vehículo/objeto o animal) **hace** _____. También **hace** _____ (período de tiempo) **que** tengo _____ (novio/a o nuevo amigo/a). _____ (Describa sus sentimientos sobre esta relación).

4-27 Entrevista. Túrnense para hacerse las siguientes preguntas. Después compartan la información con otra pareja.

1. ¿Dónde vives? ¿Cuánto tiempo hace que vives allí?
2. ¿Dónde trabaja tu padre/madre? ¿Cuánto tiempo hace que trabaja allí?
3. ¿Cuánto tiempo hace que estudias en esta universidad?
   ¿Y por qué estudias español?
4. ¿Practicas algún deporte? ¿Cuánto tiempo hace que juegas al...?
   ¿Juegas bien?

SITUACIONES

1. You are a new student at the university, and a cousin from Colombia is coming to visit you. Since you are not familiar with the area, ask your friend about the good Colombian restaurant where he/she usually goes. Ask a) how long he/she has been going to this restaurant, b) what Colombian dishes they serve (e.g., **ajiaco de pollo, papas chorreadas, arroz con coco**) and how much they cost, and c) thank him/her for the information. Your friend will answer giving as much information as possible.

 ## ALGO MÁS

Some reflexive verbs and pronouns

LAVARSE		
yo	**me lavo**	*I wash myself*
tú	**te lavas**	*you wash yourself*
Ud.	**se lava**	*you wash yourself*
él/ella	**se lava**	*he/she washes himself/herself*

■ Reflexive verbs are those that express what people do to or for themselves.

REFLEXIVE
Mi hermana **se lava.**   *My sister washes herself.*
                                     (She is the doer and the receiver.)

NONREFLEXIVE
Mi hermana **lava** el auto.   *My sister washes the car.*
                                     (She is the doer and the car is the receiver.)

■ A reflexive pronoun refers back to the subject of the sentence. In English this may be expressed by pronouns ending in *-self* or *-selves;* in many cases, Spanish uses reflexives where English does not.

Yo **me levanto, me baño, me**   *I get up, take a shower, dry myself,*
seco y **me visto** rápidamente. *and get dressed quickly.*

■ Place reflexive pronouns after the word **no** in negative constructions.

Tú **no te peinas** por la   *You don't comb your hair in the*
mañana.   *morning.*

■ The pronoun **se** attached to the end of an infinitive shows that the verb is reflexive.

lavar   *to wash*
lavarse   *to wash oneself*

¿Qué dice usted?

4-28 La rutina diaria de mi compañero/a. Primera fase. Indique con un número (1, 2, 3, . . .) el orden en que, según usted, su compañero/a hace lo siguiente.

_____ desayuna   _____ sale

_____ se peina   _____ se baña

_____ se seca   _____ se viste

_____ se levanta

2 **Segunda fase.** Ahora hágale preguntas a su compañero/a para verificar el orden.

2 **4-29 ¿Qué hace?** Escoja a un miembro de su familia de quién va a hablar en esta actividad. Intercambie preguntas con su compañero/a sobre las actividades de este pariente y llene la tabla.

Miembro de la familia _____

	7:00 A.M.	8:00 A.M.	?
Se levanta			
Desayuna	hora	comida	bebida
Se baña	mañana	tarde	noche
Actividades	lavar el auto	hacer la cama	poner la mesa
Sale para	trabajo	universidad	?

Escuchar

Filling in charts or forms

Listening for specific information is a much-needed skill in many settings and contexts such as special events (sports, academic, religious), traveling, shopping, and so on. Once you have determined what information you are interested in, you listen to it, screen it, and select only those bits and pieces that you need. You let go what is irrelevant or unnecessary.

In an academic setting (your chemistry class, for example), you may listen to your professor's lecture and fill in a chart or a form in order to solve a problem later.

Antes de escuchar

4-30 Un bautizo. In **4-31,** you will listen to a conversation between two friends talking about the christening of one of their relatives. Before you listen, and using your knowledge of this or a similar type of ceremony, state who participates and where the event takes place.

Participantes: _____

Lugar: _____

A escuchar

AUDIO **4-31** Now, listen to the recording and circle the correct information in the following chart.

Nombre del niño	a. Rafael José	b. Álvaro Mejía
Fecha de nacimiento	a. 12 de agosto	b. 11 de octubre
Lugar de nacimiento	a. Bogotá	b. Santa Clara
Nombre de la madre	a. Mónica	b. Ana María
Nombre del padre	a. Miguel	b. Rafael
Nombre de la madrina	a. María Elena	b. Rosa
Nombre del padrino	a. Álvaro	b. José

Después de escuchar

4-32 ¿Y usted? With a classmate, share your answers to the following questions.

1. ¿Tiene usted sobrinos? ¿Cuántos?
2. ¿Tiene usted una madrina o un padrino? ¿Cómo se llama(n)?
3. ¿Qué ocasión es más importante para usted: un bautizo o un cumpleaños? ¿Por qué?

Antes de escuchar

4-33 El mensaje telefónico. In **4-34,** you will listen to a message Pedro left on Julio's answering about a surprise party he is organizing. Before you listen, write down the arrangements that would generally be made for such a party.

_____

_____

_____

A escuchar

AUDIO **4-34** Now, complete the chart below with the correct information as you listen to the message. Do not worry if you do not understand every word.

La fiesta va a ser en la casa de:	
La dirección es:	
El día de la fiesta es:	
José debe llegar a la casa a las:	
Julio debe llevar (*take*):	

Después de escuchar

4-35 ¿Y usted? You are going to give a surprise party for one of your friends in your Spanish class, and you would like to invite your Spanish professor. Complete the following note you will leave in your professor's campus mailbox.

Estimado/a profesor/a ... _____:

Este fin de semana, pienso dar una fiesta sorpresa para _____.

¿Le gustaría venir? Vamos a comer _____ y _____. Vamos a tener refrescos para todos.

La fiesta va a ser el _____ en mi casa/apartamento a la(s) _____ de la mañana/ tarde/ noche. Mi dirección es _____.

Lo/La espero el _____.

Hasta pronto.

_____

Conversar

Antes de conversar

4-36 ¿Quién de mi familia? En cada espacio en blanco, escriba el nombre de un familiar, incluyendo el parentesco (*family relationship*) y la actividad que hace.

MODELO: _____ en restaurantes los fines de semana.
　　　　　Mi primo David come en restaurantes los fines de semana.

1. _____ cerveza frecuentemente cuando mira(n) fútbol en la televisión.
2. _____ mucho y con frecuencia está(n) cansado/a(s).
3. _____ a conciertos de música popular.
4. _____ en casa los fines de semana. Descansan, leen, escuchan música, etc.
5. _____ ejercicio físico tres o cuatro veces por semana.
6. _____ con amigos o con la familia en casa el día de su cumpleaños.
7. _____ música romántica a todas horas.
8. _____ por el teléfono celular.

A conversar

Ⓖ **4-37 ¿Cómo es su familia?** Respondan a las siguientes preguntas.

1. ¿Quiénes son más activos en su familia: las mujeres o los hombres?
2. ¿Qué miembros de la familia pasan más tiempo en casa: los jóvenes o los mayores?
3. ¿Quiénes son más sociables: las mujeres o los hombres, los jóvenes o los mayores? ¿Por qué?

Después de conversar

Ⓖ **4-38 Nuestras familias.** Completen un pequeño informe con la información que obtuvieron (*got*) en la actividad **4-37** y compártanlo con el resto de la clase.

■ En nuestras familias (los hombres/las mujeres) _____ son más activos/as porque _____.

■ (Los jóvenes/los mayores) _____ pasan más tiempo en casa porque _____.

■ Las mujeres/los hombres/los jóvenes/los mayores) _____ son más sociables porque _____.

Antes de conversar

2 **4-39 Generalizaciones.** A continuación hay algunas generalizaciones sobre la familia hispana. Léanlas y luego escriban algunas generalizaciones sobre las familias de su comunidad.

LA FAMILIA HISPANA	LAS FAMILIAS DE MI COMUNIDAD
1. La religión es una parte importante de la vida.	1. _____
2. Para los padres, la educación de sus hijos es vital.	2. _____
3. Los jóvenes respetan mucho a los mayores. Cuando los padres hablan, los hijos escuchan.	3. _____ _____
4. Los hijos viven en casa con los padres mientras estudian.	4. _____
5. Muchas madres trabajan doble, en casa y fuera de ella.	5. _____
6. Los miembros de las familias celebran ocasiones especiales juntos como cumpleaños, bautizos, etc.	6. _____
7. Las hijas colaboran con la madre en el trabajo de la casa. Los hijos reparan cosas (*things*) con el padre.	7. _____
8. Los padres que son mayores viven frecuentemente con sus hijos.	8. _____

A conversar

G **4-40 ¿De acuerdo o no?** Ahora compartan con otro grupo sus ideas sobre la familia de su comunidad (actividad **4-39**). ¿Están de acuerdo en sus generalizaciones? ¿En qué están de acuerdo? ¿En qué no están de acuerdo?

Después de conversar

4-41 ¿Son las familias semejantes o diferentes? Escriba un breve informe sobre las diferencias y semejanzas de las familias hispanas y las familias de su comunidad.

> **EN DIRECTO**
>
> To agree or disagree with someone:
> **(No) Estoy de acuerdo.**
> **Tiene(s) razón.** (*You are right*)
> **Está(s) equivocado/a.** (*You are wrong.*)

 Leer

In *Lecciones 1* through *3* you used a variety of basic reading strategies to become a more proficient reader in Spanish such as 1) relying on your knowledge of the world to anticipate the content of a text, 2) identifying cognates, 3) determining the kind of text and the text format, 4) using visuals to comprehend better, and 5) skimming and scanning. Remember to use these strategies as the need arises.

Guía de prelectura

Read the title of the article in activities **4-44** and **4-45** and answer the following questions, based on your previous knowledge.

1. Thinking of the theme of *Lección 4* and after reading the title of the article, can you guess what the theme of the article will be?
   a. communication between friends
   b. communication among family members
   c. communication with peers at work

2. Can you anticipate some ideas that the article probably contains? Circle all that may apply. Do not worry if you miss some answers. You may come back and verify your responses after reading the article.
   a. Today, adults and children communicate better than in the past.
   b. Children do not talk about their problems with their parents because the latter are busy all the time.
   c. Modern life has affected communication between parents and children.
   d. There is lack of communication between family members today, although communication is very important.

3. Now, use your knowledge of the English language to comprehend the text. What words in the title helped you figure out the answers to question 2? Write them down.

   _____

   Are they cognates?   Yes   No

4. Judging from the title, in what kind of printed media can an article on this topic be found?
   a. _____ in a family magazine
   b. _____ in a journal of medicine
   c. _____ in a sports magazine

Antes de leer

2 **4-42 Preparación.** Mire esta fotografía con su compañero/a. Luego respondan a las preguntas.

1. Este niño y su padre, ¿tienen una buena o mala relación? ¿Por qué?
2. ¿Cuántos años tienen los padres del niño probablemente? En su opinión, ¿es más fácil para los padres jóvenes comprender a sus hijos?
3. Generalmente, ¿cuándo conversan los hijos con sus padres?
4. Probablemente, ¿de qué temas conversan? ¿De problemas familiares o de problemas escolares? ¿De otros temas?
5. ¿A qué edad es más difícil la comunicación entre padres e hijos? ¿Por qué?

2 **4-43 Asociación.** Marque con una X las actividades que usted asocia con una buena relación entre padres e hijos. Luego, compare sus respuestas con las de un/a compañero/a.

1. _____ conversar
2. _____ pasar tiempo juntos
3. _____ hablar por teléfono
4. _____ pelear (*argue*)
5. _____ escribir correos electrónicos a un miembro de la familia que vive lejos (*far*)
6. _____ comprar regalos (*presents*)
7. _____ expresar amor
8. _____ estar conectados a Internet por muchas horas

A leer

4-44 Primera etapa. El siguiente artículo es de una revista que se dedica a los temas de familia. Lea los dos primeros párrafos y siga las instrucciones.

Subraye (*Underline*) ...

1. las palabras en el título que probablemente indican el tema del artículo
2. una palabra que describe la condición de la familia de hoy
3. una palabra que indica la importancia de la comunicación dentro de la familia

Escriba...

4. una causa de los problemas de comunicación en la familia
5. tres necesidades de los hijos que tienen padres que trabajan fuera de casa
6. dos efectos de la ausencia de los padres en casa

La importancia de la comunicación familiar

(1) Los expertos afirman que la familia de nuestros días está en crisis por la falta[1] de comunicación entre sus miembros o por la mala comunicación que existe entre ellos. También coinciden en que la comunicación es vital en todas las relaciones, especialmente en la familiar.

(2) Pero, ¿por qué existen problemas de comunicación en las familias? Las razones son varias. Una es que la madre y el padre trabajan largas horas fuera de casa y los hijos están solos mucho tiempo, sin la compañía, la orientación y la supervisión de sus mayores. La ausencia casi diaria de los padres puede crear cierta independencia en los hijos y una distancia emocional que dificulta la comunicación entre padres e hijos.

[1]*lack*

4-45 Segunda etapa. Ahora lea el resto del artículo y siga las indicaciones. En el párrafo número tres, el artículo presenta otra razón de la mala comunicación entre padres e hijos.

Indique...

1 una palabra asociada con los problemas de comunicación familiares.
2 por qué la tecnología probablemente afecta las relaciones de la familia.
3 dos ejemplos de cómo la tecnología causa problemas cuando no se usa bien.
4 dos palabras que indican la calidad (*quality*) de la comunicación cuando usamos el correo electrónico.

En el párrafo número cuatro, el artículo indica algunas formas de usar la tecnología en beneficio de la relación familiar.

5 ¿Cómo es posible usar la tecnología positivamente en la comunicación con la familia?

---

(3) Un segundo factor es la tecnología. Nuestro mundo está controlado por la tecnología, en casa, en el trabajo, etc. Evidentemente la tecnología facilita mucho la vida, pero su uso excesivo puede complicar nuestra existencia. En las sociedades donde el uso de la tecnología tiene un costo bajo, un gran número de hogares[2] están conectado a Internet. Así, muchos jóvenes tienen acceso ilimitado a la Red y al correo electrónico. Idealmente, el bajo costo de conexión debería afectar positivamente la comunicación en la familia, pero la realidad indica que, en general, la comunicación por correo electrónico, por ejemplo, tiende a ser más breve y más superficial. Los hijos prefieren no discutir por correo electrónico su depresión o sus malas notas en la universidad. Prefieren hablar directamente con sus padres, si es que estos tienen el tiempo. Lo mismo ocurre con el teléfono celular. La comunicación es casi instantánea. Es cierto que muchos jóvenes usan celulares para llamar a sus padres, pero, ¿cuántos de ellos hablan 15 minutos sobre temas importantes como sus problemas, alegrías, éxitos, etc.? ¡Muy pocos!

(4) En conclusión, el tiempo limitado que los padres pueden dar a sus hijos y la naturaleza impersonal de la comunicación electrónica pueden afectar negativamente las relaciones familiares. Por eso es importante crear oportunidades para una comunicación real y profunda dentro de la familia. Use la tecnología de manera positiva para expresar el amor y el cariño que siente por sus padres, hijos, abuelos, tíos. Su familia va a ser más fuerte y unida.

[2]*homes*

4-46 Identificación. Primera fase. La terminación (*ending*) de las palabras revela información importante sobre ellas: si la palabra es un nombre, un adjetivo, un verbo o un adverbio, por ejemplo. Observe las siguientes palabras del artículo y, luego, clasifíquelas en la columna correspondiente.

facilita   orienta**ción**   impersonal   electróni**co**
supervi**sión**   ausen**cia**   afectar   ilimit**ado**
dificulta   negativa**mente**   socie**dades**   positiva**mente**

NOMBRES	ADJETIVOS	FORMAS VERBALES	ADVERBIOS

Segunda fase. Las siguientes terminaciones indican que las palabras son nombres femeninos en español: **-sión, -ción, -cia, -ía, -dad.** Escriba abajo otros nombres con estas terminaciones que aparicen en el artículo.

_____

_____

_____

Después de leer

4-47 Expansión. Lea el siguiente texto incompleto sobre las relaciones familiares y, luego, seleccione la palabra que corresponde lógicamente en cada espacio en blanco.

supervisión	ausencia	electrónico	trabajo
trabajan	facilita	compañía	positivamente

Mi familia es como una pequeña sociedad. Todos los miembros colaboran a la felicidad del grupo. Mis padres (1) _____ mucho fuera de casa cada día, y nosotros necesitamos su (2) _____. Pero su (3) _____ es solamente de lunes a viernes. Cuando ellos están en su (4) _____, ellos realizan la (5) _____ de sus hijos por teléfono. Siempre llaman por teléfono para verificar nuestro trabajo en casa y nuestras tareas. El teléfono celular (6) _____ mucho nuestra comunicación. Mi padre, en particular, se comunica con nosotros por correo (7) _____. Cuando hay pequeños problemas entre nosotros, nuestros padres siempre reaccionan (8) _____. Hablan pacientemente con nosotros para resolver nuestros conflictos.

Escribir

In _Lección 3_, you practiced writing a letter to a friend. Any correspondence with friends usually lacks formality. However, writing to elders in your family, such as your parents, older aunts and uncles, may be more formal. To show love and respect, you choose your language more carefully, you may talk about different issues more seriously, and you address your elders differently from the way you address your friends.

Although there is no standard manner of addressing your elders in Spanish, since family relationships are unique to each home, the expressions in _En directo_ constitute some common address forms to elders with whom you maintain a close relationship.

In letter writing, closings are also important. Again, as is the case with salutations, closings also reflect a certain degree of formality and closeness to the person to whom you are writing. _En directo_ has some common closing lines you may wish to use when writing to elders in your family or close older friends.

EN DIRECTO

To address elders:
Querido abuelo/ tío: _Dear..._
Querida abuela/ mamá:

EN DIRECTO

To close correspondence:
Con cariño,
Affectionately,
Con mucho cariño,
With much love,
Abrazos y besos,
Hugs and kisses,
Te recuerdo con cariño,
I remember you (familiar),
with affection.

Antes de escribir

4-48 Preparación. Primera fase. La madre de Julián, un alumno universitario colombiano, escribe la siguiente carta a su hijo. La madre está triste y preocupada porque su hijo estudia en la Universidad de Los Andes y vive lejos de casa. Lea la carta y siga las instrucciones.

> *Querido Julián:*
>
> *¿Qué tal estás? ¿Cómo van tus clases? Hace un mes que no tenemos información sobre ti. ¡No escribes correos electrónicos, no llamas por teléfono! ¿Qué ocurre?*
>
> *Bueno, es el fin del semestre y debes tener mucho trabajo. ¿Estás muy estresado? ¿Duermes suficiente? ¿Comes bien en la universidad? Un estudiante necesita una buena dieta. En tu próxima visita, voy a preparar tus platos favoritos. Tu hermana Mariela, tus abuelos y tíos van a estar con nosotros y vamos a conversar largas horas.*
>
> *Tengo una sorpresa para ti. Tu hermano Marcos tiene novia; se llama Alicia. Es una chica fascinante. Pasan mucho tiempo juntos; van al cine, pasean por el parque de la universidad, salen a comer por las noches, etc. A Marcos le gusta mucho Alicia. La semana próxima Marcos y Alicia tienen vacaciones y, para conocerla un poco más, Marcos piensa ir a Cartagena con ella por unos días. Las temperaturas allí están perfectas para nadar y descansar un poco.*
>
> *Debo confesarte que tu padre y yo pensamos mucho en ti. ¿Por qué no escribes? ¿Tienes problemas en tus clases? ¿Sacas buenas notas en tus exámenes? ¿Trabajas mucho y no tienes tiempo para estudiar? ¿Estás desconectado de Internet? Por favor, escribe o llama pronto.*
>
> *Un beso de papá, Mariela y toda la familia.*
>
> *Abrazos,*
>
> *Tu madre*

Segunda fase. Imagínese que usted es Julián. Después de leer la carta de su madre, usted está muy triste. Prepárese para responder a la carta. Haga lo siguiente:

1. Identifique las preguntas de su madre a las que usted va a responder y escriba algunas ideas o información para la respuesta.
2. Escriba algunas preguntas que usted quiere hacerle a su madre: sobre su padre, sus hermanos, sus abuelos, su perro o gato, etc.

A escribir

4-49 Manos a la obra. Ahora en una hoja de papel responda a la carta de su madre. Use la información de la **Segunda fase** de la **Actividad 4-48**. Incluya la fecha, un saludo y una despedida (*closing*) apropiados.

Después de escribir

4-50 Revisión. Antes de darle su carta a su compañero/a editor/a, revise:

- primero, la coherencia de sus ideas y la cantidad de información que su madre necesita.
- luego, la precisión gramatical (el vocabulario apropiado al contexto, la estructura de las oraciones, la concordancia, etc.).
- finalmente, la ortografía y la acentuación.

ENFOQUE CULTURAL

TEMAS: LA FAMILIA HISPANA

Para pensar

¿Tiene usted una familia grande o pequeña? ¿Quiénes forman parte de su familia? ¿Dónde viven? ¿Con qué frecuencia ve usted a los miembros de su familia? ¿Quiénes trabajan fuera de la casa? ¿Quiénes se ocupan de las tareas domésticas?

La familia es una de las instituciones sociales más importantes del mundo hispano. En general, las familias pasan bastante tiempo juntas y es común verlas en almuerzos, paseos, fiestas y otras actividades.

La familia hispana incluye a los padres e hijos, pero también a abuelos, primos, tíos y padrinos. La familia hispana tiene una larga tradición de ser numerosa y unida.

En la familia tradicional los hombres trabajan fuera de la casa, y las mujeres hacen las tareas domésticas y crían (raise) a los niños.

Para contestar

2 **4-51 La familia hispana.** Responda a las siguientes preguntas:

1. Compare la familia hispana tradicional y la moderna con respecto al tamaño, la persona que hace las tareas domésticas, etc.
2. Compare la familia hispana moderna y la familia americana con respecto al tamaño, la persona que hace las tareas domésticas, etc.
3. Además de los padres y los hijos, ¿qué otras personas forman parte de la familia hispana?

G **Riqueza cultural.** Hablen de las ventajas y desventajas para los padres y para los hijos de vivir con los abuelos, tíos y primos en una misma casa.

En la actualidad muchas mujeres tienen menos hijos y trabajan fuera de la casa, pero también se ocupan de las tareas domésticas.

Para pensar

¿Qué sabe usted acerca de (*about*) Colombia? ¿Hay colombianos en el área donde usted vive?

Colombia está en el norte de América del Sur y tiene costas en el Océano Pacífico y en el Océano Atlántico.

Bogotá, la capital de Colombia, es una hermosa ciudad de muchos contrastes: tiene zonas muy ricas y otras muy pobres, zonas muy modernas y zonas antiguas como el barrio colonial de la Candelaria.

En Bogotá está el famoso Museo del Oro, que tiene la colección más grande del mundo de objetos de oro de la época precolombina.

La ciudad de Cartagena, fundada en 1533, está en la costa del Atlántico. Los jóvenes y adultos pueden _disfrutar_ aquí de hermosas playas y fiestas muy divertidas. La música típica de la costa Atlántica es la cumbia, género musical que se asocia con Colombia.

enjoy

Expresiones colombianas:

soplar y hacer botellas	Sacar una A en español es difícil. Eso no es **soplar y hacer botellas**.	To get an A in Spanish is hard. It is not as easy as it looks.
work camello	No puedo ir al cine. Tengo mucho **camello**.	I cannot go to the movies. I have a lot of work.
hurry afán	Él no tiene afán (no está de **afán**).	He is in no hurry.
favor pereque	Te voy a poner un **pereque**.	I am going to ask you a favor.

Para contestar

En el mapa

1. En el mapa de la página 158, busque una ciudad de Colombia en la costa del Pacífico y otra en la costa del Atlántico.   *Cali / Cartegena*
2. Indique qué países están cerca de Colombia.   *Peru, Venezuela, y Brazil*

Ahora diga...

1. si le gustaría ir al Museo del Oro y por qué.
2. dónde se puede escuchar música colombiana como la cumbia o el vallenato.   *dance /?*

¿Qué dice usted si...

1. tiene un examen muy difícil mañana.
2. su compañero/a de cuarto tiene clase en diez minutos pero camina muy lentamente.

Para investigar en Internet

Vaya a **www.prenhall.com/mosaicos** y busque anuncios de bautizos, matrimonios, avisos de defunción, etc. en un periódico colombiano. Haga una lista de los miembros de la familia que se mencionan.

¡Prepárese!

3 **4-52 Adivinen.** Antes de mirar el video, formen grupos de tres para hablar sobre las imágenes y el texto. Luego completen juntos/as las oraciones siguientes de acuerdo a lo que dijeron en su conversación.

1. Ángela dice que el público está aburrido porque...
2. La solución que tienen Carlos y Katie es...
3. Tres cosas que sabemos sobre la civilización azteca son...
4. Sabrina y Efraín miran la cámara de video de Tito porque...
5. A Carlos le gusta Katie porque...

Al mirar el video comparen sus respuestas con lo que observan. ¿Están correctas?

Ángela dice que el público está aburrido.

Carlos y Katie tienen la solución.

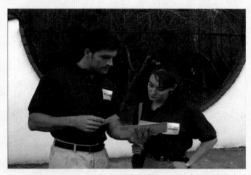
Las nuevas pistas están relacionadas con la civilización azteca.

Katie explica lo que es el "peregrinaje".

Sabrina y Efraín miran la cámara de video de Tito.

A Carlos le gusta Katie.

¡Responda!

G **4-53 Significados.** Después de mirar el video, consulten un diccionario bilingüe para ver el significado de las siguientes palabras y expresiones del segundo misterio.

la cuna	el peregrinaje	el éxodo
de nuevo	el águila	la serpiente

(handwritten annotations: cradle, crib; pilgrim; exodus; again; eagle; snake)

Katie dice que ella y Carlos deben ir al Zócalo. Con sus compañeros/as, investigue, en su libro o en la Red qué es el "Zócalo". ¿Por qué deben Katie y Carlos ir allí?

(handwritten annotations: internet www; pedestal)

NOTAS: "TU AUSENCIA", LOS TUPAMAROS

song

last

Esta canción colombiana, en la cual un hombre se pregunta por qué lo abandona su novia, trata del tema del amor perdido. Es un ejemplo de **cumbia**, un ritmo bailable de Colombia, que es muy popular.

rhythm

¡Prepárese!

4-54 La ausencia. Antes de escuchar *Tu ausencia* mire la letra de la canción para saber más sobre el tema. Después complete los espacios en blanco de las oraciones siguientes con la forma correcta del verbo apropiado, según la letra de la canción.

decir	empezar	querer
repetir	entender	hacer

1. El cantante _____ que no soporta la ausencia de su novia.
2. La canción _____ con un ritmo rápido y alegre.
3. Él no _____ por qué su novia lo abandona.
4. El ritmo de la canción me _____ bailar.
5. El coro se _____ dos veces.
6. El cantante _____ ver a su novia otra vez.

¡Escuche!

4-55 Asociación. Mientras escucha la canción, asocie la palabra de la columna izquierda con la palabra lógica de la columna derecha, según la letra.

1. _____ los recuerdos   a. pasan
2. _____ los días   b. tu ausencia
3. _____ lloro   c. mi adoración
4. _____ los ojos   d. tu partida
5. _____ me duele   e. lindos

No soporto ya tu ausencia   ¿Por qué se marchó?   Y era todo para mí
Me destroza el corazón   Dímelo, Dios mío   Vuelve ya mi vida
Son tan lindos tus recuerdos   Ya no están los ojos   Calma mi dolor
Me hacen perder la razón   Que fueron mi adoración   Me duele tu ausencia
Pasan y pasan los días   ¿Por qué se marchó?   Me duele tu amor.
Y no sé nada de ti   Dímelo, Dios mío
Lloro y lloro tu partida   No me quites todo
Siento que voy a morir

¡Responda!

4-56 Una encuesta. Pregúnteles a sus compañeros/as su opinión sobre *Tu ausencia*. Indique con una **T** cuando la respuesta se refiere al tema y con una **R** si se refiere al ritmo.

_____ interesante	_____ seria	_____ bonita
_____ sentimental	_____ aburrida	_____ rápida
_____ positiva	_____ buena	_____ mala
_____ dinámica	_____ lenta	_____ triste
_____ romántica	_____ alegre	_____ bailable
_____ divertida	_____ creativa	_____ negativa

Según los resultados de la encuesta, ¿son compatibles el tema y el ritmo de la canción? ¿Por qué? ¿Les gusta la canción a sus compañeros/as? ¿Y a usted?

162

VOCABULARIO

La familia

la abuela	grandmother
el abuelo	grandfather
el/la ahijado/a	godchild
la esposa	wife
el esposo	husband
la hermana	sister
el hermano	brother
la hija	daughter
el hijo	son
hijo/a único/a	only child
la madrastra	stepmother
la madre	mother
la madrina	godmother
la mamá	mom
la media hermana	half sister
el medio hermano	half brother
la nieta	granddaughter
el nieto	grandson
el/la niño/a	child
la novia	fiancée, girlfriend
el novio	fiancé, boyfriend
el padrastro	stepfather
el padre	father
los padres	parents
el padrino	godfather
el papá	dad
los parientes	relatives
el/la primo/a	cousin
la sobrina	niece
el sobrino	nephew
la tía	aunt
el tío	uncle

Verbos

almorzar (ue)	to have lunch
bañar(se)	to take a bath, to bathe
casarse	to get married
costar (ue)	to cost
decir (g, i)	to say, tell
desayunar	to have breakfast
dormir (ue)	to sleep
dormir la siesta	to take a nap
empezar (ie)	to begin, to start
entender (ie)	to understand
hacer (g)	to do, to make
hacer la cama	to make the bed
jugar (ue)	to play (game, sport)
lavar(se)	to wash (oneself)
levantarse	to get up
oír (g)	to hear
pasar	to spend (time)
pasear	to take a walk, to stroll
pedir (i)	to ask for
peinar(se)	to comb
pensar (ie)	to think
pensar + inf.	to plan to + verb
poder (ue)	to be able to, can
poner (g)	to put, to turn on
poner la mesa	to set the table
preferir (ie)	to prefer
querer (ie)	to want
salir (g)	to leave
secar(se)	to dry (oneself)
seguir (i)	to follow, to go on
servir (i)	to serve
tener (g, ie)	to have
traer (g)	to bring
venir (g, ie)	to come
vestir(se) (i)	to dress, to get dressed
visitar	to visit
volver (ue)	to return

Descripciones

divorciado/a	divorced
gemelo/a	twin
ocupado/a	busy

Palabras y expresiones útiles

el bautizo	baptism, christening
la foto (grafía)	photo
juntos/as	together
el/la mayor	the oldest
el/la menor	the youngest
la noticia	news
tarde	late
temprano	early
un poco	a little

A list of adverbs can be found on p. 138.

5

LA CASA Y LOS MUEBLES

Objetivos comunicativos

- Asking about and describing housing and household items
- Discussing daily activities in the home
- Asking about and discussing daily schedules

- Expressing ongoing actions
- Describing physical and emotional states
- Expressing obligation

Contenido

A primera vista

- En casa

- Las tareas domésticas

Explicación y expansión

- Present progressive
- Expressions with *tener*
- Direct object nouns and pronouns

- Demonstrative adjectives and pronouns
- *Saber* and *conocer*
- Algo Más: More on adjectives

Mosaicos

- Escuchar: Matching descriptions with pictures
- Conversar: Looking for housing

- Leer: Looking at visuals; getting informed about a topic
- Escribir: Describing an imaginary house to an expert audience

Enfoque cultural

- Temas: Las casas y la arquitectura
- Vistas: Nicaragua, El Salvador y Honduras
  Para investigar en Internet

- Fortunas: Episodio 5
- Notas: Marimba con Punta, *Los Profesionales*

Vocabulario

A PRIMERA VISTA

[AUDIO] *En casa*

Una casa de estilo colonial en Granada, Nicaragua. Algunas personas prefieren vivir **cerca** del **centro**, generalmente en **edificios** de apartamentos. Creen que los **barrios** de las **afueras** están muy **lejos** del **trabajo** y de los centros de **diversión**.

Real Estate

Bienes Raíces Su Casa

En Altos de Castaños,
moderna residencia
con piscina, vista, jardín y terraza con bar,
sala, comedor, estudio, baño visitas,
3 habitaciones, 3 baños,
cocina completa,
garaje para 2 autos,
400 mts. de construcción,
$300.000.00 o su equivalente
en lempiras.

☎ TEL. 232-3277, 232-5551 • FAX 232-5154

mts.

lempiras

décimo: Rodríguez

noveno: Peralta

octavo: Elizondo

séptimo: Díaz

sexto: Gómez

quinto: Lizaur

cuarto: Sánchez

tercero: Carreras

segundo: Iglesias

primero: Olmos

planta Baja

Alquilo

Apartamento Edificio Venecia,
Lomas de Miraflores Sur, sala-comedor,
cocina con muebles, dos **dormitorios**, dos
baños, dormitorio y baño para empleada,
portón eléctrico, **estacionamiento**, TV cable,
L. 6.500.00. Tel. 239-3367

employee

AUDIO **Ordenando la casa**

RICARDO: ¿Aló?

CATALINA: Hola, Ricardo, ¿qué estás haciendo?

RICARDO: ¡Ay, Catalina! Estoy trabajando en la casa, **limpiando** todo, el baño, la cocina, un clóset y mi **cuarto.**

CATALINA: Pero, ¿no tienes que estudiar para el examen de matemáticas?

RICARDO: ¡**Claro** que tengo que estudiar! Pero mañana mis padres **regresan** de sus vacaciones, y tengo que tener la casa **limpia** y ordenada porque todo está **sucio.** Tú **sabes** que mi madre es muy maniática con la limpieza.

CATALINA: Sí, ya lo sé, pero es muy tarde. ¿No tienes **sueño?**

RICARDO: Sí, pero todavía tengo que **ordenar** la cocina, pasear al perro, y **regar** las plantas... ¡Uf, para qué hablar!

still
yet

CULTURA

In general, Hispanic homes tend to be smaller and built more closely together than homes in the United States, but spacious homes can be found in affluent neighborhoods. Living quarters for domestic help are especially characteristic of upper middle class homes, although this is less common in new constructions.

¿Qué dice usted?

5-1 ¿En qué parte de la casa están? Primera fase. Marque con una X el lugar donde generalmente están los siguientes objetos.

	TERRAZA	COCINA	BAÑO	SALA	DORMITORIO	COMEDOR	JARDÍN
la estufa y el lavaplatos		X					
la barbacoa	X						
el sofá y las butacas				X			
la mesa de comer						X	
las toallas y el jabón (soap)			X				
la cama y la cómoda					X		
el televisor				X	X		
las almohadas y las sábanas					X		

Segunda fase. Ahora describan qué actividades ocurren normalmente en cada cuarto de la casa. ¿Qué parte de la casa prefieren ustedes? ¿Por qué?

5-2 ¿Aparatos eléctricos, muebles o accesorios? Primera fase. Escriba cada una de las siguientes palabras en la columna apropiada.

el cuadro	el armario	las cortinas
la cómoda	la silla	la alfombra
el refrigerador	el radio	el horno

APARATOS ELÉCTRICOS	MUEBLES	ACCESORIOS
el refrigerador	la cómoda	el cuadro
el radio	la silla	el radio
el horno	el armario	las cortinas
		la alfombra

Segunda fase. Con su compañero/a responda a las siguientes preguntas relacionadas con la **Primera fase.**

1. ¿Qué aparato eléctrico cuesta más dinero? — *el refrigerador*
2. ¿Qué muebles necesita un estudiante que estudia cada día? *el escritorio*
3. ¿Qué accesorios tienen ustedes en su cuarto? *la alfombra oriental, los cuadros, las cortinas*

5-3 El curioso. Intercambien preguntas para describir los cuartos de la casa/apartamento de cada uno/a. Traten de obtener la mayor información posible.

MODELO: E1: ¿Cómo es la sala de tu casa?
E2: Es pequeña. La alfombra es verde, y hay un sofá grande, dos sillas modernas y una mesa con una lámpara. ¿Y tu dormitorio?

draw

2 **5-4 La casa ideal. Primera fase.** Dibujen un plano de su casa/apartamento ideal. Hablen para ponerse de acuerdo sobre los siguientes puntos:

1. número de habitaciones
2. número de baños
3. distribución de los cuartos
4. localización de los muebles
5. color de las paredes *walls*

6. otras características (garaje, jardín, sótano (*basement*), ático, etc.)
7. localización de la casa en relación a la universidad

Segunda fase. El alquiler de la casa cuesta mucho dinero y ustedes deben compartir los gastos con otro/a compañero/a. Escriban un anuncio—similar a los de la página 166—para encontrar (*find*) a una persona. Expliquen las condiciones del alquiler.

G **5-5 Ventajas y desventajas (*Advantages/disadvantages*).** Discutan los aspectos positivos y negativos de las siguientes opciones. Escriban una o dos frases en la tabla. Después compartan sus opiniones con el resto de la clase.

	VENTAJAS	DESVENTAJAS
1. vivir en un apartamento		
2. vivir en una casa		
3. tener una piscina		
4. vivir con un/a compañero/a de cuarto/casa		

AUDIO *Las tareas domésticas*

Gustavo **lava** los platos.

Beatriz **seca** los platos.

el (horno) microoondas

el lavaplatos

Beatriz **cocina.** Ella usa mucho los **electrodomésticos.**

Gustavo **limpia** el baño y **pasa la aspiradora.**

Gustavo **saca** la **basura.**

Gustavo **barre** la terraza.

Beatriz **tiende** la **ropa.**

la lavadora   la secadora

Después la **dobla** cuando está seca.

Beatriz **plancha** la ropa.

¿Qué dice usted?

5-6 Por la mañana. ¿En qué orden hace usted estas cosas según los debujos en la página 169? Compare sus respuestas con las de su compañero/a.

_____ lavar los platos   _____ desayunar
_____ preparar el café   _____ secar los platos
_____ salir para la universidad _____ hacer la cama

5-7 Actividades en la casa. Pregúntele a su compañero/a dónde hace estas cosas normalmente.

MODELO: E1: ¿Dónde ves televisión?
           E2: Veo televisión en mi cuarto. ¿Y tú? *o* No veo televisión. ¿Y tú?

1. dormir la siesta
2. escuchar música
3. planchar
4. estudiar para un examen
5. almorzar durante la semana
6. desayunar el fin de semana
7. vestirse
8. hablar por teléfono con amigos/as

5-8 Preparativos. Primera fase. Usted va a casarse pronto y tiene que comprar muchos muebles, accesorios y electrodomésticos para su nueva casa. Póngalos en los lugares adecuados de la tabla.

	MUEBLES	ACCESORIOS	ELECTRODOMÉSTICOS
para el dormitorio			
para la sala			
para el comedor			
para la cocina			

Segunda fase. Comparta la lista con su compañero/a. Él/Ella le va recordar otras cosas que probablemente va a necesitar.

MODELO: E1: Tengo que comprar una cama nueva para el dormitorio.
           E2: ¿Y no tienes que comprar sábanas y mantas?

2 **5-9 De compras (*Shopping*).** Ahora usted va a una mueblería para comprar algunas cosas de su lista. Pregúntele al/a la dependiente/a dónde están los muebles, los accesorios y los electrodomésticos que necesita comprar. Él/Ella le va a contestar de acuerdo con el directorio de la tienda a continuación.

MODELO: E1: Perdón, ¿en qué piso están las lámparas?
         E2: Están en el primer piso.

BIENVENIDOS A LA MEJOR

4º
• Muebles para: salitas, dormitorios juveniles de estilo clásico y moderno, muebles convertibles, sofás-cama.

3º
• Salones, comedores, dormitorios de matrimonio, muebles auxiliares de estilo moderno. Alta calidad. *high quality — sofa*

2º
• Mobiliario de estilo chino, muebles auxiliares de estilo clásico y provenzal.

1º
• Electrodomésticos, televisiones y equipos musicales, lámparas, muebles de cocina, galería de cuadros. Muebles para entradas de estilo clásico y moderno. Artículos de regalo. Accesorios de baño. *gifts*

Planta Baja
• Salones, comedores y dormitorios de estilo clásico y moderno. Muebles para oficina y despacho. *— office, study*

SÓTANO
• Terraza y jardín. Muebles rústicos y coloniales, sofás-cama, muebles de caña y mimbre. Comedores ECONÓMICOS.

Mobiliario — furniture, household goods

AUDIO **5-10 El agente de bienes raíces.** *real estate agent* You will listen to a conversation between a couple and a real estate agent in El Salvador. Before you listen, write down some of the questions the couple might be interested in asking.

_____

_____

_____

Now, as you listen to the conversation, circle the letter next to the correct information.

1. Los señores Mena quieren comprar...
   a. una casa.
   b. un apartamento.

2. El señor y la señora Mena prefieren vivir...
   a. en una buena zona.
   b. lejos de un parque.

3. El agente de bienes raíces...
   a. no sabe cómo ayudarlos. *— cannot help them.*
   b. tiene una casa buena para ellos.

4. El agente dice que la casa del barrio La Mascota...
   a. cuesta mucho.
   b. tiene un buen precio.

1. Present progressive

	ESTAR (*to be*)	PRESENT PARTICIPLE (*-ando/-iendo*)
yo	**estoy**	
tú	**estás**	hablando
Ud., él, ella	**está**	comiendo
nosotros/as	**estamos**	escribiendo
vosotros/as	**estáis**	
Uds., ellos/as	**están**	

■ Use the present progressive to emphasize an action in progress at the moment of speaking, as opposed to a habitual action.

Marcela **está limpiando** la casa.   *Marcela is cleaning the house.* (at this moment)

Marcela **limpia** la casa.   *Marcela cleans the house.* (normally)

■ Spanish does not use the present progressive to express future time, as English does; Spanish uses the present tense instead.

Salgo mañana.   *I am leaving tomorrow.*

■ Form the present progressive with the present of **estar** + *the present participle*. To form the present participle, add **-ando** to the stem of **-ar** verbs and **-iendo** to the stem of **-er** and **-ir** verbs.

hablar	→	**hablando**
comer	→	**comiendo**
escribir	→	**escribiendo**

■ When the verb stem of an **-er** or an **-ir** verb ends in a vowel, add **-yendo.**

| leer | → | **leyendo** |
| oír | → | **oyendo** |

■ Stem-changing **-ir** verbs (o → ue, e → ie, e → i) change o → u and e → i in the present participle.

dormir (duermo)	→	**durmiendo**
sentir (siento)	→	**sintiendo**
pedir (pido)	→	**pidiendo**

¿Qué dice usted?

5-11 ¿Qué están haciendo y por qué? Primera fase. Asocie las acciones de la columna de la izquierda con las explicaciones de la columna de la derecha.

1. __d__ La Sra. Villa está preparando una cena deliciosa.
2. __e__ Su hijo Marcelo está barriendo la terraza.
3. __b__ Su hija Ana está lavando los platos en el fregadero.
4. __c__ Alicia está regando las plantas.
5. __a__ Pedro está estudiando en su cuarto.

a. Tiene un examen mañana.
b. El lavaplatos no está funcionando.
c. Están muy secas.
d. Es el cumpleaños de su esposo.
e. Está muy sucia y vienen unos amigos esta tarde.

Segunda fase. Piense en dos actividades que uno o dos miembros de su familia está(n) probablemente haciendo en este momento. Comparta estas ideas con su compañero/a. ¿Están las personas en las que ustedes piensan haciendo actividades semejantes?

MODELO: Probablemente mi padre está lavando el auto en este momento y mi madre está mirando televisión.

5-12 La vida activa. Túrnense para decir qué están haciendo las personas en los dibujos y lo que ustedes piensan que van a hacer después.

tobe turns saying

dibujos - drawings
dibujar

MODELO: E1: Ellos están cantando en una fiesta.
E2: Después van a bailar y a conversar con sus amigos.

Ellas están cantando en el club.

Modelo está planchando las ropas.

memo está durmiendo en la sofá.

Efraín   Madela   Memo

está secando los platos

Oscar está nadando en la pisina.

Oscar

Felipe

Felipe está barriendo la pasillo

5-13 Lugares y actividades. Primera fase. Piense en un lugar de su país, de España o de Hispanoamérica, y haga lo siguiente:

- Escriba dos o tres palabras que describen el lugar.

- Escriba dos o tres actividades que típicamente se asocian con este lugar.

2 **Segunda fase.** Descríbale el lugar a su compañero/a y diga dos o tres actividades que las personas probablemente **están haciendo** en este lugar en este momento. Su compañero/a debe adivinar el nombre del lugar.

MODELO: E1: Ésta es una ciudad muy antigua que está en América del Sur. Es muy popular entre los turistas. Está en los Andes, y en este momento muchos turistas están visitando la ciudad.
E2: ¡Ah! Es Machu Picchu./ Es Cuzco.

SITUACIONES

1. **Role A.** Your best friend calls you to find out what you are doing. Respond that you are doing a major cleaning of the apartment that you share with other friends. Explain to her/him the chores that each one of you is doing.

    Role B. Call your best friend to find out what she/he is doing. Inquire about who is doing what and tell your friend to remind the others what they should do in case they are not doing it.

2. You cannot attend a big reunion that your family is having and you feel homesick. You call home; your partner is the family member who answers the phone. a) Greet him/her, b) excuse yourself for not being there, c) find out who is at the reunion and how everyone is, and d) ask what each family member is doing right now.

2. Expressions with *tener*

- You have already seen the expression **tener... años:** *Eduardo tiene veinte años.* Spanish uses **tener** + *noun* in many cases where English uses *to be* + *adjective*.

TENER + NOUN			
	hambre		*hungry*
	sed		*thirsty*
	sueño		*sleepy*
	miedo		*afraid*
tener	calor	*to be*	*hot*
	frío		*cold*
	suerte		*lucky*
	cuidado		*careful*
	prisa		*in a hurry/rush*
	razón		*right, correct*

■ With these expressions use **mucho(a)** to indicate *very.*

Tengo **mucho** calor (frío, miedo, sueño, cuidado).	*I am very hot (cold, afraid, sleepy, careful).*
Tienen **mucha** hambre (sed, suerte).	*They are very hungry (thirsty, lucky).*

■ Use **tener + que +** *infinitive* to express obligation.

Tengo que regresar hoy.   *I have to return today.*

¿Qué dice usted?

5-14 Asociaciones. Asocie las oraciones de la izquierda con las expresiones de la derecha.

1. __f__ Mi hermano va a comer mucho.
2. __d__ Mi hermana siempre duerme diez horas.
3. __e__ Mis primos están en el Polo Norte.
4. __a__ Mis abuelos toman mucha agua cada día.
5. __c__ Mi mamá siempre gana (*wins*) cuando juega a la lotería.
6. __b__ Son las 8:00 y tengo que estar en casa a las 8:10.

   a. Tienen sed.
   b. Tengo prisa.
   c. Tiene mucha suerte.
   d. Tiene sueño.
   e. Tienen mucho frío.
   f. Tiene hambre.

> **LENGUA**
>
> Spanish uses the impersonal expression *hay que* + *infinitive* to express obligation without specifying the subject.
>
> **Hay que** trabajar mucho hoy. *It's necessary to work a lot today.*

5-15 ¿Cómo están estas personas? Primera fase. Use una expresión con el verbo **tener** para decir cómo están estas personas.

MODELO: Pablo tiene frío.

Lázaro Tiene mucho hambre.

Lázaro

Sixto y Daniel

Pablo

Pablo tiene mucho frío.

Aida tiene mucho sueño.

Josefina

Gosefina tiene mucho sed.

Julio

Julio Tiene mucho miedo.

Aida

② **Segunda fase.** Dígale a su compañero/a cómo se siente (*feel*) usted en este momento y qué va a hacer para sentirse mejor (*better*).

MODELO:　Tengo sueño. Voy a caminar un poco.

② **5-16 Agenda.** Haga una lista de todas las cosas que tiene que hacer cada día de la semana próxima. Después intercambie información con un/a compañero/a.

MODELO:　E1: ¿Qué tienes que hacer el lunes?
　　　　　　E2: Tengo que estudiar para el examen de matemáticas. ¿Y tú?

SITUACIONES

Role A: You share an apartment with a messy friend. Complain to him/her about the fact that a) his/her books, backpack, etc. are always all over the living room, b) that he/she uses dishes, but does not wash them, c) that his/her dirty clothes are always in the washer, etc., and c) that you have to do that extra work.

Role B: The friend with whom you share an apartment has some complaints about you. a) Apologize to him/her by saying that you will be more careful in the future and explain how, b) suggest to your friend making a list of house chores, and c) say for which chores you will be responsible.

3. Direct object nouns and pronouns

¿Qué hacen estas personas?

¿Quién saca **la basura**?
Alicia **la** saca.

¿Quién lava **el auto**?
Juan **lo** lava.

Miguel corta **el césped** y su hija recoge las hojas.
¿Quien ayuda **a Miguel**?
Su hija **lo** ayuda.

- Direct object nouns and pronouns answer the question **what?** or **whom?** in relation to the verb.

¿Qué lava Pedro?	*What does Pedro wash?*
(Pedro lava) **los platos**.	*(Pedro washes) the dishes.*

- When direct object nouns refer to a specific person, a group of persons, or to a pet, the word **a** precedes the direct object. This **a** is called the personal **a** and has no equivalent in English. The personal **a** followed by **el** contracts to **al**.

Amanda seca **los platos**.	*Amanda dries the dishes.*
Amanda seca **a la niña**.	*Amanda dries off the girl.*
¿Ves la piscina?	*Do you see the swimming pool?*
¿Ves **al** niño en la piscina?	*Do you see the child in the swimming pool?*

- Direct object pronouns replace direct object nouns. These pronouns refer to people, animals, or things already mentioned, and they are used to avoid repeating the noun.

DIRECT OBJECT PRONOUNS			
me	*me*	**nos**	*us*
te	*you (familiar, singular)*	**os**	*you (familiar plural, Spain)*
lo	*you (formal, singular), him, it (masculine)*	**los**	*you (formal and familiar, plural), them (masculine)*
la	*you (formal, singular), her, it (feminine)*	**las**	*you (formal and familiar, plural), them (feminine)*

pronoun precedes verb.

- Place the direct object pronoun before the conjugated verb form.

¿Limpia Mirta **el baño**?	*Does Mirta clean the bathroom?*
No, no **lo** limpia.	*No, she does not clean it.*
¿Quieres mucho **a tu perro**?	*Do you love your dog a lot?*
Sí, **lo** quiero mucho.	*Yes, I love him a lot.*

- With compound verb forms (a conjugated verb and an infinitive or present participle), a <u>direct object pronoun</u> may be placed before the conjugated verb, or be attached to the accompanying infinitive or present participle.

attached

¿Vas a ver **a Rafael**?	*Are you going to see Rafael?*
Sí, **lo** voy a ver./Sí, voy a ver**lo**.	*Yes, I am going to see him.*
¿Están limpiando **la casa**?	*Are they cleaning the house?*
Sí, **la** están limpiando.	*Yes, they are cleaning it.*
Sí, están limpiándo**la**.	

- Since the question word **quién(es)** refers to people, use the personal **a** when **quién(es)** is used as a direct object.

¿A quién(es) vas a ver?	*Whom are you going to see?*
Voy a ver a Pedro.	*I am going to see Pedro.*

ACENTOS

You have learned that words that stress the next-to-the-last syllable do not have a written accent if they end in a vowel: **lav<u>a</u>ndo**. If we attach a direct object pronoun, the stress falls on the third syllable from the end and a written accent is needed: **lav<u>á</u>ndolo**.

¿Qué dice usted?

5-17 La división del trabajo. Tres de sus compañeros comparten un apartamento y usted les hace las siguientes preguntas para saber cómo dividen las tareas domésticas entre ellos. Escriba la letra de la respuesta correcta.

1. ¿Quién lava los platos?
   a. Yo lo lavo. (b.) Pedro los lava. c. Julio y yo las lavamos.

2. ¿Quién prepara las comidas?
   a. Pedro la prepara. b. Yo los preparo. (c.) Martín las prepara.

3. ¿Quién limpia el baño?
   (a.) Los tres lo limpiamos. b. Pedro los limpia. c. Martín la limpia.

4. ¿Quién saca la basura?
   a. Martín lo saca. b. Pedro las saca. (c.) Julio la saca.

5. ¿Quién pasa la aspiradora?
   a. Martín y yo las pasamos. (b.) Julio la pasa. c. Yo lo paso.

5-18 ¿Qué es lógico hacer? Primera fase. Las afirmaciones de la columna de la izquierda describen algunas situaciones domésticas. Léalas y, luego, asocie cada una de ellas con una acción lógica para resolverlas.

1. __b__ Las camas están sin hacer.
2. __d__ La ropa está seca.
3. __a__ Los dormitorios están desordenados.
4. __f__ El aire acondicionado no funciona.
5. __c__ Las ventanas están sucias.
6. __e__ No pueden poner el auto en el garaje porque hay muchos muebles viejos y cajas (boxes) con libros.

a. Los hijos los van a ordenar.
b. La madre las hace después de leer el periódico.
c. El padre las va a limpiar.
d. Hay que plancharla.
e. Los hijos lo van a limpiar.
f. El hijo mayor lo va a reparar.

Segunda fase. Dígale a su compañero/a cuál(es) de las afirmaciones de la **Primera fase** describe(n) mejor su apartamento o casa en este momento. Luego, explíquele qué va a hacer usted y cuándo.

5-19 Mis responsabilidades en casa. Primera fase. Averigüe si su compañero/a es responsable de las siguientes tareas domésticas en su casa.

MODELO: sacar la basura
          E1: ¿Sacas la basura?
          E2: Sí, la saco./No, no la saco. ¿Y tú?

1. limpiar la cocina
2. lavar los platos
3. secar los platos
4. tender las camas
5. lavar la ropa
6. cortar el césped

Segunda fase. Ahora, comparen sus respuestas. Después díganle a otra pareja cuáles son las tareas domésticas que ustedes dos hacen y averigüen si ellos las hacen también.

MODELO: E1: Nosotros no lavamos los platos en casa porque tenemos lavaplatos. ¿Y ustedes los lavan?
          E2: Sí, nosotros los lavamos y hacemos las camas también.

take care of

2 **5-20 El apartamento de mi compañero/a.** Usted va a cuidar el apartamento de su compañero/a por una semana, y quiere saber cuáles son sus responsabilidades y lo que puede o no puede hacer allí.

MODELO: E1: ¿Debo sacar la basura?
E2: Sí, la debes sacar/debes sacarla todos los días.
E1: ¿Puedo usar tu estéreo? — stereo
E2: Claro que lo puedes usar.

¿DEBO O NO DEBO?	SÍ	NO	¿PUEDO O NO PUEDO?	SÍ	NO
regar las plantas	✓	___	leer los libros	✓	___
pasear al perro	✓	___	usar los electrodomésticos	✓	___
limpiar el apartamento	✓	___	invitar a un/a amigo/a	✓	___
poner la alarma	✓	___	hacer la tarea en la computadora	___	✓
...	___	___	...	___	___

expect

5-21 Los preparativos para la visita. La familia Granados está muy ocupada porque espera la visita de unos parientes. Conteste las preguntas de su compañero/a sobre lo que está haciendo cada miembro de la familia.

MODELO: E1: ¿Quién está preparando la comida?
E2: La abuela la está preparando/está preparándola.

¿Quién está vistiendo la niña?
La hija la está vistiendo/ está vistiéndola.

¿Quién está haciendo la cama?
El hijo está haciéndola.

¿Quién está pasando la aspiradora?
La madre está pasándola.

¿Quién está secando los platos?
El padre está secándolos.

¿Quién está sacando la basura?
El niño está sacándola.

5-22 Una mano amiga. Primera fase. Conteste las preguntas de su compañero/a sobre sus relaciones con otras personas y lo que ellas hacen por usted.

MODELO: ayudar económicamente   mis padres
        E1: ¿Quién te ayuda económicamente?
        E2: Mis padres me ayudan económicamente.

1. querer mucho
2. escuchar en todo momento
3. llamar por teléfono con frecuencia
4. ayudar con los problemas
5. aconsejar (*advise*) cuando estás indeciso/a
6. entender siempre

a. mi padre
b. mi madre
c. mi mejor amigo/a
d. mi novio/a
e. ...

Segunda fase. Dígale a su compañero/a lo que usted hace por las siguientes personas. Indique en qué circunstancias lo hace.

MODELO: su esposo/a
        E1: Lo/La ayudo cuando está cansado/a.
        E2: Y yo lo/la escucho cuando tiene problemas en el trabajo.

1. su papá
2. su mamá
3. su mejor amigo/a
4. su novio/a
5. sus vecinos (*neighbors*)

EN DIRECTO

To assist a customer in a shop:
¿Qué desea?
¿En qué puedo ayudarlo/a?

To request a product:
Quisiera...
¿Podría ver/mostrarme (*show me*) . . . ?

SITUACIONES

Role A. You are at a furniture store buying a sofa. Tell the salesperson which sofa you want and ask him/her when they can deliver (**entregar**) it. Tell the salesperson you are not going to be home at that time, but that you can be home in the afternoon. Agree to the time and thank the salesperson.

Role B. You are a salesperson at a furniture store. Tell the customer that the sofa he/she wants is a very good one and that you can deliver it next Monday morning. Since the convenient time for the customer is the afternoon, tell him/her that you can deliver it between three and five o'clock.

4. Demonstrative adjectives and pronouns

Demonstrative adjectives

Esta silla <u>tiene que estar</u> *needs to be*
aquí y esa mesa allí.

Los otros muebles están allá,
en aquel edificio.

- Demonstrative adjectives agree in gender and number with the noun they
  modify. English has two sets of demonstratives (*this, these* and *that, those*),
  but Spanish has three sets.

this	**este** cuadro **esta** butaca	*these*	**estos** cuadros **estas** butacas		
that	**ese** horno **esa** casa	*those*	**esos** hornos **esas** casas		
that (over there)	**aquel** edificio **aquella** casa	*those* (over there)	**aquellos** edificios **aquellas** casas		

- Use **este, esta, estos,** and **estas** when referring to people or things that are
  close to you in space or time.

  Este escritorio es nuevo.   *This desk is new.*
  Traen el sofá **esta** semana.   *They will bring the sofa this week.*

"a"

- Use **ese, esa, esos,** and **esas** when referring to people or things that are not relatively close to you. Sometimes they are close to the person you are addressing.

  Esa lámpara es muy bonita.   *That lamp is very pretty.*

- Use **aquel, aquella, aquellos,** and **aquellas** when referring to people or things that are more distant.

  Aquel edificio es muy alto.   *That building (over there) is very tall.*

Demonstrative pronouns

- Demonstratives can be used as pronouns. A written accent mark may be placed on the stressed vowel to distinguish demonstrative pronouns from demonstrative adjectives.

  Compran este espejo y **ése**.   *They are buying this mirror and that one.*

- To refer to a general idea or concept, or to ask for the identification of an object, use *esto, eso,* or *aquello.* These pronouns do not take an accent.

  Trabajan mucho y **eso** es muy bueno.   *They work a lot and that is very good.*
  ¿Qué es **esto**?   *What is this?*
  Es un espejo.   *It is a mirror.*

¿Qué dice usted?

5-23 Cerca, relativamente cerca o lejos. Decida qué adjetivo demostrativo debe usar de acuerdo con el lugar donde se encuentran los siguientes objetos.

Cerca de usted

1. __a__ mesa es de Honduras.   a. Esta   b. Esa   c. Aquella
2. __a__ cuadros también son de Honduras.   a. Estos   b. Esos   c. Aquellos

Relativamente cerca de usted

3. __b__ sofá es muy cómodo (*comfortable*).   a. Este   b. Ese   c. Aquel
4. __b__ alfombra tiene unos colores muy alegres.   a. Esta   b. Esa   c. Aquella

Lejos de usted

5. __c__ espejo es nuevo.   a. Este   b. Ese   c. Aquel
6. __c__ lámparas son antiguas.   a. Estas   b. Esas   c. Aquellas

2 **5-24 En una mueblería en Managua.** Usted y su compañero/a van a hacer los papeles de cliente/a y dependiente/a. El/La cliente/a pregunta los precios de algunos muebles y accesorios (usando los demostrativos correctos). El/La dependiente/a le hace preguntas para saber específicamente a qué se refiere.

MODELO: CLIENTE/A: ¿Cuánto cuesta esa mesa?
DEPENDIENTE/A: ¿Cuál? ¿La mesa que está al lado de la silla?
        CLIENTE/A: No, la mesa que está entre la butaca y la silla pequeña. *o* Sí, ésa.
DEPENDIENTE/A: Cuesta 750 córdobas. *o* Cuesta 2.150 córdobas.

A INVESTIGAR

¿Managua es la capital de qué país? ¿Cuál es la unidad monetaria de ese país? ¿A cuánto está el cambio (*rate of exchange*) en estos momentos?

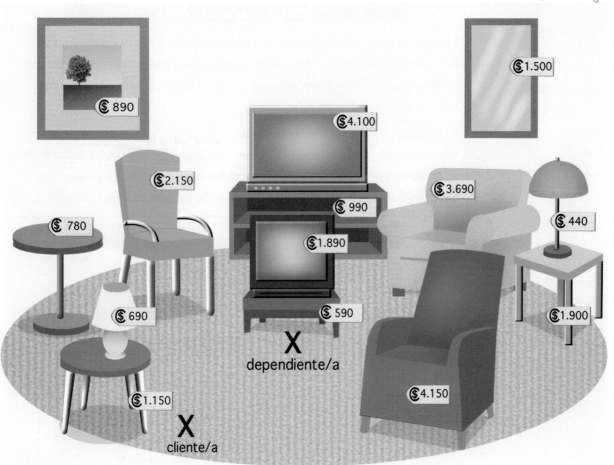

2 **5-25 ¿De quién es?** En su tiempo libre, usted y un/a compañero/a están trabajando de asistentes en una escuela primaria. Al final del día ustedes revisan el salón de clase y notan que los niños dejaron (*left*) varios objetos en diferentes lugares. Pregúntense (*ask each other*) de quién es cada objeto.

MODELO: E1: ¿De quién es este/ese/aquel bolígrafo?
        E2: Éste/ése/aquél es de David. *o* Es de Miguel.

un cuaderno	unos lentes	una mochila azul	una grabadora
un libro	unos apuntes	una calculadora	unos lápices

2 **5-26 Descripciones.** Piense en un objeto o mueble y diga en qué parte de la casa está. Su compañero/a va a hacerle preguntas para adivinar qué es. Cada uno/a debe pensar en tres objetos.

MODELO: E1: Este mueble está generalmente en el comedor.
E2: ¿Es grande?
E1: Puede ser grande o pequeño.
E2: ¿Lo usamos para comer?
E1: Sí.
E2: Es la mesa.

SITUACIONES

Role A. You are planning to buy a larger home. A real estate agent has already shown you pictures of one house and is now showing you pictures of a second one. Discuss with him/her a) the price, b) the number of rooms, and c) facilities such as laundry room **(lavandería)**, garage, and pool, of both houses. Tell him/her which of the two houses you want to see and say why.

Role B. You are a real estate agent. You already showed your client pictures of one house and now are showing him/her pictures of a second house. Answer his/her questions by saying a) that the first house is $145,000 dollars and the second one is $150,000, b) that both houses have three bedrooms, and c) that the first house has a one-car garage while this one has a two-car garage. Also tell him/her the advantages of each of the two houses.

5. *Saber* and *conocer*

Both *saber* and *conocer* mean *to know*, but they are not used interchangeably.

	SABER	CONOCER
yo	sé	conozco
tú	sabes	conoces
Ud., él, ella	sabe	conoce
nosotros/as	sabemos	conocemos
vosotros/as	sabéis	conocéis
Uds., ellos/as	saben	conocen

■ Use **saber** to express knowledge of facts or pieces of information.

Él **sabe** dónde está el edificio.   *He knows where the building is.*

■ Use **saber** + *infinitive* to express that you know how to do something.

Yo **sé** reparar electrodomésticos.   *I know how to repair appliances.*

■ Use **conocer** to express acquaintance with someone or something. **Conocer** also means *to meet*. Remember to use the personal **a** when referring to people.

Conozco a mis vecinos.   *I know my neighbors.*
Conozco bien ese libro.   *I am very familiar with that book.*
Ella quiere **conocer a** Luis.   *She wants to meet Luis.*

ACENTOS

Sé, the **yo** form of the verb **saber,** has a written accent to distinguish it from the pronoun **se.**
Yo **sé** que su hermano **se** llama José.

¿Qué dice usted?

5-27 Un encuentro en un pasillo. Raúl, un estudiante nuevo en la universidad, necesita información, y le hace preguntas a Sergio, otro estudiante. Escoja la respuesta correcta para completar la conversación.

RAÚL: Soy un estudiante nuevo y no ___a___ donde está la librería.   a. sé   b. conozco

SERGIO: Es muy fácil. Tú ___a___ dónde está la cafetería, ¿no? Pues está al lado.   a. sabes   b. conoces

RAÚL: Gracias. ¿Y ___a___ si hay un club de español?   a. sabes   b. conoces

SERGIO: Sí, claro, y ___a___ que esta noche tiene una reunión.   a. sé   b. conozco

RAÚL: Magnífico. Sólo ___b___ a dos o tres compañeros de clase.   a. sé   b. conozco

SERGIO: Pues allí vas a ___b___ a muchos estudiantes.   a. saber   b. conocer

escoger (j) – to choose

respuesta – answer, response, reply

reunión – meeting

pues – well.

5-28 ¿Sabes quién es...? Túrnense para preguntarle a su compañero/a si sabe quién es la persona mencionada y si la conoce.

MODELO: el actor principal de *Troya*   *Troy*
    E1: ¿Sabes quién es el actor principal de *Troya*?
    E2: Sí, sé quién es. Es Brad Pitt.
    E1: ¿Lo conoces?
    E2: No, no lo conozco. *o* Sí, lo conozco.

1. tu representante en el congreso
2. el/la decano/a de la facultad
3. el/la jefe/a (*boss*) de tu papá o de tu mamá
4. el rey de España
5. el/la presidente/a de Nicaragua
6. ...

preguntarle

decano – dean – senior member

reading

5-29 Adivina, adivinador. En grupos pequeños, túrnense para leer las siguientes descripciones y adivinar de quién se habla.

meets

MODELO: E1: Es una chica muy pobre que va a un baile. Allí conoce a un príncipe, pero a las 12:00 de la noche ella debe volver a su casa.
    E2: Sí, sé quién es. Es Cenicienta (*Cinderella*).

1. Es un gorila gigante con sentimientos (*feelings*) humanos. En una película aparece en el edificio Empire State de Nueva York.   *King Kong*
2. Es una actriz y cantante puertorriqueña. Es joven, bonita y canta en inglés y español. En 2003, actuó con el actor Ben Affleck en la película *Una relación peligrosa*.   *Jennifer Lopez*
3. Es una diseñadora de ropa y joyas, hija de un famoso pintor español. Su perfume más famoso lleva su nombre.   *Paloma Picasso*
4. Es un hombre de otro planeta con doble personalidad. Trabaja en un periódico, pero cuando se pone una ropa azul especial, puede volar (*fly*).   *Superman*
5. Es un hombre joven y fuerte, educado por los gorilas en la jungla. Nada muy bien y su compañera se llama Jane.   *Tarzan*
6. Fue (*She was*) una mujer muy importante en Argentina. Su esposo gobernó ese país por varios años. Hay un musical con su nombre y también una película donde Madonna la representa.   *Evita Peron*

know how to do

❷ **5-30 ¿Qué sabes hacer?** Pregúntele a su compañero/a si sabe hacer las siguientes cosas. Si responde que sí, hágale más preguntas para obtener (*get*) más información.

MODELO: bailar música rock
E1: ¿Sabes bailar música rock?
E2: Sí, sé bailar música rock. *o* No, no sé bailar música rock. ¿Y tú?

1. tocar la guitarra
2. jugar al tenis
3. nadar
4. preparar tacos
5. cocinar platos muy elaborados
6. trabajar con computadoras
7. usar el microondas
8. ...

to win

5-31 Bingo. Para ganar el Bingo, usted debe llenar vertical, horizontal o diagonalmente tres casilleros (*boxes*) con los nombres de los/las compañeros/as que contestan afirmativamente las preguntas y dan la respuesta correcta.

¿Sabes dónde está la ciudad de Tegucigalpa? *Honduras*	¿Sabes cuál es la capital de El Salvador? *San Salvador*	¿Sabes dónde está la ciudad de Managua? *Nicaragua*
¿Conoces a los padres de tu mejor amigo/a?	¿Sabes cuál es la unidad monetaria de Nicaragua? *Córdobas*	¿Sabes el nombre de un lago importante que está en Nicaragua? *Lago Nicaragua*
¿Sabes preparar platos centroamericanos? *Sí.*	¿Conoces algún país hispanoamericano? *Sí - Guatemala*	¿Sabes dónde están las ruinas mayas de Copán? *Honduras*

❷ **5-32 Saber y conocer.** Complete con su compañero/a el siguiente diálogo con las formas correctas de **saber** y **conocer**.

E1: ¿ *Conoce* a esa chica?
E2: Sí, yo *Conozco* a todas las chicas aquí.
E1: Entonces, ¿ *Sabes* dónde vive?
E2: No, no lo *sé*.
E1: Pero *sabes* su número de teléfono, ¿verdad?
E2: No, tampoco lo *sé*.
E1: Y... ¿ *Sabes* cómo se llama?
E2: Pues, la verdad es que no lo *sé*.
E1: ¿Cómo dices que la *conoce*? Tú no *sabes* dónde vive, tú no *sabes* su nombre.
E2: Es que tengo muy mala memoria.

s- se

tampoco - neither, nor, not either.

SITUACIONES

Your partner wants to set a blind date for you with his/her friend from Honduras but you want to have some information about the person before agreeing to a date. Using **saber** or **conocer**, ask your partner if he/she knows: a) the person's family, b) how old the person is, and c) how long he/she has known this person, d) from what part of Honduras he/she comes, and e) if he/she speaks English. Also, find out if the person knows how to play tennis, and if he/she likes to dance.

ALGO MÁS

More on adjectives

- Ordinal numbers are adjectives and agree in gender and number with the noun they modify (e.g., **la segunda casa, el cuarto edificio**). **Primero** and **tercero** drop the final **o** when used before a <u>masculine singular noun</u>.

    el **primer** cuarto   el **tercer** piso

- When **bueno** and **malo** precede <u>masculine singular nouns</u>, they are shortened to **buen** and **mal**.

    Es un **buen** edificio.   *It is a good building.*
    Es un **mal** momento para comprar. *It is a bad time to buy.*

- **Grande** shortens to **gran** when it precedes <u>any singular noun</u>. Note the meaning associated with each position.

    Es una casa **grande**.   *It is a big house.*
    Es una **gran** casa.   *It is a great house.*

¿Qué dice usted?

5-33 ¿En qué piso viven? Pregúntele a su compañero/a dónde viven las diferentes personas. Su compañero/a debe contestarle de acuerdo con el dibujo.

MODELO: E1: ¿Dónde viven los Girondo?
           E2: Viven en el cuarto piso, en el apartamento 4-A.

5-A López	5-B Alemán
4-A Girondo	4-B Mujica
3-A Ozollo	3-B Ponce
2-A Cárdenas	2-B García-Gil
1-A Jiménez	1-B Valbuena
PB-A Martínez	PB-B Casal

5-34 Opiniones. Túrnense para explicar qué o quiénes son las siguientes personas y lugares. Después, den su opinión sobre cada uno. Usen algunas de las siguientes palabras.

buen	bueno/a	gran	grande	mal	malo/a	primer	primero/a

MODELO: el Parque El Imposible
           Es una gran reserva natural donde hay muchos animales en peligro de extinción. El Parque El Imposible está en El Salvador. Es muy grande y es una reserva natural muy importante de América Central.

1. el Parque Central
2. Antonio Banderas
3. la Casa Blanca
4. Daniel Ortega
5. el lago Nicaragua
6. ...

Escuchar

Matching descriptions with pictures

You have already learned that you can understand what is being said by paying attention to the pictures or objects that people point or refer to. Sometimes these objects are around you, but sometimes they are not. For example, when you hear a description of somebody's house, an image of a house comes to your mind from your experience.

Antes de escuchar

5-35 La casa de los Esquivel. In **5-36,** you will listen to a description of a house. Before you listen, and using your knowledge of what houses look like, make a list of **four** rooms and **three objects** (furniture, appliances, accessories) you expect to hear about **in each** room.

PARTE DE LA CASA	OBJETOS
_____	_____
_____	_____
_____	_____
_____	_____

A escuchar

AUDIO **5-36** Now, look at the following drawing, and as you hear the different statements about the location of several pieces of furniture and objects, mark the appropriate column to indicate whether each of the statements is true (**Sí**) or false (**No**).

	Sí	No
1.	_____	_____
2.	_____	_____
3.	_____	_____
4.	_____	_____
5.	_____	_____
6.	_____	_____
7.	_____	_____
8.	_____	_____

Después de escuchar

5-37 ¿Y tu casa? Ask each other these questions and compare your answers.

1. ¿Cómo es tu casa/apartamento? ¿Cuántos dormitorios tiene?
2. ¿Qué muebles hay en tu dormitorio?
3. ¿Qué electrodomésticos hay en tu casa/apartamento?

Antes de escuchar

5-38 Un apartamento cómodo. In **5-39**, you will listen to some descriptions of an apartment. Before you listen, look at the picture and in the lines below write down the number of bedrooms, bathrooms and closets this apartment has.

dormitorios __3__   baños __2__   armarios __3__   *closets.*

A escuchar

AUDIO **5-39 El apartamento.** Now, you will listen to four different descriptions of this apartment. As you listen, mark the appropriate column to indicate whether the description is true (**Sí**) or false (**No**).

	Sí	No
1.	___	___
2.	___	___
3.	___	___
4.	___	___

Después de escuchar

5-40 ¿Y usted? Imagine you buy the apartment of your dreams. Discuss where this apartment is located, how many bedrooms it has, and what furniture, appliances and conveniences the apartment has.

Conversar

Antes de conversar

to rent

5-41 Busco apartamento. Usted necesita alquilar un apartamento. En cada columna, escriba algunas características esenciales y algunas secundarias del apartamento que usted necesita.

CARACTERÍSTICAS ESENCIALES	CARACTERÍSTICAS SECUNDARIAS
_____	_____
_____	_____
_____	_____
_____	_____

cuatro — four
cuarto — room 1/4
cuadro — picture square
cuarta — 1/4
cuadra — 1/4 mile city block

A conversar

2 **5-42 Buscando vivienda (*housing*).** Su mejor amigo/a (su compañero/a) siempre lee los anuncios de los periódicos. Llámelo/la por teléfono y hágale preguntas para obtener información sobre las características esenciales y secundarias del apartamento que usted busca. Puede usar las siguientes ideas. Su mejor amigo/a va a responder con información sobre **dos** apartamentos de los siguientes anuncios. Luego, cambien de papel.

- alquiler
- localización del apartamento
- piso en el edificio
- número de habitaciones y baños
- con muebles o sin muebles
- aire acondicionado/calefacción
- otras características esenciales para usted
- número de teléfono o dirección de contacto
- ¿?

ALQUILERES

Se alquila apartamento en zona céntrica, cuarto piso: amueblado, 2 habitaciones, 2 baños, 5.000 colones mensuales. Tfno. 2 33 14 78

Se arrienda apartamento espacioso para familia: quinto piso, ascensor, excelente ubicación, cerca de centros comerciales, sin muebles, 3 dormitorios, dos baños, aire acondicionado, jardín, garaje para dos autos. 6.500 colones. Tfno. 2 54 22 83

Alquilo apartamento cerca de centro comercial. Transporte público a la puerta. Ideal para profesionales. 1 dormitorio, 1 baño con jacuzzi, con muebles y electrodomésticos, terraza, sistema de seguridad, garaje doble. 7.500 colones. Tfno. 2 65 16 92

Se alquila habitación en casa particular. Amplia, cómoda, iluminada, enorme clóset, cable gratis. Se comparten cocina, baño y garaje. Muebles finos. Preferible mujer soltera. Tfno. 2 38 84 29

Después de conversar

5-43 ¡Éste me gusta! Escríbale una breve nota a su mejor amigo/a para informarle sobre el apartamento que usted piensa alquilar. Explíquele por qué. Déle las gracias (*Thank him/her*) por su ayuda.

Fecha: _____, 200____
De: _____
A: _____

Asunto: Mi nuevo apartamento

_____
_____
_____
_____

Adiós,
_____

Antes de conversar

G **5-44 La casa o apartamento ideal.** Ustedes son un grupo de buenos amigos que piensan vivir juntos durante sus estudios universitarios. Piensen en su casa ideal y descríbanla. Incluyan la siguiente información en su descripción:

- la ciudad o pueblo (*town*) donde va a estar la casa
- los cuartos y comodidades (*comforts*) que la casa va a tener
- los muebles, los electrodomésticos, etc.
- la(s) persona(s) que va(n) a vivir en ella

A conversar

5-45 Mi casa ideal en imágenes. Ahora hagan un dibujo (o un collage) de su casa ideal para compartirlo con la clase. Indiquen el número de cuartos, garajes, y para quién es cada cuarto. Especifiquen cómo va a ser la sala, el comedor, la cocina, etc.

Después de conversar

5-46 Ésta es mi casa ideal. Preséntenle su casa ideal a la clase y respondan a sus preguntas.

 Leer

In this chapter, you will practice the following strategies to aid your reading comprehension in Spanish: 1. looking at visuals, and 2. informing yourself about a topic.

Looking at visuals in a written text enables foreign language readers to anticipate and comprehend the text message. Pictures, signs, schedules, charts, arrows, and color may provide you with essential information at a department store where you are doing shopping, a train station or an airport when traveling, etc.

Besides visuals, getting acquainted with a topic may greatly facilitate your comprehension. Imagine that you are planning to study in a Spanish-speaking country. Since, as you may know, most students usually do not live on campus, you are faced with the task of finding housing for yourself. Where do you start? How do you go about renting an apartment or a room? Should you seek help from a housing office on campus? What if there isn't one? Also, what commodities or basic needs should you expect when you rent an apartment or a room, for example: a private bathroom, a phone in your room, or one to share with someone else? The most efficient manner to accomplish this task is by informing yourself, by asking people, by reading about the topic in your own language, etc. Keep in mind the importance of visuals and of informing yourself as you read or before you read a text.

Guía de prelectura

Read the title of the article in activity **5-49** and answer the questions, using your knowledge of the topic.

1. Thinking of the theme of *Lección 5* and looking at the picture that accompanies the article, can you anticipate its content?
   a. The wide use of computers by women at home
   b. Technology at the service of humans at home
   c. Houses that communicate with human beings

2. The article contains some of the following ideas. Circle all that may apply, in your opinion. In case you miss some answers, you will be able to verify your responses later.
   a. Today's homes have nothing in common with those of the future.
   b. Future homes will be much more automated than those of today.
   c. Human beings will have much more free time due to the abundance of technology at home.
   d. Electrical appliances and electronic devices will duplicate their functions in the house of the future.

3. Now, use your background knowledge to comprehend the text. On what did you base your answers to question 2?
   a. The cognates in the title
   b. The photo that accompanies the article
   c. Your knowledge of technology

Antes de leer

5-47 Preparación. Muchas casas modernas tienen aparatos eléctricos y electrónicos. Clasifiquen los siguientes aparatos en la columna correspondiente.

sensor de temperatura	microondas	teléfono inalámbrico	ventilador (*fan*)
aire acondicionado	computadora	televisor	fotocopiadora
lámpara	aparato de DVD	aspiradora	cafetera

FUNCIÓN	APARATOS ELÉCTRICOS	APARATOS ELECTRÓNICOS
1. para trabajar desde (*from*) casa	_____	_____
2. para hacer trabajos domésticos	_____	_____
3. para controlar la temperatura de la casa	_____	_____
4. para comunicarse con otras personas	_____	_____
5. para entretenerse (*have fun*) en casa	_____	_____

5-48 Anticipación. Primera fase. Indique con una *X* las características que, según usted, va a tener la casa del futuro.

1. _____ múltiples dispositivos (mecanismos) para controlar la energía
2. _____ puertas automáticas
3. _____ sensores de temperatura y humedad
4. _____ sensores de voz (*voice*)
5. _____ sistema de seguridad activado por la voz
6. _____ música ambiental en todos los cuartos

Segunda fase. Ahora, comparen sus respuestas. ¿Están de acuerdo o no?

A leer

5-49 Primera fase. El siguiente artículo describe la casa del futuro. Léalo y siga las instrucciones.

1. Pase un marcador (*highlighter*) por las palabras que se asocian con tecnología en cada párrafo.
2. Escriba **AC** si una palabra se refiere a un aparato eléctrico y **EL** si indica un aparato electrónico.

La casa inteligente del futuro

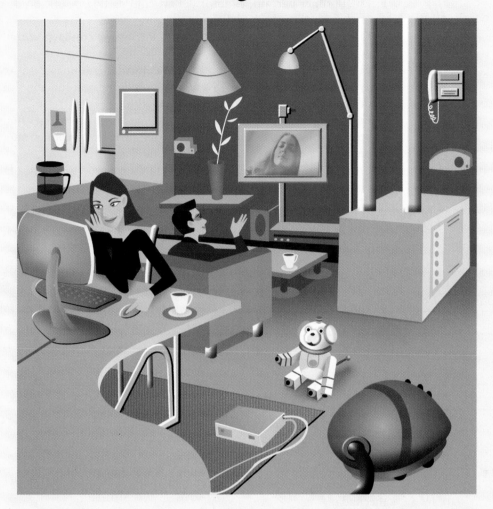

Las casas inteligentes o automatizadas ya existen en el presente. Los expertos las describen con un gran número de aparatos eléctricos y electrónicos —controlados por una computadora— que se comunican entre ellos. Pero, muchos se preguntan, ¿cuáles son las diferencias entre una casa tradicional y una inteligente?

Básicamente, la casa inteligente incorpora los últimos avances tecnológicos en beneficio de las personas que viven en ella. A través de complejos dispositivos y sensores, estas casas facilitan el trabajo doméstico de sus dueños: abren y cierran cortinas y puertas, hacen funcionar electrodomésticos (cafeteras, microondas, ventiladores, etc.), el aire acondicionado y la calefacción, por ejemplo.

Además, la casa inteligente ofrece un uso más eficiente y múltiple de los aparatos eléctricos y electrónicos en su interior. Un microondas se puede usar para calentar comida y también para ver televisión. De la misma manera, un refrigerador puede conectarse a Internet y permitir a una persona navegar por la red o enviar mensajes electrónicos.

Si a la familia le gusta escuchar música mientras descansa o mirar películas en su tiempo libre, basta conectar dispositivos de red a servidores con suficiente ancho de banda y capacidad de almacenamiento[1] como para distribuir música y películas a cada habitación de la casa.

En resumen, la casa del futuro es una versión técnicamente más sofisticada de la casa del presente. Es difícil predecir con exactitud cómo vamos a vivir en 50 años más. Sin embargo, muchos se preguntan si esta abundancia de tecnología va a afectar nuestra vida positiva o negativamente.

[1] storage space

Segunda fase. Lea el artículo otra vez y haga lo siguiente.

1. En el primer párrafo, el autor del artículo da una definición de una casa inteligente. Escriba la definición.
2. El segundo párrafo contrasta la casa inteligente con la casa tradicional. ¿Cuál es la diferencia? Escríbala.
3. El párrafo dos también indica algunas formas en que la casa inteligente ayuda a las personas que viven en ella. Indique una función útil para una persona de su familia. ¿Por qué es útil?
4. En el tercer párrafo, se mencionan algunas de las funciones múltiples de los aparatos eléctricos y electrónicos. ¿Cuál de estas funciones múltiples es más beneficiosa para un estudiante? ¿Por qué?
5. En el cuarto párrafo, el autor presenta un ejemplo que indica la superioridad del ser humano sobre la tecnología. Subraye el ejemplo.

2 5-50 Búsqueda (*Search*). Busquen en el artículo algunas palabras con las siguientes terminaciones y, luego, clasifíquenlas en la tabla: **-ado/a, -cia, -ción/-sión, -ar, -al, -ico, -dad, -mente.**

SUSTANTIVOS	ADJETIVOS	FORMAS VERBALES RELACIONADAS CON LA TECNOLOGÍA	ADVERBIOS

Después de leer

5-51 Expansión. Lea la siguiente nota que el arquitecto de una casa inteligente le escribe a uno de sus colegas. Complete los espacios en blanco con la palabra adecuada.

urgentemente	funcionar	inteligente	ventanas	tecnológicos
ideal	construir	sensores	funciones	

Manolo,

¡Te tengo una gran sorpresa! Oscar de la Renta necesita (1) _____ una casa (2) _____ en Managua. Como sabes, de la Renta es muy rico y quiere los últimos avances (3) _____ en ella. Desea una casa con dispositivos para abrir y cerrar puertas y (4) _____. También quiere incorporar electrodomésticos con (5) _____ múltiples. Quiere calefacción controlada por (6) _____. Tú sabes mucho de sistemas automatizados y yo de construcción, y pienso que eres la persona (7) _____ para ayudarme en este proyecto. Vamos a (8) _____ una casa espectacular. Todo va a (9) _____ perfectamente.

Debemos responder pronto. Llámame.

Ricardo

Escribir

In *Lección 4,* you practiced writing a letter to a family member older than you. You also paid attention to ways of addressing a family member and appropriate closings. Writing to the public at large is somewhat similar to writing to elders in your family. When you do not know your audience personally, you can do the following:

- Anticipate what your audience knows or may not know about the topic you are writing. Provide as much detail as necessary.

- Accommodate the language of your text to your audience. Use less technical language with an audience who is not an expert on the topic; be more technical with an expert audience.

- Use a more formal tone. In Spanish, a formal tone may be signaled, among others, by the use of the pronoun **Ud.**

In this chapter, you will write a descriptive pamphlet for a general, unknown audience. As you plan and write your pamphlet, keep in mind the amount of information and degree of formality of your text.

Antes de escribir

5-52 Preparación. Primera fase. En el siguiente panfleto, la Facultad de Arquitectura de la Universidad Católica de Honduras, en Tegucigalpa, invita a los alumnos a participar en el concurso (*contest*) ***La casa automatizada del futuro.*** Lea los requisitos del concurso.

Departamento de Arquitectura
Universidad Católica de Honduras
Campus Tegucigalpa

Concurso: **La casa automatizada del futuro**

Bases del concurso:

Los participantes deben enviar la siguiente información por fax (233-2210) a la Facultad de Arquitectura, Campus Tegucigalpa:

1. una ficha con información personal: nombre completo, dirección, teléfono, facultad donde estudia y dirección de correo electrónico
2. una descripción de la casa automatizada con la siguiente información:
   a. tamaño de la casa (pies [feet] o metros cuadrados [square meters])
   b. número y nombre de las habitaciones
   c. aparatos eléctricos y electrónicos de la casa y sus funciones
   d. dispositivos y sensores y su(s) función(es)

3. si es posible, un dibujo o foto digital de la casa automatizada

Fecha límite: el 30 de marzo
Premio: Un semestre de estudios gratis en la Facultad de Arquitectura de la Universidad de Milán, Italia

---

Segunda fase. Usted decide participar en el concurso con un proyecto excepcional. Para preparar su proyecto, haga lo siguiente:

1. Imagine la casa automatizada que usted desea construir.
   a. ¿Qué tamaño (*size*) tiene? Indíquelo en pies (*feet*) o metros cuadrados (*square meters*) ¿Qué cuartos va a tener esta casa? ¿Cuántas habitaciones, salas, terrazas, etc.? ¿Cuántos garajes, áticos, etc.?
   b. ¿Qué aparatos eléctricos y electrónicos va a tener? ¿Dónde va a estar cada uno de ellos?
   c. ¿Qué función(es) va a tener cada aparato eléctrico y electrónico? (Por ejemplo: Una aspiradora que limpia las alfombras y seca platos también.)
   d. Esta casa automatizada, ¿va a tener dispositivos y sensores? ¿Qué función(es) va a tener cada dispositivo y sensor? (Por ejemplo: ¿Un dispositivo para encender y apagar el televisor? ¿Un sensor que determina la calidad del aire dentro de la casa?)

2. ¿Sabe usted dibujar? Dibuje con lápiz o digitalmente su casa automatizada.

A escribir

5-53 Manos a la obra. Ahora prepare su descripción de *La casa automatizada del futuro* para el comité que selecciona a los ganadores (*winners*). Use sus ideas de la **Segunda fase** de la actividad **5-52**. Recuerde incluir toda la información que pide el concurso.

Después de escribir

5-54 Revisión. Antes de presentar su proyecto, revise:

- primero, la claridad de sus ideas y la cantidad de información dada
- luego, la precisión gramatical (el vocabulario común y corriente y el vocabulario más técnico, la estructuras que utiliza para describir, la concordancia, etc.)
- finalmente, la ortografía y la acentuación

ENFOQUE CULTURAL

TEMAS: LAS CASAS Y LA ARQUITECTURA

Para pensar

¿Vive Ud. en un apartamento o en una casa? ¿Cómo es, grande o pequeño/a? ¿Moderno/a o antiguo/a? ¿Hay apartamentos/casas semejantes al/a la suyo/a en su vecindario? ¿Dónde está su casa o apartamento, cerca del centro de la ciudad o en las afueras?

Hay mucha variedad de viviendas en los países hispanoamericanos. En esta foto se ve la influencia de la época colonial. Se puede admirar una casa con hermosos balcones de madera, grandes patios interiores, azulejos (tiles) en los pisos y paredes y bellas rejas (iron work) exteriores.

En algunos lugares se puede ver la influencia de la cultura española y las culturas precolombinas en la arquitectura.

Generalmente no hay gran variedad de electrodomésticos en las casas, debido principalmente a su alto costo pero también a la posibilidad de tener empleados que ayudan con las tareas domésticas.

Para contestar

2 **Las casas.** Con su compañero/a responda a las siguientes preguntas:

1. ¿Cómo son las casas coloniales? ¿Hay casas de estilo colonial en su vecindario?
2. ¿Qué electrodomésticos hay en su casa? ¿Cuáles probablemente se pueden encontrar en la mayoría de las casas hispanoamericanas, según ustedes? ¿Por qué?
3. En España e Hispanoamérica, ¿en qué lugares de la casa pasa más tiempo conversando o tomando algo la familia?

G **Riqueza cultural.** En grupos de tres, describan cómo es su casa ideal, usando la información de **Las casas y la arquitectura**.

En España e Hispanoamérica, la familia pasa mucho tiempo conversando, tomando un refresco en el patio o jardín o viendo televisión en la sala de su casa.

La casa y los muebles ▦ 197

Para pensar

¿Qué sabe usted acerca de América Central? ¿Sabe usted qué países están en América Central? ¿Conoce usted a alguna persona de Nicaragua, Honduras o El Salvador?

Nicaragua, llamada la tierra de los lagos y volcanes, es un hermoso país. Managua, su capital, está en la costa sur del Lago Managua y es el principal centro administrativo y comercial del país.

Expresiones nicaragüenses:

ñeque	Él es **ñeque**.	*He is strong/vigorous.*
jalar	Ella está **jalando** con Luis.	*She is Luis' girlfriend.*
chavalo/a	Ese **chavalo** es terrible.	*That kid is terrible.*

Cerca de Managua está Granada, conocida por su arquitectura colonial.

El Salvador está en la costa del Océano Pacífico. En El Salvador usted puede visitar hermosas playas, lagos, interesantes ruinas mayas y bosques tropicales como el Parque El Imposible.

Expresiones salvadoreñas:

chinear	María **chinea** a su hijo continuamente.	*María holds her child in her arms continuously.*
cipote	Sólo es un **cipote**.	*He is only a child.*
primero	—¿Vas a la playa mañana?	*—Are you going to the beach tomorrow?*
	—**Primero** Dios.	*—God willing.*

La Catedral de Tegucigalpa es un edificio importante del siglo XVI.

Expresiones hondureñas:

agarrar a uno de ojo de gallo	Parece que José me agarró de **ojo de gallo**.	*It looks like Jose has ill will towards me.*
güirro	¿Qué está haciendo ese **güirro**?	*What is that child doing?*

Si le interesan las culturas precolombinas, debe visitar las ruinas de Copán, una de las ciudades más importantes de la civilización maya.

Para contestar

En el mapa

1. Busque una ciudad de Nicaragua en la costa del Atlántico y otra en la costa del Pacífico.
2. Diga qué país está al sur de Nicaragua.

Ahora diga...

1. a cuál de los tres países le gustaría ir y por qué.
2. qué lugar de interés le gustaría visitar en cada uno de los tres países y por qué.

¿Qué dice usted si...

1. su hermano hace mucha gimnasia y es muy fuerte?
2. su compañero/a de cuarto no le habla y no quiere ayudarlo/a en nada?

Para investigar en Internet

Busque información (**www.prenhall.com/mosaicos**) acerca de viviendas de estilo colonial en diferentes ciudades hispanoamericanas (descripción, localización), estado en el que se encuentran— bien conservadas/necesitan reparaciones, etc.). Traiga algunas ilustraciones, si es posible, y compártalas con sus compañeros/as. Describan entre todos las diferentes viviendas y escojan su favorita.

¡Prepárese!

5-55 Competencia y romance. Antes de mirar el Episodio 5 de *Fortunas* mire las imágenes y los títulos que siguen. Es evidente que la competencia entre los participantes se está poniendo más seria y que está comenzando un romance entre dos de ellos. Complete la tabla para indicar sus ideas y opiniones sobre estos temas.

	Sí/No	Por qué
■ Soy una persona competitiva.	_____	_____
■ Es posible trabajar con una persona que me interesa románticamente.	_____	_____
■ El romance es más importante que la competencia.	_____	_____
■ Las personas competetivas tienen más éxito (*success*) en la vida.	_____	_____

¿Romance o misterio? Ángela y Manolo tienen opiniones diferentes.

Carlos tiene el número máximo de puntos en la encuesta.

Entre Carlos y Katie está comenzando un romance.

Carlos y Katie ven a Sabrina y a Efraín.

Carlos y Katie están preocupados por la competencia.

Sabrina y Efraín dicen que ganaron por ser inteligentes y serios.

¡Responda!

5-56 Informe. Imagínese que su amigo no puede mirar el Episodio 5 de *Fortunas* porque su disquete está roto (*broken*). Escriba un informe breve sobre este episodio para ponerlo al día (*up to date*). Use verbos de la lista en la página 203 y otros. La primera oración ya está escrita.

INFORME: En el Episodio 5 de *Fortunas* sabemos que Sabrina y Efraín solucionan el segundo misterio. También...

Esta canción es un ejemplo de "punta rock", una música regional bailable de Centroamérica en la cual se toca la marimba, un instrumento típico del oeste de África.

¡Prepárese!

5-57 Música regional. ¿Qué ejemplos de música "regional" de su país o de otros conoce? ¿Por qué se considera regional?

¡Escuche!

5-58 La canción. Mientras escucha *Marimba con punta* complete las siguientes estrofas de la canción con las palabras de la lista.

chicas	discotecas	ritmo	gorditos	rico	verano
ricos	sabroso	cocineros	casa	muchachos	

Este es un _____ _____
que el mundo lo baila ya.
[...]
Que el mundo entero lo baila ya.
Lo bailan los _____
_____ y pobres, ¡Qué _____ está!
Bailamos flacos, _____
altos, bajitos, ¡Oye mamá!

Todos en este _____
Se apresuran a bailar.
Todos en este verano
se apresuran a bailar.

Las _____ que hay en la playa
con los _____ la gozarán
otros lo bailan en _____,
en _____ en cualquier lugar.

5-59 La letra. Ahora conteste en español las siguientes preguntas, según la letra de la canción.

1. ¿Cómo es el ritmo de esta canción?
2. ¿Quién baila "punta rock"?
3. ¿Cuándo lo baila(n)?
4. ¿Dónde lo baila(n)?

¡Responda!

5-60 Expresiones con tener. Imagínese que usted y sus amigos están en una fiesta donde están tocando y bailando "punta rock" hasta muy tarde en la noche. Indique con una cruz (X) qué expresiones con **tener** pueden usar Uds. para describir cómo se sienten al final de la fiesta.

_____ tener hambre	_____ tener prisa
_____ tener sed	_____ tener cuidado
_____ tener frío	_____ tener sueño
_____ tener calor	_____ tener suerte
_____ tener miedo	_____ tener razón

5-61 Nosotros tenemos... Ahora escriba cinco oraciones completas y lógicas en español usando algunas de las expresiones de arriba y los sujetos siguientes.

1. mis amigos
2. yo
3. mis amigos y yo
4. los músicos
5. todo el mundo (*Everybody*)

VOCABULARIO

En una casa
el aire acondicionado	air conditioning
el armario	closet, armoire
el baño	bathroom
la barbacoa	barbecue
la basura	garbage, trash
la calefacción	heating , *heat*
el césped	lawn
la chimenea	fireplace
la cocina	kitchen
el comedor	dining room
el cuarto/dormitorio	bedroom
el garaje	garage
el jardín	backyard, garden
la piscina	swimming pool
el piso	floor
la planta baja	first floor
la sala	living room
la terraza	terrace

Muebles y accesorios
la alfombra	carpet, rug
la butaca	armchair
la cama	bed
la cómoda	dresser
la cortina	curtain
el cuadro	picture
el espejo	mirror
la lámpara	lamp
la mesa de noche	night stand
el sofá	sofa

Electrodomésticos
la aspiradora	vacuum cleaner
la lavadora	washer
el lavaplatos	dishwasher
el (horno) microondas	microwave oven
el/la radio	radio
el refrigerador	refrigerator
la secadora	dryer

la plancha   iron

m – radius, radium
f – radio, spoke

Para la cama
la almohada	pillow
la manta	blanket
la sábana	sheet

En el baño
la bañadera	tub
la ducha	shower
el inodoro	toilet
el lavabo	washbowl, bathroom sink
la toalla	towel

En la cocina
la estufa	stove
el fregadero	kitchen sink
el plato	dish, plate

Lugares
las afueras	outskirts
allá	over there
allí	there
el apartamento	apartment
aquí	here
el barrio	neighborhood
el centro	downtown, center
cerca (de)	near (close to)
el edificio	building
lejos (de)	far (from)

Descripciones
limpio/a	clean
ordenado/a	tidy
seco/a	dry
sucio/a	dirty

Verbos
ayudar	to help
barrer	to sweep
cocinar	to cook
conocer (zc)	to know, to meet
cortar	to cut
creer	to believe
doblar	to fold
limpiar	to clean
ordenar	to tidy up
pasar la aspiradora	to vacuum
planchar	to iron
preparar	to prepare
recoger (j)	to pick up
regar (ie)	to water
regresar	to come back
saber	to know
secar	to dry
sentir (ie, i)	to feel *lo siento*
tender (ie)	to hang (clothes); to make (a bed)

Palabras útiles
¡Claro!	of course
el perro	dog

For expressions with **tener**, see page 174; for direct object pronouns, see page 176; for demonstrative adjectives and pronouns, see pages 181–2; for ordinal numbers, see page 187.

6

LA ROPA Y LAS TIENDAS

Objetivos comunicativos

- Talking about clothing and shopping
- Asking for and telling prices
- Expressing measurements

- Expressing likes and dislikes
- Expressing satisfaction and dissatisfaction
- Expressing opinions

Contenido

La ropa

... de mujer

- el camisón
- la falda
- los pantalones
- el vestido
- el traje pantalón
- la sudadera
- la blusa
- el collar
- los aretes
- el anillo
- la pulsera
- el sostén
- los zapatos
- los zapatos (de) tenis
- las pantimedias

... de hombre

- la corbata
- el saco
- el pañuelo
- el traje
- la camisa
- el impermeable
- la bata
- el cinturón
- los vaqueros/ los jeans
- los calcetines/ las medias
- los calzoncillos
- la camiseta
- el paraguas
- las zapatillas

Las estaciones y la ropa

En el **invierno hace frío.** ¿Qué ropa **llevamos?**

el suéter
los guantes
la chaqueta
las botas
el abrigo
la bufanda

Y cuando **hace calor** en el **verano,** ¿qué **nos ponemos** para ir a la playa?

las gafas de sol
la gorra
el sombrero
las sandalias
los pantalones cortos
el traje de baño

it rains
llover (ue)

el paraguas
el impermeable

En la **primavera** y el **otoño llueve mucho.**

¿Qué dice usted?

6-1 ¿Cuándo se usa? Asocie cada prenda de vestir de la columna de la izquierda con una situación o un lugar de la columna de la derecha.

1. __e__ los guantes
2. __c__ las gafas de sol
3. __b__ el piyama
4. __a__ la bata
5. __f__ el impermeable
6. __d__ el traje de baño

a. después de bañarse y antes de vestirse
b. para ir a dormir
c. para ver cuando hace mucho sol
d. en la piscina o en la playa
e. en los lugares fríos durante el invierno
f. cuando llueve

6-2 ¿Qué deben llevar estas personas? Primera fase. Escriban el nombre de dos prendas de vestir y un accesorio que se asocian con las siguientes ocasiones.

1. una graduación: _____
2. un partido de tenis: _____
3. un día de reparaciones en casa: _____
4. una reunión con el decano de la facultad: _____

match, game
dean

Segunda fase. Ahora, digan (*say*) qué deben llevar estas personas, de acuerdo con las situaciones.

MODELO: Raúl y Rosa van a ir a una fiesta en casa del rector de la universidad.
E1: Raúl debe llevar pantalones, una camisa y una corbata.
E2: Rosa debe llevar un vestido o un traje pantalón y una blusa.

1. Dos estudiantes van a ir a un picnic.
2. Una chica y un chico tienen una entrevista para un trabajo en una oficina.
3. Dos mujeres van a un desfile de modas de la diseñadora Carolina Herrera.
4. Pedro va a jugar tenis con unos amigos, y Carmen va a visitar a sus parientes.
5. Los Sres. Montes van a ir a un té muy elegante en la Embajada de Venezuela.
6. El Sr. Jiménez y su esposa van a trabajar en el jardín de su casa.

6-3 Vacaciones en Venezuela. Primera fase. Usted y su amigo/a van a pasar sus vacaciones en Venezuela. Primero escojan el plan que más les interesa de las siguientes opciones.

1. Quince días en la isla Margarita. Por el día: ir a la playa; por la noche: ir a las discotecas.
2. Tomar un curso de verano en la Universidad de Caracas. Por la mañana: clases de español; por las tardes: lugares de interés turístico.
3. Explorar la fauna y flora de la región de Canaima. Por el día: caminar mucho; por las noches: estar en un campamento.

Segunda fase. Ahora, preparen una lista de la ropa y/o accesorios que van a necesitar de acuerdo con el plan que seleccionaron en la **Primera fase.**

PLAN #_____	YO	MI COMPAÑERO/A
por la mañana		
por la tarde		
por la noche		

Tercera fase. Informen al resto de la clase sobre sus **planes** y la ropa y accesorios que van a necesitar.

MODELO: Mi compañero/a y yo vamos a ir a la ciudad venezolana de Mérida. Yo necesito unos zapatos de tenis para caminar por la ciudad. Mi compañero/a necesita unos pantalones cortos. También necesitamos un traje para salir por las noches.

EN DIRECTO

To suggest something different:
¿Y qué te parece(n) un suéter/ zapatos de tenis? (*And how about . . .*)

To praise someone for a good suggestion:
¡Buena/Excelente/Fabulosa idea!

De compras

... a lo moderno

Un **centro comercial** moderno donde **venden de todo.** Hay ropa para la familia, **muebles,** accesorios y **electrodomésticos** para la casa, **juguetes** para los niños y, en algunos **almacenes,** a veces también hay hasta un **supermercado.**

DEPENDIENTA: **¿En qué puedo servirle?**

CLIENTE: Quisiera comprar un **regalo** para una muchacha joven. Un **bolso** o una **billetera,** por ejemplo.

DEPENDIENTA: Hay unos bolsos **de cuero** preciosos y no son muy **caros.** Enseguida le muestro los que tenemos.

(La dependienta trae unos bolsos.)

CLIENTE: Me gustaría comprar éste, pero no puedo **gastar** mucho. ¿Cuánto cuesta?

DEPENDIENTA: Sólo vale 45.000 bolívares. El precio es muy bueno.

CLIENTE: Sí, no es mucho dinero.

DEPENDIENTA: Y están muy **de moda.** Las chicas jóvenes los llevan mucho.

CLIENTE: Bueno, lo voy a comprar.

DEPENDIENTA: Muy bien, señor. ¿Va a pagar con **tarjeta de crédito** o en **efectivo?**

CLIENTE: En efectivo.

A INVESTIGAR

¿Sabe usted en qué país el bolívar es la moneda oficial? Averigüe cuál es el equivalente de 90.000 bolívares en dólares.

LENGUA

To soften requests, Spanish uses the forms **me gustaría** (instead of **me gusta**) and **quisiera** (instead of **quiero**). English does this by adding *would.*

Me gustaría/Quisiera ir a esa tienda. *I would like to go to that store.*

AUDIO **... a lo tradicional**

Muchas personas prefieren ir de compras a los **mercados** al aire libre. En estos mercados venden productos como comida, ropa, aparatos electrónicos, etc. Otras personas prefieren ir a los **centros comerciales** o a las **megatiendas**.

materials & designs

Telas y diseño

AUDIO

MARTA: Las **rebajas** son magníficas. Mira esa chaqueta. Está **rebajada** de 120.000 bolívares a 90.000. ¿Por qué no vemos si tienen tu **talla**?

ANA: Sí, y **me pruebo** la chaqueta para ver si **me queda** bien. Uso la talla 38 y a veces es difícil encontrarla. Esta chaqueta está **muy barata** y es **preciosa**.

MARTA: O te pruebas la chaqueta en casa y si te queda mal, la **cambias**. (Entran en la tienda.)

ANA: Buenos días; señorita, **quisiera** probarme esa chaqueta en la talla 38.

DEPENDIENTA: Lo siento, pero las únicas tallas que **nos quedan** son más grandes, la 42 y la 44.

ANA: ¡Qué lástima! Gracias.

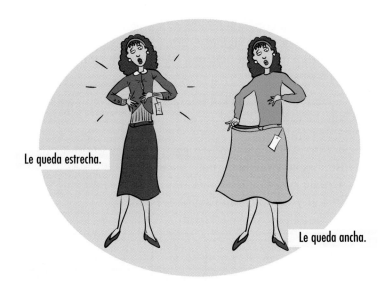

Le queda estrecha.

Le queda ancha.

¿Qué dice usted?

6-4 ¡Lo mejor (*The best*)! Asocie las afirmaciones de la columna de la izquierda con una terminación lógica de la columna de la derecha.

1. ___c___ Elisa necesita una falda en la talla 12. La tienda tiene la talla 10.

2. ___a___ Raúl quiere regalarle un suéter de buena calidad a su mejor amigo.

3. ___e___ Mamá prefiere las telas naturales. No va a comprar esa blusa.

4. ___f___ Nos gustaría ver zapatos finos.

5. ___b___ Quisiera una camisa elegante para mi graduación.

6. ___d___ Necesito unos vaqueros a la moda.

a. Quisiera uno de lana fina.
b. Una de un solo color, por favor.
c. No la va a comprar porque le queda estrecha.
d. Los prefiero azules y anchos.
e. Es de nylon.   *nilón*
f. Solamente de cuero.

quedar – to fit

en fina – fine

❷ **6-5 El cumpleaños de Nuria.** Ustedes van a una tienda para comprarle un regalo a una buena amiga, pero cada artículo que ven presenta un problema. Analicen cada problema y piensen en la solución.

ARTÍCULO	PROBLEMA	SOLUCIÓN
collar	es muy caro	Debemos buscar uno rebajado/más barato.
impermeable	le queda ancho	
vaqueros	son de poliéster	
sudadera	es pequeña	
blusa	las rayas son muy anchas	
bolso	no es de cuero	
falda	le queda estrecha	

sweat shirt

purse

skirt

6-6 ¿Cuánto cuesta/n... ? Su compañero/a le va a preguntar el precio de algunos de los artículos que aparecen en el siguiente dibujo. Contéstele que usted tiene el mismo artículo y dígale cuánto pagó. Dé una breve descripción y diga cuándo lo usa. Después cambien de papel.

MODELO:　E1: ¿Cuánto cuesta/vale la bufanda?
　　　　　　E2: Cuesta/Vale 6.000 bolívares.
　　　　　　E1: ¡Qué cara!
　　　　　　E2: Sí, está cara. Yo tengo una igual y pagué 5.000. Es de seda y la uso mucho en el invierno.
　　　　　　E1: ¿Dónde la compraste?
　　　　　　E2: En... ¿Por qué no vamos allí?

EN DIRECTO

To express discontent with the price of an item:
¡Qué caro(s)/a(s)!

To show surprise at a bargain:
¡Qué barato(s)/a(s)!
¡Qué ganga! *What a bargain!*

6-7 Unos regalos. Cada uno de ustedes debe hacer unos regalos. Primero, escojan A o B. Lean los anuncios de abajo. Luego explíquele a su compañero/a para quiénes son los regalos. Su compañero/a le va a dar algunas ideas de qué comprar y el lugar donde puede comprar, según la información de los anuncios.

A. REGALOS PARA	B. REGALOS PARA
1. un sobrino que tiene cinco años	1. un hermano que va a pasar unos días en el Caribe
2. su mamá para el Día de la Madre	2. su padre para su cumpleaños
3. un/a amigo/a que necesita ropa informal	3. su novio/a para el Día de los enamorados

guayaberas - lightweight shirt

6-8 Vestuario apropiado. Primera fase. Imagínese que usted es un/a experto/a en moda. Usted les da recomendaciones a sus clientes sobre la ropa apropiada para las diferentes ocasiones. Escriba algunas preguntas que usted les hace normalmente a sus clientes para ayudarlos.

MODELO: ¿Dónde va a ser la recepción? o ¿La recepción va a ser en un club elegante o en una casa de familia?

Para saber...

1. la hora del evento/ de la actividad
2. el tipo de personas que van a asistir al evento/ a la actividad
3. la ropa que la persona piensa/va a llevar
4. los accesorios que la persona tiene
5. cómo va a llegar la persona al lugar del evento/ de la actividad
6. ¿...?

2 Segunda fase. Uno/a de ustedes va a hacer el papel de cliente/a, y va a describir la ropa que piensa llevar para una ocasión especial. El/la experto/a le hace preguntas y recomendaciones sobre qué ropa es más apropiada para el evento/ la ocasión.

MODELO: Una recepción a las 8:00 en un hotel
E1: El sábado próximo tengo que ir con mi esposo a una recepción en un hotel. Tengo un vestido negro corto muy bonito. ¿Es apropiado para la ocasión?
E2: Un vestido negro siempre es apropiado para una recepción, especialmente en el invierno. ¿Tiene un collar y unos aretes bonitos?
E1: Sí, tengo un collar y una pulsera muy bonitos.
E2: Va a necesitar un bolso pequeño y zapatos del mismo color del bolso.
E1: ¡Excelente idea! Mil gracias.

1. una invitación a un picnic con varias celebridades del mundo de la política
2. una cena de gala con el cónsul/embajador de Venezuela
3. la graduación de su mejor amigo/a
4. un crucero por el Mediterráneo
5. la primera cita (*date*) con un/a chico/a que a usted le gusta

6-9 Ropa para cada ocasión. You will listen to a brief conversation regarding the clothes people will wear for an event. Before you listen, list what you would wear on the following occasions.

Fiesta elegante _____
Fiesta informal _____

AUDIO Now as you listen to the conversation, write a check mark next to the appropriate clothes and to the event mentioned.

ROPA

_____ ropa elegante
_____ falda y chaqueta
_____ traje pantalón y blusa
_____ pantalones cortos y camiseta

EVENTO

_____ entrevista de trabajo
_____ reunión de jóvenes
_____ excursión de fin de semana
_____ fiesta formal

EXPLICACIÓN Y EXPANSIÓN

1. Preterit tense of regular verbs

Spanish has two simple tenses to express the past: the preterit and the imperfect (**el pretérito y el imperfecto**). Use the preterit to talk about past events, actions, and conditions that are viewed as completed or ended.

	HABLAR	COMER	VIVIR
yo	hablé	comí	viví
tú	hablaste	comiste	viviste
Ud., él, ella	habló	comió	vivió
nosotros/as	hablamos	comimos	vivimos
vosotros/as	hablasteis	comisteis	vivisteis
Uds., ellos/as	hablaron	comieron	vivieron

■ Note that the **nosotros** form of the preterit of **-ar** and **-ir** verbs is the same as the present **nosotros** form. Context will help you determine if it is present or past.

Llegamos a la tienda a las tres.　*We arrive at the store at three.*
We arrived at the store at three.

■ Stem-changing **-ar** and **-er** verbs in the present do not change in the preterit.

pensar:　pensé, pensaste, pensó, pensamos, pensasteis, pensaron
volver:　volví, volviste, volvió, volvimos, volvisteis, volvieron

■ Verbs ending in **-car** and **-gar** have a spelling change in the **yo** form to show how the word is pronounced. The spelling change of verbs ending in **-zar** (**empecé**) shows that Spanish rarely uses a **z** before **e** or **i**.

sacar:　　saqué, sacaste, sacó...
llegar:　　llegué, llegaste, llegó...
empezar:　empecé, empezaste, empezó...

■ Some expressions that you can use with the preterit to denote past time are:

anoche	*last night*
anteayer	*day before yesterday*
ante(a)noche	*night before last*
ayer	*yesterday*
el año/mes pasado	*last year/month*
la semana pasada	*last week*

ACENTOS

The **yo** and the **Ud., él/ella** preterit verb forms are stressed on the last syllable and end in a vowel. Therefore, they carry a written accent; **hablé, comí, viví, habló, comió, vivió.**

2. Preterit of *ir* and *ser*

IR AND SER			
yo	**fui**	nosotros/as	**fuimos**
tú	**fuiste**	vosotros/as	**fuisteis**
Ud., él, ella	**fue**	Uds., ellos/as	**fueron**

Ir and **ser** have identical forms in the preterit. Context will help determine the meaning.

Ernesto **fue** a la tienda.   *Ernesto went to the store.*
Fue vendedor en esa tienda.   *He was a salesman at that store* (for some time).

¿Qué dice usted?

6-10 Ayer yo... Primera fase. Marque cuáles fueron sus actividades ayer y añada una actividad en cada grupo.

[handwritten: añadir - to add / añada - imperative]

1. POR LA MAÑANA	2. POR LA TARDE	3. POR LA NOCHE
_____ Desayuné.	_____ Almorcé en la cafetería.	_____ Preparé la cena.
_____ Escribí una composición.	_____ Saqué libros de la biblioteca.	_____ Miré televisión.
_____ Tomé el sol en la playa.	_____ Lavé unas camisas.	_____ Planché unos pantalones.
_____ Estudié español.	_____ Fui al cine.	_____ Salí con mis amigos.

[handwritten: — Poní la mesa.   — Dormí la siesta.   — Lavé dos platos]

Segunda fase. Comparen sus respuestas. ¿Fueron sus actividades semejantes o diferentes? Expliquen.

6-11 ¡Visita inesperada (*unexpected*)! Primera fase. El gerente (*manager*) general de la cadena *La última moda* visitó una de sus tiendas y encontró muchas irregularidades. En la columna A están los problemas que encontró. Expliquen qué hicieron, probablemente, los empleados para tratar de resolver cada problema.

MODELO: uno de los dependientes ausente
E1: Probablemente los otros dependientes lo llamaron por teléfono a su casa.
E2: Sí, pero el dependiente probablemente no contestó el teléfono. *o* El dependiente contestó el teléfono y explicó todo.

indicar	limpiar	lavar	marcar
depositar	ordenar	sacar	llamar

A   PROBLEMAS

1. la ropa rebajada sin los nuevos precios
2. la ropa de niños muy desordenada
3. el baño público sucio
4. unos cheques en el mostrador (*counter*)
5. uno de los dependientes en el teléfono con un amigo
6. los probadores (*fitting rooms*) con ropa

B   ¿QUÉ HICIERON?

1. _____
2. _____
3. _____
4. _____
5. _____
6. _____

2 **Segunda fase.** Ahora digan qué hizo el gerente general con las siguientes personas. Pueden usar los siguientes verbos u otros.

conversar	hablar	explicar
ayudar	decidir	cambiar

1. la persona que limpia los baños
2. el empleado en el teléfono
3. la persona responsable de la ropa de niños

2 **6-12 El sábado pasado. Primera fase.** Yolanda y Pedro son una pareja moderna y muy activa. Mire los dibujos con su compañero/a y describan cómo pasaron Yolanda y Pedro el fin de semana.

1. _____
2. _____
3. _____
4. _____
5. _____
6. _____
7. _____

2 **Segunda fase.** Ahora hablen sobre el fin de semana de ustedes. ¿Fue un fin de semana igual o diferente al de Yolanda y Pedro?

1. ¿Qué actividades hizo cada uno de ustedes el fin de semana pasado?
2. ¿Quién pasó un mejor fin de semana, ustedes o Yolanda y Pedro? ¿Por qué?

2 **6-13 Un día de compras. Primera fase.** Usted y su compañero/a fueron de compras el sábado. Para recordar sus actividades ese día, deben hacer lo siguiente:

■ Escribir una lista de todas las cosas que hicieron durante su día de compras

■ Anotar qué compraron, dónde, cuánto gastaron, etc.

G Segunda fase. En grupos de cuatro estudiantes intercambien información.

- Comparen sus actividades y contesten las preguntas de sus compañeros sobre sus compras y actividades.

- Explíquenle a la clase si hicieron cosas similares o diferentes y qué grupo gastó más.

SITUACIONES

1. You went to a party last Saturday. Your friend would like to know a) where the party was, b) what time the party started, c) with whom you went, d) what clothes you wore, d) what time the party ended, and f) where you went after the party. Answer his/her questions in as much detail as possible.

2. **Role A.** You are at the store trying to get your best friend the same kind of sweat suit you wear for your exercise class, but you don't see it among the sports clothes. Explain to the salesperson a) when you bought your sweat suit, b) what it looks like, and c) give him/her the brand name **(marca)** and size of the product.

   Role B. After listening to the customer, explain that a) you don't have that brand name any more, b) that you received a similar one that costs less, c) that you have all sizes and colors, and d) ask if he/she would like to try it on.

EN DIRECTO

To persuade a customer/client:

Es de excelente calidad.

Tiene muy buen precio.

¡Pruébeselo/la!

¡Lléveselo/la !

---

3. Indirect object nouns and pronouns

Ana María le da un regalo a su amigo.
¿Qué le dice su amigo?
¿Qué le contesta Ana María?

gracias
De nada

INDIRECT OBJECT PRONOUNS	
me *to/for me*	**nos** *to/for us*
te *to/for you* (familiar)	**os** *to/for you* (familiar)
le *to/for you* (formal), *him, her, it*	**les** *to/for you* (formal), *them*

- Indirect object nouns and pronouns tell *to whom* or *for whom* an action is done.

Mi madre **me** compró ropa la semana pasada.	*My mother bought me clothes last week.*
Yo **te** presto mis zapatos para la fiesta.	*I will lend you my shoes for the party.*

- Indirect object pronouns have the same form as direct object pronouns except in the third person: **le** and **les**.

<table>
<tr><td>¿El dependiente? Ella lo ve por la mañana. (direct object)</td><td>She sees him in the morning.</td></tr>
<tr><td>¿El dependiente? Ella le da los recibos por la mañana. (indirect object)</td><td>She gives him the receipts in the morning.</td></tr>
</table>

- Place the indirect object pronoun before the conjugated verb form. It may be attached to an infinitive or to a present participle.

<table>
<tr><td>Te voy a comprar un regalo.
Voy a comprarte un regalo.</td><td>I am going to buy you a present.</td></tr>
<tr><td>Juan nos está preparando la cena.
Juan está preparándonos la cena.</td><td>Juan is preparing dinner for us.</td></tr>
</table>

- Use indirect object pronouns even when the indirect object noun is stated explicitly.

Yo **le** compré un regalo a **Victoria**.	*I bought Victoria a present.*

- To eliminate ambiguity, **le** and **les** are often used with the preposition **a** + *pronoun.*

<table>
<tr><td>Le hablo a usted.</td><td>I am talking to you. (not to him)</td></tr>
<tr><td>Siempre les compro algo a ellos.</td><td>I always buy them something. (not you)</td></tr>
</table>

- For emphasis, use **a mí, a ti, a nosotros/as,** and **a vosotros/as** with indirect object pronouns.

Pedro **te** habla a **ti.**	*Pedro is talking to you* (not to someone else).

4. The verb *dar*

<table>
<tr><td colspan="3">DAR (to give)</td></tr>
<tr><td></td><td>PRESENT</td><td>PRETERIT</td></tr>
<tr><td>yo</td><td>doy</td><td>di</td></tr>
<tr><td>tú</td><td>das</td><td>diste</td></tr>
<tr><td>Ud., él, ella</td><td>da</td><td>dio</td></tr>
<tr><td>nosotros/as</td><td>damos</td><td>dimos</td></tr>
<tr><td>vosotros/as</td><td>dais</td><td>disteis</td></tr>
<tr><td>Uds., ellos, ellas</td><td>dan</td><td>dieron</td></tr>
</table>

- **Dar** is almost always used with indirect object pronouns. Notice the difference in meaning between **dar** (*to give*) and **regalar** (*to give as a gift*).

<table>
<tr><td>Ella le da la camisa a Pedro.</td><td>She gives (hands) Pedro the shirt.</td></tr>
<tr><td>Ella le regala la camisa a Pedro.</td><td>She gives Pedro the shirt (as a gift).</td></tr>
</table>

- In the preterit, **dar** uses the endings of **-er** and **-ir** verbs.

¿Qué dice usted?

2 **6-14 Una clase optativa (*elective*).** Imagínense que están tomando la clase optativa *Elegancia con poco dinero*. Marquen las sugerencias que les da su instructor a usted y a sus compañeros/as.

1. _____ Nos da nombres de tiendas de ropa buena y barata.
2. _____ A mí me recomienda artículos sobre la moda actual.
3. _____ Nos dice los secretos para ser elegantes y gastar poco.
4. _____ Nos muestra telas que son elegantes y baratas.
5. _____ A mí me da ejemplos de cómo combinar ropa y accesorios.
6. _____ A mí me explica cómo comprar ropa por Internet.

2 **6-15 Expertos en moda. Primera fase.** Imagínense que ustedes tienen un/a experto/a que siempre les da recomendaciones para estar a la moda. En la siguiente lista, marquen las cosas que esta persona hace por ustedes. Después deben añadir una actividad más y compartir sus ideas con otros/as compañeros/as.

MODELO: hacer preguntas sobre la ropa que necesitamos
           Nos hace preguntas sobre la ropa que necesitamos.

1. _____ dar nombres de tiendas famosas en los países hispanos
2. _____ hablar sobre las cosas que venden en los mercados al aire libre
3. _____ comprar ropa
4. _____ dar ideas sobre accesorios
5. _____ decir las telas que debemos comprar
6. _____ mostrar fotos de almacenes y tiendas en varios países hispanos
7. _____ regalar libros sobre la moda
8. ...

2 **Segunda fase.** Ahora, ustedes desean recompensar (*compensate*) a este/a experto/a. Indiquen qué es lo que van a hacer por él/ella.

1. ordenar su oficina
2. preguntar cómo está
3. lavar su auto
4. hacer pequeños favores
5. comprar regalos por su cumpleaños
6. contestar el teléfono de su oficina
7. comprar revistas de moda en español
8. mandar correos electrónicos

2 **6-16 Para estar a la última moda. Primera fase.** Imagínense que cada uno de ustedes tiene los deseos o necesidades de la lista de abajo. Explíquense entre ustedes la situación. Después pidan y den una recomendación.

MODELO: E1: Quiero llevar ropa a la última moda. ¿Qué me recomiendas?
           E2: Te recomiendo comprar ropa de colores claros.
           E1: ¿Me recomiendas alguna marca en especial?
           E2: Te recomiendo comprar ropa de diseñadores venezolanos.

1. Quiero llevar pantalones a la moda.
2. Necesito zapatos cómodos y modernos.
3. Deseo protegerme del sol.
4. Quiero ropa buena y barata.
5. Quiero estar más delgado/a.
6. Me gustaría llevar ropa elegante y fina a la entrevista de trabajo.

Segunda fase. Comparta con otro/a compañero/a tres buenas recomendaciones que recibió en la **Primera fase**.

② **6-17 Afortunados. Primera fase.** Ustedes acaban de (*have just*) ganar la lotería y quieren compartir su fortuna con su familia y sus compañeros de clase.

- Hagan una lista de los miembros de su familia a quienes desean regalarles algo.

- Indiquen el regalo que piensan hacerle a cada uno.

MODELO: E1: A nuestros padres les vamos a regalar/vamos a regalarles un crucero por el Caribe.
E2: A Sara le vamos a comprar/vamos a comprarle una mochila.

② **Segunda fase.** Ahora, hagan una lista de cuatro compañeros/as a quienes ustedes les quieren dar algo. Indiquen en la siguiente lista el regalo que piensan hacerle a cada uno. Compartan la información con otra pareja.

1. una invitación para un desfile de moda (*fashion show*)
2. la revista de moda *En voga*
3. una entrada para ver el concurso Señorita Venezuela
4. 150.000 bolívares para gastar en el Centro Sambil en Caracas
5. un perfume de Óscar de la Renta o Carolina Herrera

② **6-18 Entrevista.** Basándose en la siguiente lista, háganse preguntas sobre sus hábitos de compras y los regalos que hacen y reciben de otras personas. Después comparen sus respuestas.

1. Ir de compras: ¿adónde? ¿cuándo?
2. Tienda(s) favorita(s): ¿cuál(es)?
3. Comprar regalos caros: ¿a quién(es)?
4. Le compran regalos a usted: ¿quién(es)?

SITUACIONES

1. **Role A.** You are a customer at a department store: Tell the salesperson that a) you are looking for a present for a young man/lady, b) you are not sure what you should buy, and c) the amount that you can spend.

   Role B. You are a salesperson. A customer comes into the store to ask for your advice: a) inquire about the young man's/lady's age, taste, size, favorite color, or any other pertinent information; b) make reasonable suggestions to your customer; and c) give him/her information about the quality of the products, prices, sales, etc.

2. **Role A.** You are starting a new job and you go to the store to get some new clothes. Tell the salesperson a) that you saw a suit/dress at the shop window (**escaparate**) and b) inquire if he/she has your size. Answer all the salesperson's questions and decide which suits/dresses you would like to try on.

   Role B. You are a salesperson. First, a) ask the client for more details to identify the suit/dress the customer is referring to, b) tell him/her that you have it in brown, blue, gray, and black, c) that you also have some new suits/dresses that you can show him/her (describe the styles), and d) ask him/her if she would like to see them.

5. *Gustar* and similar verbs

¿Le gusta esta camisa?   Me gustan éstas. ¿Y a usted?
No, no me gusta.   Me gustan mucho.

■ In previous lessons you have used the verb **gustar** to express likes and dislikes. As you have noticed, **gustar** is not used the same way as the English verb *to like*. **Gustar** is similar to the expression *to be pleasing (to someone)*.

> **Me gusta** ese vestido.   *I like that dress.*
> (*That dress is pleasing to me.*)

■ In this construction, the subject is the person or thing that is liked. The indirect object pronoun shows to whom something is pleasing.

me		*I*	
te		*you* (familiar)	
le	gusta el traje.	*you* (formal), *he/she*	*like/s the suit.*
nos		*we*	
os		*you* (familiar)	
les		*they, you*	
		(formal and familiar)	

■ The most frequently used forms of **gustar** in the present are **gusta** and **gustan** and for the preterit **gustó** and **gustaron.** If one person or thing is liked, use **gusta/gustó.** If two or more persons or things are liked, use **gustan/gustaron.** To express what people like or do not like to do, use **gusta** followed by infinitives.

> Me **gusta** ese **collar.**   *I like that necklace.*
> No me **gustaron** los anillos.   *I did not like the rings.*
> Nos **gusta caminar** por la mañana.   *We like to walk in the morning.*
> ¿No te **gusta correr** y **nadar?**   *Don't you like to run and swim?*

verbo ✱

■ Some other Spanish verbs that follow the pattern of **gustar** are **encantar** (*to delight, to love*), **interesar** (*to interest, to matter*), **parecer** (*to seem*), and **quedar** (*to fit, to have something left*).

■ To express that you like or dislike a person, you may also use **caer bien** or **caer mal,** which follow the pattern of **gustar.**

> **Les cae bien** Miriam.   *They like Miriam.*
> La dependienta **me cae mal.**   *I do not like the salesclerk.*

Las dependientas me caen mal.

■ To emphasize or clarify to whom something is pleasing, use **a + mí, a + ti, a + él/ella**, etc. or **a** + *noun*.

A mí me gustaron mucho los zapatos, pero **a Pedro** no le gustaron.	*I liked the shoes a lot, but Pedro did not like them.*

¿Qué dice usted?

6-19 Mis preferencias en la ropa. Primera fase. Complete la siguiente tabla según sus preferencias.

ROPA	ME ENCANTA/N	ME GUSTA/N	NO ME GUSTA/N
la ropa deportiva			
los aretes			
las chaquetas de cuero			
los suéteres de lana			
las blusas/camisas de seda			
los vaqueros			
los pantalones cortos			

G Segunda fase. Comparen sus preferencias, y luego, explíquenle al resto de la clase si ustedes coinciden en sus gustos.

MODELO: E1: A dos de nosotros nos gustan los colores fuertes.
E2: Y también nos encanta la ropa deportiva. *o* A todos nos encantan los vaqueros.

6-20 Problemas. Lean estos problemas y busquen la solución.

MODELO: Pilar tiene 50.000 bolívares. Paga 25.000 bolívares por una blusa y 10.000 por unos aretes. ¿Cuánto dinero le queda? 15.000 bolívares.

1. Ernesto tiene 75.000 bolívares. Le da 15.000 a su hermano. ¿Cuánto dinero le queda?
2. Érica tiene 25.000 bolívares. Va al cine y a cenar con una amiga. El cine cuesta 5.000 bolívares y la cena 12.000. ¿Cuántos bolívares le quedan?
3. Gilberto tiene 40.000 bolívares. Compra un suéter por 39.000 bolívares. ¿Cuánto dinero le queda?
4. Mis amigos tienen 30.000 bolívares. Van a la playa y almuerzan en un restaurante por 25.000 bolívares. ¿Cuántos bolívares les quedan?

G 6-21 ¿Qué opinan ustedes? Primero, pregúntense y den su opinión sobre los siguientes temas. Luego, intercambien sus opiniones en grupos pequeños.

MODELO: el uso de uniformes en las escuelas
E1: ¿Qué piensas del uso de uniformes en las escuelas?
E2: Me parece que es una idea excelente. Y tú, ¿qué opinas?
E1: Pues yo creo que cada estudiante debe llevar la ropa que le gusta.

1. los almacenes de descuento
2. la ropa que llevan los artistas a la ceremonia de los Óscares
3. los precios de la ropa de los diseñadores famosos
4. los desfiles de moda en la televisión
5. los chicos que llevan aretes
6. las personas que se pintan el pelo de colores fuertes

2 6-22 ¿Qué planes tienes? Ustedes van a ir a una recepción muy elegante el sábado próximo. Averigüe qué ropa piensa llevar o comprar su compañero/a y qué le gustaría hacer después de la recepción. Después él/ella debe hacerle a usted las mismas preguntas.

SITUACIONES

1. One of you is shopping at a clothing store, the other is the clerk. Tell the clerk a) what you need (e.g., pants, shoes, and so on), b) ask the price of each item, c) say whether or not you like each item, and d) decide if you will buy it/them. He/She will ask you pertinent questions.

2. **Role A:** You are at the store where you bought a pair of jeans last week. Tell the clerk that a) you tried them on at home and they didn't fit, and b) that you would like to exchange them. Listen to the clerk and respond accordingly.

   Role B: You are the clerk at a store. A customer comes to you to exchange a piece of clothing. Listen to his/her case and tell the customer that you don't have any other sizes in that style. Try to interest the customer in another style.

ALGO MÁS

More uses of **por** and **para**

- Use **por** to indicate the reason or motivation for an action.

No le compra el collar **por** el precio.	*He is not buying her the necklace because it is too expensive (because of the price).*

- If you use a verb to express the reason or motivation, you must use **porque.**

No le compra el collar **porque** es muy caro.	*He is not buying her the necklace because it is very expensive.*

- Use **para** to indicate for whom something is intended or done.

Compró otro collar **para** su novia.	*He bought another necklace for his girlfriend.*

¿Qué dice usted?

6-23 ¿Cuál es el motivo? Usen **por** o **porque** para terminar las oraciones de la columna de la izquierda con un motivo lógico de la columna de la derecha.

MODELO: Pedro compró un traje   lo invitaron a una fiesta
               Pasamos el fin de semana preocupados   el examen del lunes

               Pedro compró un traje porque lo invitaron a una fiesta.
               Pasamos el fin de semana preocupados por el examen del lunes.

1. Pepito quiere una bicicleta   a. le queda grande
2. No va a comprar los pantalones   b. sus buenas notas
3. Rebeca va a cambiar el vestido   c. el tráfico
4. Ellos llegaron tarde   d. la ropa es más barata
5. Voy a ir de compras hoy   e. son muy cortos
6. Isabel prefiere comprar en un mercado   f. las rebajas

6-24 Unos regalos. Usted fue a Caracas la semana pasada y su compañero/a quiere saber para quién son los regalos que usted compró.

MODELO: una pulsera
          E1: ¿Para quién es la pulsera?
          E2: Es para mi hermana.

1. los libros de español
2. la billetera
3. las camisetas
4. el collar
5. los discos compactos del Puma
6. ...

Escuchar

Taking notes to recall important information

Sometimes when you want to remember something that somebody tells you, you benefit from taking notes. For example, when you ask for directions to go somewhere, you might remember better what you hear if you take notes.

Antes de escuchar

6-25 En el Centro Comercial Sambil. In 6-26, Irma—a working mother who takes good care of her clothes and accessories—is at a big department store in Caracas. She is asking one the employees where to find different items. Before you listen, make a list of the different items of clothing and accessories that she might be interested in buying.

accesorios _____

ropa _____

A escuchar

AUDIO **6-26** Now, listen to Irma asking an employee at Centro Comercial Sambil where she can find different items she needs. As you listen to the conversation, look at her incomplete notes and complete them stating what items are on each floor. You do not have to remember all the items mentioned!

Primer piso _____

Segundo piso _____

Tercer piso _____

Después de escuchar

2 **6-27 ¿Y usted?** Conversen sobre la última vez que cada uno de ustedes fue a un centro comercial.

1. ¿Cuándo fue la última vez que usted fue a un centro comercial?
2. ¿Qué compró? ¿Compró regalos? ¿Para quién?
3. ¿Qué le gustó pero no pudo comprar?

Antes de escuchar

6-28 De compras. In **6-29** you will listen to a conversation between Andrea and her parents in which Andrea talks about her needs for school. Before you listen, make a list of things you had to buy before you came to school this semester.

_____
_____
_____
_____

A escuchar

AUDIO **6-29** Now, you will listen to the conversation between Andrea and her parents. As you listen, complete the notes her parents are taking. You don't have to remember all the items Andrea mentions!

Para ir a clases Andrea necesita _____

Para practicar deportes Andrea tiene que comprar _____

Para salir con sus amigos Andrea quiere _____

Después de escuchar

2 **6-30 ¿Y usted?** Converse con su compañero/a sobre sus compras antes de venir a la universidad.

1. ¿Qué compró usted antes de venir a la universidad este semestre: ropa, muebles para su cuarto, aparatos electrónicos?
2. ¿Compró accesorios? ¿Qué accesorios compró usted? ¿Dónde los compró?
3. ¿Fue usted a unas rebajas? ¿Gastó mucho dinero? ¿Cuánto gastó?

Conversar

Antes de conversar

6-31 En un mercado. Usted tiene que comprar un regalo, algo para su apartamento/casa, etc. en un mercado al aire libre. Complete la tabla con la información de los productos que desea comprar.

¿QUÉ DEBE COMPRAR?	¿PARA QUIÉN(ES)?	DESCRIPCIÓN DEL PRODUCTO

EN DIRECTO

To haggle:

CLIENTE/A

No tengo tanto dinero. Sólo puedo pagar...

¡Es/Son muy caro(s)/a(s)!

¿Qué le parece(n)... bolívares/ dólares/etc.?

Le doy... bolívares/dólares, etc.

VENDEDOR/A

No puedo darle un precio más bajo.

¡Imposible!

Me cuesta(n) más...

El material es importado/de primera calidad.

Lo siento, pero no puedo darle... por ese precio.

A conversar

6-32 ¡A ahorrar! (*Let's save*). Usted ya está en un mercado al aire libre. Pregúntele al/ a la vendedor/a (su compañero/a) el precio de los productos que usted desea comprar. Regatee (*Haggle*) para obtener el mejor precio posible. Use las expresiones más apropiadas. Luego, cambien del papel.

Después de conversar

6-33 ¡Qué experiencia! Conversen sobre su experiencia de regateo en el mercado al aire libre de la actividad **6-32**. Cuéntense lo siguiente:

1. qué productos pudo comprar y para quién los compró.
2. cuánto le pidió el/la vendedor/a por cada producto.
3. cuánto dinero le ofreció usted.
4. cuánto pagó finalmente.

Antes de conversar

6-34 ¿Apropiado o inapropiado? Elimine la ropa y los accesorios que, según usted, son inapropiados en las siguientes ocasiones. Luego, compare sus respuestas con las de su compañero/a.

1. Un chico fue a escalar montañas en sus vacaciones de verano con botas, pantalones cortos, un sombrero, un cinturón, una chaqueta de lana.
2. Unas chicas fueron de picnic al lago Sinamaica en Venezuela. Todas se pusieron minifalda de color entero, zapatos de tenis, un collar de perlas, una blusa de algodón a rayas.
3. La semana pasada, el presidente de una corporación tuvo una reunión importante con los ejecutivos de la filial (*branch office*) en Caracas. Se puso un impermeable verde, zapatos negros, vaqueros azules, una guayabera, un sombrero mexicano.

A conversar

6-35 Inspector/a de la moda. Lean las siguientes descripciones y comenten si las personas llevan la ropa y los accesorios apropiados (A) o inapropiados (I) para la ocasión. Indiquen cuál(es) es/son inapropiado(s) para cada situación y digan por qué.

1. _____ Una actriz famosa fue a la ceremonia de los premios Óscar en traje de baño, gafas de sol y sandalias.
2. _____ El presidente de los Estados Unidos invitó a unos estudiantes a visitar la Casa Blanca. Los estudiantes se pusieron traje, corbata y zapatos de tenis.
3. _____ Usted y sus hermanos/as prepararon una gran fiesta para celebrar las bodas de plata (25 aniversario) de sus padres. Su padre llevó vaqueros, una camiseta blanca y botas tejanas; su madre se puso un vestido negro largo, un collar de perlas y unos aretes finos.
4. _____ A su primera entrevista de trabajo, su mejor amiga llevó una falda y una chaqueta azul, unos aretes pequeños, unas pantimedias oscuras, zapatos negros y una bolsa pequeña del color de los zapatos.

Después de conversar

6-36 ¿Elegante o de mal gusto? Usted trabaja en la revista *A la moda* y debe escribir un artículo para la sección **Inspector de la moda** de este mes. Seleccione una de las situaciones de la actividad **6-35** y escriba un breve informe sobre la situación para los lectores de su revista. Incluya como mínimo la siguiente información.

1. ¿Sobre qué persona(s) es la noticia?
2. ¿Cuál fue el evento/la situación y dónde fue?
3. ¿Qué ropa y accesorios usó/usaron la(s) persona(s)?
4. Según usted, ¿fueron apropiados los accesorios y la ropa? ¿Por qué?

 Leer

In this chapter, you will practice finding specific information to accomplish a task, and identifying word endings that indicate places where certain products are sold or services rendered.

As the need arises, remember to apply all the strategies you have learned so far.

Guía de prelectura

Skim the text in activity **6-38** and answer the questions, using your previous knowledge and experiences.

1. Thinking of the theme of *Lección 6* and looking at the text format and illustrations, can you anticipate the type of text it is?
   a. Guidelines to buy on online
   b. Online advertising for one store
   c. A listing of stores that sell online

2. Now, use your background knowledge to comprehend the text. On what did you base your answers to question 1?
   a. The cognates in the title
   b. Visuals in the text
   c. The use of key words for online shopping

3. The text probably contains the following information for shoppers. Circle all that may apply. You will be able to verify your responses later.
   a. Products and prices
   b. Method of payment for online purchases
   c. Bargains
   d. Alphabetically arranged list of online stores

Antes de leer

6-37 Megatiendas. Primera fase. ¿Qué productos o servicios se pueden obtener en una megatienda de su ciudad? Escriba **Sí** o **No** al lado del producto o servicio.

1. _____ ropa de mujer/hombre
2. _____ electrodomésticos
3. _____ camisetas para niños
4. _____ máquinas fotográficas
5. _____ seguros (*insurance*) de auto

6. _____ frutas y verduras
7. _____ ropa de fiesta
8. _____ muebles
9. _____ juguetes para niños
10. _____ acceso a Internet

❷ Segunda fase. Converse con su compañero/a sobre lo siguiente:

1. ¿Les gusta comprar en las megatiendas o prefieren las tiendas más pequeñas? ¿Por qué?
2. En su ciudad o país, ¿hay megatiendas en internet? ¿Cuál(es) es/son?
3. ¿Cuáles son algunas ventajas de comprar en las megatiendas?

A leer

6-38 Primera mirada. Lea la siguiente página de Internet y, luego, siga las instrucciones.

Bienvenido a CompreenInternet.com

Menú	Nuestro Proceso	Beneficios
• Nuestra compañia	1. Hágase miembro	• Excelentes precios
• Nuestros Servicios	2. Busque su producto	• Pagos en bolívares
• Cómo puede comprar	3. Calcule los gastos de su envío	• Entrega en todo el país
• Recomendaciones prácticas	4. Pague con tarjeta de crédito	• Nuestras filiales de Nueva York o Miami hacen los envíos
• Preguntas frecuentes	5. Espere su envío y disfrútelo	
• Regulaciones de compras		**Tiendas por categorías**
• Nuestras filiales		Compra de una gran variedad de productos en Internet:
• Póngase en contacto con nosotros	3. Calcule los gastos de su envío	• Aparatos eléctricos/electrónicos
• Recomiéndenos y gane puntos	2. Busque su producto	• Arte y Antigüedades
• Búsqueda		• Bebes y Niños
		• Casa y Jardín
		• Cosméticos
	4. Pague con tarjeta de crédito	• Deporte-Recreación
		• Fiestas y Juegos
		• Joyas
Dirección en EE.UU.	1. Hágase miembro	• Muebles
1438 Flagger St.		• Ropa y Accesorios
Miami, Florida (Fl)		• Software
Código Zip: 33166	5. Espere su envío y disfrútelo	**Servicio**
Tel : 305-328-6289		• Asistencia de expertos mientras y después de su compra
Utilice esta dirección para su envío (shipping)		• Envío gratis en Venezuela
• Asistencia para afiliados		•Descuentos por recomendarnos a otras personas
• Actualizar datos personales		•Lista de las mejores tiendas en Internet
• Modificación de clave		•Ofertas y gangas de la semana
• Salida		

Indique si las siguientes afirmaciones son correctas (C) o incorrectas (I), según el contenido de la página Web. Si son incorrectas (I), corrija la información.

1. _____ Los productos y servicios que **CompreenInternet.com** ofrece son básicamente para personas que viven fuera de Venezuela.
2. _____ La sección **Nuestro proceso** de la página de Web les indica a los clientes las diversas fases de una compra en Internet.
3. _____ Las tiendas que promociona (*advertises*) **CompreenInternet.com** sólo incluyen tiendas que están en Venezuela.
4. _____ **CompreenInternet.com** tiene su oficina central en Venezuela.
5. _____ Los clientes de **CompreenInternet.com** solamente pueden comprar ropa.
6. _____ Los clientes ahorran dinero si compran en internet.

6-39 Segunda mirada. Lea otra vez la página de **CompreenInternet.com** y seleccione la alternativa correcta.

1. Los clientes que compran en **CompreenInternet.com** pagan solamente en...
   a. dólares   b. bolívares   c. dólares y bolívares

2. En el **Menú** de **CompreenInternet.com,** la palabra **búsqueda** probablemente es un nombre derivado del verbo...
   a. bañar   b. buscar   c. barrer

3. La expresión **envío gratis** significa que los clientes...
   a. pagan por recibir los productos en su casa.
   b. no pagan por recibir los productos en su casa.
   c. pagan sólo un 10% del costo por recibir sus productos en casa.

4. La expresión **Hágase miembro** en la sección **Nuestro proceso** probablemente significa que para comprar, las personas deben...
   a. subscribirse a una lista de clientes de la tienda en Internet.
   b. tener a un miembro de la familia en la tienda.
   c. comprar un mínimo al año.

❷ 6-40 Tercera mirada. Lean una vez más el menú de la página de **CompreenInternet.com** y completen la tabla con las categorías de tiendas que, según ustedes, las chicas, los chicos o ambos visitan con más frecuencia. Compartan sus respuestas con las de otra pareja.

LAS CHICAS	LOS CHICOS	AMBOS

Después de leer

❷ **6-41 Ampliación.** Adivinen a qué tipo de tienda van a ir estas personas. Completen la tabla.

PERSONA QUE BUSCA UN PRODUCTO O SERVICIO	TIPO DE TIENDA
Modelo: El constructor civil necesita una herramienta (*tool*).	ferretería
1. El señor Fonseca desea comprar un **mueble** nuevo para su casa.	
2. La señora Méndez debe comprarle un **juguete** a su nuevo sobrino.	
3. Mauricio necesita comprar una **joya** (*jewel*) para su novia.	
4. Ustedes desean comprar **pescado** para la cena.	
5. Doña Sara quiere comprarle a su esposo unos **zapatos** elegantes.	
6. Ustedes quieren comprar **fruta** para su madre.	

 Escribir

In *Lección 5,* you practiced writing for a general, unknown audience. However, writing for a specific reader, particularly one with whom you have done business, to fulfill a specific need requires attention to the following, among others:

■ The use of a formal, business tone. In Spanish, a business tone is signaled by the use of **Señores,** and the pronoun **usted/ustedes,** for example.

■ The length of the message to be communicated. Most business correspondence tends to be brief and straight to the point.

■ Clear descriptions and/or explanations. To meet their needs, customers must describe accurately and clearly the product/service they need or explain precisely what is wrong with a product they bought that did not meet their expectations.

In this chapter, you will write a letter of complaint to a store, agency, etc. As you plan and write your letter of complaint, keep in mind the degree of formality of business correspondence, and the accuracy and amount of information you will provide.

Antes de escribir

6-42 Enfoque. Primera fase. Hace dos semanas el señor Contreras compró un traje en Internet. Cuando lo recibió, él se dio cuenta de (*realized*) algunos problemas. Él le escribió una carta al Departamento de Ventas de la tienda en línea. Lea la carta y siga las instrucciones.

Avenida Simón Bolívar 1439, Apt. B
Maracaibo VENEZUELA
28 de enero de 2005

Alamoda.com
Departamento de ventas
Bulevar Las Américas # 392, Oficina 801
Caracas VENEZUELA

Estimados señores:
Les escribo para informarles sobre un problema con el traje que compré en la
página Web de su tienda el 13 de enero de este año. Después de mirar la gran
variedad de trajes que ustedes tienen, escogí uno con esta descripción:

> Estilo: 7635; talla: 48, color: azul marino, material: lana inglesa,
> detalles del saco: doble abotonadura[1], bolsillos[2] pequeños, detalles del
> pantalón: pliegues[3], bolsillos sin botón.

Desafortunadamente, el 27 de enero recibí un traje que no corresponde a la
descripción que ustedes me dieron en Internet. El traje que me mandaron
tiene los siguientes problemas: Primero, es de poliéster, no de lana como yo
lo pedí. Segundo, los pantalones no tienen bolsillos. Tercero, yo pedí un traje
azul marino, pero recibí uno gris de rayas.

Yo necesito con urgencia el traje que les pedí. Les envío una copia del recibo
por la cantidad de 190.000 bolívares que pagué con mi tarjeta VISA.

Por favor, mándenmelo a la dirección que incluí arriba.

Espero una solución rápida a este problema.

Muy agradecido por su pronta respuesta, los saluda muy atentamente,

Alberto Contreras

P.S.: Por favor, confirmen el envío a mi dirección electrónica: ras81@ter.com

[1]*double-breasted* [2]*pockets* [3]*pleats*

Segunda fase. Answer the following questions based on Mr. Contreras' letter.

1. Mark with an X the intended purpose of Mr. Contreras' letter to the Sales
   Department of **Alamoda.com**:

   _____ to describe the clothes he would like to order
   _____ to complain about a discrepancy between the description of the product online and the actual product they shipped to him
   _____ to request that **Alamoda.com** ship the right product to him
   _____ to inform **Alamoda.com** of a forthcoming lawsuit

2. Based on its purpose, is Mr. Contreras' letter effective?

Yes   No

Mark some possible reasons for your response.

_____ He narrates his shopping experience chronologically, starting with the present and moving toward the past.

_____ He provides the sales department with the exact online description of the product.

_____ He pinpoints the differences between the online description of the product and the actual product he received.

_____ The tone of his letter is businesslike.

_____ He writes to **Alamoda.com** as a friend.

_____ His letter of complaint is brief and straight to the point.

3. What salutation did Mr. Contreras use in his letter? _____

4. How does he close the letter? What does this sentence probably mean in English? _____

5. How does he say good-bye in the letter? Do you know any other way to say good-bye in a business letter in Spanish? What is it? _____

6-43 Preparación. Como Alberto Contreras, usted compró un producto en Internet (ropa, un mueble, un accesorio, etc.), pero el producto resultó ser diferente de sus expectativas. Usted decide escribir una carta de queja al Departamento de Ventas de la tienda en línea. Haga lo siguiente:

1. Escriba el nombre de la tienda donde usted compró los producto(s).

2. Indique el producto que compró en línea: ¿Qué compró? ¿Cuánto(s)/(as) compró?

3. Prepare una lista de expresiones (nombres y adjetivos) para describir cada producto que usted compró: ¿Un vestido negro largo? ¿Una camisa blanca ancha? ¿Un plato decorativo de cerámica?

4. Narre los hechos (*facts*) en orden cronológico: ¿Cuándo hizo la compra en internet? ¿Cómo describe los productos la tienda en internet? ¿Cuánto costó/costaron el/los producto(s)? ¿Cómo pagó usted? ¿Usó una tarjeta de crédito o llamó a un número gratis para pagar?

5. Escriba la(s) razón(es) de su insatisfacción con el/los producto(s).

A escribir

6-44 Manos a la obra. Ahora escríbale una carta de queja a la persona encargada del Departamento de Ventas de la tienda en línea. Use la información que preparó en la actividad **6-43**. Incluya la fecha, el saludo, el cierre de la carta y la despedida.

Después de escribir

6-45 Revisión. Ahora lea su carta por lo menos dos veces. Piense en la persona que la va a leer. Verifique lo siguiente:

■ El contenido: ¿Incluyó usted toda la información necesaria?

■ El tono de la carta: ¿Escribió su carta formalmente?

■ La forma de la carta de queja:

 a. ¿Revisó la gramática de su texto: el vocabulario correcto, algunas expresiones que indican cronología en la narración, la concordancia (*agreement*), el tiempo (presente, pasado, futuro), etc.?

 b. ¿Usó la puntuación y ortografía correctas?

Finalmente, comente su carta con un/a compañero/a.

ENFOQUE CULTURAL

Para pensar

¿Cuáles son los lugares más populares para ir de compras en los Estados Unidos? ¿Qué puede usted comprar allí? ¿Cómo paga usted sus compras? ¿Pide rebajas?

En las metrópolis de los países hispanos hay grandes y lujosos centros comerciales donde se pueden comprar muchos productos nacionales o importados. Frecuentemente venden artículos de muy buena calidad y a precios muy altos. Se puede pagar en efectivo o con tarjeta de crédito.

En todas las ciudades hispanas, a lo largo de las avenidas del centro, hay innumerables tiendas pequeñas que se especializan en determinados productos. En las tiendas del Bulevar de Sabana Grande en Caracas, uno puede comprar muchas cosas.

Para contestar

2 **Las tiendas.** Hagan lo siguiente.

1. Comparen los centros comerciales, las tiendas pequeñas y los mercados al aire libre de los países hispanos con respecto a productos que se pueden comprar, localización de las tiendas, costo de los productos, forma de pago. Mencionen cuáles son las ventajas y las desventajas de cada lugar.
2. ¿En qué lugares se puede pedir rebaja en los países hispanos? Y en los Estados Unidos, ¿se puede pedir rebaja? ¿Dónde?

G **Riqueza cultural.** Comparen los lugares donde uno puede ir de compras en los Estados Unidos y en los países hispanos. Hablen de lo que se puede comprar en esos lugares y la forma de pago.

En estos mercados al aire libre se ofrece una gran variedad de productos: ropa, juguetes, perfumes, artículos de ferretería (hardware), artesanías, comida, etc. Los precios son más bajos y es posible regatear, pero por lo general sólo aceptan el pago en efectivo.

Para pensar

¿Qué sabe usted acerca de Venezuela? ¿Sabe usted dónde está? ¿Sabe usted cuál es su principal producto de exportación?

Venezuela está en la parte norte de América del Sur. Es un país que tiene hermosas playas caribeñas, tranquilos pueblos andinos, selvas amazónicas y grandes ciudades cosmopolitas.

En la parte oriental del país se encuentra el Parque Nacional Canaima, donde están las cataratas del Salto del Ángel, las más altas del mundo, con una caída de 807 metros (16 veces más altas que las cataratas del Niágara).

En la zona de los Andes está Mérida, llamada "la Ciudad de los Caballeros", una ciudad colonial, tranquila y muy agradable.

Maracaibo es el centro de la industria petrolera. Venezuela es un país de enormes recursos económicos; además del petróleo, hay oro, piedras preciosas, minerales, etc.

Expresiones venezolanas:

cónchale	¡Cónchale!	*Darn!*
la cara amarrada	Amaneció con la cara amarrada.	*He woke up in a bad mood.*
corotos	¿Dónde están mis **corotos**?	*Where are my things?*

Para contestar

En el mapa

1. Busque una isla de Venezuela que está en el Mar Caribe.
2. Diga qué países están al sur, al este y al oeste de Venezuela.

Ahora diga...

1. por qué se dice que Venezuela es un país privilegiado.
2. qué lugar de interés le gustaría visitar en Venezuela y por qué.

¿Qué dice usted si...

1. no encuentra sus cosas.
2. su amigo/a está de mal humor.

Para investigar en Internet

Busque ofertas de ropa o productos para el hogar en los periódicos de Caracas. Haga una copia de los anuncios para presentarlos en clase y comentar los precios. Describa el anuncio y diga en qué se parece o se diferencia de los anuncios que se publican en los periódicos de los Estados Unidos.

¡Prepárese!

6-46 Impresiones. En este episodio va a ver que los jefes de Ángela quieren cambios en el concurso porque desean algo impresionante, con más impacto. ¡Son muy exigentes (*demanding*)! Imagínese que es uno/a de los jefes de Ángela y exprese sus impresiones sobre el programa hasta este momento. Use los verbos **gustar, interesar, parecer, caer bien/mal** y el complemento indirecto.

MODELO: **Me parece** difícil el Misterio 3.

1. _____
2. _____
3. _____
4. _____
5. _____

Manolo y Ángela tienen que hacer cambios en el programa.

¿Es Katie simpática o agresiva?

En el Parque Chapultepec...

Sabrina y Efraín no están de acuerdo.

Efraín piensa que la solución no puede ser muy obvia.

Si no van a las pirámides de Teotihuacán, ¿adónde van?

¡Responda!

6-47 ¿Qué pasó? En las oraciones siguientes sobre el Episodio 6, use la forma correcta del pretérito del verbo apropriado.

hablar	ir	entrevistar
salir	mencionar	enseñar

1. Los jefes de Ángela le _____ de cambios en el concurso.
2. Manolo le _____ a Angela el video del Episodio 6.
3. En el video, Tito _____ a Katie.
4. Sabrina y Efraín _____ al Parque Chapultepec.
5. Sabrina _____ las tres pistas y la Pirámide del Sol en Teotihuacán.
6. Los dos _____ del Parque Chapultepec.

NOTAS: "CAMINITO DE GUARENAS", ORQUESTA BILLO'S CARACAS BOYS

Esta canción de los años 50 en la cual el cantautor lamenta la ausencia de su novia, María Luisa, se refiere a un amor perdido.

¡Prepárese!

6-48 Los diminutivos. En el capítulo 4 vimos como la terminación "-ito/-ita" (el diminutivo) puede usarse para indicar afecto o tamaño o edad. En el título de esta canción hay un diminutivo. ¿Cuál es? Escriba los diminutivos de los siguientes nombres y palabras de la letra de *Caminito de Guarenas*.

PALABRA: DIMINUTIVO:

María Luisa   _____

la morena   _____

una rosa   _____

solo (*alone*)   _____

¡Escuche!

6-49 ¿Qué pasó? Escuche la canción y después complete los espacios en blanco con la forma correcta del pretérito de los verbos que faltan.

jurar   perder   abandonar   olvidar   encontrar

Caminito de Guarenas	Caminito de Guarenas,
donde (1) _____ la novia mía,	ya no te acuerdas de nosotros.
María Luisa la morena,	María Luisa la morena
la que (2) _____ que me quería,	me (3) _____ y se fue con otro.
y yo recuerdo aquella tarde	Ha pasado mucho tiempo
cuando una rosa deshojaba	de aquella flor no queda nada,
pregúntandole al camino	y en el alma sólo siento,
si era verdad que yo la amaba.	que tú solito te quedabas.
Caminito de Guarenas	
que yo encontré,	¡Ay! caminito que se (4) _____,
Caminito de Guarenas	Caminito que me (5) _____.
que se me fue.	

¡Responda!

6-50 Un club. Imagínese que usted fue a un club a escuchar la música de la orquesta Billo's Caracas Boys. Complete los espacios en blanco con la forma correcta del pretérito de los verbos entre paréntesis.

El sábado pasado mis amigos y yo (ir) _____ a un club para escuchar la música de la Billo. (Bailar) _____ mucho y también (tomar) _____ algo. Allí yo (bailar) _____ con Julia, una muchacha bonita y simpática. Julia me (dar) _____ su número de teléfono. Yo la (llamar) _____. Nosotros (conversar) _____ mucho y (decidir) _____ volver al club el sábado siguiente.

240

VOCABULARIO*

Los accesorios

el anillo	ring
el arete	earring
la billetera	wallet
la bolsa	purse
la bufanda	scarf
el cinturón	belt
el collar	necklace
las gafas de sol	sunglasses
la gorra	cap
el guante	glove
el pañuelo	handkerchief
el paraguas	umbrella
la pulsera	bracelet
el sombrero	hat

Las compras

el almacén	department store
el centro comercial	shopping center
el mercado al aire libre	open-air market
el precio	price
la rebaja	sale
el regalo	present
la talla	size
la tarjeta de crédito	credit card
la tienda	store

Telas y diseño

el algodón	cotton
de color entero	solid color
de cuadros	plaid
de cuero	leather
la lana	wool
de lunares	polka-dotted
el poliéster	polyester
de rayas	striped
la seda	silk

La ropa

el abrigo	coat
la bata	robe
la blusa	blouse
la bota	boot
el calcetín	sock
el calzoncillo	boxer shorts
la camisa	shirt
la camiseta	T-shirt
el camisón	nightgown
la chaqueta	jacket
la corbata	tie
la falda	skirt
el impermeable	raincoat
las medias	stockings, socks
los pantalones	pants
los pantalones cortos	shorts

las pantimedias	pantyhose
el saco	blazer
la sandalia	sandal
el sostén	bra
la sudadera	jogging suit, sweatshirt
el suéter	sweater
el traje	suit
el traje de baño	bathing suit
el traje pantalón	pantsuit
los vaqueros/jeans	jeans
el vestido	dress
la zapatilla	slipper
el zapáto	shoe

Verbos

cambiar	to change, to exchange
contestar	to answer
dar	to give, to hand
encantar	to delight, to love
encontrar (ue)	to find
entrar	to go in, to enter
gastar	to spend
gustar	to be pleasing to, to like
interesar	to interest
llevar	to wear, to take
mostrar (ue)	to show
pagar	to pay
parecer (zc)	to seem
ponerse	to put on
probarse (ue)	to try on
quedar	to fit, to be left over
regalar	to give (a present)
valer	to be worth
vender	to sell

Descripciones

ancho/a	wide
barato/a	inexpensive, cheap
caro/a	expensive
estrecho/a	narrow, tight
magnífico/a	great
precioso/a	beautiful
rebajado/a	marked down

Palabras y expresiones útiles

así	this way
el dinero	money
en efectivo	cash
¿En qué puedo servirle(s)?	How may I help you?
enseguida	immediately
estar de moda	to be fashionable
ir de compras	to go shopping
Me gustaría...	I would like . . .
Quisiera...	I would like . . .

*A list of expressions denoting past time can be found on page 215.

EL TIEMPO Y LOS DEPORTES

Objetivos comunicativos

- Expressing and describing physical activities
- Asking and answering questions about weather conditions
- Expressing more measurements
- Talking about past events
- Expressing how long ago events and states occurred

Contenido

A PRIMERA VISTA

AUDIO *Los deportes*

El **fútbol** es el **deporte** número uno en los países hispanos.

Hay excelentes equipos de fútbol en España, Argentina, Uruguay, Colombia, México y otros países latinoamericanos. Los mejores **jugadores** de los equipos locales forman un **equipo** nacional. Esta selección representa al país en **campeonatos** internacionales y participa, cada cuatro años, en la Copa Mundial.

En la zona del Caribe, el béisbol es el deporte más popular, y muchos de sus jugadores, como Sammy Sosa y Pedro Martínez, forman parte de los mejores equipos de los Estados Unidos.

El **esquí** es un deporte que practican muchas personas en Argentina, Chile y España. Aquí vemos a unos jóvenes que van a **esquiar** en las **pistas** de Bariloche, Argentina, uno de los centros de esquí más importantes de la América del Sur.

El **ciclismo,** el tenis y el golf son otros deportes que cuentan con figuras renombradas en Hispanoamérica y España. Los españoles Aitor González y Roberto Heras son algunos de los líderes del Tour de France. En esta **carrera,** que dura más de 20 días, los ciclistas recorren a veces unos 200 kilómetros, el equivalente de 120 millas, en un solo día.

En cuanto al tenis, Juan Ignacio Chela, argentino, y Fernando González, chileno, son dos de los tenistas más conocidos del Cono Sur.

Sergio García, conocido como "El niño", es la promesa más joven del golf español.

Deportes y equipos necesarios

el béisbol

el bate

los jugadores

el guante

el golf

los palos de golf

la raqueta

la cancha

el tenis

el cesto/ la cesta

el basquetbol / el baloncesto

la pelota

la red

el vóleibol

¿Qué dice usted?

7-1 Deportes: ¿Quién es? Primera fase. Asocie los deportes de la columna de la izquierda con los jugadores hispanos de la columna de la derecha.

1. _____ ciclismo
2. _____ tenis
3. _____ béisbol
4. _____ golf

a. Sergio García
b. Pedro Martínez
c. Fernando González
d. Aitor González
e. Juan Ignacio Chela

Segunda fase. Ahora elijan dos deportes e intercambien datos sobre sus jugadores favoritos del deporte. Luego descríbale a la clase los jugadores favoritos de su compañero/a.

7-2 ¿Qué necesitamos para jugar? Primera fase. Además de una pelota, necesitamos ciertas cosas para practicar estos deportes. Indíquelo al lado de cada deporte en la siguiente tabla.

DEPORTE	EQUIPO
béisbol	
golf	
vóleibol	
baloncesto	
tenis	

Segunda fase. Entreviste a su compañero/a sobre los deportes que él/ella practica.

1. ¿Qué deporte(s) practicas?
2. ¿Dónde compras el equipo y la ropa que necesitas para practicarlo(s)?
3. ¿Por qué compras tu equipo allí?

7-3 ¿Qué deporte es? Túrnense para identificar los siguientes deportes.

1. Hay nueve jugadores en cada equipo y usan un bate y una pelota.
2. Es un juego para dos o cuatro personas; necesitamos raquetas y una pelota.
3. En este deporte los jugadores no pueden usar las manos.
4. Para practicar este deporte necesitamos tener una bicicleta.
5. En cada equipo hay cinco jugadores que pueden lanzar (*throw*) la pelota a un cesto.
6. Para este deporte necesitamos una red y una pelota; mucha gente lo juega en la playa.

7-4 Su deporte favorito. Háganse las preguntas necesarias para averiguar lo siguiente.

1. deporte favorito
2. lugar donde lo practica, con quién y cuándo
3. otros deportes que practica
4. nombres de sus jugadores/as favoritos/as

G **7-5 Encuesta.** En grupos de tres o cuatro, intercambien preguntas para completar la siguiente encuesta. Después, comparen los resultados de su grupo con los de otros.

1. deporte favorito
2. jugador/a favorito/a
3. equipo favorito
4. asistencia a los partidos
   a. todos   b. pocos   c. ninguno (*none*)
5. ver los partidos por televisión
   a. todos   b. pocos   c. ninguno
6. saber jugarlo bien
   a. Sí   b. No

El tiempo y las estaciones

AUDIO **Verano**

¿Qué tiempo hace? Hace buen tiempo y **hace calor.** Es un día perfecto para jugar al vóleibol en la playa. El cielo **está despejado** y **hace mucho sol.**

Otoño

Hace fresco y mucho **viento.** No es fácil jugar al golf cuando hace viento. Pero el otoño es muy bonito porque muchos **árboles** cambian de color antes de perder las **hojas.**

Invierno

Hace mal tiempo. Anoche **nevó** y hoy **hace frío.** Hay mucha **nieve** y **hielo** en las calles. Los **lagos** también **se congelaron** y algunas personas aprovechan para **patinar** en el hielo.

Primavera

Hoy **está nublado** y **está lloviendo;** por eso estos chicos no pueden jugar al fútbol y están jugando a los **bolos.** Pero **la lluvia** es muy buena para las plantas y las **flores,** y además limpia la atmósfera contaminada.

¿Qué dice usted?

7-6 Asociación. Asocie la situación de la columna de la izquierda con el estado del tiempo de la columna de la derecha.

1. _e_ Todo el césped está blanco.
2. _c_ Las personas llevan impermeable y paraguas.
3. _d_ La casa es un horno y vamos a ir a la playa.
4. _b_ Está lloviendo, pero es imposible abrir el paraguas.
5. _a_ Vamos a celebrar mi cumpleaños en el parque porque el clima está perfecto.
6. _f_ El cielo está muy oscuro. No vamos a jugar al golf hoy.

a. Hace muy buen tiempo.
b. Hace mucho viento.
c. Está lloviendo.
d. Hace mucho calor.
e. Está nevando.
f. Está nublado.

7-7 ¿Qué tiempo hace? Uno/a de sus amigo/as lo/la llama por teléfono desde otra ciudad o país. Pregúntele qué tiempo hace donde él/ella está y averigüe cuáles son sus planes. Su amigo/a debe hacerle preguntas a usted.

MODELO: E1: ¡Qué sorpresa! ¿Dónde estás?
E2: _____
E1: ¿Qué tiempo hace allí?
E2: _____
E1: ¿Y qué piensas hacer esta tarde/noche/este fin de semana?
E2: _____
E1: Mil gracias por llamar.

7-8 Las estaciones y los deportes en mi ciudad. Primera fase. Háganse preguntas sobre las estaciones del año en su ciudad de origen y los deportes que practican en cada estación. Después, cambien de papel.

MODELO: E1: ¿De dónde eres?
E2: _____.
E1: ¿Y qué tiempo hace allí en _____?
E2: _____.
E1: ¿Qué deportes practicas?
E2: _____.

G **Segunda fase.** Sin mencionar el nombre de su compañero/a, escriba un resumen de la información que obtuvo en la **Primera fase.** El resto de la clase va a adivinar sobre quién escribió. Siga el modelo.

MODELO: Es una persona de... En su ciudad/país, ... en invierno. En primavera, ... y... En otoño, ... y... En el invierno, el clima es... ¿Con quién conversé?

2 **7-9 Las temperaturas.** Escojan una ciudad del mapa y completen la siguiente conversación.

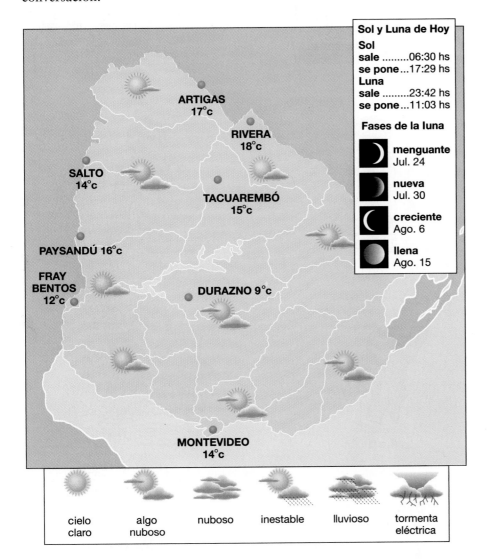

E1: ¿Qué temperatura hace en _____?
E2: _____ grados, más o menos.
E1: ¿Por el día o por la noche?
E2: Por _____.
E1: ¿Cuál es el equivalente en Fahrenheit?
E2: _____.
E1: ¿Y qué tiempo hace allí?
E2: _____.

Las actividades diarias

AUDIO **Un partido importante**

Hoy es el juego decisivo del campeonato de fútbol.

Rigoberto **se despierta** temprano.　　　　　Se levanta.

Se lava los dientes.　　　　　**Se afeita.**

Se viste.　　　　　**Se sienta** a desayunar. Después se va para el campo de fútbol.

El partido está terminando y el equipo de Rigoberto gana. Los aficionados aplauden porque están muy emocionados. Un jugador del equipo contrario está discutiendo con el **árbitro** porque no **está de acuerdo** con su decisión.

Rigoberto **se quita** el uniforme.

Se baña.

Se seca.

Se peina.

Se pone la ropa.

Va a una fiesta para celebrar el triunfo.

Vuelve a casa muy tarde.
Está muy cansado y **se acuesta.**

¿Qué dice usted?

2 **7-10 ¿Qué significa?** Lean estas palabras relacionadas con los deportes con su compañero/a. Asocien cada palabra con su significado.

1. __c__ ganar
2. __f__ equipo
3. __e__ decisión
4. __d__ partido — *game*
5. __b__ árbitro
6. __a__ campeón/campeona

a. jugador/a número 1 en un deporte
b. persona que mantiene el orden en un partido
c. tener más puntos al terminar un juego
d. juego entre dos equipos o individuos
e. la palabra final del árbitro
f. un grupo de jugadores

2 **7-11 Las actividades de Rigoberto. Primera fase.** Contesten las preguntas sobre las actividades de Rigoberto el día del partido.

1. ¿Qué es lo primero que hace Rigoberto? *se despierta*
2. Después de levantarse, ¿se lava los dientes o se viste?
3. ¿Se afeita por la mañana o por la noche?
4. ¿Qué usa para secarse?
5. ¿Adónde va después de bañarse y vestirse?
6. ¿Cuándo se acuesta? — *a media noche,*

G **Segunda fase.** Indiquen qué actividad(es) de Rigoberto muestra(n) que es una persona...

1. limpia
2. puntual
3. responsable
4. que cuida su salud (*health*)

¿Hacen ustedes lo mismo?

2 **7-12 Mi rutina diaria. Primera fase.** Intercambien información sobre lo que hace cada uno/a de ustedes todos los días desde que se levanta hasta que se acuesta. Háganse preguntas sobre lo siguiente:

1. hora de despertarse y de levantarse
2. actividades que hace por la mañana y por la tarde
3. número de horas de estudio
4. deporte(s) que practica y frecuencia con que lo(s) practica
5. actividades que hace con otras personas y frecuencia con que las hace

2 **Segunda fase.** Después, comparen su rutina diaria, contestando las siguientes preguntas:

1. ¿Quién de ustedes está más ocupado/a durante el día? ¿Por qué?
2. Normalmente, ¿quién se levanta más temprano? ¿Quién se acuesta más tarde?
3. ¿Quién estudia más? ¿Quién practica más deportes?
4. ¿Quién es más sociable? ¿Por qué?

AUDIO **7-13 El clima en América Latina.** You will listen to the weather forecast for four Latin American cities. Before you listen, write down the phrases that you might hear in a weather forecast in the following seasons:

primavera _____
verano _____
otoño _____
invierno _____

Now, pay attention to the general idea of what is said. Then, as you listen to the weather forecast, use a check mark to indicate whether each forecast predicts good or bad weather.

	BUEN TIEMPO	MAL TIEMPO
Lima	_____	_____
Buenos Aires	_____	_____
Caracas	_____	_____
Madrid	_____	_____

1. Preterit of *-er* and *-ir* verbs whose stem ends in a vowel

LEER			
yo	leí	nosotros/as	leímos
tú	leíste	vosotros/as	leísteis
Ud., él, ella	leyó	Uds., ellos/as	leyeron

OÍR			
yo	oí	nosotros/as	oímos
tú	oíste	vosotros/as	oísteis
Ud., él, ella	oyó	Uds., ellos/as	oyeron

The preterit endings of verbs whose stem ends in a vowel are the same as those of regular **-er** and **-ir** verbs, except for the **usted, él, ella** form and the **ustedes, ellos, ellas** form, which end in **-yó** and **-yeron.**

2. Preterit of stem-changing *-ir* verbs (e → i) (o → u)

PREFERIR			
yo	preferí	nosotros/as	preferimos
tú	preferiste	vosotros/as	preferisteis
Ud., él, ella	prefirió	Uds., ellos/as	prefirieron

DORMIR			
yo	dormí	nosotros/as	dormimos
tú	dormiste	vosotros/as	dormisteis
Ud., él, ella	**d**urmió	Uds., ellos/as	**d**urmieron

- The preterit endings of stem-changing **-ir** verbs are the same as those for regular **-ir** verbs.

- Stem-changing -ir verbs (e → ie, e → i, o → ue) change e → i and o → u in the **usted, él, ella** and **ustedes, ellos, ellas** preterit forms.

Marta prefirió salir temprano.	*Marta preferred to leave early.*
José **d**urmió tranquilamente.	*José slept calmly.*

¿Qué dice usted?

G **7-14 Encuesta. Primera fase.** En grupos pequeños, hagan la siguiente encuesta. Anoten los datos.

¿QUIÉNES EN EL GRUPO...?	TOTAL DEL GRUPO
1. ... leyeron el periódico ayer	_____
2. ... oyeron las noticias esta mañana	_____
3. ... fueron a un partido de tenis o béisbol recientemente	_____
4. ... practicaron un deporte esta semana	_____
5. ... durmieron siete horas o más anoche	_____
6. ... durmieron menos de seis horas anoche	_____

G **Segunda fase.** Ahora, calculen y comenten lo siguiente. Luego, compartan sus datos con el resto de la clase.

1. ¿Qué porcentaje de ustedes practicó un deporte esta semama o fue a un partido recientemente?
2. ¿Qué porcentaje oyó las noticias esta mañana?
3. ¿Qué porcentaje durmió la siesta?
4. Según ustedes, ¿usaron bien el tiempo ayer? ¿Por qué?

G **7-15 El domingo pasado.** Hagan una lista de las actividades que todos los miembros del grupo hicieron el domingo pasado. Después, comparen su lista con la de otro grupo. ¿En qué actividades coinciden?

4 **7-16 Celebrando la victoria. Primera fase.** Uno de los equipos de su universidad ganó un campeonato importante y ustedes decidieron organizar una fiesta en su honor. Explíquenle a otra pareja los siguientes detalles de la fiesta.

1. deporte y nombre del equipo que representó a la universidad
2. hora y lugar de la fiesta
3. número de personas que invitaron y cuántas asistieron
4. dinero que le pidieron a cada persona para los gastos de la fiesta
5. comida y bebida que sirvieron, y tipo de música que escucharon en la fiesta
6. regalos que les dieron a los jugadores

SITUACIONES

1. **Role A.** You had to work late last night and missed a very important basketball game at your college/ university. Call a friend who went to the game and after greeting him/her a) explain why you did not go, b) ask as many questions as possible about the game, c) answer your friend's questions, and d) accept his/her invitation to go to another game next Saturday.

   Role B. A friend calls you to find out about last night's basketball game. Answer his/her questions giving as many details as possible. Then a) tell him/her that there is another game on Saturday, b) find out if he/she is free that evening, and d) if free, invite him/her to go with you.

2. One of you read in today's newspaper that a famous football player is going to be interviewed on TV tonight. The other should find out a) in which newspaper you read about the interview, b) the time of the interview, c) the channel **(el canal)**, and d) who will do the interview.

3. Reflexive verbs and pronouns

	REFLEXIVES	
yo	**me lavo**	*I wash myself*
tú	**te lavas**	*you wash yourself*
Ud.	**se lava**	*you wash yourself*
él/ella	**se lava**	*he/she washes himself/herself*
nosotros/as	**nos lavamos**	*we wash ourselves*
vosotros/as	**os laváis**	*you wash yourselves*
Uds.	**se lavan**	*you wash yourselves*
ellos/ellas	**se lavan**	*they wash themselves*

■ In *Lección 4,* you learned that true reflexive verbs express what people do *to* or *for* themselves. You also practiced the **yo, tú,** and **usted, él, ella** forms of some reflexive verbs, placing the reflexive pronouns before the conjugated verb. Now you will learn more about reflexives and practice other verb forms.

> Alicia **se levanta** a las siete y media.   *Alicia gets up at seven thirty.*
> Nosotros **nos vestimos** rápidamente.   *We get dressed quickly.*

■ With verbs followed by an infinitive, place reflexive pronouns before the conjugated verb or attach them to the infinitive.

> Yo **me** voy a acostar a las diez.⎫
> Yo voy a acostar**me** a las diez. ⎬   *I am going to go to bed at ten.*

■ With the present progressive (**estar + -ndo**), place reflexive pronouns before the conjugated form of **estar** or attach them to the present participle. When attaching a pronoun, add a written accent mark to the stressed vowel (the vowel preceding **-ndo**) of the present participle.

> Amelia **se** está maquillando ahora.⎫
> Amelia está maquillándo**se** ahora. ⎬   *Amelia is putting on makeup now.*

■ When referring to parts of the body and articles of clothing, use definite articles rather than possessives with reflexive verbs.

> Me lavo **los** dientes.   *I brush my teeth.*
> Me pongo **la** sudadera.   *I put on my sweatshirt.*

■ There are other Spanish verbs that use reflexive pronouns, but they do not necessarily convey the idea of doing something to or for oneself. These verbs normally convey the idea of mental or physical states.

> María **se enfermó** la semana pasada,   *María **got sick** last week and that*
> y eso **nos preocupó** mucho.   ***worried us** a lot.*

■ Some verbs change meaning when used reflexively.

acostar	*to put to bed*	**acostarse**	*to go to bed, to lie down*
dormir	*to sleep*	**dormirse**	*to fall asleep*
ir	*to go*	**irse**	*to go away, to leave (for)*
levantar	*to raise, to lift*	**levantarse**	*to get up*
llamar	*to call*	**llamarse**	*to be called*
quitar	*to take away*	**quitarse**	*to take off*

ACENTOS

The verb form **maquillándose** has an accent mark. Do you know why?

¿Qué dice usted?

7-17 ¿Qué hacemos todos los días? Ponga estas actividades en el orden más lógico.

a. _____ me duermo

b. _____ me levanto

c. _____ me voy a la universidad

d. _____ me acuesto

e. _____ me lavo la cara

f. _____ me siento a desayunar

7-18 ¿Qué hacemos? Primera fase. Hablen sobre sus actividades diarias. ¿Sus horarios son similares o diferentes?

MODELO: E1: Yo me despierto a las siete.

            E2: Y yo (me despierto) a las ocho.

1. Yo me levanto....

2. Después me lavo....

3. Me visto....

4. Me siento a desayunar....

5. Me voy a la universidad....

6. Yo me baño....

7. Me acuesto....

8. Me duermo....

Segunda fase. Cambien de pareja y hablen sobre su propio horario y el de su compañero/a anterior. Comenten cuáles son sus horarios los fines de semana y compárenlos.

MODELO: E1: Juan y yo nos levantamos a las ocho. También nos bañamos por la tarde. ¿Y tú?

            E2: Yo me levanto a las siete.

7-19 Mis actividades de ayer. Haga una lista de todo lo que hizo ayer para cuidar de su salud. Después, compárela con la de su compañero/a.

7-20 Los horarios. Túrnense para hablar del horario de estos atletas. Háganse preguntas para compararlo con el horario de ustedes.

MODELO: acostarse / 11:00 / 10:30

            E1: Arturo se acuesta a las once.

            E2: Y Alicia y Berta se acuestan a las diez y media. ¿Y tú?

            E1: Yo me acuesto a _____.

	ARTURO	ALICIA Y BERTA	YO
despertarse	8:00	7:00	
levantarse	8:15	7:05	
bañarse	8:20	7:10	
vestirse	8:30	7:20	

7-21 ¿Qué hacen estas personas? Lean las siguientes situaciones y túrnense para hablar de lo que hacen y lo que van a hacer estas personas. Usen los verbos de la lista. Después, comparen sus opiniones con las de otros/as compañeros/as.

acostarse	afeitarse	bañarse	dormirse	irse	lavarse
levantarse	maquillarse	ponerse	quitarse	secarse	vestirse

MODELO: Bernardo está durmiendo y suena el despertador.
E1: Bernardo se despierta cuando oye el despertador. En tu opinión, ¿qué va a hacer después?
E2: Va a levantarse enseguida y después va a bañarse.

1. Teresa está enfrente del espejo y se prepara para ir a una fiesta muy elegante.
2. Juan y Tomás entran en el vestuario (*dressing room*) del gimnasio porque van a jugar al baloncesto con unos amigos.
3. Marisa y Sarita están en una playa de Punta del Este, en Uruguay.
4. Rogelio sale de la ducha y toma una toalla.
5. Son las once de la noche. Marta está en su cuarto y tiene mucho sueño.

7-22 Nuestra preparación para el campeonato. El mes pasado ustedes representaron a su universidad en un campeonato de tenis en Montevideo, Uruguay. Digan lo que hicieron...

- para prepararse físicamente.

- para prepararse mentalmente.

- para cumplir (*to fulfill*) con las responsabilidades académicas.

SITUACIONES

1. **Role A.** You are a well-known sportsperson, highly admired by youngsters in your country. The reporter of a TV network is going to interview you to prepare a special about your life. Answer the reporter's questions as completely as possible. Remember that you are considered a role model by young people.

   Role B. You are a reporter for a major TV network. Today you are interviewing a well-respected and admired sports figure. After introducing yourself and greeting him/her, find out a) when he/she started to play, b) what school he/she went to, c) what his/her daily routine is, and d) the things he/she does daily to keep in shape (**estar en forma**).

2. **Role A.** You would like your younger brother to attend a summer camp. Ask the camp director questions to find out a) how many children there are per counselor (**consejero/a**), b) what time the children get up, c) what sports they play, d) what they eat, e) what they do in the evenings, and f) what time they go to bed.

   Role B. You are the director of the summer camp. Answer your prospective client's questions and add more information regarding the variety of activities.

4. Pronouns after prepositions

Voy a la reunión del equipo ahora. ¿Quieres ir conmigo?

Sí, voy contigo.

■ In *Lección 6,* you used **a** + **mí, ti,** and so on to clarify or emphasize the indirect object pronoun: **Le di el suéter a él.** These same pronouns are used after other prepositions, such as **de, para,** and **sin.**

Siempre habla **de ti.**	*He is always talking about you.*
El boleto es **para mí.**	*The ticket is for me.*
No quieren ir **sin nosotros.**	*They do not want to go without us.*

■ In a few cases, Spanish does not use **mí** and **ti.** After **con,** use **conmigo** and **contigo.** After **entre,** use **tú y yo.**

¿Vas al partido **conmigo?**	*Are you going to the game with me?*
Sí, voy **contigo.**	*Yes, I am going with you.*
Pedro va a sentarse **entre tú y yo.**	*Pedro is going to sit between you and me.*

¿Qué dice usted?

7-23 Un amigo preguntón. Rosario habla con un amigo que hace muchas preguntas. Lea las preguntas en la columna de la izquierda y conéctelas con una respuesta o un comentario lógico de Rosario en la columna de la derecha.

1. ¿Con quién vas a ir al partido de tenis, Rosario?
2. ¿Por qué no vemos las finales del campeonato con Sofía?
3. Rosario, ¿para quién es esta raqueta de tenis?
4. ¿Pueden mis amigos ir a la cancha con nosotros?
5. En el partido de ayer hubo un accidente. ¿A quién le informaron primero del accidente?
6. ¿De quién van a recibir el trofeo los ganadores?

a. La compré para ti. ¿Te gusta?
b. Imposible. No podemos ir con ellos. Tengo sólo dos billetes (*tickets*).
c. Contigo, ¡por supuesto!
d. A la policía. Hay que informarles rápidamente.
e. De nosotros. De ti y de mí. ¡Qué emocionante!
f. Prefiero verlas sin ella. Habla mucho y no puedo concentrarme.

3 **7-24 Las prácticas de tenis.** Identifíquense cada uno/a con un número y hagan preguntas para saber quién va a practicar tenis con quién. Contesten según la tabla.

MODELO:　E1: ¿Con quién practica Jorge el sábado?
　　　　　　E3: Practica conmigo. (*o* E2: Practica con él/ella.)

LUNES	MARTES	MIÉRCOLES	JUEVES	VIERNES	SÁBADO
Pedro	Alicia	Carmen	Jorge	Carmen	Jorge
E1	E2	E3	E1	E2	E3

2 **7-25 ¿Con quién va?** Completen el siguiente diálogo, usando pronombres.

E1: Yo salgo ahora. ¿Vienes conmigo?
E2: No, no puedo ir _____. Tengo que trabajar media hora más en la tienda.
E1: ¡Cuánto lo siento! Entonces, ¿vas a ir con Roberto?
E2: Sí, voy a ir con _____.
E1: Seguro que él no quiere ir sin _____. Tú eres su mejor amigo/a.
E2: Sí, somos muy buenos amigos. ¿Y tú sabes dónde te vas a sentar?
E1: Sí, voy a sentarme entre _____ y _____.

SITUACIONES

Role A. Your friend, the coach, gave you two tickets for today's football game, but you have no transportation. Call a friend and after greeting him/her, a) explain how you got the tickets for the game, b) invite him/her to go with you, and c) explain that you have no transportation.

Role B. A friend calls you to invite you to a football game. After exchanging greetings, a) thank him/her for the invitation, b) say that you would be delighted to go with him/her, c) that you can pick him/her up in your car, and d) agree on a time and place.

5. Some irregular preterits

Some irregular verbs do not stress the last syllable in the **yo,** and **usted, él, ella** preterit forms.

■ The verbs **hacer, querer,** and **venir** have an **i** in the preterit stem.

INFINITIVE	NEW STEM	PRETERIT FORMS
hacer	**hic**	hice, hiciste, hizo, hicimos, hicisteis, hicieron
querer[1]	**quis**	quise, quisiste, quiso, quisimos, quisisteis, quisieron
venir	**vin**	vine, viniste, vino, vinimos, vinisteis, vinieron

[1]The verb **querer** in the preterit followed by an infinitive normally means *to try (but fail) to do something.*

　　Quise hacerlo ayer.　　　　　　　*I tried to do it yesterday.*

■ The verbs **decir**, **traer**, and all verbs ending in **-ducir** (e.g., **traducir**–*to translate*) have a **j** in the stem and use the ending **-eron** instead of **-ieron**. **Decir** also has an **i** in the stem.

INFINITIVE	NEW STEM	PRETERIT FORMS
decir	**dij**	dije, dijiste, dijo, dijimos, dijisteis, dijeron
traer	**traj**	traje, trajiste, trajo, trajimos, trajisteis, trajeron
traducir	**traduj**	traduje, tradujiste, tradujo, tradujimos, tradujisteis, tradujeron

■ The verbs **estar**, **tener**, **poder**, **poner**, and **saber** have a **u** in the preterit stem.

INFINITIVE	NEW STEM	PRETERIT FORMS
estar	**estuv**	estuve, estuviste, estuvo, estuvimos, estuvisteis, estuvieron
tener	**tuv**	tuve, tuviste, tuvo, tuvimos, tuvisteis, tuvieron
poder[1]	**pud**	pude, pudiste, pudo, pudimos, pudisteis, pudieron
poner	**pus**	puse, pusiste, puso, pusimos, pusisteis, pusieron
saber[2]	**sup**	supe, supiste, supo, supimos, supisteis, supieron

¿Qué dice usted?

7-26 Un equipo indisciplinado. Después de las irregularidades en la práctica de ayer, el entrenador de la selección uruguaya de vóleibol se prepara para escribir un informe. Como el entrenador es de Inglaterra y su español no es perfecto, él revisa su texto. Para ayudarlo, haga un círculo alrededor de la expresión que corresponda en cada caso y escríbala en el espacio apropiado.

Les informo que durante la práctica de ayer, ocurrieron varios incidentes que me preocupan. Al comienzo, yo les (1) _____ (digo, dije, dijimos) a los jugadores que íbamos a practicar un poco más de tiempo. Ellos me (2) _____ (dijo, dijeron, dicen) que no podían quedarse más tiempo. Yo (3) _____ (hago, hice, hicieron) un gran esfuerzo para convencerlos de la importancia de prolongar un rato más la práctica, pero ellos no (4) _____ (quisieron, quieren, quiso) comprenderlo, y empezaron a protestar. Como no me escuchaban, mi asistente y el físicoterapeuta (5) _____ (tuvieron, tenemos, tuvimos) que llamar al director de deportes de la universidad. Solamente él (6) _____ (pudo, puede, pudieron) tranquilizarlos. El subdirector que (7) _____ (viene, vino, vinieron) con él les habló sobre sus obligaciones con la universidad, y todos juntos (8) _____ (pusieron, puso, pusimos) fin al problema. Después de unas horas, yo (9) _____ (sé, supe, supimos) que los jugadores escribieron una carta para pedir perdón.

---

[1]**Poder** used in the preterit usually means *to manage to do something.*

      Pude hacerlo esta mañana.   *I managed to do it this morning.*

[2]**Saber** in the preterit normally means *to learn* or *to find out.*

      Supe que llegaron anoche.   *I learned that you arrived last night.*

7-27 ¿Qué hizo Ud. ayer? Imagínese que ayer usted hizo una lista de cosas que tenía que hacer, pero sólo pudo hacer dos o tres. Marque lo que hizo y lo que no pudo hacer, y después conteste las preguntas de su compañero/a.

MODELO: comprar el trofeo para el campeonato
   E1: ¿Compraste el trofeo para el campeonato?
   E2: Quise comprarlo, pero no pude. *o*
        Sí, pude comprarlo.
   E1: ¿Por qué no pudiste comprarlo?
        Porque tuve que regresar a una práctica en el laboratorio.

	Sí	No
1. cambiar la chaqueta	_____	_____
2. comprar los zapatos de tenis	_____	_____
3. probarse el uniforme nuevo	_____	_____
4. conocer al nuevo entrenador	_____	_____
5. ver el video del último partido	_____	_____
6. comentar las estrategias del próximo partido	_____	_____

7-28 ¿Qué ocurrió? Expliquen qué le ocurrió a Javier el día de su cumpleaños. Den la mayor cantidad de información posible.

1.   2.   3.

4.   5.   6.

7-29 Unos días de descanso. Su compañero/a estuvo unos días en Argentina. Hágale preguntas sobre los siguientes puntos para saber más de su viaje.

1. lugares adonde fue
2. tiempo que estuvo fuera
3. cosas interesantes que hizo
4. los lugares que le gustaron más
5. si pudo hablar español y con quién(es)

SITUACIONES

EN DIRECTO

To express interest and to ask for details:

¡No me digas! ¿Qué pasó? *You don't say! What happened?*

¡Cuenta, cuenta! *Tell me more!*

¿Y qué más pasó? *And what else happened?*

1. **Role A.** You won a contest **(concurso)** to attend the soccer World Cup **(la Copa Mundial)**. Tell your friend that a) you won the contest and b) you went to the World Cup. Answer all his/her questions, giving as many details as possible.

   Role B. A friend tells you about the prize he/she won. Ask your friend a) how he/she found about the contest, b) how long he/she was away, c) how many games he/she attended, d) with whom he/she went, and e) details about the last game.

2. **Role A.** Imagine that yesterday you went to a sports event and had the opportunity to see and talk with your favorite sports star. Explain to a friend a) where you went, b) what happened and where, c) what you did when you saw this famous sports star, d) what he/she literally told you, and d) what happened finally.

   Role B. Your friend tells you that he/she saw a very famous sports star yesterday and that he/she had the opportunity to talk to him/her. Ask him/her questions about what happened and their conversation.

 ALGO MÁS

Hace, meaning *ago*

■ To indicate the time that has passed since an action was completed, use **hace** + *length of time* + **que** + *preterit tense.* If you begin the sentence with the preterit tense of the verb, do not use **que.**

Hace dos horas que llegaron.⎫
Llegaron **hace** dos horas.⎭ *They arrived two hours ago.*

Hace una hora **que** empezó el partido.⎫
El partido empezó **hace** una hora.⎭ *The game started an hour ago.*

¿Qué dice usted?

7-30 **¿Cuánto tiempo hace...?** Seleccione la pregunta más lógica para cada situación. Más de una respuesta correcta puede ser posible.

1. Usted observa que Jorge López, su entrenador, corre dos horas sin parar (*nonstop*) y no se cansa. Usted le pregunta:
   a. Sr. López, ¿cuánto tiempo hace que usted empezó a correr?
   b. ¿Cuánto tiempo hace que usted puede correr tanto (*so much*), Sr. López?
   c. ¿Cuánto tiempo hace que no corre, Sr. López?

2. La semana pasada, usted vio un gran cambio en su ex compañero/a de cuarto. A diferencia del año pasado, ahora está más delgado/a y atlético/a, y parece más fuerte. Usted le pregunta:
   a. ¿Cuánto hace que comenzaste a practicar deportes?
   b. ¿Cuánto tiempo hace que no haces actividades físicas?
   c. ¿Cuánto tiempo hace que estás enfermo?

3. Isabel, una de las jugadoras de su equipo de baloncesto, hace un tiempo que no asiste a las prácticas. La entrenadora les pregunta a los miembros del equipo:
   a. ¿Cuándo fue la última vez que ustedes vieron a Isabel?
   b. ¿Cuánto tiempo hace que Isabel practicó por última vez?
   c. ¿Cuándo fue la última vez que nuestro equipo se reunió para practicar?

4. La persona que limpia el gimnasio desea limpiar los baños, pero no puede porque los jugadores todavía se están duchando. La persona le pregunta al primer jugador que sale del baño:
   a. ¿Cuánto tiempo hace que usted se duchó?
   b. ¿Cuánto tiempo hace que los jugadores empezaron a ducharse?
   c. ¿Cuánto tiempo hace que terminó el partido?

7-31 ¡A conocernos mejor! Para conocerlo/la mejor, su compañero/a quiere saber cuánto tiempo hace que usted hizo estas cosas. Responda con todos los detalles posibles.

MODELO: ganar el campeonato de tenis
          E1: ¿Cuánto tiempo hace que ganaste el campeonato de tenis?
          E2: Hace dos años. Fue un día extraordinario. Todos mis amigos me felicitaron, y después fuimos a un café a celebrar.

1. conocer a tu novio/a (esposo/a)
2. jugar al tenis, golf, etc. por primera vez
3. leer una buena revista de deportes
4. jugar vóleibol en la playa
5. ir a un estadio muy moderno
6. ver un partido de la Copa Mundial

7-32 Figuras del mundo de los deportes. Uno/a de ustedes va a hacer de reportero/a de una revista deportiva y otro/a va a escoger a uno/a de los deportistas de abajo. El/La reportero/a debe hacer por lo menos tres preguntas usando **hace.** El/La deportista debe contestar con los datos del/de la deportista que escogió. Depués, cambien de papel.

SANDRA ORDÓÑEZ

NACIONALIDAD: chilena
FECHA DE NACIMIENTO: 22 de febrero de 1979
RÉCORD DEPORTIVO:
1. Copa Nacional de Tenis, 1997 (cuarto lugar)
2. Copa Davis, 1998 (ganadora de la copa)
3. Torneo femenino de tenis en Chile, 1998 (segundo lugar)
4. Copa Davis, 1999 (tercer lugar)

JORGE PEDRERO

NACIONALIDAD: uruguayo
FECHA DE NACIMIENTO: 18 de abril de 1965
RÉCORD DEPORTIVO:
1. Capitán del equipo en el Torneo Nacional de Vóleibol de 1990 a 1995
2. Marcó 14 puntos en el partido entre la selección de vóleibol uruguaya y la argentina, 1994
3. Premio al deportista del año en Uruguay, 1993
4. Entrenador del equipo juvenil de vóleibol de Montevideo, 1988–1990

MÓNICA BERNINI

NACIONALIDAD: argentina
FECHA DE NACIMIENTO: 20 de diciembre de 1976
RÉCORD DEPORTIVO:
1. Primer lugar en las competencias de esquí de Bariloche, 1992
2. Segundo lugar en la Competencia de Esquí Chile-Argentina, 1995
3. Finalista del equipo argentino de las Olimpiadas de Invierno, 1996
4. Ganadora de la Competencia Nacional de Esquí, 2001

FELIPE JIMÉNEZ

NACIONALIDAD: boliviano
FECHA DE NACIMIENTO: 18 de junio de 1972
RÉCORD DEPORTIVO:
1. Jugador del Año, 1994
2. Representante de la Comisión Deportiva de Bolivia, 1996
3. Segundo lugar en el Campeonato Interamericano de Golf, 1998
4. Primer lugar en el Campeonato Nacional de Golf, 2001

MOSAICOS

 Escuchar

Differentiating facts from opinions

When you talk to a person or watch a television report, you have to differentiate between factual information and personal opinion. You may hear someone say, "Today temperatures will rise to 40° Celsius, so avoid exercising outside." Facts indicate that the temperature will rise to 40° Celsius. The rest of the statement is a personal opinion.

Antes de escuchar

7-33 Los deportes. In activity 7-34, you will listen to a conversation between Armando and Pablo, two soccer players, discussing the results of the game they just played. Before you listen, write down in Spanish one statement of factual information you think they will make and one opinion they will provide.

Información concreta: _____

Opinión personal: _____

A escuchar

`AUDIO` **7-34** Now, listen to the conversation between Armando and Pablo and write down in Spanish three facts and three opinions the soccer players provided.

Información concreta: _____

_____

_____

Opinión personal: _____

_____

_____

Después de escuchar

7-35 ¿Y usted? Take turns asking and answering the following questions.

1. ¿Qué deportes practica la gente en su ciudad o región en el invierno? ¿Y en la primavera?
2. ¿Qué deportes practica usted en el invierno o la primavera? ¿Qué hace o no usted antes de practicar deportes? ¿Y después?
3. En su opinión, ¿cuál es el mejor equipo de fútbol americano? ¿Es su equipo favorito realmente un buen equipo?

Antes de escuchar

7-36 El atleta. In activity **7-37,** you will listen to a TV reporter interviewing Nicolás, an Argentinean skier, who discusses his recent stay in Bariloche. Before you listen, write down in Spanish one statement of factual information you think he will make about the slopes where the ski resort is located and one opinion about the people he may meet there.

Información concreta _____
Opinión personal _____

A escuchar

AUDIO **7-37** Now listen to Nicolás' interview and write down in Spanish three statements of factual information and three opinions Nicolás offered about the place and/or the people.

Información concreta: _____
_____

Opinión personal: _____
_____

Después de escuchar

2 **7-38 ¿Y usted?** Ask your partner questions to find out the following information.

1. deporte que practica y dónde lo practica
2. tiempo que hace que lo practica
3. atleta favorito/a en ese deporte y por qué

Conversar

Antes de conversar

G **7-39 ¿Fanáticos del deporte?** Primero averigüen cuáles son los dos deportes favoritos de su grupo y, luego, completen la tabla con la información pertinente.

DEPORTE	INDIVIDUAL	EN GRUPO	LUGAR DONDE SE PRACTICA	CLIMA IDEAL PARA PRACTICARLO

A conversar

7-40 Canal "Deportes para todos". Imagínense que ustedes son reporteros de "Deportes para todos", una estación de televisión dedicada a los deportes. Con la información que aparece en el mapa, hagan lo siguiente:

■ Preparen un informe del tiempo para la televisión en el que describen las condiciones del clima de hoy en cuatro ciudades hispanas en regiones diferentes: 1. en la costa del Atlántico, 2. en una zona de montañas, 3. en una región de clima muy frío, 4. en unas islas del Átlantico o del Pacífico. Indiquen para qué deportistas o aficionados es útil este informe del tiempo.

■ Incluyan el pronóstico del tiempo (*weather forecast*) para mañana.

■ Preséntenlo a la clase y contesten las preguntas de sus compañeros/as.

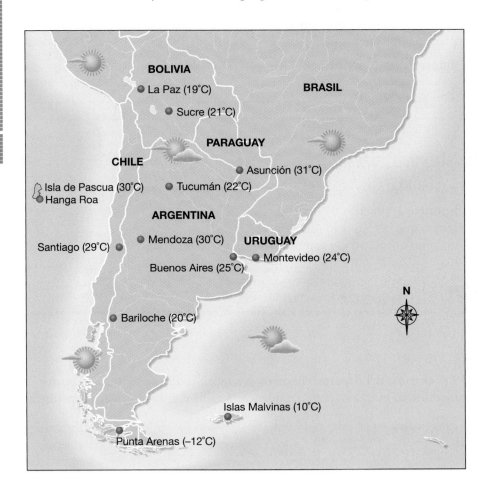

MODELO: Ahora canal "Deportes para todos" presenta el informe del tiempo para los aficionados al tenis. En este momento, en la ciudad de Tucumán, el cielo está un poco nublado y hace fresco. Los termómetros marcan 22 grados centígrados. Mañana va a estar despejado durante el día, con temperaturas entre los 24 y los 27 grados centígrados.

Después de conversar

7-41 Informe del tiempo en Internet. Ahora escriban el informe del tiempo que presentaron en la actividad **7-40** para los aficionados que consultan la página de Internet de "Deportes para todos". Pueden añadir imágenes si desean.

Antes de conversar

7-42 Historia de los deportes. En www.prenhall.com/mosaicos, busquen la siguiente información sobre uno de los deportes que se practican en Argentina, y tomen apuntes.

1. El nombre del deporte
2. Dos o tres datos históricos básicos sobre el deporte: a. cuándo empezó a practicarse, b. dónde empezó, c. algo interesante sobre los comienzos (*beginnings*) del deporte.
3. Un/a deportista argentino/a famoso/a en la historia de este deporte: a. nombre, fecha y lugar de nacimiento, b. datos sobre su carrera deportiva.

A conversar

7-43 Deportes y deportistas famosos. Hagan una presentación sobre el deporte que investigaron en la actividad **7-42** Usen la información que ya tienen u otra que deseen. Para hacer su presentación más interesante, pueden usar Internet o *Power Point*.

Después de conversar

7-44 Un/a deportista estrella (*star*). La revista *Deportes,* con la participación del público, va a seleccionar al deportista del año. Usted debe escribir la ficha (*personal history*) de uno de los deportistas nominados. Use la información de la actividad **7-42** y complete la ficha de este/a deportista famoso/a. Si quiere, puede incluir una foto.

Nombre: _____
Fecha de nacimiento: _____
Lugar de nacimiento: _____
Torneos/campeonatos en que participó:
_____
_____
Torneos/copas/campeonatos que ganó:
_____
_____
Dos razones para ser el/la deportista del año:
_____
_____

Leer

In this chapter, you will read a text in Spanish and differentiate facts from opinions. Remember to apply any other specific reading strategies you have learned so far to accomplish your goals.

Guía de prelectura

Look at the visuals, skim the text in activity **7-46,** and answer the questions.

1. Looking at the visuals, using your knowledge of the Spanish language, and keeping in mind the theme of this lesson, can you anticipate the main theme of this text?
   a. places where sports can be practiced in Uruguay
   b. sports people admired in Uruguay
   c. Uruguayans love sports

2. Now, use your background knowledge and your knowledge of Spanish to comprehend the text. On what did you base your answers to question 1?
   a. cognates in the title   b. visuals in the text   c. format of the text

3. Mark with a circle all the ideas that you anticipate will be covered in the text.
   a. sports frequently practiced in Uruguay
   b. sports originated in Uruguay
   c. places where sports may be practiced
   d. Uruguayan sports stars

Antes de leer

2 7-45 ¿Qué se necesita para practicarlo? Primera fase. Clasifiquen cada palabra en la columna correspondiente.

fútbol	pelota	guantes	esquí
esquiar	montañas	correr	jugar
botas	pista	dunas	bicicleta
surf en la arena	cancha	ciclismo	saltar

DEPORTE	MATERIAL DEPORTIVO	LUGAR DE PRÁCTICA	VERBO

Segunda fase. Ahora, respondan a estas preguntas.

1. ¿Les gustan los deportes individuales o prefieren los de equipo? ¿Por qué?
2. ¿Saben esquiar? ¿Esquían en la nieve o en el agua? ¿Esquían bien o regular?
3. ¿Hay buenos lugares donde se puede practicar surf acuático o en la arena en su país? ¿Dónde?

A leer

7-46 Primera mirada. Lea el siguiente artículo y, luego, siga las instrucciones.

LOS DEPORTES: UNA PASIÓN URUGUAYA

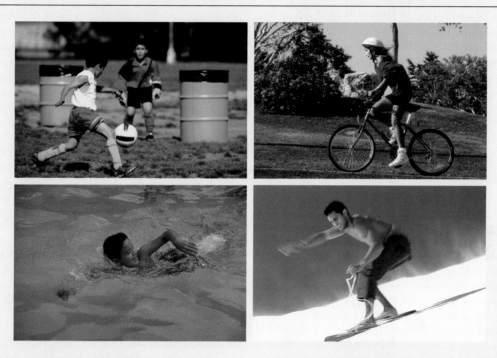

El Uruguay es un país pequeño donde los deportes forman una parte integral de la vida de la mayor parte de sus habitantes.

Entre las grandes pasiones nacionales, desde luego, está el fútbol. Desde su infancia, muchos uruguayos acompañan fielmente a sus
5 equipos predilectos. En varias ocasiones, la selección nacional uruguaya ganó títulos y campeonatos importantes.

Pero los uruguayos son un pueblo inquieto, de una personalidad versátil que no limita su interés a un solo deporte. El basquetbol, el ciclismo, el fútbol de salón, el rugby, el boxeo y la pelota de
10 mano son otros deportes que tienen muchos aficionados.

Las hermosas y privilegiadas playas del Uruguay también favorecen los deportes acuáticos, como el surf, que, según los expertos, cuenta hoy con un gran número de aficionados. En 1993 en Uruguay se formó la Unión de Surf del Uruguay (USU). Ese
15 mismo año, el país envió a sus representantes a competir internacionalmente en el Primer Campeonato Panamericano de Surf en Isla Margarita, Venezuela. Hoy en día la USU promueve el surf, arbitra las competencias clasificatorias a nivel nacional, apoya a los competidores nacionales, representa a Uruguay en
20 competencias internacionales y compite en los Juegos Olímpicos con la Selección Uruguaya de Surf.

Sin duda, uno de los lugares predilectos de los uruguayos y turistas extranjeros para practicar el surf es Punta del Este. Ubicada al sureste del Uruguay, a 140 kilómetros de Montevideo, Punta del Este es una hermosa península de enormes playas, con arenas finas 25 y gruesas, rocas y un entorno de bosques y médanos[1].

Precisamente en estos médanos nació, en el siglo pasado, una variante del surf que está despertando grandes polémicas en el país: el surf en la arena o sandsurf. Los brasileños inventaron este deporte en los años ochenta para no aburrirse cuando no había olas. La 30 agradable temperatura de las playas uruguayas, la escasez de olas que a veces impide practicar el surf en el agua y la formación arenosa de algunas playas aumentaron considerablemente el número de personas que practican el surf en la arena. Por ejemplo, los médanos de Valizas son los más grandes de Sudamérica y los terceros más 35 grandes del mundo, algunos con 30 metros de altura y una longitud de bajada[2] de aproximadamente 125 metros. Sin embargo, las autoridades uruguayas están controlando e incluso prohibiendo la práctica de este deporte por el posible deterioro ecológico que ocasiona. No hay duda de que la prohibición del surf en la arena no 40 va a detener el espíritu activo de los uruguayos. Su creatividad los incentivará a buscar o inventar otras opciones para entretenerse.

[1]*dunes* [2]*slope*

7-47 ¿Opinión? Diga si las siguientes citas textuales (*quotations*) representan información concreta (C) o una opinión (O) del autor.

1. _____ "Desde su infancia, muchos uruguayos acompañan fielmente a sus equipos predilectos."
2. _____ "Pero los uruguayos son un pueblo inquieto, de una personalidad versátil que no limita su interés a un solo deporte."
3. _____ "En 1993 se formó la Unión de Surf del Uruguay (USU)."
4. _____ "Punta del Este es una hermosa península de enormes playas, con arenas finas y gruesas, rocas y un entorno de bosques y médanos."
5. _____ "La agradable temperatura de las playas uruguayas, la escasez de olas que a veces impide practicar el surf sobre el agua y la formación arenosa de algunas playas aumentaron considerablemente el número de adeptos al surf en la arena."
6. _____ "No hay duda de que la prohibición del surf en la arena no va a detener el espíritu activo de los uruguayos."

7-48 Segunda mirada. Lea el artículo otra vez y, según la información que aparece en él, haga lo siguiente:

1. Indique dos razones que explican la popularidad del fútbol en Uruguay.
2. Diga por qué los uruguayos tienen un carácter inquieto.
3. Nombre tres deportes que se juegan en equipo, dos que son principalmente deportes individuales, y uno que no requiere una pelota.
4. Dé dos razones para explicar por qué Punta del Este le ofrece al/a la surfista acuático/a un lugar ideal para practicar su deporte.
5. Explique dos hechos que provocaron el nacimiento del surf en la arena.
6. En su opinión, ¿deben prohibir el surf en la arena? ¿Por qué?

Después de leer

G **7-49 ¡Adivinen cuál es el deporte!** Preparen una hoja descriptiva sobre el deporte favorito del grupo sin mencionar el nombre del deporte. Den la siguiente información e intercambien su hoja con otro grupo que debe adivinar cuál es el deporte.

1. Lugar donde se practica
2. Deporte individual o en grupo (número de personas en el equipo)
3. Clima ideal para practicarlo: Se practica en invierno/en... /cuando hace..., etc.
4. Un/a jugador/a famoso de este deporte
5. Su opinión sobre el/la jugador/a

 Escribir

Writing for a broader, impersonal audience about a specific subject requires special attention to the content about which you write, the amount of information you include, the use or avoidance of technical language, and the degree of objectivity and subjectivity of your text.

Readers of sports magazines are generally sports-oriented and knowledgeable about one or more sports. To write for such an audience of 'experts,' you should:

- Anticipate the kind of information your readers may know or may need.
- Use words specific to the sport.
- Use agile language that reflects the vitality of sports activities: action verbs, brief sentences, words that show intensity (adverbs), etc.
- Differentiate sports facts from people's opinions.

7-50 Enfoque. Primera fase. Lea el siguiente informe deportivo y siga las instrucciones.

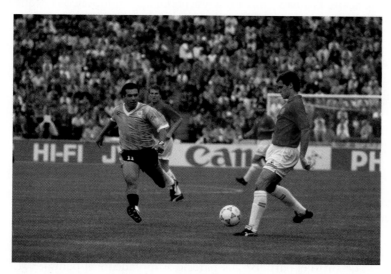

---

13 de abril

Copa América: Argentina vence a Uruguay 4-2

Argentina derrotó a Uruguay por 4-2 y se clasificó en la Copa América como segunda del Grupo B.

Fabián Estoyanoff marcó sorpresivamente un gol para Uruguay a los 7 minutos. Pero a los 19 minutos, Cristián González, del cuadro argentino, marcó un gol de penal y luego, Luciano Figueroa marcó otro gol magistral a los 20 minutos. Vicente Sánchez igualó a los 37 minutos para el equipo uruguayo. Argentina definió el partido con los goles de Roberto Ayala, a los 80 minutos, y otra vez Figueroa, a los 89 minutos.

El árbitro expulsó a un jugador uruguayo por mala conducta.

El partido fue desordenado y rudo, pero muy emocionante. Unos 23.000 espectadores llegaron muy temprano al estadio "Miguel Grau" para acompañar a sus equipos. Rubén Selman arbitró impecablemente el partido.

Segunda fase. Answer the following questions, based on the sports report.

1. Mark with an X the main idea of the report.
   _____ Uruguay and Argentina were finalists in the World Soccer Cup.
   _____ Argentina beat Uruguay in the Cup America.
   _____ Uruguay defeated Argentina in the Cup America.

2. Is this sports report effective?   Yes   No

3. Mark some possible reasons for your response to question 2.
   _____ Reporter narrates the sports event chronologically.
   _____ There is no chronology in the report.
   _____ Reporter provides a detailed description of what went on during the game.
   _____ Reporter uses words specific to soccer.
   _____ The report uses action verbs, brief sentences, words that show intensity.
   _____ The report is objective, that is, it informs the reader about facts of the game.

Antes de escribir

7-51 Preparación. Primera fase. En www.prenhall.com/mosaicos busque una noticia sobre un evento deportivo. Léala y anote lo siguiente:

1. el tipo de evento: un partido, un torneo, una competencia entre instituciones, un campeonato, una copa, etc.
2. dónde y cuándo ocurrió.
3. nombres de los/las deportistas, equipos, árbitros que participaron.
4. información concreta sobre el evento: ¿Quién ganó? ¿Cuál fue el puntaje (*score*)? ¿Batieron (*break*) un récord? ¿Quiénes fueron los deportistas sobresalientes (*outstanding*) en el evento?

Segunda fase. Prepárese para escribir un informe deportivo. Haga lo siguiente:

1. Haga una lista de palabras clave para su informe: nombres, verbos, adjetivos, adverbios, etc. Recuerde que debe usar palabras específicas del deporte.
2. Ordene cronológicamente los hechos del evento de la **Primera fase.**
3. Imagínese que usted fue uno de los espectadores. Escriba su opinión sobre el evento: ¿Le gustó el partido? ¿Le pareció sorprendente el puntaje? ¿Le gustó el árbitro? ¿Y los jugadores? ¿Cómo reaccionaron los aficionados?

A escribir

7-52 Manos a la obra. Usted es un/a periodista deportivo/a para la revista *Deportes del milenio*. Esta revista va a tener una página en la red, y usted va a ser la persona responsable de informar a los lectores sobre las noticias deportivas. Usando la información que recogió en **7-51, Segunda fase,** escriba su primer informe. Incluya lo siguiente:

1. información concreta sobre un evento deportivo en un país hispano
2. la reacción de los espectadores durante y después del evento
3. la opinión de los expertos o su opinión sobre el evento deportivo

Después de escribir

7-53 Revisión. Antes de presentar su proyecto, revise:

- la claridad y cantidad de información presentada. Recuerde que los informes deportivos por lo general son breves
- el vocabulario general y vocabulario especializado, la estructuras que utilizó para narrar cronológicamente el evento y la concordancia
- las expresiones para introducir su opinión o la de otras personas
- la ortografía y la acentuación

EN DIRECTO

To report factual information about a past sports event:

Los/las jugadores/as hicieron/ marcaron/corrieron, etc.

En realidad, el árbitro, el/la entrenador/a, el/la jugador/a número... , etc.

Asistieron... personas.

To express an opinion about an event:

Según...

En mi opinión, ...

Me parece que...

Sin duda, ...

ENFOQUE CULTURAL

TEMAS: EL FÚTBOL Y LOS DEPORTES

Para pensar

¿Cuáles son algunos de los deportes favoritos en los Estados Unidos? ¿Qué deportes practica usted? ¿Y sus amigos/as? Piense en dos o tres deportes que se practican en su universidad.

El béisbol es uno de los deportes más populares del área del Caribe, especialmente en Cuba, Venezuela, la República Dominicana y Puerto Rico. Sammy Sosa es un famoso beisbolista dominicano.

El polo es otro deporte muy popular en Argentina y en Uruguay. El equipo nacional argentino ganó varios campeonatos mundiales. Uno de los jugadores de polo más conocidos es Nicolás Scortichini.

El deporte más popular de Latinoamérica es el fútbol. Los partidos de fútbol tienen siempre muchos aficionados que animan a sus equipos favoritos.

Para contestar

2 **Los deportes.** Conteste las siguientes preguntas.

1. ¿Qué deportes se practican más en España e Hispanoamérica? ¿Qué deportes piensa usted que no se practican? ¿Por qué?
2. ¿Cuáles son los deportes favoritos de los países hispanohablantes? ¿Dónde los practican?

G **Riqueza cultural.** Mencionen a dos famosos/as futbolistas, tenistas y beisbolistas españoles o hispanoamericanos. Digan de qué país son y, si es posible, en qué equipo(s) juegan.

Los españoles y los hispanoamericanos también disfrutan del ciclismo. Además de importantes competencias, hay muchas excursiones a lugares de interés turístico y ecológico organizadas para los aficionados de este deporte.

Para pensar

¿Qué sabe usted acerca de Argentina y Uruguay? ¿Sabe usted dónde están? ¿Qué lugares de interés hay en estos países?

Argentina y Uruguay están en la costa oriental de América del Sur. Ambos países tienen una intensa vida intelectual y cultural.

PERÚ

BOLIVIA

BRASIL

CHILE

PARAGUAY

OCÉANO PACÍFICO

Río Salado

Salta

Formosa

Río Paraná

Córdoba

Río Uruguay

Salto
Melo

Rosario

URUGUAY

Buenos Aires

Montevideo

La Plata

Río de la Plata

ARGENTINA

Neuquén

Mar del Plata

OCÉANO ATLÁNTICO

Río Negro

San Carlos de Bariloche

Río Chubut

Estrecho de Magallanes

Islas Malvinas

Tierra del Fuego

Ushuaia

Cabo de Hornos

Montevideo, la capital de Uruguay, es una ciudad moderna con un centro histórico que data de la época colonial. Precisamente, una de las ciudades más importantes del Uruguay se llama Colonia, y es famosa por su diseño y arquitectura. Montevideo, en cambio, está rodeada de hermosas playas.

En Montevideo se puede disfrutar de tiendas, museos, cafés, mercados y ferias. Por ejemplo, se puede visitar el Mercado del Puerto y la Avenida 18 de julio, donde hay muchas tiendas, teatros, museos y galerías de arte. De especial interés es el Museo del Gaucho, donde se puede apreciar todo lo relacionado con los gauchos, es decir, los vaqueros (cowboys) típicos de Uruguay y Argentina.

Expresiones uruguayas:

fenómeno	¡La pasé **fenómeno**!	*I had a great time!*
chiquilín/a	¡Mi **chiquilín** es muy tranquilo!	*My kid is very quiet!*
irse embalado	¡Se fue **embalado**!	*He/she left in a hurry!*
salvar/perder el examen	Mario **salvó** el examen de español, pero José lo **perdió**.	*Mario passed his Spanish exam, but José flunked it.*

Buenos Aires, la capital de Argentina, tiene un aire muy europeo, con amplios parques, anchas avenidas y altos edificios.

La amistad tiene gran importancia en la vida de los porteños, que es como se llama a las personas que nacieron en Buenos Aires. Por eso, los numerosos cafés de la ciudad están siempre llenos de personas que se reúnen a conversar mientras toman un delicioso cortado (café con crema) acompañado de una medialuna (un croissant pequeño).

Bariloche, a las orillas del lago Nahuel Huapi, es el lugar ideal para las personas a las que les gusta esquiar.

Expresiones argentinas:

ché	**Ché**, Martita, ¿dónde está mi camisa?	*Hey, Martita, where is my shirt?*
mandarse la parte	¡No te **mandes la parte**!	*Don't brag!*
laburo	Siempre salgo temprano para el **laburo**.	*I always leave early to go to my job.*
morocho/a	Isabel es **morocha**.	*Isabel is brunnette.*

Una de las características geográficas más distintivas de Argentina es la pampa. Estas enormes extensiones de tierra (land) llana y fértil constituyen una de las bases de la economía argentina.

Para contestar

En el mapa

1. Busque tres ciudades de Argentina y tres ciudades de Uruguay y diga dónde están situadas.
2. Diga qué países están al oeste, norte y este de Argentina.
3. Diga qué países están al este y norte de Uruguay.

Ahora diga...

1. por qué puede ser interesante ir a Montevideo o a Punta del Este.
2. qué lugar de interés le gustaría visitar en Argentina y por qué.

¿Qué dice Ud. si...

1. su amigo uruguayo sacó una mala nota en el examen final de biología.
2. Ud. no quiere ir a su trabajo hoy.
3. pasó momentos muy divertidos en una fiesta con sus compañeros/as.

Para investigar en Internet

Busque el nombre de dos equipos de fútbol de Uruguay y dos equipos de Argentina. Traiga esta información a clase y hable con sus compañeros/as sobre el último partido que jugaron, dónde jugaron, contra quién jugaron, quién ganó y cuál fue el puntaje.

FORTUNAS: EPISODIO 7

¡Prepárese!

7-54 La honestidad. En el Episodio 7 aparece el tema de la honestidad o, mejor dicho, la falta de ella. Carlos está muy molesto por las acciones de Katie y empieza a dudar de su honestidad. La lista siguiente contiene algunas palabras importantes de este episodio. Indique sus equivalentes en inglés.

a. decepcionar
b. la mentira
c. la integridad
d. competitivo/a
e. el/la traidor/a

_____ *traitor*
_____ *competitive*
_____ *to deceive, cheat*
_____ *lie*
_____ *integrity*

Ángela no quiere perder su trabajo.

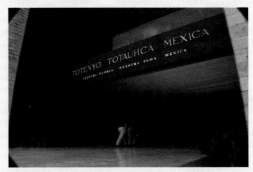

Katie y Carlos van al Museo Nacional de Antropología.

¡Sabrina y Efraín ganaron la primera fortuna!

Carlos tiene dudas sobre la honestidad de Katie.

Carlos no quiere entrevistarse con Tito.

Ahora Ángela está muy contenta.

¡Responda!

7-55 Comparaciones. Usando las palabras de la lista en ejercicio 7-54, escriba oraciones completas en español, comparándose con los personajes de *Fortunas*. ¿Es usted como ellos o diferente?

MODELO: Katie dice mentiras y yo también. o
Katie dice mentiras pero yo digo la verdad.

NOTAS: "HURACÁN", NATALIA OREIRO

Esta canción moderna combina estilos musicales españoles y latinoamericanos como el flamenco, la salsa y la música tropical en un ritmo alegre y positivo.

¡Prepárese!

7-56 El título. ¿Puede adivinar lo que significa "Huracán", el título de la canción? En su opinión, ¿cuáles pueden ser algunos temas?

¡Escuche!

7-57 La letra. Mientras escucha la canción lea las palabras siguientes e indique sus equivalentes en inglés. Use un diccionario bilingüe si es necesario.

a. sentimiento   _____ *kisses*
b. alma   _____ *heaven*
c. fuego   _____ *feeling*
d. besos   _____ *fire*
e. cielo   _____ *soul*

Ahora que conoce mejor la canción, ¿cuáles son sus ideas sobre el tema?

"Huracán"

Aunque digan lo que digan   [...]
                                             No me importa qué murmuren
No me importa el qué dirán   Porque soy un huracán
Sólo basta una mirada

Y desato un huracán

¡Responda!

7-58 Las expresiones. Muchos países tienen expresiones populares que se usan coloquialmente y que pueden variar de país a país y de región a región. En "Huracán" la cantante dice que no le importa "el qué dirán", lo que dice la gente o el chisme (*gossip*). La lista siguiente contiene otras expresiones en español, léalas e indique sus equivalentes en inglés.

a. tener mala cara   _____ *to keep one's word*
b. ser tal para cual   _____ *to be sophisticated*
c. tener palabra   _____ *two of a kind*
d. en un dos por tres   _____ *to look bad*
e. tener mundo   _____ *in a second/right away*

7-59 Más expresiones. Ahora indique los equivalentes en inglés de las siguientes expresiones en español.

a. ¡Salud!   _____ *First rate!*
b. ¡Del uno!   _____ *Nonsense!*
c. ¡Venga ya!   _____ *All right!*
d. ¡Qué va!   _____ *Cheers!*
e. ¡Vaya!   _____ *Come off it!*

7-60 Ahora usted. Escriba una lista de expresiones populares de su país o región y luego intercambie su lista con la de un/a compañero/a. ¿Hay semejanzas? ¿Hay diferencias?

VOCABULARIO

AUDIO Deportes

el baloncesto/basquetbol	*basketball*
el béisbol	*baseball*
los bolos	*bowling*
el ciclismo	*cycling*
el esquí	*skiing, ski*
el fútbol	*soccer*
el tenis	*tennis*
el voleibol	*volleyball*

Equipo deportivo

el bate	*bat*
el/la cesto/a	*basket, hoop*
los palos	*golf clubs*
la pelota	*ball*
la raqueta	*racket*
la red	*net*

Eventos

el campeonato	*championship*
la carrera	*race*
el juego/partido	*game*
el torneo	*tournament*

Lugares

la cancha	*court, golf course*
el campo	*field*
la pista	*slope, court, track*

Personas

el/la aficionado/a	*fan*
el árbitro	*umpire, referee*
el campeón/la campeona	*champion*
el/la ciclista	*cyclist*
el/la entrenador/a	*coach*
el equipo	*team*
el/la jugador/a	*player*
el/la tenista	*tennis player*

Naturaleza

el árbol	*tree*
la atmósfera	*atmosphere*
la flor	*flower*
el lago	*lake*

Tiempo

despejado/a	*clear*
fresco/a	*cool*
el hielo	*ice*
la lluvia	*rain*
la nieve	*snow*
nublado/a	*cloudy*
el sol	*sun*
el viento	*wind*

Descripciones

contaminado/a	*polluted, contaminated*
contrario/a	*opposite, contrary*
emocionado/a	*excited*
mejor	*best*
mundial	*worldwide*

Verbos

acostar (ue)	*to put to bed*
acostar(se)	*to go to bed, to lie down*
afeitar(se)	*to shave*
aplaudir	*to applaud*
aprovechar	*to take advantage*
competir (i)	*to compete*
congelar(se)	*to freeze*
despertar(se) (ie)	*to wake up*
discutir	*to argue*
dormirse (ue)	*to fall asleep*
durar	*to last*
esquiar	*to ski*
ganar	*to win*
ir(se)	*to go away, to leave*
jugar a los bolos	*to bowl*
lavar(se) los dientes	*to brush one's teeth*
levantar	*to raise*
llover (ue)	*to rain*
maquillar(se)	*to put on makeup*
nevar (ie)	*to snow*
participar	*to participate*
patinar	*to skate*
perder (ie)	*to lose*
quitar	*to take away, to remove*
quitar(se)	*to take off*
representar	*to represent*
sentar(se) (ie)	*to sit down*
traducir (zc)	*to translate*

Palabras y expresiones útiles

cada	*each*
conmigo	*with me*
contigo	*with you (familiar)*
estar de acuerdo	*to agree*
el fin	*end*
Hace calor.	*It's hot.*
¿Qué tiempo hace?	*What's the weather like?*
sin	*without*

8

FIESTAS Y TRADICIONES

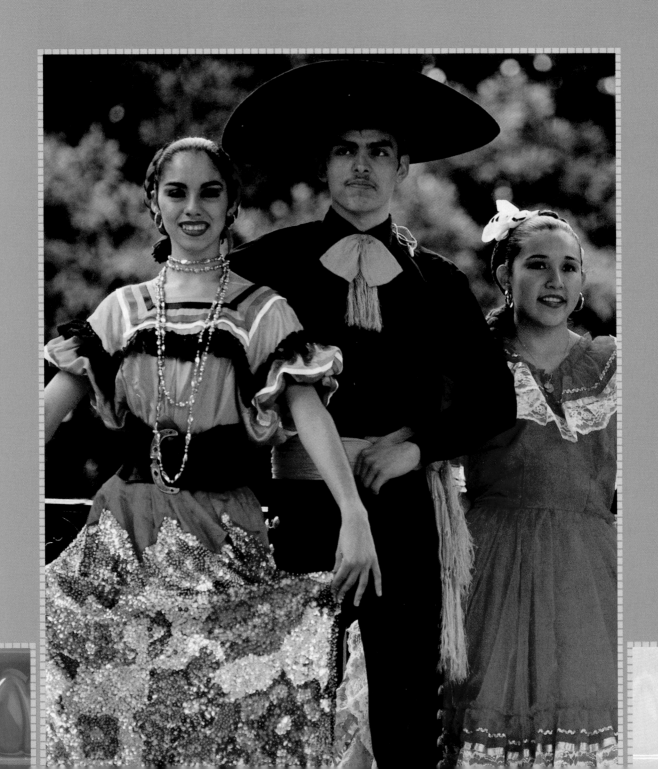

Objetivos comunicativos

- Talking about holiday activities
- Expressing ongoing actions in the past
- Extending, accepting, and declining invitations
- Making comparisons

Contenido

A primera vista

- Fiestas y tradiciones
- Otras celebraciones

Explicación y expansión

- The imperfect
- Imperfect of regular and irregular verbs
- The preterit and the imperfect
- Comparisons of inequality
- Comparisons of equality
- The superlative

Mosaicos

- Escuchar: Making inferences
- Conversar: Comparing experiences; narrating
- Leer: Identifying information stated in a text; making inferences
- Escribir: Narrating a real or an imaginary experience or event

Enfoque cultural

- Temas: La religión
- Vistas: México y Guatemala
  Para investigar en Internet
- Fortunas: Episodio 8
- Notas: El Chapo, *Los Originales de San Juan*

Vocabulario

A PRIMERA VISTA

Fiestas y tradiciones

AUDIO Estas **carretas** adornadas "**hicieron el camino**" para llegar a El Rocío, un pequeño **pueblo** de la provincia de Huelva, en España, donde está la Ermita de la Virgen del Rocío. En el pueblo **se reúnen** cada año cerca de un millón de personas para celebrar la fiesta de la Virgen del Rocío.

he

El Día de los **Muertos,** también conocido como el Día de los Difuntos, se conmemora el 2 de noviembre y muchas familias van al **cementerio** ese día o el día anterior para recordar y llevarles **flores** a sus familiares o amigos **difuntos.** Especialmente en México, los preparativos para el día de los muertos **comienzan** con mucha anterioridad y hay familias que pasan la noche del primero al 2 de noviembre acompañando a sus muertos en el cementerio, como se ve en esta foto tomada en Pátzcuaro.

tomar
past participle

taken

Las fiestas y los bailes que se celebran ayudan a mantener las **costumbres** de los **antepasados.** La diablada es uno de los festivales folclóricos con más colorido en Hispanoamérica. Se celebra durante el carnaval de Oruro en Bolivia y también en el norte de Chile y otros países, entre ellos, Perú.

St. Patroness of Miners

entre ellos — including

La música, el baile y la **alegría** reinan en los **carnavales**. Hay **carrozas** y **comparsas** que bailan en las calles, muchas personas **se disfrazan** y todo el mundo **se divierte**. El último día de Carnaval es el martes **antes** del **comienzo** de la Cuaresma. *lent*

Ésta es una de las procesiones de Semana Santa en la Antigua Guatemala. Esta ciudad fue la **antigua** capital de Guatemala y es famosa por su arquitectura colonial y las **maravillosas** alfombras que se hacen con flores, semillas y aserrín para el paso de las procesiones.

semilla + aserrín seeds saw dust

CULTURA

Los hispanos y los norteamericanos tienen muchas fiestas y celebraciones diferentes. Por ejemplo, el Día de Acción de Gracias (*Thanksgiving*) no se celebra en los países hispanos y tampoco es tradicional el Día de las Brujas (*Halloween*), aunque se está comenzando a celebrar en algunas ciudades de Hispanoamérica. Por otro lado, debido a la importancia e influencia de la religión católica en los países hispanos, algunas fiestas religiosas se consideran también fiestas oficiales. Pero lo más importante es la gran diversidad de fiestas locales. Muchas personas trabajan todo el año para garantizar el éxito de estas celebraciones, en las que la gente baila y se divierte durante días enteros.

El día de **San Fermín,** el 7 de julio, se inicia la celebración de los **sanfermines** en Pamplona. Esta celebración, que dura del 7 al 14 de julio, es famosa mundialmente por los "encierros". Los jóvenes corren por las calles seguidos de los **toros,** hasta llegar a la **plaza** donde encierran a los toros y más tarde tienen lugar las corridas.

bullfight

284 ■ Lección 8

AUDIO Días y fechas importantes

En muchos países de habla hispana, los niños reciben regalos de Papá Noel o del Niño Dios el día de Navidad; sin embargo, la Nochebuena se considera el día más importante. Muchas personas van a la iglesia a la medianoche para asistir a la Misa del Gallo. El seis de enero, día de la Epifanía, se celebra la llegada de los Reyes Magos con sus regalos para el Niño Dios. La noche del 5 de enero, muchos niños se acuestan esperando la visita de los tres reyes que llegan montados en sus camellos con regalos para ellos.

la Nochebuena

la Navidad

la Nochevieja

el Año Nuevo

el Día de la Independencia

la Pascua

el Día de la Madre

el Día del Padre

el Día de Acción de Gracias

el Día de las Brujas

el Día de los Enamorados/del Amor y la Amistad

¿Qué dice usted?

2 **8-1 Asociaciones. Primera fase.** Asocien las fechas de la izquierda con los días festivos de la derecha.

1. ___h___ el 25 de diciembre
2. ___g___ el 2 de noviembre
3. ___f___ el 6 de enero
4. ___a___ el 4 de julio
5. ___c___ el 24 de diciembre
6. ___d___ el 31 de diciembre
7. ___e___ el 14 de febrero
8. ___b___ el 31 de octubre

a. el Día de la Independencia de los Estados Unidos
b. el Día de las Brujas
c. la Nochebuena
d. la Nochevieja, el fin de año
e. el Día de los Enamorados, del Amor y la Amistad
f. el Día de los Reyes Magos
g. el Día de los Muertos ————→
h. la Navidad

G **Segunda fase.** En grupos pequeños, comenten:

- cuál(es) de estas fiestas celebra cada uno de ustedes.
- cuál es la predilecta de la mayoría de las personas del grupo, y por qué.

favorite preferred.

2 **8-2 Festivales o desfiles.** Piense en algunos festivales o desfiles (*parades*) importantes y complete el cuadro. Su compañero/a va a hacerle preguntas sobre ellos.

MODELO: E1: ¿En qué fiesta o desfile importante estás pensando?
          E2: En el Cinco de Mayo
          E1: ¿Dónde lo celebran?
          E2: En México y en algunas ciudades de los Estados Unidos, como Austin, Texas.

FESTIVAL	FECHA	LUGAR	DESCRIPCIÓN	OPINIÓN

2 **8-3 Unos días festivos.** Hablen sobre cómo celebran ustedes estas fechas.

MODELO: E1: ¿Cómo celebras tu cumpleaños? *BD*
          E2: Lo celebro con mi familia y mis amigos. Recibo regalos, y mi madre prepara mi comida favorita con pastel de chocolate de postre. Después escuchamos música, conversamos, y a veces bailamos.

1. la Nochevieja, el Fin de Año
2. la Navidad
3. el Día de Acción de Gracias
4. el Día de la Independencia
5. el Año Nuevo
6. el Día de la Madre

8-4 Una celebración importante. Primera fase. Con su compañero/a escojan una celebración importante del mundo hispano (Carnaval, Semana Santa, Año Nuevo, La Diablada, Día de la Independencia, etc.) y busquen información en Internet sobre:

1. lugar
2. época del año
3. forma en que se celebra

Segunda fase. Imagínense que usted y su compañero/a estuvieron en un país hispano durante la celebración sobre la que investigaron en la **Primera fase.** Explíquenles a otros/as dos compañeros/as dónde estuvieron, qué fiesta celebraron y qué hicieron. Sus compañeros les van a hacer preguntas para obtener más información o aclarar algo que no comprendieron.

Otras celebraciones

AUDIO Una invitación a cenar

SRA. MENA: Pedro, tenemos que **invitar** a los Sosa a cenar.

SR. MENA: Es verdad. Ellos nos invitaron el mes pasado. ¿Por qué no los llamas ahora? Podemos reunirnos este fin de semana o el próximo.

(Unos minutos más tarde, las dos señoras hablan por teléfono.)

SRA. MENA: ¿Pueden cenar con nosotros el sábado?

SRA. SOSA: ¡Ay, María! Lo siento muchísimo, pero este sábado tenemos entradas para el **teatro.**

SRA. MENA: Ah, **¡qué lástima!** ¿Y el sábado 15?

SRA. SOSA: **Encantados.** Tenemos muchos deseos de verlos.

SRA. MENA: Y nosotros también.

8-5 Una invitación. Primera fase. Completen el siguiente cuadro según la conversación de la señora Mena y la señora Sosa.

FECHAS DE LAS INVITACIONES	EXPRESIONES QUE USA LA SRA. SOSA
primera invitación: _el Sábado_	para disculparse por no aceptar:
segunda invitación: _el Sábado quince_	para aceptar la invitación:

Segunda fase. Ahora invite a su compañero/a a cenar, o a ir al teatro o a un partido importante. Después, su compañero/a va a invitarlo/la a usted. Además de las expresiones del diálogo, pueden usar las de la tabla.

EN DIRECTO

To accept an invitation:
Gracias. Me encanta la idea.
Con mucho gusto.
Encantado/a.
Será un placer.

To apologize:
Me gustaría ir, pero...
¡Qué lástima/pena! Ese día tengo que...
No puedo, tengo un compromiso.

Celebraciones personales

La boda del príncipe Felipe, en mayo de 2004, fue un gran acontecimiento histórico y social que millones de hispanos pudieron ver por televisión. En los países hispanos, el padrino de la boda es la persona que acompaña a la novia al altar y generalmente es su padre. La madrina está en el altar con el novio y normalmente es su madre.

8-6 Una invitación de boda. Lean la invitación de boda y la de la recepción, y contesten las preguntas. Luego preparen una lista con las diferencias que encuentran ustedes entre estas invitaciones y las de este país.

Agradecemos su presencia después de la ceremonia religiosa en el Club de Golf Chapultepec Av. Conscripto N° 425, Lomas Hipódromo

R.S.V.P.
529-99-43
520-16-85

Personal

Pedro Martín Salda
Juana Montoya de Martín

Eduardo Calderón Solís
Elisa Noriega de Calderón

participan el matrimonio de sus hijos

Estelita
y
Alberto

y tienen el honor de invitarle a la ceremonia religiosa que se celebrará el viernes 9 de febrero, a las diecinueve treinta horas en el Convento de San Joaquín, Santa Cruz Cocalco N° 15, Legaria, dignándose impartir la bendición nupcial
el R.P. José Ortuno S.J.
Ciudad de México, 2001

1. ¿Cómo se llaman los padres de la novia? ¿Y los del novio?
2. ¿Cómo se llaman los novios?
3. ¿Qué día es la boda?
4. ¿A qué hora es?
5. ¿En qué país se celebra esta boda?
6. ¿Adónde van a ir los invitados después de la ceremonia?

2 8-7 Un día especial. Lean la invitación y contesten las preguntas.

Nuestro querido hijo

David

será llamado a la lectura de la Tora
con motivo de su Bar Mitzvah
el jueves 18 de noviembre de 2004
a las ocho de la mañana en la Sinagoga
Centro Hebreo, Avenida 13-15 Zona 9.

Nos sentiremos muy honrados en compartir
con ustedes tan memorable ocasión
y será un placer recibirles en el desayuno
que seguidamente ofreceremos en el
salón de fiestas de la sinagoga.

David y Ruth Bauman
Fax: (502) 238-2042
Ciudad de Guatemala, Guatemala

1. ¿Cuál es el motivo de la celebración?
2. ¿Qué día es la celebración? ¿A qué hora?
3. ¿Hay algo, además de la celebración religiosa?
4. ¿Quiénes son David y Ruth Bauman?
5. ¿En qué país tiene lugar esta celebración?

2 8-8 Una fiesta especial. Individualmente piensen en una celebración o fiesta en la que cada uno participó recientemente. Luego, explíquense cómo fue esa fiesta. Incluyan detalles sobre el número de invitados, el lugar, el menú, la música, cuánto costó todo, etc.

AUDIO 8-9 Fiestas y tradiciones. You will listen to four short dialogues about different holidays celebrated in the Hispanic world. Before you listen, write down the names of two holidays that you have studied or read about in this chapter.

_____

_____

Now, pay attention to the general idea of what is said. Then, as you listen, identify the holiday each conversation refers to by writing the appropriate conversation number next to it.

_____ el día del amor y la amistad, día de los enamorados
_____ el día de los muertos
_____ el día de los reyes magos
_____ el día de las brujas

1. The imperfect

Antes la música **era** más suave y romántica. **Tenía** más **melodía** y las **orquestas eran** magníficas.

Hoy en día no hay música; hay sólo **ruido,** y la gente se mueve mucho para bailar.

Antes las familias **hablaban** y **había** más **seguridad** en las calles.

Y seguro que tu abuela decía lo mismo de los niños.

Ahora es horrible. Hay mucha **violencia,** mucha **droga,** mucho **sexo,** y los niños no **respetan** a las personas mayores.

■ So far you have seen two ways of talking about the past in Spanish: the preterit and the imperfect. In the preceding monolog, the grandmother used the imperfect because she was focusing on what used to happen when she was young. If she had been focusing on the fact that an action was completed, like something she did yesterday, she would have used the preterit. Generally, the imperfect is used to:

1. express habitual or repeated actions in the past.

> Nosotros **íbamos** a la playa todos los días.
>
> *We used to go to the beach every day.*

2. express an action or state that was in progress in the past.

> Agustín **estaba** muy contento y **hablaba** de sus planes con su hermana.
>
> *Agustín was very happy and was talking about his plans with his sister.*

3. describe characteristics and conditions in the past.

La casa **era** blanca y **tenía** dos dormitorios.	*The house was white and it had two bedrooms.*

4. tell time in the past.

Era la una de la tarde; no **eran** las dos.	*It was one in the afternoon; it was not two.*

5. tell age in the past.

Ella **tenía** quince años entonces.	*She was fifteen years old then.*

■ Some time expressions that often accompany the imperfect to express ongoing or repeated actions or states in the past are **mientras, a veces, siempre, generalmente,** and **frecuentemente.**

2. Imperfect of regular and irregular verbs

REGULAR IMPERFECT			
	HABLAR	COMER	VIVIR
yo	hablaba	comía	vivía
tú	hablabas	comías	vivías
Ud., él, ella	hablaba	comía	vivía
nosotros/as	hablábamos	comíamos	vivíamos
vosotros/as	hablabais	comíais	vivíais
Uds., ellos/as	hablaban	comían	vivían

■ Note that the endings for **-er** and **-ir** verbs are the same. All these forms have a written accent over the **í** of the ending: comía, vivías.

■ The Spanish imperfect has several English equivalents.

Mis amigos bailaban mucho.
$\begin{cases} \textit{My friends danced a lot.} \\ \textit{My friends were dancing a lot.} \\ \textit{My friends used to dance a lot.} \\ \textit{My friends would dance a lot.} \\ \text{(implying a repeated action)} \end{cases}$

■ There are no stem changes in the imperfect.

Ella no **duerme** bien ahora, pero antes **dormía** muy bien.
She does not sleep well now, but she used to sleep very well before.

■ Only three verbs are irregular in the imperfect.

ir   iba, ibas, iba, íbamos, ibais, iban
ser era, eras, era, éramos, erais, eran
ver veía, veías, veía, veíamos, veíais, veían

■ The imperfect form of **hay** is **había** (*there was, there were, there used to be*). Both forms remain invariable.

Había una invitación en el correo.	*There was an invitation in the mail.*
Había muchas personas en la fiesta.	*There were many people at the party.*

¿Qué dice usted?

8-10 Cuando tenía cinco años. Primera fase. Marque cuáles eran sus actividades cuando usted tenía cinco años.

1. _____ Jugaba en el parque con mi perro.
2. _____ Ayudaba a mi mamá en la casa.
3. _____ Salía con mis padres los fines de semana.
4. _____ Iba a la playa en el verano.
5. _____ Miraba televisión hasta muy tarde.
6. _____ Celebraba el año nuevo con mis amigos.
7. _____ Asistía a las fiestas de la familia.
8. _____ ...

Segunda fase. Comparen sus respuestas y, luego, respondan a estas preguntas.

1. ¿Quién de ustedes miraba más televisión?
2. ¿Quién de ustedes tenía una vida más activa? ¿Por qué?

8-11 En la escuela secundaria. Primera fase. Marque en el cuadro la frecuencia con que usted y sus amigos/as hacían estas cosas. Después compare sus respuestas con las de su compañero/a.

MODELO: leer muchos libros
Siempre (frecuentemente/a veces/nunca) leíamos muchos libros.

ACTIVIDADES	SIEMPRE	FRECUENTEMENTE	A VECES	NUNCA
practicar deportes				
bailar mucho en las fiestas				
ir a los partidos de fútbol				
asistir a conciertos				
reunirse con amigos en el cine				

Segunda fase. Formen pequeños grupos para hablar de lo siguiente:

1. ¿Cuál era la actividad que realizaban con menos frecuencia o nunca? ¿Por qué?
2. ¿Cuáles eran las dos actividades que realizaban con más frecuencia? ¿Por qué?

8-12 Entrevista. Háganse las siguientes preguntas para saber cómo era la vida de cada uno/a cuando era pequeño/a.

1. ¿Dónde vivías, y con quién?
2. ¿A qué escuela ibas?
3. ¿Quién era tu mejor amigo/a? ¿Cómo era?
4. ¿Qué deportes practicabas?
5. ¿Qué programas de televisión veías?
6. ¿Qué te gustaba hacer en tu tiempo libre?

8-13 Mi casa. Descríbale a su compañero/a cómo era la casa o apartamento donde usted vivía cuando era niño/a. Después, su compañero/a debe hacer lo mismo.

8-14 Las fiestas infantiles. Comenten cómo eran las fiestas de cumpleaños y el día de las brujas cuando eran pequeños/as. Incluyan los siguientes puntos:

- lugar de la celebración
- horas (comienzo y final)
- actividades
- personas que participaban
- comida y bebida que servían
- ropa que llevaban

8-15 Antes y ahora. En pequeños grupos, expliquen cómo era la vida antes y cómo es ahora con respecto a los siguientes temas:

- la familia (tamaño, grado de movilidad, porcentaje de divorcios)
- la mujer en la sociedad (participación en el mundo del trabajo/de la política, su independencia económica)
- las ciudades (tamaño, los problemas ambientales (*environment*) como la contaminación, la delincuencia, el crimen)

SITUACIONES

EN DIRECTO

To talk about how things used to be:

Entonces...

Por aquel entonces...

En aquellos tiempos...

1. **Role A.** You are a very famous public figure (a singer, a professor, a scientist, a sports person, etc.) who is going to be interviewed by a reporter from a major television station. The public is interested in knowing about your background. Give your interviewer as many details as possible as you talk about your past.

   Role B. You are interviewing a very famous person for a major television station. Ask your interviewee the following questions about his/her background: a) what the place he/she was born was like, b) how his/her family life and school days were, c) the type of music he/she used to listen to, d) the books he/she used to read, e) the holidays/ festivities he/she celebrated most and how he/she celebrated them, etc.

2. **Role A.** You are an exchange student and would like to find out about your host's weekend and holiday activities when he/she was in high school. Ask a) what he/she did on Saturday evenings, b) with whom, c) the time, and d) if the activities were the same during the summertime.

   Role B. You are the host of an exchange student. Answer his/her questions about your activities when you were in high school. Then explain that during a summer you went to a friend's house in Guadalajara, Mexico, and that while you were there you used to a) speak Spanish every day, b) go to the outdoor markets, c) listen to the mariachis, and d) eat excellent Mexican food everywhere (**en todas partes**).

3. The preterit and the imperfect

- The preterit and the imperfect are not interchangeable.

- Use the preterit:

    1. to talk about the beginning or end of an event, action, or condition.

Pepito **leyó** a los cinco años.	*Pepito read* (began reading) *at age five.*
El niño **se enfermó** el sábado.	*The child got sick* (began feeling sick) *on Saturday.*
Pepito **leyó** el cuento.	*Pepito read* (finished) *the story.*
El niño **estuvo** enfermo ayer.	*The child was sick* (he is no longer sick) *yesterday.*

    2. to talk about an event, action, or condition that occurred over a period of time with a definite beginning and end.

Vivieron en México por diez años.	*They lived in Mexico for ten years.*

    3. to narrate a sequence of completed actions in the past (note that there is a forward movement of narrative time).

Oyeron un ruido, se **levantaron**, y **bajaron** las escaleras.	*They heard a noise, got up, and went downstairs.*

- Use the imperfect:

    1. to talk about customary or habitual actions, events, or conditions in the past.

Todos los días **llovía,** y por eso **leíamos** mucho.	*It used to rain every day and that's why we read a lot.*

    2. to talk about an ongoing part of an event, action, or condition.

En ese momento **llovía** mucho y los niños **estaban** muy tristes.	*At that moment it was raining a lot, and the children were very sad.*

- In a story, the imperfect provides the background information, whereas the preterit tells what happened. Note that an ongoing action expressed with the imperfect is often interrupted by a completed action expressed with the preterit.

Era navidad. Todos **dormíamos** cuando los niños **oyeron** un ruido en el techo.	*It was Christmas. All of us were sleeping when the children heard a noise on the roof.*

¿Qué dice usted?

8-16 ¡Qué día! Ayer iba a ser un día especial para Pedro, pero todos sus planes terminaron mal. Marque con un círculo las tres cosas que, en su opinión, probablemente le ocurrieron mientras trataba de realizar sus planes.

1. Mientras se bañaba temprano por la mañana, se cayó en el baño.
2. Mientras desayunaba tranquilamente, el teléfono sonó y no pudo terminar de comer.
3. Iba a la tienda para comprarle un anillo a su novia cuando alguien le robó el dinero.

4. Mientras llamaba por teléfono a un restaurante para reservar una mesa, el restaurante se incendió.

5. Iba a proponerle matrimonio a su novia cuando su ex-novia lo llamó por teléfono.

6. Mientras preparaba una cena deliciosa para celebrar el cumpleaños de su novia, el perro se comió el pastel.

8-17 La última vez. Túrnense para preguntarse cuándo fue la última vez que cada uno de ustedes hizo estas cosas y cómo se sentía mientras las hacía.

MODELO: correr en los sanfermines
E1: ¿Cuándo fue la última vez que corriste en los sanfermines?
E2: Corrí el año pasado.
E1: ¿Y cómo te sentías mientras corrías?
E2: Tenía mucho miedo.

1. participar en un campeonato
2. ganar un premio
3. estar en un desfile
4. disfrazarse
5. bailar en un carnaval
6. ...

8-18 ¿Pretérito o imperfecto? Completen esta narración usando el pretérito o el imperfecto.

En el mes de abril del año pasado mi familia y yo (1) _fuimos_ (ir) a Guatemala de vacaciones. Primero nosotros (2) _estuvimos_ (estar) en la ciudad de Guatemala, la capital. Allí (3) _vimos_ (ver) a unos parientes y (4) _visitamos_ (visitar) lugares muy interesantes, como el Museo Nacional de Arqueología y Etnología, donde (5) _pudimos_ (poder) admirar una excelente colección de objetos de la cultura maya, y el Mercado Central, donde mi mamá (6) _compró_ (comprar) unas blusas con unos diseños mayas preciosos.

En la mañana del tercer día, nosotros (7) _nos fuimos_ (irse) a Antigua, que está bastante cerca de la capital. (8) _Hacía_ (Hacer) un tiempo fabuloso. Como (9) _era_ (ser) primavera, muchos árboles y plantas (10) _tenían_ (tener) flores, y todo (11) _estaba_ (estar) muy verde. Nosotros (12) _salimos_ (salir) del hotel cerca de las cinco de la tarde y poco después (13) _llegamos_ (llegar) a una plaza donde había mucha gente. Allí (14) _vimos_ (ver) las procesiones de semana santa. El ambiente (15) _era_ (ser) impresionante; las personas (16) _llevaban_ (llevar) túnicas largas y (17) _caminaban_ (caminar) lentamente por la calle. ¡Nunca vamos a olvidar esa experiencia!

8-19 Un evento inolvidable. Cuéntele a su compañero/a con todos los detalles algo inesperado (sorprendente) que le ocurrió durante una celebración, día festivo o evento especial el año pasado. Indique qué pasó, dónde, cuándo, etc. Describa la escena y los personajes. Su compañero/a debe hacerle preguntas para obtener más información.

SITUACIONES

1. **Role A.** Tell your friend about a festival, celebration or ceremony in which you participated recently. Answer his/her questions with as many details as you can.

   Role B. Your friend is going to tell you about an important event in which he/she participated. Ask him/her questions about where the event/festivity took place, the way people were dressed, how the place was decorated, etc. React appropriately to what you hear.

2. **Role A.** You have just come back from a Spanish-speaking country where you visited a town or city that was having a local festival. Explain to your friend what you saw and answer his/her questions.

   Role B. Your friend went to a festival in a Spanish-speaking country. Ask him/her: a) what the people were doing, b) what they were wearing, c) what they were eating, d) if there were open air markets, e) what people sold there, f) if he/she bought something etc.

4. Comparisons of inequality

En esta fiesta hay **más** personas **que** en la otra. Es **más** divertida **que** la otra.
Las personas bailan **más**.

En esta fiesta hay **menos** personas **que** en la otra. Esta fiesta es **menos** alegre **que** la otra.
Las personas se divierten **menos**.

■ Use **más... que** or **menos... que** to express comparisons of inequality with nouns, adjectives, and adverbs.

COMPARISONS OF INEQUALITY	
Cuando Alina era joven tenía { **más** / **menos** } amigos que Pepe.	*When Alina was young she had { more / fewer } friends than Pepe.*
Ella era { **más** / **menos** } activa que él.	*She was { more / less } active than he.*
Salía { **más** / **menos** } frecuentemente que él.	*She went out { more / less } frequently than he.*

■ Use **de** instead of **que** before numbers.

Había **más de** diez carrozas en el desfile.　*There were more than ten floats in the parade.*
El año pasado vimos **menos de** diez.　*Last year we saw fewer than ten.*

- The following adjectives have regular and irregular comparative forms.

bueno	más bueno o mejor	*better*
malo	más malo o peor[1]	*worse*
pequeño	más pequeño o menor	*smaller*
joven	más joven o menor	*younger*
grande	más grande o mayor	*bigger*
viejo	más viejo o mayor[2]	*older*

Esta banda es $\left\{\begin{array}{l}\textbf{mejor}\\\textbf{peor}\end{array}\right\}$ que aquélla. *This band is* $\left\{\begin{array}{l}better\\worse\end{array}\right\}$ *than that one.*

- When **bien** and **mal** function as adverbs, they have the same irregular comparative forms as **bueno** and **malo**.

bien → mejor	Yo canto **mejor** que Héctor.	*I sing better than Héctor.*
mal → peor	Héctor canta **peor** que yo.	*Héctor sings worse than I.*

¿Qué dice usted?

8-20 Comparación de dos desfiles. Primera fase. Lea la siguiente información sobre los desfiles de Veracruz y de Mérida en México. Después diga si las siguientes oraciones son correctas de acuerdo con la información de la tabla.

	VERACRUZ	MÉRIDA
Habitantes	320.000	750.000
Público	8.000 personas	12.000 personas
Número de bandas	4	5

	Sí	No
1. Mérida tiene más habitantes que Veracruz.	___	___
2. Menos personas asisten al desfile de Veracruz que al de Mérida.	___	___
3. Hay más bandas en el desfile de Veracruz que en el de Mérida.	___	___
4. Hay más público en el desfile de Veracruz que en el de Mérida.	___	___
5. Veracruz tiene menos habitantes que Mérida.	___	___

Segunda fase. Debido a los costos, la banda de su universidad sólo puede participar en uno de estos dos desfiles. Con la información que tienen de la Primera fase y la que aparece más abajo, decidan a cuál debe asistir y expliquen por qué.

	DESFILE DE VERACRUZ	DESFILE DE MÉRIDA
Transporte	30.000 pesos	30.500 pesos
Hotel	12.000 pesos	10.000 pesos
Comidas	2.000 pesos	3.000 pesos

[1]**Más bueno** and **más malo** are not used interchangeably with **mejor** and **peor**. **Más bueno** and **más malo** refer to a person's moral qualities.
[2]Use **mayor** to refer to a person's age. **Más viejo** is generally used with nouns other than people.

8-21 Personas famosas. Compare a las siguientes personas considerando su aspecto físico, su edad, el tipo de trabajo, dinero o popularidad.

1. Brad Pitt y Antonio Banderas
2. Penélope Cruz y Jennifer López
3. Tiger Woods y Sammy Sosa
4. el presidente y el vicepresidente

5. Comparisons of equality

COMPARISONS OF EQUALITY	
tan... como	as . . . as
tanto/a... como	as much . . . as
tantos/as... como	as many . . . as
tanto como	as much as

■ Use **tan... como** to express comparisons of equality with adjectives and adverbs.

| La boda fue **tan** elegante **como** la fiesta. | *The wedding was as elegant as the party.* |
| El padre bailó **tan** bien **como** su hija. | *The father danced as well as his daughter.* |

■ Use **tanto(s)/tanta(s)... como** to express comparisons of equality with nouns.

Había **tanto** ruido **como** en el carnaval.	*There was as much noise as a Mardi Gras.*
Había **tanta** alegría **como** en el carnaval.	*There was as much joy as at Mardi Gras.*
Había **tantos** desfiles **como** en el carnaval.	*There were as many parades as at Mardi Gras.*
Había **tantas** orquestas **como** en el carnaval.	*There were as many orchestras as at Mardi Gras.*

■ Use **tanto como** to express comparisons of equality with verbs.

| Ellos bailaron **tanto como** nosotros. | *They danced as much as we did.* |

¿Qué dice usted?

8-22 Cuatro estudiantes guatemaltecos. Comparen a estos cuatro estudiantes.

MODELO: E1: Vilma tiene tantos hermanos como Marta.
         E2: Sí, pero tiene más hermanos que Ricardo.

	PEDRO	VILMA	MARTA	RICARDO
Hermanos	2	3	3	2
Clases	5	5	4	6
Dinero	50 quetzales	80 quetzales	50 quetzales	80 quetzales
Discos	200	180	180	215
Videos	40	32	40	32

② **8-23 Opiniones.** Primero, den dos nombres de personas, desfiles, etc. Luego, expresen su opinión para compararlos. Pueden usar las palabras que aparecen entre paréntesis u otras de su elección.

MODELO: dos actores (bueno)
  E1: Tom Cruise es tan buen actor como Johnny Depp.
  E2: Sí, estoy de acuerdo/tienes razón. *o*
    No, Johnny Depp es mejor actor que Tom Cruise.

1. dos actrices norteamericanas
   (atractiva, alta, famosa, buena actriz...)
2. dos desfiles o celebraciones locales o nacionales
   (número de personas, carrozas, divertido...)
3. dos películas nominadas para el Óscar
   (actores, fotografía, acción, ...)
4. dos programas cómicos de la televisión
   (cómico, malo, loco...)

Ⓖ **8-24 Las diversiones. Primera fase.** Comparen las películas o los programas de televisión de antes con los de hoy en día, basándose en lo siguiente: los temas, los personajes, el uso de la tecnología, la violencia y el sexo.

Segunda fase. Ahora contesten las siguientes preguntas e intercambien opiniones con otros grupos.

1. ¿Creen ustedes que hoy en día hay más sexo y violencia en las películas y los programas de televisión que antes?
2. ¿Piensan ustedes que hoy hay más violencia social porque se ve más televisión, o porque los medios de comunicación tienen más influencia en los jóvenes que sus padres y la escuela?
3. ¿Piensan que el gobierno debe tener más control sobre los medios de comunicación y el arte?

SITUACIONES

1. One of you is in favor of small weddings and the other prefers big weddings. Compare both in regard to
   a) expenses (*gastos*), b) stress (*estrés*) for the bride and groom, c) work involved, and d) problems.

2. **Role A.** You are a student representative in charge of making a presentation before the Faculty Senate. You are to compare the graduation ceremony at your own university with the graduation ceremony at University X. Convince the faculty that the graduation ceremony at University X is better because it is: smaller, better organized, less expensive, there is better music and there are better speeches (*discursos*), etc.

   Role B. The rest of the class will represent the faculty senate and will ask questions to get a clear idea of the advantages of one type of ceremony over the other.

6. The superlative

■ Use superlatives to express *most* and *least* as degrees of comparison. To form the superlative, use *definite article* + *noun* + **más/menos** + *adjective*. To express *in* or *at* with the superlative, use **de.**

Es **el** disfraz **más/menos** caro (de la fiesta). — *It is the most/least expensive costume (at the party).*

■ Do not use **más** or **menos** with **mejor, peor, mayor,** and **menor.**

Son **los mejores** vinos del país. — *They are the best wines in the country.*

■ You may delete the noun when it is clear to whom or to what you refer.

Son **los mejores** del país. — *They are the best (ones) in the country.*

Superlative with -*ísimo*

■ To express the idea of *extremely*, add the ending -**ísimo** (-**a,** -**os,** -**as**) to the adjective. If the adjective ends in a consonant, add -**ísimo** directly to the singular form of the adjective. If it ends in a vowel, drop the vowel before adding -**ísimo.**

fácil	Este baile es **facilísimo.**	*This dance is extremely easy.*
grande	La carroza es **grandísima.**	*The float is extremely big.*
bueno	Las bandas son **buenísimas.**	*The bands are extremely good.*

¿Qué dice usted?

❷ 8-25 Encuesta. Después de contestar individualmente estas preguntas sobre su universidad y su pueblo/ciudad, comparen sus respuestas.

PUEBLO/CIUDAD	UNIVERSIDAD
¿Dónde sirven...?	¿Cuál es...?
la mejor pizza	la clase más fácil
la mejor hamburguesa	el/la profesor/a más interesante
la peor comida	el deporte más popular
el peor café	el mejor equipo
los mejores helados	la fiesta más importante para los alumnos

🄖 8-26 Mis compañeros/as. En pequeños grupos decidan cuáles son los/las compañeros/as que tienen estas características. Después, contesten las preguntas de otros grupos.

MODELO: simpático/a
E1: ¿Quién es el/la más simpático/a de la clase?
E2: ... es el/la más simpático/a (de la clase).

1. popular
2. serio/a
3. trabajador/a
4. elegante
5. optimista
6. hablador/a

LENGUA

Spanish and English often use adjectives as nouns. Whereas English frequently uses *one* or *ones* after the adjective, Spanish simply drops the noun.
El **traje rojo** es más bonito.
El **rojo** es más bonito.
The red one is prettier.

ACENTOS

Spanish words can have only one written accent. Therefore, adjectives with written accents lose the accent when -*ísimo* is added.
fácil → facilísimo
rápido → rapidísimo

2 **8-27 Preguntas personales.** Háganse las siguientes preguntas.

1. ¿Quién es tu mejor amigo? ¿Y tu mejor amiga?
2. ¿Hablas con tu mejor amigo/a cuando tienes un problema?
3. ¿Cuál es el peor día de la semana para ti? ¿Por qué?
4. ¿Y cuál es el mejor día? ¿Por qué?
5. ¿Cuál es la fecha más importante para ti? ¿Por qué?

G **8-28 Premios al talento.** En pequeños grupos, decidan qué personas excepcionales (figuras famosas o alguien en su clase) son las ganadoras de estos premios. Dos de ustedes van a anunciar los premios principales, y después van a mencionar algunos de los logros (*accomplishments*) de los ganadores. Piensen en otras categorías posibles y anuncien a los ganadores.

MODELO: mejor diseñador/a
La mejor diseñadora es nuestra compañera Asunción Benítez. El año pasado ganó el Premio de la Moda por sus diseños y vestidos clásicos. La ropa de Asunción Benítez es siempre elegantísima.

1. mejor cantante
2. mejor actor/actriz
3. mejor bailarín/bailarina
4. mejor pianista/violinista
5. mejor escritor/a
6. la persona más creativa

SITUACIONES

Role A. You are talking to a well-known film critic. Since you have to write an article on the best American movies of the year, ask him/her a) which is the best American film, b) why, c) who is the best actor/actress, d) which is the worst film of the year, and e) what he/she thinks of Hispanic films.

Role B. You are a well-known film critic. Answer your friend's questions according to your own opinions regarding the best/worst American films and actors, and explain that: a) there are some excellent Mexican, Argentinean, and Spanish films, and b) several of them won Oscars in the last ten years.

MOSAICOS

 Escuchar

Making inferences

Sometimes when you talk to a friend or overhear a conversation you understand what the person means or feels without him/her actually saying it. For example, if you are driving with a friend and cannot find your way around, you might say, "There is a gas station up the road." Your friend might understand (infer) that you want to ask for directions.

Antes de escuchar

8-29 Costumbres diferentes. The end of the year is approaching and two friends are talking about a coming holiday. Before you listen to their conversation in 8-30, write down the name of the holiday that you think they are talking about.

A escuchar

AUDIO **8-30 Feriados.** Now, read the statements that follow and then listen as two friends talk about a Mexican holiday. Mark those statements that provide information you can infer from what you heard.

_____ Daniel es mexicano.
_____ Sandra es una persona muy tímida.
_____ Sandra no es americana.
_____ Daniel está muy preocupado.
_____ Sandra tiene una familia grande.
_____ Daniel no conoce las costumbres mexicanas.

Después de escuchar

8-31 ¿Y usted? With a classmate, share your answers to the following questions.

1. ¿Qué fiesta o tradición religiosa le gustaría celebrar en un país hispano? ¿Por qué?
2. ¿Celebran esa fiesta en su ciudad? ¿Cómo la celebran?
3. ¿Qué fiesta o tradición celebra usted solamente con sus amigos?

Antes de escuchar

8-32 El aniversario. In 8-33, you will listen to a couple talking about their upcoming wedding anniversary. Before you listen, write down what you know about how most couples celebrate their anniversaries: places they go, presents they buy for each other, things they do for each other, etc.

_____

_____

_____

A escuchar

AUDIO **8-33 ¿Un aniversario más?** Now, listen to the conversation. Read the statements that follow and mark those statements that provide information you can infer from what you heard.

_____ Eduardo no es mentiroso. Él siempre dice la verdad.

_____ Mariela está enojada con Eduardo.

_____ A Eduardo no le interesa su trabajo.

_____ Mariela es muy sentimental y romántica.

_____ Eduardo y Mariela son muy pobres.

_____ Eduardo y Mariela tienen una relación muy buena.

Después de escuchar

8-34 ¿Y usted? Now share your answers to the following questions.

1. En su familia, ¿se celebran los aniversarios de bodas? ¿Cómo se celebran?
2. ¿Le gustan a usted estas celebraciones? ¿Por qué?
3. ¿Qué reunión familiar es la más divertida o la mejor? ¿Y la más aburrida o la peor? ¿Por qué?

 # Conversar

Antes de conversar

8-35 Mi niñez y adolescencia. Usted tiene curiosidad por saber si usted y uno/a de sus compañeros/as tuvieron una infancia y adolescencia semejantes. Escriba preguntas que lo/la ayuden a obtener información en las siguientes áreas, u otras áreas de interés para usted.

- Deportes que su compañero/a practicaba y miraba en la televisión entre los siete y los doce años de edad

- La(s) fiesta(s) más importantes para la familia de su compañero/a y cómo la(s) celebraba

- Una o dos costumbres de la familia que a él/ella le gustaban y otras que no le gustaban y por qué

- ¿...?

A conversar

2 **8-36 ¿Semejantes o diferentes?** Entreviste a su compañero/a usando las preguntas de **8-35** y tome notas de sus respuestas.

Después de conversar

2 **8-37 Almas gemelas** (*Identical souls*) **o mundos apartes** (*worlds apart*). Anónimamente, escriban un breve informe comparativo de su infancia y adolescencia. Otra pareja va a leer su informe y va a tratar de averiguar quiénes son ustedes. Sigan los siguientes modelos o combínenlos, de acuerdo a sus experiencias. Mantengan su identidad en secreto.

MODELOS:

ALMAS GEMELAS	MUNDOS APARTES
Somos dos almas gemelas. Tanto mi compañero/a como yo nacimos en...	Somos dos mundos apartes. Uno/a de nosotros/as nació en..., el/la otro/a nació en...

Con respecto a los deportes...

La(s) fiesta(s) más importante(s)...

Durante/ Para... (nombre de la/s fiesta/s)...

Durante nuestra infancia/adolescencia...

Nuestras familias también tenían una/dos costumbre(s)

Mi compañero/a y yo tuvimos una niñez/adolescencia semejante/diferente.

Antes de conversar

8-38 Mi cumpleaños. Las siguientes palabras se relacionan con una fiesta de cumpleaños. Escríbalas en la columna apropiada.

pastel	comer	amigos	recibir regalos
bailar	auto	felicitar (*congratulate*)	familiares
ropa	joyas	divertirse	pasarlo bien
novio/a	colegas	sentirse contento/a	dinero

PERSONAS INVITADAS	ACTIVIDADES TÍPICAS	REGALOS	DESEOS DEL/DE LA CUMPLEAÑERO/A

A conversar

 8-39 Recuerdos de mi mejor/peor cumpleaños. Conversen sobre su mejor/peor cumpleaños. Averigüen lo siguiente.

1. Cómo lo quería celebrar cada uno/a y cómo lo celebró realmente
2. Quiénes lo/la llamaron o visitaron
3. Cómo lo pasó cada uno/a
4. Qué quería recibir de regalo cada uno/a y qué recibió realmente

Después de conversar

8-40 Querido diario (*diary*). Imagínese que usted tuvo un cumpleaños fabuloso o uno muy malo. Narre en su diario lo que le ocurrió.

Querido diario:

El día _____ (date) *fue mi cumpleaños. Cumplí* _____ *años.* _____ *un día* _____. (Say how the day was.)

Yo quería hacer lo siguiente el día de mi cumpleaños: _____, _____

y _____.

Afortunadamente/Desafortunadamente

_____

_____

(Say what you could actually do or you couldn't do because something happened. Explain what happened then describe how you felt about what you were able/unable to do. Explain why.)

_____

_____

En general, mi cumpleaños fue _____.

Leer

In *Lección 8*, you will have the opportunity to further practice some strategies learned previously as well as focus on identifying information stated in a text and making inferences based on the information presented.

Guía de prelectura

Relying on the visuals, the text title, and cognates in activity **8-43**, answer these questions.

1. Thinking of the traditions and holidays celebrated in the Spanish-speaking world and of the ethnic diversity represented in the Hispanic cultures, what content areas do you expect the text will cover?
   a. The influence of the Spanish conquest on the indigenous cultures of America
   b. Some beliefs and customs of the indigenous people in America
   c. Cultures in contact in Spanish-speaking America

2. On what did you base your answers to question 1?
   a. The cognates in the title
   b. The photos in the text
   c. My personal knowledge of the topic

3. After reading the title, guess some of the information the reader will probably find in the text. Mark with an X all that may apply. You may verify your responses at a later time.
   a. _____ The geographic areas where the Maya empire settled and flourished
   b. _____ Some Mayans beliefs regarding life and death
   c. _____ Some rituals and practices of the Mayans
   d. _____ Some Mayan beliefs and practices that were affected by the Spanish Conquest

according to

Antes de leer

8-41 Preparación. Las creencias (*beliefs*) sobre la muerte y las costumbres relacionadas con ella varían de una cultura a otra. Según sus conocimientos sobre el tema, indiquen si las siguientes prácticas se asocian con la cultura egipcia (**CE**), con alguna cultura indígena americana (**CI**), o con ambas (**A**).

egypt

*ambas
ambas } both*

1. __A__ Creían que había vida después de la muerte.
2. __A__ Construían pirámides para honrar a los muertos.
3. __A__ Embalsamaban el cadáver para preservarlo.
4. _____ Rociaban (*Sprayed*) el cuerpo con perfumes.
5. _____ Vestían a los muertos con ropa funeraria especial.
6. _____ Preparaban comidas típicas de la región, y las ponían en las tumbas.
7. _____ Ponían una máscara sobre la cara del muerto.
8. _____ Enterraban (*buried*) al muerto en las pirámides, en tumbas o sepulcros, de acuerdo al estatus social de la persona muerta.
9. _____ La familia de la persona muerta depositaba joyas y objetos de valor en la tumba o pirámide.
10. _____ Rociaban el cadáver con un polvo de color rojo para simbolizar el renacimiento (*rebirth*).

8-42 Clasificación. Escriba cada palabra en la columna correspondiente.

anillo	carne	aretes
fruta	pulseras *bracelet*	copa — *stemmed glass*
vegetales	cinturón	cuchillo de hueso *bone knife*

jewelry   *value*

JOYAS	OTROS OBJETOS DE VALOR	COMIDA
anillo	cinturón	fruta
aretes	copa	vegetales
pulseras	cuchillo de hueso	carne

A leer

8-43 Primera mirada. Lea el siguiente texto y, luego, siga las instrucciones.

Creencias y costumbres mayas sobre la muerte

El origen de los mayas es incierto. Sin embargo, se sabe que esta civilización ocupó y se desarrolló en los actuales territorios de Guatemala, México, Belice, Honduras y El Salvador. Durante su período de mayor esplendor, los mayas construyeron ciudades y pirámides, donde enterraban a sus gobernantes y los veneraban después de muertos.

Los mayas compartían con otras culturas mesoamericanas algunas creencias y costumbres. Entre otras cosas, creían en la vida después de la muerte y en la interacción entre el mundo humano y el mundo espiritual. Creían que el destino de una persona después de la muerte dependía de la forma en que moría y no de su conducta mientras vivía. Los enterramientos[1] y los vestuarios funerarios confirman que los mayas creían que el espíritu se prolongaba más allá de la muerte. La mayoría de los muertos iba a Xibalbá, un lugar en el mundo de abajo.

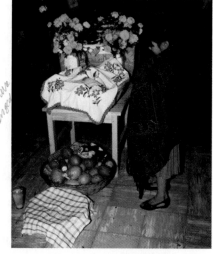

Para llegar al inframundo había que superar numerosos peligros. El espíritu debía comer bien y cuidarse. Por eso, los mayas dejaban en la tumba un ajuar o vestimenta funeraria. También colocaban comida, agua y amuletos[2] protectores, de acuerdo con el estatus social del muerto.

Los mayas rociaban el cadáver con un polvo rojo que simbolizaba el renacimiento. También lo adornaban con joyas, collares, pulseras y anillos de jade, hueso o concha[3] y un cinturón ceremonial. En muchos enterramientos ponían una máscara sobre la cara del muerto para ocultar su identidad. En la boca le ponían una cuenta[4] de jade, símbolo de lo precioso y lo perenne, para preservar su espíritu inmortal.

Algunas de estas creencias y costumbres todavía se conservan, con ciertas variaciones, en algunas comunidades de Guatemala, México y El Salvador.

[1]*graves* [2]*amulets, charms* [3]*shell* [4]*bead*

Determine si las siguientes afirmaciones representan información explícita (**E**) en el texto o son inferencias (**I**) basadas en el contenido. Si es una inferencia, indique la(s) frase(s) en que se basa.

1. _____ Los expertos no saben de dónde vinieron los mayas.
2. _____ Los mayas crearon una gran civilización.
3. _____ Las comunidades mayas tenían autoridades que los gobernaban.
4. _____ Como los egipcios, los mayas construyeron edificios magníficos para honrar la memoria de personas de alto estatus en su comunidad.
5. _____ Los mayas, como otros grupos indígenas, pensaban que la vida continuaba después de la muerte.
6. _____ Para los mayas, el tipo de muerte determinaba el destino de una persona.
7. _____ No todos los mayas iban al mismo destino después de la muerte.
8. _____ La comida, el agua y los amuletos ayudaban al espíritu del muerto a llegar a su destino final.

8-44 Segunda mirada. Complete las siguientes ideas con información explícita en el texto.

1. Los mayas, como otras culturas indígenas de Mesoamérica, creían en...
   a. _____
   b. _____

2. Estas dos costumbres demuestran que los mayas tenían estas creencias...
   a. _____   b. _____

3. Para llegar a su destino final, el espíritu de los muertos tenía que...
   _____ y _____
4. Para indicar que el espíritu del muerto nacía otra vez, los mayas...
   _____

5. Para simbolizar la importancia y la inmortalidad del espíritu, los mayas...
   _____

Después de leer

➋ **8-45 Inferencias.** Con un/a compañero/a, mencionen qué objetos probablemente ponían los mayas en la tumba o pirámide de un gobernante con las siguientes características:

1. era físicamente activo
2. le gustaba mucho el arte
3. estudiaba astronomía
4. le fascinaba la guerra

Escribir

In *this chapter* you will have the opportunity to review writing descriptions in the context of a narrative text.

In simple words, narrating is telling, recounting, reporting an event that may be real or imaginary following a sequence or order (from present to past, from past to present, or a combination of both). Furthermore, narration may serve a variety of purposes: to inform, to teach, to explain past or present actions or experiences, etc. However, how can we write narrative texts effectively?

The following tips will help you be a successful narrator:

1. Keep in mind the characters involved (their feelings, their physical and personality characteristics), the pace of action, the setting of your story (rural, cosmopolitan, mysterious, etc.), the time frame (present, past), the order (chronological, retrospective, etc.) in which the events unfold.
2. Determine the right perspective for your narration. Did you (and someone else) live the experience (protagonist/s)? Did you see how an event unfolded (eyewitness)?
3. Structure your narration as follows:

   ■ First introduce the character(s), describe the setting, and begin the action.

   ■ Then, present the unfolding of the action and describe the characters and the tensions caused by their actions or by the events around them.

   ■ Finally, present a closure to the tensions between/among characters or let the reader of your story imagine the end.

Antes de escribir

8-46 Enfoque. Primera fase. Lea la siguiente narración y siga las instrucciones.

Eran alrededor de las siete de la tarde del 24 de mayo cuando ocurrió lo que cambió nuestra vida por completo. Era una noche de otoño, y hacía viento. Empezaba a oscurecer. Era el cumpleaños de nuestra gran amiga Guadalupe Martínez.

Aunque tenía sólo viente años, Guadalupe era una chica excepcional. Estudiaba y también trabajaba para ayudar a su familia de ocho hermanos. Todos sus amigos la admirábamos por su generosidad, optimismo y alegría. Guadalupe era la hija, hermana y amiga que todos soñábamos tener.

El día de su cumpleaños por la mañana, Francisco y yo no la llamamos como de costumbre. Planeábamos darle una sorpresa para su cumpleaños. Después de todo, ¡sólo se cumplen veintiún años una vez en la

vida! Primero, fuimos a un centro comercial y le buscamos un regalo especial. Caminamos varias horas hasta que encontramos un plato decorativo guatemalteco y un CD de su música favorita. Francisco también le compró un perfume, y yo agregué un buen libro al cesto de regalos. Finalmente, cerca de las cuatro de la tarde, volvimos a casa y envolvimos los regalos.

Después de un día muy ocupado, a las seis de la tarde Francisco y yo caminábamos a casa de Guadalupe. Estábamos a sólo unos 80 metros de su casa, cuando la ambulancia pasó a toda velocidad por la avenida en que caminábamos. Francisco y yo intuitivamente nos miramos y empezamos a caminar con más rapidez, pero en silencio. A sólo unos metros de su casa, supimos que algo pasaba en casa de Guadalupe. Francisco y yo corrimos. Cuando llegamos a la puerta de su cuarto, uno de los enfermeros nos dijo: "La señorita Martínez tuvo un accidente. Se quebró una pierna".

Francisco y yo sin decir una palabra llamamos al resto de nuestros amigos.

Les dimos suficiente tiempo a los médicos y a las enfermeras para hacer su trabajo, pero a las 9:00 de la noche, todos los amigos de Guadalupe le celebramos su cumpleaños en el hospital. Fue un cumpleaños diferente a todos los anteriores, pero lo pasamos al lado de la cama de nuestra gran amiga.

Segunda fase. Answer the following questions, based on the story you just read.

1. Mark with an *X* the intended purpose of the story.
   _____ To describe the life of a special person
   _____ To entertain readers
   _____ To inform the reader about a sad experience
   _____ To teach a lesson

2. Based on its purpose, is the narration effective?   Yes   No

3. Mark some possible reasons for your response to question 2.
   _____ The main character is described in an interesting manner to the reader.
   _____ The pace of the story is good: the action moves quickly, and the amount of description is about right.
   _____ There is too much description, and the pace of the story is slow.
   _____ There is enough information about the setting of the story.
   _____ The experience is told in a chronological order.
   _____ The narration has a clear organization: an introduction, a development, and a closure.
   _____ The perspective (narrator) of the story makes it interesting and realistic to the reader.

8-47 Preparación. En la actividad 8-48, usted va a narrar una historia o experiencia personal, real o imaginaria. Primero, haga lo siguiente:

- Decida la base de su narración: ¿va a contar una experiencia real o una que es producto de su imaginación?

- Determine el objetivo de su narración: ¿va a escribir usted para informar, relatar, entretener, enseñar?

- Haga una lista del/de los protagonista(s) de su historia: ¿Cómo se llaman? ¿Cuántos hay? ¿Qué características físicas y de personalidad tienen los protagonistas?

- Determine el tiempo y orden de su narración: ¿Va a relatar lo que ocurrió en el pasado o en el presente? ¿Va a narrar los hechos en orden cronológico (desde el pasado al presente o desde el presente al pasado)?

- Escriba una lista de verbos que lo/la ayuden a describir el ambiente, y otros que cuenten la acción.

- Organice la información de su narración: ¿Qué va a presentar en la introducción? ¿Cuál va a ser el conflicto? ¿Va a presentar la solución del problema o conflicto, o el lector va a imaginar el final?

EN DIRECTO

To indicate chronological order:
Primero, ...
Después, ...
Después de (un tiempo, unos minutos/días), ...
Luego, ...
Más tarde, ...
Finalmente, ...
Por fin, ...

To indicate something happened all of a sudden:
De repente, ...

A escribir

8-48 Manos a la obra. Usando la información de la actividad anterior, escriba la narración. Las siguientes expresiones en *En directo* pueden resultarle muy útiles.

Después de escribir

8-49 Revisión. Ahora lea su narración, pensando en el lector. Verifique lo siguiente:

■ El contenido: ¿Incluyó usted toda la información necesaria o el lector todavía tiene preguntas? ¿Es interesante el contenido para el lector?

■ La organización: ¿Tiene su narración un orden que ayude al lector a seguir el flujo (*flow*) de la historia? ¿Presentó usted el conflicto o problema en la introducción? Desarrolló el conflicto en el cuerpo (*body*) del texto? ¿Hay una conclusión o resolución del conflicto al final de la historia o el lector debe imaginar el final?

■ La forma de su narración:

   a. ¿Revisó la gramática de su narración? ¿Usó el vocabulario correcto, expresiones para indicar el orden cronológico, concordancia de tiempos (presente, pasado), etc.?
   b. ¿Usó la puntuación y ortografía correctas?

Finalmente, comparta su narración con un/a compañero/a. Esto va a ayudar a mejorar algunas áreas débiles.

ENFOQUE CULTURAL

TEMAS: LA RELIGIÓN

Para pensar

¿Hay una religión oficial en los Estados Unidos? ¿Qué religiones hay en este país? ¿Qué fiestas religiosas se celebran aquí? ¿Cómo se celebran? ¿Participa usted en estas fiestas? ¿Qué hace?

La religión católica es la religión oficial en muchos países hispanos. Por eso hay muchas celebraciones de carácter religioso; por ejemplo, la procesión del día de la Virgen de Guadalupe en México.

En Guatemala, durante toda una semana a fines de noviembre, los hombres se preparan para celebrar la quema del diablo. Se visten de diablos y juegan a perseguir a los niños por las calles. Finalmente, el 7 de diciembre queman la figura de un diablo.

En Caracas, Venezuela, la fiesta religiosa más importante se celebra en la pascua de resurrección. Empieza con la bajada de palmeras el viernes antes del domingo de ramos, sigue con las procesiones el Jueves Santo y el Viernes Santo, y termina con la quema de Judas el domingo de pascua.

Para contestar

2 **Los feriados.** Contesten las siguientes preguntas.

1. Mencionen dos feriados religiosos que se celebran en el mundo hispano. ¿En qué países se celebran? ¿Cuándo se celebran?
2. Comenten cuándo y cómo se celebra una de las festividades mencionadas en el número 1.

G **Riqueza cultural.** En grupos de tres, escojan una fiesta religiosa y comparen cómo se celebra en los Estados Unidos y en el mundo hispano.

En la noche del 5 al 6 de enero, los Reyes Magos, montados en sus camellos, distribuyen regalos entre los niños. El día 6 hay una serie de procesiones de carrozas, orquestas y bailarines que recorren los pueblos y ciudades.

Para pensar

¿Conoce usted a alguien de México o de Guatemala? ¿Sabe usted qué civilizaciones importantes se desarrollaron en esos países?

México y Guatemala son países vecinos que tienen una historia común.

La Ciudad de México es una de las ciudades más pobladas del planeta. Tiene hermosos parques, museos, galerías, iglesias, maravillosos restaurantes y una intensa vida nocturna.

En la península de Yucatán hay ruinas precolombinas extraordinarias, como la ciudad maya de Chichén Itza.

Guadalajara, la segunda ciudad de México en importancia, es conocida como la ciudad de los festivales. Tiene un encanto colonial, y es el lugar de origen de los mariachis y el tequila. En octubre, Guadalajara celebra el festival de los mariachis, con desfiles, misas cantadas por mariachis y bailes folclóricos.

Expresiones mexicanas:

cuate	¿Cómo está, **mi cuate**?	*How are you, my friend?*
se me hace	**Se me hace** que ese hombre es malo.	*It seems to me that that man is bad.*
qué tanto	¿**Qué tanto** te gusta él?	*How much do you like him?*
chaparra, güera	Ella es **chaparra y güera**.	*She is short and blond.*

Hay muchos lugares de interés en Guatemala. Por ejemplo, Santiago de Atitlán es famoso por sus maravillosos tejidos (weavings) y su hermosa iglesia construida en el siglo XVI.

Guatemala es un país de atractivos diversos que ofrece la posibilidad de explorar selvas tropicales, subir a la cima de volcanes, disfrutar de hermosas playas y también visitar innumerables restos arqueológicos.

Otro lugar fascinante es Chichicastenango, un auténtico pueblo indígena, donde todos los jueves y domingos se realiza el mercado de artesanías más famoso de América Latina.

Expresiones guatemaltecas:

baboso/a	No seas **baboso/a.**	Don't be silly (a fool).
patojo	**Los patojos** están jugando.	The children are playing.
pisto	Tengo poco **pisto.**	I have little money.

Para contestar

En el mapa

1. Diga qué ciudades mexicanas están cerca de la frontera de los Estados Unidos.
2. ¿Qué países están cerca de Guatemala?
3. Mencione dos diferencias geográficas entre México y Guatemala.

Ahora diga...

1. qué ciudades le gustaría visitar en México y en Guatemala.
2. en qué celebraciones de México y Guatemala le gustaría participar y por qué.

¿Qué dice Ud. si...

1. su amigo mexicano hace algo tonto.
2. su novio/a mexicano/a es bajo/a y rubio/a.
3. usted quiere decirle a un/una amigo/a de Guatemala que usted no tiene mucho dinero.

Para investigar en Internet

Busque información sobre la celebración de una de las siguientes fiestas religiosas, y presente un informe al resto de la clase. Explique cómo se celebra, quiénes participan, qué usa la gente que participa, qué comidas especiales se preparan, y cualquier otro detalle que le parezca interesante. Si es posible, traiga fotografías.

Para los amantes de la cultura maya, Tikal es el lugar indicado.

- La semana santa en Sevilla, España, y en Antigua, Guatemala
- La procesión del Señor de los Milagros en el Perú
- El día de la Virgen del Carmen y el día de Corpus Christi en México
- El día de San Agustín en Puebla, México

¡Prepárese!

8-50 Mentiras. Aunque Katie está ganando la competencia, tanto los otros participantes como el público, tienen una opinión negativa de ella, especialmente Carlos, porque Katie le mintió. En su opinión, ¿cuándo es aceptable mentir y cuando no es aceptable? Escriba una lista de ocasiones aceptables y no aceptables, y después compare su lista con las de sus compañeros/as.

MODELO: Es aceptable mentir para proteger a otra persona.

8-51 Una mentirita (piadosa). Un equivalente en español de la expresión inglesa *white lie* es "una mentirita (piadosa)". Cuando usted era niño/a, ¿decía mentiras o "mentiritas piadosas"? ¿Conocía a alguien que lo hacía? Escriba oraciones en español usando el imperfecto o el pretérito para contar su experiencia. Use las palabras que aparecen en las tres columnas.

MODELO: Yo decía mentiras frecuentemente cuando era joven.
          Una vez yo le dije una mentirita (piadosa) a mi maestra.

Yo	decir	una mentira
Mi mejor amigo/a		una mentirita (piadosa)
Mis hermanos		
Mi mamá		

El concurso es popular pero el público detesta a Katie.

¿Es posible el amor entre Katie y Carlos?

Carlos ya no tiene confianza en Katie.

Katie cree que es posible separar la relación y la competencia.

Según Carlos, no hay nada entre él y Katie.

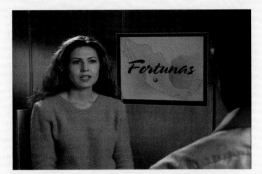

Sabrina no está ganando pero está contenta; no le gusta lo que hizo Katie.

¡Responda!

8-52 Comparaciones. Imagínese que Tito, el periodista de *Fortunas*, quiere entrevistarlo/la para saber lo que piensa de los personajes del video. Compare a las siguientes personas para reflejar su opinión sobre ellas.

MODELO: Katie es más inteligente que Sabrina.

1. Katie y Carlos
2. Carlos y Efraín
3. Katie y Sabrina
4. Sabrina y Efraín
5. Angela y Manolo
6. Tito y Manolo

NOTAS: EL CHAPO, LOS ORIGINALES DE SAN JUAN

Esta canción es un ejemplo de corrido, una balada folclórica que expresa aspectos de la vida mexicana, sea en forma lírica, épica o narrativa. Este corrido es sobre la vida de El Chapo, un personaje, de fama local, originario de Michoacán.

¡Prepárese!

8-53 Comparaciones. En este curso usted ha tenido la oportunidad de escuchar varias canciones hispanas con estilos, influencias, instrumentos y temas diferentes. Escriba comparaciones de igualdad y de desigualdad con las palabras de la actividad para indicar sus opiniones personales sobre la música presentada.

MODELO: el piano / la trompeta
          El piano es más difícil de tocar que la trompeta.

1. la música flamenca / la salsa
2. la quena andina / la marimba africana
3. la letra de "Cuéntame alegrías" / la letra de "Tu ausencia"
4. el rock español / el rock americano
5. bailar cumbia / bailar punta

¡Escuche!

8-54 Geografía. Los nombres de muchos lugares de México tienen origen indígena. Se mencionan algunos de éstos en "El Chapo". Mientras escucha la canción, llene los espacios en blanco con los nombres de la lista (uno de ellos se usa dos veces).

Apatzingán	Jalisco	Michoacán	Antúnez

Nació y creció entre los montes
Nunca lo podrá olvidar
El es de mérito _____
Muy cerca de _____
Por su apodo conocido
El Chapo de _____
...

Desciende de gente brava
De los famosos Arriola
Su hermano, el manchado es gallo
Que sabe usar la pistola
...

El Chapo sí que merece
Que le cante su corrido
El Chapo nació en _____
Pero se crió en _____

8-55 Sus orígenes. Ahora, conteste las siguientes preguntas personales.

1. ¿Dónde nació usted?
2. ¿Dónde se crió (*raised*)?
3. ¿Tenía algún apodo (*nickname*) cuando era niño/a?

¡Responda!

8-56 En México. Lea el relato de un viaje a México y llene los espacios en blanco con la forma correcta del pretérito o del imperfecto, según el caso.

Cuando mi mejor amigo, José, y yo (1) _____ (hacer) un viaje a México y a Guatemala, lo (2) _____ (pasar) muy bien. El viaje no (3) _____ (ir) sólo para diversión; también (4) _____ (aprender) mucho sobre la cultura de estos dos países.

En México nosotros (5) _____ (quedarse) en la capital por tres días. (6) _____ (visitar) muchos museos e iglesias que (7) _____ (ser) muy interesantes. Un día yo (8) _____ (ver) unas ruinas, y José (9) _____ (andar) por la ciudad. ¡(10) _____ (ser) unos días magníficos!

VOCABULARIO

Las fiestas

la alegría	joy
la boda	wedding
el carnaval	carnival, Mardi Gras
la carreta	cart, wagon
la carroza	float
la celebración	celebration
la comparsa	costumed group
la corrida (de toros)	bullfight
la costumbre	custom
el desfile	parade
la entrada	ticket for admission
la invitación	invitation
el preparativo	preparation
la procesión	procession
la tradición	tradition

Las personas

el antepasado	ancestor
la gente	people
el rey/la reina	king/queen

En el mundo moderno

la droga	drug
el ruido	noise
la seguridad	safety, security
el sexo	sex
la violencia	violence

La música

la melodía	melody
la orquesta	orchestra

Lugares

el camino	road, way
el cementerio	cemetery
la iglesia	church
la plaza (de toros)	bullring
el pueblo	town
el teatro	theater

Tiempo

antes	before
el comienzo	beginning
entonces	then
hoy en día	nowadays
mientras	while

Descripciones

antiguo/a	former, old
difunto/a, muerto/a	dead
maravilloso/a	marvelous
peor	worse, worst
suave	soft
último/a	last

Verbos

acompañar	to accompany
comenzar (ie)	to begin
disfrazarse	to wear a costume
divertirse (ie, i)	to have a good time
encerrar (ie)	to lock up
invitar	to invite
mantener (g, ie)	maintain
mover (ue)	to move
recordar (ue)	to remember
respetar	to respect
reunirse	to get together

Palabras y expresiones útiles

había	there was, there were
más... que	more . . . than, . . . -er than (e.g., shorter than)
menos... que	less than, fewer than
¡Qué pena!	What a pity!
tan... como	as . . . as
tanto/a como	as much . . . as
tantos/as como	as many as
tener deseos de + infinitivo	to feel like, to want

See page 284 for holidays.

9

EL TRABAJO

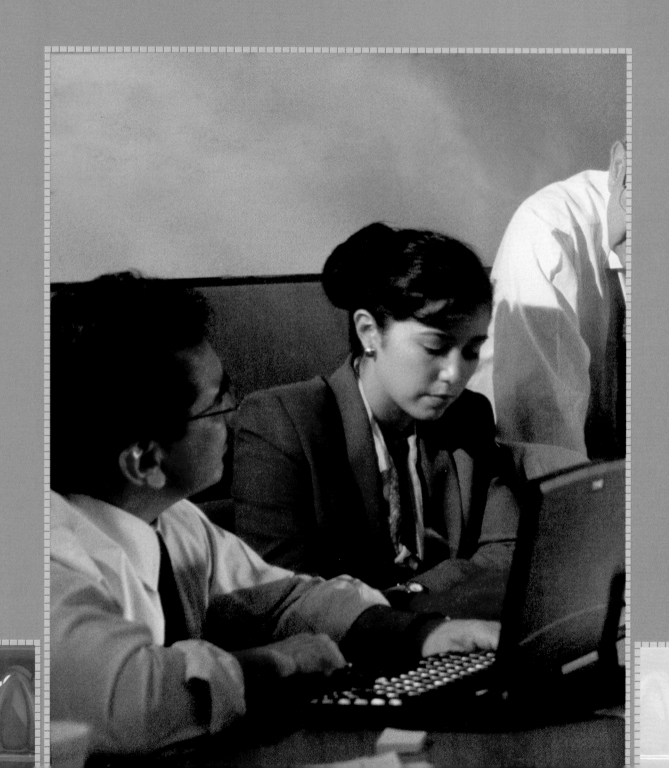

Objetivos comunicativos

- Talking about the workplace and professions
- Discussing job skills and abilities
- Giving formal orders and instructions

- Expressing intention
- Avoiding repetition

Contenido

A primera vista

- Las profesiones
- La entrevista

Explicación y expansión

- *Se* + verb constructions
- More on the preterit and the imperfect

- Direct and indirect object pronouns
- Formal commands

Mosaicos

- Escuchar: Contextual guessing
- Conversar: Asking and answering job-related questions

- Leer: Identifying categories; making inferences
- Escribir: Answering a want ad

Enfoque cultural

- Temas: La economía
- Vistas: Chile
  - Para investigar en Internet

- Fortunas: Episodio 9
- Notas: "Gracias a la vida", *Violeta Parra*

Vocabulario

A PRIMERA VISTA

Las profesiones

AUDIO Carmen González, una **chef** de Coral Gables, FL muestra algunas de sus **especialidades.**

Una **médica** le inyecta antibióticos a una pacente en su **consultorio.**

Dra. Alicia Gonica de Pérez

CARDIÓLOGA

Consultorio
La Concepción 81
Metro Pedro de Valdivia, Santiago
Teléfonos 264-2992 / 363-0690

Unos **bomberos apagan** un **incendio** en Ciudad de México.

Una **locutora** espera la **señal** para **comenzar** un programa de noticias en una estación de radio.

Una **ejecutiva** atiende la **llamada** telefónica de un cliente.

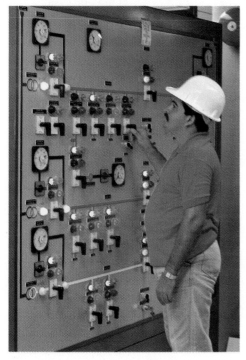

Un **técnico** revisa los controles de una **compañía** petrolera.

Una **peluquera** le **corta** el pelo y peina a una de sus clientas.

desigualdades - inequalities
ingreso - entrance
desempleo - unemployment
empresas - enterprise company

Eduardo Salas González
Ingeniero de Fabricación

Orrego Luco 161
Providencia
Santiago, Chile

Tel. (56-2) 3346622
Fax (56-2) 3344919

permanece

CULTURA

Uno de los hechos sociales más importantes de los países hispanos en los últimos años es el ingreso masivo de las mujeres al mercado laboral. Sin embargo, aún existen desigualdades evidentes. Por ejemplo, el desempleo entre las mujeres es mayor, y su representación en las empresas de alta productividad es mucho menor. Además, estudios recientes demuestran que, en general, los salarios de las mujeres son más bajos que los que reciben los hombres por el mismo tipo de trabajo.

Aunque se perciben algunos cambios, el trabajo doméstico no remunerado se continúa considerando una obligación que permanece asociada a las mujeres y niñas. No obstante, en muchos países hispanos ya se ofrecen programas educativos para combatir la discriminación.

Otras profesiones, oficios y ocupaciones

la juez

el abogado

el actor

el ama de casa

el policía

la bibliotecaria

la cajera

el chofer

la científica

el contador

la electricista

la enfermera

la mujer de negocios

el ingeniero

el intérprete

el obrero

el psicólogo

la arquitecta

la periodista

el plomero

¿Qué dice usted?

9-1 ¿Qué profesión debe tener? Lean las siguientes descripciones y digan qué profesión u oficio de la lista deben tener las personas con estas características. ¡Ojo! A veces, más de una respuesta es posible.

científico/a	ingeniero/a	artista
sicólogo/a	mecánico/a	médico/a
abogado/a	actor/actriz	plomero/a

1. A Pablo le gusta observar y analizar el comportamiento (*behavior*) de las personas. *sicólogo*
2. Los hermanos Pedraza siempre resuelven los problemas del auto de su padre. Lo examinan y lo reparan a la perfección. *mecánicos*
3. Eva y Ana son lógicas y tienen facilidad para encontrar las causas de un problema y resolverlo. También pueden explicar la solución sin dificultad. *ingenieras*
4. Al pequeño Jaimito le fascina desarmar (*disassemble*) aparatos electrónicos para estudiar cómo funcionan. *científico o ingeniero*
5. Daniela es una chica muy sensible y una gran observadora. Le fascina expresar sus sentimientos y experiencias de manera artística. *artista, sicóloga*
6. Adela siempre lee libros sobre anatomía. Ella puede nombrar cada parte del cuerpo (*body*) humano. *médica*

9-2 Las profesiones y las características personales. Primera fase. Digan cómo deben ser estos/as profesionales.

MODELO: un piloto
inteligente / serio / perezoso(a) /...
Debe ser inteligente, serio y responsable. No debe ser perezoso.

1. un/a psiquiatra
   valiente / romántico(a) / irónico(a) / antipático(a) / inteligente /...
2. un actor/una actriz
   guapo(a) / atractivo(a) / simpático(a) / delgado(a) / alto(a)/...
3. un hombre/una mujer de negocios
   autoritario(a) / serio(a) / perezoso(a) / viejo(a) / responsable /...
4. un/a recepcionista...
5. un/a astronauta...
6. un ama de casa...

Segunda fase. Intercambien ideas sobre lo siguiente.

1. ¿Conoce a algún/a... (profesión)? ¿Cómo se llama? ¿Dónde trabaja?
2. ¿Qué características personales o especiales, en su opinión, lo/la ayudan en su profesión?

9-3 Asociaciones. Asocien una o más profesiones con los siguientes lugares de trabajo, y digan lo que hacen estas personas.

LUGAR	PROFESIÓN	¿QUÉ HACE?
el hospital	la enferma el/la médico/a	inyecta antibióticas
el restaurante	un/una chef	cocinan
la clase	un/a profesor/a	enseñan
la estación de radio	el/la locutor/a	hablan
la tienda de ropa	el/la gerente	ventan
el consultorio médico	el/la médico/a	
la peluquería	la cajera	cambian dinero
el banco	el contador	lean cuentas

9-4 ¿Cuál es la profesión? Primero identifiquen la ocupación o profesión, según la descripción. Luego, digan dos ventajas y dos desventajas de esta ocupación o profesión.

MODELO: Trabaja en la casa, limpia y lava los platos.
E1: Es un ama de casa.
E2: Una ventaja de ser ama de casa es que la mujer puede estar con los niños. Otra ventaja es que tiene un horario más flexible.
E3: Una desventaja es que no gana dinero. Otra desventaja es que todos los días el ama de casa trabaja mucho.

1. Escribe artículos para el periódico.
2. Presenta programas de televisión y a veces habla con el público.
3. Traduce simultáneamente del inglés al español.
4. Mantiene el orden público.
5. Apaga incendios.
6. Defiende o acusa a personas delante de un/a juez/a.

② **9-5 Mi ocupación ideal para el futuro. Primera fase.** Piensen en su ocupación/ profesión ideal. Luego, sin mencionarla, pregúntele a su compañero/a lo que hacen las personas en esa profesión para averiguar cuál es.

Segunda fase. Haga una lista de tres requisitos de su trabajo ideal y compruebe si usted los tiene. Intercambie esta información con su compañero/a.

MODELO: Me gustaría ser actor/actriz. Un/a actor/actriz debe leer mucho; debe saber representar emociones y sentimientos y debe ser flexible para trabajar muchas horas. A mí me gusta leer y soy flexible, pero no puedo representar muy bien las emociones.

La entrevista

AUDIO **La entrevista de trabajo**

SRA. ARCE: Buenos días, Sr. Solano. Soy Marcela Arce, presidenta de la compañía.

SR. SOLANO: Mucho gusto, señora.

SRA. ARCE: Siéntese, por favor. Usted **solicitó** el **puesto** de **gerente de ventas,** ¿verdad?

SR. SOLANO: Sí, señora. Leí en *El Mercurio* que había una **vacante.** Después pedí y llené una **solicitud.**

SRA. ARCE: Sí, aquí la tengo, y también su **currículum. Por cierto,** es excelente.

SR. SOLANO: Muchas gracias.

SRA. ARCE: **Actualmente** usted trabaja en la empresa Badosa. ¿Por qué quiere **dejar** su **puesto?**

SR. SOLANO: Bueno, **en realidad** yo estoy muy contento allí, pero a mí me gustaría trabajar en una compañía internacional y poder usar otras lenguas. Como usted ve en mi currículum, yo hablo español, inglés y francés.

SRA. ARCE: En su solicitud, usted **indica** que desea un **sueldo** de dos millones de pesos al mes. **Sin embargo,** en el puesto que tenemos, el sueldo que se **ofrece** es de un millón ochocientos mil pesos.

SR. SOLANO: Sí, lo sé, pero la diferencia no es tan importante. **Lo importante** es que aquí puedo tener la **oportunidad** de **comunicarme** con los **clientes** en su **propia** lengua. Yo creo que esto puede mejorar las ventas de Computel notablemente.

SRA. ARCE: Pues si le parece bien el sueldo, ¿por qué no pasamos a la oficina del director general para seguir hablando?

SR. SOLANO: **¡Cómo no!**

LENGUA

In Spanish, **actualmente** can refer only to the present time. **Actualmente** yo trabajo en Valparaíso. (*At the present I work in Valparaíso.*) Therefore, **actualmente** is a false cognate of *actually.* The equivalents of *actually* in Spanish are **realmente** or **en realidad.** **Realmente/En realidad** yo sólo trabajé en Arica un mes. (*Actually I only worked in Arica for a month.*)

¿Qué dice usted?

9-6 Buscando información. Busquen la siguiente información en el diálogo anterior.

1. nombre de la presidenta de la compañía
2. puesto que solicita el Sr. Solano
3. nombre de la compañía donde trabaja el Sr. Solano
4. nombre de la compañía donde desea trabajar
5. lenguas que habla
6. sueldo que desea el Sr. Solano
7. sueldo que se ofrece en el nuevo puesto
8. motivo para cambiar de puesto

9-7 Buscando trabajo. Imagínese que usted está buscando trabajo. Diga en qué orden haría (*would do*) estas cosas.

_____ Me llaman de la Compañía Rosell para una entrevista.

_____ Les contesto que no, que se cerró el almacén.

_____ Leo los anuncios del periódico.

_____ Envío la solicitud al apartado postal de la Compañía Rosell.

_____ Voy a la compañía para la entrevista.

_____ Me preguntan si me despidieron (*fired*) del trabajo anterior.

_____ Preparo mi currículum y lleno la solicitud para la Compañía Rosell.

_____ Me ofrecen el puesto de vendedor/a.

9-8 ¿Comportamiento apropiado o inapropiado? Preparen una lista de cuatro cosas que **se deben** o **no se deben hacer** antes de una entrevista y cuatro que se deben o no se deben hacer durante una entrevista. Después comparen su lista con la de otros/as compañeros/as.

(NO) SE DEBE HACER ANTES DE LA ENTREVISTA	(NO) SE DEBE HACER DURANTE LA ENTREVISTA

9-9 Entrevista para un trabajo. Ustedes están buscando trabajo y leen los siguientes anuncios en el periódico *La Tercera*. Cada uno/a debe escoger uno de los anuncios. Luego, como práctica para la entrevista, su compañero/a va a hacer el papel de jefe/a de personal de la empresa para obtener la siguiente información. Luego cambien de papel.

1. nombre de la persona que solicita el puesto
2. estudios que tiene
3. lenguas que habla
4. lugar donde trabaja y responsabilidades
5. experiencia anterior
6. razones para querer trabajar en esta compañía

INSTITUTO DE CIRUGÍA PLÁSTICA: CLÍNICA CÁRDENAS
Necesita Enfermera

Prótesis:
implantes faciales (Gorotex, silicona)
liposucción papada,
abdomen,
muslos

Informes:
Clinicasa, Apoquindo 4.100
Tel: 2062223/ 2129212

Llamar a secretaria: Marta

Hotel Galería Imperio
Necesita

RECEPCIONISTA
• Buena presencia
• Bilingüe español-inglés

CAMARERA
• Mín. 2 años experiencia
• Disponible trabajar por las mañanas y tardes

DIRIGIRSE AL HOTEL IMPERIO
Jefe de Personal
Alameda 237   Tel.: 2376419

EMPRESA EXPORTADORA DE FRUTAS
requiere
CONTADOR

Requisitos:
• Experiencia mínima de 5 años
• Graduado del Colegio de Contadores Públicos
• Para cita llamar a Curicó al 71-367801

EMPRESA MINERA
requiere
3 Ingenieros de Sistemas

REQUISITOS:
1. Mayor de 25 años
2. Experiencia en minas de cobre
3. Flexibilidad horaria
(incluidos fines de semana)

OFRECEMOS:
1. Ingreso superior a 2.000.000
2. Capacitación profesional
3. Bonos de participación

Interesados enviar currículum a:
Minería El Teniente

Oficina de Personal
Agustinas 1892, Santiago

9-10 Mi profesión. You will listen to Julieta Odriozola talking about her profession. Before you listen, write down the names of four professions that you associate with women.

_____

_____

Now, pay attention to the general idea of what is said. Then, as you listen mark the appropriate ending to each statement.

1. Julieta Odriozola es...
   _____ artista
   _____ política
   _____ periodista

2. Julia tiene un horario...
   _____ de 9 a 5
   _____ variable
   _____ de lunes a sábado

3. Julieta hace casi todo su trabajo en...
   _____ su auto
   _____ su casa
   _____ diferentes lugares

4. Julieta trabaja básicamente con...
   _____ artistas jóvenes
   _____ personas importantes
   _____ empleados de la comunidad

EXPLICACIÓN Y EXPANSIÓN

1. *Se* + verb constructions

- Spanish uses the **se** + *verb* construction to emphasize the occurrence of an action rather than the person(s) responsible for that action. The noun (what is needed, sold, offered, etc.) usually follows the verb. The person(s) who sell(s), offer(s), etc. is not mentioned. This is normally done in English with the passive voice (is/are + *past participle*).

Se habla español aquí.	*Spanish is spoken here.*

- Use a singular verb with singular nouns and a plural verb with plural nouns.

Se necesita un auto para ese trabajo.	*A car is needed for that job.*
Se venden flores allí.	*Flowers are sold there.*

- When the **se** + *verb* construction is followed not by a noun, but rather by an adverb, an infinitive, or a clause, use a singular verb. This is done in English with indefinite subjects such as *they, you, one, people.*

Se trabaja mucho en esa oficina.	*They work a lot in that office.*
Se podía hablar con el jefe a cualquier hora.	*You could talk to the boss any time.*
Se dice que recibió un aumento.	*People say he/she/you got a raise.*

¿Qué dice usted?

9-11 Asociaciones. Primera fase. Asocie las actividades con los lugares donde ocurren.

1. __f__ Se cambian cheques en...
2. __a__ Se vende ropa en...
3. __d__ Se toma el sol y se nada en...
4. __b__ Se sirven comidas en...
5. __c__ Se dan noticias en...
6. __e__ Se presentan comedias en...

a. un almacén
b. un restaurante
c. un periódico
d. una playa
e. un teatro
f. un banco

② Segunda fase. Piense en un edificio o lugar público que le gusta mucho. Luego dígale a su compañero/a qué se hace en ese lugar.

MODELO: Me gusta mucho la playa Reñaca, en Viña del Mar. Allí se camina por la playa, se participa en concursos durante el verano y se habla con chicos interesantes.

❷ 9-12 Organizando la oficina. Una compañía de limpieza sacó los muebles y otras cosas de su oficina para limpiar la alfombra. Para poner todo en su lugar, conteste las preguntas que le hacen los encargados de limpieza, de acuerdo con el dibujo.

MODELO: el sofá
  E1: ¿Dónde se pone el sofá?
  E2: Se pone entre las dos mesas pequeñas.

1. la mesa más larga
2. las revistas
3. la lámpara
4. las dos sillas
5. la computadora
6. la butaca grande
7. las plantas
8. el cesto

❷ 9-13 La oficina de antes y la de ahora. Primera fase. Decida qué cosas y/o servicios se necesitaban en una oficina hace treinta años y qué se necesita ahora. Compare sus respuestas con las de su compañero/a.

EQUIPO DE OFICINA	ANTES	AHORA
escritorio	✓	✓
fotocopiadora	✓	✓
computadora		✓
correo electrónico *e mail*		✓
máquina de escribir *typewriter*	✓	
teléfono	✓	✓
calculadora	✓	
fax		✓
escáner *scanner*		✓

❷ Segunda fase. Conversen sobre la oficina más moderna que cada uno/a de ustedes conoce. Expliquen cómo es.

❷ 9-14 Anuncios locos. Lean estos anuncios "locos". Luego, intercambien opiniones sobre cuáles les parecen más simpáticos. Finalmente, preparen juntos un anuncio "loco" para compartir con la clase.

1. Se necesitan ingenieros para diseñar y construir un puente desde Chile hasta China. Los interesados deben enviar su currículum en portugués.
2. Se necesita urgentemente un robot bilingüe para hacer todas las tareas de español.
3. Se busca un/a secretario/a para un ejecutivo muy desorganizado. Debe saber hablar y escribir en 40 lenguas.
4. Se compran monstruos para aterrorizar a los clientes de la compañía que nos hace la competencia. Se aceptan Dráculas o Frankensteins.
5. ¿?

EN DIRECTO

To express an idea in a convincing way:

Estoy seguro/a (de) que...
Sería magnífico... + *infinitive*.
Los expertos opinan que...
Sin duda es bueno/mejor +
infinitive.

To agree with someone's idea:

Me parece perfecto.
Suena muy bien.
¡Qué buena idea!

SITUACIONES

1. **Role A.** You are an advertising manager (*gerente de publicidad*) who is presenting a new campaign (*campaña*) to the president of a company. After showing the president two ads, a) ask him/her if he/she likes them, b) mention the magazines where the ads will appear, and c) explain the reasons why you chose those magazines. Then answer his/her questions.

   Role B. You are the president of an important company who has to decide about a new advertising campaign. After telling the ad manager that you like the ads and listening to his/her explanations, inquire a) about the cost of the campaign, and b) when it will begin.

2. One of you is conducting interviews for your company; the other is a prospective employee. The interviewer asks the candidate a) where he/she read the ad for the job, b) where he/she worked before, c) what he/she used to do there, d) where he/she is working now, and e) why he/she wants to change jobs and work for your company.

2. More on the preterit and the imperfect

- In *Lección 7* you practiced the preterit of **saber** with the meaning of finding out about something. You also practiced the preterit of **querer** with the meaning of wanting or trying to do something, but failing to accomplish it.

  Supe que llegaron anoche.   *I found out that they arrived last night.*
  Quise ir al aeropuerto, pero   *I wanted (and tried) to go to the*
    fue imposible.   *airport, but it was impossible.*

  In the negative, the preterit of **querer** conveys the meaning of refusing to do something.

  No quise ir.   *I refused to go.*

- Other verbs that convey a different meaning in English when the Spanish preterit is used follow:

IMPERFECT		PRETERIT	
Yo **conocía** a Ana.	*I knew Ana.*	**Conocí** a Ana.	*I met Ana.*
Podía hacerlo.	*I could do it.* (*was able*)	**Pude** hacerlo.	*I accomplished it.* (*managed to*)
No podía hacerlo.	*I couldn't do it.* (*wasn't able*)	**No pude** hacerlo.	*I couldn't do it.* (*tried and failed*)

- To express intentions in the past, use the imperfect of **ir + a** + *infinitive*.

  Iba a salir, pero era muy tarde.   *I was going to go out, but it was very late.*

■ You have used the imperfect to express an action or event that was in progress in the past. You may also use the imperfect progressive when you want to emphasize the ongoing nature of the activity. Form the imperfect progressive with the imperfect of **estar** and the present participle (**-ndo**).

Pepe **estaba hablando** con el cajero cuando llegó el policía.	*Pepe was talking to the cashier when the policeman arrived.*

¿Qué dice usted?

9-15 ¿Tiene usted buena memoria? Anoche, el director del Hospital Providencia hizo una visita sorpresiva a la sala de emergencia. Desafortunadamente, cuando entró encontró muchas irregularidades, y se puso furioso. Marque las actividades que provocaron esta reacción del director del hospital.

1. _____ Las enfermeras estaban haciendo vida social entre ellas.
2. _____ Algunos médicos estaban mirando béisbol por televisión.
3. _____ Todos los asistentes de la sala de emergencia estaban trabajando.
4. _____ Una de las recepcionistas estaba hablando por teléfono con una paciente.
5. _____ Una empleada estaba hablando por teléfono con su esposo.
6. _____ Dos choferes estaban fumando en la recepción.
7. _____ Un chofer estaba saliendo del hospital para recoger a un paciente.
8. _____ El guardia estaba leyendo el periódico.

9-16 Una oficina muy ocupada. Ustedes visitaron la oficina que aparece en el dibujo. Túrnense para preguntar qué estaban haciendo las personas cuando cada uno/a de ustedes llegó.

MODELO: E1: ¿Qué estaba haciendo Alicia cuando tú llegaste a la oficina?
             E2: Estaba conversando con un cliente.

9-17 A usar la imaginación. Estas descripciones indican lo que estaban haciendo varias personas ayer. Identifiquen cuál era el oficio o profesión de estas personas y qué iban a hacer después.

MODELO: Un señor miraba los planos de un edificio y decía que ciertas cosas no estaban bien.
              E1: Era el arquitecto del edificio.
              E2: Iba a hacer unos cambios en los planos.

1. Un señor tenía un secador en la mano y le tocaba el pelo a una señora que estaba sentada enfrente de él.
2. Unos señores iban en un camión (*truck*) rojo con una sirena. El camión iba muy rápido y los autos y autobuses paraban al lado derecho de la calle.
3. Una joven que llevaba un vestido similar a los que se llevaban en la época de Cleopatra hablaba frente a una cámara. Estaba muy maquillada y tenía una línea negra alrededor de los ojos.
4. Esta persona llevaba un traje espacial, guantes, botas muy grandes y un plástico transparente frente a los ojos para poder ver.

9-18 Una explicación lógica. Ayer ustedes tuvieron una reunión muy importante en su compañía para mostrarles unos productos nuevos a unas empresas extranjeras. Pero varias cosas salieron mal. Busquen una explicación lógica para lo que sucedió.

MODELO: La secretaria no contestaba el teléfono.
              E1: Estaba buscando un intérprete para la reunión.
              E2: No, estaba buscando un salón más grande.

1. Varios empleados llegaron tarde.
2. El técnico no pudo arreglar una computadora que se necesitaba para la presentación.
3. Los periodistas no podían comprender lo que decía un director extranjero.
4. No les sirvieron café ni refrescos a los invitados.
5. Uno de los vendedores no quiso mostrar los productos nuevos.
6. No se pusieron anuncios en los periódicos.

SITUACIONES

Role A. One of your employees did not come to an important meeting at the office, so you call him/her to your office. Greet him/her and ask him/her why he was not at the meeting. After listening to his/her explanation, tell him/her a) that this is the second time this happens, and b) that you will not accept any more excuses in the future.

Role B. You are an employee who was supposed to attend an important meeting at the office, but could not make it. After greeting your boss, apologize and explain a) that your spouse got sick (*enfermarse*) and you had to take him/her to the hospital, and b) that you wanted to take a taxi to go to work, but all the taxis were occupied. Then, say that this will not happen again (*otra vez*).

3. Direct and indirect object pronouns

- When direct and indirect object pronouns are used in the same sentence, the indirect object pronoun precedes the direct object pronoun. Place double object pronouns before conjugated verbs.

Ella me dio la solicitud.	*She gave me the application.*
Ella **me la** dio.	*She gave it to me.*

- In compound verb constructions, you may place double object pronouns before the conjugated verb or attach them to the accompanying infinitive or present participle.

Él quiere darme el contrato.	*He wants to give me the contract.*
Él quiere **dármelo**.	*He wants to give it to me.*
Él **me lo** quiere dar.	
Te está diciendo la verdad.	*She is telling you the truth.*
Te la está diciendo.	*She is telling it to you.*
Está diciéndo**tela**.	

- **Le** and **les** cannot be used with **lo, los, la,** or **las.** Change **le** or **les** to **se.**

Le dio el puesto a Berta.	*He gave the job to Berta.*
Se lo dio.	*He gave it to her.*
Les va a mostrar el anuncio.	*She is going to show them the ad.*
Se lo va a mostrar.	*She is going to show it to them.*

- When a direct object pronoun and a reflexive pronoun are used together, the reflexive pronoun precedes the direct object pronoun.

Siempre me envío correos electrónicos para recordar lo que debo hacer.	*I always send myself e-mails to remember what I have to do.*
Siempre **me los** envío.	*I always send them to myself.*

¿Qué dice usted?

2 **9-19 ¿Qué hace usted?** La imparcialidad, la amabilidad y la confidencialidad son fundamentales en el trabajo. Lea las siguientes situaciones y seleccione lo que usted haría (*would do*) en cada una. Puede ser posible más de una respuesta correcta.

1. Un cliente le pide a usted el número de teléfono de la oficina del presidente de la compañía.
   a. _____ Usted se lo da.   b. _____ Usted no se lo da.

2. Alguien le pide a usted que le permita leer un documento confidencial.
   a. _____ Usted se lo muestra.   b. _____ Usted no se lo muestra.

3. La nueva jefa de personal le pide que le presente a todos los empleados de su oficina.
   a. _____ Usted se los presenta. b. _____ Usted no se los presenta.

4. Una empleada nueva le dice a usted que quiere vacaciones después de trabajar sólo tres meses.
   a. _____ Usted se las da.   b. _____ Usted se las niega (*refuse*).

5. Un cliente bueno y uno malo le piden a usted una cita con el presidente de la compañía a la misma hora.
   a. _____ Usted se la concede al buen cliente.
   b. _____ Usted le pregunta al cliente malo si puede venir a otra hora.

ACENTOS

You have learned that when the stress falls on the third syllable from the end, a written accent is required; therefore, you need to add one on the verb when double object pronouns are attached to an infinitive.

¿Va a darme la solicitud?
→ ¿Va a dármela?

When double object pronouns are attached to a present participle, the stress falls on the fourth syllable from the end, and a written accent is also required:

Se la está dando. →
Está dán do se la.
         4   3 2 1

2 **9-20 En ausencia del jefe.** En su función de gerente de la compañía, usted tuvo que viajar. Pero antes de salir, usted responsabilizó al jefe de publicidad de tratar con un empleado nuevo en la compañía. De regreso, usted conversa con el/la empleado/a nuevo/a para saber qué hizo el jefe de publicidad.

MODELO: darle el contrato (a usted)
E1: ¿Le dio el contrato?
E2: Sí, me lo dio.

1. explicar la campaña de publicidad
2. mostrar los anuncios
3. traer las revistas
4. pedir el cheque
5. dejar las fotos
6. describir a los/las modelos que se necesitan

3 **9-21 ¡El cliente siempre tiene la razón! Primera fase.** Dos de ustedes son clientes que cenaron en el restaurante de un hotel muy elegante y el tercero es el encargado del servicio del hotel. Este último les va a hacer preguntas y tomar notas para saber la opinión de ustedes sobre el servicio que recibieron.

1. ¿Cuándo les sirvieron el agua?
2. ¿Les mostraron la carta (*list*) de vinos enseguida?
3. ¿Les trajeron pan caliente a la mesa?
4. ¿Les dijo el camarero cuáles eran los platos especiales del día?
5. ¿Se los describió?
6. Después de que ustedes empezaron a comer, ¿les preguntó el camarero si la comida estaba bien?
7. ¿Les ofreció el camarero postres y café?
8. ¿Cómo fue el servicio en general?

Segunda fase. Los encargados del servicio del restaurante deben comparar sus notas para decidir qué áreas necesitan mejorar. Los clientes deben reunirse para comentar sus experiencias y compartir sus opiniones sobre el servicio del restaurante.

SITUACIONES

1. **Role A.** You are a reporter for *La Tercera*, a Santiago newspaper, and you have traveled to Valparaíso to cover a story. Since you left Santiago in a rush, you forgot your taperecorder and camera (*cámara*) in the taxi. Call a fellow reporter and a) tell him/her what happened, b) ask if he/she can lend you his/her car, taperecorder and camera, and c) explain that you need everything right away.

   Role B. You are a reporter for "Canal 5 de Playa Ancha" in Valparaíso. A colleague calls you to tell you about his/her ordeal. Ask him/her a) where it happened, and b) if he/she called the taxi company. Then say that he/she can come to your house to pick up what he/she needs.

2. One of you is an employee who has just returned from delivering a letter, the other is the boss. The boss will ask the employee questions to find out a) if he/she delivered the letter, b) to whom he/she gave the letter, c) when, and d) if the person signed a receipt (*recibo*).

4. Formal commands

- Commands (**los mandatos**) are the verb forms used to tell others to do something. Use formal commands with people you address as **usted** or **ustedes.** To form these commands, drop the final **-o** of the **yo** form of the present tense and add **-e(n)** for **-ar** verbs and **-a(n)** for **-er** and **-ir** verbs.

		USTED	USTEDES	
hablar	→ hable	hable	hablen	*speak*
comer	→ come	coma	coman	*eat*
escribir	→ escribe	escriba	escriban	*write*

- Verbs that are irregular in the **yo** form of the present tense maintain the same irregularity in the command form.

		USTED	USTEDES	
pensar	→ pienso	piense	piensen	*think*
dormir	→ duermo	duerma	duerman	*sleep*
repetir	→ repito	repita	repitan	*repeat*
poner	→ pongo	ponga	pongan	*put*

- The use of *usted* and *ustedes* with command forms is optional. When used, they normally follow the command.

    Pase/Pase **usted.**   *Come in.*

- To make a formal command negative, place **no** before the affirmative command.

    No salga ahora.   *Do not leave now.*

■ Object and reflexive pronouns are attached to the end of affirmative commands (note the written accent over the stressed vowel). Object and reflexive pronouns precede negative commands and are not attached.

Cómpre**la**.	*Buy it.*
No **la** compre.	*Do not buy it.*
Háble**nle**.	*Talk to him/her.*
No **le** hablen.	*Do not talk to him/her.*
Siénte**se**.	*Sit down.*
No **se** siente.	*Do not sit down.*

■ The verbs **ir, ser,** and **saber** have irregular command forms.

ir: **vaya, vayan**	ser: **sea, sean**	saber: **sepa, sepan**

■ Verbs ending in **-car, -gar, -zar, -ger,** and **-guir** have spelling changes in command forms.

sacar	sac**o**	→	sa**que**, sa**quen**
jugar	jue**go**	→	jue**gue**, jue**guen**
almorzar	almuer**zo**	→	almuer**ce**, almuer**cen**
recoger	reco**jo**	→	reco**ja**, reco**jan**
seguir	si**go**	→	si**ga**, si**gan**

¿Qué dice usted?

2 **9-22 ¿Dónde se dicen estas cosas?** Identifiquen el lugar donde se pueden escuchar o leer estas órdenes: en la sala de emergencia de un hospital (**E**), en un almacén (**A**), o en un estudio de televisión (**T**).

1. _____ Mande su solicitud para recibir la tarjeta de crédito por correo.
2. _____ No interrumpa a los médicos cuando hablan con los pacientes.
3. _____ Compren sus regalos de cumpleaños aquí.
4. _____ Pague en la caja.
5. _____ No haga visitas después de las nueve de la noche.
6. _____ Mueva el micrófono a la derecha.
7. _____ No traiga medicinas.
8. _____ Si hay luz roja, guarde silencio.

2 **9-23 Preguntas de un/a estudiante.** Usted estuvo ausente en clase durante la semana dedicada a Chile y quiere saber qué tiene que hacer para ponerse al día. Su compañero/a, en el papel de profesor/a, contesta afirmativamente a sus preguntas. Después, cambien de papel.

MODELO: estudiar la Lección 9
           E1: ¿Estudio la Lección 9?
           E2: Sí, estúdiela.

1. contestar las preguntas sobre el desierto de Atacama
2. escuchar los discos del pianista chileno Claudio Arrau
3. escribir algunas expresiones chilenas
4. leer el Enfoque cultural sobre Chile
5. hacer la tarea sobre las culturas indígenas de Chile

2 **9-24 En el hospital.** Un/a enfermero/a entra en la habitación y le hace las siguientes preguntas al/a la paciente. Túrnense para hacer los papeles de enfermero/a y paciente.

MODELO: E1: ¿Le abro las cortinas?
 E2: Sí, ábramelas, por favor. Quisiera leer.
 No, no me las abra. Voy a dormir.

1. ¿Le pongo la televisión?
2. ¿Le traigo un jugo?
3. ¿Le pongo otra almohada?
4. ¿Me llevo estas flores?
5. ¿Le traigo el teléfono?
6. ...

2 **9-25 Mandatos del entrenador de un equipo.** Preparen una lista de sugerencias que el/la entrenador/a puede darles a los miembros de su equipo para lograr los objetivos siguientes. Comparen su lista con la de otros estudiantes.

MODELO: para mantenerse en buen estado físico
 Practiquen todos los días. No se acuesten tarde.

1. para tener mejor rendimiento (*performance*)
2. para prepararse mentalmente para un partido difícil
3. para evitar problemas con el árbitro

2 **9-26 ¿Qué deben hacer estas personas?** Busquen una solución a los siguientes problemas y díganle a cada persona lo que debe hacer.

MODELO: El Sr. Álvarez no está contento en su trabajo.
 E1: Busque otro trabajo inmediatamente.
 E2: Hable con su jefe y explíquele la situación.

1. La Sra. Jiménez necesita más vendedores en su compañía.
2. El Sr. Jiménez es contador y tiene que terminar un informe, pero su computadora no funciona.
3. Unos hombres de negocios van a ir a Chile y no saben hablar español.
4. La Sra. Peña tuvo un accidente serio con su auto, y el otro chofer le dijo que iba a llamar a la policía.
5. La Sra. Hurtado entra en su apartamento y ve que hay agua en el piso de la cocina.
6. La cantante Mirta del Valle va a cantar en el Festival Internacional de la Canción en Viña del Mar, pero se siente bastante mal.

SITUACIONES

1. **Role A.** You are going to be away for a series of job interviews. Tell your neighbor a) how long you will be away and b) ask him/her if he/she could do a few things for you while you are away. After he/she agrees, tell him/her to a) feed the cat every day, b) water the plants every (*cada*) three days, c) pick up the mail (*correspondencia*), and d) any other things that you may think of. Thank him/her for his/her help.

   Role B. Your neighbor tells you that he/she is going to be away and you agree to help him/her out. After he/she tells you what you will have to do, ask him/her a) whom should you call in case of an emergency (*emergencia*), and b) the telephone number of the veterinary.

2. **Role A.** You have moved to Concepción, Chile, and have opened a checking account (*cuenta corriente*) at Banco del Estado. Since you are not familiar with their system, ask an employee to help you. After he/she gives you all the details, a) thank him/her, and b) say that you are very happy with the service the bank provides the customers.

   Role B. You are an employee at the Banco del Estado. Using the check below, explain to the customer where a) to put the date, b) to write the payee's name, c) to write the amount (*cantidad*) in numbers, d) to write the amount in words, and e) sign (**firmar**) the check.

MOSAICOS

Escuchar

Contextual guessing

Sometimes in the course of a conversation you might not understand a word or a phrase that you hear, but you can understand the message by using contextual cues, that is, by paying attention to the topic or to a part of the word that you don't understand. Also paying attention to the words that precede or follow what you did not understand will help.

Antes de escuchar

9-27 Profesiones diferentes. In activity **9-28,** you will listen to a conversation between two friends talking about their professions, what they do, and the advantages and disadvantages of their jobs. Before you listen, write down the name of two professions and an advantage and a disadvantage for each one.

PROFESIÓN	VENTAJA	DESVENTAJA
_____	_____	_____
_____	_____	_____

A escuchar

AUDIO **9-28** First, read the words in the left column and listen to the conversation between Estela and Susana. Then, state the probable meaning of each word based on the contextual cues you heard in the conversation. Finally, write down the cue words that helped you understand.

ESCUCHÉ...	POSIBLE SIGNIFICADO	ADIVINÉ EL SIGNIFICADO PORQUE...
neuróloga		
primordial		
guardias		

Después de escuchar

9-29 ¿Y usted? With a classmate, share your answers to the following questions.

1. ¿Cuáles son las ventajas y desventajas de ser médico, abogado o plomero?
2. En general, ¿qué profesión u ocupación le parece a usted que produce menos estrés?
3. ¿Qué profesión u ocupación, según usted, da más satisfacciones personales? ¿Por qué?

Antes de escuchar

9-30 El plomero y el electricista. In **9-31,** you will listen to a plumber and an electrician talking about their jobs. Before you listen, write down what you know about what they do, where they work, etc.

plomero _____

electricista _____

A escuchar

AUDIO **9-31** First, read the words in the left column and listen to the conversation. Then, state the probable meaning of each word, based on the contextual cues you heard in the conversation. Finally, write down the cue words that facilitated your comprehension.

ESCUCHÉ...	POSIBLE SIGNIFICADO	ADIVINÉ EL SIGNIFICADO PORQUE...
inundó		
tubería		
ferretería		

Después de escuchar

9-32 ¿Y usted? With a classmate, share your answers to the following questions.

1. En su casa, ¿alguna vez tuvo que llamar a un plomero o a un electricista? ¿Por qué?
2. ¿Sabe usted hacer una instalación eléctrica? ¿Quién le enseñó?
3. ¿Cree usted que es importante saber arreglar las cosas en la casa? ¿Por qué?

Conversar

Antes de conversar

9-33 ¿Qué requisitos se piden? Completen la tabla con algunos requisitos que las compañías por lo general piden para los siguientes puestos.

PUESTOS	SE REQUIERE...	SE OFRECE(N)...
secretario/a	experiencia previa, capacidad de organización	sueldo compatible con experiencia, vacaciones pagadas
vendedor/a		
contador/a		
director/a de un instituto de idiomas extranjeros		

9-34 Se ofrece y se busca trabajo. Lea los siguientes anuncios con ofertas de trabajo, escoja un anuncio para un puesto que a usted le interese y prepare una lista de requisitos que, en su opinión, usted cumple (*meet*). Comparta su lista con su compañero/a.

INSTITUTO PRIVADO

necesita

DIRECTOR/A

Lugar de residencia, Región de los Lagos

Requisitos:
- Titulación adecuada al puesto
- Experiencia de 5 años en cargo similar
- Responsabilidad y constancia
- Capacidad de organización, coordinación y trabajo
- Relaciones públicas

Sueldo compatible con calificaciones

Interesados, enviar CV, con fotografía reciente a Casilla 934, Osorno, Chile   Se responderá por escrito

---

EMPRESA DE EXPORTACIONES
necesita para Chile y el extranjero

VENDEDORES/AS REPRESENTANTES

Sueldo inicial 1,000.000
Comisión de ventas

Se requiere: Experiencia en ventas y representación. Buena presencia y deseos de superación. Mayor de 25 años. Buen dominio del inglés y/o francés; japonés y árabe deseables.

Se ofrece: Trabajo inmediato. Entrenamiento en la empresa. Promoción rápida. Sueldo negociable más comisión después del período de prueba.

Interesados, llamar a los teléfonos 2218765, 2169036 Lunes a viernes de 8:30 a 15:00 hrs.

JEFE DE SERVICIO
necesita importante empresa
MANUFACTURERA DE PLÁSTICOS

Se requiere: Experiencia de 4 años en empresa del sector en puesto de similar responsabilidad. *Se ofrece:* Buenas perspectivas de avance profesional. Integración en empresa en expansión hacia el extranjero.

Interesados, enviar currículum y fotografía reciente, especificando pretensiones de sueldo, a Casilla 2568, Correo Santiago Centro, Santiago

---

BANCO O'HIGGINS
necesita
10 CONTADORES AUDITORES
Lugar de trabajo ideal: Viña del Mar

- Título universitario
- Mínimo 2 años de experiencia
- Flexibilidad horaria
- Deseo de viajar a otras regiones del país
- Capacidad de organización y trabajo

Sueldo atractivo

Interesados, enviar currículum, con fotografía a: Bco. O'Higgins, Casilla 1902-D, Viña del Mar

A conversar

9-35 Ahora escojan un papel: el de jefe de personal de las compañías representadas en los anuncios o el de una persona que busca un trabajo. Sigan las instrucciones para cada rol.

> **Jefe de personal:** Entreviste separadamente a dos personas que están interesadas en el puesto que ofrece su compañía. Pregúnteles sobre: a) su experiencia, b) sus estudios, c) sus preferencias de sueldo, etc. y decida cuál es la persona indicada para el puesto.
>
> **Persona que busca trabajo:** Escoja el anuncio con el trabajo que usted necesita. Responda a las preguntas del/de la jefe/a de personal de la manera más completa posible y haga preguntas si lo considera necesario.

Después de conversar

9-36 Expectativas y decisiones. Los jefes de personal y las personas que buscaban trabajo deben informar a la clase sobre lo siguiente:

Informe de las personas que buscaban trabajo:

1. ¿Qué puesto buscaba usted? ¿Qué requisitos para el puesto cumple usted?
2. ¿Qué aspecto de la oferta de trabajo le pareció más atractivo?
3. ¿Cree usted que va a recibir la oferta de trabajo? ¿Por qué?

Informe de los jefes de personal:

1. ¿Qué puesto ofrecía su compañía en el anuncio?
2. ¿Qué requisitos debía tener el/la candidato/a que buscaba su compañía?
3. ¿A qué candidato/a(s) va usted a contratar? ¿Por qué?

Antes de conversar

 9-37 Conflictos profesionales. Lean las siguientes situaciones e identifiquen los problemas en cada una de ellas. Luego, escriban por los menos tres recomendaciones para cada caso.

1. Juan Miguel leyó un anuncio en Internet que ofrecía un trabajo de telemercado en la ciudad de Miami. Solicitó el puesto y lo llamaron a una entrevista. El día de la entrevista, Juan Miguel se puso los pantalones cortos que había comprado para la ocasión, zapatos de tenis, una camisa blanca y un par de aretes. Llegó a la entrevista puntualmente, esperó unos minutos hasta que alguien lo invitó a pasar a su oficina. Cuando entró a la oficina del entrevistador, éste lo miró con sorpresa. Nunca lo llamaron para ofrecerle el trabajo. Juan Miguel se pregunta por qué.

2. Consuelo es la secretaria personal del presidente de una gran compañía de productos tecnológicos. Su jefe siempre se reúne con personas importantes con quienes la compañía hace negocios. Por su trabajo, él comparte todo tipo de información con ella. Para no poner en riesgo a la compañía, Consuelo debe mantener esta información confidencial. Hace una semana, sin darse cuenta (*not realizing*), ella contestó unas preguntas de uno de sus amigos que era vendedor de otra compañía. De esa manera le dio información vital a su amigo. Consuelo pensó que su amigo vendedor no usaría la información para beneficiar a su propia compañía. En realidad, él no solamente usó la información sino que también provocó el fracaso (*failure*) de un proyecto importante para la compañía donde trabaja Consuelo. Ahora ella piensa que su jefe la va a despedir (*fire*) si descubre que ella es la responsable del fracaso.

A conversar

 9-38 Consejos. En el papel de Juan Miguel o de Consuelo, explíquenle al/a la consejero/a (su compañero/a) lo siguiente. El/La consejero/a va a hacerle preguntas y darle algunos consejos. Luego, cambien de papel.

1. Narre la experiencia que vive/vivió y diga cuáles son las complicaciones o consecuencias de sus acciones.
2. Hable de cómo se siente después de lo que ocurrió.
3. Tome notas de las mejores sugerencias que el/la consejero/a le dé.

Después de conversar

G 9-39 Reflexiones. Conversen sobre lo siguiente.

1. ¿Fue útil la conversación con el/la consejero/a? ¿Por qué?
2. ¿Qué sugerencias le parecieron mejores? ¿Qué recomendación o recomendaciones es/son la(s) más difícil(es) de seguir? ¿Por qué?

📖 Leer

In *Lección 9*, you will practice identifying categories in the text and making inferences based on visuals, headlines, and subheadings.

Guía de prelectura

First, look at the photo and read the title and subhead of the article in **9-42**. Then, using the cues provided by the visuals and the headline and subheading, and relying on your knowledge of the topic, answer the following questions:

1. What ideas do you expect to find in this text?
   a. The gap between men and women at work has disappeared in Chile.
   b. The work world in Chile is still a man's world.
   c. Women make the same salary as men in equal jobs.

2. On what did you base your answers to question 1? Circle the corresponding letter.
   a. The headline and subheading only
   b. The photos in the text
   c. My personal knowledge of the topic

3. After reading the headline and subheading, can you guess some of the content of the text? Use your previously learned skills to anticipate the main topic of the text.

   The text will probably discuss the following ideas. Mark with an X all that may apply.
   a. _____ In the last decades, Chilean women have entered the work place in larger numbers.
   b. _____ Chilean women are discriminated against in the work place.
   c. _____ Women in Chile enjoy the same working conditions as men.
   d. _____ Although working women in Chile have made progress regarding their labor rights, they still have not been granted the same treatment at work that men enjoy.

Antes de leer

9-40 Preparación. En general, la mujer en muchas partes del mundo no comenzó a trabajar fuera de casa hasta el siglo XX. Marque con una X las posibles razones de este fenómeno, según usted. Si tiene otra opción, agréguela.

1. _____ La mujeres antes del siglo XX tenían poca educación.
2. _____ Las mujeres decidieron trabajar fuera de casa porque no querían cuidar a sus hijos.
3. _____ Las economías de algunos países mejoraron y se presentaron más ofertas de trabajo para las mujeres.
4. _____ Los hombres se retiraron de sus trabajos para ayudar a las mujeres.
5. _____ Con más educación, las mujeres comenzaron a tener más confianza (*confidence*) en sí mismas.
6. _____ Por los cambios sociales, los jefes empezaron a valorar la capacidad de la mujer y las contribuciones que ésta podía hacer en el lugar de trabajo.
7. _____ ¿?

9-41 ¿Trabajos femeninos o masculinos? Primera fase. Algunas personas piensan que hay trabajos que las mujeres pueden hacer mejor que los hombres y viceversa. De la siguiente lista, indique cuáles áreas de trabajo se consideran en general más apropiadas para las mujeres (**M**) y cuáles para los hombres (**H**).

1. _____ educación
2. _____ enfermería
3. _____ gerencia (*management*)
4. _____ telemercado
5. _____ relaciones públicas
6. _____ economía
7. _____ medicina
8. _____ psicología
9. _____ mecánica
10. _____ limpieza (*cleaning*)

❷ **Segunda fase.** Comparen sus respuestas y respondan a estas preguntas.

1. Según ustedes, ¿hay realmente trabajos más apropiados para las mujeres que para los hombres? ¿Cuáles?
2. ¿Se basan las diferencias en la calidad de trabajo que hacen las personas de ese género (*gender*) o en otra cosa? Si su respuesta es afirmativa, explíquenla.

A leer

9-42 Primera mirada. Lea el siguiente artículo y haga lo que se indica.

¿Es justo el mundo laboral chileno?

Varias razones explican la creciente incorporación de la mujer chilena al mundo laboral. La bonanza financiera de los años 90 favoreció la creación de nuevos negocios y empresas, y un aumento de las ofertas de trabajo. Aunque la presencia femenina en la economía nacional es evidente, las chilenas aún no logran los niveles de participación de las argentinas y las colombianas.

Las estadísticas indican que la fuerza laboral femenina chilena aumentó de un 34% en 2002 a un 36% en 2004. No obstante, Colombia y Argentina superan a Chile con una tasa de un 45%. Según datos del Ministerio del Trabajo, entre febrero y abril de 2004, las empresarias chilenas aumentaron en un 50% y las mujeres que trabajan para otros en un 47%.

Según Fernanda Villegas, asesora laboral del Servicio Nacional de la Mujer (SERNAM), la mayor presencia femenina en el mundo laboral responde a un cambio generacional. Juan Pablo Swett, gerente del portal Trabajando.com, piensa que el incremento laboral femenino se debe a la mayor confianza de los jefes en la capacidad de la mujer.

Algunos sociólogos opinan que la tendencia al aumento de la presencia femenina en el mundo laboral es el resultado de cambios socioculturales, por eso, debería continuar, independientemente de las variaciones económicas. Sin embargo, algunos estudios muestran que la incorporación de la mujer al trabajo funciona por ciclos, es decir, cuando mejora la economía, la mujer participa en el desarrollo económico del país, pero deja de hacerlo cuando hay crisis. Afortunadamente, existen otros indicadores que prometen una participación más estable de la mujer en la economía: el continuo mejoramiento del nivel educativo femenino y la creación de pequeñas empresas dirigidas por mujeres.

Tipos y condiciones de trabajo para las mujeres

Las investigaciones indican que las mujeres chilenas en general trabajan en recursos humanos, mercadeo y relaciones públicas, áreas en que pueden hacer un mejor trabajo que el hombre.

Según expertos del Ministerio del Trabajo, aunque las mujeres pueden realizar ciertos trabajos desde casa, como el teletrabajo, las madres de familia que trabajan fuera de casa no siempre cuentan con las condiciones para hacerlo. Muchas de ellas no tienen acceso a guarderías para el cuidado de sus hijos, ni el apoyo del hombre en la casa. Además, afirma Alexandra Ruedas, del Ministerio del Trabajo, existen algunos mitos que las mujeres chilenas deben enfrentar. Muchos creen que las mujeres tienen menos años de estudio que los hombres. Pero las estadísticas indican que en promedio la mujer chilena tiene 11,7 años de estudios, mientras que el hombre estudia un promedio de 10,5 años.

A pesar de su mayor escolaridad, las chilenas ganan menos que los hombres en trabajos y especialidades iguales. Aunque estas diferencias están desapareciendo lentamente, algunas empresas prefieren contratar a un hombre y no a una mujer, especialmente durante los años de maternidad.

Sin duda, la entrada de la mujer en el mundo del trabajo marcó un momento histórico importante. Los avances que ésta ha hecho también son significativos, pero aún queda mucho camino por andar.

Indique cuáles de las siguientes afirmaciones son inferencias (I) basadas en el contenido del artículo. Si la afirmación es una inferencia (I), indique la(s) línea(s) donde está la información en que ésta se basa.

1. _____ El progreso de la economía es una de las causas del aumento de la presencia de la mujer en el trabajo.
2. _____ En comparación con Argentina, en Chile hay menos mujeres que trabajan.
3. _____ En el año 2002, hubo un incremento de la fuerza laboral femenina.
4. _____ En Colombia y Argentina el 45% de los trabajadores son mujeres.

5. _____ En 2004, era mayor el número de mujeres que participaban en el desarrollo económico de Chile.

6. _____ Los porcentajes indican que posiblemente más mujeres trabajan para sí mismas en casa.

7. _____ Se piensa que el aumento de trabajadoras en Chile responde a cambios sociales y culturales.

8. _____ Las mujeres tienen más capacidad que los hombres para vender y relacionarse con los clientes.

9. _____ Para las chilenas con hijos no es fácil trabajar fuera de casa.

10. _____ Las chilenas sufren de discriminación en el trabajo.

9-43 Segunda mirada. Las siguientes palabras aparecen en el artículo. Agrúpelas según el campo (*field*) con que se asocian.

tasa	teletrabajo	estadísticas	sociólogo
bonanza	tendencia	relaciones públicas	crisis
desarrollo	creación	empresarias	datos
aumento	asesora laboral	gerente	recursos humanos

1. Números o porcentaje: _____

2. Trabajos/profesiones: _____

3. Áreas de trabajo: _____

4. Condiciones económicas: _____

Después de leer

 9-44 Lluvia de ideas. El Ministerio de la Mujer de Chile pide la colaboración de las empresas para mejorar la situación laboral de las mujeres. El gerente de su compañía solicita que los jefes de personal identifiquen por lo menos **dos** problemas de las trabajadoras y den **tres** recomendaciones para cada problema. Respóndanle usando el documento que aparece a continuación. Usen los mandatos.

Para: Gerencia General

De: Jefes de Personal: _____ (nombres)

Estimado Sr. Gerente:

En respuesta a su petición sobre los problemas de las trabajadoras en nuestra compañía, los jefes de personal exponemos lo siguiente:

En nuestra opinión, las trabajadoras de nuestra empresa enfrentan estos problemas que requieren una pronta solución:

1. _____

2. _____

Para ayudar a resolverlos, sugerimos lo siguiente:
Para solucionar el primer problema, _____
_____

Para solucionar el segundo problema, _____
_____

Esperamos trabajar juntos con usted en beneficio de nuestras colegas.

Atentamente,

Jefes de Personal

Escribir

In today's world, getting the job you want may be difficult because of the job market. Therefore, answering a want ad takes as much skill as giving a good interview.

The following are some basic tips that may prove useful when answering a want ad in any language. Pay attention to . . .

a. the academic requirements of the job: Does it require a high school diploma or a college degree?
b. the worker profile the employer has in mind: Is experience required or not? If required, what kind and how much experience is required? What personality criteria will you need to meet to be considered for the job?
c. job-specific skills: Should you be a specialist in a field? What skills or dexterities should you possess? Should you be good at answering questions, speaking and/or writing in another language?, etc.

Antes de escribir

9-45 Preparación. Usted es un/a exitoso/a profesional chileno/a que hace un par de meses se divorció. Ahora debe cuidar a un hijo de cuatro años y a una hija de seis. Como necesita ayuda, usted escribió un anuncio en Internet para solicitar los servicios de una niñera (*nanny*). En preparación para la actividad **9-47**, lea el siguiente mensaje electrónico que una persona interesada le escribió en respuesta a su anuncio en Internet.

De: sofia.morales@entel.chile
Para: rruiz@ct.chile
Ref.: Cuidado de sus hijos

Estimado/a señor/a Ruiz:

Mi nombre es Sofía Morales. Soy secretaria de profesión, pero por el momento estoy desempleada. Aunque no tengo mucha experiencia como niñera, pienso que puedo hacer un buen trabajo porque me fascinan los niños. Si me permite, me gustaría hacerle algunas preguntas preliminares para saber más sobre sus hijos.

Primero, con respecto al temperamento y gustos de los niños: ¿Son sociables? ¿Se adaptan fácilmente a personas desconocidas? ¿Lloran mucho cuando usted no está? ¿Qué se debe hacer para mantenerlos tranquilos y felices?

Segundo, en relación con los hábitos de ellos: ¿Se despiertan y se levantan temprano? ¿Duermen la siesta? ¿Se acuestan antes que usted regrese de su trabajo? ¿Cómo se divierten durante el día?

Tercero, con respecto a la comida: ¿Qué desayunan o almuerzan? ¿Debo prepararles el desayuno y el almuerzo? ¿Hay algo que deben o no deben comer o beber?

Finalmente, ¿a qué hora vuelve usted a casa? Yo debo regresar a mi casa antes de las 8:00 de la noche.

Tengo referencias que le puedo propocionar cuando usted las necesite.

Estaré encantada de conocer a sus hijos. Estoy segura de que si usted me da el trabajo, los niños y yo vamos a llevarnos muy bien.

Atentamente,

Sofía Morales

9-46 ¡Las prioridades deciden! A usted le gusta la candidata que le escribió. Puesto que necesita pronto su servicio escríbale una carta inmediatemente.

1. Para la introducción de su carta, puede agradecer así: "Muchas gracias por responder al anuncio de niñera que puse en Internet". Ahora, escriba otra manera de agradecerle a la persona que respondió a su anuncio.

   _____

2. Para contestar las preguntas de la candidata, lea con cuidado la lista de preguntas que recibió y responda a cada una de ellas. Recuerde que en general, los mandatos van a ser muy útiles para indicarle a la candidata lo que debe hacer. Por ejemplo, "Mándeme sus referencias por correo".

3. Para terminar su carta, informe a la candidata sobre la posible fecha y hora de la entrevista y cuándo va a saber la decisión final que usted tomó. Por ejemplo, "Por favor, llámeme por teléfono el lunes por la mañana para hablar sobre fecha y hora de la entrevista".

A escribir

9-47 Manos a la obra. Respóndale —con la mayor cantidad de detalles posible— el mensaje electrónico a su futura niñera. Use la información de la actividad **9-46.**

Después de escribir

9-48 Revisión. Ahora lea su mensaje electrónico, pensando en su lectora. Verifique lo siguiente:

■ El contenido: ¿Respondió usted a todas las preguntas de la candidata? ¿Le dio los detalles necesarios?

■ La organización: ¿Tiene su correo electrónico una organización clara, es decir, una introducción, un cuerpo y un cierre?

■ La forma de su mensaje:
   a. ¿Revisó la gramática: el vocabulario correcto, algunas expresiones de cortesía y de despedida, la concordancia, el tiempo (presente, pasado), el uso de los mandatos, etc.?
   b. ¿Usó la puntuación y la ortografía correctas?

Finalmente, comparta su mensaje electrónico con un/a compañero/a. Esto puede darle la perspectiva de un lector potencial.

ENFOQUE CULTURAL

Para pensar

Generalmente, ¿es fácil conseguir trabajo después de graduarse de la universidad? ¿Hay mucho desempleo en los Estados Unidos? ¿Ganan mucho dinero los profesionales jóvenes y con poca experiencia? ¿Existen aún diferencias notables entre las oportunidades y la remuneración que perciben los hombres y las mujeres por un trabajo similar?

Muchos niños y jóvenes de las clases más pobres trabajan desde pequeños limpiando zapatos, vendiendo periódicos o dulces en la calle, y aun como empleados domésticos.

Hay países hispanos con problemas económicos y pocas posibilidades de empleo en el sector privado y en el público.

Los sueldos bajos traen una serie de consecuencias sociales: los jóvenes tienen que permanecer en la casa de sus padres y deben conseguir dos y hasta tres empleos para sobrevivir.

Para contestar

2 Los trabajos. Respondan a las siguientes preguntas.

1. Mencionen algunos trabajos que los jóvenes de las clases más pobres tienen en algunos países hispanos.
2. ¿Cuáles son algunas consecuencias de una economía en crisis?

G Riqueza cultural. En grupos de tres, identifiquen lo siguiente y compartan luego esta información con la clase.

a. Las zonas de los Estados Unidos que tienen un mayor desarrollo económico
b. Dos países hispanos que muestran desarrollo en algunas áreas de la economía

Cerca de Santiago, se encuentran las grandes industrias del vino con sus viñedos. Concha y Toro, Santa Rita y Macul exportan sus vinos a muchos países del mundo. La fruta constituye también una de las industrias más prósperas de Chile. Éstas se exportan a varios continentes en todas las estaciones del año.

Para pensar

¿Sabe usted dónde está Chile? ¿Sabe usted qué productos chilenos se consumen mucho en los Estados Unidos? ¿Conoce usted a alguna persona chilena famosa?

Chile está en el suroeste de América del Sur y tiene una larga costa en el Océano Pacífico. La capital de Chile es Santiago.

La economía chilena ha mejorado mucho en los últimos años. La producción agrícola, mineral e industrial es muy importante y ha contribuido a mejorar la economía del país. Varias compañías que se nacionalizaron en los años 70 ahora son privadas.

Viña del Mar es el principal balneario en el centro del país. En esta ciudad se lleva a cabo el famoso Festival Internacional de la Canción.

Algunos de los lugares favoritos para ir a esquiar en la nieve, especialmente de junio a octubre, son Portillo, Farellones, La Parva y Valle Nevado.

Valparaíso es el principal puerto de Chile. La ciudad de Valparaíso es un lugar turístico y cultural muy interesante. Allí se encuentra la casa museo del poeta Pablo Neruda, ganador del Premio Nobel de Literatura en 1971.

Expresiones chilenas:

pololo/a	María, te presento a mi pololo.	*María, this is my boyfriend.*
planchado/sin chaucha	Está planchado/sin chaucha.	*He is broke.*
tinca	Me tinca que hizo algo malo.	*I have the feeling that he/she did something wrong.*
el descueve	Mi jefe es el descueve.	*My boss is far out.*

Para contestar

En el mapa

1. Diga qué ciudades chilenas están cerca de la frontera con Perú.
2. ¿Qué países están cerca de Chile?
3. Mencione una característica geográfica de Chile.

Ahora diga...

1. si le gustaría visitar Santiago y por qué.
2. qué lugar visitaría en Valparaíso.

¿Qué dice Ud. si...

1. tiene una fuerte impresión de que su amigo fue a una entrevista y le ofrecieron el trabajo.
2. tiene planes de ir al cine con la persona a quien ama.
3. se da cuenta de que no tiene dinero.
4. piensa que la nueva gerente de su compañía es excepcional.

Para investigar en Internet

Busque en la página de un periódico chileno qué trabajos se ofrecen, qué sueldos pagan y cuáles son los requisitos necesarios para obtenerlos, etc. Compare los puestos que ofrecen estos avisos en Chile con los puestos que se ofrecen en avisos semejantes en los periódicos de los Estados Unidos. Comente las semejanzas y diferencias con sus compañeros/as de clase.

¡Prepárese!

9-49 Misterios y pistas. ¿Qué relaciones hay entre las palabras clave de las pistas del Misterio 4? ¿Con qué las asocia? ¿Qué cree que simbolizan? ¿Cómo se pueden relacionar estas cosas con el misterio, "Un lugar estratégico"?

1. La **fuente** de la **civilización**
2. La **flor** de la **civilización**
3. El **manantial** del **romance**
4. El **barco** de la **vida**

Con un/a compañero/a, indique lo siguiente:

	RELACIÓN CON	SÍMBOLO DE
fuente		
civilización		
flor		
manantial		
romance		
barco		
vida		

Manolo quiere que el concurso tenga un tono más personal.

Aunque cuestiona su amistad, Carlos quizás perdone a Katie.

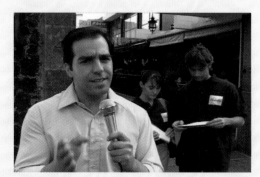
Katie y Efraín forman una alianza.

Katie y Efraín comparten sus pistas.

Tito le pregunta a Sabrina si ella está celosa.

Sabrina quiere ganar y dice que va a ganar.

¡Responda!

9-50 ¿Qué deben hacer? Carlos está decepcionado de Katie; Efraín quiere formar una alianza con Katie; Sabrina quiere ganar el concurso. ¿Qué les puede decir a los participantes para ayudarlos en sus planes? Use los mandatos formales para darles instrucciones y consejos sobre lo que ocurre en este episodio.

MODELO:　Carlos　No perdone a Katie porque ella lo decepcionó.

PARTICIPANTE	SU CONSEJO
Carlos	_____
Katie	_____
Efraín	_____
Sabrina	_____

La música de Violeta Parra se reconoce por su alto contenido social y es representativa de la Nueva Canción, una forma artística musical de Latinoamérica en la cual el autor expresa sus opiniones políticas y la importancia de la cultura autóctona.

¡Prepárese!

9-51 El simbolismo. Lea esta lista de palabras que se usan en "Gracias a la vida" y exprese lo que pueden simbolizar, según su experiencia personal.

PALABRA	PUEDE SIMBOLIZAR...
luceros	_____
el abecedario	_____
el oído	_____
la risa	_____
el llanto	_____

¡Escuche!

9-52 La canción. Lea parte de la letra de "Gracias a la vida". Después de escuchar la canción conteste las preguntas.

Gracias a la vida que me ha dado tanto
me dio dos luceros que cuando los abro
perfecto distingo lo negro del blanco
y en el alto cielo su fondo estrellado
y en las multitudes el hombre que yo amo.
[...]
me ha dado el oído que en todo su ancho
graba noche y día grillos y canarios
[...]
me ha dado el sonido y el abecedario
con él las palabras que pienso y declaro
[...]

me ha dado la marcha de mis pies cansados
con ellos anduve ciudades y charcos
[...]
me dio el corazón que agita su marco
cuando miro el fruto del cerebro humano,
cuando miro al bueno tan lejos del malo,
[...]
me ha dado la risa y me ha dado el llanto,
así yo distingo dicha de quebranto
los dos materiales que forman mi canto
y el canto de ustedes que es el mismo canto
y que el canto de todos que es mi propio canto.

1. En su opinión, ¿cuáles son los temas de "Gracias a la vida"?
2. ¿Cuáles son algunos de los mensajes de la canción?
3. ¿A quién cree que se dirige la cantautora?
4. ¿Qué palabras puede usar para describir esta canción?

¡Responda!

9-53 El pasado. La autora de "Gracias a la vida" recuerda cosas y actividades importantes de su vida. Piense en las cosas y actividades de su niñez o del lugar donde vivía antes de estudiar en la universidad que eran importantes para usted. Escriba una breve composición sobre este tema, usando los tiempos pasados para contar lo que hacía y cómo era su vida entonces.

MODELO: Cuando yo era niño/a...

VOCABULARIO

Profesiones, oficios y ocupaciones

el/la abogado/a	*lawyer*
el actor/la actriz	*actor/actress*
el ama de casa	*housewife, homemaker*
el/la arquitecto/a	*architect*
el/la bibliotecario/a	*librarian*
el/la bombero/a	*firefighter*
el/la cajero/a	*cashier*
el/la chofer	*driver*
el/la científico/a	*scientist*
el/la contador/a	*accountant*
el/la ejecutivo/a	*executive*
el/la electricista	*electrician*
el/la empleado/a	*employee*
el/la enfermero/a	*nurse*
el/la gerente (de ventas)	*(sales) manager*
el hombre/la mujer de negocios	*businessman/woman*
el/la ingeniero/a	*engineer*
el/la intérprete	*interpreter*
el/la jefe/jefa	*boss*
el/la juez	*judge*
el/la locutor/a	*radio announcer*
el/la médico/a	*medical doctor*
el/la obrero/a	*worker*
el/la peluquero/a	*hairdresser*
el/la periodista	*journalist*
el/la plomero/a	*plumber*
el policía/la (mujer) policía	*policeman, policewoman*
el/la (p)sicólogo/a	*psychologist*
el/la técnico/a	*technician*
el/la vendedor/a	*salesman, saleswoman*

Lugares

el banco	*bank*
la compañía/empresa	*company*
el consultorio	*doctor's office*
la peluquería	*beauty salon, barbershop*

Trabajo

el anuncio	*ad (advertisement)*
el/la cliente/a	*client*
el currículum	*résumé*
la entrevista	*interview*
la experiencia	*experience*
el incendio	*fire*
la llamada	*call*
el puesto	*position*
la oportunidad	*opportunity*
la solicitud	*application*
el sueldo	*salary*
la vacante	*opening*
las ventas	*sales*

Verbos

apagar	*to extinguish, to turn off*
atender (ie)	*to answer, to attend*
comenzar (ie)	*to begin*
comunicar(se)	*to communicate*
cortar	*to cut*
dejar	*to leave*
enviar	*to send*
esperar	*to wait for*
indicar	*to indicate*
llenar	*to fill (out)*
mandar	*to send*
mejorar	*to improve*
ofrecer (zc)	*to offer*
solicitar	*to apply (for)*

Palabras y expresiones útiles

actualmente	*at the present time*
¡Cómo no!	*Of course!*
lo importante	*the important thing*
por cierto	*by the way*
por correo	*by mail*
propio/a	*own*
en realidad/realmente	*in fact, really*
la señal	*signal*
sin embargo	*nevertheless*

10

LA COMIDA Y LA NUTRICIÓN

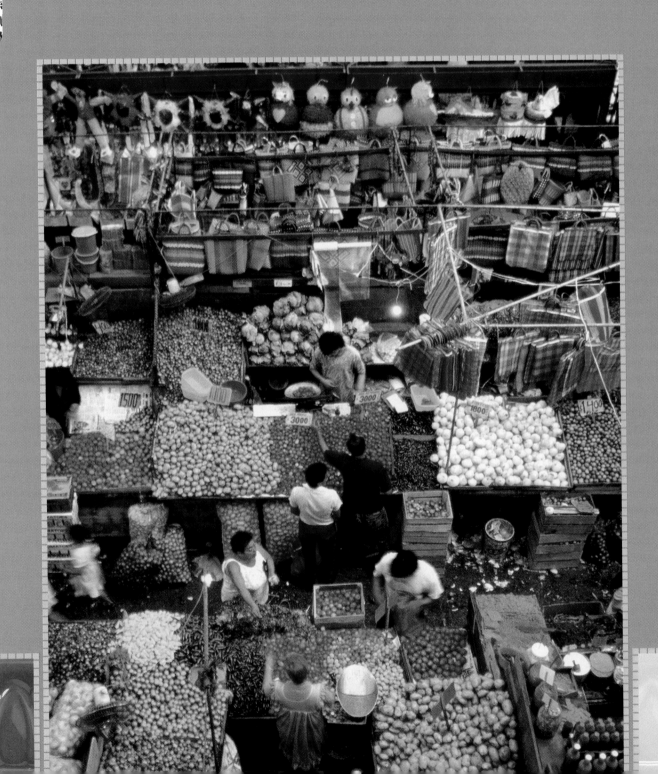

Objetivos comunicativos

- Discussing food, shopping, and planning menus
- Expressing wishes and hope
- Making requests and expressing opinions
- Expressing doubt
- Giving advice

Contenido

A PRIMERA VISTA

En el supermercado

Frutas y verduras

el ajo

los pimientos verdes

las zanahorias

los pepinos

las espinacas

el maíz / el elote / el choclo

las cebollas

los plátanos / las bananas

las peras

las manzanas

las toronjas / los pomelos

las uvas

los aguacates

las cerezas

las fresas

Productos lácteos

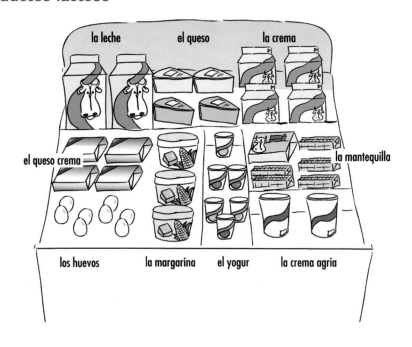

la leche

el queso

la crema

el queso crema

la mantequilla

los huevos

la margarina

el yogur

la crema agria

Pescado y Mariscos

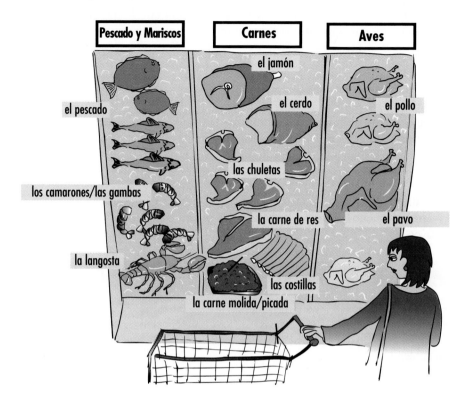

Pescado y Mariscos | **Carnes** | **Aves**

el pescado
el jamón
el cerdo
el pollo
las chuletas
los camarones/las gambas
la carne de res
el pavo
la langosta
las costillas
la carne molida/picada

LENGUA

Names of certain food products vary by country. For example, **aguacate** is known as **palta** in some countries in South America; **maíz** is known as **elote** in Mexico and some Central American countries, and **choclo** in parts of South America; **pavo** is **guajolote** in Mexico; and **camarones** is **gambas** in Spain.

Los condimentos

la sal

la pimienta

la mostaza   la vainilla   la harina   el pan

el/la azúcar   el aderezo   las galletas   los churros

el vinagre   el aceite

el pan dulce

la manteca   la salsa de tomate   la mayonesa

los refrescos   el vino tinto   el vino blanco

¿Qué dice usted?

10-1 Asociaciones. Después de asociar cada explicación con la palabra adecuada, comenten entre ustedes si les gustan o no estos alimentos.

1. _____ Se toma mucho en el verano, cuando hace calor.
2. _____ Se pone en la ensalada.
3. _____ Se usan para hacer vino.
4. _____ Se come en el desayuno con huevos fritos.
5. _____ Se prepara para el Día de Acción de Gracias.
6. _____ Se usa para preparar la ensalada de atún o de pollo.

a. el jamón
b. las uvas
c. la mayonesa
d. el helado
e. el aderezo
f. el pavo

10-2 Dietas diferentes. Primera fase. Completen la tabla con comidas adecuadas para estas dietas. Luego, discutan entre ustedes por qué se debe o no se debe comer cada cosa.

DIETA	SE DEBE COMER	NO SE DEBE COMER
vegetariana		
para diabéticos		
para engordar (*gain weight*)		
para bajar de peso (*lose weight*)		

Segunda fase. Completen las siguientes ideas con sus recomendaciones para cada una de estas personas. Digan por qué.

1. Pedro, que es vegetariano, debe comer…
2. Mi padre, que es diabético,…
3. Luisa está muy delgada y…
4. Joaquín y Fabricio quieren bajar de peso. Por lo tanto…

EN DIRECTO

To give some general advice:
Deben + *infinitive* (comer/ beber/ etc…)
Para bajar de peso, recomendamos + *noun* (las verduras, el agua, etc.)
Para obtener calcio/proteínas/ fibra es bueno + *infinitive* (comer/beber/ etc.)

10-3 ¿Qué necesitamos? Ustedes son estudiantes de intercambio en Ecuador. Le quieren preparar una cena a la familia con la que viven, pero no tienen todos los ingredientes necesarios. ¿Qué necesitan y cuánto cuestan estos ingredientes?

MODELO: E1: Vamos a preparar hamburguesas. Necesitamos un kilo de carne molida.
E2: Eso cuesta tres dólares el kilo.

10-4 Los estudiantes y la comida. Primera fase. En pequeños grupos, hablen de las comidas típicas de los estudiantes de su universidad. ¿Qué comen? ¿Cuándo comen?

Segunda fase. Hagan una lista de recomendaciones para una dieta estudiantil más saludable (*healthy*) y compártanla con el resto de la clase. Piensen en el desayuno, el almuerzo y la cena.

La mesa

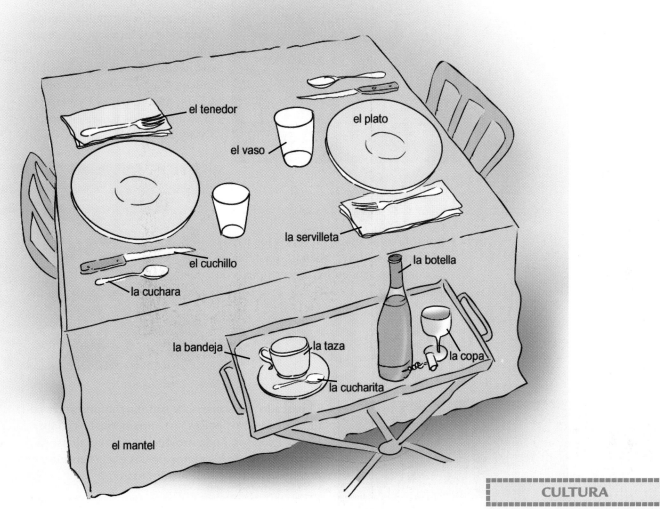

el tenedor

el plato

el vaso

la servilleta

el cuchillo

la cuchara

la botella

la bandeja   la taza

la copa

la cucharita

el mantel

¿Qué dice usted?

❷ 10-5 Entrenamiento de un/a camarero/a. Usted y su compañero/a son camareros/as en un restaurante y uno/a de ustedes es nuevo/a en el puesto. Dígale a su nuevo/a compañero/a dónde debe poner cada cosa de acuerdo con el dibujo. Después cambien de papel.

MODELO: E1: Ponga el cuchillo a la derecha del plato.
            E2: Muy bien. ¿Y dónde pongo la copa?
           E1: _____.

¿Dónde se compra?

En el área del Caribe, se consumen muchas frutas tropicales, como los plátanos, los mangos, las piñas y las papayas. En Estados Unidos, durante el invierno, se importan muchas frutas de Chile y otros países del hemisferio sur. Ecuador cultiva mucha fruta —sobre todo piña, limón, melón, papaya y maracuyá— y la exporta a los países europeos y a Estados Unidos.

En Bolivia, como en todos los países hispanos, hay buenas **pastelerías** donde se venden los **dulces** típicos de la región.

El pescado y los mariscos son muy importantes en la dieta de algunos países hispanoamericanos como Chile, Perú y Ecuador. En la provincia de Esmeraldas, en Ecuador, uno de los platos típicos es el encocado, pescado que se cocina con leche de coco.

La **artesanía** de Paraguay —especialmente los tejidos y los cestos— es muy apreciada en todo el mundo.

¿Qué dice usted?

10-6 La compra y los preparativos. Primero preparen un menú y luego una lista de lo que tienen que comprar para una cena. Después háganle preguntas a otra pareja para obtener la siguiente información:

1. menú
2. ingredientes
3. número de invitados

4. costo de la cena
5. división del trabajo
6. limpieza

10-7 Una cena. Usted estuvo muy ocupado/a ayer porque tuvo invitados a cenar. Dígale a su compañero/a todas las cosas que hizo. Su compañero/a le va a preguntar dónde hizo la compra, a quién invitó, qué sirvió, y si lo pasaron bien (*had fun*). Después cambien de papel.

EMPANADAS
salteñas bolivianas

MASA

6 tazas de harina	6 cucharadas de manteca
2 yemas de huevo	$\frac{1}{2}$ taza de leche
1 cucharada de azúcar	$1\frac{1}{2}$ tazas de agua tibia
1 cucharadita de sal	

Prepare la masa el día anterior. Mezcle todos los ingredientes para la masa. Amase bastante y envuelva la masa en una servilleta húmeda. Déjela en el refrigerador toda la noche.

RELLENO

3 cucharadas de manteca	1 taza de cebolla blanca picada
1 taza de cebolla verde picada	$1\frac{1}{2}$ cucharada de gelatina sin sabor disuelta en $\frac{1}{2}$ taza de agua
$\frac{1}{2}$ taza de ají colorado	sal y azúcar al gusto
comino y orégano al gusto	1 libra de carne de res picada
1 taza de arvejas cocinadas	1 taza de papas a medio cocinar en cubitos
$\frac{1}{2}$ taza de pasas	2 huevos duros, cortados
6 aceitunas negras, cortadas y sin pepa	

Prepare el relleno también el día anterior. Fría la cebolla en la manteca y agregue el ají, la sal, el azúcar, el comino y el orégano. Añada la carne y cocínela ligeramente. Retire el relleno del fuego y deje que se enfríe un poco. Añada la gelatina, las arvejas y la papa. Deje el relleno en el refrigerador toda la noche.

Para hacer las empanadas, haga unos círculos con la masa de 7 a 10 centímetros de diámetro y $\frac{1}{4}$ centímetro de grosor. Ponga encima de cada círculo un poco del relleno y añádale las pasas, el huevo duro y las aceitunas. Doble y haga pequeños pliegues en el borde de la masa para que no se salga el relleno. Pase un poco de leche o de huevo batido por el borde. Ponga las empanadas sobre moldes de horno enharinados. Póngales un poco de leche o huevo por encima a cada una para que tomen color.

Hornear a 400 grados por 20 a 30 minutos.

10-8 Mi receta favorita. Escojan una receta simple. Escriban los ingredientes y después explíquenle a otra pareja cómo se prepara el plato. Las siguientes palabras pueden facilitarles la explicación: **batir** (*to beat*), **hervir** (**ie**) (*to boil*), **freír** (**i**) (*to fry*), **cortar** (*to cut*).

AUDIO **10-9 Una cena perfecta.** You will listen to a married couple talking about their plans for dinner tonight. Before you listen, make a list of four ingredients you would need to prepare a salad and an entrée.

ensalada _____

plato principal _____

Now, pay attention to the general idea of what is said. Then, as you listen mark the appropriate ending to each statement.

1. Rodolfo es…
   _____ un buen cocinero.
   _____ muy perezoso.
   _____ el esposo de Manuela.
2. Manuela va a…
   _____ cocinar ceviche.
   _____ poner la mesa.
   _____ llamar a los invitados.
3. Rodolfo va a comprar…
   _____ pescado y maíz.
   _____ limón y camarones.
   _____ espinacas y aguacates.
4. Manuela tiene…
   _____ todos los ingredientes.
   _____ muchos vegetales y frutas.
   _____ casi todos los ingredientes.

Antes de seguir…

The indicative and the subjunctive

In previous lessons, you used the indicative mood to state facts (what is happening, what regularly happens, or what has happened) and to talk about what you are certain will occur. Thus, in the sentence *Yo sé que Pepe siempre come en ese restaurante,* the speaker is stating the facts as he or she knows them to be true: Pepe always eats at that restaurant. The indicative is used to talk about actions, events, or states the speaker sees as real.

In this chapter, you will learn about the subjunctive, a verbal mood used for anticipated or hypothetical actions, events, or states. You already know and have used two forms of the subjunctive when you practiced the formal commands in *Lección 9.* With a command, you are trying to impose your will on someone else since you are expressing what you want that person to do: *Venga temprano* is equivalent to saying *Quiero que venga temprano.* Note that the arrival has not happened yet, in fact, it may not happen at all; therefore, it is an unrealized action and the subjunctive is needed.

In this chapter, you will learn about the use of the subjunctive to talk about what you want, hope, or doubt will happen.

1. The present subjunctive

SR. MENA: ¿Qué traigo del supermercado?

SRA. MENA: Necesito que traigas un kilo de camarones frescos y también lechuga y tomate para la ensalada.

SR. MENA: ¿Eso es todo?

SRA. MENA: Sí, y espero que vuelvas rápido y que me puedas ayudar. Tengo mil cosas que hacer.

■ To form the present subjunctive, use the **yo** form of the present indicative, drop the final **-o**, and add the subjunctive ending. Notice that as with **usted/ustedes** commands, **-ar** verbs change the **-a** to **-e**, while **-er** and **-ir** verbs change the **e** and the **i** to **a**.

	HABLAR	COMER	VIVIR
yo	hable	coma	viva
tú	hables	comas	vivas
Ud., él, ella	hable	coma	viva
nosotros/as	hablemos	comamos	vivamos
vosotros/as	habléis	comáis	viváis
Uds., ellos/as	hablen	coman	vivan

- The present subjunctive of the following verbs with irregular indicative **yo** forms is as follows:

conocer:	conozca, conozcas...	salir:	salga, salgas...
decir:	diga, digas...	tener:	tenga, tengas...
hacer:	haga, hagas...	traer:	traiga, traigas...
oír:	oiga, oigas...	venir:	venga, vengas...
poner:	ponga, pongas...	ver:	vea, veas...

- The present subjunctive of **hay** is **haya**. The following verbs also have irregular subjunctive forms:

ir:	vaya, vayas...	saber:	sepa, sepas...
ser:	sea, seas...		

- Stem-changing **-ar** and **-er** verbs follow the same pattern as the present indicative.

pensar:	piense, pienses, piense, pensemos, penséis, piensen
volver:	vuelva, vuelvas, vuelva, volvamos, volváis, vuelvan

- Stem-changing **-ir** verbs follow the same pattern as the present indicative but have an additional change in the **nosotros** and **vosotros** forms.

preferir:	prefiera, prefieras, prefiera, prefiramos, prefiráis, prefieran
dormir:	duerma, duermas, duerma, durmamos, durmáis, duerman

- Verbs ending in **-car, -gar, -ger, -zar,** and **-guir** have spelling changes.

sacar:	saque, saques, saque, saquemos, saquéis, saquen
jugar:	juegue, juegues, juegue, juguemos, juguéis, jueguen
recoger:	recoja, recojas, recoja, recojamos, recojáis, recojan
almorzar:	almuerce, almuerces, almuerce, almorcemos, almorcéis, almuercen
seguir:	siga, sigas, siga, sigamos, sigáis, sigan

LENGUA

Remember that you have seen these same orthographic changes in the formal commands:
Saque los platos.
No jueguen ahora.

¿Qué dice usted?

10-10 En la cocina. Escoja la forma verbal correcta para completar lo que le dice un chef a su nuevo asistente.

1. Yo sé que tú _____ (quieres, quieras) ser un buen cocinero.
2. El secreto de la buena cocina _____ (es, sea) usar ingredientes de primera calidad.
3. Debes saber que nosotros _____ (compramos, compremos) vegetales frescos todos los días.
4. Quiero que tú _____ (estás, estés) aquí temprano para lavar y preparar los vegetales.
5. Los primeros días quiero que _____ (miras, mires) cómo cortan los vegetales para aprender a hacerlo bien.
6. Aquí traen los mariscos y el pescado fresco por la mañana, y quiero que _____ (llegas, llegues) antes de las 10 para recibir el pescado y enseñarte a reconocerlo.

G **10-11 Excursión a las islas Galápagos. Primera fase.** Su clase está planeando una excursión a las islas Galápagos, en Ecuador. Primero, busquen en Internet la siguiente información sobre estas islas y coméntenla entre ustedes.

1. localización
2. clima
3. lugares de interés
4. tipo de alojamiento (*accomodation*)
5. tipo de transporte para llegar allí

Segunda fase. Ahora escriban una lista de todas las cosas que hay que hacer para preparar la excursión.

MODELO: E1: Hay que reservar los pasajes.
                E2: Sí, y necesitamos comprar unas mochilas.

Tercera fase. Por último, decidan qué quieren ustedes que haga cada persona de su grupo y compártanlo con la clase.

MODELO: reservar los pasajes
                Queremos que Juan reserve los pasajes

2. Subjunctive to express wishes and hope

■ Notice in the examples below that there are two clauses, each with a different subject. When the verb of the main clause expresses a wish or hope, use a subjunctive verb form in the dependent clause.

MAIN CLAUSE	DEPENDENT CLAUSE
La mamá **quiere**	que Alfredo **ponga** la mesa.
The mother wants	*Alfredo to set the table.*
Yo **espero**	que él **termine** temprano.
I hope	*he finishes early.*

■ When there is only one subject, use the infinitive instead of the subjunctive.

Los niños **necesitan almorzar** temprano para ir al gimnasio.	*The children need to have lunch early to go to the gym.*
El mayor **quiere prepararse** un sándwich.	*The older one wants to make himself a sandwich.*
El menor **desea tomar** leche con galletas.	*The younger one wants to have milk and cookies.*

■ With the verb **decir**, use the subjunctive in the dependent clause when expressing a wish or an order. Use the indicative when reporting information.

Dice que los niños **duermen.** (reporting information)	*She says (that) the children are sleeping.*
Dice que los niños **duerman.** (expressing an order)	*She says (that) the children should sleep.*

■ Some common verbs that express *want* and *hope* are **desear, esperar, necesitar, preferir,** and **querer.**

> Quieren/Desean que **compres** mariscos. *They want you to buy seafood.*

■ Verbs which express an intention to influence the actions of others (**aconsejar, pedir, permitir, prohibir, recomendar**) also require the subjunctive. With these verbs, Spanish speakers often use an indirect object.

> **Les** permite que **salgan** esta noche. *She allows them to go out tonight.*

■ The expression **ojalá** (**que**) (*I/we hope*), which comes from Arabic, originally meaning *May Allah grant that . . . ,* is always followed by the subjunctive.

> Ojalá (que) ellos **vengan** temprano. *I hope they will come early.*
> Ojalá (que) **puedas** ir al supermercado. *I hope you can go to the supermarket.*

■ You may also try to impose your will or express your influence, wishes, and hope through some impersonal expressions such as **es necesario, es importante, es bueno,** and **es mejor.**

> Es necesario que ellos **vengan** temprano. *It is necessary that they come early.*
> Es mejor que **comas** pescado. *It is better that you eat fish.*

■ If you are not addressing or speaking about someone in particular, use the infinitive.

> Es mejor **comer** pescado. *It is better to eat fish.*

¿Qué dice usted?

2 **10-12 Comentarios y deseos.** El Club de Español va a dar una fiesta mañana. Marque los comentarios o deseos de los estudiantes.

1. _____ Esperamos que la fiesta empiece puntualmente.
2. _____ Ojalá que no sirvan comida.
3. _____ Esperamos que pongan música ecuatoriana.
4. _____ Queremos que también inviten a los estudiantes de francés.
5. _____ Ojalá que la fiesta termine temprano.
6. _____ Deseamos que los profesores traigan mucha comida.

2 **10-13 Una fiesta de aniversario. Primera fase.** Los hijos de los señores Sánchez están muy ocupados preparando la fiesta de aniversario de sus padres, quienes cumplen cincuenta años de casados. ¿Qué quiere, necesita o espera la persona responsable de la fiesta que hagan estas personas?

Pedro, Carlos y Mirta   Ana   César

Lola   Jorge y Roberto   Hilda y Ramiro

2 Segunda fase. Aparte de la decoración y la comida, ¿qué es importante, necesario o imprescindible que los hijos hagan para hacer felices a sus padres? Escriban una lista de cuatro cosas más como mínimo.

2 10-14 Unos invitados para el fin de semana. Prepare una lista de las cosas que usted necesita hacer y otra lista con lo que espera que hagan sus invitados. Después, compare sus listas con las de un/a compañero/a.

MODELO: E1: Necesito limpiar la sala el viernes.
          E2: Yo también necesito limpiarla./Yo no, la sala está limpia. Yo necesito comprar leche y jugo.
          E1: Espero que mis invitados lleguen temprano.
          E2: Y yo espero que a mis invitados les gusten los platos que voy a servir.

LO QUE USTED NECESITA HACER

_____
_____
_____
_____

LO QUE ESPERA QUE HAGAN SUS INVITADOS

_____
_____
_____
_____

ACENTOS

You learned that a stressed **i** or **u** requires a written accent when preceded or followed by another vowel (**oír, frío, reúno**) since no diphthong results and the vowels are pronounced as two separate syllables. The same rule applies when there is an **h** between the two vowels (**prohíbo, prohíbe**), since the **h** has no sound. When **i** or **u** is not stressed, the vowel combination is pronounced as one syllable, and no accent is required (**prohibir**).

10-15 Un trabajo complicado. Primera fase. Usted trabaja en un supermercado. Marque las actividades que se prohíben, las que se permiten y las que se recomiendan durante las horas de trabajo.

	SE PROHÍBE	SE PERMITE	SE RECOMIENDA
1. fumar			
2. comer frutas			
3. hablar por teléfono			
4. descansar 15 minutos			
5. ayudar a los clientes a encontrar los productos			
6. usar el baño			

2 Segunda fase. Ustedes descubrieron que ambos/as trabajan en supermercados. Por eso, cada uno/a de ustedes tiene curiosidad por saber cuáles son las obligaciones y condiciones de trabajo del/de la otro/a. Háganse preguntas usando los verbos **pedir, prohibir, permitir, decir, recomendar.**

MODELO: E1: ¿Qué te prohíbe tu jefe en el trabajo?
E2: Me prohíbe que hable por teléfono con mis amigos.
E1: ¿Qué te recomiendan tus compañeros de trabajo?
E2: Me recomiendan que sea amable con los clientes.

1. llevar un uniforme limpio
2. cambiar las verduras que no están frescas
3. usar el celular mientras trabajo
4. llegar temprano al trabajo
5. revisar las fechas de la leche y los quesos
6. atender a los clientes en la caja
7. saber dónde están los diferentes productos
8. ...

G 10-16 Consejos y sugerencias. Usted está organizando un nuevo restaurante de comida boliviana y ecuatoriana, y tiene algunos problemas en ciertas áreas. Explíqueles a dos de sus compañeros/as cuáles son los problemas. Ellos/as deben decirle qué debe hacer.

MODELO: cocineros
E1: Los cocineros que tengo no son nativos de esos países.
E2: Es importante que pongas anuncios en los periódicos para conseguir cocineros nativos.
E3: Y también es bueno que algunos camareros sean de Ecuador o de Bolivia.

1. productos de comida
2. cervezas y otras bebidas
3. decoración del lugar
4. música ambiental
5. ingredientes para las empanadas salteñas
6. publicidad

SITUACIONES

Role A. You are unable to go to the market this week because you are sick (*enfermo/a*). Call a friend to explain your predicament, and ask him/her to go for you. Answer his/her questions and a) say what you need him/her to buy for you (chicken, some vegetables, fruit, bread, and so on), b) give him/her advice about the shops where he/she can get those items, c) explain that you will pay him/her when he/she comes to your house, and d) thank him/her.

Role B. When a friend of yours calls to ask for a favor, a) say that you will be happy to do his/her shopping, and b) ask what he/she needs. After writing down the list, say that it is important that he/she rest and that you will be at his/her house around 11:00 a.m.

3. Subjunctive with verbs and expressions of doubt

■ When the verb in the main clause expresses doubt or uncertainty, use a subjunctive verb form in the dependent clause.

> Dudo que **vendan** pescado fresco.　　*I doubt (that) they sell fresh fish.*

■ When the verbs **creer** and **pensar** are used in the negative and doubt is implied, the subjunctive is used. In questions with these verbs, the subjunctive may be used to express uncertainty or to anticipate a negative response. If the question simply seeks information, use the indicative.

SUBJUNCTIVE

> Hace sol; no creo que **llueva** hoy.
>
> *It is sunny out; I do not think it will rain.*

> ¿Crees que **haga** frío en La Paz?
>
> *Do you think it will be cold in La Paz?* (I am not sure.)

INDICATIVE

> ¿Crees que **hace** frío en La Paz?
>
> *Do you think it is/will be cold in La Paz?* (Should I wear a coat?)

■ Use the subjunctive with impersonal expressions that denote doubt or uncertainty, such as **es dudoso que, es difícil que, es probable que**, and **es posible que.**

> Es dudoso que **encontremos** frutas tropicales allí.
>
> *It is doubtful that we will find tropical fruits there.*

> Es posible que **vendan** uvas.
>
> *It is possible that they sell grapes.*

■ Use the indicative with impersonal expressions that denote certainty: **es cierto/verdad que, es seguro que,** and **es obvio que.**

Es verdad/cierto que el vino **es** muy bueno.   *It is true that the wine is very good.*

■ Since the expressions **tal vez** and **quizá(s)** convey uncertainty, the subjunctive is normally used.

Tal vez
Quizá(s) } ella **pruebe** el postre.   *Perhaps she will try the dessert.*

¿Qué dice usted?

2 10-17 ¿Están de acuerdo? Primera fase. Lean las siguientes opiniones y marquen si están de acuerdo o no con ellas.

	Sí	No
1. Yo creo que el aceite de oliva es bueno para la salud.	_____	_____
2. Yo dudo que el yogur con frutas tenga muchas calorías.	_____	_____
3. Creo que el agua que se bebe en las ciudades de este país es muy buena.	_____	_____
4. Es posible que los dulces tengan más calorías que el queso.	_____	_____
5. Es obvio que el pescado es mejor que la carne para la salud.	_____	_____
6. No creo que la comida afecte nuestra personalidad.	_____	_____

2 Segunda fase. Ahora intercambien opiniones basándose en lo que marcaron en la **Primera fase.**

MODELO: E1: Yo creo que el aceite de oliva es bueno para la salud, y debemos usarlo en ensaladas y para cocinar.
E2: Tal vez/Quizá(s) sea mejor que otros aceites, pero debemos usar poco.

2 10-18 Opiniones. Intercambien opiniones sobre los siguientes temas. Después, comparen sus opiniones con las de otros/as compañeros/as y compartan el resultado con la clase. Pueden usar algunas de estas expresiones si lo desean.

caloría	grasa
proteína	vitamina
sano/a	peligroso/a (*dangerous*)

MODELO: la carne de cerdo
E1: Creo que una porción de carne de cerdo tiene menos grasa que un bistec.
E2: Estoy de acuerdo, pero dudo que tenga menos grasa que el pescado.

1. las bebidas alcohólicas
2. el pescado y los camarones
3. las frutas y las verduras
4. la vida sedentaria

EN DIRECTO

To report agreement:
Todos creemos/pensamos que…
Nosotros estamos de acuerdo con que…

To report different opinions:
No hay consenso entre nosotros/ellos. Unos piensan que…, otros creen que…

2 **10-19 Una cena con alguien famoso. Primera fase.** Ustedes ganaron un concurso, y el premio es una cena con la persona que ustedes admiran más. Escojan a la persona admirada y después hagan una lista de tres cosas que esperan que pasen y tres cosas que dudan que pasen en la cena. Expliquen por qué.

MODELO: Persona admirada: Marc Anthony
E1: Esperamos que Marc Anthony pague la cena porque él tiene mucho dinero.
E2: Dudo que Marc Anthony cante durante la cena porque no va a querer que lo reconozcan.

Segunda fase. Reúnanse con otra pareja y explíquenle a quién escogieron ustedes y por qué. Infórmenle sobre sus esperanzas (*hopes*) y dudas con respecto a la situación. Comenten si están de acuerdo o no con lo que dicen sus compañeros/as.

SITUACIONES

You have to give a class presentation about food from Ecuador, Bolivia or Paraguay. Go to your local market, find the section where Hispanic foods are sold or search for information on the Internet. During the next class meeting, interview a classmate about the following topics. Then exchange roles.

- Three items of produce or products typical of the country

- Prices of these produce items or products if bought in the United States

- The recipe of a dish in which the items are used, including ingredients and manner of preparation

- Your main source of information

EN DIRECTO

To show interest in someone else's work:
¿Cómo va tu presentación/ proyecto/trabajo?
¿Cómo vas con...?
¡Genial!

MOSAICOS

 Escuchar

Recording detail

Sometimes you need to recognize specific information from a list of various possibilities. For example, if you have a list of all the groceries that you usually buy, but somebody tells you specifically what to buy, you write a check mark only next to those you are being told to buy and disregard the others.

Antes de escuchar

10-20 ¡Un lío! (*A mess*). In **10-21,** you will listen to a list of groceries that Andrea, Carolina, Roberto, and Darío bought. Before you listen, write down a list of the groceries you regularly buy, and those you buy on special occasions.

regularmente _____

en ocasiones especiales _____

A escuchar

AUDIO 10-21. Now, listen to the list of groceries that Andrea, Carolina, Roberto and Darío bought. As you listen, mark A, C, R or D next to each product to identify who bought what.

_____ aderezo	_____ cerdo	_____ pepinos
_____ aguacates	_____ espinacas	_____ pimienta
_____ ajos	_____ jamón	_____ pimientos verdes
_____ camarones	_____ langosta	_____ pollo
_____ carne molida	_____ maíz	_____ sal
_____ cebollas	_____ papas	_____ zanahorias

Después de escuchar

2 10-22 ¿Y usted? With a classmate, share your answers to the following questions.

1. ¿Cuál es su plato favorito?
2. ¿Qué productos compra usted para preparar su plato favorito?
3. ¿Con quién comparte generalmente su plato favorito y por qué?

Antes de escuchar

10-23 Productos típicos. In **10-24,** you will listen to a conversation between Isabel and Raimundo regarding the origin of various products. Before you listen, write down the Spanish names of four fruits and four vegetables you like.

Frutas: _____

Vegetales: _____

A escuchar

AUDIO **10-24** Now, listen to the conversation between Isabel and Raimundo. As you listen, mark all products that are originally from America (**A**) and those that are not (**NA**).

_____ aguacate	_____ chocolate	_____ papa
_____ arroz	_____ maíz	_____ té
_____ café	_____ naranja	_____ tomate

Después de escuchar

10-25 ¿Y usted? With a classmate, share your answers to the following questions.

1. ¿Cuáles son las frutas y vegetales típicos de América que le gustan? ¿Cuáles no le gustan?
2. ¿Puede usted conseguir esos productos siempre en su ciudad? ¿Dónde los compra? ¿Son caros o baratos?
3. ¿Cuándo come usted estos productos? ¿Cómo los come: crudos, cocinados, fritos, en ensaladas, en sopas, etc.?

Conversar

Antes de conversar

10-26 ¿Más o menos saludable? Primera fase. Clasifiquen los siguientes productos o alimentos en la columna correspondiente, según su opinión.

los camarones	las papas	el pollo
las espinacas	el vino	el queso
el jamón	la fruta	la carne de res
las legumbres	el helado	las bebidas con gas
la cerveza	el pan blanco	las bebidas alcohólicas

MÁS SALUDABLES:	MENOS SALUDABLES:

G Segunda fase. Escriban en la tabla los productos o alimentos de la **Primera fase** que en general producen los siguientes efectos.

ENGORDAN	AYUDAN A ADELGAZAR	DAN ENERGÍA	AUMENTAN EL COLESTEROL

A conversar

G 10-27 ¿Qué hábitos de comida tienes? Averigüen las preferencias de comida de los miembros del grupo en las siguientes categorías. Después, sumen los números en las columnas para saber qué comida les gusta más y cuál les gusta menos.

MODELO: los mariscos
          E1: ¿Te gustan los mariscos?
          E2: Me encantan. ¿Y a ti?
          E1: A mí no me gustan.

ALIMENTO	ENCANTAR	GUSTAR MUCHO	GUSTAR	NO GUSTAR
la fruta				
las verduras				
la carne				
los mariscos				
los productos lácteos				
los dulces				

Después de conversar

G 10-28 Reflexiones. Comparen los resultados de **10-27** para determinar las categorías de alimentos que se consumen más en la clase. Luego, respondan a estas preguntas.

1. ¿Qué tipos de comida se comen más en su clase?
2. En general, ¿ustedes se alimentan bien o mal? ¿Por qué?
3. ¿Deben ustedes mejorar su dieta? ¿Qué es importante que hagan?

Antes de conversar

2 10-29 ¡A pasarlo bien! Determinen si las siguientes son preocupaciones de los organizadores (**O**) de una fiesta, de los invitados (**I**) o de ambos (**A**).

1. _____ el grado de formalidad de la fiesta
2. _____ hacer la lista de invitados
3. _____ la ropa que se va a llevar
4. _____ la música que se va a tocar

5. _____ la comida que se va a servir
6. _____ el horario de la fiesta
7. _____ la limpieza y la decoración
8. _____ el transporte
9. _____ el permiso o la prohibición de bebidas alcohólicas
10. _____ dar disculpas por no poder ir

A conversar

10-30 Mil decisiones. Éste es un momento especial del año y ustedes van a dar una fiesta diferente de otras. Va a ser una fiesta con comida nutritiva y saludable. Preparen un plan y traten de convencer al resto de la clase sobre su plan con buenas ideas y material visual si es necesario.

1. el tipo de fiesta que van a dar (formal o informal), el lugar, la fecha y la hora
2. los invitados. ¿A quiénes van a invitar? ¿Cuántas personas son?
3. la comida, las bebidas, etc. ¿Qué comida se va a servir? ¿Es necesario que haya algo para los vegetarianos? ¿Y para las personas que no beben alcohol?
4. las actividades, la música. ¿Cómo van a divertirse? ¿Es importante que haya juegos para las personas que no bailan?

Después de conversar

10-31 Nuestra votación. Ahora discutan cuál es el plan presentado por los grupos durante la actividad **10-30** que ustedes van a escoger. Explíquenle a la clase por qué.

Leer

In *Lección 10*, you will review some previous strategies and will discover new meanings by identifying words that are related semantically (in meaning) or linguistically (in grammatical form). This strategy may also help you expand your vocabulary.

Guía de prelectura

Use the cues provided by the visuals, the headline, and the subheading in activity **10-34**, and your personal knowledge to answer the following questions:

1. What information will you likely find in this article?
   a. A brand new diet born in the Mediterranean countries
      Yes No
   b. A diet that the Mediterranean peoples have followed for centuries
      Yes No
   c. A balanced diet based on the foods grown or produced in the Mediterranean countries
      Yes No
   d. The effect of food and life style on the lives of Mediterranean peoples
      Yes No

EN DIRECTO

To influence someone's decision:
Es mejor/menos dañino (*harmful*) que… + subjuntivo
¿No te/le(s) parece más saludable que + subjuntivo…?
¿Qué te/le(s) parece si + indicativo…?

EN DIRECTO

To explain the reason behind a decision:
Votamos por el plan… porque…
Nos gustó/convenció el plan… por el valor nutritivo de la comida/el costo/la variedad de…, etc.
Nuestra decisión se basa en lo siguiente: …

2. What helped you answer question 1? Circle the corresponding letter.
   a. The headline, subheading and photo
   b. Only the visuals in the text
   c. My personal knowledge of diets

3. Now, can you hypothesize about some content of the text? Anticipate the main ideas of the text. Mark with a circle all that may apply.
   a. Health quality and longevity are dependent on people's eating habits and life style.
   b. Certain produce grown in the Mediterranean countries helps people maintain a balanced diet.
   c. Diets that are rich in carbohydrates, fruit, white meats, and grains are healthful.
   d. Certain produce and foods help prevent, among others, some heart-related diseases that kill millions in other parts of the world.
   e. A healthy life is more than the food people eat. It is also a lifestyle.

Antes de leer

G **10-32 Preparación.** Considerando el clima de cada región, indiquen si los siguientes alimentos se consumen más (+) o igual (=) en el Mediterráneo o en su país.

	MEDITERRÁNEO	NUESTRO PAÍS
1. el aceite de oliva	_____	_____
2. las frutas	_____	_____
3. el pan	_____	_____
4. las carnes blancas	_____	_____
5. los frutos secos	_____	_____
6. el vino	_____	_____
7. las verduras	_____	_____
8. el pescado	_____	_____

2 **10-33 Hábitos y comidas saludables.** ¿Qué alimentos y actividades son saludables para el organismo humano? Marquen los que correspondan, según ustedes.

1. _____ el pan y las pastas
2. _____ caminar al aire libre
3. _____ las legumbres
4. _____ la leche sin grasa
5. _____ beber alcohol
6. _____ las verduras
7. _____ la crema de leche
8. _____ tomar vino en la cena
9. _____ las carnes rojas
10. _____ los pescados y mariscos

A leer

10-34 Primera mirada. Lea el siguiente artículo sobre una dieta y, luego, siga las instrucciones.

La dieta mediterránea: ¿una nueva moda o un nuevo modo de vivir?

Los europeos que viven en las costas del mediterráneo tienen una calidad de vida mejor que en muchos otros países del mundo, viven más años y tienen mejor salud. La explicación de este fenómeno, según los expertos, está en la dieta mediterránea.

La dieta del Mediterráneo se basa en alimentos ricos en hidratos de carbono como el pan y la pasta, el aceite de oliva, moderadas cantidades de vino durante las comidas, verduras, vegetales, frutas, frutos secos y legumbres, que le dan al organismo humano fibra y antioxidantes. Además, se consumen menos carnes rojas y grasas animales y mayor cantidad de carnes blancas y pescado, productos lácteos y huevos, de donde se obtienen las proteínas.

¿Por qué se la considera una dieta saludable?

Varios estudios realizados en Grecia sabrayaron la eficacia de esta dieta. Los científicos observaron que los habitantes del Mediterráneo sufrían menos de enfermedades cardiovasculares, arteriosclerosis y enfermedades degenerativas. Por eso, tenían una expectativa de vida superior a la de las personas de otras regiones del globo.

Así entre 1958 y 1964, se estudiaron los hábitos dietéticos de siete países, cuatro no mediterráneos: Estados Unidos, Japón, Finlandia y Holanda, y tres mediterráneos: Yugoslavia, Italia y Grecia.

¿En qué consiste la dieta mediterránea?

Los expertos observaron que la dieta de los países del Mediterráneo tenía ciertas características comunes: gran consumo de pescado y carnes blancas, cereales y legumbres, frutas y verduras, poca carne roja, consumo moderado de vino con el almuerzo o la cena, además del uso del aceite de oliva para cocinar. Todo lo anterior coincidía con una baja incidencia de enfermedades coronarias y menos colesterol entre los habitantes de estos países en comparación con los de otros.

Una dieta y un estilo de vida

Aunque el clima, los cultivos y la comida varían de región a región en el mundo, es posible construir una pirámide de alimentos que incluya los nutrientes necesarios para una buena alimentación.

Los estudios y los expertos concluyen que para mantener una buena nutrición y una vida sana nuestra dieta debe incluir lo siguiente:

- muchas verduras y cereales, pan y papas
- fruta fresca
- legumbres al menos dos veces a la semana
- alimentos frescos de temporada
- aceite de oliva
- leche, yogures y quesos bajos en grasa para obtener calcio
- pescado tres o cuatro veces por semana
- carne sin grasa dos o tres veces por semana y carnes rojas una vez al mes
- poca sal, pero condimentos como el ajo, la cebolla, el vinagre, el limón o las hierbas aromáticas
- unos dos litros de agua al día
- pocos dulces
- poco o nada de alcohol, excepto el vino a la hora de las comidas
- caminar y hacer ejercicio al aire libre
- dormir unas siete u ocho horas

LENGUA

Did you know that the Spanish conjunction **o** becomes **u** before words that begin with **o** or **ho**? For example, siete **u ocho, frutas u hortalizas.**

Según el contenido del artículo, ¿son las siguientes afirmaciones ciertas (**C**) o falsas (**F**)? Si la afirmación es falsa, dé la información correcta.

1. _____ El artículo afirma que la alimentación mediterránea es más sana para el cuerpo humano que la de otros lugares del mundo.
2. _____ La dieta mediterránea prolonga la vida las personas.
3. _____ Los seguidores de esta dieta deben eliminar los hidratos de carbono.
4. _____ Para mantenerse sana, la gente del mediterráneo evita las proteínas.
5. _____ Las carnes rojas se consumen en grandes cantidades.
6. _____ Los estudiosos afirman que esta dieta previene (*prevents*) algunas enfermedades.
7. _____ Esta dieta ayuda a controlar mejor el colesterol.
8. _____ Solamente en el mediterráneo se puede seguir esta dieta.
9. _____ Los expertos sugieren que para ser sanas, las personas sólo deben preocuparse de su alimentación.
10. _____ Según los científicos, una dieta equilibrada y la actividad física ayudan a tener buena salud y vivir más años.

10-35 Segunda mirada. Busque en el artículo palabras que se asocien con lo siguiente.

1. hidratos de carbono: _____
2. fibras y antioxidantes: _____
3. proteínas: _____
4. grasa: _____
5. algunos países mediterráneos: _____
6. actividades que afectan positivamente la salud: _____

2 **10-36 Una raíz (*root*) común.** Busque en el artículo los sustantivos o adjetivos asociados con los siguientes verbos. Escríbalos en la línea correspondiente.

VERBOS	SUSTANTIVOS
1. explicar:	
2. nacer:	
3. consumir:	
4. incidir:	
5. enfermarse:	
6. habitar:	
7. alimentar:	
8. nutrir:	
	ADJETIVOS
9. moderar:	
10. degenerar:	

Después de leer

10-37 Aplicación. Una nutricionista norteamericana le pide ayuda para preparar un panfleto (*flyer*) en español. Su objetivo es convencer a la comunidad hispana de que mejore su dieta para vivir más y mejor. Ayúdela en las áreas donde tiene duda. Marque la alternativa correcta.

¿Alguna vez pensó que su dieta puede acortar su vida?

Coma bien y viva sin (1) _____ (enfermedades/enfermos). Su (2) _____ (alimento/alimentación) puede (3) _____ (influir, influencia) positiva o negativamente en su salud. Imite a los (4) _____ (habitados/habitantes) de los países mediterráneos. Consuma hidratos de carbono y vino con (5) _____ (moderadas/moderación). Cocine legumbres y coma frutas y carnes blancas en cantidades ilimitadas. No olvide que las enfermedades (6) _____ (degeneradas/degenerativas) ocurren por falta de proteínas, hidratos de carbono, calcio, etcétera. Cuide su salud y la de su familia con una buena (7) _____ (nutritiva/nutrición).

Escribir

We are often confronted with situations, conflicts, and dilemmas in which our input or advice is needed or required. At work or at home, we must tell others what to do; with friends, we may act as confidants and, as such, give them advice. Overall, advice and guidance constitute social, communicative tasks that we accomplish with or for others.

In Spanish, giving advice or telling others what to do requires the following:

- special attention to the degree of intimacy or familiarity with the person you are addressing: is he/she a friend or a stranger? Are you giving directions or advice to someone younger or older than you? Is the person your superior at work or someone under your supervision? etc.

- the use of expressions that signal the degree of familiarity or intimacy with the person to whom you are talking or writing. In Spanish this is indicated, among other ways, with the personal pronouns **tú** and **usted**.

In *Lección 10* you will have the opportunity to correspond with someone and give guidance and advice.

Antes de escribir

10-38 Análisis. Primera fase. Usted acaba de recibir esta carta de uno de sus buenos amigos. Léala y siga las instrucciones.

> Querido/a amigo/a,
>
> Te pido disculpas por no escribirte antes, pero te explico las razones a continuación. Desde hace tiempo, siempre me siento fatigado. Aunque estoy trabajando sólo seis horas por día, a las 3:00 de la tarde ya quiero irme a casa a descansar. Como no tengo apetito, cocino poco. Generalmente preparo algo rápido y fácil: una sopa enlatada o huevos fritos con tocino. De vez en cuando cocino una hamburguesa y, a veces, cuando me canso de la carne, tomo una buena porción de helados con galletas. ¡Ah, claro, mis amigos siempre me encuentran en los cafés de la universidad bebiendo un expreso o un capuchino! Necesito la cafeína para tener energía y hacer mi trabajo. El único problema es que el café me llena de energía y entusiasmo de día, pero no puedo dormir de noche. Las mañanas son una verdadera tortura. Generalmente me levanto tarde, falto a clases a veces y no me alcanza el tiempo para hacer mi trabajo.
>
> Creo que debo buscar ayuda. Quisiera ver un médico, pero no tengo dinero ahora. ¿Qué te parece? Estoy pobre y enfermo.
>
> Bueno, escríbeme para saber de ti. Te contestaré tan pronto pueda. Cuídate mucho.
>
> Un fuerte abrazo,
>
> Tomás

Segunda fase. Answer the following questions, based on the letter in **Primera fase.**

1. Mark with an X the likely purpose(s) of the letter:
   a. To restart communication with someone close after some period of silence
   b. To apologize and explain something
   c. To tell a friend how things are going
   d. To arouse compassion

2. Based on its purpose(s), is the letter effective?
   _____ Yes   _____ No

3. Mark some possible reasons for your response to question 2.
   a. Tomás describes in detail what he does on a daily basis.
   b. Tomás provides his friend with credible reasons for his silence.
   c. Tomás explains the cause for not writing and acknowledges he needs help.
   d. The tone of Tomás's letter is intimate.

4. Write down some expressions in the letter that signal the degree of familiarity or intimacy Tomás has with the person to whom he is writing.

10-39 Preparación. Primera fase. En la actividad **10-40**, usted va a responder la carta de Tomás. Pero antes, escriba tres problemas de su amigo en la primera columna y en la otra, algunas ideas para ayudarlo a resolver cada problema.

PROBLEMAS DE TOMÁS:	ALGUNAS POSIBLES SOLUCIONES:
1.	1.
2.	2.
3.	3.

EN DIRECTO

To express concern or sympathy:
Me preocupa (mucho) que…
Siento que…

To suggest or tell a friend what to do:
Te recomiendo/sugiero/aconsejo que…
Es importante/necesario/urgente que…

Segunda fase. Ahora…

1. escriba algunas formas gramaticales que se usan para dar sugerencias. ¿Son formas personales o impersonales?

2. escriba algunas ideas (deseos, peticiones, sugerencias) que usted va a incluir en el párrafo de cierre (*closing*).

   MODELO: Espero que sigas mis consejos.

A escribir

10-40 Manos a la obra. Respóndale a la carta a su amigo. Use la información que preparó en la actividad **10-39.** No se olvide de usar un tono amistoso en su carta.

Después de escribir

10-41 Revisión. Antes de darle la carta a su compañero/a editor/a, léala y verifique lo siguiente, pensando en Tomás:

- El contenido. ¿Le demostró interés o preocupación por su situación a Tomás? ¿Le indicó los problemas más serios, en su opinión? ¿Le dio algunas posibles soluciones?

- La organización. ¿Tiene la carta una introducción, un cuerpo, un párrafo de cierre y una despedida?

- La gramática. ¿Usó el vocabulario correcto, algunas expresiones de cohesión, la concordancia, el tiempo (presente, pasado), las formas para recomendar, etc.?

- La puntuación y la ortografía. ¿Usó comas, puntos, etc. donde eran necesarios?

Finalmente, comparta su carta con su compañero/a.

ENFOQUE CULTURAL

Para pensar

¿Dónde se puede comprar artesanía en los Estados Unidos? ¿Hay algún lugar cerca de donde usted vive? ¿Qué se puede comprar ahí? ¿Cómo son los precios? Generalmente, ¿qué tipo de artesanía se vende: de cerámica, metal, madera, cuero?

En estos mercados se pueden encontrar artículos de lana y alpaca como suéteres, ponchos, sombreros, guantes, alfombras. Uno de los mercados más conocidos es el mercado de Otavalo en Ecuador.

Los mercados artesanales son muy comunes en muchos países hispanos, especialmente en aquellos con una población indígena grande, como Bolivia, Ecuador, Paraguay.

Para contestar

2 **Los mercados.** Respondan a las siguientes preguntas.

1. ¿Han visitado alguna vez un mercado artesanal o un mercado al aire libre en los Estados Unidos? ¿Y en el extranjero?
2. ¿Qué productos pueden comprar en un mercado artesanal? ¿Y en un mercado al aire libre?
3. Imagínense que ustedes van a ir al Ecuador. Digan a qué famoso mercado les gustaría ir y qué quisieran comprar.

G **Riqueza cultural.** En grupos de tres, comenten:

a. Las ventajas y desventajas de comprar productos en un mercado artesanal en vez de una tienda.
b. Las ventajas y desventajas de comprar verduras y frutas en un mercado al aire libre en vez de supermercados.

Luego, presenten a la clase sus conclusiones.

También en los mercados al aire libre se puede comprar todo tipo de frutas frescas, verduras, hierbas, etc.

VISTAS: ECUADOR, BOLIVIA Y PARAGUAY

Para pensar

¿Sabe usted dónde están Ecuador, Bolivia y Paraguay? ¿Sabe usted qué famoso archipiélago está frente a las costas del Ecuador? ¿Sabe usted cómo se llama el lago que comparten Bolivia y Perú? ¿Alguna vez oyó el arpa paraguaya?

Bolivia y Paraguay son los dos países de América del Sur que no tienen salida al mar.

Frente a las costas del Ecuador está el Archipiélago de las Islas Galápagos. Ahí se encuentran especies únicas como la famosa tortuga gigante, llamada galápago.

Expresiones ecuatorianas:

un cuaje de risa	Me dio **un cuaje de risa.**	*I laughed a lot.*
buena nota	Ella es una **buena nota.**	*She's a nice person.*
creer ocho veces	Sí, sí, te **creo ocho veces.**	*Yeah, sure, I believe you (said with disbelief).*

Bolivia comparte con Perú el lago Titicaca, el lago navegable más alto del mundo. Bolivia tiene una gran riqueza minera. Es uno de los más grandes productores mundiales de estaño (tin), cobre y plata.

Muchos misioneros jesuitas fueron al Paraguay durante la época de la colonia. Ellos les enseñaron español a los indígenas, pero también aprendieron su lengua, el guaraní.

Expresiones bolivianas:

gallo tuerto	Es tan desconfiado/a como **gallo tuerto**.	*He/she distrusts everybody.*
samba canuta	Te voy a dar una **samba canuta**.	*I am going to spank you.*

Expresiones paraguayas:

caigue	No seas **caigue**.	*Do not be lazy.*
salame	Es un **salame**.	*He is a fool.*

Para contestar

En el mapa

1. Diga cuáles son las ciudades capitales del Ecuador, Bolivia y Paraguay.
2. ¿Qué países están al sur/norte de Bolivia? ¿Y de Ecuador?
3. Mencione una diferencia geográfica muy importante entre Ecuador y Bolivia y Ecuador y Paraguay.

Ahora diga...

1. si le gustaría visitar las Islas Galápagos y por qué.
2. qué lugar de Bolivia o Paraguay le gustaría visitar.

¿Qué dice usted si...

1. usted cree que su hermano/a no está diciendo la verdad.
2. su compañero/a no quiere ayudarlo/la a arreglar su departamento/casa.
3. alguien lo/la hace reír mucho.

Paraguay tiene una rica tradición folclórica expresada en su música (la polka y la guaranía), sus hermosos tejidos (weavings) y su comida variada.

Para investigar en Internet

Busque información acerca de los mercados artesanales en Bolivia, Ecuador, Paraguay. Diga dónde están, qué tipo de productos venden y, si es posible, traiga a clase una ilustración de los productos que ofrecen. Vaya a www.prenhall.com/mosaicos.

¡Prepárese!

10-42 Opiniones. En este episodio hay sorpresas y cambios. Efraín se muestra atraído por Katie, Katie piensa todavía en Carlos y Sabrina revela que ella y Katie están trabajando juntas. En su opinión, ¿quién es honesto y quién no? ¿Es posible saberlo con seguridad? Indique sus opiniones.

En mi opinión…

1. … Katie es / no es honesta porque _____.
2. … Efraín es / no es honesto porque _____.
3. … Sabrina es / no es honesta porque _____.
4. … Carlos es / no es honesto porque _____.

¿Tienen las mismas opiniones sus compañeros de clase? ¿Por qué?

Ángela y Manolo no están seguros de quién va a ganar el concurso.

Katie y Efraín están en Xochimilco para buscar la solución al cuarto Misterio.

Katie entendió las pistas porque leyó sobre la historia de Xochimilco.

Parece que a Efraín le gusta mucho Katie.

¡Katie y Efraín solucionaron el misterio!

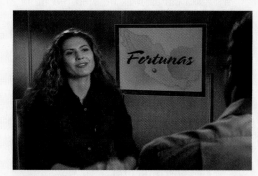

Sabrina dice que ella y Katie están concentradas para ganar.

¡Responda!

10-43 Más opiniones. Complete las oraciones siguientes de una manera lógica con la forma correcta de un verbo en el presente de subjuntivo o de indicativo.

1. Le recomiendo a Katie que…
2. Ojalá que Katie y Sabrina…
3. Efraín espera que Katie…
4. Es bueno que Carlos y Katie…
5. Es verdad que el concurso…
6. El público cree que Carlos…
7. Yo dudo que Efraín…
8. Es importante que el concurso…
9. …

NOTAS: SOL DE PRIMAVERA, INKUYO

Esta canción es un ejemplo de la música taquirari, original de Bolivia y una combinación de tradiciones musicales indígenas y españolas. Aunque un tema típico de taquirari es el amor, "Sol de primavera" es una canción instrumental.

¡Prepárese!

10-44 Preferencias. ¿Qué tipo de música prefieren sus compañeros y Ud.? Hable con otros cinco estudiantes para averiguar sus preferencias. Luego compare su información con la del resto de la clase.

MÚSICA	NOMBRE	LE GUSTA PORQUE...
instrumental	_____	_____
clásica	_____	_____
rock	_____	_____
ska	_____	_____
latina	_____	_____
otra	_____	_____

¡Escuche!

10-45 Asociaciones. Lea las siguientes oraciones Luego, escuche la canción y llene los espacios en blanco, según su opinión.

1. "Sol de primavera" me hace pensar en _____.
2. La canción me hace sentir _____.
3. Cuando escucho esta canción tengo deseos de _____.
4. Una buena ocasión para escuchar esta canción o este estilo de música es _____.
5. La guitarra y la quena (una flauta andina) son _____.

¡Responda!

❷ **10-46 Temas.** Escriba por lo menos cinco temas posibles para "Sol de primavera" y compártalos con un/a compañero/a. Túrnense usando el presente de subjuntivo para dar sus opiniones sobre los diferentes temas. Pueden usar los verbos y expresiones de la lista.

MODELO: E1: Un tema posible es el amor.
　　　　　E2: Yo dudo que el tema **sea** el amor.

dudar　　negar　　no creer　　no estar seguro/a de　　tal vez　　quizás

VOCABULARIO

AUDIO Comida

el aceite	oil
el aderezo	salad dressing
el aguacate	avocado
el ajo	garlic
las aves	poultry, foul
el/la azúcar	sugar
el camarón	shrimp
la carne	meat
molida/picada	ground beef
de res	beef/steak
la cebolla	onion
el cerdo	pork
la cereza	cherry
la chuleta	chop
la costilla	rib
la crema	cream
el dulce	candy/sweets
las espinacas	spinach
la fresa	strawberry
la galleta	cookie
la gelatina	gelatin
la harina	flour
la langosta	lobster
el limón	lemon
el maíz/elote	corn
la mantequilla	butter
la manzana	apple
la margarina	margarine
los mariscos	shellfish
la masa	dough
la mayonesa	mayonnaise
la mostaza	mustard
la pastelería	pastry shop
el pavo	turkey
el pepino	cucumber
la pera	pear
la pimienta	pepper
el pimiento verde	green pepper
la piña	pineapple
el plátano/la banana	banana
la receta	recipe
la sal	salt
la salsa de tomate	tomato sauce
la toronja/el pomelo	grapefruit
la uva	grape

la vainilla	vanilla
la verdura	vegetable
el vinagre	vinegar
el vino (tinto)	(red) wine
el yogur	yogurt
la zanahoria	carrot

En la mesa

la bandeja	tray
la botella	bottle
la copa	(stemmed) glass
la cuchara	spoon
la cucharita	teaspoon
el cuchillo	knife
el mantel	tablecloth
el plato	plate, dish
la servilleta	napkin
la taza	cup
el tenedor	fork
el vaso	glass

Verbos

aconsejar	to advise
añadir	to add
batir	to beat
dudar	to doubt
esperar	to hope, to expect
freír (i)	to fry
hervir (ie, i)	to boil
permitir	to permit, to allow
prohibir	to prohibit, to forbid
recomendar	to recommend

Descripciones

agrio/a	sour
lácteo/a	dairy (product), milky
sano/a	healthy

Palabras y expresiones útiles

la artesanía	handicraft
ojalá	I/we hope
quizá(s)/tal vez	maybe

For impersonal expressions requiring the subjunctive and the indicative see pages 368, 371 and 372.

11

LA SALUD Y LOS MÉDICOS

Objetivos comunicativos

- Talking about the body
- Describing health conditions and medical treatments
- Expressing emotions, opinions, and attitudes
- Expressing expectations and wishes
- Giving informal orders and instructions
- Expressing goals and purposes

Contenido

Las partes del cuerpo

el pelo/cabello
la cara
la boca
el hombro
los dedos
la espalda
el pecho
la cintura
la muñeca
la cadera
la rodilla
el tobillo

la frente
la oreja
el brazo
el codo
la mano
la pierna
el pie

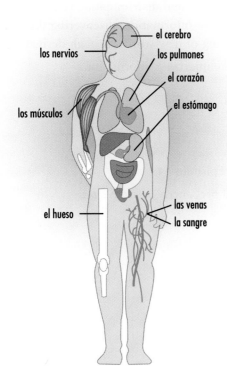

el cerebro
los nervios
los pulmones
el corazón
los músculos
el estómago
el hueso
las venas
la sangre

la cabeza
la ceja
las pestañas
la mejilla
el ojo
la nariz
los labios
los dientes
el cuello

La salud

¿Qué les pasa a estas personas?

Tiene **catarro. Estornuda** y tiene mucha **tos.**

Se torció el tobillo.

¿Qué dice usted?

2 **11-1 Asociación. Primera fase.** Decidan en qué parte del cuerpo se ponen estos accesorios y esta ropa.

1. los calcetines _____
2. el anillo _____
3. los guantes _____
4. el cinturón _____
5. el collar _____
6. los aretes _____
7. el reloj _____
8. el sombrero _____

a. la muñeca
b. el dedo
c. la cintura
d. las orejas
e. el cuello
f. la cabeza
g. los pies
h. las manos

Se cayó y **se fracturó** el brazo.

Segunda fase. Digan qué accesorios de la lista no tienen ustedes y mencionen tres que consideren absolutamente indispensables en su vida. ¿Por qué? Comparen sus respuestas.

2 **11-2 ¿Para qué sirve/n?** Asocien la explicación de la derecha con la parte del cuerpo correspondiente. Después, ustedes deben decir para qué sirven estas partes del cuerpo.

MODELO: los dedos
           Hay cinco en cada mano.
           Sirven para tocar el piano.

1. las manos _____
2. la sangre _____
3. los pulmones _____
4. los brazos _____
5. los ojos _____
6. las piernas _____
7. los dientes _____
8. el cerebro _____

a. Unen las manos con el cuerpo.
b. Permiten que las personas vean.
c. Toman el oxígeno del aire y lo pasan a la sangre.
d. Es un líquido rojo que circula por el cuerpo.
e. Unen el cuerpo con los pies.
f. Se deben lavar después de comer.
g. Están al final de los brazos.
h. Le da órdenes al cuerpo.

Jorgito está enfermo

AUDIO SRA. VILLA: Jorgito, **tienes muy mala cara.** ¿Estás **enfermo?**

JORGITO: **Me siento** muy mal y **tengo dolor de garganta.** Anoche tosí mucho.

SRA. VILLA: (Le pone el **termómetro.**) Tienes una **fiebre** de 39 grados. Te voy a dar una **aspirina** y enseguida llamo al Dr. Bosque.

DOCTOR: Vamos a ver, Jorgito. Cuéntame cómo te sientes.

JORGITO: Ahora **me duele** la cabeza y también me duelen los **oídos.**

DOCTOR: Vamos a **examinarte** los **oídos** y la garganta. Abre bien la boca y di "Ah". Tienes una **infección.** No es **seria,** pero es necesario que **te cuides.**

JORGITO: Doctor, no quiero que me ponga una **inyección.**

DOCTOR: ¡No, qué va! Te voy a **recetar** unas **pastillas.** Debes tomarlas **cada cuatro horas.**

JORGITO: Está bien, doctor.

DOCTOR: **Además,** tienes **gripe.** Debes descansar y beber mucho líquido. Aquí está la **receta,** señora.

SRA. VILLA: Gracias, doctor.

¿Qué dice usted?

11-3 La enfermedad de Jorgito. Completen la tabla con la información correcta.

Síntomas:	
Recomendaciones:	
Nombre del médico:	

11-4 Usted es el/la doctor/a. ¿Qué recomienda en estos casos? Primero, escoja la mejor recomendación. Luego compare sus repuestas con las de su compañero/a, y juntos piensen en otras dos sugerencias para el mismo problema.

1. Su paciente tiene una infección en los ojos. Le recomiendo que...
   a. nade en la piscina.
   b. tome antibióticos.
   c. lea mucho.
   d. ...

2. Su paciente tiene fiebre y le duele el cuerpo. Le aconsejo que...
   a. descanse y tome aspirinas.
   b. coma mucho y camine.
   c. vaya a su trabajo.
   d. ...

3. A su paciente le duelen mucho una rodilla y un pie. Le pido que...
   a. corra todos los días.
   b. tome clases de baile.
   c. descanse y no camine.
   d. ...

4. A su paciente le duele la garganta y tiene tos. Le digo que es importante que...
   a. hable poco y no salga.
   b. vaya a esquiar.
   c. cante en el concierto.
   d. ...

11-5 En el consultorio. Usted tiene un catarro terrible y va a ver a su médico/a. Dígale cómo se siente y pregúntele qué debe hacer. El/La médico/a debe hacerle alguna recomendación y contestar sus preguntas.

MODELO: E1: Me siento.../Tengo...
E2: Creo que...
E1: ¿Es/No es bueno comer muchas frutas y verduras?
E2: Es excelente comer frutas y verduras porque tienen muchas vitaminas.

RECOMENDACIONES

1. tomar vitaminas, especialmente vitamina C
2. comer carne frecuentemente
3. beber ocho vasos de agua todos los días
4. hacer ejercicio cada día
5. ...

CULTURA

In some Spanish-speaking countries, the word **sanatorio** is used instead of **hospital**; in others, **sanatorio** has the connotation of a hospital specializing in the pulmonary and respiratory fields. The word **clínica** is used in some countries when referring to a private hospital; **hospital** may refer to a government- or religious-run hospital, which provides medical care at no charge.

2 **11-6 ¿A quién debo llamar? Primera fase.** Explíquele a su compañero/a sus síntomas o lo que usted necesita. Su compañero/a le va a decir a quién debe llamar de acuerdo con los anuncios de abajo.

MODELO: necesitar un examen médico para un nuevo trabajo
          E1: Necesito un examen médico para un nuevo trabajo.
          E2: Debes llamar a la Dra. Corona López.

Dr. Fco. Javier Amador Cumplido	Dra. Silvia Corona López	*Clínica de Asma y Alergias*	
Cirugía y enfermedades de los ojos 86-43-57 Consultorio 204	*Medicina Interna* 86-51-49	Dr. Rubén Shturman Amsterdam 219-A 2° piso 294-3866 584-0153	**DR. RAÚL ELGUEZÁBAL R.** Medicina Familiar y Cirugía
Dr. Héctor Molina Oviedo *Psiquiatra* 86-51-49 Consultorio 402	Dr. Jaime A. Rodríguez Peláez *Pediatra* Niños y Adolescentes 86-17-15	Dra. Gabriela Jacobo de Alcaraz Cirujano Dentista 86-48-44 Consultorio 314	86-34-73 EU. 428-4846 Consultorio 309

1. dolerle la cabeza cuando lee o mira televisión
2. sentirse triste y deprimido/a
3. estar enfermo/a y tener fiebre
4. buscar un médico para un sobrino de cinco años
5. no poder respirar bien y tener la piel (*skin*) irritada
6. dolerle los dientes cuando come
7. no poder dormir
8. ...

Segunda fase. Escojan dos de los problemas mencionados. Uno/a de ustedes es el/la enfermo/a y otro/a el/la médico/a elegido/a. El/La enfermo/a debe explicar los síntomas y detalles de su enfermedad. El/La médico/a debe hacer recomendaciones y sugerencias al/a la enfermo/a. Después cambien de papel.

Médicos, farmacias y hospitales

AUDIO

*Una enfermera le toma **la tensión arterial** a una paciente en un hospital.*

*En muchos países hispanos, los médicos recién graduados tienen que trabajar en zonas rurales o muy pobres, como una forma de servicio social, antes de establecer su propio **consultorio** o trabajar en un hospital.*

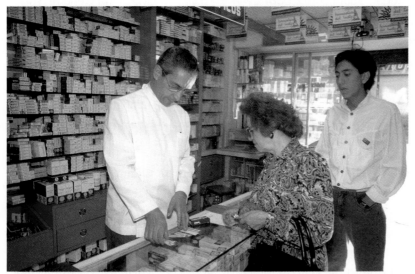

*En varios países hispanos la restricción sobre la venta de medicinas es similar a la de los Estados Unidos. Los antibióticos y somníferos, por ejemplo, ya no se venden sin receta. Sin embargo, en otros países, hay menos restricciones sobre las medicinas, y se pueden obtener muchas de ellas sin receta médica. En casos que no son graves, los clientes siguen los consejos del **farmacéutico**, estableciéndose de esta forma una relación personal entre ellos. Los farmacéuticos también ponen inyecciones y toman la tensión arterial.*

CULTURA

Los indígenas del continente americano nos han transmitido muchos conocimientos de medicina natural, algunos de los cuales están aún totalmente vigentes.

Gracias al conocimiento que tenían de hierbas, animales y minerales, elaboraban remedios que utilizaban contra las fiebres o como antídotos para otros males. Conocían los efectos positivos de los baños e infusiones de hierbas y tenían fórmulas para cicatrizar las heridas y curar las úlceras. También trataban fracturas de huesos, aplicando una pasta de semillas, polvo de ciertas plantas y resina; después ponían plumas de aves y unas tablillas para mantener los huesos en su lugar. Acompañaban muchas de estas prácticas con ceremonias en las que invocaban a sus dioses, pidiéndoles protección y ayuda.

¿Qué dice usted?

11-7 Una emergencia. Primera fase. Usted y su amigo/a están de viaje en la República Dominicana, y su amigo/a tiene un problema de salud. En un cibercafé de Santo Domingo, han encontrado la información en la página 400 sobre médicos y farmacias de turno. Decidan cuál es el número más apropiado para llamar, basándose en el problema médico de su amigo/a.

Segunda fase. Haga la llamada, describa la enfermedad y pida la dirección de la consulta o la farmacia. Después el/la farmacéutico/a o el/la médico/a le debe hacer preguntas y sugerir el remedio adecuado.

CYBER CENTRO AGUITA

CYBER CENTRO AGUITA
Servicios Médicos

10-2-2001   **Santo Domingo**

Badosa Farmacéutica. 563-4230 ·········► Medicina Natural
Centro de Cirugía Plástica Santo Domingo. 686-7863 ···► Cirugía
Clínica Dental. 685-3752 ·············► Odontología
Clínica Dental Dra. Carmen Gómez. 587-3576 ·····► Odontología
Consultores en Psicología y Sexualidad. 548-3690 ···► Psicología
Dr. Rubén Suárez, MD. 538- 2943 ·········► Medicina General
Dr. Eliseo Alonso, DDS. 672-3928 ·········► Medicina General
Farmacia Estrella. 688-4799 ·············► Farmacia
Óptica Central, CxA. 682-9505; 689-1308 ···········► Óptica
Productos Naturales. 686-1576 ····► Farmacéuticos - productos
Sándalo. ···························► Medicina Aromática

AUDIO **11-8 Me duele mucho.** You will listen to a young man talking to his father about how he feels after twisting his ankle. Before you listen, list two symptoms you think he has.

_____

_____

Now, pay attention to the general idea of what is said. Then, as you listen circle the letter that indicates the appropriate ending to each statement.

1. Esteban tiene...
   a. una infección en el tobillo.
   b. mucho dolor.
   c. fiebre.

2. El padre de Esteban quiere...
   a. que Esteban descanse y se cuide.
   b. llevar a Esteban al hospital.
   c. que Esteban tome una aspirina.

3. El padre de Esteban le dice que...
   a. lo ayuda a caminar para llevarlo al hospital.
   b. decida si prefiere descansar o ir al hospital.
   c. el médico puede verlo esa tarde.

4. Esteban decide...
   a. no escuchar a su padre.
   b. jugar al fútbol al día siguiente.
   c. ir al hospital con su padre.

1. The subjunctive with expressions of emotion

Me molesta que fumen

■ When the verb of the main clause expresses emotion (e.g., fear, happiness, sorrow), use a subjunctive verb form in the dependent clause.

Sentimos mucho que el niño **tenga** fiebre.	*We are very sorry (that) the child has a fever.*
Me alegro de que **estés** con él.	*I am glad (that) you are with him.*

■ Some common verbs that express emotion are **alegrarse (de), sentir, gustar, encantar, molestar,** and **temer** *(to fear)*.

■ Impersonal expressions and other expressions that show emotion are also followed by the subjunctive.

Es triste que el niño **esté** enfermo.	*It is sad that the child is sick.*
¡Qué lástima que no **pueda** ir a la fiesta!	*What a shame that he cannot go to the party!*

¿Qué dice usted?

11-9 Un amigo enfermo. Asocie cada comentario sobre la enfermedad de su amigo con la reacción adecuada.

1. Pedro está muy enfermo. _____
2. Sus padres llegan hoy para estar con él. _____
3. Creo que el doctor Pérez lo va a operar. _____
4. Dicen que es una operación seria. _____
5. No va a poder participar en el campeonato. _____

a. Me alegro de que vengan.
b. Siento mucho que esté tan mal.
c. ¡Qué bueno que sea ése el médico!
d. Es una lástima que no pueda jugar.
e. Ojalá que no tenga complicaciones.

11-10 Una visita a un/a amigo/a. Han operado a su amigo/a de la rodilla. Usted va a visitarlo/la a la clínica. A continuación está lo que su amigo/a le dice. Usted debe escoger entre las expresiones de **En directo** para responderle.

1. Me duele bastante la rodilla.
2. Tengo fiebre y dolor de cabeza.
3. Tengo dolor de estómago porque las medicinas son muy fuertes.
4. Tengo náuseas por los efectos de la anestesia.
5. Detesto estar acostado tanto tiempo.
6. La comida del hospital es buenísima.
7. Las enfermeras vienen a verme cada media hora.
8. La cirujana que me operó es muy simpática.

11-11 Reacciones. María Luisa y Rafael trabajan en un hospital. Su compañero/a le va a decir lo que ellos piensan hacer la semana próxima. Reaccione usando las expresiones de **En directo**. Después cambien de papel.

PERSONAS	LUNES	MIÉRCOLES	VIERNES	DOMINGO
María Luisa	empezar una dieta	ir al gimnasio	hacer ejercicio en su casa	caminar 2 Km.
Rafael	trabajar en el hospital todo el día	salir del hospital temprano para ir al cine	quedarse en su casa	reunirse con sus amigos

11-12 ¿Qué me molesta? Primera fase. Haga una lista de los hábitos de otras personas que le molestan. Compare su lista con la de su compañero/a.

MODELO: Me molesta que mis amigos lleguen tarde.

Segunda fase. En pequeños grupos, comparen sus listas y escojan los seis hábitos que les molestan más a todos en el grupo. Digan por qué. Compartan sus resultados con el resto de la clase.

SITUACIONES

1. **Role 1.** Recently you decided to change your lifestyle and to join an aerobics class (*clase de ejercicios aeróbicos*). You are also following a healthful diet and feel much better. You run into a friend whom you have not seen for some time. Answer your friend's questions. Convince him/her to join you in your exercise class.

   Role 2. You run into a friend whom you have not seen for some time. Tell him/her a) that he/she looks (*verse*) great, and b) ask what he/she is doing. After listening to his/her explanation, a) inquire how many times a week he/she goes to the gym, b) at what time, c) how much the classes cost, and d) what he/she eats and drinks. He/She will try to persuade you to join the program.

2. One of you is a doctor and the other is a patient. The patient should describe all his/her symptoms and his/her lifestyle (*vida activa, vida sedentaria*). While the patient is talking, the doctor should ask pertinent questions and approve or disapprove of his/her lifestyle. As a final step, the doctor should give some advice or prescribe some medication for the patient.

2. Informal commands

Consejos para una vida sana

Respira por la nariz; no
   respires por la boca.
Relájate para evitar el estrés.
Empieza un programa de
   ejercicios.
Cuídate, y no te canses mucho
   los primeros días.
Come muchas frutas y verduras.
No comas mucha grasa.

■ Use informal commands with those whom you address as **tú**. To form the
   affirmative **tú** command, use the present indicative **tú** form without the
   final **-s**.

	PRESENT INDICATIVE	AFFIRMATIVE *TÚ* COMMAND
llamar:	llamas	**llama**
leer:	lees	**lee**
escribir:	escribes	**escribe**

■ For the negative **tú** command, use the **tú** subjunctive form.

   No llames.
   No leas.
   No escribas.

■ Placement of object and reflexive pronouns with **tú** commands is the same as
   with **usted** commands.

AFFIRMATIVE COMMAND	NEGATIVE *TÚ* COMMAND
Bébela.	No **la** bebas.
Háblale.	No **le** hables.
Siéntate.	No **te** sientes.

■ The plural of **tú** commands in Spanish-speaking America is the **ustedes** command.

   Escribe (tú).   **Escriban** (ustedes).

■ Some **-er** and **-ir** verbs have shortened affirmative **tú** commands, but their
   negative command takes the subjunctive form like other verbs.

	AFFIRMATIVE	NEGATIVE
poner:	**pon**	**no pongas**
salir:	**sal**	**no salgas**
tener:	**ten**	**no tengas**
venir:	**ven**	**no vengas**
hacer:	**haz**	**no hagas**
decir:	**di**	**no digas**
ir:	**ve**	**no vayas**
ser:	**sé**	**no seas**

¿Qué dice usted?

11-13 Consejos. Escoja los consejos más adecuados para cada situación.

1. Su compañero se torció el tobillo y le duele mucho.
   a. Mira más programas de televisión.
   b. Llama al médico.
   c. Ve al cine con tu novio/a.
   d. Camina una hora esta tarde.
   e. Practica en el laboratorio.
   f. Quédate en cama.

2. Su hermana está embarazada (*pregnant*).
   a. No comas hamburguesas.
   b. No hagas ejercicios fuertes.
   c. No bebas té.
   d. No fumes.
   e. No bebas vino ni cerveza.
   f. No consumas cafeína.

3. Su amiga tiene mucho catarro.
   a. Ve al cine por la noche.
   b. Bebe mucho líquido.
   c. Escucha los casetes de español.
   d. No tomes aspirinas.
   e. Camina por el campo.
   f. Toma sopa de pollo.

4. A su mamá le duele el estómago.
   a. Evita (*avoid*) la grasa.
   b. Toma muchos helados.
   c. No comas mucho.
   d. Compra papas fritas.
   e. Acuéstate y descansa.
   f. Si no te sientes mejor, llama al médico.

5. Su amigo quiere preparar unas empanadas salteñas.
   a. Corta las papas en cuadritos.
   b. Compra más tomates y lechuga.
   c. Hierve los huevos durante un minuto.
   d. Prepara la masa el día anterior.
   e. No le pongas carne al relleno.
   f. Ponle pasas y aceitunas.

6. Su primo quiere visitar Cuba este verano.
   a. Lleva un abrigo de invierno.
   b. Prueba las frutas tropicales.
   c. Camina por la parte antigua de La Habana.
   d. Visita la playa de Varadero.
   e. Practica español antes de ir.
   f. Compra varios mapas.

A INVESTIGAR

Haga una investigación sobre una de estas tres ciudades: Santo Domingo, La Habana o San Juan. Averigüe lo siguiente:

- Ubicación y tamaño
- Tres lugares de interés
- Dos platos típicos
- El nombre y la dirección de un hospital
- Un dato que le parezca interesante

Escriba un breve párrafo para informar a la clase.

11-14 Una cura de reposo. Su amigo/a estuvo muy enfermo, y su médico le recomendó pasar dos semanas de descanso total en Puerto Rico. Usted está de acuerdo con el médico, y le dice a su amigo/a lo que debe hacer allí. Después cambien de papel.

MODELO: visitar el parque nacional de El Yunque / no pensar en los negocios
          Visita el parque nacional de El Yunque. / No pienses en los negocios.

1. disfrutar de las playas de Isla Verde
2. respirar aire puro y descansar
3. no llamar a tu oficina
4. caminar por la parte histórica de San Juan
5. probar una comida típica, como el mofongo
6. salir por las noches y aprender a bailar la bomba y la plena

G **11-15 Una vida sana.** Ustedes están preocupados por el estilo de vida de uno/a de sus amigos/as. En grupos, lean lo que hace en un día típico e identifiquen los problemas que tiene. Después, hagan una lista de cinco actividades que él/ella debe hacer y cinco que no debe hacer para cambiar su estilo de vida. Comparen su lista con las de otros grupos.

> Se levanta tarde todos los días. Tan pronto se levanta, se sienta a comer su desayuno favorito: tres huevos fritos con tostadas y dos tazas de café cubano con bastante azúcar. Luego lee el periódico en su dormitorio, mira televisión unas cuatro horas y habla con amigos por teléfono. Como no le gusta cocinar, llama por teléfono al restaurante de la esquina y pide el almuerzo. Generalmente come hamburguesas o bistec con papas fritas y toma una o dos cervezas. Por la tarde, duerme una siesta larga, se levanta y prepara su bebida favorita: un Cuba Libre. Por la noche, les escribe cartas a sus amigos, ve las noticias, se sienta en el balcón de su casa a mirar a la gente que pasa por la calle y se acuesta a las 10:00 de la noche.

G **11-16 En la consulta de un/a fisioterapista (*physical therapist*).** En grupos, túrnense para representar a un/a fisioterapista y a sus pacientes. Cada integrante del grupo debe darle una orden a otro/a estudiante. Este/a estudiante debe hacer lo que le indicaron. Además de los verbos que conocen, los siguientes verbos pueden ser útiles para sus órdenes: **estirar** (*to stretch*), **doblar** (*to bend*), **cruzar** (*to cross*).

MODELO: Levántate rápidamente, camina un poco y siéntate enseguida.

2 **11-17 El correo sentimental.** Ustedes están a cargo del correo sentimental de un periódico y tienen que contestar las cartas que se reciben. ¿Qué consejos le van a dar a "Un enamorado"?

Querida Violeta:

Estoy desesperado y no sé con quién debo hablar ni qué debo hacer. Soy estudiante universitario y estoy en el último año de mi carrera. Hace poco conocí a una muchacha muy bonita y simpática en una de mis clases. Yo me enamoré de ella y empezamos a salir. Ella me decía que me quería mucho y que debíamos casarnos después de terminar los estudios. Yo también la quería mucho, pero un día le dije que era mejor esperar un poco antes de tomar una decisión tan seria como el matrimonio. Ella lo comprendió y me dijo que estaba de acuerdo conmigo.

Poco después empecé a notar que cada vez que venía a mi apartamento, faltaban cosas. Un día fue un cuchillo, otro día fue un tenedor, más adelante fue mi cámara, la semana pasada desaparecieron unos antibióticos del baño, etc. La otra noche fuimos a un restaurante a comer y vi que ponía dos cucharitas en su bolsa y que tomaba unas pastillas blancas muy pequeñas.

¿Qué debo hacer? Ella es una muchacha de una familia muy decente y no necesita estas cosas. Me siento culpable, pues no sé si esto es la consecuencia de nuestra conversación sobre el matrimonio o si es una enfermedad psicológica. Estoy totalmente confundido. Aconséjeme, por favor.

Un enamorado
Tomás

To give some bad news:
¿Sabes lo que pasó?
Tengo malas noticias...

To react to some bad news:
¡Vaya, por Dios!
¡Qué mala suerte!
¡Qué pena!
¡Qué lástima!
¡No lo puedo creer!
¡No me digas!

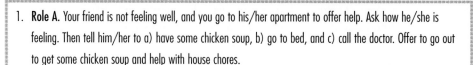

SITUACIONES

1. **Role A.** Your friend is not feeling well, and you go to his/her apartment to offer help. Ask how he/she is feeling. Then tell him/her to a) have some chicken soup, b) go to bed, and c) call the doctor. Offer to go out to get some chicken soup and help with house chores.

   Role B. You are not feeling well and a friend has come to help you. Explain a) that you have a sore throat and fever, and b) that you coughed a lot last night. After listening to your friend's advice and thanking him/her, say a) that you are not hungry now, b) that you already called your doctor and left a message (*mensaje*), and c) that you are going to rest while you wait for the doctor's call.

2. **Role A.** Call a friend and tell him/her the bad news that your mutual friend Roberto broke an ankle and he is at the hospital. Answer your friend's questions by saying a) that Roberto is doing fine and b) that you are planning to visit him this afternoon. Then ask your friend if he/she would like to come along, and agree to pick him/her up at five.

   Role B. A friend calls to tell you about Roberto's accident. Ask him/her a) how Roberto is, and b) say that you would like to see him. Then ask your friend if he/she is planning to visit him at the hospital. Use the expressions in the *En directo* box to express your reaction.

3. *Por* and *para* (review)

In previous lessons, you have used **por** in expressions such as **por favor, por ejemplo,** and **por ciento.** You have also used **por** and **para** to express the following meanings:

POR	PARA
MOVEMENT	
■ through or by a place	■ toward a destination
Caminaron **por** el hospital. *They walked through the hospital.*	Caminaron **para** el hospital. *They walked toward the hospital.*
TIME	
■ duration of an event	■ action deadline
Estuvo con el médico **por** una hora. *He was with the doctor for an hour.*	Necesita el antibiótico **para** el martes. *He needs the antibiotic by Tuesday.*
ACTION	
■ reason or motive of an action	■ for whom something is intended or done
Ana fue al consultorio **por** el dolor de garganta. *Ana went to the doctor's office because of a sore throat.*	Compró el antibiótico **para** Ana. *He bought the antibiotic for Ana.*

4. Other uses of *por* and *para*

Use **por** to:

- indicate exchange or substitution

      Irma pagó $120 **por** la medicina.   *Irma paid $120 for the medicine.*
      Cambió estas pastillas **por** ésas.   *She changed these pills for those.*

- express unit or rate

      Yo camino 5 kilómetros **por** hora.   *I walk 5 kilometers per hour.*
      El interés es (el) diez **por** ciento.   *The interest is ten per cent.*

- express means of transportation

      Lo mandaron **por** avión.   *They sent it by plane.*
      Prefieren ir **por** tren.   *They'd rather go by train.*

- express the object of an errand

      Fue **por** las aspirinas.   *He went for the aspirins.*
      Pasamos **por** ti a las 5:00.   *We'll come by for you at 5:00.*

Use **para** to...

- express judgment or point of view.

      Para nosotros, esta es la mejor farmacia.   *For us, this is the best drugstore.*
      Es un caso difícil **para** un médico joven.   *It is a difficult case for a young doctor.*

- indicate intention or purpose, when followed by an infinitive.

      Fueron **para** comprar aspirinas.   *They went to buy aspirin.*
      Salió **para** ayudar a los enfermos.   *He left to help the sick people.*

¿Qué dice usted?

11-18 ¿Por o para? Casi todas las oraciones siguientes pueden completarse con **por** o **para**, pero sólo una de estas preposiciones refleja lo que quiere decir la persona. Trace un círculo alrededor de la preposición que debe usarse.

1. Toward a destination
   Salimos **por/para** el consultorio del médico a las nueve de la mañana.
2. Through
   Fuimos **por/para** el túnel para llegar más rápido.
3. Reason or motive of an action
   Ana fue a ver al médico **por/para** su dolor de garganta.
4. For whom something is intended or done
   El médico escribió la receta de un antibiótico **por/para** Ana.
5. The object of an errand
   Yo fui a la farmacia **por/para** el antibiótico.
6. Indicate exchange or substitution
   Pagué veinte pesos **por/para** el antibiótico.

11-19 ¿Por dónde y para dónde van? Túrnense para hacer y contestar preguntas según los siguientes dibujos.

MODELO: E1: ¿Por dónde va el alumno?
                    E2: Va por el pasillo.
                    E1: ¿Para dónde va?
                    E2: Va para su clase de español.

1.   2.

3.   4.

11-20 En el laboratorio. Túrnense para averiguar cuándo van a estar listos los resultados de los análisis (*tests*) de unos pacientes. Consulten la tabla para obtener la información correcta.

MODELO: Alfredo Benítez   un análisis   2:00 de la tarde
                    E1: ¿Cuándo va a estar listo el análisis del Sr. Benítez?
                    E2: Va a estar listo para las dos (de la tarde).

PACIENTE	ANÁLISIS	RESULTADOS
Hilda Corvalán	1	11:00 de la mañana
Alfonso González	2	esta tarde
Jorge Pérez Robles	3	3:15 de la tarde
Aleida Miranda	1	mañana por la mañana
César Gómez Villegas	4	martes
Irene Santa Cruz	1	...

11-21 ¿Para qué fueron? Túrnense y pregúntense para qué fueron las personas a estos lugares. Deben usar su imaginación para contestar y dar detalles adicionales.

MODELO: Pablo fue al supermercado.
           E1: ¿Para qué fue al supermercado?
           E2: Fue para comprar leche y huevos.
               Quiere hacer un postre.

1. Jorge fue al hospital.
2. Ignacio fue a la farmacia.
3. Sara y Gloria fueron al gimnasio.
4. La Sra. Méndez fue al centro comercial.
5. Alejandro y Martín fueron a Cuba el 24 de diciembre.
6. Carlos fue a ver al psicólogo.

11-22 La graduación de un nuevo médico. Complete estos párrafos sobre la graduación de Fernando con **por** o **para,** según el contexto.

El 14 de junio es la graduación de Fernando en la Facultad de Medicina de la Universidad Católica Madre y Maestra de Santiago de los Caballeros. Sus padres, los señores Rovira, viven en Puerto Plata, pero van a ir (1) _____ la graduación y quieren llevarle un regalo a Fernando. El lunes pasado fueron a una tienda y pagaron $100 (2) _____ un regalo muy bonito (3) _____ Fernando. Graciela, su hermana gemela, vive en Miami y no puede ir (4) _____ su trabajo. Ella también le compró un regalo y se lo envió (5) _____ avión porque quiere que llegue (6) _____ el día de la graduación.

El día 14 (7) _____ la mañana, los padres de Fernando salieron (8) _____ la universidad. Estaba lloviendo, y (9) _____ eso salieron temprano. Normalmente, ellos pueden estar en la universidad en una hora más o menos, pero (10) _____ la lluvia, el viaje duró casi dos horas. (11) _____ ellos, que son mayores, el viaje fue un poco largo, pero al final pudieron pasar ese día con su hijo.

SITUACIONES

Role A. You are stressed out and need to rest. Following doctor's orders you are planning to rent a furnished apartment at the beach. You found one in the classified ads. Call the landlord and tell him/her a) when you will need the apartment, and b) for how long. Ask how much the rent is and inquire about the size of the rooms and other facilities. Answer his/her question(s) and then make an appointment to see it.

Role B. You are a landlord who is renting an apartment at the beach. A prospective renter calls you. Answer his/her questions and ask him/her how many people will be staying at the apartment. Agree on a date and time to show the property.

5. Relative pronouns

- The relative pronouns **que** and **quien(es)** combine two clauses into one sentence.

Los médicos trabajan en ese hospital.	*The doctors work at that hospital.*
Los médicos son excelentes.	*The doctors are excellent.*
Los médicos **que** trabajan en ese hospital son excelentes.	*The doctors who work at that hospital are excellent.*

- **Que** is the most commonly used relative pronoun. It introduces a dependent clause, and it may refer to persons or things.

Las vitaminas **que** yo tomo son muy caras.	*The vitamins that I take are very expensive.*
Ése es el médico **que** me receta las vitaminas.	*That is the doctor who prescribes the vitamins.*

- **Quien(es)** refers only to persons and may replace **que** in a clause set off by commas.

Los Márquez, **quienes/que** viven en la ciudad, prefieren el campo.	*The Márquezes, who live in the city, prefer the country.*

- Use **quien(es)** after a preposition (**a, con, de, por, para,** etc.) when referring to people.

Allí está el enfermero **con quien** hablé esta mañana.	*There is the nurse with whom I spoke this morning.*
Ésos son los señores **a quienes** les debes dar la receta.	*Those are the gentlemen to whom you should give the prescription.*

¿Qué dice usted?

11-23 Una telenovela dominicana. Joaquín está enfermo hoy, y por eso empezó a mirar una telenovela en uno de los canales de la televisión. Le gustó tanto que le mandó un correo electrónico a un amigo, contándole detalles de la telenovela. Complete el correo electrónico de Joaquín con **que** o **quien**.

Mi corazón es una telenovela dominicana (1) _____ tiene mucho público. El actor principal es Agustín Montalvo. Él es el actor de (2) _____ todos hablan. La crítica cree que este año va a ganar el premio Talía, (3) _____ es el equivalente del Óscar norteamericano. El 90 por ciento de las chicas dicen que Agustín es el actor con (4) _____ les gustaría salir. En la telenovela, Agustín hace el papel del médico (5) _____ quiere salvar la vida de Silvina del Bosque, la actriz principal, (6) _____ tuvo un accidente terrible y está inconsciente. Agustín es el hombre (7) _____ ella quiere, pero Agustín está enamorado de Esmeralda del Valle, una mujer a (8) _____ sólo le interesa el dinero de Agustín. La telenovela es muy melodramática y siempre hay problemas (9) _____ mantienen el interés del público.

2 **11-24 Un accidente.** Completen esta conversación con el nombre de una persona y los pronombres **que** o **quien.**

E1: ¿Qué haces aquí en el hospital? ¿A quién viniste a ver?

E2: A _____, el/la chico/a con _____ estoy saliendo.

E1: ¿Y cómo está?

E2: Bastante bien, gracias a Dios. Tuvimos un accidente bastante serio con el carro _____ su padre le regaló.

E1: ¡Qué horror! ¿Y llamaste a alguien?

E2: No tuve tiempo. Enseguida llegó la policía. Bueno, te hablo después. Allí viene la doctora _____ nos atendió, y quiero hacerle unas preguntas.

2 **11-25 Mi médico/a o dentista.** Descríbale su médico/a o dentista a su compañero/a. Mencione por lo menos tres características.

MODELO: Mi médico/a es... Es un/a médico/a que...

SITUACIONES

Role A. A close relative of yours (husband, wife, son, daughter) has recently had surgery (*una operación*), and you need some information in order to fill out an insurance form. You call the hospital and ask a) the name of the doctor who performed surgery on your relative, b) the amount of time that the surgery took, c) the prescriptions that the doctor gave him/her, d) the number of days that he/she will have to stay at the hospital.

Role B. You work answering the phone at a local hospital. A relative of one of the patients calls to find out some information he/she needs in order to fill out an insurance form. Identify yourself and answer his/her questions.

MOSAICOS

 Escuchar

Summarizing information

Sometimes when you listen to a conversation, a news report, or a lecture you need to summarize what was said for someone who was not present. To that end, you will give the general information of what was said and, when asked for or needed, will include some details to make your summary clearer. Needless to say, note taking is of paramount importance when summarizing. Therefore, jot down key information (ideas, words, concepts, data, etc.) in the order in which it appears in a listening text (a conversation, a lecture, etc.). Those notes will serve as the basis for your summary.

Antes de escuchar

11-26 ¿Cómo está Sebastián? In activity **11-27,** you will listen to a conversation between two friends regarding Sebastian's health. Before you listen, write down the Spanish names for three health professionals, three symptoms patients might experience, and three different types of treatments they might receive.

profesionales de la salud _____
síntomas _____
tratamientos _____

A escuchar

AUDIO **11-27** Now, read the following statements. Then, listen to the conversation between two friends regarding Sebastian's health. Finally, circle the statement that better summarizes what you have heard.

1. Los padres y amigos de Sebastián están preocupados porque Sebastián está enfermo y no va a poder celebrar su cumpleaños la próxima semana.
2. Sebastián está en el hospital con una infección intestinal. Antes de ir, él tenía dolor de estómago, náuseas y fiebre. Ahora toma antibióticos y tiene una dieta especial.
3. Sebastián vive solo. Por eso, siempre come en un restaurante, y la semana pasada comió algo que no estaba fresco. Ahora, sus padres han venido a cuidarlo y a prepararle comida especial.
4. El Dr. Méndez es un excelente médico y dice que Sebastián va a salir del hospital pronto, pero tiene que empezar una dieta y cuidarse mucho.

Después de escuchar

11-28 ¿Y usted? Share your answers to the following questions:

1. ¿Tiene usted una dieta sana? ¿Qué come típicamente para el almuerzo o la cena?
2. ¿Come usted en restaurantes frecuentemente? ¿Por qué?
3. ¿Qué cree usted que debe hacer para mantener o mejorar su salud?

Antes de escuchar

11-29 Consejos de la nutricionista. In 11-30, you will listen to a conversation between a nutritionist and a group of college students. Before you listen, write down a list of four suggestions you think the nutritionist will make and two questions the students will probably ask her.

consejos. _____

_____

posibles preguntas _____

_____

A escuchar

11-30 Consejos de la nutricionista. Now, read the following statements and, then, listen to the advice a nutritionist gives a group of college students. Finally, circle the statement that best summarizes what you have heard.

1. La nutricionista les recomienda a los estudiantes que vean al médico una vez por mes.
2. La nutricionista les aconseja que hagan mucho ejercicio y coman comida con poca sal.
3. La nutricionista les sugiere que coman comida rápida y beban alcohol sólo los fines de semana.
4. La nutricionista aconseja la moderación en la comida, bebida y ejercicios para mantener una vida saludable.

Después de escuchar

11-31 ¿Y usted? With a classmate, share your answers to the following questions.

1. ¿Cuál es su rutina diaria con respecto a su comida y actividades?
2. ¿Qué hace usted para mantener una vida saludable?
3. ¿Qué aspecto de su vida piensa usted que puede cambiar para mejorar su estado físico?

 # Conversar

Antes de conversar

11-32 ¿Quiere vivir más? Primera fase. Marque los hábitos o condiciones que, según usted, ayudan a prolongar la vida de las personas.

1. _____ hacer ejercicio físico regularmente
2. _____ trabajar poco
3. _____ tener mucho estrés
4. _____ comer regularmente carne roja
5. _____ ser vegetariano/a
6. _____ consumir carne blanca
7. _____ beber vino con el almuerzo o la cena
8. _____ pasar muchas horas inactivo
9. _____ usar la medicina alternativa
10. _____ usar muchos condimentos
11. _____ ponerle mucha sal a la comida

G **Segunda fase.** Primero, comparen sus respuestas a las preguntas de la **Primera fase** y, luego, escriban un cuestionario para determinar si las personas hacen o no lo necesario para vivir más años. Consideren las siguientes áreas en su cuestionario.

TEMAS	EJEMPLOS
1. actividades/hábitos	¿Se mantiene usted activo/a?
2. comida	¿Consume verduras regularmente?
3. bebidas	¿Bebe alcohol? ¿Con qué frecuencia?

A conversar

2 **11-33 ¿Te cuidas para vivir más?** Usen el cuestionario de la actividad **11-32, Segunda fase** para entrevistarse entre ustedes. Tomen notas de la información adicional importante que mencione su compañero/a durante la conversación. Esto los/las puede ayudar a determinar si cada uno de ustedes realmente se cuida o no para vivir más.

Después de conversar

11-34 Para reflexionar. Use la información que le dio su compañero/a en **11-33** y converse con él/ella sobre lo siguiente:

1. Mencione las actividades de su compañero/a que, según usted, van a contribuir a una vida más larga. Felicítelo/la (*Congratulate him/her*).
2. También indique los buenos hábitos de alimentación (comida, bebida) de su compañero/a que prolongarán la vida de él/ella.
3. Si es necesario, dele consejos o recomendaciones para mejorar sus hábitos.

Antes de conversar

2 **11-35 Las enfermedades del siglo XXI. Primera fase.** Marquen los tipos de enfermedades que probablemente se asocian con este siglo.

1. _____ cardiovasculares
2. _____ respiratorias
3. _____ mentales
4. _____ nerviosas

Segunda fase. Escriban por lo menos dos ejemplos de enfermedades específicas en cada grupo.

1. cardiovasculares _____
2. respiratorias _____
3. mentales _____
4. nerviosas _____

EN DIRECTO

To congratulate or praise someone:
Felicitaciones por + [*verb, noun*].
Te felicito. Te alimentas muy bien.
¡Qué bien, [*name*]! Vas a vivir muchos años.

To express happiness or satisfaction at someone's success:
Me alegro de que + [*subjunctive*].
¡Qué fabuloso que + [*subjunctive*]!

A conversar

2 **11-36 ¿Qué es bueno hacer?** Averigüen si alguien que ustedes conocen (familiar, amigo o conocido) sufre de alguna de las enfermedades mencionadas en actividad **11-35**. Luego, den una recomendación general y otra específica para los pacientes con estas enfermedades.

ENFERMEDAD ESPECÍFICA	PACIENTE	RECOMENDACIÓN GENERAL	RECOMENDACIÓN ESPECÍFICA
Cardiovascular: _____			
Respiratoria: _____			
Mental: _____			
Nerviosa: _____			

Después de conversar

G **11-37 ¿Qué debemos saber y hacer?** Preparen una breve presentación de una enfermedad del siglo XXI que a ustedes les interese para compartir con la clase. Hagan lo siguiente:

1. Den el nombre de la enfermedad e indiquen los órganos o partes del cuerpo afectados.
2. Indiquen los síntomas básicos de la enfermedad.
3. Mencionen algunos tratamientos médicos.
4. Den dos recomendaciones generales y dos específicas para los pacientes.

Para que su presentación sea más clara e interesante, usen material visual, como fotos, videos, afiches, etc.

Leer

EN DIRECTO

To make a general recommendation:
Es importante/bueno/ conveniente/aconsejable + [*infinitive*].

To make a recommendation to someone specific:
Es importante que + [*name*(s)] + [*subjunctive*].

Identifying what information is relevant in a text and disregarding what is irrelevant are time-saving strategies. They help you become not only a more fluent reader, but also a more focused one. By filtering information (identifying what's important and letting go of what is not), you also become a more accurate reader. The following cues may help you identify what is important:

■ Read the title and subtitle of the text.

■ Brainstorm its possible content by using your knowledge of the topic or theme.

■ Take notes of key information or ideas that, in your view, the text should include.

Guía de prelectura

Look at the visuals, the title, and the subheads in activity **11-40** and then answer the following questions. Use the cues provided by the headline and subheading and your personal knowledge to answer. Do not worry if your attempts to anticipate the content of the text are incorrect. You will be able to correct your responses later.

1. What key information (concepts, ideas, etc.) will this article likely contain?
   a. Diseases unknown to man appear because of the opening of new economic markets around the world.
   b. Diseases that experts thought had disappeared emerge again due to environmental changes around the world.
   c. Infectious, killer diseases that travel across the oceans are on the rise.
   d. Poor, developing nations export their diseases as their citizens migrate to developed countries.

2. How did you figure out the answers to question 1? Circle the corresponding letter.
   a. The title, subtitle, and photo
   b. The visuals in the text
   c. Knowledge of the topic
   d. Some research I did before reading the article

3. Now, can you hypothesize about the probable content of the text? The article will probably present the following content. Circle all that apply:
   a. The names of some of the diseases more commonly associated with globalization.
   b. Key geographical areas around the world where some infectious diseases were born.
   c. Explanation for the emergence of some diseases that were previously eliminated.
   d. Some measures the governments are taking to prevent the spread of such infectious disease.
   e. An analysis of how globalization is responsible for the spread of certain diseases.

Antes de leer

2 **11-38 Preparación. Primera fase.** ¿Cuáles de las siguientes enfermedades se consideran enfermedades tropicales? Márquenlas.

1. _____ la gripe
2. _____ la tuberculosis
3. _____ el dengue
4. _____ el virus del Nilo

5. _____ la fiebre del pollo (*SARS*)
6. _____ la malaria
7. _____ la viruela (*smallpox*)
8. _____ la neumonía

2 **Segunda fase.** Determinen lo siguiente:

1. ¿Cuál(es) de las enfermedades de la **Primera fase** ya está(n) presentes en su país?
2. ¿Cuál(es) de las enfermedades de la **Primera fase** es/son contagiosa(s)?

G **11-39 ¿Cuáles son las causas y síntomas?** Hagan una breve investigación para averiguar las causas y síntomas de **dos** de estas enfermedades: la malaria, la fiebre del pollo, la tuberculosis, el dengue. Luego, compartan la información con la clase. El siguiente plan les puede ser útil.

1. lugar de origen y causa de la enfermedad
2. síntomas
3. posibles tratamientos

A leer

11-40 Primera mirada. Lea el siguiente artículo y, luego, siga las instrucciones.

Las enfermedades y la globalización

Enfermedades tropicales como el dengue, la viruela, la malaria, la tuberculosis, la enfermedad del sueño que, según muchos, ya no existían, reaparecen y se extienden por todo el mundo. Las causas de su reaparición son evidentes: cambios en el medio ambiente y el constante movimiento de personas entre los continentes. Los turistas y los trabajadores migratorios transportan estos virus e infecciones. De la misma manera, los cambios climáticos facilitan la adaptación de los virus a nuevos ambientes y los hacen resistentes.

Desafíos y prevención

Un claro ejemplo del nivel de adaptabilidad de estas enfermedades infecciosas es la tuberculosis. Los científicos pensaban que ésta estaba controlada en los países desarrollados. Sin embargo, los hechos nos muestran que esta enfermedad ha evolucionado de tal manera que en países desarrollados como Alemania, Italia o España, por ejemplo, hay pacientes con tuberculosis porque las bacterias no reaccionan a los medicamentos tradicionales. Se piensa que alrededor de un 32% de la población del mundo sufre y morirá de esta enfermedad.

La Organización Mundial de la Salud (OMS) expresa gran preocupación por la malaria. Según los expertos, el mosquito que la provoca puede sobrevivir largos viajes interocéanicos. Por eso, hay personas enfermas de malaria en muchas partes del mundo. Sin duda, la malaria es peligrosa si no se detecta a tiempo. Sus síntomas son semejantes a los de la gripe; por lo tanto un médico sin experiencia en este tipo de enfermedades la puede confundir con la gripe y tratarla con medicamentos inadecuados.

El virus del Nilo constituye otra de las enfermedades turistas. Esta enfermedad mató por lo menos a 125 norteamericanos en el año 2002 y alarmó a varios países europeos.

Sorpresa y medidas

A fines del siglo XX, gracias a una campaña mundial contra la viruela, casi toda la población mundial fue inmunizada contra esta enfermedad. Sin embargo, en la actualidad, la viruela de los monos, una variedad típica de la selva de algunos países africanos, ya se reproduce en otros lugares del globo, como los Estados Unidos. En este país se están volviendo a fabricar vacunas contra esta enfermedad que no se producían desde hacía años.

El dengue es indudablemente la enfermedad más extendida en los últimos años. Los expertos afirman que es posible que dos quintas partes de la población del mundo contraigan esta mortal fiebre endémica. Geográficamente, el dengue nació en el suroeste asiático, pero rápidamente pasó al Caribe y Centro y Sudamérica. En los últimos años, se han detectado casos incluso en España.

Las migraciones en masa, causadas por las guerras, y la falta de fondos en los ministerios de salud han provocado el retorno de la enfermedad del sueño en África. Los estudios indican que más de 100.000 individuos están infectados en el África subsahariana. Este fenómeno se repite en países como Sudán y Uganda.

La lista de enfermedades que surgen de nuevo por la movilidad de la población del mundo actual es larga, pero los fondos mundiales para realizar investigaciones sobre las enfermedades que causan el 90 por ciento de las muertes en el mundo son mínimos y limitados. Sin duda, la globalización ha resuelto algunos problemas, pero ha creado otros.

De las siguientes afirmaciones, indique cuáles representan ideas principales (**P**) del artículo y cuáles son ideas secundarias (**S**).

1. _____ La reaparición de algunas enfermedades es causada por la interconexión de los mercados del mundo.
2. _____ La gran movilidad de las personas por razones económicas causa la reaparición de enfermedades tropicales que en algún momento desaparecieron.
3. _____ Los cambios de clima, provocados por los cambios en el medio ambiente (*environment*), ayudan a que algunos virus sean más resistentes.
4. _____ Las enfermedades turistas mataron a norteamericanos y europeos.
5. _____ Algunas enfermedades que nacieron en un punto específico del mundo se expanden a otros continentes.
6. _____ Los países desarrollados como los Estados Unidos están fabricando vacunas para combatir algunas enfermedades contagiosas.

11-41 Segunda mirada. Según el contenido del artículo, subraye las expresiones que se relacionan con estos temas:

1. Enfermedades tropicales: las infecciones, la viruela, el virus del Nilo, la tuberculosis, la enfermedad del sueño
2. Desafíos de las enfermedades para los expertos: la infección, la adaptabilidad, el desarrollo, la evolución, la resistencia
3. Medidas que los gobiernos toman para enfrentar estas enfermedades: campañas, inmunización, reproducción, vacunas, prevención

Después de leer

11-42 Ampliación. Primera fase. Busque en el artículo la palabra que se asocia con los verbos de la lista. Luego clasifíquela en la columna apropiada. Subraye la terminación de la palabra. ¿Qué género tiene, femenino o masculino?

VERBO	SUSTANTIVO	GÉNERO
1. enfermarse		
2. reaparecer		
3. mover		
4. adaptar		
5. prevenir		
6. migrar		
7. retornar		
8. globalizar		

Segunda fase. Complete el siguiente texto con un verbo o sustantivo de la **Primera fase.**

La interconexión del mundo actual

Muchos piensan que los efectos de la (1) _____ siempre son positivos. Sin embargo, hay un gran número de personas en todo el mundo que cree lo contrario. Según ellos, es triste ver que muchas de las (2) _____ que ya se creían eliminadas (3) _____ con mucha fuerza y amenazan matar a millones de víctimas inocentes en todos los continentes. Piensan que los países desarrollados y más ricos pueden tomar medidas para (4) _____ la propagación de estas enfermedades mortales. No obstante, la realidad indica que el (5) _____ masivo de inmigrantes entre los continentes inevitablemente facilita el (6) _____ de éstas.

 Escribir

In our daily lives, we regularly share information by summarizing what we hear, see, or read. The focus of a good summary is on the main issues or facts upon which the story, event, or experience is based. When we summarize, we progressively reduce the original text by eliminating secondary ideas, redundancies, repetitions, etc.

A good written summary has, among others, the following features:

a. It presents the main ideas or characteristics of the object being summarized
b. It sums up all the parts of what is being recapitulated
c. It has a cohesive and coherent organization

Therefore, to write a good summary, keep in mind the following:

a. Read a text or observe carefully. Identify the theme of your summary, the time frame when what you are summarizing exists or takes place, the reasons for its existence or why it happened, who is responsible for its existence or occurrence, what the consequences are (when applicable), etc.
b. Collect all the relevant information and organize it. Distinguish main ideas or information from secondary ones. Underline them.
c. Find a method or system that will help you remember. Taking notes, diagramming, outlining may work for you.
d. Be brief; that is, avoid details.

Antes de escribir

11-43 Preparación. Primera fase. El siguiente es un resumen de un evento histórico relacionado con la salud. Léalo y, luego, siga las instrucciones.

Según algunos, el año 1526 marca un evento trágico para los indígenas de América. Ocurre la primera epidemia de viruela que mata a miles de indios en los Andes. Esta nueva enfermedad contagiosa que llegó con los europeos al continente americano encontró a los nativos sin defensas para enfrentarla.

Sin embargo, la historia nos indica que fueron los indígenas del Caribe los primeros contagiados por las enfermedades europeas. Se piensa que el 9 de diciembre de 1493, la influenza tocó las puertas de América cuando 1.500 hombres y animales domésticos desembarcaron en Santo Domingo. Al día siguiente de su llegada, los pasajeros del barco Isabela empezaron a presentar síntomas evidentes de influenza: alta fiebre e intenso dolor en el cuerpo al punto de la postración. Éstos contagiaron a los indígenas, quienes murieron por miles.

Aunque varias enfermedades cruzaron los océanos para llegar a América, la que causó mayor desolación y muerte entre la población indígena fue la viruela. Nuevamente, los indios de Santo Domingo fueron las primeras víctimas en 1518 y 1519. Según los datos históricos, sólo un millón de ellos lograron sobrevivir la mortal epidemia.

Segunda fase. Answer the following questions, based on the summary in the **Primera fase.**

1. Circle the theme of the summary:
   a. Indigenous people of America infected the helpless conquistadors with their infectious diseases.
   b. Conquistadors brought unknown, contagious diseases that killed large numbers of indigenous people in America.
   c. Animals brought by conquistadors killed only American Indians with whom they came into contact.

2. Is there a time frame for this historical event?   Yes   No

3. If yes, indicate a time frame when the event happened.
   a. The beginning of the sixteenth century
   b. The end of the fifteenth and the beginning of the sixteenth centuries

4. Mark some possible reasons that explain this event.
   a. The Spaniards wanted to kill as many Indians as possible to take over their land.
   b. The animals the conquistadors brought along spread the infectious disease among the ship crew who, in turn, passed it on to the American Indians with whom they came into contact.
   c. The American Indians' immune systems were defenseless and unprepared to fight these diseases.

5. Identify the consequences of this event.
   a. Everyone infected survived.
   b. Probably some of the Spaniards survived, but many American Indians died.
   c. Everyone died.

11-44 Antes de resumir. Primera fase. En la actividad **11-45**, usted va a resumir un texto sobre un tema de salud de su elección. Pero antes, lea la siguiente lista de posibles temas y seleccione uno que le interese. Escriba algunas ideas que lo/la ayuden a enfocar su atención en el tema que escogió.

1. la viruela
2. la fiebre del pollo
3. la enfermedad del sueño
4. el dengue
5. la malaria
6. la hepatitis

ENFERMEDAD	LUGAR DE ORIGEN	CAUSAS	SÍNTOMAS BÁSICOS
• ____	• ____	• ____	• ____
		• ____	• ____
		• ____	• ____

Segunda fase. Ahora haga lo siguiente.

1. Lea el/los artículo(s) del tema que seleccionó.
2. Identifique el tema del texto, el tiempo en que se sitúa o existe, las razones de su existencia, el/los responsable(s), las consecuencias, etc.
3. Separe la información (ideas, conceptos, datos, etc.) más importante de la secundaria y tome notas.
4. Haga una lista de palabras que le van a ser útiles para darle cohesión a su texto.

A escribir

11-45 Manos a la obra. Escriba el resumen del texto que leyó en **11-44, Segunda fase.** Use la información que preparó en la actividad **11-44, Segunda fase.** No olvide que su resumen debe ser breve y conciso.

Después de escribir

11-46 Revisión. Antes de darle el resumen a su compañero/a editor/a, léalo y verifique lo siguiente, pensando en su lector.

- El contenido. En su resumen, ¿se concentró en el tema central del artículo? ¿Incluyó toda la información importante? ¿Puso el evento/la experiencia/el fenómeno dentro de un marco de tiempo? ¿Dio las razones que lo explican?

- La organización. ¿Tiene su resumen un orden y organización claros?

- La gramática. ¿Usó el vocabulario correcto, algunas expresiones de cohesión, la concordancia, el tiempo (presente, pasado) y modos (indicativo, subjuntivo), etc.?

- La puntuación y ortografía. ¿Usó comas, puntos, etc. donde eran necesarios?

Finalmente, comparta su resumen con su compañero/a.

ENFOQUE CULTURAL

Para pensar

Cuando usted necesita una operación o tiene un accidente, ¿adónde va? ¿Tiene que pagar o no? Cuando usted está enfermo/a y necesita medicinas, ¿adónde va a comprarlas? ¿Qué necesita para comprarlas?

En la mayor parte de los países hispanos existen hospitales y centros de salud financiados por el gobierno donde las personas pueden ir sin tener que pagar absolutamente nada por los servicios o medicinas que reciben.

En el mundo hispano, las farmacias están en locales separados y venden todo tipo de remedios y artículos de belleza. Al igual que en los Estados Unidos, en muchos lugares se necesita tener receta médica para comprar antibióticos. Muchas veces los clientes de la farmacia le preguntan al/a la farmacéutico/a qué remedio o antibiótico deben comprar para curar o tratar su enfermedad.

En muchos países, especialmente en los caribeños, algunas personas van a ver a los curanderos, quienes, según la creencia popular, tienen poderes especiales para curar todo tipo de enfermedad.

Para contestar

2 El sistema de salud. Respondan a las siguientes preguntas.

1. ¿Qué saben ustedes del sistema de salud público y privado en algunos países hispanos?
2. ¿Cómo son las farmacias en los países hispanos? ¿Qué venden?
3. Además de las medicinas tradicionales, ¿qué otro tipo de medicinas toman algunas personas en los países hispanos? Nombren dos o tres medicinas y digan para qué sirven.

G Riqueza cultural. En grupos de tres, discutan las ventajas y desventajas de consultar a un curandero (especialista en yerbas medicinales) o algún otro especialista en medicina alternativa como un acupunturista o un reflexólogo. Luego, presenten a la clase sus conclusiones.

Muchas personas prefieren curarse con yerbas medicinales. Por ejemplo, para el dolor de estómago se recomienda tomar un té de manzanilla (camomille), o un té de ruda (rue). Otra yerba medicinal muy conocida es la uña de gato (cat's claw), que se considera buena para el tratamiento del cáncer.

Para pensar

¿Sabe usted dónde quedan Cuba, Puerto Rico y la República Dominicana?
¿Sabe usted que Santo Domingo es la ciudad más antigua de las Américas?
¿Conoce usted a algún deportista o artista famoso de estos países?

Cuba, La República Dominicana y Puerto Rico se encuentran en el Mar Caribe.

En La Habana existen edificios de gran belleza y valor histórico, como el Castillo del Morro y la Fortaleza de la Cabaña.

La industria del tabaco es muy importante en Cuba. Se dice que el mejor tabaco del mundo se cultiva en Vuelta Abajo, en Pinar del Río, en el oeste de Cuba.

El Viejo San Juan es una hermosa zona de Puerto Rico donde hay tiendas de diferentes tipos, hermosas plazas, cafés al aire libre, museos, galerías de arte e interesantes edificios que datan de los siglos XVI y XVII. Al lado del Viejo San Juan está el San Juan moderno.

Expresiones cubanas:

la guagua	Ahí viene la **guagua**.	*The bus is coming.*
despeluzar	La quiere **despeluzar**.	*He wants to take all her money.*
fula	No tiene **fulas**.	*He does not have dollars.*

En el bosque tropical El Yunque se puede caminar por diferentes senderos, explorar hermosas caídas de agua y admirar diferentes especies de aves y una gran variedad de plantas, como las orquídeas y los helechos.

Santo Domingo, la capital, tiene una hermosa zona colonial con edificios que datan del siglo XVI. Entre ellos están la Catedral Primada de América, el Alcázar de Colón, las ruinas de San Francisco, el Museo de las Casas Reales y muchos más.

Expresiones puertorriqueñas:

macacoa	Yo no compro la lotería porque tengo una **macacoa** terrible.	I do not buy the lottery because I have horrible bad luck.
revolú	Se formó el **revolú**.	Things got messy.
bendito	¡Ay, **bendito**!	Oh, my!

Expresiones dominicanas:

varado	Me tiene **varado/a**.	He/she keeps me from succeeding.
aceitado	Está **aceitado/a**.	He/she is ready to comply.
se aflojó	Ya **se aflojó**.	He/she chickened out.

En la República Dominicana hay muchos lagos y hermosos parques nacionales. Uno de los más conocidos es el Lago Enriquillo. En el centro de este lago se encuentra el Parque Nacional Isla Cabritos.

Para contestar

En el mapa

1. Diga dónde están Cuba, Puerto Rico y la República Dominicana y cuáles son sus capitales.
2. ¿Qué países están cerca de la República Dominicana?

Ahora diga...

1. si le gustaría visitar La Habana, San Juan o Santo Domingo y por qué.
2. qué lugar de San Juan o de La Habana le interesaría visitar.

¿Qué dice usted si...

1. su amigo/a tiene miedo de hacer lo que pensaba hacer.
2. su amigo/a tiene mala suerte.
3. alguien le quiere quitar su dinero.

Para investigar en Internet

Busque información *www.prenhall.com/mosaicos* acerca de la medicina no tradicional en Cuba, Puerto Rico o la República Dominicana. Diga quiénes la practican, qué remedios, yerbas o productos usan, y qué personas recurren a ellos.

¡Prepárese!

11-47 Por y Para. Llene los espacios en blanco con **por** o **para.**

1. Ángela y Manolo trabajan _____ muchas horas en el concurso cada día.
2. Carlos perdona a Katie _____ llevarse mejor con ella.
3. Carlos mira el papel en la mochila de Katie _____ saber qué pista tiene ella.
4. _____ sus acciones, Katie piensa que Carlos y Efraín tienen una alianza.
5. _____ Efraín, la relación entre Katie y Carlos no es importante.
6. Efraín opina que la confianza es importante _____ tener éxito en el amor.

A Ángela no le gustan las acciones de Katie aunque ella está ganando.

Parece que Carlos ha perdonado a Katie.

Carlos mira el papel que está en la mochila de Katie.

Efraín admite que tiene una alianza con Carlos.

A Tito le interesa la relación entre Carlos y Katie, pero a Efraín no le importa.

Según Efraín, la falta de confianza no es buena para el amor.

¡Responda!

11-48 Asociaciones. Imagínese que es uno de los concursantes. Haga una asociación de palabras entre el Misterio 5 y las cuatro pistas. Después compare su lista con la de un/a compañero/a.

Misterio 5
Un lugar sagrado: _____

Pistas

1. Cerro sagrado: _____
2. Enseñanza militar: _____
3. Residencia presidencial: _____
4. Manantial y acueducto: _____

11-49 Soluciones. Al comparar su lista con la de su compañero/a, ¿qué ideas tienen para tratar de solucionar este misterio?

_____
_____
_____

En el Caribe el pregonero iba de casa en casa vendiendo muchos productos, especialmente frutas y vegetales. En esta canción Tito Nieves, cantante puertorriqueño conocido como el Pavarotti de la salsa, canta sobre el trabajo y los productos típicos del pregonero.

¡Prepárese!

11-50 Los productos. Lea la lista de productos que vende el pregonero y trate de rellenar los espacios en blanco mientras escucha la canción.

quenepa	piña	guayaba	caña	tamarindo	guineitos
mango	naranja	coco	pomarrosas	toronja	

Ay, casera,
llevo la _____ fresca,
la _____ madura,
llevo la _____ dulce
Y el _____ seco, cáscara dura.
...

De Ponce le traigo la _____,
de Mayagüez el _____,
para rebajar la _____,
refresco de _____.

Venga y cómpreme caserita
porque yo soy pregonero

del río traigo _____,
del cañaveral caña dulce,
de mi bella playa coco seco
para ponerla dura la _____
para la desilusión corazones
de mi guineal _____

Salsa

el medio

izquierda (left)   derecha (right)

1	2	3	4	5	6	7

1. *Both feet in middle*
2. *Right foot forward; left foot in middle*
3. *Step in place with left foot, then move right foot back to middle*
4. *Both feet in middle*
5. *Left foot back; right foot in middle*
6. *Step in place with right foot, then move left foot back to middle*
7. *Both feet in middle*

¡Escuche!

11-51 ¡Vamos a bailar salsa! "El pregonero" es un ejemplo de música **salsa**, un estilo musical bailable muy popular en las islas hispánicas del Caribe. Su ritmo es muy alegre y vivo; sus temas pueden ser serios o muy alegres. No importa el tema; a todos les gusta bailar salsa. Mire el diagrama de abajo y trate de seguir los pasos de salsa con sus compañeros de clase mientras escuchan la canción.

¡Responda!

11-52 El pregonero y la casera. La casera usa mandatos informales para hablar con el pregonero mientras él usa mandatos formales. Complete el diálogo.

PREGONERO: ¡(1) _____ (Comprar) frutas y vegetales! ¡(2) _____ (Mirar) lo que tengo aquí!

CASERA: (3) _____ (Venir) acá; (4) _____ (enseñarme) las frutas más frescas que tienes.

PREGONERO: Tengo naranjas y piñas dulces. Tengo cocos buenísimos y también guineos.

CASERA: (5) _____ (Darme) una piña, tres naranjas y dos cocos, por favor. ¿Cuánto es?

PREGONERO: (6) _____ (Pagarme) dos dólares, por favor.

CASERA: ¿Tienes cambio?

PREGONERO: Sí, señora.

CASERA: Está bien. Gracias.

VOCABULARIO

El cuerpo humano

la boca	mouth
el brazo	arm
el cabello	hair
la cabeza	head
la cadera	hip
la cara	face
la ceja	eyebrow
el cerebro	brain
la cintura	waist
el codo	elbow
el corazón	heart
el cuello	neck
el dedo	finger
el diente	tooth
la espalda	back
el estómago	stomach
la frente	forehead
la garganta	throat
el hombro	shoulder
el hueso	bone
el labio	lip
la mano	hand
la mejilla	cheek
la muñeca	wrist
el músculo	muscle
la nariz	nose
el nervio	nerve
el oído	(inner) ear
la oreja	(outer) ear
el pecho	chest
la pestaña	eyelash
el pie	foot
la pierna	leg
el pulmón	lung
la rodilla	knee
la sangre	blood
el tobillo	ankle
la vena	vein

Tratamientos médicos

la aspirina	aspirin
la inyección	injection
la pastilla	pill

la receta	prescription
el termómetro	thermometer

La salud

el catarro	cold
la enfermedad	illness
el/la farmacéutico/a	pharmacist
la fiebre	fever
la gripe	flu
la infección	infection
el síntoma	symptom
la tensión (arterial)	(blood) pressure
la tos	cough

Verbos

alegrarse (de)	to be glad (about)
caer(se)	to fall
cuidar(se)	to take care of
doler (ue)	to hurt
enfermarse	to become sick
estornudar	to sneeze
examinar	to examine
fracturar(se)	to fracture, break
fumar	to smoke
molestar	to bother, be bothered by
recetar	to prescribe
respirar	to breathe
sentir (ie, i)	to be sorry
sentirse (ie, i)	to feel
temer	to fear
torcer(se) (ue)	to twist
toser	to cough

Descripciones

deprimido/a	depressed
enfermo/a	sick
serio/a	serious

Palabras y expresiones útiles

cada... horas	every . . . hours
el consultorio	doctor's office
¿Qué te/le(s) pasa?	What's wrong (with you)?
tener dolor de...	to have a(n) . . . ache
tener mala cara	to look terrible

12

LAS VACACIONES Y LOS VIAJES

Objetivos comunicativos

- Making travel arrangements
- Asking about and discussing itineraries
- Describing and getting hotel accommodations

- Expressing denial and uncertainty
- Expressing possession (emphatically)
- Talking about the future

Contenido

A PRIMERA VISTA

Los medios de transporte

AUDIO

Mucha gente usa el transporte público. Los **autobuses** son populares en las ciudades y también para **viajar** largas distancias. Son la solución para las personas que no tienen **carro,** o a quienes simplemente no les gusta **manejar** en las **carreteras** y **autopistas.** El **metro** es otra forma de transporte eficiente en los centros urbanos, como Madrid, Barcelona, Santiago, Buenos Aires, Caracas y la Ciudad de México.

AVE, el **tren** español de alta velocidad entre Madrid y otras grandes ciudades españolas, viaja a unos 300 kilómetros por hora. La RENFE (Red Nacional de Ferrocarriles Españoles) es tan importante en España, un país relativamente pequeño, como las **líneas aéreas** en los Estados Unidos.

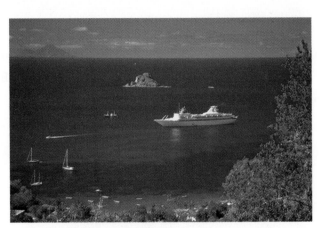

Un **crucero** es otra forma de **viajar.** En **barcos** modernos con una capacidad de 400 hasta más de 2.000 **pasajeros,** se puede hacer de todo. En las **escalas** en los diferentes puertos hay excursiones organizadas y oportunidades para ir de compras. De noche, la diversión continúa en la discoteca, el casino y el teatro. Un crucero es un medio de transporte y un lugar para pasar las vacaciones.

En un avión

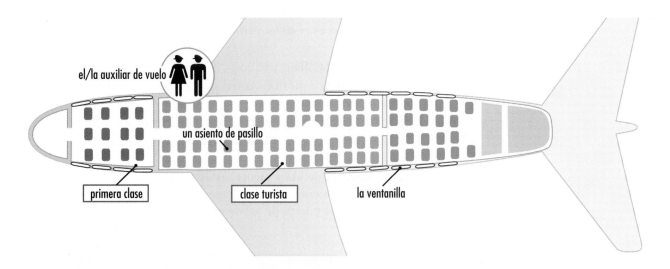

el/la auxiliar de vuelo

un asiento de pasillo

primera clase

clase turista

la ventanilla

El **avión** es la solución, aunque más cara, para viajar rápidamente de un lugar a otro, especialmente en zonas donde es difícil construir carreteras por la geografía o el clima, como en las selvas y en las montañas.

En el aeropuerto

Los pasajeros **hacen cola** frente al mostrador de la **aerolínea** para **facturar** el **equipaje,** pedir un **asiento** y conseguir la **tarjeta de embarque.**

el inspector de aduana

la aduana

el mostrador

SALA DE ESPERA

VUELO: 190

DESTINO: SAN JOSÉ

SALIDA: 9:30

la maleta

el equipaje

el maletín

En el mostrador de la línea aérea

AUDIO EMPLEADA: Buenos días. Su **pasaporte** y su **boleto,** por favor.

VIAJERO: Aquí están. Y si es posible, prefiero un asiento cerca de una **salida de emergencia.**

EMPLEADA: Muy bien. ¿**Ventanilla** o pasillo?

VIAJERO: Pasillo, por favor. Señorita, ¿usted sabe si se venden **cheques de viajero** aquí en el **aeropuerto?**

EMPLEADA: Sí, hay una oficina de American Express enfrente a la derecha.

VIAJERO: Gracias. ¿Me acreditó los kilómetros a mi programa de viajero frecuente?

EMPLEADA: Sí, y su **pasaje** es **de ida y vuelta,** así que va a tener bastantes kilómetros. Su asiento a San José es el 10F. Aquí tiene su tarjeta de embarque. La puerta de salida es la 80. ¡Que tenga un buen viaje!

El avión para San José sale a las tres y media por la puerta 1A. ¿A qué hora sale el **vuelo** para Panamá?

SALIDA DEPARTURE DESTINATION	ABORDAR BOARDING	SALA LOUNGE	PUERTA GATE	DESTINO DESTINATION
3:30	3:00	B	1A	SAN JOSÉ
3:50	3:20	B	4	MANAGUA
4:10	3:40	B	6	GUATEMALA
4:25	3:55	B	10	PANAMÁ
4:45	4:15	B	8	LIMÓN
5:10	4:40	B	5	MÉXICO D.F.
6:00	5:30	D	5	KINGSTON

¿Qué dice usted?

12-1 Asociaciones. Primera fase. Asocie cada palabra con su descripción. Luego, compare sus respuestas con las de un/a compañero/a.

1. _____ tren de alta velocidad
2. _____ viaje en un barco grande
3. _____ persona que sirve la comida en un vuelo
4. _____ transporte subterráneo
5. _____ inspección al llegar a otro país
6. _____ documento de identificación necesario para viajar al extranjero
7. _____ pasaje para ir de Quito a San José y volver a Quito
8. _____ se viaja en un asiento cómodo y se come bien

a. el/la auxiliar de vuelo
b. pasaporte
c. primera clase
d. AVE
e. metro
f. aduana
g. boleto de ida y vuelta
h. crucero

2 **Segunda fase.** Hablen de su último viaje. Especifiquen:

- medio de transporte

- tipo de boleto

- comodidad (primera clase, turista, etc.)

- necesidad de pasaporte, pasar por aduana, etc.

2 **12-2 Solicitud del cliente.** Usted es un/a agente de viajes y su compañero/a es su cliente/a. Hágale preguntas a su cliente/a para llenar el siguiente formulario (*form*) y después hágale algunas recomendaciones para el viaje.

NOMBRE: _____
N° de pasaporte: _____
Fecha/s de viaje: _____
Medio de transporte: _____
Destino: _____

2 **12-3 En una agencia de viajes. Primera fase.** Busquen en Internet la siguiente información para planear un viaje turístico a Costa Rica:

- itinerario posible

- hoteles

- medios de transporte

- actividades y visitas

- precios de las distintas opciones

Segunda fase. Ahora túrnense para hacer el papel de agente de viaje y cliente/a. El/La cliente/a debe decirle al/a la agente de viajes que quiere viajar a Costa Rica. El/La agente debe recomendarle un viaje de acuerdo con los datos que obtuvo en la *Primera fase*.

Viajando en coche

el capó — el espejo retrovisor — el limpiaparabrisas — el maletero

el motor — la rueda

el radiador — la guantera

la placa — el parachoques — las llantas — el volante

¿Qué dice usted?

12-4 ¿Qué es? Busquen en el dibujo la palabra que corresponda a las siguientes descripciones. Después, den una descripción de las otras partes del coche indicadas en el dibujo para ver si otra pareja sabe qué son.

1. Es para poner el equipaje. _____
2. Permite ver bien cuando llueve. _____
3. Son negras y llevan aire por dentro. _____
4. Controla la dirección del coche. _____
5. Hay que ponerle agua si no queremos que se caliente el motor. _____

12-5 Mi auto favorito. Primero, averigüen qué medio de transporte usa cada uno de ustedes con más frecuencia. Después, pregúntense cuál es el auto favorito de cada uno y por qué. Cada uno debe dar cuatro razones para explicar por qué le gusta más.

Las reservaciones y el hotel

AUDIO

EMPLEADO: Buenas tardes. ¿En qué le puedo servir?

SRA. LOAIZA: Buenas tardes. Tenemos dos **habitaciones** reservadas a nuestro nombre, señores Loaiza.

EMPLEADO: Sí, señora. Tengo **una doble** y **una sencilla.**

SRA. LOAIZA: Muy bien. Una es para nosotros y otra para nuestro hijo. Quisiera dejar algunos cheques de viajero en un lugar seguro. ¿Podría usted…?

EMPLEADO: ¿Por qué no los deja en la **caja fuerte** de su habitación.

SRA. LOAIZA: Muy bien.

EMPLEADO: Bueno, aquí tiene las **llaves.** Enseguida les subirán las **maletas.** Sus habitaciones están en el segundo piso.

(*Más tarde.*)

SR. LOAIZA: Por favor, ¿nos puede indicar cómo llegar a la Plaza 5 de Mayo?

CONSERJE: Sí, cómo no. Mire, sigan derecho por esta calle hasta la próxima **esquina.** Allí, **doblen a la izquierda** y caminen una cuadra hasta la plaza que está **a la derecha.** No se pueden **perder.**

SR. LOAIZA: Muchísimas gracias.

¿Qué dice usted?

12-6 Estamos perdidos. Use el plano que aparece en la página 436 y pregúntele a su compañero/a cómo ir a ciertos lugares. Su compañero/a le debe explicar cómo llegar.

USTED ESTÁ EN:

la Plaza 5 de Mayo
la Avenida Ancón y la Avenida A
el Museo de Historia del Canal de Panamá

USTED DESEA IR:

al Palacio Presidencial
al Casco Viejo
al Centro Turístico Mi Pueblito

12-7 El hotel. Primera fase. Busquen en www.prenhall.com/mosaicos la siguiente información sobre el hotel de Costa Rica Selva Bananito Lodge y compártanla entre ustedes.

1. localización
2. instrucciones para llegar
3. servicios que ofrece el hotel
4. atracciones más interesantes en su opinión

Segunda fase. Usted sabe que el hotel *Selva Bananito Lodge* acepta guías voluntarios para los turistas que hablan inglés. Hable con el/la jefe/a de personal —otro/a compañero/a— para ofrecer sus servicios y obtener la siguiente información sobre el trabajo.

1. obligaciones y horarios
2. beneficios que reciben (comidas, alojamiento, etc.)
3. número de semanas o meses que dura el trabajo
4. fecha en que comienza el trabajo
5. forma más conveniente de llegar al hotel

El correo y la correspondencia

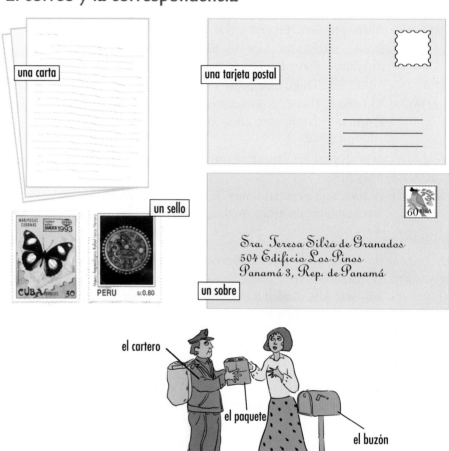

¿Qué dice usted?

12-8 La correspondencia. Primera fase. Completen las oraciones con la palabra adecuada y escriban la letra correspondiente.

1. _____ El lugar donde se recoge la correspondencia y se compran sellos es el...
2. _____ La persona que reparte cartas y tarjetas es el...
3. _____ El depósito donde ponemos las cartas que queremos enviar es el...
4. _____ Para mandar una carta la ponemos dentro de un...

a. cartero
b. correo
c. sello
d. sobre
e. paquete
f. buzón

5. _____ Si queremos mandar un regalo de una ciudad a
otra, tenemos que preparar un...

6. _____ No se puede mandar una carta sin escribir la
dirección y ponerle un...

2 **Segunda fase.** Respondan a las siguientes preguntas.

1. ¿Cuándo fue la última vez que usted fue al correo?
2. ¿Para qué fue? ¿Para comprar sellos o un sobre o para enviar un paquete?
3. ¿Es el correo electrónico un medio de comunicación más eficaz que el correo postal? ¿Por qué?

12-9 Un correo electrónico nostálgico. Primera fase. Envíele un mensaje electrónico o una postal a su compañero/a favorito/a. Cuéntele algunos aspectos especiales de sus últimas vacaciones:

- lugar(es) que visitó

- personas que conoció

- experiencias interesantes o divertidas que vivió

- otras experiencias que recuerda con nostalgia

Su compañero/a le responderá por escrito, reaccionará a sus comentarios y le hará preguntas para obtener más detalles.

AUDIO **12-10 Antes de viajar.** You will listen to a young man who is checking in at the airport. Before you listen, list two questions you think the airline employee might ask him and the answers that you think the young man might provide.

_____

_____

Now, pay attention to the general idea of what is said. Then, as you listen mark the appropriate ending to each statement.

1. El viajero va a facturar...
   a. tres maletas
   b. un maletín de mano
   c. dos maletas

2. El viajero prefiere un asiento...
   a. al lado de ventanilla
   b. en el pasillo
   c. en la parte posterior del avión

3. El agente le puede conseguir un asiento...
   a. de pasillo, el 28C
   b. en el centro, entre la ventanilla y el pasillo
   c. en la ventanilla en primera clase

4. La empleada le dice al pasajero que...
   a. tiene tiempo para llamar por teléfono
   b. puede llamar desde el avión
   c. no tiene que pasar por seguridad

1. Affirmative and negative expressions

AGENTE: Lo siento, ese **vuelo** está **lleno.** No hay ningún asiento disponible.

RICARDO: ¿Y el de la tarde?

AGENTE: Hay algunos asientos **vacíos,** pero el vuelo **hace escala** en San José.

MARISELA: ¿Y no hay otro vuelo directo?

AGENTE: No, es el único; pero, ¿por qué no reservan en el vuelo de la tarde y los pongo en la **lista de espera** para el otro?

RICARDO: Está bien. Siempre hay alguien que **cancela.**

AFFIRMATIVE		NEGATIVE	
todo	*everything*	**nada**	*nothing*
algo	*something, anything*		
todos	*everybody, all*	**nadie**	*no one, nobody*
alguien	*someone, anyone*		
algún, alguno/a (-os, -as)	*some, any, several*	**ningún, ninguno/a**	*no, not any, none*
o... o	*either . . . or*	**ni... ni**	*neither . . . nor*
siempre	*always*	**nunca**	*never, (not) ever*
una vez	*once*		
alguna vez	*sometime, ever*	**jamás**	*never, (not) ever*
algunas veces	*sometimes*		
a veces	*at times*		
también	*also, too*	**tampoco**	*neither, not*

- Negative words may precede or follow the verb. If they follow the verb, use the word **no** before the verb.

> **Nadie** vive aquí.   *No one/Nobody lives here.*
> **No** vive **nadie** aquí.

- **Alguno** and **ninguno** shorten to **algún** and **ningún** before masculine singular nouns.

> ¿Ves **algún** coche?   *Do you see any cars?*
> **No** veo **ningún** coche.   *I do not see any car.*

- Use the personal **a** when **alguno/a/os/as** and **ninguno/a** refer to persons and are the direct object of the verb. Use it also with **alguien** and **nadie** since they always refer to people. Notice that in the negative only the singular forms **ninguno** and **ninguna** are used.

> ¿Conoces **a alguno** de los chicos?   *Do you know any of the boys?*
> No, no conozco **a ninguno**.   *No, I do not know any.*
> ¿Conoces **alguno** de los libros?   *Do you know any of the books?*
> No, **no** conozco **ninguno**.   *No, I do not know any.*

LENGUA

In Spanish, **ningunos/as** is used only with plural nouns that do not have a singular form; for example, **víveres** (*food, provisions*): **No trajeron ningunos víveres.**

¿Qué dice usted?

12-11 Nada de nada. Asocie cada pregunta con sus probables respuestas.

1. _____ ¿Visitó usted Costa Rica alguna vez?
2. _____ ¿Conoce a alguien en Panamá?
3. _____ ¿Baila alguno de los bailes típicos de la región?
4. _____ ¿Alguien sabe dónde está el volcán Irazú?
5. _____ ¿Hay muchos estudiantes que viajaron a Panamá?
6. _____ ¿Conoce alguna canción de Rubén Blades?

a. No, ninguna.
b. No, ninguno.
c. Nadie lo sabe.
d. No, a nadie.
e. No, nunca.
f. Sólo fueron algunos.

12-12 ¿Con qué frecuencia? Complete la siguiente tabla, indicando la frecuencia con que usted participa en las siguientes actividades, y diga por qué las hace. Después pregúntele a su compañero/a y anote la información obtenida.

MODELO: viajar a California
E1: Yo viajo a California dos veces al año para visitar a mis padres. ¿Y tú?
E2: Yo no viajo nunca porque mis padres viven en mi ciudad./Yo los llamo por teléfono todos los días porque los quiero mucho.

ACTIVIDAD	YO	RAZÓN	MI COMPAÑERO/A	RAZÓN
ver programas sobre la naturaleza				
practicar el ciclismo				
comer en restaurantes hispanos				
dormir la siesta				
ir de vacaciones al Caribe				
viajar en tren				
usar el transporte público				

12-13 Un restaurante malo. Usted está de viaje con un/a compañero/a y quiere ir a un restaurante que está cerca del hotel. Su compañero/a, que ya conoce el restaurante, va a contestar sus preguntas negativamente.

MODELO: servir platos típicos
E1: ¿Sirven platos típicos?
E2: No, no sirven ningún plato típico.

1. preparar platos de dieta
2. tener ensaladas buenas
3. servir pescado fresco
4. tener vinos de la región
5. aceptar tarjetas de crédito
6. ...

12-14 ¡La negatividad es contagiosa! Después de pasar el día con un amigo/a muy negativo/a, usted se siente influenciado/a y contesta a todo negativamente.

MODELO: llamar a alguien
E1: ¿Vas a llamar a alguien?
E2: No, no voy a llamar a nadie.

1. visitar Panamá alguna vez
2. ver alguna película esta noche
3. leer o escuchar música
4. salir con algún amigo
5. mandarle a alguien un correo electrónico
6. ...

12-15 Planeando un viaje. Primera fase. Ustedes quieren hacer ecoturismo en Costa Rica. Primero comenten qué van o no van a hacer antes de llegar a su destino.

MODELO: comprar el pasaje dos semanas antes
E1: Yo quiero comprar el pasaje dos semanas antes.
E2: Yo también./Pues yo no. Es más barato comprarlo un mes antes.
no llevar cheques de viajero
E1: Yo no voy a llevar cheques de viajero.
E2: Yo tampoco./Yo voy a llevar algunos y también mi tarjeta de crédito.

1. buscar información sobre Costa Rica
2. comprar zapatos cómodos para caminar
3. pedir un asiento de pasillo
4. no llevar mucha ropa
5. facturar el equipaje
6. no gastar mucho dinero
7. ...
8. ...

Segunda fase. Conversen sobre todo lo que van a hacer después de llegar a su destino. Después, reúnanse con otra pareja y explíquenle tres de sus planes. Sus compañeros/as deben hacerles preguntas para averiguar detalles adicionales.

SITUACIONES

1. **Role A:** You are a flight attendant in business class. Ask one of your passengers if he/she would like to a) drink something, b) eat, and c) watch the film. Then a) answer his/her questions on the time of landing, b) tell him/her there are no magazines in Spanish, and c) offer him/her a blanket and pillow.

   Role B: You are a passenger in business class. Answer the flight attendant's questions negatively. Then a) ask him/her at what time the flight is scheduled to arrive in Panama, b) ask for a magazine in Spanish, and c) thank him/her.

2. One of you is a passenger, the other is a customs officer. The customs officer asks you, the passenger, if you are carrying a) any plants or seeds (*semillas*), b) fruit, and c) more than $10,000. Answer the questions in the negative. The customs officer will then ask you to open your luggage so that he/she can check it.

2. Indicative and subjunctive in adjective clauses

■ An adjective clause is a dependent clause that is used as an adjective.

ADJECTIVE

Vamos a ir a un hotel muy **moderno.**

ADJECTIVE CLAUSE

Vamos a ir a un hotel **que es muy moderno.**

■ Use the indicative in an adjective clause that refers to a person, place, or thing (antecedent) that exists or is known.

   Hay un hotel que **queda** cerca de la estación.
   There is a hotel that is near the station.

   Quiero viajar en el tren que **sale** por la mañana.
   I want to travel on the train that leaves in the morning.
   (You know there is such a train.)

■ Use the subjunctive in an adjective clause that refers to a person, place, or thing that does not exist or whose existence is unknown or in question.

   No hay ningún hotel que **quede** cerca de la estación.
   There is not any hotel that is near the station.

   Quiero viajar en un tren que **salga** por la mañana.
   I want to travel on a train that leaves in the morning.
   (Any train, as long as it leaves in the morning.)

■ When the antecedent is a specific person and functions as a direct object, use the indicative and the personal **a.** If the antecedent is not a specific person, use the subjunctive and do not use the personal **a.**

   Busco **a** la/una auxiliar que **va** en ese vuelo.
   I am looking for the/a flight attendant that goes on that flight.
   (A specific flight attendant that I know is on that flight.)

   Busco una auxiliar que **vaya** en ese vuelo.
   I am looking for a flight attendant that goes on that flight.
   (Any flight attendant as long as she goes on that flight.)

■ In questions, you may use the indicative or the subjunctive according to the degree of certainty you have about the matter.

¿Hay alguien aquí que **sale** en ese vuelo?
Is there anyone here leaving on that flight?
(I do not know, but assume there may be.)

¿Hay alguien aquí que **salga** en ese vuelo?
Is there anyone here leaving on that flight?
(I do not know, but I doubt it.)

¿Qué dice usted?

12-16 ¿Cuál es la respuesta correcta? Marque la forma verbal (indicativo o subjuntivo) para completar correctamente cada grupo de oraciones.

1. Hay un vuelo que _____ por la mañana.   a. sale
2. No hay ningún vuelo que _____ por la noche.   b. salga

3. Me interesa un hotel (*any hotel*) que _____ cerca del centro.   a. queda
4. Hay un hotel que no es muy caro y _____ en el centro.   b. quede

5. Busco al empleado que _____ inglés.   a. habla
6. Busco un empleado (*any employee*) que _____ inglés.   b. hable

12-17 ¡Ni idea! Usted no tiene ni idea sobre algunos aspectos de la vida de sus compañeros/as de la clase de español. Túrnense para hacerse preguntas. Si la respuesta es afirmativa, deben decir quién es esa persona y dar información adicional.

MODELO: usar vaqueros cuando viaja
        E1: ¿Hay alguien que use vaqueros cuando viaja?
        E2: Sí, hay alguien que siempre usa vaqueros cuando viaja.
        E1: ¿Quién es?
        E2: Es Marta. Sé que le gustan los vaqueros y siempre se los pone.
        E1: ¿Hay alguien que sea costarricense?
        E2: No, no hay nadie que sea costarricense.

1. tenerles fobia a los aviones
2. usar mucho su diccionario en los viajes
3. conocer una de las siete maravillas del mundo
4. saber pilotear un avión
5. ir a esquiar en sus vacaciones de invierno
6. viajar a Panamá este año

12-18 Emergencia. Dos empleados de la aerolínea costarricense Travelair se enfermaron, y hay mucho trabajo inconcluso en el aeropuerto. Túrnense para hacer los papeles de gerente y de ayudante de la aerolínea. El/La gerente necesita que se hagan ciertas cosas; su ayudante debe informarle si hay o no alguien que pueda hacerlas. Si no hay nadie, el/la gerente debe ofrecer soluciones.

MODELO: programar la computadora
           E1: Necesito a alguien que programe la computadora para los
                itinerarios.
           E2: Hay un empleado/alguien en el aeropuerto que puede hacerlo. *o*
                No hay nadie en el aeropuerto que la pueda programar.
           E1: Es indispensable buscar/que busquemos a alguien que lo haga.

1. hablar inglés, japonés y español en el vuelo a Tamarindo
2. recibir el vuelo que viene de Puerto Jiménez
3. darles esta información a los pasajeros del vuelo 562
4. llevar a los pasajeros a inmigración
5. poder trabajar este fin de semana
6. ...

② **12-19 Un lugar para descansar. Primera fase.** Túrnense para hacerse preguntas
sobre un lugar de descanso. Deben contestar según la información de la tabla.

MODELO: hotel / tener piscina para niños
           E1: ¿Hay un hotel que tenga piscina para niños?
           E2: Sí, hay un hotel que tiene piscina para niños. *o* No, no hay
                ningún hotel que tenga piscina para niños.

HAY	NO HAY
tiendas / vender ropa para esquiar	autobús / llegar por la mañana
cines / dar películas españolas	cafetería / servir comida vegetariana
lugares / aceptar cheques de viajero	lugares / aceptar cheques personales

Segunda fase. Ahora ustedes deben describir cómo desean que sea su lugar
ideal de descanso, explicando su localización, ambiente y atracciones. Después,
intercambien ideas con otra pareja.

② **12-20 Agencia *Viaje ahora*.** Usted piensa viajar al extranjero, pero no conoce
ninguna buena agencia de viajes. Dígale a su compañero/a adónde quiere ir y
pídale información sobre una agencia. Su compañero/a le va a dar información
basándose en el anuncio de la agencia Viaje Ahora. Usted debe hacerle por lo
menos tres preguntas adicionales.

TURISMO
Viaje ahora
Servicio de viajes
**Le planeamos su viaje a cualquier parte
de Panamá y del extranjero.**
Boletos de avión, de barco; alquiler de autos;
reservaciones de hoteles; excursiones
20 años sirviendo al público
TELÉFONOS: **270-2040**   **270-3230**
Calle 50 #134

SITUACIONES

Role A. You want to visit Panama. Call your travel agent to find out: a) the cost of the trip, b) the flight schedule, and c) if you need a visa. Once you have the answers, explain to your travel agent the class of hotel you would like to stay in (area, approximate price range, etc.)

Role B. You are a travel agent. Answer your customer's questions and give him/her a) the prices of economy- and business-class tickets, b) the departure time. Ask for his/her nationality to know whether he/she needs a visa. Regarding hotels, give him/her information on two different rates and explain what each rate offers. You must also tell him/her what he/she should visit in Panama (the Canal, the old part of the city, the San Blas Islands, Darién, etc.).

3. Stressed possessive adjectives

SINGULAR		PLURAL		
MASCULINE	FEMININE	MASCULINE	FEMININE	
mío	mía	míos	mías	*my, (of) mine*
tuyo	tuya	tuyos	tuyas	*your (familiar), (of) yours*
suyo	suya	suyos	suyas	*your (formal), his, her, its, their, (of) yours, his, hers, theirs*
nuestro	nuestra	nuestros	nuestras	*our, (of) ours*
vuestro	vuestra	vuestros	vuestras	*your (familiar), (of) yours*

- Stressed possessive adjectives follow the noun they modify and agree with it in gender and number. An article or demonstrative adjective usually precedes the noun. Use stressed possessives for emphasis.

El cuarto **mío** es grandísimo.	*My room is very big.*
La maleta **mía** está en la recepción.	*My suitcase is at the front desk.*
Esos primos **míos** llegan hoy.	*Those cousins of mine arrive today.*
Las llaves **mías** están en la puerta.	*My keys are in the door.*

4. Possessive pronouns

SINGULAR		PLURAL	
MASCULINE	FEMININE	MASCULINE	FEMININE
el { mío, tuyo, suyo, nuestro, vuestro	la { mía, tuya, suya, nuestra, vuestra	los { míos, tuyos, suyos, nuestros, vuestros	las { mías, tuyas, suyas, nuestras, vuestras

- Possessive pronouns have the same form as stressed possessive adjectives.

- The definite article precedes the possessive pronoun, and they both agree in gender and number with the noun to which they refer.

¿Tienes la mochila suya?	*Do you have his backpack?*
Sí, tengo **la suya.**	*Yes, I have his.*

- After the verb **ser,** the article is usually omitted.

Esa maleta es **mía.**	*That suitcase is mine.*

- To be clearer and more specific, the following structures may be used to replace any corresponding form of **el/la suyo/a.**

la de usted	*yours* (singular)
la de él	*his*
la de ella	*hers*

la mochila suya → **la suya** *or*

la de ustedes	*yours* (plural)
la de ellos	*theirs* (masculine, plural)
la de ellas	*theirs* (feminine, plural)

¿Qué dice usted?

12-21 ¿De quién(es) son estas cosas? Escoja la repuesta correcta para cada una de las preguntas y escriba la letra correspondiente en la columna de la izquierda.

1. ¿Es ésta tu mochila? _____ a. Sí, es la mía. b. Sí, es la tuya.
2. ¿Son éstas las llaves de Pedro? _____ a. Sí, son las suyas. b. Sí, son las mías.
3. ¿Es éste el maletín de Alicia? _____ a. No, es la tuya. b. No, no es el suyo.
4. ¿Es éste su asiento? _____ a. Sí, es la mía. b. Sí, es el mío.
5. ¿Son éstos los boletos nuestros? _____ a. Sí, son los suyos. b. Sí, son las suyas.

2 12-22 Las posesiones. Es el fin del año escolar, y usted y su compañero/a están poniendo sus cosas y las de otro/a compañero/a en dos coches. Háganse preguntas para averiguar de quién es cada cosa.

MODELO: esta lámpara
E1: ¿De quién es esta lámpara?
E2: Es suya. Va en su coche. o Es mía. Va en mi coche.

1. esos casetes
2. esta maleta
3. este maletín
4. estos discos

5. las revistas
6. el radio
7. la bicicleta
8. esta mochila

2 12-23 Preparándose para un viaje. Ustedes van a hacer un viaje en auto, y deben tomar varias decisiones antes de salir. Háganse preguntas para decidir lo que van a hacer, y den una razón.

MODELO: usar mi coche/tu coche
E1: ¿Vamos a usar mi coche o el tuyo?
E2: Prefiero usar el tuyo/mío porque es mejor/más nuevo.

1. hablar con mi agente/tu agente
2. llevar tus maletas/las de mi hermano
3. usar mis mapas/tus mapas

4. llevar tu cámara/mi cámara
5. llevar tu celular/el de mi madre
6. …

2 12-24 Unas vacaciones en un crucero. Usted y un/a amigo/a tomaron un crucero durante las vacaciones. Su compañero/a tomó otro crucero. Intercambien sus experiencias en las áreas siguientes.

MODELO: el barco
E1: Nuestro barco era nuevo y grandísimo.
E2: El nuestro era pequeño, pero muy cómodo. o
El nuestro era muy grande también.

1. el camarote (*cabin*)
2. los compañeros de mesa
3. la comida

4. el/la guía
5. las excursiones
6. …

 SITUACIONES

1. **Role A:** Yesterday you lost your wallet (black, new, with $20, some photos, and a credit card inside) in a San Jose hotel. Answer all the questions the employee at the Lost and Found desk asks you. Then show him/her an identification document and thank him/her.

   Role B: You work at the Lost and Found desk of a hotel in San José, and you are helping a customer who lost a wallet. Get the following information: a) the name of the person, b) the description of the wallet, c) the date it was lost, and d) a list of what was in the wallet. You must then ask him/her for some identification and return the wallet back to him/her.

2. Each of you has a condominium in an exclusive summer resort and wants to impress the other. Speak of your condominium, giving the most information possible.

5. The future tense

You have been using the present tense and **ir + a +** *infinitive* to express future plans. Spanish also has a future tense. Although you have these other ways to express a future action, event, or state, you should be able to recognize the future tense in reading and in listening.

■ The future tense is formed by adding the future endings **-é, -ás, -á, -emos, -éis,** and **-án** to the infinitive. These endings are the same for **-ar, -er,** and **-ir** verbs.

FUTURE TENSE			
	HABLAR	COMER	VIVIR
yo	hablaré	comeré	viviré
tú	hablarás	comerás	vivirás
Ud., él, ella	hablará	comerá	vivirá
nosotros/as	hablaremos	comeremos	viviremos
vosotros/as	hablaréis	comeréis	viviréis
Uds., ellos/as	hablarán	comerán	vivirán

■ A few verbs have irregular stems in the future tense and can be grouped into three categories. The first group drops the **e** from the infinitive ending.

IRREGULAR FUTURE—GROUP 1		
INFINITIVE	NEW STEM	FUTURE FORMS
poder	**podr-**	podré, podrás, podrá, podremos, podréis, podrán
querer	**querr-**	querré, querrás, querrá, querremos, querréis, querrán
saber	**sabr-**	sabré, sabrás, sabrá, sabremos, sabréis, sabrán

■ The second group replaces the **e** or **i** of the infinitive ending with a **d.**

IRREGULAR FUTURE—GROUP 2		
INFINITIVE	NEW STEM	FUTURE FORMS
poner	**pondr-**	pondré, pondrás, pondrá, pondremos, pondréis, pondrán
tener	**tendr-**	tendré, tendrás, tendrá, tendremos, tendréis, tendrán
salir	**saldr-**	saldré, saldrás, saldrá, saldremos, saldréis, saldrán
venir	**vendr-**	vendré, vendrás, vendrá, vendremos, vendréis, vendrán

■ The third group consists of two verbs (**decir, hacer**) that have completely different stems in the future tense.

IRREGULAR FUTURE—GROUP 3		
INFINITIVE	NEW STEM	FUTURE FORMS
decir	**dir-**	diré, dirás, dirá, diremos, diréis, dirán
hacer	**har-**	haré, harás, hará, haremos, haréis, harán

■ In addition to referring to future actions, the Spanish future tense can also be used to express probability in the present.

Todavía no están en el hotel.	*They still are not at the hotel.*
El vuelo **estará** atrasado, ¿no?	*The flight is probably/must be late, right?*
Dice que va a ver la telenovela, así que **serán** las nueve.	*He says he is going to watch the soap opera, so it must be nine.*

■ The future of **hay** is **habrá.**

Habrá muchos pasajeros en el vuelo.	*There will be many passengers on the flight.*

¿Qué dice usted?

2 **12-25 ¿Qué lugares de Panamá van a visitar los miembros de esta familia?** Complete las oraciones de la izquierda con la forma correcta del verbo.

1. La abuela _____ a una prima que vive en Panamá.
2. La madre y su hija _____ la Catedral Metropolitana.
3. Mi padre y yo _____ el Canal.
4. Tú _____ las Islas San Blas.
5. Yo _____ el Casco Viejo.

a. visitaré
b. visitarás
c. visitará
d. visitaremos
e. visitarán

2 **12-26 Intercambio: Un viaje a Panamá.** Ramiro va a la Ciudad de Panamá a visitar a su familia. Háganse preguntas y contesten de acuerdo con la agenda que Ramiro preparó.

MODELO: E1: ¿Qué hará Ramiro el miércoles por la noche?
E2: Cenará con unos amigos.
E1: ¿Cuándo irá al cine con los primos?
E2: Irá al cine con los primos el martes.

LUNES	MARTES	MIÉRCOLES	JUEVES	VIERNES
salir para Panamá	visitar el Casco Viejo	salir de compras	visitar las Islas San Blas	preparar las maletas
comer con los tíos	conocer a otros familiares	ir a un museo	comprar artesanías	almorzar con su tío
acostarse temprano	ir al cine con los primos	cenar con unos amigos	ir a un concierto	ir a una discoteca

2 **12-27 Un crucero inolvidable.** Los Almagro viven en Miami, y van a tomar un crucero que atravesará el Canal de Panamá y llegará hasta Acapulco. De allí regresarán a Miami en avión. Primero, digan qué harán los miembros de la familia, usando los verbos entre paréntesis. Después, pongan las acciones en orden cronológico y comparen sus respuestas con las de otros/as compañeros/as.

_____ Los Almagro _____ (llegar) a Acapulco.

_____ El crucero _____ (hacer) escala en Cozumel, y los pasajeros _____ (disfrutar) de un día en la playa.

_____ La señora de Almagro _____ (ir) a la agencia de viajes para comprar los pasajes.

_____ Por la mañana del primer día en Acapulco, la familia _____ (ir) al mercado para comprar artesanías.

_____ En el aeropuerto, los agentes de aduana _____ (revisar) el equipaje, y la familia Almagro _____ (regresar) a su casa.

_____ Sus hijos _____ (pasar) la tarde en la playa porque saben que es el último día de sus vacaciones.

_____ Los señores Almagro y sus hijos Mauro y Gloria _____ (tomar) el barco en Miami.

_____ De allí, el crucero _____ (seguir) a Panamá y _____ (cruzar) el Canal.

2 12-28 ¿Por qué lo harán? Cada uno tiene diferentes motivos para hacer lo que hace. Piensen en dos motivos probables para cada una de las situaciones siguientes.

MODELO: Los Rivas van a Europa todos los años.
          E1: Tendrán mucho dinero, ¿no?
          E2: Tendrán familiares allá.

1. Pedro siempre viaja con poco equipaje.
2. Los Pérez nunca están los fines de semana en la ciudad.
3. Rosa no contesta el teléfono hace dos días.
4. Pilar no llama a sus parientes cuando viene a la ciudad.
5. Los Gómez están en el aeropuerto.
6. El vuelo va a salir una hora más tarde.
7. Pedro siempre saca muy buenas notas en sus clases.
8. El señor López toma el tren para ir a trabajar.

2 12-29 Planes futuros. Hablen del futuro en relación con los siguientes puntos y luego compartan sus planes con otra pareja.

MODELO: su graduación
          E1: Dentro de 2 años terminaremos la universidad.
          E2: No, yo no terminaré todavía. Tendré que estudiar un semestre más.

1. sus estudios
2. su vivienda
3. sus amistades
4. su vida profesional
5. sus planes de viaje
6. ...

G 12-30 El horóscopo. Escriban su nombre en un papel. Luego, pongan el papel en una caja o en otro lugar designado por su profesor/a. Mezclen bien los papeles. Luego, cada estudiante debe sacar un papel al azar (*at random*). Después, preparen el horóscopo de esa persona para leerlo en la próxima clase. Los demás estudiantes tratarán de averiguar de quién es el horóscopo.

SITUACIONES

One of you is about to spend a few days' holiday in your favorite place. The other is very curious and will ask questions to find out: a) where, how, with whom, and for how long the other one is going, and b) where he/she will be staying.

MOSAICOS

Escuchar

Reporting what was said

When you report what somebody said, most of the time you do not remember the exact words that were used. Instead, you retell what was said, using the third person. For example, in Spanish you may say, "Pedro dice que este verano él va a ir a Puerto Rico," or "Ellos dicen que ese carro es suyo."

Antes de escuchar

12-31 Un viaje. In activity **12-32** you will listen to a conversation between a travel agent and a client, Silvana, who wants to buy a vacation package to Latin America. Before you listen, write down the information you think Silvana will need before choosing the right package.

_____

_____

_____

A escuchar

AUDIO **12-32** Read the report statements below. Then, listen to the conversation between Silvana and the travel agent about the two different vacation packages she had inquired about. As you listen, circle the statements that best report what was said.

1. Silvana habla con el agente de viajes y le pregunta las diferentes posibilidades que tiene para viajar a México y a Panamá.
2. Silvana dice que prefiere ir a Panamá porque siempre quiso conocer ese país.
3. El agente de viajes le dice a Silvana que el viaje a México es por más tiempo y un poco más caro que el viaje a Panamá.
4. El agente de viajes le dice a Silvana que le enviará los pasajes y la información sobre los hoteles por correo regular ese mismo día.

Después de escuchar

2 **12-33 ¿Y usted?** With a classmate, share your answers to the following questions.

1. ¿Alguna vez viajó usted a México, Panamá o algún otro país hispano? ¿Qué lugares visitó?
2. ¿Por qué cree usted que debe ser interesante cruzar el Canal de Panamá?
3. ¿Qué otro país hispano quisiera conocer? ¿Por qué?

Antes de escuchar

12-34 Buscando un hotel. In activity **12-35** you will listen to a conversation between Mr. Hernández, who is looking for a good hotel in San José, Costa Rica, and a travel agent. Before you listen, write down a list of four questions you think Mr. Hernández will ask.

_____

_____

A escuchar

 12-35 Read the report statements below. Then, listen to the conversation between Mr. Hernández and the travel agent. As you listen, circle the statements that best report what was said.

1. El Sr. Hernández dice que quiere un hotel económico que esté cerca del centro de la ciudad.
2. La agente le dice que tiene varias posibilidades y le describe tres hoteles para que él escoja.
3. El Sr. Hernández dice que él prefiere que sus hijos y esposa estén cómodos aunque (*even though*) él tenga que tomar un taxi o manejar mucho.
4. La agente le dice al cliente que la elección que ha hecho no es buena porque el hotel es muy caro y está muy lejos del centro de la ciudad.

Después de escuchar

② **12-36 ¿Y usted?** With a classmate, share your answers to the following questions.

1. Cuando usted busca un hotel, ¿es importante que el hotel sea económico o que sea de lujo?
2. ¿Qué servicios o comodidades prefiere usted que ofrezca un hotel?
3. ¿Cuál es su hotel favorito? ¿Por qué?

Conversar

Antes de conversar

② **12-37 Viaje de trabajo. Primera fase.** Algunos profesionales viajan a otros países para hacer negocios o investigaciones relacionadas con su profesión. Primero seleccionen a **uno** de los siguientes profesionales:

1. bióloga que hará investigación en Costa Rica sobre reservas forestales
2. etnólogo que realizará una investigación sobre los indígenas panameños
3. gerente de una compañía estadounidense que piensa hacer negocios en Costa Rica
4. publicista norteamericano que desea promocionar productos de su país en Costa Rica y Panamá

Ahora preparen un plan de trabajo básico para la persona que escogieron en el país que visitará. Cubran los siguientes puntos:

1. explicación del plan de trabajo
2. cuándo y cómo lo va realizar
3. con quién(es) se va a reunir

Segunda fase. Basándose en el plan del/de la profesional que escogieron en la **Primera fase,** completen la tabla con las posibles necesidades de este/a profesional.

PROFESIONAL	NECESIDADES
_____ bióloga	alojamiento: _____
	_____
_____ etnólogo	transporte: _____
	_____
_____ gerente	actividades de tiempo libre: _____
	_____
_____ publicista	_____

A conversar

② **12-38 Planes.** Usted es el/la profesional de la actividad **12-37.** Hoy debe ponerse en contacto con un/a ejecutivo/a o profesional en el país que visitará. Llámelo/la por teléfono para informarle sobre sus planes. Dele la siguiente información:

1. la fecha y hora de llegada a la ciudad de destino
2. la aerolínea y el número de vuelo en que viajará
3. las actividades profesionales que hará durante su estancia
4. algunas actividades de tiempo libre que le gustaría hacer; pídale información si es necesario

Después de conversar

12-39 ¡A informar a los superiores! Usted es el ejecutivo que recibió la llamada. Escríbale un correo electrónico a su jefe/a para informarle sobre los planes de la persona con quien usted conversó. Dele la siguiente información:

1. la fecha de llegada de esta persona
2. las actividades de negocio o profesionales durante su estancia
3. algunas actividades de tiempo libre que usted le recomendó

Antes de conversar

Ⓖ **12-40 ¿Quién lo merece (*deserves*)?** Después de estudiar español juntos por un año, ustedes deben separarse de sus compañeros con quienes compartieron muchas experiencias en el salón de clase. Por eso, decidieron premiar (*reward*) a una persona del grupo con unas vacaciones inolvidables. Hagan lo siguiente:

a. Escojan a una persona de la clase, quien, en su opinión, merece unas vacaciones inolvidables. Den tres razones para justificar su elección.

EN DIRECTO

To ask questions about plans:

¿Qué planes tiene?
¿Qué/Dónde/Con quién piensa + *infinitive*?

To inform someone about plans:

Quisiera informarle que...
Me gustaría darle información sobre...

To suggest some ideas:

¿Qué le parece...?
¿Por qué no...?

b. Luego, indiquen…

- una ciudad hispana adonde ustedes quieren que él/ella vaya.

- el medio de transporte en que viajará.

- la cantidad de dinero (moneda nacional del país) que ustedes le darán a esta persona y algunas recomendaciones de cómo gastarlo.

c. Den un mínimo de cinco sugerencias de actividades a realizar (qué comprar, adónde ir, qué comer o beber, qué ver, etc.).

A conversar

12-41 Nuestro/a candidato/a y nuestro plan. Informen detalladamente a la clase sobre lo siguiente:

a. la persona a quien escogieron y las razones de su elección.
b. la ciudad hispana adonde ustedes quieren que él/ella vaya, el transporte que usará, la cantidad de dinero que ustedes le darán y algunas sugerencias de cómo gastarlo.
c. cinco actividades que ustedes le sugieren a esta persona para hacer. Finalmente, la clase votará por el mejor plan de vacaciones.

Después de conversar

12-42 ¡Qué viaje tan inolvidable! Usted es el/la estudiante que recibió el premio. Después de pasar la primera semana de sus vacaciones inolvidables, quiere compartir con sus compañeros/as sus impresiones, experiencias y aventuras en el lugar adonde viajó. Escríbales una carta para contarles los detalles de su viaje. También incluya algunos planes detallados para los días de vacaciones que le quedan.

 ## Leer

In Lección 11, you summarized a historical event. To do it, you probably followed the timeline (chronology) presented in the text. In this chapter, however, you will practice summarizing a newspaper article whose content is not presented in a chronological order. Therefore, summarizing a text of this nature requires a different approach. You need to discern what pieces of information are important to represent the text as a whole. The following considerations may help you summarize a text like this:

- First, read the title or headline and subtitles or subheadings, when appropriate.

- Using your knowledge of the topic, anticipate some potential content of the text.

- Underline the main ideas in each paragraph.

- Look for the content relationship between and among paragraphs. This will help you see how individual pieces (each paragraph) fit in the whole (text).

- Take notes of key information and ideas.

Guía de prelectura

Use the cues provided by the visuals, the headline, and subheading in activity **12-44** and your personal knowledge to answer these questions. Try making educated guesses about the content of the text. You will be able to verify your answers later.

1. What key information will this article probably tackle?
   a. Bad weather conditions may scare flyers.
   b. Many people prefer means of transportation other than airplanes.
   c. Fear may negatively affect frequent business flyers.
   d. Panic of flying is treatable.

2. How did you figure out the answers to question 1? Circle the appropriate letter.
   a. The headline, subheading, and visuals
   b. Your personal travel experience

3. Now, can you hypothesize about the probable content of the text? Anticipate some of the secondary ideas.

   The article will probably include this content. Circle all that apply.
   a. Some data to convince aerophobic people that the fear of flying is groundless
   b. Examples of drawbacks caused by the fear of flying
   c. Airline losses caused by the fear of traveling by plane
   d. Classes aerophobic people can take to cope with their problem
   e. Step-by-step methods to combat aerophobia
   f. Alternative means of transportation for aerophobic people

Antes de leer

12-43 Preparación. Primera fase. Marque con una X las oraciones que reflejan su opinión sobre los viajes.

1. _____ Prefiero viajar por tierra porque los autobuses y los carros son más seguros.
2. _____ Me encantan los viajes por avión porque son más rápidos.
3. _____ Cuando viajo por avión, me pongo nervioso/a porque pienso que el avión tendrá un accidente.
4. _____ Al subir al avión, pienso que podemos chocar (*crash*) en el aire.
5. _____ Es mejor beber alcohol para relajarse durante un viaje en avión.
6. _____ El estar encerrado en el avión me produce asfixia (*suffocation*).
7. _____ No como en el avión porque pienso que voy a atragantarme (*choke*).
8. _____ Creo que soy aviofóbico/a; es decir, tengo pánico de viajar por avión.

❷ Segunda fase. Ahora comparen sus respuestas y respondan a las siguientes preguntas.

1. ¿Es alguno de ustedes aviofóbico/a?
2. ¿Necesitan ustedes relajarse durante un vuelo? ¿Cómo lo hacen?
3. ¿Creen ustedes que la fobia a viajar en avión se puede curar? ¿Cómo?

A leer

12-44 Primera mirada. Lea el artículo y siga las indicaciones.

El cielo puede esperar

CÓMO PERDER EL MIEDO AL AVIÓN

Hay más probabilidades de que ganes la lotería dos semanas seguidas que de que se caiga un aeroplano. Según las estadísticas, en Estados Unidos, por cada víctima de accidente aéreo, mueren 210 conductores de autos, hay 110 asesinatos, 65 caídas fatales, 15 asfixiados por atragantarse y cuatro que mueren simplemente por caerles objetos encima cuando caminan por la calle.

Sin embargo, el avión es el medio de transporte que despierta mayor pánico entre los viajeros: uno de cuatro españoles experimenta esa alergia al vuelo; algunos superan sus problemas a base de coraje, tranquilizantes o alcohol, pero ésta no es una buena solución, como afirma Enrique Gil Ángel, siquiatra y profesor del cursillo *Miedo a volar.*

Para los profesionales que deben viajar frecuentemente en avión, el asunto puede convertirse en algo muy serio: oportunidades de negocio perdidas, puestos de trabajo a los que no se puede aspirar sólo por el miedo a volar... Sacrificarse y viajar por aire a pesar de la fobia tampoco sirve de nada: el ejecutivo que llega a una reunión de trabajo con estrés, ansiedad y falta de concentración por culpa del calvario de un viaje por aire no responde satisfactoriamente y, en muchos casos, llega a la conclusión de que es mejor no hacerlo.

En España, desde hace cinco años, la empresa Grupo Especial Directivos de Iberia ofrece el seminario *Cómo perder el miedo al avión.* El cursillo propone que el miedo a volar puede superarse con información directa sobre la seguridad aérea, apoyo psicológico específico y experiencia real de vuelo en un ambiente adecuado.

Los aviofóbicos tienen dos miedos:
- Miedo técnico: piensan que el avión puede caerse, porque no son capaces de asimilar que vuele un artefacto como ése.
- Miedo psicológico: angustia ante la expectativa de estar encerrados en el aire.

Durante el seminario, Javier del Campo desmonta las teorías catastrofistas de los asistentes con argumentos técnicos y explica exhaustivamente las severas pruebas de seguridad que pasan los aparatos y las frecuentes revisiones periódicas a que obliga la ley. "Todo está previsto en la aviación; por ejemplo, poca gente sabe que para probar la resistencia de los cristales se lanzan pollos con un cañón de artillería, de manera que chocan a unos 300 kilómetros por hora contra el avión, que es la velocidad a la que puede impactar un ave en vuelo real."

Del Campo asegura que después de asistir al cursillo, los participantes no tienen la más mínima duda sobre la seguridad en los aviones: sólo les queda "la parte irracional del problema".

De esta materia se encarga el doctor Gil Nagel, quien trata cada caso individualmente, enseña técnicas de autocontrol, y vigila las reacciones emocionales de los asistentes para liberarlos del problema. Nagel utiliza también terapia de grupo y un método denominado *desensibilización sistemática,* que consiste en enfrentar al paciente con la causa de su miedo.

Tanto el comandante del Campo como el doctor Nagel coinciden en que las personas con aviofobia generalmente son algo más inteligentes que la persona media, tratan siempre de tenerlo todo bajo control y son muy creativas.

Marque la afirmación que resume mejor el contenido del artículo.

1. _____ Por razones lógicas, algunas personas sienten un miedo horrible de viajar en avión; según los científicos, este pánico, que afecta solamente a la víctima que la sufre, no tiene cura. Así lo demostraron, los intentos que hicieron los psiquíatras y expertos en aviación en España.

2. _____ La fobia de muchas personas a viajar por avión no es racional ni fundamentada. En la mayoría de los casos, las víctimas de la aviofobia no poseen información técnica sobre el control de calidad que realizan las compañías que construyen los aviones. Los problemas psicológicos, económicos y laborales causados por este miedo extremo se pueden evitar con información científica y tratamiento, como lo demuestran algunos tratamientos realizados en España.

3. _____ El pánico de algunas personas a volar se basa en la gran cantidad de accidentes de aviación. Aunque los técnicos y científicos digan lo contrario, las estadísticas de accidentes indican que la mayor cantidad de muertes ocurren en la industria de la aviación. Algunos expertos en aeronáutica y psicólogos españoles han tratado de ayudar a los aviofóbicos con cursos especialmente diseñados para ellos, pero no han tenido ningún éxito.

12-45 Segunda mirada. Basándose en la información del artículo, ordene las siguientes causas de muerte de 1 a 5 (5, más significativa; 1, menos significativa), según el número de víctimas que ocasionan.

_____ accidentes automovilísticos   _____ caídas mortales

_____ asfixias   _____ asesinatos

_____ accidentes de aviación

12-46 Una mirada más. Busque en el artículo la siguiente información.

1. Tres maneras tradicionales que los viajeros utilizan para controlar el miedo al avión antes de tomar el cursillo: _____

2. Tres efectos psicológicos que sufren los aviofóbicos: _____

3. Las estrategias que se utilizan en el cursillo para ayudar a superar...
   a. el miedo técnico: _____
   _____
   _____

   b. el miedo psicológico: _____
   _____
   _____

Después de leer

12-47 Ampliación. Primera fase. ¿Qué palabras del artículo están asociadas por su significado con las siguientes?

1. aéreo: _____
2. muertos: _____
3. miedo: _____
4. chocar: _____

Segunda fase. Complete el siguiente texto con un verbo o sustantivo de la **Primera fase.**

La persona que es (1) _____ del pánico a volar, o (2) _____, cree que cuando viaja en un (3) _____, éste va a sufrir un (4) _____ fatal y va a morir. Sin embargo, las estadísticas indican que es más probable que una persona muera en un (5) _____ que en un choque de aviones, por ejemplo. Usando información real, los expertos tratan de curar el miedo infundado del (6) _____.

Escribir

In academic life, you are often faced with tasks that require presenting factual information. Facts are considered objective, neutral, impartial measures or representations of reality. Therefore, to maintain objectivity, you should provide reliable data such as statistics, opinions and statements made by experts, etc.

Facts also serve as the basis to support a personal view on an issue. A psychologist, for example, may recommend a class instead of medication to an aerophobic person based on the fact that certain fears are better cured by confronting them.

Therefore, to take an objective position on a particular issue or problem.

- inform yourself by reading and/or consulting sources
- make statements based on the information you collected
- acknowledge the sources as you present facts

Antes de escribir

12-48 Preparación. Su amigo, Sebastián, ganó en un concurso un pasaje de ida y vuelta a San José, Costa Rica. Sin embargo, quiere devolver el premio porque les tiene pánico a los aviones y le escribió a usted para pedirle consejo. Para escribirle una carta objetiva y ayudarlo a superar su enfermedad, haga lo siguiente:

a. Lea uno o dos artículo(s) sobre el tema y subraye las ideas, los conceptos, los datos concretos.
b. Tome nota de los datos objetivos más relevantes sobre la aviación que puedan ayudar a su amigo. Puede usar la información de "El cielo puede esperar", otro texto o el conocimiento de los expertos.
c. Haga una lista de palabras que le van a ser útiles para darle cohesión a su texto.
d. Seleccione algunos ejemplos que lo/la puedan ayudar a demostrar su posición o razonamiento (*reasoning*) sobre la aviofobia.
e. Finalmente, escriba algunas formas lingüísticas que lo/la ayudarán a expresar información concreta y dar sugerencias a su amigo.

EN DIRECTO

To present factual information:

Es evidente/un hecho que…

La evidencia/Los estudios demuestra(n) que…

El… por ciento de…

No hay duda que…

To give advice:

Es importante/necesario/ aconsejable que…

Te recomiendo/aconsejo que…

¿Por qué no…?

A escribir

12-49 Manos a la obra. Contéstele a Sebastián. Incluya los datos objetivos y concretos que preparó en la actividad **12-48**. Además, recuerde darle buenos consejos para que su amigo olvide su fobia de volar.

Después de escribir

12-50 Revisión. Antes de enviar su carta, léala y verifique lo siguiente, pensando en su lector/a.

- El contenido: ¿Se concentró en las fobias en su carta? ¿Hizo afirmaciones basadas en datos concretos o en la opinión de los expertos?

- La organización: ¿Está su carta bien organizada? ¿Sigue un orden claro?

- La gramática. ¿Usó conceptos relevantes al tema, expresiones de cohesión, la concordancia correcta, el tiempo (presente, pasado, futuro) y modos (indicativo, subjuntivo, etc.) apropiados?

- La puntuación y ortografía. ¿Utilizó las comas, puntos, etc. necesarios? Finalmente, comparta su carta con su compañero/a editor/a.

ENFOQUE CULTURAL

TEMAS: LA MÚSICA Y EL BAILE

Para pensar

¿Cuál es su música favorita? ¿Qué tipo de música puede usted escuchar en la radio? ¿Hay algún tipo de música que sea típicamente estadounidense? ¿Cuál es?

La música hispana contemporánea es muy variada y refleja la variedad étnica de los diferentes países.

En los países con una población indígena significativa (México, Guatemala, Perú, Bolivia, Ecuador), se escucha mucha música indígena. Ésta puede ser triste y melancólica, o rápida y alegre. Un ejemplo de música indígena es el huayno peruano.

En todos los países hispanos se escucha y se baila música de origen africano, que se caracteriza por ser rápida, alegre y vibrante. La cumbia, el merengue, la salsa y la rumba son ejemplos de esta música tan popular.

Para contestar

2 **La música hispana.** Respondan a las siguientes preguntas.

1. ¿Por qué se dice que la música hispana contemporánea es muy variada? Expliquen.
2. Cada país tiene su música típica. Mencione la música típica de Chile, Venezuela y Panamá.
3. ¿Cuáles son algunos cantantes hispanos famosos?

G **Riqueza cultural.** En grupos de tres, comparen los diferentes tipos de música que ustedes escuchan generalmente con algunos de los ritmos hispanos mencionados arriba.

Hay muchísimos cantantes famosos en el mundo hispano. Por ejemplo, Celia Cruz (de Cuba), llamada la reina de la salsa, Thalía (de México), Enrique Iglesias (de España), José Luis Rodríguez (de Venezuela), Rubén Blades (de Panamá), Gloria Estefan (de Cuba y los Estados Unidos.)

Para pensar

¿Sabe usted dónde queda Panamá? ¿Tiene usted idea de cuándo se construyó el Canal de Panamá y cuál es su importancia? ¿Sabe usted dónde está Costa Rica? ¿Conoce usted algún político, cantante, deportista o persona famosa de estos países?

Panamá y Costa Rica se encuentran en la América Central y tienen costas en el Océano Pacífico y en el Mar Caribe.

Hay muchos lugares de interés que se pueden visitar en el Casco Viejo de la Ciudad de Panamá, como el Museo de Arte Colonial Religioso. Pero también siempre hay algo que hacer para divertirse, como ir a un festival de jazz, a las exposiciones de arte, a las competencias deportivas, etc.

Cerca de la Ciudad de Panamá se encuentra el famoso Canal de Panamá que conecta el Océano Pacífico con el Mar Caribe.

El folclore panameño es muy rico e interesante. Al norte de Panamá, todos los años se celebra la Fiesta de la Pollera, en la cual se pueden apreciar bailes regionales tradicionales como la Danza de los Toros y la Danza de los Diablos.

Expresiones panameñas:

desorejado/a	Es una **desorejada**.	*She is tone deaf.*
embolatar	Él la **embolató y no** se casó con ella.	*He lied and made false promises and did not marry her.*
pachocha	¡Apúrense! ¡Ustedes tienen una **pachocha**!	*Hurry up! You are so slow!*

Costa Rica es un país ideal para hacer ecoturismo y para practicar una serie de deportes como windsurfing, ciclismo o tabla hawaiana.

La marimba y la guitarra son importantes instrumentos en la música de los "ticos" —nombre con el que se conoce a los costarricenses—. La guitarra se usa especialmente en danzas típicas como el punto guanacasteco, el baile nacional.

Expresiones costarricenses:

upe	¡Upe!	*(Type of greeting)*
chunche	Pásame ese **chunche**.	*Give me that thing.*
maje	El es un **maje**.	*He is a fool.*
paltó	No tengo **paltó**.	*I do not have a jacket.*
fajarse	Me **fajé**, pero terminé el trabajo.	*I put a lot of effort, but finished the job.*

Para contestar

En el mapa

1. Diga dónde está Panamá y cuál es su capital. ¿Y Costa Rica?
2. ¿Qué países están cerca de Panamá? ¿Y de Costa Rica?
3. Mencione una semejanza geográfica entre Panamá y Costa Rica.

Ahora diga...

1. si le gustaría visitar Panamá o Costa Rica, y por qué.
2. qué lugar de Panamá le interesaría visitar.
3. si le gustaría visitar Sarchi, y por qué.

¿Qué dice usted si...

1. su amigo no sabe ni puede cantar.
2. su compañero siempre llega tarde a todas partes.
3. usted estudió mucho.

No muy lejos de San José está el pueblito de Sarchí, famoso por sus hermosas carretas pintadas de brillantes colores y carteras de cuero.

Para investigar en Internet

Busque información acerca de dos conjuntos panameños de música popular y dos conjuntos de música folclórica de algún otro país latinoamericano. Para cada conjunto, diga cómo se llama, qué tipo de música toca, qué instrumentos usa, etc. Traiga esta información a clase para hacer una presentación de lo que averiguó, y diga qué conjunto le gusta más y por qué. Si puede, traiga una grabación del conjunto y toque la música en clase.

¡Prepárese!

2 **12-51 Predicciones.** Ahora que ha visto once episodios de *Fortunas*, haga predicciones sobre lo que pasará en el Episodio 12. Recuerde que en este episodio los participantes están tratando de solucionar el quinto misterio y ganar la segunda fortuna. Use el tiempo futuro y escriba oraciones completas para los sujetos de la lista siguiente. Intercambie sus predicciones con las de un/a compañero/a.

1. Katie…
2. Efraín…
3. Sabrina…
4. Carlos…
5. La segunda fortuna…
6. Los cuatro participantes…
7. El público…
8. …

Ángela y Manolo comentan el engaño y la falta de integridad de los participantes.

Carlos y Efraín formaron una alianza.

Carlos y Efraín solucionan el quinto misterio y ganan la segunda fortuna.

Efraín se entera de que él y Carlos tienen que compartir el misterio y la fortuna con Katie.

Katie formó alianzas con Carlos y con Sabrina, pero todavía está en primer lugar.

Sabrina está muy enfadada por las acciones de Katie.

12-52 Resultados. Lea las predicciones que le dio su compañero/a. Sus predicciones para el Episodio 12 ¿eran correctas? ¿Y las de usted?

¡Responda!

12-53 Los participantes. ¿Quién quiere que gane el concurso? ¿Por qué? Imagínese que es el/la ganador/a y escriba un breve informe que explique lo que va a hacer después de ganar *Fortunas*. Su informe debe tener por lo menos cinco oraciones completas. Use el tiempo futuro y/o la estructura *ir + a + infinitivo*.

NOTAS: LIGIA ELENA, RUBÉN BLADES

Rubén Blades, de Panamá, es conocido no sólo por su música sino también por su talento como actor y su activismo social. Frecuentemente comenta temas sociales en sus canciones y *Ligia Elena* no es una excepción ya que trata del tema de un amor prohibido por diferencias raciales y socioeconómicas.

¡Prepárese!

12-54 La canción. Túrnense para formular y contestar negativamente las siguientes preguntas sobre el tema, la letra y el artista de "Ligia Elena."

1. ¿Conoces alguna canción de Rubén Blades?
2. ¿Sabes la letra de "Ligia Elena"?
3. ¿Alguna vez fuiste a un concierto de música latina?
4. ¿Alguien te compró un disco compacto de este artista?
5. ¿Escuchas música con temas sociales?
6. ¿A todos los estudiantes les gusta la canción?

¡Escuche!

12-55 Reacciones y opiniones. Mientras escucha "Ligia Elena" complete la siguiente tabla con adjetivos u otras palabras o expresiones que reflejen sus reacciones y opiniones sobre la canción. Parte de la letra está incluida aquí.

ELEMENTOS	ES.../SON...
El ritmo	_____
La letra	_____
El tema	_____
La vocalización	_____
Los instrumentos	_____

LIGIA ELENA

Ligia Elena la cándida niña de la sociedad
se ha fugado con un trompetista de la vecindad.
El padre la busca afanosamente,
lo está comentando toda la gente
y la madre angustiada pregunta ¿en dónde estará?

De nada sirvieron regaños ni viajes ni monjas,
ni las promesas de amor que le hicieran los niños de bien.
Fue tan buena la nota que dio aquel humilde trompeta
que entre acordes de cariño eterno se fue ella con él.

Pudo más el amor que el dinero, señor.
¡Qué buena la nota que dio aquel trompeta!
Eso del racismo, *brother*, no está en na'.
Deja que la agarre nos jura el papá.

Ligia Elena está llena de felicidad.

¡Responda!

12-56 ¿Qué hará Rubén Blades? Imagínese que es reportero/a para Univisión, el canal hispano, y que va a entrevistar a Rubén Blades sobre su carrera. Use el tiempo futuro para hacerle cinco preguntas sobre sus planes.

12-57 Entrevista. Intercambie sus preguntas con un/a compañero/a y túrnese con él/ella para hacer los papeles de reportero/a y de Rubén Blades. Después hagan sus entrevistas frente a la clase.

466

VOCABULARIO*

Medios de transporte

el auto(móvil)/coche/carro	*car*
el autobús/bus	*bus*
el avión	*plane*
el barco	*ship/boat*
el metro	*subway*
el tren	*train*

En el aeropuerto

la aduana	*customs*
la aerolínea	*airline*
el mostrador	*counter*
la puerta (de salida)	*gate*
el vuelo	*flight*

En un avión

el asiento	*seat*
de pasillo/ventanilla	*aisle/window seat*
la ventanilla	*window*

El correo

el buzón	*mailbox*
la carta	*letter*
el paquete	*package*
el sello	*stamp*
el sobre	*envelope*
la tarjeta postal	*post card*

Personas

el/la agente de viajes	*travel agent*
el/la auxiliar de vuelo	*flight attendant*
el/la cartero/a	*letter carrier*
el/la conserje	*concierge*
el/la empleado/a	*employee*
el/la pasajero/a	*passenger*

Partes de un coche

la batería/el acumulador	*battery*
el capó	*hood*
el espejo retrovisor	*rearview mirror*
la guantera	*glove compartment*
el limpiaparabrisas	*windshield wiper*
la llanta	*tire*
el maletero	*trunk*
el parabrisas	*windshield*
el parachoques	*bumper*
la placa	*plates*
el radiador	*radiator*
la rueda	*wheel*
el volante	*steering wheel*

Viajes

la agencia de viajes	*travel agency*
la autopista	*freeway*
el boleto/pasaje	*ticket*
la carretera	*highway*
el cheque de viajero	*traveler's check*
el crucero	*cruise*
el destino	*destination*
el equipaje	*luggage*
la hora de llegada/salida	*arrival/departure time*
la lista de espera	*waiting list*
la maleta	*suitcase*
el maletín	*briefcase*
el pasaporte	*passport*
la tarjeta de embarque	*boarding pass*
la velocidad	*speed*

En el hotel

la caja fuerte	*safe box*
la habitación doble/sencilla	*double/single room*
la llave	*key*
la recepción	*front desk*

Lugares

la cuadra	*city block*
la esquina	*corner*

Descripciones

lleno/a	*full*
vacío/a	*empty*

Verbos

cancelar	*to cancel*
doblar	*to turn*
facturar	*to check in (luggage)*
manejar	*to drive*
perderse (ie)	*to get lost*
reservar	*to make a reservation*
revisar	*to inspect*
viajar	*to travel*
volar (ue)	*to fly*

Palabras y expresiones útiles

a la izquierda/derecha	*to the left/right*
de ida y vuelta	*round trip*
hacer cola	*to stand in line*
hacer escala	*to make a stopover*
seguir (i) derecho	*to go straight ahead*
una vez	*once*

*For a list of affirmative and negative expressions, see pages 446–447. For a list of stressed possessive adjectives and pronouns, see pages 440–441.

LA CULTURA Y EL ARTE

Objetivos comunicativos

- Stating facts in the present and the past
- Giving opinions
- Describing states and conditions
- Talking about the past from a present-time perspective
- Hypothesizing about the future

Contenido

A primera vista

- Caras de hoy
- La literatura, la pintura, la música
- El español en el mundo

Explicación y expansión

- The conditional
- The past participle and the present perfect
- Past participles used as adjectives
- Reciprocal verbs and pronouns

Mosaicos

- Escuchar: Identifying the speaker
- Conversar: Stating facts about a public figure; giving an opinion and supporting it
- Leer: Identifying the narrator and protagonist of a story; differentiating facts from hypotheses about the future in a literary text
- Escribir: Reporting biographical information; writing to spark interest

Enfoque cultural

- Temas: Escritores y artistas de España e Hispanoamérica
  Para investigar en Internet
- Fortunas: Episodio 13
- Notas: El sentimiento del latino en Nueva York, *Ángel Canales*

Vocabulario

Caras de hoy

CULTURA

El flamenco es un tipo de música que se originó en Andalucía, en el sur de España, hacia el **siglo** XV. Inicialmente eran canciones **breves,** sin acompañamiento instrumental, que los gitanos (*gypsies*) cantaban para lamentarse de sus malas condiciones de vida. A través de los siglos, el flamenco ha continuado su desarrollo y ha añadido instrumentos musicales, principalmente la guitarra. A partir del siglo XVIII adquirió gran popularidad el baile flamenco, que es uno de los más emocionantes y variados del mundo.

Gabriel García Márquez, colombiano, es considerado uno de los mejores **escritores** de hoy en día. **A través de** sus **novelas** y **cuentos** ha sabido recrear un **mundo** mítico de gran riqueza humana. En su novela *Cien años de soledad* (1967) narra en tono épico la historia de una familia y la **fundación** y **desarrollo** de Macondo, un pueblo creado en su imaginación. En 1982 este autor recibió el **Premio** Nobel de Literatura.

El español Paco de Lucía es uno de los **guitarristas** más famosos de la actualidad. Ha sabido **popularizar** la música del flamenco al combinarla con otros tipos de música, como el jazz y la música latina, abriendo grandes posibilidades para las nuevas generaciones de músicos flamencos. Sus conciertos son inolvidables por su indiscutible arte flamenco, su destreza y su profesionalismo.

Considerada una **estrella** en Argentina, su país natal, Cecilia Roth vivió como **exiliada** política en España durante los años 1970 y principios de los 1980. Allí **actuó** en algunas películas conocidas y se hizo muy famosa al protagonizar *Todo sobre mi madre,* dirigida por Pedro Almodóvar.

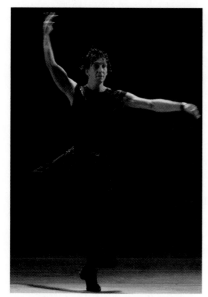

La danza latinoamericana tiene una larga tradición, tanto en su manifestación clásica como contemporánea. Alicia Alonso, de Cuba, Julio Bocca, de Argentina, y la bailarina mexicana Laura Rocha, quien dirige su compañía, Barro Rojo, se han presentado en muchos países de América Latina, en Estados Unidos y en Europa.

El escultor y pintor colombiano Fernando Botero es conocido por sus voluminosas figuras humanas que se exponen en todos los museos del mundo. Botero reconoce la influencia artística de los grandes **pintores** españoles Velázquez y Goya, así como la de los **muralistas** mexicanos. En su obra, Botero critica con humor una sociedad infantilizada o inmadura en la que abundan los símbolos de la autoridad y del poder: clérigos, presidentes, burgueses, etc.

A INVESTIGAR

Busque información en Internet sobre los muralistas mexicanos. ¿Quiénes son? ¿Qué tipo de pintura hacen? ¿Cuáles son algunos de sus temas? Traiga a clase alguna reproducción de estos murales para describirla.

¿Qué dice usted?

2 **13-1 Una nueva generación. Primera fase.** Llenen la tabla con la información que obtuvieron sobre ciertos hispanos prominentes.

NOMBRE	PROFESIÓN	LUGAR DE ORIGEN	DATOS INTERESANTES
		España	toca la guitarra
		México	dirige su propia compañía de danza
Fernando Botero			su obra tiene mucho humor
Cecilia Roth		Argentina	
	escritor		ganó el Premio Nobel

G **Segunda fase.** Comparen su tabla con la de otra pareja, y entre todos hagan una lista de otros artistas o escritores hispanos famosos. Pueden pensar en el cine, la música, la pintura, el periodismo, etc. Incluyan el nombre y cubran los siguientes puntos:

1. profesión
2. lugar de origen
3. algunos datos interesantes de su carrera

13-2 Biografías. Usen la información que obtuvieron en Internet sobre una figura hispana para preparar un breve informe que cubra los siguientes puntos:

1. fecha y lugar de nacimiento
2. obra(s) y méritos artísticos
3. reconocimientos o premios importantes
4. una anécdota o algún acontecimiento interesante de su vida

La literatura, la pintura, la música

La lengua española ha producido algunas de las obras más importantes de la literatura universal. *Don Quijote de La Mancha,* del español Miguel de Cervantes, es una obra **maestra** del siglo XVII, donde se cuentan las aventuras de un caballero y su ayudante. En Hispanoamérica, la lista de escritores excelentes es interminable. No hay más que pensar en los argentinos Jorge Luis Borges o Julio Cortázar, los chilenos Pablo Neruda y Gabriéla Mistral, o los mexicanos Octavio Paz, Carlos Fuentes, Elena Garro o Elena Poniatowska. Durante los años 1970, el llamado "boom" latinoamericano, trajo un renacimiento de la novela. En casi todos los países de Hispanoamérica se escribieron obras maestras que renovaron las técnicas narrativas y que le aseguraron a esta literatura el reconocimiento mundial.

El Museo del Prado tiene una excelente colección de cuadros de pintores españoles, como Velázquez, del siglo XVII, y Goya, del XVIII. Los grandes pintores de nuestra época, Picasso y Dalí, también son españoles. ¿Y quién no conoce a los pintores mexicanos, como Diego Rivera o Frida Khalo?

La variedad de la música hispanomericana, que cubre desde la música afrocaribeña, con sus tambores y trompetas, hasta las melodías de los Andes, con sus quenas y charangos, es impresionante. Entre todas estas formas musicales, el tango siempre se ha distinguido por la riqueza de las voces de sus más notables intérpretes, como Carlos Gardel. El tango surgió entre los europeos que se trasladaron a Argentina a comienzos del siglo XX, en busca de una vida mejor.

El español en el mundo

Población de habla hispana en el mundo

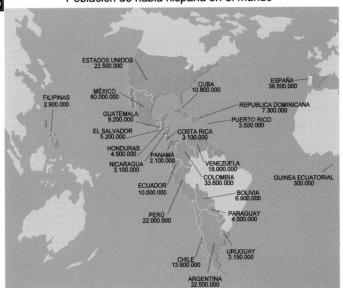

El español, también conocido como castellano porque se originó en Castilla, una región del centro de España, también se habla en toda América Central y del Sur, excepto en Brasil y las Guayanas. También se habla español en Guinea Ecuatorial, el Sahara, y parte de los Estados Unidos y Filipinas. Considerando el número de hablantes, el español es la cuarta lengua en el mundo, ya que lo hablan aproximadamente 330 millones de personas.

CONCENTRACIÓN DE HISPANOHABLANTES EN LOS ESTADOS UNIDOS

Más de 1 millón de hispanos
Más de 250 mil hispanos
Más de 100 mil hispanos
Menos de 100 mil hispanos

¿Qué dice usted?

13-3 ¿Dónde viven? Uno/a de ustedes es un/a periodista que busca datos sobre la población de habla hispana en los Estados Unidos y en el resto del mundo. El/La otro/a trabaja en un Centro de Estadística y le puede dar los datos que usted necesita. Consulten la información que se presenta.

Ciudades con el mayor número de hispanohablantes

1.	Los Ángeles	4.780.000
2.	Nueva York	2.780.000
3.	Miami	1.100.000
4.	San Francisco	970.000
5.	Chicago	890.000
6.	Houston	770.000
7.	Dallas	520.000
8.	Phoenix	345.000
9.	Denver	226.000
10.	Washington, D.C.	225.000

Origen de los inmigrantes

Otros
Cuba
Puerto Rico
Centroamérica
México

MODELO:　E1:　¿Sabe usted/Me puede decir cuáles son las regiones o países africanos donde se habla español?
　　　　　　E2:　Sí, son Guinea Ecuatorial y el Sahara.

1. países de Asia donde se habla español
2. país americano con mayor número de hispanohablantes
3. ciudades de Estados Unidos con mayor número de hispanos
4. país de origen de la mayoría de hispanos que viven en Estados Unidos
5. estados con más de 250.000 hispanos
6. ...

② **13-4 El español en el trabajo. Primera fase.** Hagan una lista de cinco carreras en los Estados Unidos que requieran comunicarse con personas hispanohablantes. Luego comparen su lista con la de otra pareja.

Segunda fase. Comenten lo siguiente.

1. ¿En qué áreas geográficas de los Estados Unidos se pueden conseguir estos trabajos con más facilidad?
2. ¿En qué contextos será una ventaja saber hablar, leer y escribir en español?

13-5 Los medios de comunicación en español. Primera fase. En una revista o un periódico en español escoja un artículo que le interese, léalo y resúmalo.

Segunda fase. Comparta con la clase el contenido del artículo que leyó en la **Primera fase.** Puede incluir la siguiente información en su presentación:

1. ¿Cómo se llama la revista o el periódico de donde obtuvo el artículo?
2. ¿Quién lo escribió?
3. ¿Cuál es el tema del artículo?
4. ¿Cuáles son las ideas centrales que se presentan?
5. ¿Por qué decidió usted leer específicamente este artículo? ¿Cuál es su opinión sobre el contenido (la opinión, los datos, la información, etc.) del artículo?

AUDIO **13-6 ¿Adónde vamos?** You will listen to a young, married couple trying to decide where to go on a Sunday evening. Before you listen, list three places where you think they might want to go.

_____

_____

Now, pay attention to the general idea of what is said. Then, as you listen circle the appropriate ending for each statement.

1. Entre los eventos culturales a los que Alberto y Josefina consideran ir está...
   a. una exposición de arte precolombino
   b. una lectura de poemas
   c. un concierto de música popular

2. Josefina prefiere ir al...
   a. concierto de la orquesta sinfónica
   b. museo de arte latinoamericano
   c. lugar que sea más barato

3. Para averiguar si hay entradas, Josefina va a...
   a. usar Internet
   b. llamar por teléfono a todos los lugares
   c. ir personalmente al centro

4. Según esta conversación podemos ver que...
   a. Alberto siempre decide a qué lugar van a ir y no escucha a nadie
   b. Josefina no acepta ninguna sugerencia e impone su voluntad
   c. Alberto y Josefina discuten las posibilidades y deciden juntos

1. The conditional

In *Lección 6*, you began to use the expression **me gustaría...** to express what you would like. **Gustaría** is a form of the conditional.

■ The use of the conditional in Spanish is similar to the use of the construction *would + verb* in English when hypothesizing about a situation that does not form part of the speaker's reality.

Yo **saldría** temprano para el concierto.	*I would leave early for the concert.*

■ When English *would* implies *used to,* the imperfect is used.

Cuando era chica, **salía** temprano para la escuela.	*When I was young, I would (used to) leave early for school.*

■ Spanish also uses the conditional to express probability in the past.

Estaba tomando café. **Serían** las diez de la mañana.	*I was having coffee. It was probably ten in the morning.*

■ The conditional is easy to recognize. It is formed by adding the endings **-ía, -ías, -ía, -íamos, -íais, -ían** to the infinitive.

CONDITIONAL			
	HABLAR	COMER	VIVIR
yo	hablar**ía**	comer**ía**	vivir**ía**
tú	hablar**ías**	comer**ías**	vivir**ías**
Ud., él, ella	hablar**ía**	comer**ía**	vivir**ía**
nosotros/as	hablar**íamos**	comer**íamos**	vivir**íamos**
vosotros/as	hablar**íais**	comer**íais**	vivir**íais**
Uds., ellos/as	hablar**ían**	comer**ían**	vivir**ían**

■ Verbs that have an irregular stem in the future have that same stem in the conditional.

IRREGULAR CONDITIONAL VERBS		
INFINITIVE	NEW STEM	CONDITIONAL FORMS
haber	**habr–**	habría, habrías, habría...
poder	**podr–**	podría, podrías, podría...
querer	**querr–**	querría, querrías, querría...
saber	**sabr–**	sabría, sabrías, sabría...
poner	**pondr–**	pondría, pondrías, pondría...
tener	**tendr–**	tendría, tendrías, tendría...
salir	**saldr–**	saldría, saldrías, saldría...
venir	**vendr–**	vendría, vendrías, vendría...
decir	**dir–**	diría, dirías, diría...
hacer	**har–**	haría, harías, haría...

¿Qué dice usted?

13-7 ¿Qué haría usted en estas situaciones? Primera fase. Lea las siguientes situaciones y marque con un círculo lo que usted probablemente haría.

1. Es el cumpleaños de su mejor amigo, quien sigue cursos avanzados de español, y usted le quiere regalar un libro.
   a. Le compraría una novela breve de García Márquez.
   b. Le regalaría *El Quijote* de Cervantes.
   c. Le daría un buen diccionario.

2. Paco de Lucía va a dar un concierto en su ciudad este fin de semana.
   a. Invitaría a mi novio/a al concierto.
   b. Llamaría a mis amigos para ir al concierto.
   c. Compraría algunos de sus discos antes de ir al concierto.

3. Van a estrenar (*show for the first time*) una nueva película de Cecilia Roth.
   a. La iría a ver lo antes posible.
   b. Leería las reseñas (*reviews*) antes de ir a verla.
   c. Hablaría con mis amigos para ver si quieren ir.

4. Hay una exposición de esculturas de Botero en el museo de arte de su ciudad.
   a. Iría a Internet para saber más sobre su obra.
   b. Compraría boletos rápidamente para no perder la oportunidad de verla.
   c. Se lo diría a mi amigo/a para ir juntos.

5. Usted va a pasar unos días en Madrid. ¿Qué haría en el Museo del Prado?
   a. Visitaría las salas donde están las pinturas de Velázquez.
   b. Vería los cuadros de Goya primero.
   c. Pasaría una o dos horas en el museo para conocerlo.

2 **Segunda fase.** Compare sus respuestas con las de su compañero/a y después digan qué es lo que ustedes harían realmente en esas situaciones.

13-8 La lotería. Primera fase. Usted participó en un concurso (*contest*) literario internacional importante y ganó el primer premio y quinientos mil dólares. Diga lo que haría usted con el dinero y por qué. Como usted es generoso/a, considere lo siguiente:

■ lo que haría por un familiar o amigo/a

■ lo que haría para alguna organización cultural

■ lo que haría para animar a los jóvenes a escribir

G **Segunda fase.** En grupo, comenten sus planes. Luego, seleccionen el mejor plan, expliquen por qué lo escogieron y compartan esta información con la clase.

2 **13-9 ¿Qué harían ustedes?** Primero digan qué harían en las siguientes situaciones. Después comparen sus respuestas con las de otros estudiantes.

1. Usted entra en un museo donde se muestran obras de pintores famosos y ve que en una de las salas, que está vacía, hay un ladrón (*thief*) tratando de robar un cuadro.

2. Usted pudo conseguir las dos últimas entradas para un concierto de Paco de Lucía e invitó a una persona importante, pero ahora no encuentra las entradas.

3. Usted descubre que alguien de su universidad o su trabajo está vendiendo entradas falsas y muy baratas para un concierto de música folclórica de Colombia.

4. Usted descubre de casualidad (*by chance*) que su mejor amigo/a se presentó a un concurso literario con un cuento escrito por otra persona.

2 **13-10 ¿Qué le pasaría a Miguel? Primera fase.** Aparentemente Miguel se levantó ayer con el pie izquierdo (*off to a bad start*). Seleccionen una explicación hipotética de todo que le pasó a Miguel.

1. Miguel fue al aeropuerto a buscar a un amigo puertorriqueño, pero no lo encontró.
   a. Probablemente Miguel no sabría bien la hora de llegada del avión.
   b. El amigo de Miguel no podría salir del aeropuerto a tiempo porque tendría problemas con la aduana.
   c. El amigo de Miguel llegaría tarde al aeropuerto de su ciudad y perdería el vuelo.

2. Cuando llegó al lugar donde estaba su auto, Miguel no encontró el suéter nuevo que tenía sobre el asiento.
   a. Miguel dejaría el auto abierto, y alguien le robaría el suéter.
   b. Miguel pensaría que llevó el suéter, pero seguramente lo dejó en casa.
   c. La novia de Miguel se lo llevaría.

3. Un policía se acercó al auto de Miguel y le puso una multa (*ticket*).
   a. Miguel no tendría permiso para conducir.
   b. Miguel no estacionaría el auto en el lugar apropiado.
   c. El policía detestaría a Miguel.

2 **Segunda fase.** Cuando Miguel llegó a su casa, le ocurrieron otras cosas. ¿Podrían explicar por qué le ocurrirían esas cosas a Miguel?

1. Cuando Miguel llegó a su casa, no pudo abrir la puerta.
2. Finalmente, cuando entró en su casa, encendió la computadora, pero no pudo ver nada en la pantalla (*screen*).

G **13-11 ¡Agenda presidencial! Primera fase.** Usted es uno/a de los/as candidatos/as a la presidencia de su país, y lo/la han invitado a dar un discurso en un club de escritores e intelectuales hispanos. Prepare una lista de lo que usted haría como presidente/a del país en las siguientes áreas:

- inmigración
- salud
- empleo
- cultura

Segunda fase. Pronuncie el discurso justificando su agenda política. Luego, los intelectuales (sus compañeros/as) le harán preguntas. Respóndalas.

SITUACIONES

Role A: You need advice and decide to speak to your best friend. Explain that a) you have written a novel that you would like to publish, b) that you would like to know about literary contests in your area, and c) that you would like to find a publisher (*casa editorial*). Then answer your partner's questions.

Role B: You would like to give your friend good advice but need more information. Ask him/her a) what the novel is about, b) when he/she wrote it, and c) how long it is. Tell your friend that you would love to read the novel, and a) that he/she should ask your literature teacher for professional advice, b) that perhaps he/she should consider finding a literary agent, and c) that you have a friend who works at one of the major publishing companies who might be interested in reading his/her work.

2. The past participle and the present perfect

- Both Spanish and English have perfect tenses that are used to refer to past actions, events, and conditions. Both languages use an auxiliary verb (**haber** in Spanish, *to have* in English) and a past participle. In English, past participles are often formed with the endings *-ed* and *-en;* for example, *finished, eaten.*

- Use the present perfect to refer to a past event, action, or condition that has some relation to the present.

Victoria, ¿ya **has leído el libro?**	*Victoria, have you read the book yet?*
No, no lo **he leído** todavía.	*No, I have not read it yet.*

- Place object and reflexive pronouns before the auxiliary **haber.** Do not place any word between **haber** and the past participle.

¿**Le** has dado el libro de Borges?	*Have you given her Borges' book?*
No, todavía no **se lo** he dado.	*No, I have not given it to her yet.*

- All past participles of **-ar** verbs end in **-ado**, whereas past participles of **-er** and **-ir** verbs generally end in **-ido**. If the stem of an **-er** or **-ir** verb ends in a vowel, use a written accent on the **i** of **-ido** (leer → leído).

PRESENT TENSE HABER	+	PAST PARTICIPLE
yo he		
tú has		
Ud., él, ella ha		hablado
nosotros/as hemos		comido
vosotros/as habéis		vivido
Uds., ellos/as han		

- Form the present perfect of the indicative by using the present tense of **haber** as an auxiliary verb with the past participle of the main verb. **Tener** is never used as the auxiliary verb to form the perfect tense.

Han trabajado mucho para comprar la casa.	*They have worked a lot to buy the house.*
Algunos músicos hispanos **han obtenido** muchos premios.	*Some Hispanic musicians have obtained many awards.*

- Some **-er** and **-ir** verbs have irregular past participles. Here are some of the more common ones:

IRREGULAR PAST PARTICIPLES			
hacer	**hecho**	abrir	**abierto**
poner	**puesto**	escribir	**escrito**
romper	**roto**	cubrir	**cubierto**
ver	**visto**	decir	**dicho**
volver	**vuelto**	morir	**muerto**

- The present perfect of **hay** is **ha habido.**

Ha habido más trabajo últimamente.	*There has been more work lately.*

- Use the present tense of **acabar + de +** *infinitive,* not the present perfect, to state that something has just happened.

Acabo de oír las noticias.	*I have just heard the news.*

¿Qué dice usted?

13-12 Lo que no he hecho. Usted y su compañero/a deben decir las cosas que no han hecho de cada lista. Después, comparen sus respuestas con las de otros estudiantes.

1. Yo nunca he estado en...
   a. Colombia
   b. Filipinas
   c. España

2. Yo nunca he visto...
   a. un espectáculo de flamenco
   b. una película mexicana
   c. a una persona bailar el tango

3. Yo nunca he ido a...
   a. un país donde se hable español
   b. un café-teatro
   c. un concierto de Paco de Lucía

4. Yo nunca he escrito...
   a. una novela
   b. una carta de negocios
   c. un poema

5. Yo nunca he roto...
   a. un plato
   b. un vaso
   c. un disco

6. Yo nunca he dicho...
   a. una mala palabra
   b. una mentira (*lie*)
   c. no a un amigo

13-13 Confesiones. Túrnense para decir si cada uno de ustedes ha hecho o no las siguientes cosas. Su compañero/a no le va a creer y le va a pedir detalles.

MODELO: conocer a Elena Poniatowska
   E1: Yo he conocido a Elena Poniatowska.
   E2: ¡Vamos! Tú no has conocido a Elena Poniatowska.
   E1: Yo sí la he conocido.
   E2: ...

1. ver el Desfile de las Rosas en Pasadena
2. conocer personalmente a la actriz Salma Hayek
3. nunca hablar mal de mis amigos
4. visitar muchos países hispanos
5. enamorarse de un/a artista
6. ...

> ### LENGUA
>
> Spanish speakers add **sí** when they wish to emphasize a verbal expression: **Yo sí conozco/conocí/he conocido a Antonio Banderas.**

13-14 Un/a hispano/a famoso/a. Primera fase. Piensen en un/a hispano/a famoso/a y preparen una lista de cinco cosas que ustedes creen que él/ella ha hecho para tener éxito. Después comparen su lista con la de otra pareja y háganse preguntas.

MODELO: Julio Bocca es un bailarín excelente.
   Ha bailado en las principales ciudades del mundo.

Segunda fase. Digan *tres* cosas que ustedes han hecho que los/las ha ayudado a tener éxito en su vida personal, académica o profesional.

13-15 Preparativos para un viaje a California. Usted y su compañero/a van a hacer un viaje a California para observar de cerca la influencia hispana en ese estado. Háganse preguntas para ver qué preparativos ha hecho cada uno/a para el viaje.

MODELO: pedir información a la Cámara de Comercio
   E1: ¿Has pedido información a la Cámara de Comercio?
   E2: No, no la he pedido todavía. *o* Sí, ya la pedí.

1. llamar a la línea aérea
2. ir a la agencia de viajes
3. hacer las reservaciones
4. leer artículos sobre las misiones
5. buscar hoteles en Internet
6. obtener mapas para ir a Santa Bárbara

2 13-16 Justo ahora. Con su compañero/a, digan qué acaban de hacer estas personas. Den la mayor información posible.

MODELO: Juan y Ramiro salen del estadio.
Acaban de ver un partido de béisbol muy importante.
Fueron a ver a Alex Rodríguez porque es su jugador favorito.

1. Maricarmen y sus amigos salen de un concierto de guitarra.
2. Pedro y Alina salen de una tienda donde se alquilan películas.
3. Mercedes y Paula traen palomitas de maíz para todo el grupo.
4. Un hombre sale corriendo de una tienda de artesanías.
5. Jorge y Rubén salen de una joyería (*jewelry store*).
6. Frente a todos sus amigos, Rubén le da una sorpresa a su novia.

2 13-17 ¿Cómo han contribuido los inmigrantes? Por diversas razones, las personas de algunas comunidades étnicas han emigrado a muchas partes del mundo. Piensen en una comunidad de inmigrantes en su país y hagan lo siguiente:

■ Primero, identifiquen un grupo étnico que ha inmigrado a su país.

■ Luego, escojan una o más áreas en las que este grupo de inmigrantes ha contribuido al país: negocios, arquitectura, música, arte, moda, ciencia, literatura, etc.

■ Finalmente, preparen una breve presentación oral explicando cómo han contribuido estas personas a la sociedad. Den ejemplos concretos.

2 13-18 Los problemas de las minorías. Primera fase. Con su compañero/a, prepare una lista de *tres* problemas que existen en una de las comunidades hispanas de este país. Consideren las siguientes áreas:

1. la salud
2. el trabajo
3. la educación
4. la vivienda (*housing*)

Segunda fase. Ahora, comenten qué se ha hecho para superar esos problemas. Luego preparen otra lista de cosas que no se han hecho, pero que, según ustedes, deberían hacerse. Compartan su lista con la clase.

SITUACIONES

1. One of you is a journalist and the other is a famous Hispanic author living in the United States. The reporter would like to know: a) the number of novels the author has written, b) their dates of publication, c) how long the author has been living in the United States, d) the prizes the author has won, e) which is the author's favorite novel, and f) why.

2. Each of you must choose one of the famous personalities presented at the beginning of the lesson. Do not mention his/her name, but ask questions to find out whom your partner has chosen. Each one of you must then say what this person has accomplished to become famous.

3. Past participles used as adjectives

■ When a past participle is used as an adjective, it agrees with the noun it modifies.

un cantante **conocido**	*a well-known singer*
una puerta **cerrada**	*a closed door*
los libros **abiertos**	*the open books*
unas películas **alquiladas**	*some rented films*

■ Spanish uses **estar** + *past participle* to express a state or condition resulting from a prior action.

ACTION	RESULT
Ella terminó el trabajo.	El trabajo **está terminado.**
Magdalena se sentó.	Magdalena **está sentada.**
Reservaron las habitaciones.	Las habitaciones **están reservadas**

¿Qué dice usted?

13-19 La opinión del profesor. Complete la siguiente conversación entre Arturo y su profesor de pintura, con la forma correcta del participio usado como adjetivo.

ARTURO: Profesor, el cuadro no está (1) _____ (terminado, terminada), pero quisiera saber su opinión.

PROFESOR: Me gustan los colores, pero cambiaría un poco los detalles de la casa. Por ejemplo, tendría la puerta y una ventana (2) _____ (abiertos, abiertas) para ver algo del interior.

ARTURO: Buena idea. ¿Y las personas que aparecen en el cuadro?

PROFESOR: Me parece que están bien, excepto la niña que está (3) _____ (sentado, sentada) al lado del perro en el jardín. Parece más una mujer pequeña que una niña. El perro está muy bien (4) _____ (pintado, pintada). En general, me parece que la composición del cuadro es muy buena.

ARTURO: Así es que le parecen bien las flores y los árboles a la derecha.

PROFESOR: Sí, están muy bien, y la idea de poner al perro (5) _____ (acostado, acostada) al lado de las flores es muy buena. El contraste de los colores es excelente.

G **13-20 ¿Un robo o un cuarto desordenado? Primera fase.** Su compañero/a de cuarto y usted entraron en su habitación y vieron que estaba muy desordenada y que faltaban algunas cosas. Túrnense para describirle a la policía lo que vio cada uno, usando las palabras de abajo. Hagan las modificaciones necesarias.

MODELO: ventana / abierto
Cuando entré, la ventana (no) estaba abierta.

roto	colgado	encendido	tendido
abierto	cerrado	cubierto	destruido
apagado	descubierto	quebrado	pintado

ESTUDIANTE 1	ESTUDIANTE 2
1. el espejo del armario _____	1. la ropa _____
2. la cama _____	2. el televisor _____
3. los libros _____	3. las ventanas _____
4. la computadora _____	4. la lámpara _____

Segunda fase. Después de escuchar el relato de ustedes, uno/a de los/las policías hará lo siguiente:

1. Les hará preguntas si necesita más información.
2. Les dirá **tres** cosas que él/ella haría en la situación de ustedes.

13-21 Una noche muy especial. El siguiente párrafo cuenta algo que le ocurrió a Rosalía. Para saber lo que le pasó, llene los blancos con la forma correcta del participio pasado de los verbos entre paréntesis.

Rosalía del Corral entró en el teatro, caminó por el pasillo y se sentó. Su mejor amiga estaba (1) _____ (sentar) a su lado. Era una noche muy especial porque iban a anunciar qué actores hispanos eran los ganadores del premio de excelencia por su actuación y todos estaban muy (2) _____ (emocionar). El presentador habló unos minutos sobre la importancia del acto, la orquesta tocó algunas canciones (3) _____ (conocer) y otras personas hablaron hasta que llegó el momento (4) _____ (esperar). Una chica le entregó dos sobres (5) _____ (cerrar) al presentador. Éste abrió el primero y con el sobre (6) _____ (abrir) en la mano, dijo el nombre de la ganadora. Rosalía no podía creerlo. Sólo repetía en su mente: "¡He (7) _____ (ganar)! ¡He (8) _____ (recibir) el premio!" Sin saber cómo, se levantó del asiento para ir al escenario. Se sentía muy (9) _____ (confundir), y en ese mismo momento se despertó y vio que estaba (10) _____ (acostar) en su cuarto. ¡Todo era un sueño!

SITUACIONES

Role A. You are a reporter for *The New Herald*, a Miami newspaper, and are going to interview one of the people in a shelter as a result of a hurricane in the area. Ask him/her about a) the time of his/her arrival at the shelter and the means of transportation he/she used to get there, b) why he/she abandoned his/her house, c) if he/she knows anyone in the shelter, and d) ask him/her to describe the state of his/her neighborhood.

Role B. You live in Little Havana, an area in Miami where a hurricane has caused a lot of damage. You are currently in a Red Cross shelter and a reporter is going to interview you about what has happened. Answer his/her questions telling him/her that a) your house has been badly damaged b) that other houses in the neighborhood have also been destroyed c) that you have lost personal belongings, and d) that some friends have helped you.

4. Reciprocal verbs and pronouns

Están enamorados, y se quieren mucho.

Se besan y se abrazan.

Se llevan muy mal.

No se ven, ni se llaman por teléfono.

Se odian, y se pelean todo el tiempo.

- Use plural reflexive pronouns (**nos, os, se**) to express reciprocal actions. In English, reciprocal actions are usually expressed with *each other* or *one another.*

Muchos hispanos **se abrazan** cuando **se saludan.**	*Many Hispanics embrace when they greet each other.*
Nosotros **nos vemos** todas las semanas.	*We see each other every week.*
En mi familia **nos llevamos** muy bien.	*In our family we get along very well.*

¿Qué dice usted?

13-22 Indicaciones de reciprocidad. Escoja las ideas de la columna de la derecha que mejor completen las oraciones de la izquierda.

1. Cuando Pedro y su amigo Juan se ven en alguna reunión, ellos _____.
2. El perro y el gato de María se pelean todo el tiempo. Ellos _____.
3. Alberto y yo somos muy buenos amigos, pero vivimos en ciudades diferentes. No hablamos mucho por teléfono, pero _____.
4. Alicia y Pepe son novios y se quieren mucho. Cuando se despiden por la noche, ellos se abrazan y _____.
5. Mis abuelos dicen que el secreto de su matrimonio tan feliz es que ellos se quieren mucho y _____.

> a. nos mandamos correos electrónicos
> b. se dan la mano o se abrazan
> c. se respetan
> d. se odian
> e. se besan

G **13-23 ¿Qué hacen los buenos amigos? Primera fase.** En grupos pequeños, hagan lo siguiente:

1. Preparen una lista de las actitudes que ustedes consideran importantes para mantener una buena amistad.
2. Escojan las cuatro más importantes.
3. Comparen su lista con la de otros grupos.
4. Finalmente, si consideran que hay otras actitudes o valores que no han sido escogidas, incorpórenlas en su lista.

2 Segunda fase. Primero, determine si los buenos amigos hacen o no hacen estas cosas, y bajo qué circunstancias. Después, comparta sus ideas con su compañero/a.

MODELO:　mandarse mensajes electrónicos
　　　　　E1: (Yo creo que) los buenos amigos se mandan mensajes electrónicos si viven lejos.
　　　　　E2: Yo también, pero creo que no se mandan muchos mensajes si se ven frecuentemente.

1. _____ llamarse todos los días
2. _____ comprenderse
3. _____ ayudarse cuando tienen problemas
4. _____ insultarse y pelearse

5. _____ regalarse cosas
6. _____ darse consejos cuando los necesitan
7. _____ quererse
8. _____ criticarse continuamente

2 13-24 Consejos. Identifiquen el (los) problema(s) de las siguientes personas. Luego, búsquenles una solución.

1. Rafael y Josefina son novios, pero no se ven con mucha frecuencia. Él vive en Monterrey, México, y ella vive en Los Ángeles. Tienen una relación a distancia.
2. Catalina y Raquel son compañeras de cuarto. A veces cuando Catalina quiere estudiar, llega al cuarto y encuentra a Raquel escuchando música de Ricky Martin o Gloria Estefan con sus amigos.
3. Los estudiantes de historia tienen miedo de expresar sus opiniones en clase porque el profesor no parece interesarse por lo que dicen. A veces los estudiantes no prestan atención en clase.

2 13-25 Mis relaciones con... Piense en una persona importante en su vida (padre/ madre, novio/a, pariente, un/a amigo/a, etc.) y dígale a su compañero/a cómo son las relaciones entre ustedes. Las preguntas de más abajo pueden serle útiles.

MODELO:　Mis relaciones con mi hermano son muy buenas.
　　　　　Nosotros nos queremos. A veces...

1. ¿Se respetan?
2. ¿Se quieren?
3. ¿Se detestan?

4. ¿Se comunican?
5. ¿Se pelean?
6. ...

EN DIRECTO

To complain about something or someone:
Tengo una queja.
I have a complaint.
Quisiera quejarme de...
I would like to complain about . . .
Quisiera hablar con usted sobre un problema que tengo con...
I would like to discuss with you a problem that I have with . . .

SITUACIONES

Role A: You have problems with a colleague at work, so go to see your boss. Explain to your boss that your colleague does not treat you well. Then answer your boss's questions and tell him/her that in addition to this, your colleague, a) reads the documents on your desk whenever you are away and b) speaks badly of you with other employees. Answer your boss's questions and agree to a meeting.

Role B: You are the curator of a museum in Mexico City. Listen to one of your employees' complaints. Ask him/her questions to find out a) if there are negative attitudes from both persons involved in the problem. If there are, ask him/her a) to explain why, b) if he/she can remember a specific discussion, and c) since when he/she has noticed this attitude from his/her colleague. Then ask him/her a) to what documents he/she is referring, b) if there are witnesses **(testigos)**, and c) if you should call a meeting among the three of you.

Escuchar

Identifying the speaker

When you listen to a radio announcement or a voice message, you frequently know who is speaking from the content of the message. For example, if you hear a recording in your voice mail saying "Do you need money to pay for your college tuition? We can give you a loan right now. Just call us at 555-555-555!," you immediately know the caller is somebody working for a bank or a credit card, even if you had never heard that voice before.

Antes de escuchar

13-26 Los horarios. In **13-27,** you will listen to a series of recordings from places you have called to ask for information. Before you listen, write down the names of three places or institutions that usually have recordings of their schedule for callers.

_____

_____

_____

A escuchar

13-27 Now, listen to the recordings. As you listen, identify the origin of the recording and write next to it the number corresponding to the order in which the information was given.

_____ teatro local

_____ sala de conciertos

_____ cine

_____ museo

Después de escuchar

13-28 ¿Y usted? With a classmate, share your answers to the following questions.

1. ¿Ha ido usted a un museo o a un concierto últimamente? ¿Qué museo visitó o a qué concierto fue?
2. ¿Cree usted que es importante visitar museos o ir a conciertos de música clásica? ¿Por qué?
3. ¿Qué otra actividad cultural le interesa a usted? ¿Por qué?

Antes de escuchar

13-29 Actividades culturales. In 13-30, you will listen to four students talk about the type of cultural activities they like or plan to do. Before you listen, write down a list of three cultural activities that, in your view, might interest them.

_____

_____

A escuchar

13-30 Now, listen to the students. As you listen, write the number of the passage next to each statement associated with the student who probably uttered it.

_____ María Cecilia prefiere la escultura. Ella se especializa en arte moderno.

_____ A Joaquín le gusta más la pintura mexicana. Él es pintor.

_____ A Rosa María le gusta el teatro. Ella es artista.

_____ Eugenia prefiere la música. Ella es pianista.

Después de escuchar

13-31 ¿Y usted? Share your answers to the following questions with a classmate.

1. ¿Es importante para usted ir a exposiciones de arte, a conciertos de música clásica o al teatro? ¿Por qué?
2. ¿Qué prefiere usted, la música o la pintura?
3. ¿Cuál es su pintor o músico favorito? ¿Por qué le gusta?

 Conversar

Antes de conversar

 13-32 La vida de los famosos. Escojan a una de las personas de la lista. Luego, busquen la información sobre él/ella mencionada en la tabla u otra de interés para ustedes.

Frida Khalo	Pablo Casals	Violeta Parra	Pablo Picasso
Plácido Domingo	Elena Poniatowska	Carlos Gardel	Francisco Goya

NOMBRE	DATOS PERSONALES	PROFESIÓN	LOGROS
_____	Fecha de nacimiento: _____ Lugar de nacimiento/ muerte: _____	_____	Premios: _____ Reconocimientos: _____

A conversar

13-33 La escalera a la fama. Hagan una breve presentación sobre la persona escogida en **13-32.** Sus compañeros/as tomarán notas y les harán preguntas. Incluyan la mayor información posible en su presentación.

Después de conversar

13-34 ¡Nos quitamos el sombrero (*We take our hats off*)! Decidan a cuál de las figuras famosas de la actividad **13-33** elegirían ustedes como la persona más admirable. Expliquen por qué.

Antes de conversar

13-35 Comunidad en peligro de desaparición. Imagínense que su comunidad está en peligro de desaparecer a causa de un fenómeno natural. El gobierno de su país ha pedido que cada organización piense en algunos productos u objetos culturales o artísticos que salvaría para dar información a las generaciones futuras. Lean las preguntas del gobierno y discutan las respuestas. Tomen notas para compartir sus ideas con la clase.

1. ¿Qué texto impreso (*printed*) de su comunidad salvarían ustedes: un libro, una revista, un periódico, un anuncio publicitario, etc.? ¿Por qué? ¿Quién lo escribió o creó? ¿Cómo lo salvarían: en papel, en formato electrónico o digital, en piedra, en una cápsula, etc.?
2. Con respecto a la creación artística de su comunidad, ¿qué salvarían ustedes: un cuadro, una escultura, una pieza musical (canción, CD, obra musical, etc.)? ¿Por qué? ¿Cómo lo/la salvarían?
3. Para dar información sobre los adelantos tecnológicos de su comunidad, ¿qué aparato o sistema científico guardarían ustedes? ¿Por qué?

A conversar

13-36 ¿Qué salvaríamos y cómo? Compartan con el resto de la clase sus respuestas a la actividad **13-35.** Apoyen (*support*) cada selección con argumentos lógicos dados por el grupo. Prepárense para defender su posición. Sus compañeros/as tomarán notas sobre la propuesta de cada grupo.

Después de conversar

13-37 Informe al gobierno. Imagínense que ustedes son responsables de informar al gobierno sobre la propuesta de su comunidad. Comparen su propuesta con las de otros grupos, y hagan lo siguiente.

1. Evalúen las propuestas. ¿Cuál de ellas tiene más sentido o es más factible (*feasible*)? ¿Por qué? Tomen nota de los fundamentos que apoyan la propuesta que ustedes eligieron.
2. Escriban el informe para el gobierno en nombre de su comunidad.

EN DIRECTO

To acknowledge not having requested some information:
Lamentablemente, no tengo/tenemos esa información.
Unfortunately, I/we do not have that information.
Lo siento/sentimos, pero no sé/sabemos...
I am/We are sorry, but I/we do not know . . .

To acknowledge you had not thought of something, but will look into it:
La verdad es que no pensé/pensamos en eso, pero lo averiguaré/averiguaremos.
The truth is that I/we did not think of it, but I/we will find out.

To support a decision:
Hemos elegido a... porque...
We have chosen . . . because . . .
Lo que más influyó en nuestra decisión fue/fueron [cualidades, valores].
What influenced our decision the most was/were [qualities, values].

To present a response from a group:
Con respecto a..., nosotros pensamos que...
In regards to . . . , we think that . . .
La decisión final no fue fácil, pero llegamos a la siguiente conclusión:...
The final decisión was not easy, but we arrived at the following conclusion:

To support the view or choice of a group:
Nuestra decisión/selección está basada en lo siguiente...
Our decisión/choice is based on the following . . .

📖 *Leer*

When we read a narrative of any kind, we often try to make sense of its content (concepts or experiences) by relying on our knowledge of human experience, or by associating it with our own cultural or personal experience.

Some general considerations about narration

At the organizational level, a narrative piece generally has some basic features.

1. It relates an event in which a number of characters—who possess some physical and emotional characteristics—interact in a setting within a time frame (present, past). Occurrences within the story have an order (chronological, retrospective, etc.).
2. Traditionally one may expect to see the presentation of a conflict at the beginning of the story, followed by actions through which characters display their weaknesses and/or strengths, thus creating escalating tensions among them. Finally, the conflict created by the narrator is either solved (fixed end) or the reader is left with the task of imagining the solution to the conflict (open end).
3. An event or experience may be told from at least two perspectives: that of a protagonist (I, we) or that of a witness (he/she, they).

Guía de prelectura

Look at the title of the story in activity **13-40**. Then, answer these questions, using your knowledge of the human experience and your personal knowledge of the topic.

1. What may be the main theme of this narration? Circle all that may apply, in your view.
   a. the life of an ethnographer as he/she studies a community
   b. the love affairs of an ethnographer while on the field
   c. a description of the members of an indigenous group and their habitat

2. How did you guess the answer(s) to question 1?
   a. Personal experience
   b. Knowledge of what ethnographic research entails
   c. Consultation of some sources (dictionary, encyclopedia, experts, etc.).

3. Now, can you hypothesize about the probable organization of the text? Write a check mark next to all that apply:
   a. It may start with a flashback in which the narrator presents the problem.
   b. The main character(s) will be introduced in the first part of the story.
   c. Characters will start revealing their inner feelings through the actions that follow their introduction in the setting.
   d. The conflict will reach a climax.
   e. The story will have no end.

Antes de leer

13-38 Preparación. La vivienda (*housing*) puede variar de lugar a lugar y de cultura a cultura. Lea las siguientes descripciones y marque las que usted asocia con una vivienda indígena.

1. Los indígenas viven a la intemperie, es decir, al aire libre.
2. Los indígenas viven en casas de materiales naturales como madera, bambú, etc.
3. Las casas de los indígenas son de construcción sólida.
4. Las casas tienen toldos (*awnings*) de materiales resistentes como el cuero.
5. Generalmente las viviendas indígenas están construidas en la pradera (*prairie*).

13-39 ¿Qué costumbres tienen? Indique si es probable (**P**) o improbable (**I**) que un/a etnógrafo/a haga las siguientes afirmaciones después de vivir en una comunidad indígena.

	PROBABLE	IMPROBABLE
1. Existen brujos (*sorcerers*) que revelan sus secretos sólo a los iniciados (*novices*) que quieren aprender.	_____	_____
2. Los indígenas hablan mi lengua mejor que yo.	_____	_____
3. Me levantaba al alba, es decir, antes de la salida del sol.	_____	_____
4. Me cubría el cuerpo con ropas extrañas.	_____	_____
5. Me encantaba comer sus comidas ásperas, desagradables.	_____	_____
6. Cuando recién llegué, tomaba notas sigilosamente (*discreetly*) para evitar las sospechas de los indígenas.	_____	_____
7. Al clarear el día (*dawn*), siempre tenía sueños extraños.	_____	_____
8. Viví tanto tiempo entre los indígenas que comencé a pensar como ellos.	_____	_____

A leer

13-40 Primera mirada. Lea el siguiente cuento y siga las indicaciones.

El Etnógrafo
de Jorge Luis Borges

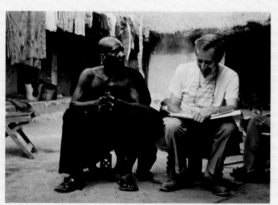

El caso me lo refirieron en Texas, pero había acontecido en otro estado. Cuenta con un solo protagonista, salvo que en toda historia los protagonistas son miles, visibles e invisibles, vivos y muertos. Se llamaba, creo, Fred Murdock. Era alto a la manera americana, ni rubio ni moreno, de perfil de hacha,[1] de muy pocas palabras. Nada singular había en él, ni siquiera esa fingida singularidad que es propia de los jóvenes. Naturalmente respetuoso, no descreía de los libros ni de quienes escriben los libros. Era suya esa edad en que el hombre no sabe aún quién es y está listo para entregarse a lo que le propone el azar,[2] la mística del persa o el desconocido origen del húngaro, las aventuras de la guerra o del álgebra, el puritanismo o la orgía. En la universidad le aconsejaron el estudio de las lenguas indígenas. Hay ritos esotéricos que perduran en ciertas tribus

¹*axe* ²*chance*

del oeste; su profesor, un hombre entrado en años, le propuso que hiciera su habitación en una toldería,³ que observara los ritos y que descubriera el secreto que los brujos revelan al iniciado. A su vuelta, redactaría una tesis que las autoridades del instituto darían a la imprenta.⁴ Murdock aceptó con alacridad.⁵ Uno de sus mayores había muerto en las guerras de la frontera; esa antigua discordia de sus estirpes era un vínculo ahora. Previó, sin duda, las dificultades que lo aguardaban; tenía que lograr que los hombres rojos lo aceptaran como uno de los suyos. Emprendió la larga aventura. Más de dos años habitó en la pradera, bajo toldos de cuero o a la intemperie. Se levantaba antes del alba, se acostaba al anochecer, llegó a soñar en un idioma que no era el de sus padres. Acostumbró su paladar a sabores ásperos, se cubrió con ropas extrañas, olvidó los amigos y la ciudad, llegó a pensar de una manera que su lógica rechazaba. Durante los primeros meses de aprendizaje tomaba notas sigilosas, que rompería después, acaso para no despertar la suspicacia de los otros, acaso porque ya no las precisaba. Al término de un plazo prefijado por ciertos ejercicios, de índole moral y de índole física, el sacerdote le ordenó que fuera recordando sus sueños y que se los confiara al clarear el día. Comprobó que en las noches de luna llena soñaba con bisontes. Confió estos sueños repetidos a su maestro; éste acabó por revelarle su doctrina secreta. Una mañana, sin haberse despedido de nadie, Murdock se fue.

En la ciudad, sintió la nostalgia de aquellas tardes iniciales de la pradera en que había sentido, hace tiempo, la nostalgia de la ciudad. Se encaminó al despacho del profesor y le dijo que sabía el secreto y que había resuelto no publicarlo.

—¿Lo ata⁶ su juramento? —preguntó el otro.

—No es ésa mi razón —dijo Murdock—. En esas lejanías aprendí algo que no puedo decir.

—¿Acaso el idioma inglés es insuficiente? —observaría el otro.

—Nada de eso, señor. Ahora que poseo el secreto, podría enunciarlo de cien modos distintos y aun contradictorios. No sé muy bien cómo decirle que el secreto es precioso y que ahora la ciencia, nuestra ciencia, me parece una mera frivolidad.

Agregó al cabo de una pausa:

—El secreto, por lo demás, no vale lo que valen los caminos que me condujeron a él. Esos caminos hay que andarlos.

El profesor le dijo con frialdad:

—Comunicaré su decisión al Concejo.⁷ ¿Usted piensa vivir entre los indios?

Murdock le contestó:

—No. Tal vez no vuelva a la pradera. Lo que me enseñaron sus hombres vale para cualquier lugar y para cualquier circunstancia.

Tal fue, en esencia, el diálogo.

Fred se casó, se divorció y es ahora uno de los bibliotecarios de Yale.

³*indian dwellings with leather sunshades* ⁴*printing house* ⁵*with ease, quickly* ⁶*paralyze* ⁷*council*

Marque con un círculo la información relacionada con el narrador del cuento.

1. El narrador del cuento es Fred Murdock.
2. No sabemos cómo se llama el narrador.
3. El narrador escuchó lo que le ocurrió al protagonista del cuento.

Marque con un círculo la información relacionada con el/la protagonista y la trama (*plot*) de esta historia.

4. El protagonista era una persona que físicamente llamaba la atención porque era muy distinto/a de los demás.
5. Por su edad, el protagonista no había decidido qué quería hacer profesionalmente.
6. Las experiencias que el protagonista vivió no lo afectaron para nada.
7. Al hablar con una persona importante de la comunidad donde vivía, el protagonista experimentó un cambio significativo en su vida.
8. El descubrimiento de un secreto cambió la vida del protagonista.

13-41 Segunda mirada. Reconstruya el cuento en el orden cronológico apropiado. La primera situación ya está marcada.

___1___ Alguien en la universidad le sugirió a Murdock que estudiara una lengua indígena.

_____ Entre los indios, se acostumbró a comer su comida, a hablar la lengua de ellos, a vestirse y a pensar como ellos.

_____ Fred aceptó la oferta.

_____ Murdock se casó y ahora trabaja en la biblioteca de la universidad de Yale.

_____ Su profesor le propuso que viviera entre los indígenas para aprender sobre sus ritos y descubrir un secreto.

_____ El joven etnógrafo salió de la comunidad indígena sin decirle adiós a nadie.

_____ Antes de tomar una decisión, pensó en los problemas que tendría al vivir en una cultura diferente a la suya.

_____ Al principio, tomaba notas secretamente, las cuales probablemente rompería más tarde.

_____ El gran maestro espiritual le contó el gran secreto.

_____ El profesor le dijo que probablemente, a su regreso, se publicaría su tesis.

_____ Empezó su aventura y se fue a vivir entre los indios por un periodo de dos años.

_____ Después de algunos ejercicios morales y físicos, Murdock tuvo que recordar sus sueños y contárselos a su guía espiritual.

_____ El protagonista fue a la oficina de su profesor y le dijo que había aprendido el secreto, pero que no podía compartirlo con nadie.

13-42 Una mirada más. Lea las siguientes citas tomadas de *El etnógrafo* e indique si cada una de ellas es un acontecimiento (*happening*), (**A**) o una hipótesis (**H**) sobre el futuro.

1. _____ ... había acontecido en otro estado.
2. _____ En la universidad le aconsejaron el estudio de las lenguas indígenas.
3. _____ A su vuelta, redactaría una tesis.
4. _____ Una mañana, sin haberse despedido de nadie, Murdock se fue.
5. _____ ... las autoridades del instituto darían a la imprenta.
6. _____ Lo que me enseñaron sus hombres vale para cualquier lugar y para cualquier circunstancia.
7. _____ ... podría enunciarlo de cien modos distintos y aun contradictorios.
8. _____ Fred se casó, se divorció y es ahora uno de los bibliotecarios de Yale.

Después de leer

G **13-43 Ampliación.** Comenten las siguientes preguntas y prepárense para compartir las respuestas con la clase.

Sobre la vida de Murdock en las tolderías:

1. ¿Qué cambios en su vida diaria tendría que hacer Murdock para adaptarse a la comunidad indígena?
2. ¿Qué harían los indígenas para aceptar a Murdock entre ellos?
3. ¿Qué dirían las notas que tomaba Fred Murdock?

Sobre el secreto que Murdock descubrió:

4. ¿Qué secreto descubriría el etnógrafo? ¿Por qué no podría compartirlo con nadie?
5. ¿Por qué decidiría el protagonista trabajar de bibliotecario en la universidad de Yale?

Escribir

People write biographies for various reasons. Depending on the intended purpose, biography reports may require a particular focus on one or various aspects of a person's life such as work and accomplishments, historical events and cultural factors that may have influenced his/her work and so on.

In general, when writing a biography, keep the following in mind.

1. Provide the person's basic information: date and place of birth. If relevant to your purpose for writing this text, you may mention the person's family information.
2. Present his/her educational background: studies, degrees, occupation, etc. If you are writing about someone older, you may consider including an anecdote of his/her youth to spark your reader's interest. Indicate this individual's major life and professional accomplishments (trials, struggles, challenges overcome, awards, etc.).
3. Include information on his/her community (religious, ethnic, geographic, cultural, etc.). Mention the most outstanding contributions this person (has) made in his/her lifetime. Demonstrate the effect of this person's actions on his/her community.

Antes de escribir

13-44 Enfoque. Primera fase. Lea el siguiente informe biográfico y siga las instrucciones.

Letizia Ortiz Rocasolano, la periodista que se convirtió en princesa

Leticia nació el 15 de septiembre de 1972 en Oviedo, España. Hija de Paloma Rocasolano, enfermera, y de Jesús Ortiz, periodista fundador y director de Antena 3 Radio (hasta 1987) en el Principado de Oviedo. Menchu Álvarez del Valle, la esposa de su abuelo paterno, José Luis Ortiz, fue quien probablemente influyó más en la pasión de Letizia por el periodismo.

Letizia hizo sus estudios primarios en el colegio público Gesta, de Oviedo, junto con sus hermanas Telma y Erika. Después cursó sus estudios secundarios en el instituto Alfonso II, donde tomó clases de ballet tres días por semana. Por razones de trabajo del padre, Letizia y su familia se mudaron a Madrid cuando ella tenía quince años. En Madrid continuó sus estudios en el instituto Ramiro de Maeztu, donde se graduó. Después de un largo noviazgo, Letizia se casó con un profesor de literatura, Alonso Guerrero Pérez, en agosto de 1998. A sólo doce meses de casados, ambos decidieron divorciarse.

A los dieciocho años, Letizia había entrado en la Universidad Complutense, donde se diplomó en periodismo. Mientras estudiaba, comenzó a colaborar en el periódico *ABC* y con la agencia Efe. Entre 1992 y 1993 recibió una beca para hacer sus prácticas —en las áreas de economía, televisión y espectáculos— en el periódico *La Nueva España* de Oviedo. Más tarde obtuvo un máster en información audiovisual y se trasladó a México. Allí hizo sus estudios de doctorado y trabajó en el diario *Público de Guadalajara* (Jalisco), aunque nunca escribió su tesis doctoral.

Su incursión en el mundo de la televisión comenzó en la cadena de noticias CNN. Allí trabajó dos años en el turno matinal. En el año 2000, inició su trabajo en Televisión Española en el programa Informe Semanal.

En septiembre de 2003, con cuatro millones de espectadores en el Telediario de las nueve de la noche, Letizia asumió otras labores periodísticas como enviada especial en Nueva York para cubrir los atentados del 11 de septiembre y, más tarde, la guerra de Iraq y otros eventos mundiales. Fue en la ceremonia de entrega de los Premios Príncipe de Asturias, en octubre de 2003, cuando el mundo se enteró de su compromiso con el príncipe Felipe de Borbón.

Felipe y Letizia se conocieron en 2002, durante una cena en casa del director de Documentos TV, Pedro Erquicia. El príncipe y Letizia se enamoraron. La relación se consolidó aún más cuando el príncipe pidió su mano el 6 de noviembre de 2003. "Me da muchísima alegría manifestar lo enamorado que estoy de Letizia. Es la mujer con la que quiero casarme, y reúne todos los requisitos para asumir las responsabilidades de princesa de Asturias y próxima reina de España".

Los españoles aceptaron la elección del príncipe, y en mayo de 2004, Felipe de Borbón hizo a Letizia su princesa al contraer matrimonio con ella en una ceremonia transmitida por televisión a todo el mundo.

Segunda fase. Answer the following questions, based on the biography you just read.

1. Circle the intended purpose of the report.
   a. to give a brief account of the life of a prominent person
   b. to entertain readers
   c. to describe a well-known public figure

2. Based on its purpose, is the biography report effective?
   Yes   No

3. Mark some possible reasons for your response.
   a. The public figure is described in an interesting manner.
   b. The average person can comprehend the experiences of the central figure because they belong to the realm of human experience, regardless of cultural background.
   c. There is extremely detailed information.
   d. The events in the lifetime of this figure are told in a backward manner, from present to past.
   e. The biography report has a clear organization: an introduction, a forward movement in time, and a closure.

13-45 Preparación. Primera fase. En *www.prenhall.com/mosaicos,* busque información biográfica sobre una persona hispana que a usted le interese en uno de estos campos: los deportes, el arte (música, baile, pintura, arquitectura, escultura, etc.), la ciencia, la política, etc. Obtenga la siguiente información y tome notas.

1. Nombre, fecha y lugar de nacimiento: ¿Cuándo y dónde nació?
2. Información familiar: ¿Es soltero/a, casado/a, divorciado/a, separado/a? ¿Tiene hijos? ¿Cuántos?
3. Estudios y formación profesional: ¿Cuáles son los mayores logros personales y/o profesionales de esta persona a través de su vida? ¿Qué barreras ha superado (*overcome*)? ¿Cómo las superó?
4. Su comunidad: ¿En qué área se destaca (*stands out*): religiosa, étnica, profesional, científica, artística, deportiva, etc.? ¿Cómo se ha beneficiado la comunidad de sus éxitos?

Segunda fase. Ahora seleccione la información que va a ayudarlo/la a escribir un informe biográfico eficaz. Haga lo siguiente:

1. Seleccione los logros más significativos de la persona que usted escogió en la **Primera fase**. Tome nota de las fechas en que esta persona recibió algún premio o reconocimiento, por ejemplo. Recuerde que para despertar el interés de su lector, debe incluir hechos datos (*facts*) importantes sobre la vida de la persona escogida.
2. Escriba algunas formas lingüísticas que lo/la ayudarán a expresar información concreta (hechos) y destacar la figura de esta persona.

A escribir

13-46 Manos a la obra. Su comunidad ha decidido empezar una campaña para incentivar a los jóvenes a encauzar (*channel*) mejor sus vidas en un mundo en crisis. Usted es uno/a de los responsables de presentarles a una personalidad del mundo hispano que, en su opinión, representa un excelente ejemplo. Escriba un informe biográfico para una revista electrónica, usando la información obtenida en la actividad **13-45, Segunda fase**. El propósito de su informe es despertar la curiosidad de los jóvenes por conocer qué sacrificios han hecho los famosos para tener éxito.

Después de escribir

13-47 Revisión. Su compañero/a editor/a va a ayudarle a expresar mejor sus ideas para que sus lectores jóvenes se beneficien de las experiencias reales de otros. No se olvide de verificar que:

- el informe biográfico tenga información interesante para su lector/a.
- las ideas estén bien organizadas.
- haya conexión dentro de los párrafos y entre ellos (use conectores para hacer transiciones).
- el vocabulario sea variado e interesante.
- la ortografía, puntuación, acentuación, etc. sean apropiadas.

ENFOQUE CULTURAL

TEMAS: LA CULTURA Y EL ARTE

Para pensar

¿Conoce usted a algún pintor o escultor hispano famoso? ¿A quién? ¿Ha visto usted alguna de sus obras? ¿Conoce usted a algún escritor hispano? ¿Ha leído usted alguna novela española o hispanoamericana en español o en traducción al inglés? ¿Cuál?

Miguel de Cervantes y Saavedra (1547–1616) es considerado el más grande escritor español. Su famosa novela, Don Quijote de la Mancha, *ha sido traducida a casi todas las lenguas del mundo. Las contribuciones de los escritores latinoamericanos a la literatura universal también han sido inmensas. Gabriela Mistral y Pablo Neruda, fotos abajo, dos grandes poetas chilenos, ganaron el premio Nobel de Literatura, Mistral en 1945 y Neruda en 1971.*

Hay muchos artistas españoles e hispanoamericanos de renombre mundial. Picasso y Dalí, nacidos en España, son dos de los más grandes. Aquí tenemos una obra de Frida Kahlo (1907–54). Fue una famosa pintora mexicana que sigue teniendo mucha influencia en el arte latinoamericano. Su trabajo consistió mayormente en autorretratos que reflejaban su historia y su percepción del mundo.

Pedro Almodóvar es uno de los cineastas más famosos de España. En 1988 su película Mujeres al borde de un ataque de nervios *fue nominada la mejor película extranjera y es la película española que ha tenido más éxito. Años después,* Todo sobre mi madre *ganó el Óscar a la mejor película de habla no inglesa y* Hable con ella *ganó el Óscar al mejor guión.*

Para contestar

2 **Cultura y arte.** Respondan a las siguientes preguntas.

1. ¿Qué dos pintores españoles famosos conoce? ¿Y latinoamericanos?
2. ¿Cuáles son algunos escritores españoles o hispanoamericanos que han recibido premios y reconocimiento mundial?

G **Riqueza cultural.** En grupos de tres, hablen de la trascendencia del Premio Nobel de Literatura y digan por qué es importante.

Para investigar en Internet

Busque el nombre de un pintor, un escultor, un músico o un escritor hispano que no haya sido mencionado en este capítulo. Obtenga información sobre esta persona y preséntele a la clase lo que averiguó acerca de él/ella y de su trabajo. Sus compañeros/as, divididos/as en grupos, le darán su opinión sobre la obra de este/a famoso/a, basándose únicamente en lo que usted presentó.

¡Prepárese!

13-48 ¿Qué haría? Imagínese lo que están pensando los participantes de *Fortunas* (Katie, Carlos, Efraín y Sabrina). Si usted fuera uno de ellos, ¿qué haría? Escriba una oración desde el punto de vista de cada participante, usando el tiempo condicional.

MODELO: yo
           Para ganar *Fortunas* yo no haría alianzas con Katie.

1. Katie: _____
2. Carlos: _____
3. Efraín: _____
4. Sabrina: _____

Ángela tiene dudas sobre las alianzas y la posible cooperación entre los participantes.

Todos consideran cooperar y compartir sus pistas para solucionar la última fortuna.

Katie trata de convencer a Sabrina de que es buena idea compartir las pistas.

Efraín piensa que Katie tiene razón, aunque no le gusta admitirlo.

Todos leen y comparten sus pistas.

Sabrina piensa que es un error ayudar a Katie, aunque todos tendrán el mismo número de puntos.

¡Responda!

13-49 La cooperación. Evidentemente los cuatro participantes han decidido cooperar y compartir sus pistas para solucionar la última fortuna. Complete las oraciones siguientes con la forma correcta de **haber** y el participio pasado del verbo entre paréntesis.

Todos (1) _____ (reunirse) para hablar de la cooperación. Sabrina (2) _____ (tener) muchas dudas sobre las alianzas y las mentiras. Por su parte, Katie (3) _____ (tratar) de convencer a Sabrina de que la cooperación es una buena idea. Los cuatro (4) _____ (abrir) los sobres y (5) _____ (leer) sus pistas. Por último, Sabrina le (6) _____ (decir) a Tito que no está satisfecha con los eventos de hoy.

NOTAS: "EL SENTIMIENTO DEL LATINO EN NUEVA YORK", ÁNGEL CANALES

Esta canción habla del sentimiento y el orgullo del inmigrante latino en la ciudad de Nueva York y de lo importante que es la música en su vida. La letra se refiere a diferentes instrumentos, estilos musicales y países.

¡Prepárese!

13-50 Los países hispanos. El título de la canción, "El sentimiento del latino en Nueva York", se refiere a la inmigración hispana en esa ciudad. Según lo que ha aprendido hasta ahora, haga una lista de los países hispanos que están representados en los Estados Unidos. ¿Cuáles de ellos cree que se mencionarán en la canción?

¡Escuche!

13-51 Los instrumentos. Mientras escucha "El sentimiento del latino en Nueva York" complete los espacios en blanco con las palabras de la lista siguiente. Todos son instrumentos musicales.

la trompeta	la conga	la clave	el timbal
el trombón	el saxofón barítono	el bongó	

Se oye el repique del (1) _____, de la (2) _____ y del (3) _____
en los barrios de Manhattan, de Brooklyn y del Bronx
en las calles neoyorquinas vibran nuestras alegrías
sufrimiento y expresión del latino con sabor
Escuchan la (4) _____, el (5) _____ y el (6) _____
Y la (7) _____ aunque escondida
Ay pero siempre cargando el sabor
El sonero ya se inspira y nos canta con fervor
Y mi pueblo está gozando en las calles de Nueva York
Pero oye, pueblo lindo, lo que hoy te canto yo.
Es el sonido que el americano oye y no entiende
el sentimiento del latino en Nueva York

Ay, pero que la bomba y la plena del puertorro
es su identificación y el merengue apambichao
es la del tigre dominicano
Ay, pero la cumbia es sentimiento colombiano,
la guajira y el son montuno es el sentimiento cubano.
Es el sonido que el americano oye y no entiende.

¡Responda!

13-52 Música y baile. El autor de esta canción se refiere a diferentes estilos musicales y a los países donde son populares. Use el condicional y forme oraciones completas indicando qué tipo de música tocaría, bailaría o cantaría en cada uno de los países siguientes.

MODELO: España
               Yo bailaría flamenco.

1. Puerto Rico
2. México
3. Nicaragua
4. Bolivia
5. Cuba
6. Panamá
7. Perú
8. Colombia
9. Estados Unidos
10. La República Dominicana

498

VOCABULARIO

AUDIO ## Personas

el/la bailarín/bailarina	*dancer*
el/la emigrante	*emigrant*
el/la escritor/a	*writer*
el/la escultor/a	*sculptor*
el/la guitarrista	*guitar player*
el/la hispanohablante	*Spanish speaker*
el/la inmigrante	*immigrant*
el/la novelista	*novelist*
el/la pintor/a	*painter*

El país

el área	*area*
el comercio	*commerce*
el gobierno	*government*
el idioma	*language*
la obra	*work*
obra maestra	*masterpiece*
la población	*population*
la política	*politics*
la sociedad	*society*

Manifestaciones culturales

el cuento	*story*
la novela	*novel*
la pintura	*painting*

Verbos

abrazar(se) (c)	*to embrace*
acabar	*to finish*

aceptar	*to accept*
actuar	*to act*
besar	*to kiss*
contar (ue)	*to tell, count*
cubrir	*to cover*
emigrar	*to emigrate*
haber	*to have* (auxiliary verb)
llevarse bien	*to get along well*
llevarse mal	*not to get along*
morir (ue)	*to die*
nacer (zc)	*to be born*
odiar	*to hate*
pelear	*to fight*
romper	*to break*
saludar(se)	*to greet*

Palabras y expresiones útiles

a través de	*through*
acabar de + infinitivo	*to have just + past participle*
desde	*since*
en la actualidad	*at the present time*
estar enamorado/a	*to be in love*
el premio	*award/prize*
según	*according to*
tener éxito	*to be successful*
todavía	*still, yet*
ya	*already*

CAMBIOS DE LA SOCIEDAD

Objetivos comunicativos

- Describing and discussing demographics
- Describing social conditions
- Projecting conditions, goals, and purposes

- Expressing conjecture
- Talking about the past from a past perspective

Contenido

A PRIMERA VISTA

Las sociedades de hoy

`AUDIO` Estos **datos** proceden del Centro de Derechos Reproductivos, una ONG (Organización No Gubernamental) dedicada a promover la **igualdad** de la mujer en todo el mundo y a garantizar sus **derechos** reproductivos y humanos. La organización también se asegura de que todas las mujeres tengan acceso a los servicios básicos de salud.

1997-2000	Argentina	Bolivia	Colombia	Guatemala
Población	36.577.000	8.142.000	41.564.000	11.090.000
Tasa de crecimiento annual	1.3 %	2.4 %	1.9 %	2.7 %
Población rural	10 %	37 %	2 %	60 %
Población urbana	90 %	63 %	74 %	40 %
Porcentaje de mujeres	50 %	50.3 %	50.6 %	49.6 %
Tasa de fertilidad	2.6 hijos por mujer	4.2 hijos por mujer	2.7 hijos por mujer	4.8 hijos por mujer
Analfabetismo entre los hombres	3.1 %	7.9 %	8.2 %	23.8 %
Analfabetismo entre las mujeres	3.2 %	20.6 %	8.2 %	38.7 %
La tasa de desempleo	14.9 %	11.4 %	12.6 %	5.2 %
Mortalidad infantil	19 por cada mil nacimientos	60 por cada mil nacimientos	23 por cada mil nacimientos	42 por cada mil nacimientos

Si consideramos el tamaño del país, ¿cuál de estos países está más poblado? ¿Cuál tiene menos **habitantes**? ¿Qué país tiene una población más rural? ¿Qué porcentaje de personas vive en la ciudad en Argentina? ¿De dónde son las mujeres que tienen más hijos? ¿Se relaciona esto con la vida en el campo? ¿Por qué? ¿Dónde hay más **analfabetos** probablemente, en el campo o en las ciudades? ¿Dónde hay más **desempleo**? ¿En qué país se mueren más niños al nacer?

¿Cómo son el español y la española de hoy? ¿Dónde viven? ¿Cómo estudian? ¿**Se casan** o se divorcian? ¿Dejan el **hogar** o **continúan,** ya adultos, viviendo con los padres? Los datos de la página 503, sacados de 160.000 personas, proceden de una encuesta hecha en España.

El Instituto Nacional de Estadística contrató a 4.000 personas para hacer entrevistas y sacar el perfil de 34 millones de españoles mayores de diez años de edad.

Según la encuesta, el español típico está casado y tiene un hijo o dos. La familia tradicional, de tres o más generaciones, es ya historia porque en la mayoría de los hogares el **promedio** de hijos es de 1,5. Tal es el caso en el 23 **por ciento** de los 11.836.320 hogares en España.

A diferencia de sus vecinos en el resto de Europa, los jóvenes españoles no viven **solos** o independientes. Los que sí viven solos tienen más de 65 años, son **viudos** y son en su **mayoría** mujeres.

Actualmente, la edad **promedio** del español es de 36,2 años. Sin embargo, contando solamente a los mayores de 10 años, la edad promedio salta a los 40,3 años.

La española

Hay 17.385.890 de españolas mayores de 10 años

Mis Padres

Viven con sus padres (%)
Sí 35
No 64,8

Se van de casa
Hasta los años 80 . . . . 25,5 años
Década de los 90 . . . . 27,7 años

Siguen en casa
El 55,1 por ciento de las que tienen entre 23 y 32 años
El 86,3 por ciento de las solteras

Vuelven a casa
El 24 por ciento de las separadas y divorciadas

Mis Estudios

Elementales 51,9%
Medios 11,3%
Superiores 7,5%

Carecen de Estudios (%)
Mayores de 70 años 29,4
Entre 10 y 19 años 0,5

Analfabetismo (%)
Mayores de 70 años 20
Entre 10 y 19 años 0,3

Mi familia

Casadas 51,4%
Solteras 47,7%

Número de hijos 1,5

Diferencia de edad
Con el marido . . . . 1–2 años
Con el hijo mayor . . . 25–29 años

El español

Hay 16.541.720 de españoles mayores de 10 años

Mis Padres

Viven con sus padres (%)
Sí 40,1
No 59,8

Se van de casa
Hasta los años 80 . . . . 26,5 años
Década de los 90 . . . . 28,5 años

Siguen en casa
El 69,2 por ciento de los que tienen entre 23 y 32 años
El 90 por ciento de los solteros

Vuelven a casa
El 37,9 por ciento de los separados y divorciados

Mis Estudios

Elementales 52,4%
Medios 6,1%
Superiores 8,8%

Carecen de Estudios (%)
Mayores de 70 años 20,4
Entre 10 y 19 años 0,5

Analfabetismo (%)
Mayores de 70 años 8,9
Entre 10 y 19 años 0,2

Mi familia

Casados 54,6%
Solteros 44,4%

Número de hijos 1,4

Diferencia de edad
Con la esposa . . . . 1–2 años
Con el hijo mayor 25–29

CULTURA

El índice de natalidad en los países hispanos ha descendido de manera espectacular en los últimos treinta años. A pesar de las circunstancias particulares de cada país, ésta parece ser la tendencia general. En Perú y Bolivia, por ejemplo, los gobiernos han apoyado campañas para mostrar las **ventajas** de los planes familiares y el control de la natalidad. En Venezuela, sin embargo, el promedio de hijos ha bajado en treinta años de 6,7 a 2,7 sin campañas por parte del gobierno. Esto se debe a varios factores, como la crisis económica, la escasez de vivienda y el mayor acceso de las mujeres al trabajo y a la educación. Pero tal vez el caso más extremo de esta tendencia es el de España, que ha pasado de ser el país de Europa con más hijos por pareja en los años 1960, a ser, junto con Italia, el país con el índice de natalidad más bajo.

¿Qué dice usted?

🄫 **14-1 ¿Cómo es la sociedad en Hispanoamérica?** Determinen si las siguientes afirmaciones son ciertas (C) o falsas (F). En caso de que sean falsas, den la información correcta.

1. _____ En Guatemala viven menos mujeres que hombres.
2. _____ En Bolivia hay menos mujeres analfabetas que hombres.
3. _____ Bolivia tiene menos habitantes que Guatemala.
4. _____ Las argentinas tienen más hijos que las guatemaltecas.
5. _____ En Colombia se mueren más niños que en Bolivia.

🄫 **14-2 Las encuestas. Primera fase.** Busquen en el artículo y en las tablas la información necesaria para contestar las siguientes preguntas. Después comparen sus respuestas con las de otros/as compañeros/as.

1. De los 16.541.720 españoles mayores de 10 años, ¿qué porcentaje vive con los padres?
2. ¿Cuál es la edad promedio a la que se van de casa los hombres? ¿Y las mujeres?
3. ¿Qué porcentaje de los solteros sigue viviendo con sus padres?
4. Después de una separación o un divorcio, ¿qué porcentaje de mujeres vuelve a la casa de sus padres?
5. ¿Cuál es el índice (porcentaje) de analfabetismo entre las mujeres mayores de 70 años? ¿Entre los hombres? ¿Es grande la diferencia?
6. ¿Quiénes realizan más estudios a nivel de educación media, los hombres o las mujeres?
7. ¿Cuántos años de diferencia hay entre el hijo mayor y su padre?
8. ¿Quiénes constituyen la mayoría en España, los hombres o las mujeres?
9. Según la información que ustedes tienen, ¿hay algunos datos que pueden compararse con datos similares de Estados Unidos? ¿Cuáles?

Segunda fase. Piense en diez familias que usted conoce y haga un cálculo, basándose en los siguientes puntos. Después compare sus resultados con los de su compañero/a.

1. porcentaje de jóvenes entre 10 y 18 años que viven con sus padres
2. edad promedio en la que se casan las personas
3. edad promedio en la que tienen hijos
4. promedio de hijos por pareja

🄫 **14-3 Nuestras cifras. Primera fase.** Háganse preguntas para obtener los siguientes datos sobre sus respectivas familias.

1. número de personas que forman la familia nuclear
2. número de hombres y de mujeres
3. edad promedio de los miembros de la familia
4. número de personas que estudian
5. número de personas que trabajan

🄖 **Segunda fase.** Formen grupos y recopilen (*compile*) la información obtenida. Con esta información, preparen una tabla que indique el porcentaje de familias que hay:

1. con menos de tres miembros o más de tres miembros
2. con mayoría de mujeres o mayoría de hombres
3. con edad promedio de 40 años más o menos
4. con más o menos de dos personas con estudios universitarios
5. donde trabajan más o menos de dos miembros

El papel de la mujer

El papel de la mujer ha cambiado mucho en España en los últimos años. Hoy en día, el nuevo gobierno español incluye tantas mujeres como hombres.

■ (FEMPRESS) En un reciente estudio realizado en 553 empresas colombianas, Luz Gabriela Arango encontró que sólo el 23,7% de las directivas están constituidas por mujeres. Con todo, el estudio muestra que en este terreno, así como en otros, ha habido enormes cambios. En los años 1950, por ejemplo, todas las sucursales bancarias tenían un varón como gerente. En los años 1990, una alta proporción era dirigida por mujeres.

La encuesta "clase empresarial", realizada a ejecutivos, señala que la confianza en el desempeño profesional de la mujer es mayor que en el del hombre. De hecho, el 96,8% de los entrevistados le dio la más alta calificación a su honestidad; el 80% a la calidad de su trabajo; el 81,6% en materia de confiabilidad; el 79,2% lo dio a su cumplimiento.

En cuanto al manejo de la autoridad, las ejecutivas entrevistadas por *Dinero* consideran que mientras se valora a un hombre por ser enérgico, cuando una mujer asume posiciones fuertes puede causar rechazo. En cuanto al poder, se sienten menos ambiciosas y le dan menor prioridad que los hombres.

Las gerencias administrativas y de recursos industriales en manos de mujeres están aumentando. En algunas entrevistas de *Dinero*, se destaca y se apoya la participación de las mujeres en la empresa pues las consideran más responsables, más comprometidas, más honestas, se ausentan menos del trabajo que los hombres, demuestran mayor eficiencia en el manejo del tiempo y son más transparentes en el trabajo.

Es interesante ver, dice CIDER (Centro Interdisciplinario de **Estudios** Regionales), las áreas en las cuales se ha concentrado la presencia femenina. Éstas son en sectores financieros y de servicios, en el caso de la empresa privada, **y en** instituciones de servicio y manejo de relaciones públicas en el sector público, como son los ministerios de salud, educación, trabajo y relaciones exteriores. La mayor concentración de fuerza laboral femenina en un alto nivel **se ubica en** las labores ejecutivas, mientras que sólo el 8,2% de los funcionarios hombres está en ese nivel **no directi**vo.

¿Qué dice usted?

14-4 La mujer de hoy. Prepare un informe sobre la situación de la mujer en el mundo hispanohablante, utilizando la información que leyó en las estadísticas y las citas (*quotes*) de la página 505. Compare su informe con el de su compañero/a.

14-5 Mujeres ejecutivas. Primera fase. Cada uno/a de ustedes debe hacer una lista de cinco mujeres que ocupan puestos importantes en países hispanos o en su país. Hablen sobre estas mujeres, basándose en los siguientes puntos:

- puesto que ocupan y responsabilidades que tienen
- su personalidad y rasgos (*traits*) de carácter
- barreras que cada una ha tenido que superar en su área de trabajo

Segunda fase. Ahora, comenten lo siguiente.

1. ¿Qué tipo de personalidad y rasgos de carácter tienen en común estas mujeres?
2. ¿Realizan estas mujeres trabajos tradicionalmente femeninos, o han incursionado en el mundo laboral típicamente masculino?
3. ¿Hay semejanzas entre las barreras que estas mujeres han tenido que superar? ¿Cuáles son? ¿Cómo han logrado superarlas?

14-6 Hacia un nuevo siglo. Conversen sobre los logros de la mujer en este siglo y el pasado. Hagan una lista de los cambios que han afectado a la mujer en las siguientes áreas en los últimos 50 años.

- la familia
- la casa
- la educación
- el trabajo
- el gobierno/la política

Temas de hoy

Unos 2,5 millones de españoles han usado Internet para preparar sus vacaciones

La mitad de los españoles que viajan, mantienen o han tenido algún contacto con la red

EFE, Madrid
ELPAIS.es, 09-07-2004

Unos 2,5 millones de españoles han usado Internet para organizar sus vacaciones, comprar billetes de avión o de tren y reservar hotel o paquetes turísticos, según el informe del Observatorio Español de Internet (OEI), que cifra en 500 millones de euros el gasto que han supuesto estas compras por la red.

Francesc Canals, presidente del Observatorio, ha explicado que Internet está cambiando la forma de operar a la hora de organizar las vacaciones por la gratuidad del medio y la facilidad de uso, hasta el punto de que la mitad de los españoles que viajan, mantienen o han tenido algún contacto con Internet, aunque sólo sea de paso como turistas virtuales.

Según Canals, se estima que en España, uno de los países con más vacaciones del mundo, el 75% de la población (unos 36 millones) hace vacaciones, y de estos el 75% (unos 27 millones) las disfrutan en segundas residencias. El resto, entre 9 y 9,5 millones, se dedica a viajar, aunque sólo la mitad lo hace fuera del territorio nacional.

La explosión del turismo en Internet se refleja en el hecho de que en un año se ha pasado de 250 portales de viajes a más de 700, y a ello ha contribuido la puesta en marcha de operadores de vuelos baratos que permiten viajar a partir de 10 euros. En verano, según Canals, las compras turísticas han ganado a los vídeos, DVD, CD y otros soportes informáticos que siempre han sido los líderes de venta.

El 35% de las ventas en la red corresponden a billetes de avión, el 25% a paquetes turísticos completos y otro 25% a reservas de hoteles; con el resto se adquieren servicios turísticos complementarios como coches o guías de viaje.

¿Qué dice usted?

14-7 Entrevista. Primera fase. Vuelvan a leer el artículo anterior. Túrnense en los papeles de periodista y estudiante para entrevistarse sobre la organización de vacaciones por Internet.

PERIODISTA: ¿Usas Internet para organizar tus vacaciones?
ESTUDIANTE: Sí, siempre hago mis reservaciones por Internet.
PERIODISTA: ¿Cuáles son las ventajas de usar este medio para reservar vuelos y hoteles?
ESTUDIANTE: ...

Segunda fase. Hagan entre todos una encuesta para averiguar los siguientes datos de toda la clase:

1. número de estudiantes que organizan sus vacaciones por Internet
2. portales visitados por los estudiantes
3. objetivos turísticos más comunes entre los estudiantes

14-8 La mujer en los países hispanos. You will listen to a conversation between a reporter and a female lawyer about the status of women in the Hispanic world. Before you listen, list two questions you think the reporter might ask the lawyer and the answers that you think she might provide.

_____

_____

Now, pay attention to the general idea of what is said. Then, as you listen, circle the appropriate ending to each statement.

1. La doctora Gómez dice que la situación de la mujer ha mejorado porque...
   a. más mujeres son jefas de empresas.
   b. ahora hay más leyes que las protegen.
   c. hay muchas mujeres que no tienen hijos.

2. Según la doctora Gómez, en comparación con los hombres, las mujeres...
   a. no tienen que trabajar tanto.
   b. tienen que estar mejor preparadas.
   c. no estudian tanto.

3. Las mujeres hispanas ganan...
   a. más dinero que los hombres.
   b. tanto dinero como los hombres.
   c. menos dinero que los hombres.

4. En los hogares hispanos, el trabajo de la casa y la crianza de los hijos...
   a. está principalmente en manos de las mujeres.
   b. es compartido por todos los miembros de la familia.
   c. es la responsabilidad de los empleados domésticos.

1. Adverbial conjunctions that always require the subjunctive

a menos que	*unless*	para que	*so that*
antes (de) que	*before*	sin que	*without*
con tal (de) que	*provided that*		

These conjunctions always require the subjunctive when followed by a dependent clause.

Los empleados tienen una reunión **antes de que** su representante **hable** con el director.
The employees are having a meeting before their representative speaks with the director.

Ellos aceptan el mismo sueldo, **con tal de que mejore** el plan de hospitalización.
They accept the same salary, provided that the hospitalization plan improves.

El representante habla con el director **para que** los empleados **tengan** más beneficios.
The representative speaks with the director so that the employees may have more benefits.

2. Adverbial conjunctions: Subjunctive or indicative

aunque	*although, even though, even if*	en cuanto	*as soon as*
		hasta que	*until*
como	*as, how, however*	mientras	*while*
cuando	*when*	según	*according to, as*
después (de) que	*after*	tan pronto (como)	*as soon as*
donde	*where, wherever*		

■ These conjunctions require the subjunctive when the event in the adverbial clause has not yet occurred. Note that the main clause expresses future time.

Va a luchar **hasta que** la compañía **tenga** un programa de entrenamiento.
She is going to fight until the company starts a training program.

Nos reuniremos **después que comiencen** el programa.
We will meet after they start the program.

Me llamará **tan pronto reciba** la aprobación del programa.
She will call me as soon as she receives the approval of the program.

■ These conjunctions require the indicative when the event in the adverbial clause has taken place, is taking place, or usually takes place.

> Siempre apoya a los empleados **hasta que comienza** el programa de entrenamiento.
> *She always provides support to the employees until the training program starts.*

> Nos reunimos **después que comenzaron** el programa.
> *We met after they started the program.*

> Me llamó **tan pronto recibió** la aprobación del programa.
> *She called me as soon as she received the approval for the program.*

■ **Como, donde,** and **según** require the indicative when they refer to something definite or known, and the subjunctive when they refer to something indefinite or unknown.

> Van a organizar el programa **como sugiere** el consejero.
> *They are going to organize the program as the adviser suggests.*

> Van a organizar el programa **como sugiera** el consejero.
> *They are going to organize the program as the adviser may suggest.*

> Vamos a reunirnos **donde** ella **dice.**
> *We are going to meet where she says.*

> Vamos a reunirnos **donde** ella **diga.**
> *We are going to meet wherever she says.*

> Llena el formulario **según dice** el consejero.
> *Fill the form according to what the adviser says.*

> Llena el formulario **según diga** el consejero.
> *Fill the form according to whatever the adviser says.*

■ **Aunque** also requires the subjunctive when it introduces a condition not regarded as fact.

> Lo compro **aunque es** caro.   *I will buy it although it is expensive.*
> Lo compro **aunque sea** caro.   *I will buy it although it may be expensive.*

> ### LENGUA
>
> You learned that in Spanish, the subject is normally placed after the verb when asking a question: **¿La llamó el consejero?** (*Did the adviser call her?*) You may also postpone the subject in statements, especially when you wish to emphasize the subject: **La llamó el consejero.** (*The adviser called her.*)

¿Qué dice usted?

14-9 ¿Cuáles serán los cambios? Escoja la letra de la forma verbal correcta para completar las siguientes afirmaciones.

1. _____ No es probable que una mujer sea presidenta de este país a menos de que (a. cambian, b. cambien) mucho las cosas.
2. _____ Las leyes de los impuestos cambiaron según lo (a. pidieron, b. pidan) los miembros de la comisión.
3. _____ Las familias que tenían pocos hijos protestaron cuando (a. se aprobaron, b. se aprueben) las nuevas leyes.
4. _____ Como resultado, el gobierno disminuyó los impuestos a las familias numerosas para que las mujeres (a. tienen, b. tengan) más hijos y aumente así la natalidad en el país.
5. _____ Muchas personas dicen que no creerán en esta disminución de los impuestos hasta que no la (a. ven, b. vean).
6. _____ Otras personas creen que existen muchos problemas en las escuelas y que a menos que (a. se toman, b. se tomen) medidas drásticas, los problemas aumentarán en el futuro.

2 **14-10 ¿Acepto o no acepto?** A usted le han ofrecido un puesto en otra ciudad y está considerando la posibilidad de aceptarlo. Complete la oración "(No) Acepto..." usando las expresiones adverbiales de la izquierda y las selecciones apropiadas de la derecha. Su compañero/a debe decirle lo que piensa, escogiendo otras expresiones o selecciones.

MODELO: a menos que suban el sueldo aquí / (no) paguen la mudanza
E1: Lo acepto a menos que me suban el sueldo aquí.
E2: No lo aceptes a menos que te paguen la mudanza. o Acéptalo a menos que no te paguen la mudanza.

a menos que	esta semana termine
para que	(no) venda la casa
con tal (de) que	los alquileres no sean altos
sin que	mi familia conozca el lugar
antes (de) que	haya oportunidades de ascenso
	mi esposo(a)/amigo(a) consiga un trabajo allí
	la compañía pague el seguro de hospitalización
	tengan un buen plan de retiro (*retirement*)
	mi familia pueda vivir mejor
	...

2 **14-11 El trabajo a distancia.** Usted y su compañero/a trabajan desde su casa en un proyecto para una compañía en otra ciudad. Todo lo hacen en la computadora y se comunican por correo electrónico, fax y teléfono. Digan lo que van a hacer, usando las expresiones de la izquierda y una frase apropiada de la columna de la derecha.

MODELO: Yo voy a trabajar en la computadora hasta que... empezar las noticias / ser la hora de cenar
E1: Voy a trabajar en la computadora hasta que empiecen las noticias.
E2: Y yo voy a trabajar hasta que sea la hora de cenar.

1. Voy a enviarles un fax en cuanto...	leer los mensajes electrónicos
2. Comeré después de que...	tener tiempo
3. Voy a comprobar estos números tan pronto como...	hablar con el jefe de ventas
	ser muy tarde
4. No me acostaré hasta que...	ser las 12:00
5. Voy a trabajar esta noche aunque...	tener mucho sueño
6. Te mandaré mi sección antes de que...	recibir la información
	terminar el proyecto

14-12 Después de que termine el año escolar. Primera fase. Usted quiere descansar y divertirse después de que terminen las clases, pero también quiere hacer algo por su comunidad. Complete tres de las opciones que le interesen en cada columna y añada una más para expresar sus propias ideas. Después comparta sus planes con su compañero/a.

DIVERSIÓN DURANTE
LAS VACACIONES

1. Quiero dormir hasta que...
2. No voy a abrir los libros aunque...
3. Haré un crucero por... tan pronto como...
4. Iré a la playa todos los días a menos que...
5. ...

AYUDA COMUNITARIA DURANTE
LAS VACACIONES

1. Trabajaré de voluntario donde...
2. Ayudaré en la biblioteca después de que...
3. Les serviré comida a los desamparados (*homeless*) mientras...
4. Organizaré juegos infantiles en el parque para que...
5. ...

Segunda fase. Preparen un plan para ayudar a su comunidad. En su plan deben indicar lo siguiente:

- sector de la comunidad
- tipo de ayuda
- frecuencia
- medios que van a usar
- resultados que esperan obtener

14-13 El hombre y la mujer en la sociedad. Primero, indique su opinión con una X en la columna apropiada. Después compare sus respuestas con las de un/a compañero/a. Si la respuesta es negativa, defiendan su opinión y expliquen cuándo o bajo qué condiciones ocurrirán los cambios necesarios.

MODELO: ocupan más o menos el mismo número de puestos importantes.
No, los hombres ocupan la mayoría de los puestos importantes en las compañías y en el gobierno. Esto va a cambiar cuando las generaciones jóvenes puedan tomar más decisiones.

LOS HOMBRES Y LAS MUJERES...	SÍ	NO
reciben la misma educación.		
son tratados de la misma forma en el trabajo.		
ganan el mismo sueldo por el mismo trabajo.		
tienen las mismas oportunidades.		
hacen las mismas tareas domésticas.		
tienen los mismos derechos en un divorcio.		

SITUACIONES

1. **Role A.** You are the employees' representative in your company. Many employees have young children and can't find appropriate day care for them. In one of the company's buildings there is a vacant lounge that could be converted into a day-care center. Talk to the company president and explain: a) the employees' needs, b) the fact that a vacant lounge exists, and c) the advantages that a day-care center would bring to the company and its employees. Answer questions of the president based on the following information: there would be 25 children between the ages of one and four; it would require 20,000 pesos and three additional employees.

   Role B. You are the president of a company and the employees' representative comes to see you. Listen to his/her explanation and ask for the following information: a) the number and ages of the children that would benefit, b) the cost of turning the lounge into a day-care center, and c) the number of extra personnel needed. Then tell him/her that you will talk to the company Board of Directors **(Junta Directiva)** and will inform him/her of your decision.

2. You and your partner have just won 10 million dollars in the lottery and have decided to make donations to three institutions: your university, a hospital, and a museum. Decide a) how much you will give to each institution, b) how you want them to use the money, and c) under what conditions they should use it.

3. The past perfect

- Form the past perfect with the imperfect tense of **haber** and the past participle of the main verb.

IMPERFECT *HABER*		PAST PARTICIPLE
yo	había	
tú	habías	
Ud., él, ella	había	hablado
nosotros/s	habíamos	comido
vosotros/as	habíais	vivido
Uds., ellos/as	habían	

- Use the past perfect to refer to a past event or action that occurred prior to another past event or action.

Los legisladores **habían buscado** la información en los archivos antes de escribir el informe.	*The legislators had looked for the information in the archives before writing the report.*
Todos **habían terminado** a las dos.	*Everyone had finished at two.*

¿Qué dice usted?

14-14 ¡Recuerdos! Primera fase. Primero, marque con una X las opciones que representen su realidad y la de sus parientes o amigos en diferentes momentos de su vida. Luego compare sus respuestas con las de un/a compañero/a.

1. _____ Cuando yo tenía diez años, ya había escuchado discusiones políticas en mi casa.
2. _____ Cuando cumplimos diecisiete años, mis amigos y yo ya nos habíamos inscrito en un partido político.
3. _____ Cuando terminé la escuela secundaria, mis padres ya me habían comprado un carro.
4. _____ Cuando empecé la universidad, yo ya había trabajado por lo menos en dos lugares y había ahorrado (*saved*) algún dinero.
5. _____ Cuando pasó el primer mes de clases en la universidad, yo ya me había acostumbrado a todo el trabajo que tenía que hacer.
6. _____ Cuando visité a mi familia después de algunos meses, ellos ya sospechaban que yo me había hecho más independiente.

Segunda fase. Ahora hable con su compañero/a de un miembro de su familia o de un/a amigo/a con respecto a lo siguiente:

■ una experiencia divertida, triste o increíble que había tenido antes de graduarse de la escuela secundaria

■ dos logros —económicos, académicos, o personales— que había conseguido antes de entrar a la universidad o antes de los 18 años

■ algo positivo que le había ocurrido en su vida sentimental antes de cumplir los 22 años

14-15 ¡Qué familia tan colaboradora! La Sra. Jiménez, vicepresidenta de una multinacional, salió muy temprano de casa hoy y volvió tarde. Al salir de prisa por la mañana, había dejado mucho trabajo doméstico sin hacer. Pero al regresar, se dio cuenta de que todos los miembros de su familia habían ayudado con las tareas domésticas. Túrnense para decir qué había hecho cada uno.

MODELO: Cuando iba a salir, le dijo a su esposo que probablemente llegaría un poco tarde.

Al volver, vio que su esposo había cocinado para toda la familia.

1. Después del desayuno dejó los platos sucios en la lavadora de platos.
2. Antes de irse a la oficina, vio que había muchas hojas secas en el jardín.
3. Cuando salía de casa notó que el garaje estaba sucio.
4. Los dormitorios de sus hijos estaban desordenados y había ropa en el piso.
5. Como tenía prisa, dejó en su casa unas cuentas importantes que quería mandar por correo.
6. No llevó una ropa que quería dejar en la tintorería (*dry cleaner*).

2 **14-16 Un día terrible y un día maravilloso.** Cada uno de ustedes trabaja en empresas que dependen mucho de los adelantos de la nueva tecnología. Ayer fue un día terrible para usted en el trabajo y un día maravilloso para su compañero/a. Cada uno/a va a contar todas las cosas que le habían pasado antes de terminar el día. No se olvide de reaccionar apropiadamente al contenido de la historia y de hacer preguntas cuando sea necesario.

MODELO: E1: Ayer fue un día terrible. Cuando llegué a mi oficina, alguien había usado mi computadora y había perdido unos documentos importantes. Un compañero...

E2: Fue un día maravilloso para mí. Cuando llegué al trabajo, mi jefe me dijo que habían comprado computadoras nuevas para todos los empleados. Yo...

2 **14-17 Una encuesta. Primera fase.** Marque sus respuestas en la columna correspondiente y dígale a su compañero/a si usted u otros miembros de su familia ya habían hecho estas cosas antes del nuevo siglo.

MODELO: buscar trabajo por Internet
E1: Mi hermano y yo ya habíamos buscado trabajo por Internet.
E2: Yo nunca había usado Internet para buscar trabajo.

	SÍ	NO	QUIÉNES
1. manejar un carro que funciona con hidrógeno			
2. hacer trabajo voluntario en la comunidad			
3. votar en las elecciones presidenciales			
4. leer periódicos extranjeros en Internet			
5. encontrar amigos por medio del correo electrónico			
6. comprar un televisor de alta definición			

G **Segunda fase.** Averigüen cuáles son las tres actividades de la lista que marcaron más personas del grupo y qué miembros de la familia las hicieron. ¿Eran hombres o mujeres? Después comparen sus resultados con los de otros grupos.

SITUACIONES

Role A. You are an important businessman/woman who founded a survey company. Answer the questions that a reporter is going to ask you. Give him/her detailed information on how you think surveys will be undertaken in the future.

Role B. You are a reporter interviewing an important businessman/woman who founded a survey company. Ask him/her questions to find out: a) the date he/she opened the company, b) what he/she had done before starting the company (studies, positions held, places of residence, etc.) and c) his/her opinion on how surveys will be undertaken in the future.

---

4. Infinitive as subject of a sentence and as object of a preposition

- The infinitive is the only verb form that may be used as the subject of a sentence. As the subject it corresponds to the English *-ing* form.

Dialogar es necesario para lograr cambios.	*Talking is necessary for changes to occur.*
Hacer comentarios negativos no es bueno para las relaciones laborales.	*Making negative pronouncements is not good for work relations.*

- Use an infinitive after a preposition.

Llama **antes de ir.**	*Call before going.*
No llegues **sin avisarles.**	*Do not arrive without letting them know.*

- **Al** + *infinitive* is the equivalent of **cuando** + *verb*.

Al llegar, llamó al director.	*Upon arriving, he called the director.*
Cuando llegó, llamó al director.	*When he arrived, he called the director.*

¿Qué dice usted?

14-18 ¿Qué hay que hacer? Asocie las frases en la columna de la derecha con las de la izquierda.

1. _____ Educarse...
2. _____ Estudiar idiomas...
3. _____ Votar en las elecciones...
4. _____ Aceptar a los inmigrantes...
5. _____ Reciclar los periódicos...
6. _____ Participar en la vida política y económica...

a. es importante para mantener la democracia.
b. es vital para conseguir un buen trabajo.
c. es la mejor manera de aprender sobre otras culturas.
d. es necesario para proteger el medio ambiente.
e. es indispensable para una convivencia sana dentro de una comunidad.
f. es un derecho de todas la mujeres como ciudadanas de un país.

2 **14-19 Los letreros en nuestra sociedad. Primera fase.** Todos estamos acostumbrados a ver letreros o avisos (*signs*) en muchos lugares. Digan dónde se ven avisos como éstos.

MODELO: No correr.
E1: En el pasillo de una escuela.
E2: En el área/la zona de una piscina.

1. Usar el cinturón de seguridad.
2. No tirar basura.
3. Disminuir la velocidad.
4. No traer vasos de cristal.
5. Usar cascos en esta área.
6. No abrir esta puerta.
7. No fumar.
8. Hablar en voz baja.

Segunda fase. Ahora, preparen un letrero para mostrárselo a otra pareja. Ellos/as tienen que decir dónde sería bueno ponerlo y por qué. Después, compartan sus letreros con la clase.

2 **14-20 Opiniones.** Primero, marque con una X el casillero correspondiente en la tabla de acuerdo con su opinión. Después, compare sus respuestas con las de su compañero/a y añadan comentarios adicionales.

MODELO: dormir ocho horas
E1: Para mí, es necesario dormir ocho horas.
E2: Pues, para mí, dormir ocho horas es difícil. Trabajo mucho y generalmente, duermo seis.

ACTIVIDAD	IMPORTANTE	NECESARIO	DIVERTIDO	ABURRIDO	TERRIBLE	DIFÍCIL
mejorar el sistema educativo						
mantener las tradiciones familiares						
saber lo que pasa en el mundo						
usar el correo electrónico						
entender la televisión hispana						
conocer otras culturas						
luchar por una sociedad justa						
discriminar a los hombres/las mujeres						
ser madre/padre en estos tiempos						

② 14-21 Reacciones diferentes. Primera fase. Averigüe qué hace su compañero/a en los siguientes casos.

MODELO: antes de viajar en avión
        E1: ¿Qué haces antes de viajar en avión?
        E2: Antes de viajar en avión, normalmente compro unas revistas o
            pongo un buen libro en mi mochila.

1. antes de hacer un viaje largo en auto
2. antes de preparar un informe
3. después de leer las noticias en Internet
4. después de asistir a un partido de fútbol
5. antes de dormir
6. antes de ir a una entrevista para un trabajo

Segunda fase. Ahora, comparta la información que obtuvo en la **Primera fase** con otro/a estudiante diferente. ¿Reaccionan sus compañeros del mismo modo?

MODELO: E1: Antes de viajar en avión, X siempre va al banco y retira dinero.
            ¿Tú haces lo mismo?
       E2: Yo hago algo diferente. Generalmente rezo (*pray*) porque tengo
            pánico de viajar en avión.

② 14-22 ¡Viva la independencia! Al convertirse en una empresaria muy exitosa, la señora Suárez ya tiene un buen capital; por lo tanto desea hacer otras cosas interesantes. ¿Qué resultados van a tener sus planes?

MODELO: E1: Piensa trabajar menos horas.
       E2: Al trabajar menos tiempo, va a levantarse un poco más tarde.
       E1: Y al levantarse más tarde va a sentirse más relajada.

1. Le gustaría viajar por América Latina.
2. Quiere aprender a esquiar.
3. Desea tomar clases de pintura con un discípulo de Picasso.
4. Piensa pasar más tiempo con amigos.
5. Quiere contratar a dos empleados para que hagan su trabajo.
6. Como es divorciada, le gustaría conocer a alguien que sea compatible con ella.

Ⓖ 14-23 Unos avisos. Preparen dos avisos que se relacionen con algún problema o preocupación social. Compártanlos con la clase y digan dónde se deben poner.

SITUACIONES

The Students' Association in your university/college would like to publish a document on student rights and obligations. They have asked you and your partner to collaborate. Write a list of five fundamental rights and responsibilities that are representative of university students in today's society. Share your list with the class. After all the lists have been presented, the class should decide on the five most relevant rights and responsibilities.

MOSAICOS

 Escuchar

Identifying the speaker's point of view

When you listen to politicians, scientists, or lawyers being interviewed you notice that they frequently present their point of view about the situation or topic being discussed with the intention of convincing the listener of their position. It is important for you, as a listener, to identify their point of view to understand their position on an issue.

Antes de escuchar

14-24 Los cambios en la familia. In **14-25,** you will listen to a conversation between two women discussing the changes the Hispanic family has undergone. Before you listen, anticipate and write down some of the changes they will probably mention in reference to responsibilities in childrearing and house chores.

_____

_____

A escuchar

14-25 First read the statements below and, then, listen to the conversation between Sonia and Vilma regarding the changes in the Hispanic family they have witnessed during their lifetimes. As you listen, circle the statements that reflect Sonia's (**S**) point of view and those that represent Vilma's (**V**).

1. S V Los cambios que han ocurrido en la sociedad han tenido un efecto positivo.
2. S V La estructura de la familia ha cambiado, y ahora nadie se ocupa de la casa.
3. S V No era bueno el papel secundario que tenía la mujer en la casa.
4. S V Los abuelos han perdido el papel importante que tenían en la familia.
5. S V La mujer debe desarrollarse profesional e intelectualmente.

Después de escuchar

G **14-26 ¿Y usted?** Working in a small group, share your answers to the following questions.

1. ¿Piensa que los padres deben continuar trabajando fuera de la casa cuando tengan hijos pequeños?
2. ¿Le parece a usted que es importante que tanto el padre como la madre contribuyan a la economía del hogar? ¿Por qué?
3. ¿Cómo cree usted que se podría mejorar la situación de la familia en el mundo actual?

Antes de escuchar

14-27 Problemas de familia. In **14-28**, you will listen to a lecture given in a local library by a sociologist, Dr. Angulo. Before you listen, write down a list of four problems that modern families are facing.

_____

_____

A escuchar

14-28 First, read the statements below and, then, listen to part of Dr. Angulo's lecture. As you listen, circle the statements that best reflect Dr. Angulo's point of view.

1. El cuidado de los niños es responsabilidad de la sociedad.
2. Los hombres y las mujeres deben tener las mismas oportunidades y responsabilidades.
3. La falta de supervisión puede traer como consecuencia que los niños se relacionen con personas que no son buenas.
4. La violencia es causada por el alto número de familias que tienen sólo un padre o una madre.

Después de escuchar

 14-29 ¿Y usted? Working in a small group, share your answers to the following questions.

1. ¿Qué programas hay en su comunidad que sirven de apoyo a las familias donde no hay una figura materna o una figura paterna?
2. ¿Ha trabajado usted en alguno de esos programas? ¿Cómo ha cooperado usted? Si no lo ha hecho, ¿cómo piensa usted que podría cooperar?
3. ¿Qué programa(s) adicional(es) piensa usted que podría haber en su comunidad para ayudar a los niños y a los jóvenes?

Conversar

Antes de conversar

14-30 Los cambios de la sociedad. Lea la siguiente noticia publicada en un periódico español. Marque las ideas centrales.

Las mujeres hacen historia en España

El nuevo Presidente español, José Luis Rodríguez Zapatero, cumplió la promesa que había hecho durante su campaña, de darles a las españolas el lugar que se merecen en la importante labor de gobernar España.

Entre los dieciséis ministerios, ocho son ocupados por mujeres y ocho por hombres.

Una de las nuevas figuras femeninas del gabinete español es María Teresa Fernández de la Vega, la primera mujer Vicepresidenta de España y ministra de la Presidencia. Gran conocedora del sistema legal español, la nueva Vicepresidenta ha participado en importantes proyectos de democratización posteriores a la dictadura de Francisco Franco.

Las proyecciones futuras del trabajo de Fernández de la Vega son inmensas, ya que tendrá la responsabilidad de coordinar todos los ministerios, excepto el de economía. Ella y sus colegas ministras, Carmen Calvo (Ministra de Cultura), María Jesús Sansegundo (Ministra de Educación), Magdalena Álvarez (Ministra de Infraestructuras), María Antonia Trujillo (Ministra de Vivienda), Cristina Narbona (Ministra de Medio Ambiente), Elena Espinosa (Ministra de Agricultura y Pesca) y Elena Salgado (Ministra de Sanidad)[1], tendrán un papel protagónico en la vida política de la España del siglo XXI.

[1]health

A conversar

14-31 Problemas y soluciones. Al asumir la Vicepresidencia, María Fernández de la Vega encontró los problemas mencionados en la tabla, pero ella desea solucionarlos pronto. Léanlos y luego indiquen cuál de las ministras del gabinete español tendrá la responsabilidad de resolver cada problema y cómo creen ustedes que lo hará.

PROBLEMAS	¿QUÉ MINISTRA?	¿CÓMO LO HARÁ?
La atención en los hospitales rurales es deficiente. Debe mejorarse.		
Hay demasiados alumnos en los salones de clase.		
El aire de muchas ciudades españolas está contaminado.		
Muchas especies marinas están desapareciendo.		
A causa de la llegada de un gran número de inmigrantes de África, no hay suficientes viviendas.		

Después de conversar

G **14-32 ¿Qué condiciones deben darse (*occur*)?** Ustedes son consejeros de la nueva vicepresidenta y deben ayudarla a resolver los problemas que enfrenta el país. Discutan qué condiciones deberán darse y qué efecto esperan ustedes que estas soluciones tengan en la población o el lugar. Lean el ejemplo. Finalmente, prepárense para compartir sus ideas con la clase.

PROBLEMA	CONDICIÓN/CONDICIONES PARA RESOLVERLO	EFECTO EN LA CIUDAD/CIUDADANOS
Situación económica de los inmigrantes	*A menos que* la sociedad les dé oportunidades para mejorar su condición económica, su situación no va a cambiar. *o Con tal de que* mejoren su estatus de vida, ellos deben tener la oportunidad de conseguir un trabajo.	La educación será vital *para que* los inmigrantes obtengan trabajos mejor pagados.
Desempleo		
Condiciones de los hospitales rurales		
Contaminación		
Extinción de algunas especies marinas		
Convivencia entre los españoles y los nuevos inmigrantes		

Antes de conversar

2 **14-33 ¡Nuestros problemas!** Indiquen y expliquen por lo menos un problema (local, nacional o mundial) en las siguientes áreas.

MODELO: **Área:** seguridad

Problema: terrorismo

Explicación del problema: Hoy existen grupos terroristas que atacan y crean caos en el mundo. Nadie se siente seguro.

ÁREA

1. economía
2. igualdad
3. armas
4. salud

14-34 ¿Qué problema es más serio? Conversen sobre los problemas mencionados en **14-33**. Hagan lo siguiente:

1. Digan cuál de los problemas mencionados en **14-33** piensan que es más serio. Expliquen por qué.

2. Luego, háganse preguntas relacionadas con el problema más serio. Utilicen en sus respuestas las expresiones indicadas en *En directo* y tomen notas de las respuestas del grupo.

MODELO:　la falta de seguridad en las escuelas
　　　　　E1: ¿Creen/Les parece/Piensan que podamos terminar con la falta de seguridad en las escuelas?
　　　　　E2: Sí, cuando haya más disciplina y eduquemos mejor a los niños.

3. Lleguen a una conclusión entre todos sobre cuándo se solucionará el problema. Usen las siguientes expresiones:
　　　después de que　tan pronto como　en cuanto　cuando

Después de conversar

14-35 ¡A compartir! Preséntenle a la clase la información y conclusión a la que llegaron en la actividad **14-34**. Prepárense para presentar y defender su posición.

 Leer

Identifying the tone of a text

Have you ever heard a song or read a poem or a narrative, and had the sensation that a happy, sad, or funny feeling invaded you? Most likely the explanation to such an experience lies in the words chosen by the author to describe feelings, the setting, to create a special atmosphere in the poem. Likewise, a narrator will choose words and arrange events or occurrences in a particular manner to bring a story to life and cause a particular effect on the reader: suspense, tension, anger, frustration, excitement, etc.

Explained in very simple words, the tone of a text is that peculiar manner or style used by the speaker or writer—based on the content he/she is presenting—that creates a particular mood or reaction on the listener or reader.

In *Lección 14,* you will have the opportunity to determine the tone of a poem in Spanish.

Guía de prelectura

Look at the picture and the title of the poem in activity **14-38** and answer the following questions, using your personal experience, or your knowledge of love relations.

1. What may the central idea of this poem be? Circle all that may apply, in your view.
   a. A person falls in love with a dwarf.
   b. A woman thinks her beloved husband is lovely like a pet.
   c. A woman feels she is a prisoner of a man who keeps her caged like a bird.

2. How did you guess the answer(s) to question 1?
   a. personal experience
   b. knowledge of love relationships
   c. reading of poems about love relationships

Antes de leer

14-36 Preparación. De la siguiente lista de palabras o símbolos, ¿cuáles asocian ustedes con la relación de una pareja? Márquenlos con una equis (**X**) y prepárense para justificar su selección.

1. _____ una paloma (*dove*)
2. _____ el corazón
3. _____ querer, amar
4. _____ odiar, detestar
5. _____ un canario
6. _____ atrapar
7. _____ una jaula donde viven pájaros
8. _____ comprensión
9. _____ liberar
10. _____ dar

14-37 Vivencias. Lean las siguientes afirmaciones. Luego comenten si alguna vez ustedes mismos han dicho estas palabras, las han leído o escuchado. ¿En qué circunstancias dijeron o escucharon estas afirmaciones? ¿Dónde las leyeron? ¿En qué circunstancias diferentes podrían usar estas expresiones?

1. Me siento como un/a prisionero/a.
2. Por favor, déjame vivir mi vida.
3. Te amo.
4. No me pidas que te comprenda.
5. El problema es que tú no me entiendes.
6. Quiero volar como un pájaro.
7. Vivo sin libertad, como un pájaro en una jaula.
8. Suéltame. Déjame tranquilo/a.

A leer

14-38 Primera mirada. Lea el siguiente poema y, luego, siga las instrucciones.

Hombre pequeñito
de Alfonsina Storni

Hombre pequeñito, hombre pequeñito,
Suelta a tu canario, que quiere volar...
Yo soy el canario, hombre pequeñito,
Déjame saltar.
Estuve en tu jaula, hombre pequeñito,
Hombre pequeñito que jaula me das,
Digo pequeñito porque no me entiendes,
Ni me entenderás.
Tampoco te entiendo, pero mientras tanto
Ábreme la jaula que quiero escapar;
Hombre pequeñito, te amé media hora.
No me pidas más.

Indique si las siguientes afirmaciones son interpretaciones correctas (**C**) o incorrectas (**I**) del poema. Si son incorrectas explique por qué.

1. _____ El poema tiene un tono alegre.
2. _____ La persona que habla en este poema es un hombre.
3. _____ La voz del poema siente que la persona con quien conversa es un/a opresor/a.
4. _____ La persona con quien la voz dialoga lo/la trata bien y lo/la hace feliz.
5. _____ La persona piensa que su pareja no la comprende ahora, pero lo hará en el futuro.
6. _____ La expresión "pequeñito" en este poema significa que la persona es de baja estatura.
7. _____ La voz del poema quiere continuar viviendo con su compañero/a.
8. _____ La voz del poema desea darle amor a su pareja.

Después de leer

14-39 Segunda mirada. Marque el tono de cada una de las siguientes citas según el contexto del poema: tono irónico (**TI**), tono de seguridad (**TS**), tono de ruego (*pleading*) o súplica (**TR**), tono de desesperanza (**TD**).

1. _____ Hombre pequeñito, hombre pequeñito.
2. _____ Suelta a tu canario.
3. _____ Digo pequeñito porque no me entiendes.
4. _____ Ni me entenderás.
5. _____ Tampoco te entiendo...
6. _____ Ábreme la jaula...
7. _____ ...quiero escapar
8. _____ No me pidas más.

Escribir

Writing poetry is a unique artistic expression that allows human beings to convey concepts and feelings such as justice, heroism, beauty, love, sadness, loneliness, and to celebrate a special event, to mourn the death of a loved one, etc.

A poem undoubtedly affects a reader's mood not only by its content, but also by the manner in which its content is presented. Effects may range from feelings of happiness to sadness, and comfort, for example.

Overall, we must remember that poetry is a reflection of human experience, and in that sense, anyone can write poetry.

Antes de escribir

14-40 Preparación. Primera fase. Prepárese para escribir su propio poema, siguiendo el modelo del poema de la actividad **14-38**. Haga lo siguiente:

1. Decida para quién va a escribir el poema: ¿para una mujer o para un hombre?
2. Escriba una o dos palabras que describan a esta persona:
   _____ _____
3. Escoja un objeto, un animal, u otro elemento que represente sus sentimientos sobre la relación que tiene con esa persona: _____
4. Escriba tres o cuatro cosas que usted le pediría a la persona que haga por usted:
   _____ _____ _____ _____
5. Indique un lugar que usted asocia con esta relación: _____
6. Mencione una o dos cosas que usted le pediría a la persona que no haga.
   _____ _____

A escribir

14-41 Manos a la obra. Ahora, complete su poema, siguiendo el poema en **14-38**. Puede darle un tono alegre, triste, nostálgico, etc. No se olvide de darle un título.

Título: _____

Autor: _____

_____, _____,

_____ a tu _____, que quiere _____

Yo soy _____, _____,

_____.

_____, _____,

_____ que _____ me das.

Digo _____ porque no _____,

Ni _____.

Tampoco te _____, pero mientras tanto

_____ que quiero _____;

_____, te _____ media hora.

No me _____ más.

Después de escribir

14-42 Revisión. Lea su poema una vez más y responda a estas preguntas.

1. ¿Está usted satisfecho/a con el mensaje que le da a la persona a quien usted se lo escribe?
2. ¿Son comprensibles y coherentes las ideas?
3. ¿Siente usted que el poema tendrá el efecto que usted quiere?

Ahora, revise si...

- el vocabulario que usted usó es apropiado para describir a esta persona y los sentimientos que usted tiene por él/ella.

- la ortografía, puntuación, acentuación, etc. son apropiadas.

Finalmente, déle el poema a un/a compañero/a para que lo lea y lo disfrute.

ENFOQUE CULTURAL

Para pensar

¿Qué tipo de gobierno tiene los Estados Unidos? ¿Y los países hispanos? ¿Hay algún país hispano que tenga una monarquía? ¿Cuál? ¿Hay algún país hispano con un gobierno dictatorial en este momento? ¿Cuál? Casi todos los países hispanos tienen un gobierno democrático.

A causa de las grandes desigualdades sociales y a la multitud de problemas económicos, en algunos países hispanos, como Colombia, Perú, México, por ejemplo, han surgido grupos guerrilleros o revolucionarios.

Para contestar

2 **La democracia.** Respondan a las siguientes preguntas.

1. ¿Qué grupos amenazan a la democracia en los países hispanos?
2. ¿Cuáles, en su opinión, son los problemas que afectan más seriamente a la democracia en Hispanoamérica?
3. ¿Le parece a usted que los jóvenes deben mantenerse activos en la política? ¿Por qué?

En algunos países existen traficantes de drogas que también amenazan la paz y la democracia.

En España, después del regreso al trono del Rey Juan Carlos I se inició el camino a la democracia. En junio de 1977 se llevaron a cabo las primeras elecciones después de 40 años de dictadura de Francisco Franco.

G **Riqueza cultural.** En grupos de tres, discutan uno de los siguientes temas, mencionando sus causas y sus consecuencias. Si es necesario, investiguen sobre el tema.

- la revolución cubana
- el narcotráfico en Colombia
- el movimiento guerrillero en México (Chiapas)
- las dictaduras de los años 1970 (Chile, Uruguay, Argentina)

Para investigar en Internet

Busque el nombre y afiliación política de los presidentes de 5 países hispanos (dos de Sudamérica, dos de Centroamérica y uno de Norteamérica). Diga si son conservadores o liberales, qué reformas han hecho en su país, etc. Traiga esta información a clase y haga una presentación acerca de lo que averiguó. Sus compañeros/as, divididos/as en grupos, escogerán a uno de esos presidentes y darán su opinión sobre su labor, basándose únicamente en lo que usted presentó.

¡Prepárese!

(G) **14-43 El arte.** El Misterio 7, "Casa de belleza", tiene que ver con unos artistas mexicanos. Hagan una lista de todo lo que saben sobre el arte y/o los artistas mexicanos. Después, compartan su lista con las de otros grupos. Aquí están las pistas:

1. Accidente famoso
2. La bella y la bestia
3. Matrimonio tumultuoso
4. Vestidos de Tehuana

¿Pudieron adivinar a qué o a quién se refiere "Casa de belleza"? Miren ahora el Episodio 14 para ver si tenían razón.

Ángela y Manolo hablan de quién va a ganar el concurso. ¿Será Katie?

Katie pasea por las calles de Coyoacán.

Katie pudo solucionar la pista, "Vestidos de Tehuana" por sus conocimientos de arte mexicano.

Katie y Sabrina formaron una alianza para solucionar este misterio.

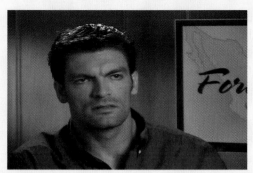

Carlos no entiende bien sus sentimientos
por Katie.

Carlos le dice a Tito que le importa más
ganar en la vida que ganar el juego.

¡Responda!

14-44 Acciones. Combine los infinitivos de la columna de la izquierda con las
frases de la columna de la derecha para formar oraciones lógicas en las que el
infinitivo sea el sujeto.

1. _____ Mentir...
2. _____ Competir...
3. _____ Hacer...
4. _____ Cooperar...
5. _____ Enamorarse...

a. de una competidora puede traer problemas de amor.
b. a los amigos causa falta de confianza.
c. con todos es una buena idea porque así todos
    ganan puntos.
d. con los otros participantes puede ser difícil.
e. alianzas es bueno porque dos personas pueden
    compartir los resultados.

Esta canción es un ejemplo del ritmo cubano "son montuno" y trata de un guajiro (campesino) que vive una vida humilde. El guajiro de la canción es un vendedor ambulante de frutas frescas, como el mamey, y está tratando de vender lo suficiente como para comprarle un traje de moda a su "guajira".

¡Prepárese!

14-45 Otros tiempos. Lea la letra de "Trabajador guajiro" y preste especial atención a las siguientes palabras: cosechar, maíz, buey y carreta. ¿Qué significan? ¿Qué tipo de vida representan?

Trabajador guajiro

El trabajador guajiro
sí que vive bien feliz,
porque tiene a su guajira
y cosecha su maíz.

Por la mañana temprano
enyugando bien los bueyes
que van a halar la carreta
cargadita de mameyes.

Y ahora se va para la ciudad
a vender mamey
y después comprar.

Y ahora se va para la ciudad
a vender mamey
y después comprar
un traje bien lindo
que sea de la moda
para su guajira
que es su reina mora.

A vender mamey, guajiro,
con el rocío de la mañana sale a la ciudad.

Un traje a su jibarita le quiere comprar
y los bueyes la carreta comienzan a arrastrar
y alegre el jibarito va cantando así.

¡Escuche!

14-46 Los instrumentos. Mientras escucha la canción complete las palabras siguientes para ver qué instrumentos se usan en esta canción. Todos son cognados.

1. la t _ om __ t a
2. el _ i __ o
3. el _ r _ m b _ n
4. el b __ g _
5. la f _ a u __
6. el v _ o __ n

¡Responda!

14-47 La vida campesina. Complete los espacios en blanco con una conjunción adverbial de la lista según la letra de la canción.

después de que a menos que para que con tal de que cuando donde aunque

1. El guajiro no le comprará un traje de moda a su guajira _____ venda suficiente fruta en la ciudad.
2. A él no le importa trabajar mucho _____ le compren las frutas.
3. _____ su vida es sencilla y humilde, el guajiro vive feliz.
4. Los bueyes arrastrarán la carreta _____ el guajiro llegue a la ciudad.
5. El guajiro está alegre _____ trabaja.

VOCABULARIO

La sociedad

la confianza	*trust*
el derecho	*right*
el divorcio	*divorce*
la eficiencia	*efficiency*
el hogar	*home*
la honestidad	*honesty*
la igualdad	*equality*
el ministerio	*ministry*
la separación	*separation*
la ventaja	*advantage*

Encuestas

los datos	*data*
la estadística	*statistic*
la mayoría	*majority*
la mitad	*half*
el perfil	*profile*
el promedio	*average*
el porcentaje	*percentage*

Personas

el/la habitante	*inhabitant*
el/la vecino/a	*neighbor*
la viuda	*widow*
el viudo	*widower*

Descripción

analfabeto/a	*illiterate*
actual	*present, current*
adulto/a	*adult*
enérgico/a	*energetic*
fiable	*trustworthy*
financiero	*financial*
notable	*notable, noteworthy*
solo/a	*alone*

Verbos

casarse	*to get married*
continuar	*to continue*
divorciarse	*to divorce*
encontrar (ue)	*to find*
proceder (de)	*to come from*
realizar (c)	*to carry out*
saltar	*to jump*

Palabras y expresiones útiles

el nivel	*level*
la sucursal	*branch (business)*

For a list of adverbial conjunctions, see pages 508–509.

15

LA CIENCIA Y LA TECNOLOGÍA

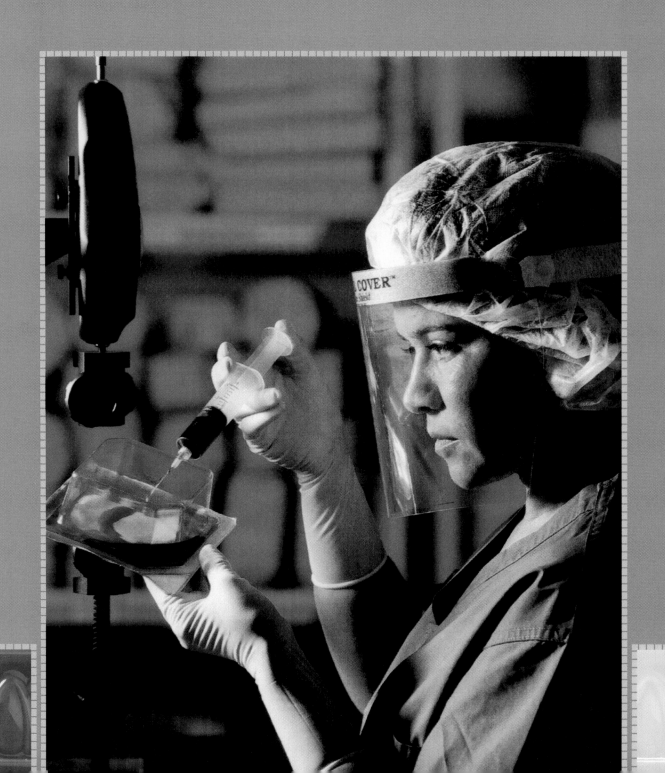

Objetivos comunicativos

- Talking about advances in science and technology
- Giving opinions and making suggestions
- Hypothesizing about the present and the future
- Softening requests and statements
- Expressing unexpected occurrences
- Expressing contrary-to-fact conditions in the present

Contenido

A PRIMERA VISTA

AUDIO *La conservación del medio ambiente*

¡AÚN ES TIEMPO!

La reserva de la biosfera es nuestra oportunidad

La reserva de la biosfera del alto Golfo de California y del delta del río Colorado puede ser la salvación de nuestra cultura pesquera. Juntos vamos a desarrollar un plan que nos permita manejar la reproducción y recuperación de los recursos naturales y de esta manera, asegurar nuestro bienestar y el de nuestros hijos.

¡El éxito depende de su participación!

La **cuenca** del río Amazonas cubre un área de más de 7 millones de kilómetros cuadrados, región comparable en extensión a dos terceras partes del territorio de los Estados Unidos. Debido a su densa vegetación selvática, esta área es conocida como el "pulmón" del **planeta**. Hoy en día, miles de **campesinos** llegan a la **selva** en busca de **tierra** para cultivar. La **deforestación** de nuestros **bosques** se considera una pérdida irreparable para el **medio ambiente** del planeta.

A INVESTIGAR

Busque información en Internet sobre organizaciones como Greenpeace o el Club Sierra, cuyo propósito es la protección del medio ambiente. Escoja una de esas organizaciones y prepare un breve informe oral con la siguiente información:
- ¿Qué objetivos tiene la organización?
- ¿Cómo se financia?
- ¿Quiénes trabajan en ella?
- ¿Cuál fue una de sus campañas recientes?
- ¿Qué objetivos tenía? ¿Cómo la realizaron?

¿Qué dice usted?

2 15-1 Amigos de la tierra. Completen la siguiente tabla de acuerdo con la información presentada. Después, hablen de la gravedad de cada situación y den ideas para mejorarla.

TEMA	PROBLEMA	ESTRATEGIA
la industria pesquera		
los bosques tropicales		

2 15-2 El futuro. Primero, haga una lista de tres adelantos científicos y tres cambios sociales que espera que se realicen en el siglo XXI. Luego, compare su lista con la de su compañero/a.

ADELANTOS CIENTÍFICOS	CAMBIOS SOCIALES
_____	_____
_____	_____
_____	_____

G 15-3 El problema más serio de hoy. Preparen un informe oral sobre su preocupación principal en cuanto al futuro del mundo y del ser humano. Incluyan soluciones posibles. Presenten sus ideas a la clase.

La ciudad del futuro

❶ LAS CIUDADES

- ▪ Se construirán ciudades verticales con edificios climatizados por medio de energía solar. Algunas se construirán sobre el mar.
- ▪ El 90% de la población vivirá en las ciudades.
- ▪ Las basuras urbanas serán recicladas.

❷ LA ATMÓSFERA

- ▪ La atmósfera sufrirá un calentamiento que hará subir el nivel del mar por los deshielos, causando inundaciones.
- ▪ La contaminación de los mares provocará la extinción de los bancos de peces.
- ▪ El agujero de la capa de ozono hará aumentar el número de enfermos de cáncer de piel.
- ▪ Se cultivarán plantas que mejoren la calidad del aire.

❸ LAS VIVIENDAS

- ▪ Todos los hogares estarán conectados a Internet. Las compras de alimentos se harán virtualmente.
- ▪ Las puertas y los aparatos electrónicos serán activados por la voz.
- ▪ Habrá robots que se ocuparán de hacer la limpieza.

La ciencia y la tecnología

4 EL TRANSPORTE

- Los trenes de alta velocidad conectarán las grandes ciudades y circularán por rieles suspendidos a la altura de los edificios.
- Los coches combinarán la energía eléctrica y la energía solar. Serán pequeñas cápsulas voladoras que podrán despegar y aterrizar verticalmente.
- El tráfico aéreo será controlado por satélite.

5 LA CIENCIA Y LA TECNOLOGÍA

- Habrá clonaciones de animales extinguidos.
- Los embriones humanos se seleccionarán genéticamente.
- Todos los teléfonos móviles tendrán una computadora incorporada.
- Los pacientes serán tratados en sus casas mediante la telemedicina.

¿Qué dice usted?

2 **15-4 Un futuro mejor. Primera fase.** Comparen las ciudades de hoy con las del futuro basándose en las ilustraciones anteriores. Consideren por lo menos dos de los siguientes temas: uso de ciencia-tecnología, medio ambiente, transporte, calidad de vida, criminalidad, delincuencia, consumismo, salud.

Segunda fase. Ahora hablen sobre dos problemas específicos que existen en la ciudad del presente. Hagan una lista de dos aspectos de cada problema que les gustaría mejorar. Luego, compartan sus ideas con el resto de la clase.

MODELO:　En la ciudad contemporánea hay poca seguridad física. Cualquier persona puede tener una arma y matar a quien quiera. Nos gustaría proponer una ley para limitar el uso de las armas de fuego.

G **15-5 Un mundo de tecnología.** Piense en el impacto de la tecnología en su vida. Anote tres actividades diarias en las cuales usted usa una forma de telecomunicación o una computadora. Compare sus notas con las de sus compañeros/as. Según ustedes, ¿es optativo u obligatorio el uso de la tecnología hoy en día?

G **15-6 ¡El futuro es hoy!** Primero, individualmente hagan una lista de cinco cosas que existen hoy y que no existían cuando sus padres tenían su edad. Luego, comparen su lista entre ustedes y expliquen el impacto y las consecuencias de estas nuevas cosas en sus vidas.

©Joaquín S. Lavado, QUINO, Toda Mafalda, Ediciones de la Flor, 1997.

G **15-7 Los OVNIS (Objetos Voladores No Identificados).** Imagínense que han visto una nave espacial de otro planeta. Describan todo lo que vieron, comentando las semejanzas y las diferencias entre ustedes y los vecinos desconocidos.

Nuevas fronteras

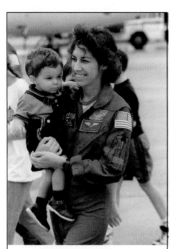

Una astronauta hispana

Ellen Ochoa es la primera mujer hispana astronauta. En 1990 fue seleccionada por la NASA y poco después cumplió su primera misión espacial. A bordo del *Discovery*, fue en 1999 a la estación espacial internacional para llevar equipo y repuestos.

Alcanzando las estrellas

Cuando tenía 9 años, Franklin Chang Díaz construyó su propia nave espacial usando una silla de la cocina y una caja de cartón. A los 15 años, diseñó un cohete mecánico y lo disparó hacia el cielo con un pobre ratoncito en la cabina, ¡y el ratón regresó a la tierra sano y salvo gracias a un paracaídas!

Más tarde Chang Díaz diseñó un motor de cohete para transportar a seres humanos al planeta Marte.

Originalmente de Costa Rica, Chang Díaz es el astronauta hispanoamericano más destacado de la NASA y el primer director latino del Laboratorio de Propulsión Avanzada de la NASA en Houston. En 1986, Chang Díaz llegó a ser el primer hispanoamericano que viajó en el transbordador espacial. En 1998 cumplió una misión en el *Discovery* y en el 2002 en el Endeavour.

¿Qué dice usted?

15-8 ¿Vamos al planeta Marte? ¿Creen ustedes que, durante su vida, será posible viajar al planeta Marte? Planeen el viaje y expliquen con quiénes irán, qué llevarán, cuánto tiempo tardarán en llegar, qué verán allí y cómo se sentirán física y emocionalmente en este nuevo ambiente. Compartan su plan con otros "astronautas" para formular el mejor plan posible.

AUDIO 15-9 El problema de la alimentación. You will listen to a short talk about the problem of feeding the world population. Before you listen, list two problems you think the speaker will mention and two solutions you think she might provide.

_____

_____

First, read the following incomplete ideas; then, pay attention to the general idea of what is said. Mark the appropriate ending to each statement as you listen.

1. Los gobiernos tienen que solucionar este problema:
   _____ el atraso de la agricultura
   _____ la falta de alimentos para la población
   _____ las pocas variedades de productos

2. La tecnología y los científicos...
   _____ pueden ayudar a solucionar este problema
   _____ trabajan en las Islas Filipinas
   _____ desarrollan computadoras de mucha utilidad

3. Si se aumenta la producción del arroz, los gobiernos pueden...
   _____ exportarlo y ganar más dinero
   _____ alimentar a más personas
   _____ obtener variedades más nutritivas

4. Hay que aprovechar los avances de la tecnología, pero también es necesario...
   _____ aumentar la productividad en un 70 por ciento
   _____ conseguir alimentos básicos
   _____ cambiar los métodos de cultivo

1. The imperfect subjunctive

In previous chapters, you studied the forms and uses of the present subjunctive. Now you will study the past subjunctive, which is also called the imperfect subjunctive. All regular and irregular past subjunctive verb forms are based on the **ustedes, ellos/as** form of the preterit. Drop the **-on** preterit ending and substitute the past subjunctive endings. The following chart will help you see how the past subjunctive is formed. Note the written accent on the **nosotros** forms.

		HABLAR (hablaron)	COMER (comieron)	VIVIR (vivieron)	ESTAR (estuvieron)
	yo	hablara	comiera	viviera	estuviera
	tú	hablaras	comieras	vivieras	estuvieras
Ud., él, ella		hablara	comiera	viviera	estuviera
nosotros/as		habláramos	comiéramos	viviéramos	estuviéramos
vosotros/as		hablarais	comierais	vivierais	estuvierais
Uds., ellos/as		hablaran	comieran	vivieran	estuvieran

(PAST OR IMPERFECT SUBJUNCTIVE)

- The present subjunctive is oriented to the present or future, whereas the past subjunctive focuses on the past. In general, the same rules that determine the use of the present subjunctive also apply to the past subjunctive.

  HOY → PRESENT SUBJUNCTIVE

  Los astronautas quieren que los trajes espaciales **sean** más ligeros.
  The astronauts want the spacesuits to be lighter.

  Van a cambiar los trajes espaciales para que **sean** más ligeros.
  They are going to change the spacesuits so they will be lighter.

  AYER → PAST SUBJUNCTIVE

  Los astronautas querían que los trajes espaciales **fueran** más ligeros.
  The astronauts wanted the spacesuits to be lighter.

  Cambiaron los trajes espaciales para que **fueran** más ligeros.
  They changed the space suits so they would be lighter.

- Use the past subjunctive after the expression **como si** (*as if, as though*). The verb in the main clause may be in the present or in the past.

  Gastan dinero en aparatos electrónicos **como si fueran** ricos.
  They spend money on electronic gadgets as though they were rich.

  Hablaba con el científico **como si entendiera** el problema.
  He talked with the scientist as if he understood the problem.

¿Qué dice usted?

② **15-10 Cuando era niño/a. Primera fase.** Individualmente marquen con un círculo lo que sus padres querían o no querían que ustedes hicieran cuando eran niños/as. Después comparen sus respuestas.

1. Querían que comiera muchos vegetales y frutas.
2. Querían que estudiara ciencias.
3. No querían que viera programas violentos en la televisión.
4. Querían que cuidara el medio ambiente.
5. Querían que leyera sobre el programa espacial y los astronautas.
6. No querían que estuviera sin hacer nada.

Segunda fase. Ahora, individualmente marquen con un círculo lo que cada uno de ustedes quería que sus padres hicieran cuando ustedes eran niños. Luego, comparen sus respuestas. Añadan otra opción, si es necesario.

1. Para divertirme con la tecnología...
   a. yo quería que me llevaran a ver una nave espacial
   b. deseaba que me permitieran jugar videojuegos muchas horas

2. Para estar con mis amigos...
   a. yo quería que me llevaran al parque los fines de semana
   b. les pedía que me permitieran jugar en las casas de ellos

3. Para pasarlo bien los fines de semana...
   a. yo quería que me dieran más dinero
   b. insistía en que me permitieran tener fiestas en casa

4. Para celebrar mi cumpleaños...
   a. siempre quería que me regalaran juguetes electrónicos
   b. prefería que me compraran ropa

② **15-11 En el laboratorio.** Pedro es muy inteligente, pero muy distraído. Hoy hizo unos experimentos con un científico en el laboratorio. ¿Qué le dijo el científico en estas situaciones? Túrnense para dar respuestas lógicas.

MODELO:　Pedro no se puso los guantes para hacer el experimento.
　　　　　　(El científico) Le dijo que se pusiera los guantes.

1. Llegó tarde al laboratorio.
2. Escuchaba música mientras hacía un experimento.
3. Dejó una botella de alcohol cerca de una estufa.
4. No esterilizó unos instrumentos.
5. Recibió una llamada en su celular.
6. La mesa donde Pedro trabajaba estaba muy desordenada.

② **15-12 Alguien que no nos cae bien. Primera fase.** Imagínense que ustedes conocen a una persona arrogante que cree que es mejor que nadie. Digan cómo se comporta esta persona en cada uno de los siguientes aspectos. Pueden usar los verbos que aparecen más abajo u otros.

MODELO:　hablar
　　　　　　Habla como si fuera más inteligente que sus amigos.

manejar	vivir	usar	gastar
discutir	cambiar	vestirse	caminar

1. su dinero/sus finanzas
2. su estilo de vestir
3. sus conversaciones con otras personas
4. la manera en que maneja su automóvil

2 **Segunda fase.** Ahora respondan a las siguientes preguntas.

1. ¿Conoce usted a alguna persona que sea arrogante?
2. ¿Qué hábito o comportamiento de esa persona le molesta a usted? ¿Por qué?
3. ¿Le gustaría a usted que esta persona cambiara? Si es así, ¿qué costumbre o comportamiento le gustaría que cambiara?

G **15-13 Un tren de alta velocidad.** El mes pasado comenzó a prestar servicio un tren de alta velocidad que conecta diferentes ciudades en la zona donde usted vive. Hablen de la situación actual del tren y compárenla con la situación de antes. Compartan sus opiniones con las de otros grupos. ¿En qué está de acuerdo toda la clase?

SITUACIONES

Role A. You are very concerned about the pollution and deterioration of the environment and have therefore joined an ecological group that wants to improve the situation. Talk with your partner and explain: a) what the purpose of creating the group was, b) who the members of the group are, and c) what the group has accomplished up to this point. Answer your partner's questions and explain how you feel as a member of the group.

Role B. Your partner gives you information about an ecological group to which he/she belongs. After listening to him/her, ask questions to get more information (members' duties, meetings, etc.). Then: a) tell him/her that you are interested in joining, and b) find out the date and time of the next meeting.

2. *If*-clauses

■ Use the present or future indicative in the main clause and present indicative in the *if*-clause to express what happens or will happen if certain conditions are met.

> **Puedes** obtener información sobre el Amazonas si la **buscas** en Internet.
> *You can get information on the Amazon if you look for it on the Internet.*

> Los bosques van a desaparecer si **continuamos** cortando árboles.
> *Forests will disappear if we continue cutting down trees.*

> Si **cuidamos** los recursos naturales, las generaciones futuras **tendrán** una vida mejor.
> *If we take care of the natural resources, future generations will have a better life.*

■ Use the imperfect subjunctive in the *if*-clause to express a condition that is unlikely or contrary-to-fact. Use the conditional in the main clause.

> Si le **dieran** más dinero al aeropuerto, el tráfico aéreo **podría** mejorar.
> *If the airport were to get more money, air traffic could improve.*

> Si **usáramos** la energía solar en las casas, **ahorraríamos** mucho petróleo.
> *If we used solar energy in our homes, we would save a lot of oil.*

¿Qué dice usted?

2 15-14 El mundo que todos queremos. Completen las ideas de la izquierda con una de las conclusiones de la derecha. En algunos casos, puede haber más de una respuesta lógica.

1. _____ Si tuviéramos más disciplina en las escuelas,...
2. _____ Si hubiera menos violencia en la televisión,...
3. _____ Si cuidáramos más nuestro planeta,...
4. _____ Tendríamos un mundo mejor...
5. _____ Si hubiera trenes de alta velocidad...
6. _____ Gastaríamos menos gasolina...

a. no contaminaríamos tanto el medio ambiente.
b. los alumnos aprenderían más.
c. si todos nos respetáramos más.
d. las personas manejarían menos en las carreteras.
e. habría menos problemas en la sociedad.
f. si usáramos el transporte público.

2 15-15 ¿Qué pasa si...? Túrnense para decir qué resultados se pueden obtener si se hacen ciertas cosas.

MODELO: leer los periódicos
Si leen los periódicos regularmente, sabrán qué está pasando en el mundo.

1. aprender otra lengua
2. reciclar plásticos y papel
3. proteger los recursos naturales
4. decir que "no" a las drogas
5. comunicarse solamente por correo electrónico
6. construir estaciones espaciales

2 15-16 ¿Cómo sería el mundo? Den sus razones para explicar cómo sería el mundo si se dieran las siguientes circunstancias. Después, compartan sus ideas con otros/as estudiantes.

1. si no hubiera televisión
2. si viviéramos 150 años
3. si la clonación fuera legal
4. si no hubiera fronteras entre los países
5. si pudiéramos viajar en autos supersónicos a todas partes
6. ...

G 15-17 Cambios. Digan qué harían ustedes en las siguientes áreas, si pudieran hacer cambios para mejorar las condiciones de vida en el país.

1. la falta de seguridad en las calles
2. las leyes de inmigración
3. la contaminación
4. los guetos (*ghettos*)
5. el fraude en Internet
6. ...

SITUACIONES

Your university has received a large sum of money to set up a recycling program on condition that students participate and organize parts of the program. Your partner and you would like to take part in this project. Talk in detail about: a) how you will participate in the project, b) what should be recycled and where, c) the staff needed and the costs, etc.

3. *Se* for unplanned occurrences

- Use **se** + *indirect object* + *verb* to express unplanned or accidental events. This construction emphasizes the event in order to imply that no one is directly responsible.

Se **les apagaron** las luces.	*Their lights went out.*
A él **se le acabó** el dinero.	*He ran out of money.*
Se **nos olvidó** el número.	*We forgot the number.*
A los Álvarez se **les descompuso** la computadora.	*The Álvarez's computer broke down on them.*
Se **te rompió** la chaqueta.	*Your jacket got torn.*

- Use an indirect object pronoun (**me, te, le, nos, os, les**) to indicate whom the unplanned or accidental event affects. Place the pronoun between **se** and the verb. If what is lost, forgotten, and so on, is plural, the verb also must be plural.

Se **me quedó** el dinero en el hotel.	*I left the money in the hotel.*
Se **me quedaron** los boletos en casa.	*I left the tickets at home.*

¿Qué dice usted?

15-18 ¿Qué les pasó? Complete lógicamente las oraciones de la columna de la izquierda, usando las oraciones de la columna de la derecha.

1. _____ Hablaron con el plomero porque
2. _____ Tuve que usar la tarjeta de crédito porque...
3. _____ No pude llamarte por el celular porque...
4. _____ Tuvieron que llamar al electricista porque...
5. _____ Llamamos al técnico porque
6. _____ Llegué tarde a casa de mi novia porque...

a. se me quedó el dinero en casa.
b. se nos descompuso la computadora.
c. se me olvidó tu nuevo número de teléfono.
d. se me perdió la llave del coche.
e. se les inundó el baño.
f. se les apagaron las luces en la casa.

15-19 Problemas. Usted trabaja en el laboratorio de ingeniería genética. Ayer hubo muchos problemas. Explique qué pasó usando las sugerencias entre paréntesis.

MODELO: El investigador no pudo completar el experimento.
(olvidarse la fórmula)
Se le olvidó la fórmula.

1. Los técnicos estaban preocupados. (romperse el microscopio)
2. El director no fue a trabajar. (enfermarse un hijo)
3. Los ayudantes llegaron tarde. (acabarse la gasolina)
4. La doctora Milán no pudo entrar en el laboratorio. (perderse las llaves)
5. El subdirector no recibió su correo electrónico. (descomponerse la computadora)
6. Un técnico estaba histérico. (perderse unos datos importantes)

2 **15-20 ¿Qué pasó?** Túrnense para describir lo que ven en los dibujos y después digan qué les pasó a las personas.

MODELO: María no se sentía bien y decidió llamar al médico. Cuando encontró un teléfono público para llamarlo, se le olvidó el número.

a.

b.

c.

EN DIRECTO

To talk about traffic violations:

¿Podría ver su permiso/carnet de conducir?
May I see your driver's license?

Tengo que ponerle/darle una multa.
I must give you a fine.

SITUACIONES

Role A. You are driving through a school zone and a police officer stops you and asks you several questions because he/she suspects you are driving over the speed limit. Answer the police officer's questions and explain that you do not have your license with you. Try to convince him/her that you are a good driver and that you do not go over the speed limit.

Role B. You are a police officer. It is the end of the school day, and you are making sure that drivers are respecting the speed limit in the school zone while the children come out. You decided to stop a driver who seemed to be driving over the speed limit. To confirm your suspicions, do the following: a) ask him/her what speed must be maintained in a school zone, b) at what speed he/she was driving, and c) ask to see his/her driving license. Finally tell him/her that it is illegal to drive without a license and that you are going to give him/her a fine.

MOSAICOS

Escuchar

Identifying main idea, specific information, and the speaker's intention

In your daily interactions with others, you do more than simply listen to recognize main ideas, recall information, or identify the speaker's intention. You need to process (analyze, decipher, decode, discriminate, etc.) information on the spot.

In the following listening tasks, you will have to identify and write in Spanish the speaker's intention. You may do it as follows:

■ *X quiere que Y* + subjunctive (Pablo quiere que sus padres le den dinero.)

■ *X quiere* + infinitive (Pablo quiere conseguir dinero de sus padres.)

■ *Que le den dinero* (elliptical version of *Pablo quiere que…*)

Antes de escuchar

15-22 ¿Qué les pasó? In **15-23,** you will listen to Ignacio and Lidia talking about the problems they have had today. Before you listen, write down three things that may go wrong when you are in a hurry.

_____

_____

A escuchar

15-23 First read the statements below and then listen to Ignacio, Lidia, and Agustín. As you listen, mark the statements that reflect the main problem each of them had and the specific details supporting your choice. Finally, write each speaker's intention for sharing this information.

1. Ignacio
   Problema principal: a. No se pudo bañar ni cambiar de ropa.
                       b. Llegó tarde a la cita con su novia.
   Detalles: a. Fue a sus clases en la universidad.
                       b. Se le perdió la llave de su casa.
   Intención: _____

2. Lidia
   Problema principal: a. Su auto no funciona.
                       b. No tiene mucho dinero.
   Detalles: a. El mecánico le va a cobrar mucho dinero.
                       b. Oyó un ruido raro.
   Intención: _____

Después de escuchar

2 **15-24 ¿Y usted?** Share with a classmate your answers to the following questions.

1. ¿Cómo ha pasado el día de hoy? ¿Ha tenido algún problema?
2. ¿A quién llama usted generalmente cuando tiene un problema? ¿Por qué?
3. ¿Qué haría usted si tuviera los problemas que tuvieron Ignacio y Lidia?

Antes de escuchar

 15-25 Avances en la medicina. In **15-26** you will listen to a presentation about technology and medicine and what is expected to happen in the future. Before you listen, write down a list of two technological or medical advances you are aware of and how they help patients.

_____

_____

A escuchar

15-26 First read the statements below and then listen to the presentation. As you listen, mark the statements that reflect the main idea, the specific details supporting the main idea, and each speaker's intention for sharing this information.

1. El marcapasos...
   a. se usa para ayudar a los corredores
   b. les ha salvado la vida a muchas personas

   Detalles: a. Regula los latidos del corazón de los pacientes
   　　　　　 b. Se inventó hace 10 años
   Intención: _____

2. Con el implante en el oído...
   a. los sonidos suenan como una lengua extranjera
   b. los sordos pueden oír muy pocos sonidos

   Detalles: a. El aparato se coloca en el oído interno
   　　　　　 b. El aparato aumenta el volumen de los sonidos
   Intención: _____

3. En la actualidad se están haciendo...
   a. máquinas eléctricas que ayudan a los enfermos.
   b. implantes para ayudar a los ciegos y a los parapléjicos.

   Detalles: Uno de los avances...
   　　　　　 a. es como un ojo artificial.
   　　　　　 b. es un músculo artificial.
   Intención: _____

Después de escuchar

15-27 ¿Y usted? With a classmate, share your answers to the following questions.

1. Según usted, ¿de qué otra forma la tecnología puede ayudar a la medicina?
2. ¿Conoce usted a alguien que se haya beneficiado de la tecnología en el tratamiento de su salud?
3. ¿En qué otras áreas, además de la medicina, puede ayudar la tecnología? Explique.

Conversar

Antes de conversar

15-28 Anécdotas. Primera fase. Lea las siguientes anécdotas que les ocurrieron a dos celebridades y luego, siga las instrucciones.

> Hace unos años, cuando comenzaba mi carrera, invité a comer a una amiga un sábado por la noche. Recuerdo que fuimos a un restaurante francés muy elegante y caro de San Francisco, donde yo vivía entonces. Después de que habíamos comido y bebido el mejor champán, me trajeron la cuenta. Llevé la mano al bolsillo de mi chaqueta y, con horror, me di cuenta de que se me había olvidado la billetera en casa. Llamé al camarero y le expliqué la situación. Incluso le dije quién era. Con una mirada y tono irónicos el camarero me dijo: Si usted es..., yo soy Brad Pitt. Por favor, no me cuente historias.

> Lo recuerdo como si fuera hoy. Una tarde de invierno, mi esposo y yo decidimos ir de incógnito a Manhattan. Nos pusimos los vaqueros, tomamos nuestros abrigos y salimos. Íbamos a pasar unas horas comprando en las tiendas chinas, y luego íbamos a ver una película. Después de manejar y conversar animadamente unos 20 minutos por las carreteras, se nos descompuso el Ferrari. ¡Qué horrible! Tanto mi esposo como yo nos bajamos del carro para ver qué había pasado. Aparentemente no había ningún problema mecánico en el coche. Volvimos al carro y, de repente, mi esposo se dio cuenta de que se nos había descompuesto el marcador de gasolina y que se nos había olvidado llenar el tanque. Como estábamos bloqueando una ruta muy transitada, llegó la policía y nos preguntó qué nos había ocurrido. Le contamos la historia, pero no nos creyó y nos puso una multa.

Segunda fase. Ahora piense en una experiencia semejante —trágica, cómica, tragicómica— a los relatos de la **Primera fase.** Tome nota de los siguientes detalles para compartir con un/a compañero/a.

- Quién(es) estaba(n) presente(s) en la situación.

- Cuándo y dónde ocurrió. Escriba algunas palabras (adjetivos, verbos, adverbios) que describan el escenario.

- Qué ocurrió, qué hicieron y cómo reaccionaron usted y la(s) otra(s) persona(s).

- Cómo terminó la situación.

En el recuadro en la próxima página, hay algunas ideas que pueden ayudar.

Se le quedó algo importante en un lugar que ya había cerrado.
Se le olvidó algo importante en un lugar público o inapropiado.
Se le rompió algo de mucho valor: una joya, un jarrón de cristal, un espejo fino...
Al regresar de un viaje, ve que se le quedó algo indispensable en el hotel.
Se le quedó la tarea en la casa de sus padres, a 400 millas de la universidad.

A conversar

G **15-29 Increíble!** Compartan la experiencia para la que se prepararon en la actividad **15-28**. Cada miembro del grupo debe reaccionar mientras escucha el relato de los otros y hacer preguntas. Finalmente, el grupo debe elegir la experiencia que les pareció más interesante.

Después de conversar

G **15-30 La anécdota más increíble de todas.** Un miembro de cada grupo de la actividad anterior debe compartir con la clase la anécdota más increíble de su grupo. Al final, la clase entera votará por la anécdota más increíble de todas. Finalmente, la persona que tuvo esta experiencia responderá a las preguntas o reaccionará a los comentarios de sus compañeros/as.

Antes de conversar

2 **15-31 La tecnología en la rutina diaria.** Hagan una lista de algunos usos de la tecnología que son imprescindibles en la vida diaria, en las siguientes áreas. Pueden añadir otra área, si es necesario.

ESTUDIOS	CASA	TRABAJO	TRANSPORTE	SALUD	RELACIONES INTERPERSONALES	¿OTRA?

A conversar

G **15-32 ¿Es la tecnología una ayuda o una limitación?** Comparen las listas que prepararon en **15-31** y, luego hagan lo siguiente.

1. Escojan los dos aparatos tecnológicos más imprescindibles en cada área.
2. Comenten **una** manera en que el uso de estos aparatos los/las ha afectado positiva o negativamente en cada una de las áreas indicadas en **15-31**.
3. Prepárense para compartir sus conclusiones con la clase. Tomen apuntes.

MODELO:　E1: Yo no podría vivir sin café; por eso, la cafetera es imprescindible en mi casa. Definitivamente la invención de la cafetera me ha afectado positivamente.
　　　　　E2: Yo tampoco podría vivir sin tomar café. Así que estoy de acuerdo contigo. *o* Yo no estoy de acuerdo. Me parece que la cafetera ha afectado negativamente nuestra salud.
　　　　　E3: Yo también. Bueno, entonces todos pensamos que la invención de la cafetera ha sido positiva para nosotros. *o* Bueno, entonces parece que hay una minoría en nuestro grupo que piensa que la cafetera no nos ha beneficiado.

Después de conversar

G **15-33 Conclusiones.** Ahora compartan con la clase las conclusiones a las que llegaron en la actividad **15-32.** Justifiquen su posición.

Leer

Identifying the perspective of the story and recognizing affixes

A narrative is told by a narrator from one of two perspectives: that of a protagonist (someone who tells his/her own experiences: I, we) or that of a witness (someone who tells what he/she sees or witnesses: he, she, they). Therefore, to identify the perspective of a story, the following questions will help you: Who witnesses the event? Who is speaking? Who is responding?

Guía de prelectura

Look at the picture and the title of the story in activities **15-35** and **15-36,** and answer these questions, using your knowledge of the world and of technology.

1. Anticipate the content of the story by its title. What ideas or concepts do you associate with the word "apocalypse"? Circle all that apply, in your view.
   a. birth
   b. death
   c. destruction
   d. life

2. What may be the central idea of this story? Circle all that may apply, in your opinion.
   a. A scientist uses technology to destroy himself.
   b. Human beings use technology to make their lives easier.
   c. There are two sides to the use of technology: one constructive, another destructive.

3. How did you guess the answers to questions 1 and 2?
   a. what I have read about the topic
   b. personal view of the topic
   c. what experts think of the topic
   d. the visual material used

4. Now, skim the text on page 550 and find at least two words that support your answers to questions 1 and 2. _____

Antes de leer

2 **15-34 Preparación.** De la siguiente lista, marquen con un círculo las máquinas, aparatos o servicios que ustedes esperarían encontrar en una sociedad donde se usa una tecnología avanzada. Luego, compartan sus respuestas con la clase.

1. teléfonos inalámbricos
2. automóviles voladores
3. relojes digitales
4. servicio postal automatizado
5. computadoras compactas
6. impresoras electrónicas
7. aviones sin pilotos
8. luces activadas por la voz humana

LENGUA

Hay numerosas expresiones con **se** que forman parte del lenguaje diario de las personas de habla hispana.

Lea las siguientes expresiones y piense en qué situaciones se podrían usar.

- Se me pone la piel de gallina (*goosebumps*).
- Se me fue el alma a los pies (*heart sank*).
- Se me va la lengua (*gave myself away*).
- Se me congela la pantalla (*freezes on me*).

15-35 ¿Qué ven ustedes? Contesten las siguientes preguntas, basándose en el dibujo.

a. ¿Qué tipo de lugar es éste?
b. ¿Hay algún aparato en el dibujo que pueda hacer el trabajo mejor que un ser humano? ¿Cuál?
c. ¿Cómo se imaginan ustedes la vida del profesional que aparece en el dibujo: su rutina diaria, sus intereses, sus pasatiempos, sus relaciones interpersonales, etc.?

A leer

15-36 Primera mirada. Lea el siguiente microcuento escrito por Marco Denevi, un conocido escritor argentino, y luego siga las instrucciones.

Apocalipsis I

La extinción de la raza de los hombres se sitúa aproximadamente a fines del siglo XXXI. La cosa sucedió así: las máquinas habían alcanzado tal perfección que los hombres no necesitaban comer, ni dormir, ni leer, ni escribir, ni siquiera pensar. Les bastaba apretar botones y las máquinas lo hacían todo por ellos.

Gradualmente fueron desapareciendo las mesas, los teléfonos, los Leonardo da Vinci, las rosas de té, las tiendas de antigüedades, los discos con las nueve sinfonías de Beethoven, el vino de Burdeos[1], las golondrinas, los cuadros de Salvador Dalí[2], los relojes, los sellos postales, los alfileres[3], el Museo del Prado, la sopa de cebolla, los transatlánticos, las pirámides de Egipto, las Obras Completas de don Benito Pérez Galdós.[4] Sólo había máquinas.

Después los hombres empezaron a notar que ellos mismos iban desapareciendo paulatinamente[5] y que en cambio las máquinas se multiplicaban. Bastó poco tiempo para que el número de los hombres quedase reducido a la mitad y el de las máquinas aumentase al doble y luego al décuplo.[6] Las máquinas terminaron por ocupar todo el espacio disponible. Nadie podía dar un paso, hacer un simple ademán[7] sin tropezarse[8] con una de ellas. Finalmente los hombres se extinguieron.

Como el último se olvidó de desconectar las máquinas, desde entonces seguimos funcionando.

[1]región de Francia famosa por sus vinos   [2]famoso pintor y diseñador español conocido por su estilo surrealista y su excentricidad   [3]*pins*
[4]famoso novelista español (1843–1920)   [5]gradualmente   [6]*tenfold*   [7]*gesture*   [8]*stumble*

Marque con una X la información relacionada con la perspectiva del narrador.

1. _____ El narrador de la historia es un científico que vive la experiencia.
2. _____ No se puede saber quién es el narrador porque no hay diálogo entre las máquinas.
3. _____ Quien vive la experiencia es quien la relata.

Marque con una X la información relacionada con el narrador.

4. _____ Al fin de la historia descubrimos quién es el narrador.
5. _____ El narrador habla desde la perspectiva del tiempo futuro.
6. _____ El protagonista de la historia es un ser humano.
7. _____ El narrador es una máquina.

Marque con una X la información relacionada con la trama de esta historia.

8. _____ Según el narrador, las máquinas evolucionaron tanto que lograron alcanzar la perfección del ser humano.

9. _____ El ser humano, según el narrador, se dio cuenta de que las máquinas lo estaban controlando, y las destruyó.

10. _____ Al fin de la historia, la mayor parte del espacio lo ocupaban las máquinas porque había menos seres humanos.

Después de leer

15-37 Ampliación. Busque en el texto el antónimo de las siguientes palabras y escríbalo en los espacios en blanco. Cuando sea necesario, agregue uno de los siguientes prefijos para formar el antónimo: **in-, im-, des-.**

1. aparecer _____
2. completas _____
3. empezar _____
4. aumentar _____
5. perfección _____
6. conectar _____

 Escribir

In works of fiction there seems to be no limits as to how events and characters are represented. In fact anything may happen or become a reality in the writer's eyes. Therefore, through fantasy, characters' behaviors and views are exaggerated to impact the reader. In that sense, history may also be also considered fiction when courageous, extraordinary actions turn individuals into heroes.

In general, fiction is one way of presenting reality. It represents the dreams of human beings. Fiction is like daydreaming. It helps us deal with our present and speculate about our future.

Antes de escribir

15-38 Preparación. Imagínese que usted es una de las máquinas que quedaron funcionando después de la desaparición de los seres humanos. Usted siente que su existencia ha cambiado desde que ellos se extinguieron. Prepárese para escribir sobre el pasado y el futuro de las computadoras en "Apocalipsis I."

1. Escriba algunas ideas que describan la existencia de las máquinas después de la desaparición del ser humano: ¿Es su vida actual (rutina, costumbres, creencias, etc.) semejante o diferente a la del pasado? ¿Qué hacían las computadoras antes que ya no hacen hoy o viceversa?
2. Indique dos actividades o condiciones que usted extraña (*miss*) cuando piensa en su vida con los seres humanos:

   a. la interacción diaria

   MODELO: Si pudiéramos escuchar las divertidas conversaciones de los seres humanos, no nos sentiríamos tan solas.

   b. el trabajo cotidiano

   MODELO: Si los seres humanos vivieran, no tendríamos que hacer todo el trabajo sin su ayuda.

3. Mencione tres errores cometidos por el ser humano que, según usted, tuvieron relación directa con su desaparición y explique por qué.

A escribir

15-39 Manos a la obra. Ahora, en el papel de una de las máquinas que sobrevivió la desaparición del ser humano, escriba un cibertexto. Use la información que preparó en **15-38** para hacer lo siguiente:

- Describa su existencia antes y después de la desaparición de los seres humanos.

- Indique las cosas que usted extraña con nostalgia de su interacción diaria y su trabajo cotidiano con los humanos.

- Especule sobre algunos errores que, según usted, provocaron la extinción de la raza humana.

Después de escribir

15-40 Revisión. Lea su cibertexto. Recuerde que éste va a ser leído por otras máquinas de inteligencia superior a la humana que no toleran errores ni imprecisiones de ningún tipo.

- El contenido. En su cibertexto, ¿usó ideas originales e interesantes? ¿Resaltó las características positivas y/o negativas del ser humano? ¿Fluyen las ideas?

- La organización. ¿Hay un orden lógico y claro en la presentación de las ideas?

- La forma de su cibertexto.

  a. La gramática. ¿Usó vocabulario apropiado al tema y expresiones de cohesión? ¿Revisó la concordancia, el tiempo (presente, pasado, futuro, condicional) y los modos (indicativo, subjuntivo)?
  b. La puntuación y ortografía. ¿Utilizó las comas, puntos, etc. necesarios?

Finalmente, comparta su cibertexto con su compañero/a editor.

TEMAS: LA ECONOMÍA, LA INDUSTRIA Y LA TECNOLOGÍA EN LOS PAÍSES HISPANOS

Para pensar

¿Cuáles son algunas de las industrias más importantes en los Estados Unidos? ¿Qué avances tecnológicos se han llevado a cabo en los últimos años? ¿Cómo han influido estos avances en la vida diaria de los ciudadanos? ¿Sabe usted qué industrias se han desarrollado más en los países hispanos en las últimas décadas?

Todos los países hispanos están haciendo grandes avances industriales y tecnológicos.

Existe una serie de acuerdos entre los diferentes países para integrar sus economías y eliminar las barreras de exportación. En América del Sur están, entre otros, el Grupo de los Tres, formado por México, Venezuela y Colombia; y el Mercado Común del Cono Sur, integrado por Argentina, Brasil, Paraguay y Uruguay. Además existe el Tratado de Libre Comercio, formado por México, Canadá y los Estados Unidos, al cual se ha incorporado Chile.

Venezuela y México han desarrollado su industria petrolera y mineral. España ha mantenido y modernizado algunas de sus industrias tradicionales, como la textil, la siderúrgica, la química y la automotriz. También ha desarrollado otras, como la industria de la cerámica, el calzado, etc.

América Central ha empezado últimamente un movimiento hacia el desarrollo industrial y se han establecido fábricas que producen pintura, detergentes, fertilizantes e insecticidas. Al mismo tiempo, muchas multinacionales se han instalado en América Central para aprovechar una mano de obra más barata que la de los países desarrollados.

La economía del Perú está sólidamente basada en la agricultura, minería y pesca. Los principales productos agrícolas son la papa, la caña de azúcar, el maíz, el café y el trigo (wheat). En cuanto a la minería, el Perú es uno de los más grandes productores mundiales de cobre, plata y zinc.

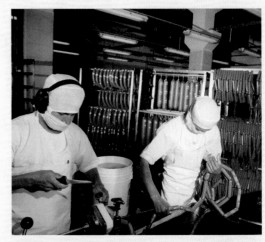

Bolivia es el primer productor mundial de aluminio, pero también produce zinc, plomo, plata y estaño, entre otros minerales. Como otros países hispanos, Bolivia también ha desarrollado la industria del procesamiento de alimentos, la del tabaco y la artesanal.

Chile tiene una gran industria agrícola y minera, además de su fuerte industria pesquera. Entre los principales productos agrícolas se encuentran las frutas y los excelentes vinos chilenos. Chile es uno de los más grandes productores mundiales de cobre y el mayor productor de acero en América del Sur.

Argentina y Uruguay son mundialmente famosos por su industria agrícola y ganadera. Su industria manufacturera y minera también están creciendo. En Uruguay, por ejemplo, se manufacturan productos de lana, algodón y rayón. Paraguay es un país principalmente agrícola y su industria manufacturera está íntimamente ligada a los productos agrícolas, como por ejemplo productos de madera, alimenticios y químicos.

Para contestar

 2 **Las industrias del mundo hispano.** Respondan a lo siguiente.

1. Mencionen algunas asociaciones de comercio internacional que han formado los países hispanos. ¿Qué ventajas tiene, en la opinión de ustedes, pertenecer a estos organismos?
2. ¿Qué países hispanos tienen una fuerte industria agrícola? ¿Cuáles son algunos de sus productos?

G **Riqueza cultural.** En grupos de tres, discutan las ventajas y desventajas de tener una economía basada en la agricultura. Luego, presenten sus conclusiones a la clase.

Para investigar en Internet

Busque información acerca de oportunidades comerciales en los países hispanos. Traiga la información a la clase y comente con sus compañeros/as las ventajas o desventajas de esas oportunidades para los países hispanos y para los países que tienen fuertes relaciones comerciales con los países hispanos. Defienda sus opiniones.

¡Prepárese!

G **15-41 ¿Quién ganó?** Antes de saber quién ganó *Fortunas* —Efraín, Katie, Carlos o Sabrina— traten de adivinar quién fue el/la ganador/a. Después comparen sus opiniones con el resto de la clase. Luego miren el Episodio 15 para ver cuál fue el resultado.

Todos esperan con mucha anticipación saber el resultado final.

Carlos lee los resultados primero, antes que los demás.

Efraín y Sabrina están muy impacientes por saber quién ganó.

¡Ganó Katie!

Katie siente verdadero amor por Carlos.

Katie está contenta no sólo por ganar *Fortunas,* sino porque también ganó en el amor.

¡Responda!

15-42 Los resultados. ¿Cuántos de ustedes adivinaron correctamente? En su opinión, ¿por qué ganó Katie?

15-43 En conclusión. Ahora que ha terminado el concurso y que usted ha podido participar como parte del público, conteste las siguientes preguntas para expresar su opinión sobre *Fortunas.*

1. ¿Lo/La sorprendió que Katie ganara el concurso? ¿Por qué?
2. De los cuatro participantes, ¿a quién le gustaría tener como amigo/a? ¿Por qué?
3. ¿Es bueno formar alianzas en un concurso de este tipo, o es mejor trabajar solo/a?
4. Si tuviera la oportunidad de participar en un concurso como *Fortunas,* ¿lo haría? ¿Por qué?
5. Si estuviera encargado/a del concurso, ¿qué cambiaría y por qué?

En la *Lección 15*, usted leyó sobre algunos científicos a quienes les interesa la ciencia y la tecnología. Pero también existen artistas, como Millo Torres y su grupo musical El Tercer Planeta que se dedican a explorar el presente y el futuro a través de la música. Al mezclar ritmos caribeños con el reggae y el ska, ellos han logrado un sonido moderno y atractivo.

¡Prepárese!

15-44 El tiempo. Lea la letra de "Haciendo tiempo" e identifique las palabras que se refieren al tiempo: al tiempo en general, al presente, al pasado y al futuro.

Haciendo tiempo

Me siento en silencio y meditación
buscando salida a esta situación
y como cuesta trabajo tomar decisión
yo sigo haciendo tiempo en esta prisión.

Pasaron los años, los días dirán
si el latir de mi vida se arrepentirá.
Me habré enloquecido o quizás me perdí
pero mañana ya es tarde y ahora vivo sin ti.

Me quedo en la cama recostado del tiempo
si es que la herida sana o se lastima por dentro
si estaba dormido, lo que anoche soñé
pesadilla que yo siento, porque no desperté.
Me asomo a la puerta, se escucha una voz,
el aullido del viento ya me confesó,
busca en los rincones de tu corazón
escondido tras la espera está la solución.

¡Escuche!

15-45 ¿Qué haría usted? El autor dice que está "haciendo tiempo en esta prisión". Mientras escucha la canción, haga una lista de situaciones en las cuales usted se ha sentido como el compositor de la canción. Después, use el imperfecto del subjuntivo para indicar lo que haría en cada situación si las circunstancias fueran diferentes.

MODELO: Situación: el trabajo / Si no necesitara el dinero, no trabajaría.

¡Responda!

15-46 Expresiones. A continuación hay expresiones sobre el tema del tiempo en las que donde se emplea **se** + complemento indirecto + verbo, una estructura presentada en esta lección. Indique lo que significan en inglés.

1. _____ Se me voló el tiempo.
2. _____ Se le hizo corto el tiempo.
3. _____ Se les volaron los años.
4. _____ Se nos acabó el tiempo.

a. *The time flew.*
b. *Time ran out.*
c. *The years flew by.*
d. *Time was short.*

VOCABULARIO

El universo

la biosfera	*biosphere*
el cielo	*sky*
el planeta	*planet*

El mundo

el bosque tropical	*rain forest*
la conservación	*preservation*
la cuenca	*river basin*
la deforestación	*deforestation*
el medio ambiente	*environment*
la pérdida	*loss*
los recursos	*resources*
la reserva	*reserve*
la selva	*jungle*
la tierra	*land, soil*
la vida	*life*

Comunicaciones electrónicas

el correo electrónico	*e-mail*
el ratón	*mouse*

Viajes espaciales

el cohete	*rocket*
la nave espacial	*space ship*
el paracaídas	*parachute*
el transbordador espacial	*space shuttle*

Personas

el/la astronauta	*astronaut*
el/la campesino/a	*peasant*
el ser humano	*human being*

Descripciones

destacado/a	*outstanding, distinguished*
dispuesto/a	*ready*
liberado/a	*released*
portátil	*portable*

Verbos

amenazar (c)	*to threaten, to menace*
apagar	*to turn off the lights*
construir (y)	*to build*
descomponer	*to break down*
diseñar	*to design*
manejar	*to manage, to handle*
olvidar	*to forget*
romper	*to tear*

Palabras y expresiones útiles

(de) cartón	*cardboard*
debido a	*due to*
en busca de	*in search of*
sano/a y salvo/a	*safe and sound*

EXPANSIÓN GRAMATICAL

This special grammatical supplement includes structures considered optional for the introductory level by instructors emphasizing proficiency, except for the *vosotros* command forms. The *vosotros* forms are included in this section for the instructors who use them to address their students. The other functions and structures presented here are normally beyond the level of performance of first-year students, therefore most instructors would present them for recognition only.

The explanation and activities in this section use the same format as grammatical material throughout *Mosaicos* in order to facilitate their incorporation into the core lessons of the program or their addition as another chapter in the book.

Objetivos comunicativos

Giving informal orders or commands to two or more people (in Spain)
Expressing an indirect wish so that a third party do something
Suggesting that someone and the speaker do something
Reacting to a past occurrence or event
Hypothesizing about an occurrence or event in the past
Expressing contrary-to-fact conditions in the past
Emphasizing a fact resulting from the action of someone or something

Estructuras

▓ *Vosotros* commands

▓ Indirect commands

▓ The Spanish equivalents of English *let's*

▓ The present perfect subjunctive

▓ The conditional perfect and the pluperfect subjunctive

▓ *If*-clauses (using the perfect tense)

▓ The passive voice

1. *Vosotros* commands

	AFFIRMATIVE	NEGATIVE
hablar	hablad	no habléis
comer	comed	no comáis
escribir	escribid	no escribáis

- To use the affirmative **vosotros** command, change the final **-r** of the infinitive to **-d**.

- Use the **vosotros** form of the present subjunctive for the **vosotros** negative command.

- For the affirmative **vosotros** command of reflexive verbs, drop the final **-d** and add the pronoun **os**: **levantad + os = levantaos.** The verb **irse** is an exception: **idos**.

¿Qué dice usted?

EG-1 Buenos consejos. Usted quiere que sus mejores amigos cambien sus hábitos y vivan una vida más sana. Dígales qué deben hacer.

MODELO: caminar dos kilómetros todos los días
          Caminad dos kilómetros todos los días.

1. comer muchas frutas y vegetales
2. empezar un programa de ejercicios
3. no respirar por la boca
4. no cansarse mucho los primeros días
5. relajarse para evitar el estrés
6. dormir no menos de ocho horas

G **EG-2 Órdenes en grupo.** Cada uno/a de ustedes va a hacer el papel de profesor/a de educación física y le va a dar una orden a los otros estudiantes del grupo. Los estudiantes deben hacer lo que el/la profesor/a les indica.

MODELO: *Levantad los brazos y las piernas.*

SITUACIONES

You and your partner have rented a cabin in the mountains for a month. Some of your friends are going to use the cabin part of the time and you would like to give them some rules to make sure they leave everything in order. Write the rules and then compare them with those of another couple.

2. Indirect commands

You have used commands directly to tell others to do something: **Salga/Salgan ahora.** Now you are going to use indirect commands to say what someone else should do: **Que salga Berta.** Note that this indirect command is equivalent to saying **Quiero que Berta salga,** but without expressing the main verb **quiero.**

- The word **que** introduces the indirect command. The subject, if stated, normally follows the verb.

     Que cocine Roberto.   *Let Roberto cook.*
     Que descanse María.   *Let María rest.*

■ Reflexive and object pronouns always precede the verb.

Que **se siente** a la mesa.	*Let him sit at the table.*
Que **le sirvan** la cena.	*Let them serve him dinner.*
Que **se la sirvan** ahora.	*Let them serve it to him now.*

② **EG-3 Una clase de cocina.** Un chef muy conocido ha accedido a dar una clase de cocina con el fin de recaudar (*raise*) dinero para una obra social. Usted y su compañero/a forman parte del comité que organiza la clase. Su compañero/a tiene la lista de las personas que desean ayudar y usted tiene la lista de las tareas pendientes. Háganse preguntas y contéstense con la información que cada uno/a tiene.

MODELO: *Eduardo, Alicia y Pedro preparar los anuncios, comprar los refrescos*
E1: *¿Quién va a preparar los anuncios?*
E2: *Que los preparen Alicia y Pedro. ¿Y qué va a hacer Eduardo?*
E1: *Que compre los refrescos.*

Personas

Beatriz

Alberto y Rubén

Miguel

Elena y Amanda

Ana María

Emilio

Un camarero

Tareas

traer los platos

tener los ingredientes listos

buscar las sillas

copiar las recetas

servir el vino

recibir a las personas

ayudar al chef

② **EG-4 Una fiesta hispana. Primera fase.** Para celebrar el final de curso ustedes han decidido organizar una fiesta en el departamento de español. Hagan una lista de todo lo que necesitan y otra lista de todas las personas que van a invitar, además de sus compañeros/as de clase.

Segunda fase. Decidan qué otras personas de la clase pueden encargarse de cada sección y por qué. Su compañero/a, que está de acuerdo con usted, le dará algunas ideas.

MODELO: E1: *Que se encargue Juan de comprar las invitaciones porque tiene que ir al supermercado esta tarde.*
E2: *Sí, pero que las escriban María y Pedro que escriben mejor.*

SITUACIONES

Role A. You are a new manager for the Student Union who wants to improve the food and the service at the cafeteria. In a meeting with the cafeteria manager, say a) that it is important that students receive a better service, b) inform the manager of the type of food you would like to find in the cafeteria and of the ways in which the service could be improved, and c) say that you hope the prices will not increase **(subir)** this semester.

Role B. You are the cafeteria manager. Agree with the Student Union manager and tell him/her a) that you have a good team and you want everyone to do a good job, b) that you will be happy to meet with a student committee and have students suggest **(sugerir)** menus, and c) that you will do your best **(hacer lo posible)** to convince your team to incorporate your suggestions.

EN DIRECTO

To negotiate politely:
Esperamos que...
Es mejor que ...
Proponemos que...

To show agreement:
¡Claro!
¡Por supuesto!
¡Cómo no!
¡Desde luego!

3. The Spanish equivalents of English *let's*

In Spanish, you may suggest that two or more people, including yourself, do something together in the following ways.

- **Vamos + a +** *infinitive* is commonly used in Spanish to express English *let's + verb*.

Vamos a llamar al doctor.	*Let's call the doctor.*

- Use **vamos** by itself to mean *let's go*. The negative *let's not go* is **no vayamos**.

Vamos al hospital.	*Let's go to the hospital.*
No vayamos al hospital.	*Let's not go to the hospital.*

- Another equivalent for *let's + verb* is the **nosotros** form of the present subjunctive.

Hablemos con el médico.	*Let's talk to the doctor.*
No hablemos con la enfermera.	*Let's not talk to the nurse.*

- The final **-s** of reflexive affirmative commands is dropped when the pronoun **nos** is attached. Note the additional written accent.

Levantemos + nos	→	**Levantémonos.**
Sirvamos + nos	→	**Sirvámonos.**

- Placement of object and reflexive pronouns is the same as with **usted(es)** commands.

Comprémosla.	*Let's buy it.*
No la compremos.	*Let's not buy it.*

¿Qué dice usted?

2 EG-5 ¿Qué debemos hacer? Usted está estudiando con un/a compañero/a y cuidando al mismo tiempo a su hermanito. El niño les dice que se siente mal. Cada uno/a de ustedes debe escoger tres de las siguientes opciones y decirle a su compañero/a lo que deben o no deben hacer.

MODELO: llevarlo a su cuarto   llamar a tus padres
         E1: *Llevémoslo a su cuarto.*   E2: *Llamemos a tus padres.*

1. darle agua
2. llevarlo al parque
3. comprarle juguetes
4. ponerle el termómetro
5. llamar al médico
6. preguntarle qué le duele
7. prepararle una hamburguesa
8. explicarle los síntomas al doctor
9. ponerle la televisión
10. acostarlo

2 EG-6 Resoluciones. Usted y su compañero/a deciden llevar una vida más sana. Túrnense para decir lo que piensan hacer. Su compañero/a va a decirle si está de acuerdo o no con su sugerencia.

MODELO: comer más verduras
         E1: *Vamos a comer más verduras.*
         E2: *Sí, comamos más verduras./No,(no comamos más verduras,)*
             comamos más frutas.

1. tomar vitaminas y minerales
2. caminar tres kilómetros diariamente
3. beber ocho vasos de agua todos los días
4. acostarse más temprano
5. dormir ocho horas todas las noches
6. ...

G EG-7 Los preparativos para un beneficio. En pequeños grupos, decidan qué actividades van a hacer para recaudar (*collect*) fondos a beneficio de un hospital. Deben mencionar cinco actividades.

MODELO: Organicemos un partido del equipo de basquetbol.

SITUACIONES

You and your partner are planning to visit a classmate who is in the hospital. Decide a) when you will visit him/her, b) what you are going to take him/her, and c) what you can do for your classmate after he/she leaves the hospital. Then, exchange this information with another pair of students.

4. The present perfect subjunctive

Use the present perfect subjunctive to react to a past occurrence, event or condition. The present perfect subjunctive is formed with the present subjunctive of the verb **haber** + *past participle.*

PRESENT SUBJUNCTIVE OF *HABER* + *PAST PARTICIPLE*		
yo	haya	
yú	hayas	
Ud., él/ella	haya	hablado
nosotros/as	hayamos	comido
vosotros/as	hayáis	vivido
Uds., ellos/as	hayan	

Note that the dependent clause using the present perfect subjunctive describes what has happened before the time expressed or implied in the main clause, which is the present. Its English equivalent is normally *has/have* + *past participle,* but it may vary according to the context.

Your friend tells you:	Your reaction to this past event:
Mis hijos volvieron de sus vacaciones.	Me alegro de que **hayan llegado.** *I'm glad they arrived early.*

Your secretary informs you:	Your reaction to this past news:
El gerente de ventas no vino a trabajar ayer.	Es posible que **haya estado** enfermo. *It's possible that he may have been sick.*

¿Qué dice usted?

2 EG-8 ¿Qué espera usted? Escoja la oración que complete lógicamente las siguientes Situaciones. Compare sus respuestas con las de su compañero/a.

1. Su computadora no estaba funcionando bien y usted se la dio a un técnico para que la reparara. Usted espera que...
   a. la haya vendido.
   b. haya destruido sus programas.
   c. haya encontrado el problema.

2. Su amigo acaba de regresar de Puerto Rico, donde fue a pasar sus vacaciones. Usted le dice: "Espero que...
   a. hayas visitado el Viejo San Juan".
   b. te hayas aburrido mucho".
   c. hayas perdido todo tu dinero".

3. Uno de sus compañeros ha estado muy grave en el hospital, pero ya está en la casa. Usted le habla y le dice: "Siento mucho que...
   a. hayas vendido la casa".
   b. hayas estado tan mal".
   c. hayas salido del hospital".

4. Usted llama por teléfono a un amigo para invitarlo a cenar, pero nadie contesta el teléfono. Es probable que su amigo...
   a. haya cenado ya.
   b. haya salido de su casa.
   c. haya cambiado su teléfono.

5. Uno de sus parientes dijo una mentira (*lie*). Como es natural, a usted le molesta mucho que no...
   a. haya dicho la verdad.
   b. haya dicho nada.
   c. haya hablado con sus parientes.

EG-9 Un viaje. Uno de sus amigos pasó un semestre en Los Ángeles. Túrnese con su compañero/a para decirle lo que esperan que haya hecho en su visita.

MODELO: ir a Beverly Hills / visitar la Biblioteca Huntington
           E1: *Espero que hayas ido a Beverly Hills.*
           E2: *Y yo espero que hayas visitado la Biblioteca Huntington.*

1. ver las Torres de Watts
2. ir a los Estudios Universal
3. caminar por la calle Olvera
4. comer comida mexicana
5. manejar hasta el observatorio del Monte Wilson
6. asistir al Desfile de las Rosas

EG-10 Los adelantos científicos. Usted y su compañero/a trabajan con otros científicos en un laboratorio de ingeniería genética. Háganse preguntas para saber qué han o no han logrado en sus investigaciones.

MODELO: aislar el nuevo virus / es posible que
           E1: *¿Han aislado el nuevo virus?*
           E2: *Es posible que lo hayamos / hayan aislado.*

1. cambiar la estructura de la célula / dudar
2. no hacer implantes nuevos / es una lástima
3. duplicar órganos / no creer que
4. regular el ritmo del corazón / esperar
5. reactivar los músculos atrofiados / es probable que
6. modificar los genes / es importante que

EN DIRECTO

To express that you remember or recognize someone in a photo:

Mira, mira, ésta/éste es...
Look, this is . . .
Te equivocas
You are wrong.
Pero, ¿no ves que es.../
Tiene/lleva...
But, don't you see it is . . .
(a person's name)
¿Has visto a...?

SITUACIONES

You and your classmate graduated years ago and are remembering the times when you were at the university. You have found a group photo of your Spanish class. Talk about each of your classmates saying a) what you know they have done in their lives, b) what you hope they have done, and c) what you doubt they have done. Use your imagination and the expressions in the box to sound more natural.

5. The conditional perfect and the pluperfect subjunctive

In this section you will study two new verb tenses: the conditional perfect and the pluperfect subjunctive. Use this tense to hypothesize about an occurrence or event in the past.

■ Use the conditional of **haber** + *past participle* to form the conditional perfect.

CONDITIONAL PERFECT		
yo	habría	
tú	habrías	
Ud., él, ella	habría	hablado
nosotros/as	habríamos	comido
vosotros/as	habríais	vivido
Uds., ellos/as	habrían	

■ The conditional perfect usually corresponds to English *would have + past participle*.

> Sé que le **habría gustado** esta casa.   *I know you/he/she would have liked this house.*

■ Use the past subjunctive of **haber** + *past participle* to form the pluperfect subjunctive.

PLUPERFECT SUBJUNCTIVE		
yo	hubiera	
tú	hubieras	
Ud., él, ella	hubiera	hablado
nosotros/as	hubiéramos	comido
vosotros/as	hubierais	vivido
Uds., ellos/as	hubieran	

■ The pluperfect subjunctive corresponds to English *might have, would have, or had + past participle*. It is used in constructions where the subjunctive is normally required.

> Dudaba que **hubiera venido** temprano.   *I doubted that he had/would have come early.*
>
> Esperaba que **hubieran comido** en casa.   *I was hoping that they would have eaten at home.*
>
> Ojalá que **hubieran visto** ese letrero.   *I wish they had seen that sign.*

¿Qué dice usted?

② **EG-11 ¿Qué habría hecho en estas Situaciones? Primera fase.** Digan qué habría hecho cada uno/a de ustedes en las siguientes situaciones. Después escojan la respuesta que les parezca mejor para cada situación.

MODELO: Usted recibió una invitación para una recepción en la Casa Blanca.
      E1: *Se lo habría dicho a todos mis compañeros.*
      E2: *Habría leído la invitación varias veces porque habría pensado que era una broma.*

1. En el aeropuerto le dijeron que podía viajar en primera clase todo el año sin pagar.
2. Le pidieron sugerencias para mejorar la situación de los vuelos y los aeropuertos.
3. La NASA lo/la llamó para ver si le interesaba vivir tres meses en una estación espacial.
4. Le dijeron que organizara la fiesta de fin de curso de su clase.
5. Le pidieron que revisara los programas en su universidad y sugiriera los cambios necesarios.

Segunda fase. Comparen las respuestas que escogieron con las de otra pareja y decidan cuál es la mejor. Después compartan sus respuestas con el resto de la clase.

② EG-12 Nuestras esperanzas. Usted y su compañero/a esperaban que el nuevo gobierno hiciera muchas cosas en beneficio de la sociedad. Se lograron algunas cosas, pero otras no. Túrnense para decir qué esperaban que el nuevo gobierno y su gabinete hubieran hecho y si lo han hecho o no.

MODELO: subir el sueldo mínimo / mejorar el sistema de educación
   E1: *Esperaba que hubieran subido el sueldo mínimo y (no) lo hanhecho.*
   E2: *Y yo esperaba que hubieran mejorado el sistema de educación (no) lo han hecho.*

1. bajar los impuestos (*taxes*)
2. mejorar el transporte público
3. terminar con la corrupción
4. construir viviendas (*housing*) para familias pobres
5. ofrecer mejores planes de salud
6. proteger el medio ambiente
7. ...
8. ...

  SITUACIONES

Role A. You had an argument (**pelea**) with your significant other. Explain to your best friend what happened and ask him/her what he/she would have done in your place. Then tell him/her what you intend to do.

Role B. Your best friend explains to you that he/she had an argument with his/her significant other. Ask questions to obtain some details. Then a) tell him/her what you would have done in the same situation, b) ask him/her what he/she intends to do and c) give him/her your advice.

6. *If-*clauses (using the perfect tenses)

The conditional perfect and pluperfect subjunctive are used in contrary-to-fact if-statements which refer to actions, events, experiences related to the past.

Si **hubieras venido**, te **habría gustado** la conferencia.	*If you had come (which you did not), you would have liked the lecture.*

¿Qué dice usted?

② **EG-13 La vida sería diferente.** Con su compañero/a, diga cuáles habrían sido las consecuencias si...

MODELO: no se hubieran inventado los aviones
          E1: *Habríamos viajado en barco, en tren o en autobús.*
          E2: *Habríamos contaminado menos la atmósfera.*

1. no se hubiera inventado la bomba atómica
2. no se hubieran deforestado los bosques
3. los ingleses hubieran descubierto América
4. las mujeres hubieran tenido siempre las mismas oportunidades que los hombres
5. no se hubieran creado las vacunas (*vaccination*)
6. los jóvenes hubieran gobernado el mundo

② **EG-14 Unas excusas.** ¿Qué excusas darían ustedes en las siguientes Situaciones?

MODELO: Un amigo le pidió que participara en un experimento.
          E1: *Si mis padres me lo hubieran permitido, habría participado.*
          E2: *Si hubiera tenido tiempo, habría participado.*

1. Una organización quería que usted donara botellas y papeles para reciclar.
2. Le pidieron su coche para llevar unas ratas al laboratorio.
3. Lo/La necesitaban de voluntario/a para probar una vacuna contra el catarro.
4. Un/a compañero/a quería venderle su computadora portátil.
5. Una compañía necesitaba probar unos paracaídas y buscaba personas interesadas en las pruebas.
6. Alquilaban un robot para que hiciera las tareas domésticas.

② **EG-15 Volver a vivir.** Piense en una experiencia negativa que usted haya tenido. Cuéntele a su compañero/a qué le pasó y dígale qué habría hecho si hubiera sabido en ese momento lo que sabe hoy. Después, su compañero/a debe hacer lo mismo.

SITUACIONES

Role A. You attended a conference/lecture about the city of the future. Tell your classmate a) where and when the conference/lecture took place, b) that he/she would have found it very interesting, and c) the things that he/she would have learned if he/she had attended.

Role B. Your classmate has attended a conference/lecture about the city of the future. Ask him/her questions to find out more about the things he/she learned.

7. The passive voice

The passive voice emphasizes a fact resulting from the action of someone or something.

■ The passive voice in Spanish is formed with the verb **ser** + *past participle;* the passive voice is most commonly used in the preterit, though at times you may see it used in other tenses.

La planta nuclear **fue construida** en 1980.	*The nuclear plant was built in 1980.*

■ Use the preposition **por** when indicating who or what performs the action.

El bosque **fue destruido.** (Who or what did it is not expressed.)	*The forest was destroyed.*
El bosque **fue destruido por** el fuego. (The fire id it.)	*The forest was destroyed by the fire.*

■ The past participle functions as an adjective and therefore agrees in gender and number with the subject.

Los árboles fueron **destruidos** por la lluvia ácida.	*The trees were destroyed by the acid rain.*
La cura fue **descubierta** el año pasado.	*The cure was discovered last year.*

■ You'll most often find the passive voice in written Spanish, especially in newspapers and formal writing. However, in conversation, Spanish speakers normally use two different constructions that you have already studied—a third person plural verb or a **se** construction.

Vendieron el laboratorio.	*They sold the laboratory.*
Se vendió el edificio.	*The building was sold.*

¿Qué dice usted?

2 **EG-16 La comunicación oral.** Túrnese con su compañero/a para decir lo que pasó en una reunión del presidente y los ministros. ¿Cómo lo dirían los periódicos? ¿Cómo lo dirían ustedes en una conversación?

MODELO: ministros / recibir / el presidente
            E1: *Los ministros fueron recibidos por el presidente.*
            E2: *El presidente recibió a los ministros.*

1. la agenda / preparar / el secretario
2. la agenda / aprobar / todos
3. el proyecto para disminuir la contaminación / escribir / el Sr. Sosa
4. el proyecto / presentar / la Ministra de Salud
5. unos comentarios / leer / el presidente
6. las preguntas / contestar / el ministro

2 **EG-17 Dos reporteros.** Túrnese con su compañero/a para decir cómo escribirían las siguientes noticias para un periódico.

MODELO: la lluvia ácida dañó las cosechas
Las cosechas fueron dañadas por la lluvia ácida.

1. La zona del Amazonas se conoce como el "pulmón" del planeta.
2. Los campesinos deforestaron la selva.
3. Los campesinos cultivaron la tierra.
4. Estos grupos cortaron muchos árboles.
5. La invasión de los seres humanos exterminó muchas especies de animales.
6. El gobierno plantará mil árboles para mejorar la situación.

SITUACIONES

You and your classmate are TV newscasters. You must write and give a piece of news to your viewers on a great discovery. Inform them that a) some very secret plans have been discovered by the CIA, b) that important security measures have been taken, c) that politicians are now deliberating on how to respond to a possible threat **(peligro)** to the population, d) that public transport has been interrupted in major cities, e) that the situation is under control and f) that nobody should be afraid.

APÉNDICE 1

Composition correction codes

As part of the process of developing good writing skills in Spanish, you will be exchanging compositions with a classmate. The following correction codes can be very helpful as you critique each other's work.

Code	Interpretation
C	Conjugation of a verb, or an error in some derived verb form, for example **la puerta estaba *abrida.**
Cog	False cognate, for example **sopa** for **jabón,** or **ropa** for **soga.**
D	Dictionary error, for example **banco** for **orilla,** or even **morderse las uñas** for **comerse las uñas.**
F	Form (often a "regularized" adjective, such as **una niña muy *jóvena**).
G	Incorrect gender assignment to a noun, for example **la programa** for **el programa.**
Mode	Mode confusion (if subjunctive, change to indicative and vice versa).
Nag	Noun agreements (gender, number) with adjectives and other noun-centered forms such as pronouns, demonstratives, possessives.
NE	**No existe.** Use this code to signal a made-up word or expression that does not exist in Spanish, for example ***en facto** for **en realidad.**
Prim	Preterite/imperfect confusion (if preterite, change to imperfect and vice versa).
R	Rewrite successfully completed.
Ref	Reflexive. Use this code to signal that a reflexive verb/construction is needed.
Sag	Subject-verb agreement error, for example ***Juan querías salir.**
S/E	**Ser/estar** confusion (if **ser,** change to **estar** and vice versa).
Sp	Spelling error. Use this code to signal errors in spelling. Note that written accent marks are considered part of a word's spelling in Spanish.
T	Tense. Use this code to signal any non-Prim (see above) tense error.
X	Any basic grammatical error not covered by some other symbol, but which the student should reasonably know, such as **después de *yendo** for **después de ir.**
Wo	Word order error, for example, ***es no grande** for **no es grande.**
+	Use this code to signal any especially nice touch in the student's writing.
?	Use this code to signal that the reader could not make any sense of the word, clause, sentence, or paragraph.

Adapted from Higgs, 1979

Word formation in Spanish

Recognizing certain patterns in Spanish word formation can be a big help in deciphering meaning. Use the following information about word formation to help you as you read.

- **Prefixes.** Spanish and English share a number of prefixes that shade the meaning of the word to which they are attached: **inter-** (between, among); **intro/a-** (within); **ex-** (former, toward the outside); **en-/em-** (the state of becoming); **in-/a-** (not, without), among others.

inter-	interdisciplinario, interacción
intro/a-	introvertido, introspección
ex-	ex-esposo, exponer *(expose)*
en-/em-	enrojecer *(to turn red)*, empobrecer *(to become poor)*
in-/a-	inmoral, incompleto, amoral, asexual

- **Suffixes.** Suffixes and, in general, word endings will help you identify various aspects of words such as part of speech, gender, meaning, degree, etc. Common Spanish suffixes are **-ría, -za, -miento, -dad/tad, -ura, -oso/a, -izo/a, -(c)ito/a**, and **-mente**.

-ría	place where something is made and/or bought: **panadería, zapatería** *(shoe store)*, **librería.**
-za	feminine, abstract noun: **pobreza** *(poverty)*, **riqueza** *(wealth, richness)*.
-miento	masculine, abstract noun: **empobrecimiento** *(impoverishment)*, **entrenamiento** *(training)*.
-dad/tad	feminine noun: **ciudad** *(city)*, **libertad** *(liberty, freedom)*
-ura	feminine noun: **verdura, locura** *(craziness)*.
-oso/a	adjective meaning having the characteristics of the noun to which it's attached: **montañoso, lluvioso** *(rainy)*.
-izo/a	adjective meaning having the characteristics of the noun to which it's attached: **rojizo** *(reddish)*, **enfermizo** *(sickly)*.
-(c)ito/a	diminutive form of noun or adjective: **Juanito, mesita** *(little table)*, **Carmencita.**
-mente	attached to the feminine form of adjective to form an adverb: **rápidamente, felizmente** *(happily)*.

- **Compounds.** Compounds are made up of two words (e.g., *mailman*), each of which has meaning in and of itself: **tocadiscos** *(record player)* from **tocar** and **disco**; **sacacorchos** *(cork screw)* from **sacar** and **corcho**. Your knowledge of the root words will help you recognize the compound; and likewise, learning compounds can help you to learn the root words. What do you think **sacar** means?

■ **Spanish-English associations.** Learning to associate aspects of word formation in Spanish with aspects of word formation in English can be very helpful. Look at the associations below.

SPANISH	ENGLISH
es/ex + consonant	s + consonant
esclerosis, extraño	*sclerosis, strange*
gu-	*w-*
guerra, Guillermo	*war, William*
-tad/dad	*-ty*
libertad, calidad	*liberty, quality*
-sión/-ción	*-sion/-tion*
tensión, emoción	*tension, emotion*

Stress and written accents in Spanish

In Spanish, normal word stress falls on the second-to-last syllable of words ending in a vowel, **-n,** or **-s,** and on the last syllable of words ending in other consonants.

hablo	clase	amiga	libros
escuchan	comer	universidad	venir

When a word does not follow this pattern, a written accent is used to signal where the word is stressed. Below are examples of words that do not follow the pattern.

1. Words accented on the third-to-last syllable:

física	sábado	simpático
catástrofe	gramática	matemáticas

2. Words that are accented on the last syllable despite ending in a vowel, **-n** or **-s.**

hablé	comí	están	estás
alemán	Belén	inglés	conversación

3. Words that are accented on the second-to-last syllable despite ending in a consonant other than **-n** or **-s.**

lápiz	útil	débil	mártir
Félix	cárcel	módem	fácil

Diphthongs

The combination of an unstressed **i** or **u** with another vowel forms a single syllable which is called a diphthong. When the diphthong is in the accented syllable of a word and a written accent is required, it is written over the other vowel, not over the **i** or **u.**

Dios	adiós		bien	también
seis	dieciséis		continuo	continuó

When a stressed **i** or **u** appears with another vowel, two syllables are formed, and a written accent mark is used over the **i** or **u**.

cafetería	país	Raúl	frío
continúa	río	leíste	economía

Interrogative and monosyllabic words

Some words in Spanish follow normal stress patterns but use written accents for other reasons. For example, interrogative and exclamatory words always use a written accent on the stressed vowel: **¿Dónde viven ellos?, ¿Cuántas clases tienes?, ¡Qué bueno!** Many one-syllable (monosyllabic) words carry a written accent to distinguish them from other words with the same spelling but different meanings.

dé	*give* (formal command)	de	*of*
él	*he*	el	*the*
más	*more*	mas	*but*
mí	*me*	mi	*my*
sé	*I know, be* (formal command)	se	*him/herself, (to)him/her/them*
sí	*yes*	si	*if*
té	*tea*	te	*(to) you*
tú	*you*	tu	*your*

APÉNDICE 2

Verb Charts

REGULAR VERBS: SIMPLE TENSES

Infinitive Present Participle Past Participle	Indicative						Subjunctive		Imperative
	Present	Imperfect	Preterit	Future	Conditional		Present	Imperfect	
hablar hablando hablado	hablo hablas habla hablamos habláis hablan	hablaba hablabas hablaba hablábamos hablabais hablaban	hablé hablaste habló hablamos hablasteis hablaron	hablaré hablarás hablará hablaremos hablaréis hablarán	hablaría hablarías hablaría hablaríamos hablaríais hablarían		hable hables hable hablemos habléis hablen	hablara hablaras hablara habláramos hablarais hablaran	habla tú, no hables hable usted hablemos hablen Uds.
comer comiendo comido	como comes come comemos coméis comen	comía comías comía comíamos comíais comían	comí comiste comió comimos comisteis comieron	comeré comerás comerá comeremos comeréis comerán	comería comerías comería comeríamos comeríais comerían		coma comas coma comamos comáis coman	comiera comieras comiera comiéramos comierais comieran	come tú, no comas coma usted comamos coman Uds.
vivir viviendo vivido	vivo vives vive vivimos vivís viven	vivía vivías vivía vivíamos vivíais vivían	viví viviste vivió vivimos vivisteis vivieron	viviré vivirás vivirá viviremos viviréis vivirán	viviría vivirías viviría viviríamos viviríais vivirían		viva vivas viva vivamos viváis vivan	viviera vivieras viviera viviéramos vivierais vivieran	vive tú, no vivas viva usted vivamos vivan Uds.

Vosotros Commands

hablar	hablad, no habléis	comer	comed, no comáis	vivir	vivid, no viváis

REGULAR VERBS: PERFECT TENSES

	Indicative					Subjunctive	
	Present Perfect	Past Perfect	Preterit Perfect	Future Perfect	Conditional Perfect	Present Perfect	Past Perfect
	he hablado	había hablado	hube hablado	habré hablado	habría hablado	haya hablado	hubiera hablado
	has comido	habías comido	hubiste comido	habrás comido	habrías comido	hayas comido	hubieras comido
	ha vivido	había vivido	hubo vivido	habrá vivido	habría vivido	haya vivido	hubiera vivido
	hemos	habíamos	hubimos	habremos	habríamos	hayamos	hubiéramos
	habéis	habíais	hubisteis	habréis	habríais	hayáis	hubierais
	han	habían	hubieron	habrán	habrían	hayan	hubieran

IRREGULAR VERBS

Infinitive Present Participle Past Participle	Indicative					Subjunctive		Imperative
	Present	Imperfect	Preterit	Future	Conditional	Present	Imperfect	
andar andando andado	ando andas anda andamos andáis andan	andaba andabas andaba andábamos andabais andaban	anduve anduviste anduvo anduvimos anduvisteis anduvieron	andaré andarás andará andaremos andaréis andarán	andaría andarías andaría andaríamos andaríais andarían	ande andes ande andemos andéis anden	anduviera anduvieras anduviera anduviéramos anduvierais anduvieran	anda tú, no andes ande usted andemos anden Uds.
caer cayendo caído	caigo caes cae caemos caéis caen	caía caías caía caíamos caíais caían	caí caíste cayó caímos caísteis cayeron	caeré caerás caerá caeremos caeréis caerán	caería caerías caería caeríamos caeríais caerían	caiga caigas caiga caigamos caigáis caigan	cayera cayeras cayera cayéramos cayerais cayeran	cae tú, no caigas caiga usted caigamos caigan Uds.
dar dando dado	doy das da damos dais dan	daba dabas daba dábamos dabais daban	di diste dio dimos disteis dieron	daré darás dará daremos daréis darán	daría darías daría daríamos daríais darían	dé des dé demos deis den	diera dieras diera diéramos dierais dieran	da tú, no des dé usted demos den Uds.

IRREGULAR VERBS (CONTINUED)

Infinitive Present Participle Past Participle	Indicative					Subjunctive		Imperative
	Present	Imperfect	Preterit	Future	Conditional	Present	Imperfect	
decir diciendo dicho	digo dices dice decimos decís dicen	decía decías decía decíamos decíais decían	dije dijiste dijo dijimos dijisteis dijeron	diré dirás dirá diremos diréis dirán	diría dirías diría diríamos diríais dirían	diga digas diga digamos digáis digan	dijera dijeras dijera dijéramos dijerais dijeran	di tú, no digas diga usted digamos decid vosotros, no digáis digan Uds.
estar estando estado	estoy estás está estamos estáis están	estaba estabas estaba estábamos estabais estaban	estuve estuviste estuvo estuvimos estuvisteis estuvieron	estaré estarás estará estaremos estaréis estarán	estaría estarías estaría estaríamos estaríais estarían	esté estés esté estemos estéis estén	estuviera estuvieras estuviera estuviéramos estuvierais estuvieran	está tú, no estés esté usted estemos estad vosotros, no estéis estén Uds.
haber habiendo habido	he has ha hemos habéis han	había habías había habíamos habíais habían	hube hubiste hubo hubimos hubisteis hubieron	habré habrás habrá habremos habréis habrán	habría habrías habría habríamos habríais habrían	haya hayas haya hayamos hayáis hayan	hubiera hubieras hubiera hubiéramos hubierais hubieran	
hacer haciendo hecho	hago haces hace hacemos hacéis hacen	hacía hacías hacía hacíamos hacíais hacían	hice hiciste hizo hicimos hicisteis hicieron	haré harás hará haremos haréis harán	haría harías haría haríamos haríais harían	haga hagas haga hagamos hagáis hagan	hiciera hicieras hiciera hiciéramos hicierais hicieran	haz tú, no hagas haga usted hagamos haced vosotros, no hagáis hagan Uds.
ir yendo ido	voy vas va vamos vais van	iba ibas iba íbamos ibais iban	fui fuiste fue fuimos fuisteis fueron	iré irás irá iremos iréis irán	iría irías iría iríamos iríais irían	vaya vayas vaya vayamos vayáis vayan	fuera fueras fuera fuéramos fuerais fueran	ve tú, no vayas vaya usted vamos, no vayamos id vosotros, no vayáis vayan Uds.

IRREGULAR VERBS (CONTINUED)

Infinitive Present Participle Past Participle	Indicative						Subjunctive		Imperative
	Present	Imperfect	Preterit	Future	Conditional		Present	Imperfect	
oír oyendo oído	oigo oyes oye oímos oís oyen	oía oías oía oíamos oíais oían	oí oíste oyó oímos oísteis oyeron	oiré oirás oirá oiremos oiréis oirán	oiría oirías oiría oiríamos oiríais oirían		oiga oigas oiga oigamos oigáis oigan	oyera oyeras oyera oyéramos oyerais oyeran	oye tú, no oigas oiga usted oigamos oigan Uds.
poder pudiendo podido	puedo puedes puede podemos podéis pueden	podía podías podía podíamos podíais podían	pude pudiste pudo pudimos pudisteis pudieron	podré podrás podrá podremos podréis podrán	podría podrías podría podríamos podríais podrían		pueda puedas pueda podamos podáis puedan	pudiera pudieras pudiera pudiéramos pudierais pudieran	
poner poniendo puesto	pongo pones pone ponemos ponéis ponen	ponía ponías ponía poníamos poníais ponían	puse pusiste puso pusimos pusisteis pusieron	pondré pondrás pondrá pondremos pondréis pondrán	pondría pondrías pondría pondríamos pondríais pondrían		ponga pongas ponga pongamos pongáis pongan	pusiera pusieras pusiera pusiéramos pusierais pusieran	pon tú, no pongas ponga usted pongamos pongan Uds.
querer queriendo querido	quiero quieres quiere queremos queréis quieren	quería querías quería queríamos queríais querían	quise quisiste quiso quisimos quisisteis quisieron	querré querrás querrá querremos querréis querrán	querría querrías querría querríamos querríais querrían		quiera quieras quiera queramos queráis quieran	quisiera quisieras quisiera quisiéramos quisierais quisieran	quiere tú, no quieras quiera usted queramos quieran Uds.
saber sabiendo sabido	sé sabes sabe sabemos sabéis saben	sabía sabías sabía sabíamos sabíais sabían	supe supiste supo supimos supisteis supieron	sabré sabrás sabrá sabremos sabréis sabrán	sabría sabrías sabría sabríamos sabríais sabrían		sepa sepas sepa sepamos sepáis sepan	supiera supieras supiera supiéramos supiérais supieran	sabe tú, no sepas sepa usted sepamos sepan Uds.
salir saliendo salido	salgo sales sale salimos salís salen	salía salías salía salíamos salíais salían	salí saliste salió salimos salisteis salieron	saldré saldrás saldrá saldremos saldréis saldrán	saldría saldrías saldría saldríamos saldríais saldrían		salga salgas salga salgamos salgáis salgan	saliera salieras saliera saliéramos salierais salieran	sal tú, no salgas salga usted salgamos salgan Uds.

IRREGULAR VERBS (CONTINUED)

Infinitive / Present Participle / Past Participle	Indicative					Subjunctive		Imperative
	Present	Imperfect	Preterit	Future	Conditional	Present	Imperfect	
ser siendo sido	soy eres es somos sois son	era eras era éramos erais eran	fui fuiste fue fuimos fuisteis fueron	seré serás será seremos seréis serán	sería serías sería seríamos seríais serían	sea seas sea seamos seáis sean	fuera fueras fuera fuéramos fuerais fueran	sé tú, no seas sea usted seamos sed vosotros, no seáis sean Uds.
tener teniendo tenido	tengo tienes tiene tenemos tenéis tienen	tenía tenías tenía teníamos teníais tenían	tuve tuviste tuvo tuvimos tuvisteis tuvieron	tendré tendrás tendrá tendremos tendréis tendrán	tendría tendrías tendría tendríamos tendríais tendrían	tenga tengas tenga tengamos tengáis tengan	tuviera tuvieras tuviera tuviéramos tuvierais tuvieran	ten tú, no tengas tenga usted tengamos tened vosotros, no tengáis tengan Uds.
traer trayendo traído	traigo traes trae traemos traéis traen	traía traías traía traíamos traíais traían	traje trajiste trajo trajimos trajisteis trajeron	traeré traerás traerá traeremos traeréis traerán	traería traerías traería traeríamos traeríais traerían	traiga traigas traiga traigamos traigáis traigan	trajera trajeras trajera trajéramos trajerais trajeran	trae tú, no traigas traiga usted traigamos traed vosotros, no traigáis traigan Uds.
venir viniendo venido	vengo vienes viene venimos venís vienen	venía venías venía veníamos veníais venían	vine viniste vino vinimos vinisteis vinieron	vendré vendrás vendrá vendremos vendréis vendrán	vendría vendrías vendría vendríamos vendríais vendrían	venga vengas venga vengamos vengáis vengan	viniera vinieras viniera viniéramos vinierais vinieran	ven tú, no vengas venga usted vengamos venid vosotros, no vengáis vengan Uds.
ver viendo visto	veo ves ve vemos véis ven	veía veías veía veíamos veíais veían	vi viste vio vimos visteis vieron	veré verás verá veremos veréis verán	vería verías vería veríamos veríais verían	vea veas vea veamos véais vean	viera vieras viera viéramos vierais vieran	ve tú, no veas vea usted veamos ved vosotros, no veáis vean Uds.

STEM-CHANGING AND ORTHOGRAPHIC-CHANGING VERBS

Infinitive Present Participle Past Participle	Indicative					Subjunctive		Imperative
	Present	Imperfect	Preterit	Future	Conditional	Present	Imperfect	
dormir (ue, u) durmiendo dormido	duermo duermes duerme dormimos dormís duermen	dormía dormías dormía dormíamos dormíais dormían	dormí dormiste durmió dormimos dormisteis durmieron	dormiré dormirás dormirá dormiremos dormiréis dormirán	dormiría dormirías dormiría dormiríamos dormiríais dormirían	duerma duermas duerma durmamos durmáis duerman	durmiera durmieras durmiera durmiéramos durmierais durmieran	duerme tú, no duermas duerma usted durmamos dormid vosotros, no durmáis duerman Uds.
incluir (y) incluyendo incluido	incluyo incluyes incluye incluimos incluís incluyen	incluía incluías incluía incluíamos incluíais incluían	incluí incluiste incluyó incluimos incluisteis incluyeron	incluiré incluirás incluirá incluiremos incluiréis incluirán	incluiría incluirías incluiría incluiríamos incluiríais incluirían	incluya incluyas incluya incluyamos incluyáis incluyan	incluyera incluyeras incluyera incluyéramos incluyerais incluyeran	incluye tú, no incluyas incluya usted incluyamos incluid vosotros, no incluyáis incluyan Uds.
pedir (i, i) pidiendo pedido	pido pides pide pedimos pedís piden	pedía pedías pedía pedíamos pedíais pedían	pedí pediste pidió pedimos pedisteis pidieron	pediré pedirás pedirá pediremos pediréis pedirán	pediría pedirías pediría pediríamos pediríais pedirían	pida pidas pida pidamos pidáis pidan	pidiera pidieras pidiera pidiéramos pidierais pidieran	pide tú, no pidas pida usted pidamos pedid vosotros, no pidáis pidan Uds.
pensar (ie) pensando pensado	pienso piensas piensa pensamos pensáis piensan	pensaba pensabas pensaba pensábamos pensabais pensaban	pensé pensaste pensó pensamos pensasteis pensaron	pensaré pensarás pensará pensaremos pensaréis pensarán	pensaría pensarías pensaría pensaríamos pensaríais pensarían	piense pienses piense pensemos penséis piensen	pensara pensaras pensara pensáramos pensarais pensaran	piensa tú, no pienses piense usted pensemos pensad vosotros, no penséis piensen Uds.

STEM-CHANGING AND ORTHOGRAPHIC-CHANGING VERBS (CONTINUED)

Infinitive / Present Participle / Past Participle	Indicative					Subjunctive		Imperative
	Present	Imperfect	Preterit	Future	Conditional	Present	Imperfect	
producir (zc) produciendo producido	produzco produces produce producimos producís producen	producía producías producía producíamos producíais producían	produje produjiste produjo produjimos produjisteis produjeron	produciré producirás producirá produciremos produciréis producirán	produciría producirías produciría produciríamos produciríais producirían	produzca produzcas produzca produzcamos produzcáis produzcan	produjera produjeras produjera produjéramos produjerais produjeran	produce tú, no produzcas produzca usted produzcamos pruducid vosotros, no produzcáis produzcan Uds.
reír (i, i) riendo reído	río ríes ríe reímos reís ríen	reía reías reía reíamos reíais reían	reí reíste rio reímos reísteis rieron	reiré reirás reirá reiremos reiréis reirán	reiría reirías reiría reiríamos reiríais reirían	ría rías ría riamos riáis rían	riera rieras riera riéramos rierais rieran	ríe tú, no rías ría usted riamos reíd vosotros, no riáis rían Uds.
seguir (i, i) (ga) siguiendo seguido	sigo sigues sigue seguimos seguís siguen	seguía seguías seguía seguíamos seguíais seguían	seguí seguiste siguió seguimos seguisteis siguieron	seguiré seguirás seguirá seguiremos seguiréis seguirán	seguiría seguirías seguiría seguiríamos seguiríais seguirían	siga sigas siga sigamos sigáis sigan	siguiera siguieras siguiera siguiéramos siguierais siguieran	sigue tú, no sigas siga usted sigamos seguid vosotros, no sigáis sigan Uds.
sentir (ie, i) sintiendo sentido	siento sientes siente sentimos sentís sienten	sentía sentías sentía sentíamos sentíais sentían	sentí sentiste sintió sentimos sentisteis sintieron	sentiré sentirás sentirá sentiremos sentiréis sentirán	sentiría sentirías sentiría sentiríamos sentiríais sentirían	sienta sientas sienta sintamos sintáis sientan	sintiera sintieras sintiera sintiéramos sintierais sintieran	siente tú, no sientas sienta usted sintamos sentid vosotros, no sintáis sientan Uds.
volver (ue) volviendo vuelto	vuelvo vuelves vuelve volvemos volvéis vuelven	volvía volvías volvía volvíamos volvíais volvían	volví volviste volvió volvimos volvisteis volvieron	volveré volverás volverá volveremos volveréis volverán	volvería volverías volvería volveríamos volveríais volverían	vuelva vuelvas vuelva volvamos volváis vuelvan	volviera volvieras volviera volviéramos volvierais volvieran	vuelve tú, no vuelvas vuelva usted volvamos volved vosotros, no volváis vuelvan Uds.

This vocabulary includes all words presented in the text, except for proper nouns spelled the same in English and Spanish, diminutives with a literal meaning, typical expressions of the Hispanic countries presented in the **Enfoque cultural**, and cardinal numbers (found on pages 14 and 15). Other cognates and words easily recognized because of the context are not included either.

The number following each entry corresponds to the **lección** in which the word was first introduced. Numbers in italics followed by *r* signal that the item was presented for recognition rather than as active vocabulary.

A

a   *at, to* P
abajo   *below 4r*
el/la abogado/a   *lawyer 9*
abrazar(se)   (c) *to embrace 13*
el abrigo   *coat 6*
la abuela   *grandmother 4*
el abuelo   *grandfather 4*
aburrido/a   *boring 1*
aburrirse   *to be bored 7r*
acabar   *to finish 13*
acabar de +   inf. *to have just + past participle 13*
acceder   *to agree 10r; to access 14r*
el acceso   *access 9r*
el accidente   *accident 9r*
la acción   *action 8r*
el aceite   *oil 10*
la aceituna   *olive 10r*
aceptar   *to accept 8r, 13*
aclarar   *to clarify 8r*
acompañar   *to accompany 8*
aconsejable   *advisable 12r*
aconsejar   *to give advice 5r, 10*
acostar(se)   *to go to bed, to lie down 7*
acostar (ue)   *to put to bed 7*
acostumbrado/a   *used to 10r; accustomed 14r*
la actitud   *attitude 5r*
la actividad   *activity 1r*
el actor/la actriz   *actor/actress 3r; 9*
actual   *present, current 14*
la actualidad   *present time 4r*
actualmente   *at the present time 9*
actuar   *to act 13*
acuático/a   *adj. water 7r*

adecuado/a   *appropriate 4r*
adelante   *forward 9r;* más adelante *later on 11r*
adelgazar   (c) *to lose weight 10r*
el ademán   *gesture 15r*
adepto/a   *follower 7r*
el aderezo   *salad dressing 10*
adicional   *additional 4r*
administrativo/a   *administrative 5r*
el/la adolescente   *adolescent 4r*
¿Adónde?   *Where (to)? 3*
adornado/a   *decorated 8r*
la aduana   *customs 12*
adulto/a   *adult 3r, 14*
la aerolínea   *airline 12*
afeitar(se)   *to shave 7*
el/la aficionado/a   *fan 7*
afirmativamente   *in the affirmative 5r*
las afueras   *outskirts 5*
la agencia de viajes   *travel agency 12*
la agenda   *agenda 3r*
el/la agente   *agent 5r*
el/la agente de viajes   *travel agent 12*
agradable   *nice 2*
agrícola   *agricultural 9r*
agrio/a   *sour 10*
el agua   *water 3*
el aguacate   *avocado 10*
el agujero   *hole 14r*
ahí   *there 1r*
el/la ahijado/a   *godchild 4*
ahora   *now 2*
ahorrar   *to save 6r*
el aire acondicionado   *air conditioning 5*
al aire libre   *outdoors 3*
el ají   *pepper 10r*
el ajiaco   *type of soup 4r*

el ajo   *garlic 10*
al   *to the (contraction of a + el) 3*
la alarma   *alarm 5r*
alcohólico/a   *alcoholic 10r*
alegrarse (de)   *to be glad (about) 11*
alegre   *happy, glad 2*
la alegría   *joy 8*
el alfabeto   *alphabet Pr*
el alfiler   *pin 15r*
la alfombra   *carpet, rug 5*
el alga   *seaweed 10r*
algo   *something 1*
el algodón   *cotton 6*
algunos/as   *any, some 5r*
la alimentación   *diet 10r*
alimentar   *to feed 10r*
el alimento   *food 5r*
allá   *over there 5*
allí   *there 1r, 3r, 5*
el almacén   *department store 6*
la almohada   *pillow 5*
almorzar (ue)   *to have lunch 4*
¿Aló?   *Hello 3*
el almuerzo   *lunch Pr, 3*
el alojamiento   *lodging 12r*
alquilar   *to rent 3*
el alquiler   *rent 5r*
el altar   *altar 8r*
alto/a   *tall 2*
el/la alumno/a   *student 1*
el ama de casa   *housewife, homemaker 9*
el/la amante   *lover 8r*
amar   *to love 14r*
amazónico/a   *Amazonian 6r*
ambicioso/a   *ambitious Pr*
ambiental   *environmental 8r*
amenazar (c)   *to threaten, to menace 15*

americano/a *American* 3r
el/la amigo/a *friend* P
la ampliación *enlargement, expansion* 1r
amueblado/a *furnished* 5r
añadir *to add* 6r, 10
el analfabetismo *illiteracy* 14r
analfabeto/a *illiterate* 14
ancho/a *wide* 6
andino/a *Andean* 6r
la angustia *anguish* 12r
el anillo *ring* 6
el anisado *anisette (licor)* 3r
el aniversario *anniversary* Pr
anotar *to jot down* 6r
el año *year* P
el antepasado *ancestor* 8
anterioridad: con anterioridad *in advance* 8r
antes *adv. in advance, before* 1r; 8
el antibiótico *antibiotic* 11r
antiguo/a *former, old* 8
antipático/a *unpleasant* 2
la antropología *anthropology* 1
anual *annual* 7r
el anuncio *ad (advertisement)* 9
apagar *to extinguish, to turn off* 9; *to turn off the lights* 15
el apartado postal (de correos) *P.O. box* 9r
el apartamento *apartment* 1r, 5
el apetito *appetite* 10r
aplaudir *to applaud* 7
el apoyo *support* 9r
aprender *to learn* 1r
apretar (ie) *to press* 15r
la aprobación *approval* 14r
apropiado/a *appropriate* 4r
aprovechar *to take advantage* 7
aquí *here* 5
el árbitro *umpire, referee* 7
el árbol *tree* 4r, 7
el área *area* 13
la arena *sand* 7r
arenoso/a *sandy* 7r
el arete *earring* 6
argentino/a *Argentinean* 2
el argumento *argument* 12r
el armario *closet, armoire* 5
la arqueología *archaeology* 8r
arqueológico/a *archaeological* 8r
el/la arquitecto/a *architect* 9
arquitectura *architecture* 1
arreglar *to fix, to repair* 9r
arriba *above* 5r
arrogante *arrogant* Pr
el arroz *rice* 3
artesanal *adj. handicrafts* 10r
la artesanía *handicraft* 10
la arveja *pea* 10r

el ascensor *elevator* 5r
el aserrín *sawdust* 8r
el asesinato *assassination, murder* 12r
la asfixia *asphyxia* 12r
así *this way* 6
el asiento *seat* 12
la asistencia *attendance* 7r
el aspecto *appearance* 8r
la aspiradora *vacuum cleaner* 5
la aspirina *aspirin* 11
el/la astronauta *astronaut* 9r, 15
la atención *attention, service* 3r
atender (ie) *to answer, to attend* 9
aterrizar (c) *to land* 15r
aterrorizar (c) *to terrorize* 9r
el/la atleta *athlete* 7r
atlético/a *athletic* Pr
la atmósfera *atmosphere* 7
el atractivo *attraction* 8r; *adj. attractive* Pr
atrapar *to catch* 14r
atrasado/a *late* 12r
aun *even* 9r
aún *still* 9r
la ausencia *absence* 9r
auténtico/a *authentic* 8r
el auto(móvil)/coche/carro *car* 12
el autobús/bus *bus* 12
la autopista *freeway* 12
el/la autor/a *author* 5r
la autoridad *authority* 7r
autoritario/a *authoritarian* 9r
el/la auxiliar de vuelo *flight attendant* 12
el avance *advance* 9r
la avenida *avenue* Pr
las aves *poultry, foul* 10
el avión *plane* 12
la ayuda *help* 4r
ayudar *to help* 5
azar: el azar *at random* 12r
el/la azúcar *sugar* 10
el azulejo *tile* 5r

B

bailar *to dance* 1
el/la bailarín/bailarina *dancer* 13
el baile *dance* 1r
la bajada *slope* 7r
bajar *to get off, to come down* 7r; bajar de peso *to lose weight* 3r
bajo/a *short (in stature)* 2
el balboa *monetary unit of Panamá* 1r
el balcón *balcony* 5r
el baloncesto/basquetbol *basketball* 7

la bañadera *tub* 5
bañar(se) *to take a bath, to bathe* 4
el banco *bank* 9
la banda *band* 8r
la bandeja *tray* 10
el baño *bathroom* 5
el banquete *banquet* Pr
el bar *bar* 4r
barato/a *inexpensive, cheap* 6
la barbacoa *barbecue* 5
el barco *ship/boat* 12
barrer *to sweep* 5
el barrio *neighborhood* 5
básicamente *basically* 4r
bastante bien *a lot* 10r
bastar *to be enough* 15r
la basura *garbage, trash* 5
la bata *robe* 6
el bate *bat* 7
la batería/el acumulador *battery* 12
batir *to beat* 10
el bautizo *baptism, christening* 4
beber *to drink* 3
la bebida *drink* 3
el béisbol *baseball* 7
el beneficio *benefit* 5r
besar *to kiss* 13
la biblioteca *library* 1
el/la bibliotecario/a *librarian* 9
los bienes *goods* 9r; bienes raíces *real estate* 5r
bilingüe *bilingual* 2
el billete *ticket* 3r
la billetera *wallet* 6
la biología *biology* 1r
la biosfera *biosphere* 15
el bistec *steak* 3
la blusa *blouse* 6
la boca *mouth* 11
la boda *wedding* 8
el boleto/pasaje *ticket* 12
el bolígrafo *ballpoint pen* P
el bolívar *monetary unit of Venezuela* 1r
el boliviano *monetary unit of Bolivia* 1r
los bolos *bowling* 7
la bolsa *purse* 6
el/la bombero/a *firefighter* 9
bonito/a *pretty* 2
el borde *edge* 10r
el borrador *eraser* P
el bosque *forest* 5r; bosque tropical *rain forest* 5r
la bota *boot* 6
el bote *boat* 10r
la botella *bottle* 10
brasileño/a *Brazilian* 7r
el brazo *arm* 11
buena suerte *good luck* 1

la bufanda   scarf 6
busca: en busca de   in search of 9r
buscar   to look for 1
la butaca   armchair 5
el buzón   mailbox 12

C

el cabello   hair 11
la cabeza   head 11
la cabina   cabin, cockpit 15r
cada   adj. each, every 1r; each 7
cada... horas   every . . . hours 11
la cadera   hip 11
caer bien   to like 6r
caer(se)   to fall 11
café   brown eyes 2
el café   coffee 1r; plus café after dinner drink 3r
el café   coffee house 1; coffee 3
la cafetería   cafeteria 1
la caída   drop 6r
la caja   cash register 9r; box 12r
la caja fuerte   safe box 12
el/la cajero/a   cashier 9
el calcetín   sock 6
el calcio   calcium 10r
la calculadora   calculator P
el cálculo   calculus 1r
la calefacción   heating 5
el calentamiento   warming 15r
la calidad   quality 5r
caliente   hot 3
callado/a   quiet 2
la calle   street P
el calor: hacer calor   to be hot (weather) 4r
la caloría   calorie 10r
el calzoncillo   boxer shorts 6
la cama   bed 5
el camarón   shrimp 10
el camarote   cabin (on boat) 12r
cambiar   to change, to exchange 6
el camello   camel 8r
el/la caminante   walker 3r
caminar   to walk 1
la caminata   walk 10r
el camino   road, way 8
el camión   truck 9r
la camisa   shirt 6
la camiseta   T-shirt 6
el camisón   nightgown 6
el campamento   camp 6r
la campaña   campaign 9r
el campeón/la campeona   champion 7
el campeonato   championship 7
el/la campesino/a   peasant 15
el campo   field 7
el canal   channel 7r; canal 12r

cancelar   to cancel 12
el cáncer   cancer 3r
la cancha   court, golf course 7
la canción   song 3
cansado/a   tired 2
el/la cantante   singer 3r
cantar   to sing 3
la cantidad   quantity, amount 4r
cantonés/cantonesa   Cantonese 3r
la capa   layer 15r
la capital   capital 1r
el capitán/la capitana   captain 7r
el capó   hood 12
la cara   face 11
el carácter   character 8r
caribeño/a   from the Caribbean 6r
el cariño   affection, love 5r, 14r
el carnaval   carnival, Mardi Gras 8
la carne   meat 10
caro/a   expensive 6
la carrera   career 1r; race 7
la carreta   cart, wagon 8
la carretera   highway 12
la carroza   float 8
la carta   menu 3r; letter 12
el/la cartero/a   letter carrier 12
(de) cartón   cardboard 15
la casa   house, home 1
casado/a   married 2
casarse   to get married 4r, 4, 14
casero/a   adj. house 11r
el casillero   pigeonhole 5r
el caso   case 9r
el catarro   cold 11
católico/a   Catholic 8r
la causa   cause 12r
la cebolla   onion 5r, 10
la ceja   eyebrow 11
la celebración   celebration 8
celebrar   to celebrate 3
el celular   cellular phone 10r
el cementerio   cemetery 8
la cena   dinner, supper 3
cenar   to have dinner 3
centrar(se)   to center 10r
el centro   downtown, center 1r, 5; centro comercial shopping center 5r, 6
cerca (de)   near (close to) 5
el cerdo   pork 10
el cerebro   brain 11
la ceremonia   ceremony 6r
la cereza   cherry 10
la cerveza   beer 3
el césped   lawn 5
el/la cesto/a   basket, hoop 7
el cesto   wastepaper basket P
[S.L.1]el ceviche   raw fish dish 3
el champaña   champagne 4r
la chaqueta   jacket 6

el cheque de viajero   traveler's check 12; el cheque check 6r
la chica   girl P
el chico   boy P
chileno/a   Chilean 2
la chimenea   fireplace 5
chocar (qu)   to crash 12r
el chocolate   chocolate 3r
el/la chofer   driver 9
la chuleta   chop 10
el churro   deep fried batter 10r
el ciclismo   cycling 7
el/la ciclista   cyclist 7
ciego/a   blind 15r
el cielo   sky 12r, 15
ciencias   sciences 1; las ciencias políticas political science 1
el/la científico/a   scientist 9
cierto   adv. true, certain 1r
la cifra   figure 14r
la cima   summit, top 8r
el cine   movies 3
la cintura   waist 11
el cinturón   belt 6
la circunstancia   circumstance 5r
el/la cirujano/a   surgeon 11r
la ciudad   city 1r, 3
la civilización   civilization 4r
¡Claro!   of course 5
el/la cliente/a   client 6r, 9
climatizado/a   air conditioned 15r
la clínica   clinic, hospital 11r
la cocina   kitchen 5
cocinado/a   cooked 10r
cocinar   to cook 5
el coco   coconut 4r
el codo   elbow 11
el cognado   cognate Pr
la coherencia   coherence 4r
el cohete   rocket 15
la colección   collection 4r
el collar   necklace 6
colombiano/a   Colombian 2
el colón   monetary unit of Costa Rica and El Salvador 1r
de color entero   solid color 6
el colorido   color 8r; colorful 8r
la columna   column 4r
el comedor   dining room 5
comentar   to comment, to discuss 6r
comenzar (ie)   to begin 8, 9
comer   to eat 1r, 3
el comercio   commerce 13
cómico/a   comic, funny Pr
la comida   dinner, supper 3
el comienzo   beginning 8
el comino   cumin 10r
la comisión   commission 7r
como   adv. as, like 1r
¿Cómo es?   What is he/she/it like? P

la cómoda   *dresser* 5
cómodo/a   *comfortable* 3r
¡Cómo no!   *Of course!* 9
¿Cómo se llama usted?   *What's your name? (formal)* P
¿Cómo te llamas?   *What's your name? (familiar)* P
¿Cómo te va?   *How is it going?* 1
el/la compañero/a   *partner, classmate* Pr, 1
la compañía/empresa   *company* 9
la comparación   *comparison* 8r
comparar   *to compare* 4r
la comparsa   *costumed group* 8
la compensación   *compensation* 5r
la competencia   *competition* 1r
competir (i)   *to compete* 7
complicado/a   *complex* 10r
el comportamiento   *behavior* 9r
composición   *composition* 1r
comprar   *to buy* 1
la computadora   *computer* P
comunicar(se) (qu)   *to communicate* 3r, 9
la comunidad   *community* 4r
con   *with* 1
el concierto   *concert* Pr
la concordancia   *agreement* 4r
el concurso   *contest* 1r
la condición   *condition* 10r
el condimento   *condiment* 10r
el condominio   *condominium* 1r
la conferencia   *lecture* 1r
la confianza   *trust* 14
congelar(se)   *to freeze* 7
el congreso   *congress, convention* 5r
el conjunto   *set, group* 12r; *adj. joint* 9r
conmigo   *with me* 7
conocer (zc)   *to know, to meet* 5
el/la consejero/a   *counselor, adviser* 9r
el consejo   *advice* 11r
el/la conserje   *concierge* 12
la conservación   *preservation* 15
conservado/a   *kept, preserved* 5r
considerablemente   *considerably* 7r
la construcción   *construction* 5r
construir (y)   *to build* 15
el consultorio   *doctor's office* 9, 11
la contabilidad   *accounting* 1r
el/la contador/a   *accountant* 9
el contagio   *contagion, spreading of a disease* 11r
la contaminación   *contamination* 8r
contaminado/a   *polluted, contaminated* 7
contar (ue)   *to tell* 8r; *to tell, count* 13
contener (g, ie)   *to contain* 10r

el contenido   *n. contents* 4r; contenido *adj. controlled* 11r
contento/a   *happy, glad* 2
contestar   *to answer* 6
contigo   *with you (familiar)* 7
continuación: a continuación *below* 10r
continuar   *to continue* 14
contra   *against* 7r
contrario/a   *opposite, contrary* 7
el contraste   *contrast* 4r
contratar   *to hire* 14r
el contrato   *contract* 9r
la conversación   *conversation* Pr
conversador/a   *talkative* 2
conversar   *to talk, to converse* 1
la copa   *drink* 3r; *(stemmed) glass* 10
la copia   *copy* 6r
copiar   *to copy* 1r
el coraje   *courage* 12r
el corazón   *heart* 11
la corbata   *tie* 6
el córdoba   *monetary unit of Nicaragua* 1r
correcto/a   *correct* 4r
el correo electrónico   *e-mail* 15
correr   *to run* 3
correspondiente   *corresponding* 7r
la corrida (de toros)   *bullfight* 1r, 8
cortar   *to cut* 5r, 9
la cortesía   *courtesy* Pr
la cortina   *curtain* 5
corto/a   *short (in length)* 2
la cosa   *thing* 1r
el cosmético   *cosmetic* 6r
cosmopolita   *cosmopolitan* 6r
costar (ue)   *to cost* 4
la costilla   *rib* 10
la costumbre   *custom* 8
crear   *to create* 4r
creativo/a   *creative* Pr
el crecimiento   *growth* 15r
creer   *to believe* 5
la crema   *cream* 10
el crimen   *crime* 8r
criollo/a   *adj. Spanish American* 3r
la crisis   *crisis* 14r
el crucero   *cruise* 6r, 12
el cuaderno   *notebook* P
la cuadra   *city block* 12
cuadrado/a   *square* 15r
el cuadro   *picture* 5
de cuadros   *plaid* 6
cuando   *adv. when* 1r
¿Cuánto cuesta?   *How much is it?* 1
cuarto   *quarter* P
el cuarto/dormitorio   *bedroom* 5
cubano/a   *Cuban* 2
el cubo: en cubitos   *in cubes* 10r
cubrir   *to cover* 13

la cucharada   *spoon(full)* 10r
la cucharadita   *teaspoon* 10r
la cuchara   *spoon* 10
la cucharita   *teaspoon* 10
el cuchillo   *knife* 10
la cueca   *typical Chilean music* 12r
el cuello   *neck* 11
la cuenca   *river basin* 15
la cuenta: cuenta corriente   *checking account* 9r
el cuento   *story* 13
de cuero   *leather* 6
cuidar(se)   *to take care of* 5r, 11
el cultivo   *cultivation* 15r
la cumbia   *Colombian music and dance* 4r
el cumpleaños   *birthday* Pr, 3
el/la curandero/a   *quack doctor* 11r
la curiosidad   *curiosity* 1r
curioso/a   *curious* 5r
el currículum   *résumé* 9
el cursillo   *short course of studies* 12r
el curso   *course* 1r

D

dar   *to give, to hand* 6
los datos   *data* 14
de   *of, from* 2
debajo (de)   *under* P
deber   *ought to, should* 3
debido a   *due to* 15
débil   *weak* 2
decir (g, i)   *to say, tell* 4
el décuplo   *decuple, tenfold* 15r
el dedo   *finger* 11
la defensa   *defense* 11r
la deforestación   *deforestation* 15
dejar   *to leave (behind)* 5r; *to leave* 9
delante de   *in front of* 9r
delgado/a   *thin* 2
la delincuencia   *delinquency* 8r
del   *of the (contraction of de + el)* 1r, 2
el demostrativo   *demonstrative* 5r
denso/a   *dense* 15r
el/la dentista   *dentist* 11r
dentro   *inside, in* 4r
el departamento   *department* 1r
el/la dependiente/a   *salesperson* 1
el/la deportista   *sportsman/woman* 7r
deportivo/a   *adj. sport* 1r
deprimido/a   *depressed* 11
la derecha   *right* 4r
el derecho   *right* 14
[S.L.2]desayunar   *to have breakfast* 4
el desayuno   *breakfast* 3
descansar   *to rest* 3
el descanso   *rest* 7r

descomponer   *to break down* 15
desconocido/a   *unknown* 9r
describir   *describe* 1r
la descripción   *description* Pr
el descuento   *discount* 6r
desde   *since* 13
desde luego   *of course* 7r
desear   *to wish, to want* 2
desempleado/a   *unemployed* 9r
el desfile   *parade* 8
desfile de moda   *fashion show* 6r
el deshielo   *thaw* 15r
el desierto   *desert* 3r
desorganizado/a   *disorganized* 9r
despacio   *slowly* Pr
la despedida   *farewell* Pr
despegar   *to take off* 15r
despejado/a   *clear* 7
el despertador   *alarm clock* 7r
despertar(se) (ie)   *to wake up* 7
después   *after, later* 1r; *then* 4r
destacado/a   *outstanding,
    distinguished* 15
el destino   *destination* 3r, 12
detener (g, ie)   *to stop* 7r
el deterioro   *damage* 7r
determinado/a   *specific* 6r
detrás (de)   *behind* P
el día   *day* P
el/la diabético/a   *diabetic* 10r
el diablo   *devil* 8r
el diálogo   *dialog* 5r
el diámetro   *diameter* 10r
el dibujo   *drawing* 4r
el diccionario   *dictionary* 1
el diente   *tooth* 11
la diferencia   *difference* 3r
diferente   *different* 1r
difícil   *difficult* 1
difunto/a, muerto/a   *dead* 8
dinámico/a   *dynamic* Pr
el dinero   *money* 3r, 6
Dios   *God* 8r
la dirección   *address* P; *direction* 12r
la directiva   *board of directors* 14r
el directorio   *directory* 5r
la discoteca   *dance club* 1
la discriminación   *discrimination* 14r
discutir   *to argue* 7
el/la diseñador/a   *designer* 5r
diseñar   *to design* 9r, 15
el diseño   *design* 1r
el disfraz   *costume* 8r
disfrazarse   *to wear a costume* 8
dispuesto/a   *ready* 15
la distancia   *distance* 12r
disuelto/a   *dissolved* 10r
la diversión   *entertainment* 3r
diverso   *diverse, different* 5r
divertido/a   *funny, amusing* 2

divertirse (ie, i)   *to have a good
    time* 8; *to have a good time/fun* 3r
divorciado/a   *divorced* 4
divorciarse   *to divorce* 14
el divorcio   *divorce* 14
doblar   *to fold* 5; *to bend* 11r;
    to turn 12
doble   *double* 5r
el/la doctor/a   *doctor* Pr
doler (ue)   *to hurt* 11
doméstico/a   *domestic* 4r
el/la dominicano/a   *Dominican* 2,
    11r
dónde   *interrog. where* 1r
¿Dónde está...?   *Where is . . . ?* P
[S.L.3]dormir (ue) *to sleep* 4; dormir la
    siesta *to take a nap* 4
dormirse (ue)   *to fall asleep* 7
la droga   *drug* 8
la ducha   *shower* 5
dudar   *to doubt* 10
el dulce   *candy/sweets* 10
durante   *during* 1r
durar   *to last* 7
duro/a   *hard* 10r
el/la camarero/a   *waiter/waitress* 3

E

ecológico/a   *ecological* 7r
la economía   *economics* 1;
    economy 2r; *inexpensive* [S.L.4]5r
ecuatoriano/a   *Ecuadorian* 10r
el edificio   *building* 1r, 5
educado/a   *educated* 5r
el efecto   *effect* 10r
la eficiencia   *efficiency* 14
eficiente   *efficient* Pr
el/la ejecutivo/a   *executive* 9
el ejemplo   *example* 1r
el ejercicio   *exercise* 4r
él   *he* P
el/la electricista   *electrician* 9
eléctrico/a   *electric* 3r
electrónico/a   *electronic* 3r
elegante   *elegant* Pr
eliminar   *to eliminate* 10r
ella   *she* P
ellos/ellas   *they* 1
embarazada   *pregnant* 11r
la emergencia   *emergency* 9r
el/la emigrante   *emigrant* 13
emigrar   *to emigrate* 13
emocionado/a   *excited* 7
la empanada   *small meat pie* 10r;
    empanadas salteñas *typical
    Bolivian meat pies* 10r empezar
    (ie, c)   *to begin, start* 3r; *to begin,
    to start* 4

el/la empleado/a   *employee* 9, 12
en   *in* P
en busca de   *in search of* 15
en efectivo   *cash* 6
en la actualidad   *at the present
    time* 13
en punto   *sharp* P
en realidad/realmente   *in fact, really* 9
enamorarse   *to fall in love* 11r
encantado/a   *delighted* P
encantar   *to delight, to love* 6
el encanto   *charm* 1r
encerrado/a   *locked up* 12r
encerrar (ie)   *to lock up* 8
el encierro (de los toros)   *penning
    (of bulls)* 8r
encima   *on top* 10r
encontrar (ue)   *to find* 6, 14
la energía   *energy* 1r
enérgico/a   *energetic* 14
enfermarse   *to become sick* 11
la enfermedad   *illness* 11
el/la enfermero/a   *nurse* 9
enfermo/a   *adj. sick* 3r; *sick* 11
enfrente (de)   *in front of* P
enfriar   *to cool down* 10r
engordar   *to gain weight* 10r
enharinado/a   *lightly covered with
    flour* 10r
enlatado/a   *canned* 10r
enojado/a   *angry* 2
la ensalada   *salad* 3
enseguida   *immediately* 6
entender (ie)   *to understand* 4
entonces   *then* 8
el entorno   *surroundings* [S.L.5] 7r
la entrada   *appetizer* 3r; *ticket for
    admission* 3r, 8; *entrance* 5r
entrar   *to go in, to enter* 6
entre   *between, among* P
entregar   *to deliver* 5r
el/la entrenador/a   *coach* 7
el entrenamiento   *training* 10r
el entretenimiento   *entertainment* 3r
la entrevista   *interview* 9
el/la entrevistador/a   *interviewer* 9r
entrevistar   *to interview* 4r
el entusiasmo *enthusiasm*   10r
enviar   *to send* 9
el episodio   *episode* 4r
el equipaje   *luggage* 12
el equipo   *team* 7
eres   *you are (familiar)* P
es   *you are (formal), he/she is* P
la escala   *stopping point* 12r
el escaparate   *shop window* 6r
la escasez   *lack, scarcity* 7r
la escena   *scene* 8r
escoger (j)   *to choose* 1r
escolar   *adj. school* 4r

escribir *to write* 3
el/la escritor/a *writer* 13
el escritorio *desk* P
escuchar *to listen* Pr; *to listen (to)* 1
la escuela *school* 1r
el/la escultor/a *sculptor* 13
ese/a *that (adjective)* P
espacial *adj. space* 9r
el espacio *space* 7r
espacioso/a *spacious* 5r
la espalda *back* 11
español/a *adj. Spanish* 1r, 2
el español *n. Spanish* Pr, 1
la especia *spice* 5r
especial *special* 3r; **en especial** *especially* 8r
la especialidad *specialty* 1r
la especie *species* 3r
especificar (qu) *to specify, to point out* 4r
el espectáculo *show* 3r
el/la espectador/a *spectator* 7r
el espejo *mirror* 5; **el espejo retrovisor** *rearview mirror* 12
la esperanza *hope* 10r
esperar *to wait for* 9; *to hope, to expect* 10
las espinacas *spinach* 10
el espíritu *spirit, disposition* 7r
la esposa *wife* 4
el esposo *husband* 4
el esquí *skiing, ski* 7
esquiar *to ski* 7
la esquina *corner* 11r, 12
está *he/she is, you are (formal)* P
establecer(se) (zc) *to establish, to settle* 11r
el estadio *stadium* 3r
la estadística *statistic* 14
el estado *state* 1r; *condition* 7r
estándar *[S.L.6]standard* 10r
estar *to be* Pr, 1
estar a cargo *to be in charge* 9r
estar de acuerdo *to agree* 7
estar de moda *to be fashionable* 6
estar en forma *to keep fit* 4r
estar enamorado/a *to be in love* 13
estás *you are (familiar)* P
estatura *height* 14r
este/a *this* 1
el este *east* 1r
el estéreo *stereo* 5r
el estilo *style* 5r
estirar *to stretch* 11r
esto *this* 4r
el estómago *stomach* 3r, 11
estornudar *to sneeze* 11
la estrategia *strategy* 7r
estrecho/a *narrow, tight* 6
el estrés *stress* 12r

la estructura *structure* 4r
el/la estudiante *student* P
estudiantil *adj student* 1r
estudiar *to study* 1
el estudio *study* 1r; *studying* 9r
estudioso/a *studious* 1
la estufa *stove* 5
la etapa *stage* 4r
el evento *event* 1r
la evidencia *evidence* 12r
el examen *test, examination* 1
examinar *to examine* 11
excelente *excellent* 1
excepcional *exceptional* 5r
la excursión *excursion* 3r
exhaustivamente *exhaustingly* 12r
la experiencia *experience* 1r, 9
el experimento *experiment* 15r
el/la experto/a *expert* 7r
la explicación *explanation* 9r
la exportación *export* 9r
expresar *to express* 10r
extender(se) (ie) *to extend, to expand* 2r
la extinción *extinction* 5r
extranjero/a *adj. foreign* 1r
extrovertido/a *extroverted* Pr

F

la fábrica *factory* 15r
fabuloso/a *fabulous, great* 3
fácil *easy* 1
fácilmente *easily* 9r
facturar *to check in (luggage)* 12
la falda *skirt* 6
falso/a *false* 1r
falta: **hacer falta** *to need* 14r
la familia *family* Pr
famoso/a *famous* 1r
fanático/a *fanatic* 4r
fantástico/a *fantastic* 3r
el/la farmacéutico/a *pharmacist* 11
fascinante *fascinating* 4r
la fase *phase* 1r
el fastidio *annoyance* 4r
la fatiga *fatigue* 10r
fatigado/a *fatigued, tired* 10r
la fecha *date* P
felicitar *to congratulate* 7r
feliz *happy* 2
feo/a *ugly* 2
la feria *fair* 1r
la ferretería *hardware shop* 6r
la festividad *festivity* 8r
festivo *festive* 8r
fiable *trustworthy* 14
la fibra *fiber* 10r
la fiebre *fever* 11

fielmente *faithfully* 7r
la fiesta *party* Pr, 3
la filosofía *philosophy* 1r
el fin *end* 7
fin de semana *objective* 9r[S.L.7]
el fin de semana *weekend* 1
el final *end* 5r
finalista *finalist* 7r
financiado/a *financed* 11r
financiero *financial* 14
la firma *signature* 1r
la física *physics* Pr
físicamente *physically* 7r
el/la fisioterapista *physiotherapist* 11r
la flor *flower* 5r, 7
la fobia *phobia* 12r
los fondos *money* 9r; *fund* 11r
la formación *formation* 7r
la fórmula *formula* 15r
la fortaleza *fortress* 3r
la fortuna *fortune* 1r
la foto(grafía) *photo* 4
la fotocopiadora *photocopier* 9r
fracturar(se) *to fracture, break* 11
la frase *phrase* 8r
la frecuencia *frequency* 1r
el fregadero *kitchen sink* 5
freír (i) *to fry* 10
la frente *forehead* 11
la fresa *strawberry* 10
fresco/a *cool* 7, *fresh* 10r
los frijoles *beans* 3r
frío/a *cold* 3
frito/a *fried* 3
la fruta *fruit* 3
la fuente *fountain* 1r; *source* 8r
fuerte *strong* 2
fumar *to smoke* 11
el fútbol *soccer* 7
el/la futbolista *football player* 7r

G

la gabardina *raincoat* 7r
las gafas de sol *sunglasses* 6
la galleta *cookie* 10
la gamba *shrimp (in Spain)* 10r
el/la ganador/a *winner* 7r
ganar *to win* 7
el garaje *garage* 5
la garganta *throat* 11
la gasolina *gasoline* 12r
gastar *to spend* 6
la gelatina *gelatin* 10
gemelo/a *twin* 4
genealógico/a *genealogical* 4r
generoso/a *generous* Pr
el género *type* 4r

genético/a   *genetic 15r*
la gente   *people 8*
la geografía   *geography 1*
el/la gerente (de ventas)   *(sales) manager 9*
gigante   *adj. giant 5r*
el gimnasio   *gymnasium 1*
el gobierno   *government 13*
la golondrina   *sparrow 15r*
gordo/a   *fat 2*
la gorra   *cap 6*
la grabadora   *tape recorder, cassette player P*
el grado   *degree 7r; grade 8r*
la graduación   *graduation Pr*
gradualmente   *gradually 15r*
graduarse   *to graduate 14r*
gráfico/a   *graphic 1r*
gramatical   *grammatical 4r*
gran   *great 1r*
grande   *big 1*
el grano   *grain 10r*
la grasa   *fat 10r*
la gravedad   *seriousness 15r*
la gripe   *flu 11*
grueso/a   *coarse 7r*
el grupo   *group 1r*
el guajolote   *turkey 10r*
el guante   *glove 6*
la guantera   *glove compartment 12*
guapo/a   *good-looking, handsome 2*
el guaraní   *monetary unit of Paraguay 1r; language spoken in Paraguay 10r*
guatemalteco/a   *Guatemalan 2*
la guayabera   *loose-fitting men's shirt 6r*
el gueto   *ghetto 15r*
el/la guía   *guide 3r*
la guitarra   *guitar 3*
el/la guitarrista   *guitar player 13*
gustar *to be pleasing to, to like 6;* le gusta(n) *you (formal) like 2;* me gusta(n) *I like 2*
te gusta(n) *you (familiar) like 2;* Me gustaría... *I would like . . . 6*
el gusto *liking, taste 6r*

H

haber   *to have (auxiliary verb) 13*
había   *there was, there were 8*
la habitación   *room 5r*
la habitación doble/sencilla   *double/single room 12*
el/la habitante   *inhabitant 14*
el hábito   *habit 6r*
hablar   *to speak 1*
Hace calor.   *It's hot. 7*

hacer (g)   *to do, make 1r, 4*
hacer cola   *to stand in line 12*
hacer el papel   *play the part 6r*
hacer escala   *to make a stopover 12*
hacer la cama   *to make the bed 4*
hacer la maleta   *to pack 12r*
hacer preguntas   *to ask questions 4r*
hacerse   *to become 4r*
hacia   *towards, near 8r*
la hamburguesa   *hamburger 1r, 3*
la hamburguesería   *hamburger place 3r*
la harina   *flour 10*
hay   *there is, there are P*
el helado   *ice cream 3*
el hemisferio   *hemisphere 10r*
la hermana   *sister 4*
el hermano   *brother 4*
hervir (ie, i)   *to boil 10*
el hielo   *ice 7*
la hierba/yerba   *herb 3r*
la hija   *daughter 4*
el hijo   *son 4*
hijo/a único/a   *only child 4*
hiperactivo/a   *hyperactive 1r*
hípico/a   *adj. horse 7r*
hispano/a   *Hispanic 1r*
el/la hispanohablante   *Spanish speaker 13*
la historia   *history 1*
el hogar   *home 14*
el hombre   *man 4r*
el hombre/la mujer de negocios   *businessman/woman 9*
el hombro   *shoulder 11*
hondureño/a   *Honduran 5r*
la honestidad   *honesty 14*
la hora   *hour, time P*
hora americana/inglesa   *precise time Pr*
la hora de llegada/salida   *arrival/ departure time 12*
hora de salida   *dismissal time 4r*
el horario   *schedule Pr*
hornear   *to bake 10r*
el hospital   *hospital 1r*
hoy   *today P*
hoy en día   *nowadays 4r, 8*
el hueso   *bone 11*
el huevo   *egg 3*
huevo duro   *hard-boiled egg 10r*
humanidades   *humanities 1*
húmedo/a   *humid, damp 10r*

I

de ida y vuelta   *round trip 12*
idealista   *adj. idealistic Pr*
la identificación   *identification Pr*

el idioma   *language 13*
la iglesia   *church 1r, 8*
igual   *adj. the same 1r;* al igual que *like, same as 1r*
la igualdad   *equality 14*
igualmente   *likewise P*
el imperio   *empire 3r*
el impermeable   *raincoat 6*
el implante   *implant 15r*
importante   *important Pr;* lo importante *the important thing 9*
impresionante   *impressive 1r*
el impuesto   *tax 12r*
impulsivo/a   *impulsive Pr*
inapropiado/a   *inappropriate 9r*
el/la inca   *Inca 3r*
el incendio   *fire 9*
incentivar   *to encourage, to incite 7r*
inconcluso/a   *unfinished 12r*
incorrecto/a   *incorrect 14r*
indeciso/a   *undecided 5r*
independencia   *independence 3r*
independiente   *independent Pr*
indicado/a   *indicated, recommended 8r*
indicar   *to indicate 9*
inesperado   *unexpected 8r*
la infección   *infection 11*
infeccioso/a   *infectious 11r*
la influencia   *influence 5r*
influenciar   *to influence 10r*
informal   *informal Pr*
informática   *computer science 1*
el/la ingeniero/a   *engineer 9*
el inglés   *English 1r*
ingresar   *to be admitted 1r*
el ingreso   *income 9r*
el/la inmigrante   *immigrant 13*
el inodoro   *toilet 5*
inquieto/a   *restless 7r*
el instituto   *institute 9r*
el instrumento   *instrument 3r*
el/la integrante   *member 11r*
inteligente   *intelligent Pr*
la intención   *intention 15r*
el/la interesado/a   *interested (person), applicant 9r*
interesante   *interesting Pr*
interesar   *to interest 6*
el/la intérprete   *interpreter 9*
íntimo/a   *intimate, close 1r*
introducir (zc)   *to introduce 7r*
introvertido/a   *introvert Pr*
inventar   *to invent 7r*
investigar (gu)   *to investigate 8r*
la invitación   *invitation 8*
invitar   *to invite 3r, 8*
la inyección   *injection 11*
ir de compras   *to go shopping 6*
ir(se)   *to go away, to leave 7*

irónico/a *ironic 9r*
ir *to go Pr, 3;* **ir de compras** *to go shopping 3r*
la isla *island 6r*
el itinerario *itinerary 12r*
la izquierda *left 4r*
a la izquierda/derecha *to the* [S.L.8]*left/right 12*
el jabón *soap 5r*

J

Januká *Hanukka 3r*
el jardín *backyard, garden 5*
la jaula *(bird)cage 14r*
el/la jefe/jefa *boss 9*
el jesuita *Jesuit 10r*
Jesús *Jesus 8r*
el joropo *typical Venezuelan music 12r*
joven *young 2*
el/la joven *young man/woman 3*
la joya *jewel, jewelry 5r*
la joyería *jewelry 3r*
el juego/partido *game 7*
el/la juez *judge 9*
el/la jugador/a *player 7*
jugar (ue) *to play (game, sport) 4*
jugar a los bolos *to bowl 7*
el jugo *juice 3*
el juguete *toy 6r*
la jungla *jungle 5r*
juntos/as *together 4*

L

el labio *lip 11*
el laboratorio *laboratory 1;* el laboratorio de lenguas *language lab 1*
lácteo/a *dairy (product), milky 10*
al lado (de) *next to P*
el lago *lake 7*
la lámpara *lamp 5*
la lana *wool 6*
la langosta *lobster 10*
lanzar (c) *to throw 7r*
el lápiz *pencil P*
largo/a *long 2*
[S.L.9]latinoamericano/a *Latin-American 7r*
el lavabo *washbowl, bathroom sink 5*
la lavadora *washer 5*
la lavandería *laundry room 5r*
el lavaplatos *dishwasher 5*
lavar(se) *to wash (oneself) 4*

lavar(se) los dientes *to brush one's teeth 7*
la leche *milk 3*
la lechuga *lettuce 3*
leer *to read 3*
la legumbre *legume, vegetable 10r*
lejos (de) *far (from) 5*
el lempira *monetary unit of Honduras 5r*
los lentes de contacto *contact lenses 2*
el león *lion 3r*
la letra *letter 9r*
el letrero *sign 14r*
levantar *to raise 7*
levantarse *to get up 4*
la ley *law 14r*
liberado/a *released 15*
la libra *pound 10r*
libre *free 1r*
la librería *bookstore 1*
el libro *book P*
ligero/a *light 15r*
el limón *lemon 10*
el limpiaparabrisas *windshield wiper 12*
limpiar *to clean 5*
limpio/a *clean 5*
la lista de espera *waiting list 12*
listo/a *smart, ready 2*
la literatura *literature 1*
la llamada *call 9*
llamar *to call 3r*
la llanta *tire 12*
la llave *key 12*
la llegada *arrival 8r*
me llamo... *my name is . . . P*
llegar *to arrive 1*
llenar *to fill (out) 9*
lleno/a *full 12*
llevar *to wear, to take 6*
llevarse bien *to get along well 13*
llevarse mal *to not get along 2r, 13*
llover (ue) *to rain 7*
la lluvia *rain 7*
la localización *location 5r*
loco/a *crazy 6r*
el/la locutor/a *radio announcer 9*
el logro *accomplishment 8r*
la loma *hill 5r*
la longitud *length 7r*
lo *pron. you, him, it;* **lo + adj.** *the 1r;* lo que *what, that which 1r*
la lotería *lottery 5r*
luego *then 1r; after 6r*
el lugar *place Pr;* tener lugar *to take place 8r*
lujoso/a *luxurious 6r*
luna de miel *honeymoon 7r*
de lunares *polka-dotted 6*

M

la madera *wood 5r*
la madrastra *stepmother 4*
la madre *mother 4*
el/la madrileño/a *person from Madrid 1r*
la madrina *godmother 4*
la madrugada *early morning, dawn 1r*
magnífico/a *great 6*
el maíz/elote *corn 10*
la maleta *suitcase 12*
el maletero *trunk 12*
el maletín *briefcase 12*
malo/a *bad 1*
la mamá *mom 1r, 4*
la mañana *morning P*
mañana *tomorrow P*
mandar *to send 5r, 9*
el mandato *order, command 9r*
manejar *to drive 12; to manage, to handle 15*
la manera *way 4r*
el mango *mango 10r*
la mano *hand Pr, 11;* manos a la obra *let's get to work 1r*
la manta *blanket 5*
el mantel *tablecloth 10*
mantener (g, ie) *maintain 8*
la mantequilla *butter 10*
el manual *manual 5r*
la manzana *apple 10*
la manzanilla *camomile 11r*
el mapa *map 1*
maquillar(se) *to put on makeup 7*
máquina *machine 15r;* máquina de escribir *typewriter 9r;* la máquina fotográfica *camera 6r*
maravilloso/a *marvelous 8*
la marca *brand name 6r*
el marcapasos *pacemaker 15r*
la margarina *margarine 10*
el mariachi *Mexican band 8r*
la marinera *typical Peruvian music 12r*
los mariscos *shellfish; 10*
el mar *sea 1r; 3*
más o menos *more or less P*
más... que *more . . . than, . . . -er than (e.g., shorter than) 8*
la masa *dough 10*
las matemáticas *mathematics Pr*
el material *material 8r*
materno/a *adj. mother, 4r*
el matrimonio *marriage, wedding 4r*
máximo/a *maximum 7r*
la mayonesa *mayonnaise 10*
el/la mayor *greater 4r;* la mayor parte *most 1r*

la mayoría   *the majority 5r, 14*
mayor   *older 2*
el/la mayor   *the oldest 4*
el médano   *slope 7r*
media   *half* P
la media   *average 12r; adj. middle 4r*
la media hermana   *half sister 4*
mediano/a   *average, medium (height) 2*
las medias   *stockings, socks 6*
la medicina   *medication 11r*
medicina   *medicine 1*
[S.L.10]el/la médico/a   *medical doctor 9*
el medio   *means 2r*
el medio ambiente   *environment 15*
el medio hermano   *half brother 4*
la megatienda   *superstore 6r*
la mejilla   *cheek 11*
mejor   *best 7*
mejorar   *to improve 9*
la melodía   *melody 8*
el/la menor   *the youngest 4*
menos   *minus, to (for telling time)* P
menos... que   *less than, fewer than 8*
el mensaje   *message 4r*
el menú   *menu 3r*
el mercado   *market 6r;* el mercado al aire libre *open-air market 6*
el merengue   *typical music of the Dominican Republic 11r*
el mes   *month* P
la mesa   *table* P
la mesa de noche   *night stand 5*
el método   *method 1r*
el metro   *subway 6r, 12; meter 6r*
mexicano/a   *Mexican 2*
mi   *my* P
el micrófono   *microphone 9r*
el (horno) microondas   *microwave oven 5*
el microscopio   *microscope 9r*
mientras   *while 8*
el milagro   *miracle 8r*
el milenio   *millennium 7r*
la milla   *mile 3r*
la minería   *mining 15r*
minero/a   *adj. mining 9r*
el ministerio   *ministry 14*
mirar   *to look (at) 1*
el/la misionero/a   *missionary 10r*
lo mismo   *the same thing 7r*
el misterio   *mystery 1r*
la mitad   *half 14*
la mochila   *backpack* P
el/la modelo   *model 3r*
moderno/a   *modern* Pr
molestar   *to bother, be bothered by 11*
molida/picada   *ground beef 10*

monetario/a   *monetary 5r*
el monstruo   *monster 9r*
montar   *to ride 1*
montar en bicicleta   *to ride a bicycle 1*
moreno/a   *brunet, brunette 2*
morir (ue)   *to die 13*
el/la moro/a   *Moor 1r*
la mostaza   *mustard 10*
el mostrador   *counter 12*
mostrar (ue)   *to show 6*
el motivo   *motive 8r*
la moto(cicleta)   *motorcycle 4r*
mover (ue)   *to move 8*
la movilidad   *mobility 8r*
mucho/a   *much, a lot 1r; much, a lot 2*
mucho gusto   *pleased/nice to meet you* P
la mudanza   *move 14r*
la mueblería   *furniture store 5r*
la muestra   *sample 3r*
la multitud   *crowd 14r*
mundial   *worldwide 7*
la muñeca   *wrist 11*
el músculo   *muscle 11*
el museo   *museum 1r*
la música   *music 1r, 3;* música ambiental *background music 4r*
el/la músico/a   *musician 9r*

N

nacer (zc)   *to be born 13*
la nación   *nation 3r*
nadar   *to swim 3*
la naranja   *orange 3*
el narcotráfico   *drug traffic 14r*
la nariz   *nose 11*
la narración   *narration 6r*
el/la narrador/a   *narrator 15r*
la natación   *swimming 7r*
la natalidad   *birth 14r*
nativo/a   *native 1r*
la naturaleza   *nature 7r*
la náusea   *nausea 11r*
la nave espacial   *space ship 15*
navegable   *navigable 10r*
la navidad   *Christmas 3r*
necesitar   *to need 1*
negativo/a   *negative 4r*
el nervio   *nerve 11*
nervioso/a   *nervous 2*
nevar (ie)   *to snow 7*
ni siquiera   *not even 15r*
nicaragüense   *Nicaraguan 2*
la nieta   *granddaughter 4*
el nieto   *grandson 4*

la nieve   *snow 7*
la niñera   *nanny 9r*
ninguno/a   *not any, none 7r*
el/la niño/a   *child 1r, 4*
el nivel   *level 14*
no (ni)... ni   *neither . . . nor 2*
no sé   *I don't know* Pr
nocturno/a   *adj. night 8r*
el nombre   *name* Pr
nominado/a   *nominated 8r*
el norte   *north 1r*
norteamericano/a   *American 1*
nosotros/nosotras   *we 1*
la nota   *note, grade 1*
notable   *notable, noteworthy 14*
notablemente   *notably 9r*
la noticia   *news 4*
la novela   *novel 1r, 13*
el/la novelista   *novelist 13*
la novia   *fiancée, girlfriend 4*
el novio   *fiancé, boyfriend 4*
nublado/a   *cloudy 7*
nuestro/a(s)   *our 1r*
nuevo/a   *new 1r, 2;* nuevo sol *monetary unit of Peru 1r*
el número   *number* P
la nutrición   *nutrition 10r*
nutrido/a   *full, busy 14r*

O

el objetivo   *objective 1r*
la obra   *work 1r, 13*
obra de teatro   *play 3r*
obra maestra   *masterpiece 13*
el/la obrero/a   *worker 9*
obtener (g, ie)   *to obtain, to get 3r*
ocupado/a   *busy 4*
odiar   *to hate 13*
la oferta   *offer 6r*
la oficina   *office 1*
ofrecer (zc)   *to offer 9*
el oído   *(inner) ear 11*
oír (g)   *to hear 4*
ojalá   *I/we hope 10*
los ojos   *eyes 2*
ojos azules   *blue eyes 2;* ojos verdes *green eyes 2*
la ola   *wave 7r*
oliva: de oliva   *olive 10r*
olvidar   *to forget 15*
la operación   *operation 11r*
operar   *to operate 11r*
la opinión   *opinion 1r*
la oportunidad   *opportunity 9*
optativo/a   *optional 15r*
optimista   *adj. optimistic* Pr
la oración   *sentence 4r*

el orden   *order 4r;* el orden público *law and order 9r;* la orden *order, command 9r*
ordenado/a   *tidy 5*
el ordenador   *computer 1r*
ordenar   *to tidy up 5*
la oreja   *(outer) ear 11*
el/la organizador/a   *organizer 10r*
el oro   *gold 3r*
la orquesta   *orchestra 8*
la ortografía   *orthography 4r*
otavaleño/a   *from Otavalo, Ecuador 10r*
otro/a   *other, another 1r, 3;* otra vez *again Pr, 7r;* de vez en cuando *now and then 10r*
oxígeno   *oxygen 11r*

P

el/la paciente   *patient Pr, 9r*
[S.L.11]el padrastro   *stepfather 4*
el padre   *father 3r, 4*
los padres   *parents 4*
el padrino   *godfather 4*
pagar   *to pay 6*
la página   *page Pr*
el pago   *payment 6r*
el país   *country 1r; country, nation 3*
el pájaro   *bird 14r*
la palabra   *word Pr*
el palacio   *palace 1r*
la paloma   *dove 14r*
los palos   *golf clubs 7*
el pan   *bread 3*
la panadería   *bakery 6r*
el pánico   *panic 12r*
los pantalones   *pants 6*
los pantalones cortos   *shorts 6*
las pantimedias   *pantyhose 6*
el pañuelo   *handkerchief 6*
el papá   *dad 4*
la papa   *potato 3*
papas chorreadas   *Colombian typical dish 4r;* las papas fritas *French fries 3*
la papaya   *papaya 10r*
el papel   *paper 1r;* cambiar de papel *switch roles Pr;* hacer el papel *play the part 6r*
el paquete   *package 12*
el par   *pair 7r;* sin par *without equal 1r*
para   *for, to 1*
el parabrisas   *windshield 12*
el paracaídas   *parachute 15*
el parachoques   *bumper 12*
el paraguas   *umbrella 6*
paraguayo/a   *Paraguayan 10r*

parecer (zc)   *to seem 1r, 6*
el parentesco   *kinship 4r*
los parientes   *relatives 4*
el parque   *park 1r*
el párrafo   *paragraph 4r*
la participación   *participation 8r*
el/la participante   *participant 8r*
participar   *to participate 1r, 7*
particular: en particular   *especially 3r*
el partido   *game Pr*
la pasa   *raisin 10r*
el pasaje   *ticket 3r; passage 9r*
el/la pasajero/a   *passenger 12*
el pasaporte   *passport 12*
pasar   *to go through 4r; to spend (time) 4; pour 5r; to happen 6r; to come in 9r;* pasarlo bien *to have fun 3r;* pasar lista *to call roll Pr;* ¿Qué pasa? *What's going on? 9r*
[S.L.12]pasar la aspiradora   *to vacuum 5*
el pasatiempo   *pastime 15r*
pasear   *to take a walk, to stroll 4*
el paseo   *walk 4r*
de pasillo/ventanilla   *aisle/window seat 12*
pasivo/a   *passive Pr*
el pastel   *pie, cake 8r*
la pastelería   *pastry shop 10*
la pastilla   *pill 11*
patinar   *to skate 7*
paulatinamente   *gradually 15r*
el pavo   *turkey 10*
el pecho   *chest 11*
pedir (i)   *to ask for 4*
peinar(se)   *to comb 4*
la pelea   *argument 4r*
pelear   *to fight 13*
la película   *film 3*
el peligro   *danger 5r*
peligroso/a   *dangerous 10r*
pelirrojo/a   *redhead 2*
el pelo   *hair 2*
pelo castaño   *brown hair 2*
pelo negro   *black hair 2*
la pelota   *ball 7*
la peluquería   *beauty salon, barbershop 9*[S.L.13]
el/la peluquero/a   *hairdresser 9*
[S.L.14]la península   *peninsula 7r*
pensar (ie)   *to think 1r, 4*
pensar + inf.   *to plan to + [verb] 4*
[S.L.15]peor   *worse, worst 8*
la pepa   *seed 10r*
el pepino   *cucumber 10*
pequeño/a   *small 1*
la pera   *pear 10*
perder (ie)   *to lose 7*
perderse (ie)   *to get lost 12*
la pérdida   *loss 15*

perdido/a   *lost 12r*
perezoso/a   *lazy 2*
perfeccionista   *perfectionist Pr*
el perfil   *profile 14*
el periódico   *newspaper 3*
el/la periodista   *journalist, newspaperman/woman 7r, 9*
permitir   *to permit, to allow 10*
pero   *but 1, 2*
el/la perro/a   *dog 4r, 5*
perseguir   *to chase 8r*
el personaje   *character 8r; person 9r*
la perspectiva   *perspective 9r*
peruano/a   *Peruvian 2*
el pescado   *fish 3*
la pesca   *fishing 15r*
pesimista   *pessimist Pr*
el peso   *weight 3r*
la pestaña   *eyelash 11*
el petróleo   *petroleum, oil 6r*
el/la pianista   *pianist 8r*
picado/a   *chopped, ground 10r*
la piedra   *stone 6r*
el pie   *foot 10r, 11;* a pie *on foot 10r*
la piel   *skin 11r*
la pierna   *leg 3r, 11*
la pieza   *piece, object 5r*
pilotear   *to pilot, to fly 12r*
el/la piloto   *pilot 9r*
la pimienta   *pepper 10*
el pimiento verde   *green pepper 10*
la piña   *pineapple 10*
la piñata   *pottery filled with candies 8r*
pintado/a   *painted 12r*
el/la pintor/a   *painter 13*
el pintor   *painter 5r*
la pintura   *painting 13*
pisar   *to step on 14r*
la piscina   *swimming pool 5*
el piso   *floor 5*
la pista   *clue 1r; slope, court, track 7*
el/la piyama   *pajama 6r*
la pizarra   *chalkboard P*
la pizzería   *pizza place 4r*
la placa   *plates 12*
el placer   *pleasure 8r*
planchar   *to iron 5*
planear   *to plan 12r*
el planeta   *planet 5r, 15*
el plano/a   *plan 5r; level 10r*
la planta baja   *first floor 5*
plástico/a   *plastic 9r*
la plata   *silver 10r*
el plátano/la banana   *banana 10*
el plato   *dish, plate 5, 10*
la playa   *beach 1*
la plaza (de toros)   *bullring 8*
el pliegue   *fold 10r*

el/la plomero/a *plumber* 9
el plomo *lead 15r*
la población *population 13*
poblado/a *inhabited 8r*
pobre *poor 2*
poder (ue) *to be able to, can 4*
el poema *poem 1r*
el/la poeta *poet 9r*
la polémica *polemic 7r*
el policía/la (mujer) policía
  policeman, policewoman 9
el poliéster *polyester 6*
la política *politics 13*
el/la político/a *politician 2r; political adj. 1r*
la pollera *typical Panamanian dress 12r*
el pollo *chicken 3*
el polo *pole 5r*
poner (g) *to put, to turn on 4*
poner la mesa *to set the table 4*
ponerse *to put on 6*
popularidad *popularity 7r*
popular *popular Pr*
por *by, 1r;* por eso *that's why 1r;* por ejemplo *for instance 1r;* por lo menos *at least 1r;* por lo tanto *therefore 10r*
por cierto *by the way 9*
por correo *by mail 9r, 9*
por lo menos *at least 1r*
[S.L.16]el porcentaje *percentage 14*
la porción *portion 10r*
portátil *portable 15*
portugués/a *Portuguese 1r*
las Posadas *Hispanic festivities 8r*
positivo/a *positive 5r*
el postre *dessert 3r*
la práctica *practice 1r; adj. practical 9r*
practicar *to practice 1*
el precio *price 6*
precioso/a *precious 6r; beautiful 6*
precisamente *precisely 7r*
la precisión *precision 4r*
predilecto/a *favorite 7r*
preferir (ie) *to prefer 1r, 4*
la pregunta *question Pr*
el premio *award, prize 6r, 13*
preocupar(se) *to worry 10r*
la preparación *preparation 1r*
preparar *to prepare 5*
el preparativo *preparation 5r, 8*
presente *present, here Pr*
prestar *to lend 6r*
primario/a *elementary 5r*
primero/a *first 1r*
el/la primo/a *cousin 4*
el príncipe *prince 5r*
privado/a *private Pr*

privilegiado/a *exceptional 7r*
probablemente *probably 3r*
probarse (ue) *to try on 6*
el problema *problem Pr*
proceder (de) *to come from 14*
la procesión *procession 8*
la productividad *productivity 15r*
el/la profesor/a *professor P*
el programa *program 1r*
programar *to program 12r*
la prohibición *prohibition 7r*
prohibir *to prohibit, to forbid 10*
prolongado/a *lengthy 10r*
el promedio *average 14*
la promesa *promise 7r*
el pronombre *pronoun 1r*
propio/a *own 9*
la protección *protection 15r*
la provincia *province 8r*
la (p)sicología *psychology 1*
el/la (p)sicólogo/a *psychologist 9*
el/la psiquiatra *psychiatrist 9r*
la publicidad *advertisement 9r*
público/a *public 1r*
el pueblo *town 8*
el puente *bridge 9r*
la puerta *door P*
la puerta (de salida) *gate 12*
puertorriqueño/a *Puerto Rican 2*
pues *(interj.) well 3r*
el puesto *position 9*
el pulmón *lung 11*
la pulsera *bracelet 6*
la puntuación *punctuation 6r*
puntual *punctual 7r*
el pupitre *student's desk P*

Q

que *that 1r, 2;* lo que *what 1r*
quedar *to fit, to be left over 6*
la quema *burning 8r*
querer (ie) *to want 1r, 4*
¿de quién? *whose? 2*
¿En qué puedo servirle(s)? *How may I help you? 6*
¿Quién es...? *Who is . . . ? P*
¡Qué lástima! *What a pity! 1*
¡Qué pena! *What a pity! 8*
¿Qué te/le(s) pasa? *What's wrong (with you)? 11*
¿Qué tiempo hace? *What's the weather like? 7*
la química *chemistry 1r*
químico/a *chemical 9r*
Quisiera... *I would like . . . 6*
quitar *to take away, to remove 7*
quitar(se) *to take off 7*
quizá(s)/tal vez *maybe 10*

R

el radiador *radiator 12r, 12*
el/la radio *radio 5*
el ramadán *Ramadan 3r*
rápido/a *fast 3*
la raqueta *racket 7*
el rato *time 3r*
el ratón *mouse 15*
la razón *reason 4r*
de rayas *striped 6*
realizar (c) *to carry out 4r, 14r; to take place 5r*
realmente *really 4r*
la rebaja *sale 6*
rebajado/a *marked down 6*
rebelde *rebellious Pr*
la recepción *reception 6r; front desk 12*
el/la recepcionista *receptionist 9r*
el receso *recess Pr*
la receta *recipe 10; prescription 11*
recetar *to prescribe 11*
el recibo *receipt 9r*
reciclar *recycle 14r*
recién *adv. recently 11r*
recoger (j) *to pick up 5*
recomendar *to recommend 10*
recordar (ue) *to remember 8*
el recuerdo *memory 8r*
el recurso *resource 6r, 15*
la red World Wide Web *7r, 7*
la referencia *reference 4r*
referir(se) (ie, i) *to refer 5r*
el refresco *soda 3*
el refrigerador *refrigerator 5*
regalar *to give (a present) 6*
el regalo *present 6*
regar (ie) *to water 5*
regatear *to bargain 6r*
la región *region 1r*
regresar *to come back 5*
la reja *iron grill 5r*
la relación *relationship 4r*
religioso/a *adj. religious Pr*
el relleno *filling 10r*
el reloj *clock P*
el remedio *remedy 11r*
la reparación *reparation, repair 7r*
repente: de repente *suddenly 8r*
el/la reportero/a *reporter 7r*
el reposo *rest 11r*
el/la representante *representative 5r*
representar *to represent 7*
la reproducción *reproduction 15r*
el repuesto *part 15r*
de res *beef/steak 10*
la reserva *reserve 3r, 15*
reservado/a *reserved 12r*

reservar   *to make a reservation* 8r, 12
el/la residente   *resident* 5r
resolver (ue)   *to solve* 6r
respecto: con respecto a   *in relation to* 4r
respetar   *to respect* 8
respirar   *to breathe* 11
responsable   *responsible* Pr
el resto   *rest* 4r
el resultado   *result, outcome* 4r
resumen: el resumen   *summary* 14r; en resumen   *to summarize* 4r
la reunión   *meeting, gathering* 3
reunirse   *to get together* 8
revisar   *to inspect* 12
la revisión   *revision, inspection* 1r
la revista   *magazine* 1r, 3
el rey/la reina   *king/queen* 8
rico/a   *rich, wealthy* 2
el riel   *rail* 15r
el riesgo   *risk, danger* 9r
la riqueza   *wealth* 1r
el robot   *robot* 3r
la roca   *rock* 7r
la rodilla   *knee* 11
romper   *to break, tear* 13, 15
la ropa   *clothing* 5r; ropa interior   *underwear* 6r
rubio/a   *blond* 2
la rueda   *wheel* 12
el ruego   *plea* 14r
el ruido   *noise* 8
las ruinas   *ruins* 3r

S

la sábana   *sheet* 5
saber   *to know* 5
sacar (qu)   *to get, to take (out)* 1
sacar fotos   *to take photos* 12r
el saco   *blazer* 6
la sal   *salt* 4r, 10
la sala   *living room* 5
salir (g)   *to leave* 3r, 4
la salsa de tomate   *tomato sauce* 10
saltar   *to jump* 14
la salud   *health* 7r
saludable   *healthy* 10r
saludar(se)   *to greet* 13
el saludo   *greeting* Pr
la salvación   *salvation* 15r
salvadoreño/a   *Salvadoran* 5r
la sandalia   *sandal* 6
la sangre   *blood* 11
sano/a   *healthy* 10r, 10
sano/a y salvo/a   *safe and sound* 15
la sardana   *typical Catalonian dance* 1r
el secador   *hairdryer* 9r

la secadora   *dryer* 5
secar   *to dry* 5; secarse *to dry oneself* 4
la sección   *section* 3r
seco/a   *dry* 5
secundario/a   *secondary* 1r
la seda   *silk* 6
sedentario/a   *sedentary* 10r
seguido/a   *followed* 8r
seguidor/a   *follower* 10r
seguir (i)   *to follow, to go on* 4
seguir derecho   *to go straight ahead* 12
según   *according to* 1r, 13
segundo/a   *second* 1r
la seguridad   *safety, security* 5r, 8
el seguro   *insurance* 6r; *adj. sure* 5r; *n. safe* 12r
la selección   *selection* 7r
el sello   *stamp* 12
la selva   *jungle* 6r, 15
la semana   *week* P
Semana Santa   *Holy Week* 1r
semejante   *similar* 4r
la semejanza   *similarity* 4r
la semilla   *seed* 8r
el/la senador/a   *senator* 1r
la señal   *signal* 9
el señor   *lord* 8r
señor (Sr.)   *Mr.* P
señora (Sra.)   *Mrs.* P
señorita (Srta.)   *Miss* P
sentar(se) (ie)   *to sit down* 7
sentimental   *sentimental* Pr
el sentimiento   *feeling* 5r
sentir (ie, i)   *to feel* 5; *to be sorry* 11
sentirse (ie, i)   *to feel* 11
la separación   *separation* 14
ser   *to be* Pr, 2
el ser humano   *human being* 15
la serie   *series* 4r
serio/a   *serious* Pr, 11
la servilleta   *napkin* 10
servir (i)   *to serve* 3r, 4
severo/a   *severe, serious* 12r
el sexo   *sex* 8
si   *if* 1r, 3
sí   *yes* P
el siglo   *century* 1r
el significado   *meaning* 7r
siguiente   *adj. following* 1r
la silla   *chair* P
simbolizar   *to symbolize* 8r
el símbolo   *symbol* 8r
simpático/a   *nice, charming* 2
simplemente   *simply* 4r
simultáneamente   *simultaneously* 9r
sin   *without* 7
sin embargo   *nevertheless* 9
sincero/a   *sincere* Pr

el síntoma   *symptom* 11
la sirena   *siren* 9r
la situación   *situation, location* 4r
sobre   *on, above* P
el sobre   *envelope* 12
la sobrina   *niece* 4
el sobrino   *nephew* 4
la sociedad   *society* 13
la sociología   *sociology* 1
el sodio   *sodium* 10r
el sofá   *sofa* 5
el sol   *sun* 7
solicitar   *to apply (for)* 9
la solicitud   *application* 9
sólo   *adv. only* 1r
solo/a   *adj. one* 6r; *alone* 14
soltero/a   *single* 2
la solución   *solution* 6r
el sombrero   *hat* 6
el somnífero   *sleeping pill* 11r
son   *they, you (plural) are* P
la sopa   *soup* 3
sordo/a   *deaf* 15r
el sostén   *bra* 6
soy   *I am* P
su   *his, her, their, your (formal)* 1
suave   *soft* 8
subir   *to go up* 8r; *to increase* 10r; subir de peso *gain weight* 3r
sucio/a   *dirty* 5
la sucursal   *branch (business)* 14
la sudadera   *jogging suit, sweatshirt* 6
el sueldo   *salary* 9
el suéter   *sweater* 6
la sugerencia   *suggestion* 3r
sumar   *to add* 1r
la superación   *improvement* 9r; *overcoming* 2r
superar   *to surpass* 9r; *to overcome* 12r
el supermercado   *supermarket* 6r
la súplica   *plea* 14r
el sur   *south* 1r
el sureste   *southeast* 7r
el/la surfista   *surfer* 7r
suroeste   *southwest* 2r
el sustantivo   *noun* 10r
suyo (-a, -os, -as)   *(of) yours, his, hers, theirs* 5r

T

la tabla   *chart* 4r; *cutting board* 5r
el talento   *talent* 8r
la talla   *size* 6
el tamaño   *size* 4r
también   *also* 1
tampoco   *adv. neither, nor, either* 5r
tan... como   *as . . . as* 8

tan pronto   *as soon as 11r*
tanto/a como   *as much as 8*
tantos/as como   *as many as 8*
tarde   *late 1r, 4*
la tarea   *assignment, homework Pr, 1*
la tarjeta de crédito   *credit card 6*
la tarjeta de embarque   *boarding pass 12*
la tarjeta postal   *post card 12*
la tasa   *rate, interest 14r*
la taza   *cup 10*
el teatro   *theater 3r, 8*
el techo   *roof 8r*
la técnica   *technique 12r*
el/la técnico/a   *adj. technical 9r; technician 9*
la tecnología   *technology 8r*
el tejido   *weaving 8r*
la tela   *fabric 6r*
telefónico/a   *adj. telephone 9r*
el teléfono   *telephone Pr, 3*
la telenovela   *soap opera 11r*
la telepatía   *telepathy 3r*
el televisor   *television set P*
temer   *to fear 11*
el temperamento   *temperament 9r*
temprano   *early 4*
tender (ie)   *to hang (clothes); to make (a bed) 5*
el tenedor   *fork 10*
tener (g, ie)   *to have Pr, 4;* tener que + inf. *to have to + verb 1r;* tener lugar *to take place 8r*
tener deseos de +   inf. *to feel like, to want 8*
tener dolor de...   *to have a(n) . . . ache 11*
tener éxito   *to be successful 13*
tener mala cara   *to look terrible 11*
Tengo... años.   *I am . . . years old. 2*
tengo/tienes   *I/you have 1*
el/la tenista   *tennis player 7*
el tenis   *tennis Pr, 7*
la tensión (arterial)   *(blood) pressure 11*
el tequila   *Mexican liqueur 8r*
el termómetro   *thermometer 11*
la terraza   *terrace 1r, 5*
el territorio   *territory 15r*
la tía   *aunt 4*
tibio/a   *lukewarm 10r*
el tiempo   *time Pr;* tiempo libre *free time 1r, 3*
la tienda   *store 6*
tiene   *he/she has, you (formal) have 2*
la tierra   *land, soil 15*
tímido/a   *timid Pr*
el tío   *uncle 4*
típico/a   *typical 1r, 3*
el tipo   *type, style, 3r; kind 10r*

el título   *title 4r*
la tiza   *chalk P*
la toalla   *towel 5*
el tobillo   *ankle 11*
tocar   *to touch 3;* tocar un instrumento *to play an instrument 3*
todavía   *still, yet 13*
tolerante   *tolerant 1r*
tomar   *to take, to drink 1*
tomar apuntes   *to take notes 1*
tomar el sol   *to sunbathe 3*
tomar notas   *take notes 1r*
el tomate   *tomato 3*
tonto/a   *silly, foolish 2*
torcer(se) (ue)   *to twist 11*
el torneo   *tournament 7r, 7*
la toronja/el pomelo   *grapefruit 10*
la tortura   *torture 10r*
la tos   *cough 11*
toser   *to cough 11*
la tostada   *toast 3*
trabajador/a   *hardworking 2*
trabajar   *to work 1*
la tradición   *tradition 8*
tradicional   *traditional Pr*
traducir (zc)   *to translate 7*
traer (g)   *to bring 4*
el tráfico   *traffic 12r*
el traje   *suit 6*
el traje de baño   *bathing suit 6*
el traje pantalón   *pantsuit 6*
tranquilizante   *tranquilizer 12r*
tranquilo/a   *calm, tranquil Pr, 2*
el transbordador espacial   *space shuttle 15*
transparente   *transparent 9r*
el transporte   *transportation 5r*
a través de   *through 13*
el tren   *train 11r, 12*
el trigo   *wheat 15r*
triste   *sad 2*
el triunfo   *victory 7r*
el trofeo   *trophy 7r*
tropical   *tropical 10r*
tu   *your (familiar) P*
tú   *you (familiar) P*
el túnel   *tunnel 3r*
la túnica   *tunic 8r*
turístico/a   *adj. tourist 7r*
el turno   *turn, shift 11r*

U

la ubicación   *location 5r*
la úlcera   *ulcer 11r*
último/a   *last 8*
un/una   *a, an P*
un poco   *a little 4*

una vez   *once 12*
la unidad   *unity 5r*
unido/a   *united 1r*
el uniforme   *uniform 3r*
la unión   *union 7r*
la universidad   *university 1*
universitario/a   *adj. university 1r*
urbano/a   *urban 12r*
urgente   *urgent 1r*
urgentemente   *urgently 9r*
uruguayo/a   *Uruguayan 7r*
usar   *to use 2*
usted   *you (formal) P;* ustedes *you (plural) 1*
la uva   *grape 10*

V

las vacaciones   *vacation 1r, 3*
la vacante   *opening 9*
vacío/a   *empty 12*
la vainilla   *vanilla 10*
valer   *to be worth 6*
valiente   *brave Pr*
valioso/a   *valuable 2r*
el valle   *valley 9r*
el vallenato   *typical Colombian music 4r*
el valor   *value, price 3r*
el vaquero   *cowboy 7r*
los vaqueros/jeans   *jeans 6*
variable   *variable, changeable 9r*
la variante   *variant 7r*
varios/as   *various, several 1r*
el vaso   *glass 3r, 10*
el vecindario   *neighborhood 5r*
el/la vecino/a   *neighbor 5r, 14*
la vegetación   *vegetation 15r*
el vegetal/la verdura   *vegetable 3*
la vela   *candle 4r*
la velocidad   *speed 12*
la vena   *vein 11*
el/la vendedor/a   *salesman, saleswoman 6r, 9*
vender   *to sell 6*
venezolano/a   *Venezuelan 2*
venir (g, ie)   *to come 4*
la ventaja   *advantage 14*
la ventana   *window P*
la ventanilla   *window 12*
las ventas   *sales 9*
el verbo   *verb 1r*
¿Verdad?   *Right? 1*
la verdura   *vegetable 10*
verificar (qu)   *to verify 4r*
versátil   *versatile 7r*
ver   *to see 1r, 3*
el vestido   *dress 6*
vestir(se) (i)   *to dress, to get dressed 4*

el vestuario   *dressing room 7r*
viajar   *to travel* 12
la vida   *life 1r*, 15
el video   *video 1r*
la videocasetera   VCR P
viejo/a   *old* 2
el viento   *wind* 7
el vinagre   *vinegar* 10
el viñedo   *vineyard 9r*
el vino   *wine* 3; el vino tinto *red wine* 10
la violencia   *violence* 8
el/la violinista   *violinist 8r*
la virgen   *virgin 8r*
virtual   *virtual 3r*
la visa   *visa 3r*
la visita   *guest 5r*
visitar   *to visit 1r*, 4

la vista   *view 5r*
la vitalidad   *vitality 1r*
la vitamina   *vitamin 10r*
la viuda   *widow* 14
el viudo   *widower* 14
vivir   *to live 1r*, 3
vivo/a   *alive, living 4r*
el vocabulario   *vocabulary Pr*
volador   *flying 15r*
el volante   *steering wheel* 12
volar (ue)   *to fly 5r*, 12
el voleibol   *volleyball* 7
la voluntad   *will, will power 2r*
el/la voluntario/a   *volunteer 14r*
volver (ue)   *to return* 4
votar   *to vote 12r*
la voz   *voice 14r*
el vuelo   *flight 3r*, 12

Y

y   *and* P
ya   *already 3r*, 13; ya que *since 8r*;
ya sea   *whether 9r*
la yema   *egg yolk 10r*
el yogur   *yogurt* 10
yo   *I* P

Z

la zanahoria   *carrot* 10
la zapatilla   *slipper* 6
el zapato   *shoe* 6

ENGLISH TO SPANISH VOCABULARY [S.L.2]

A

a, an   un/una
above   arriba
absence   la ausencia
to accept   aceptar
access   el acceso
accident   el accidente
accompany   acompañar
accomplishment   el logro
according   según
accountant   el/la contador/a
accounting   la contabilidad
to act   actuar
action   la acción
activity   la actividad
actor/actress   el actor/la actriz
ad (advertisement)   el anuncio
to add   sumar, añadir
additional   adicional
address, direction   la dirección
administrative   administrativo/a
adolescent   el/la adolescente
adult   adulto/a
advance   el avance
advantage   la ventaja
advertisement   la publicidad
advice   el consejo
advisable   aconsejable
affection, love   el cariño
after, later, then   después
again   de vez en cuando [S.L.3]
against   contra
agenda   la agenda
agent   el/la agente
to agree   estar de acuerdo
to agree, access   acceder
agreement   la concordancia
agricultural   agrícola
air conditioned   climatizado/a
air conditioning   el aire
   acondicionado
airline   la aerolínea
aisle/window seat   de
   pasillo/ventanilla
alarm   la alarma
alarm clock   el despertador
alcoholic   alcohólico/a
alive, living   vivo/a
alone   solo/a

alphabet   el alfabeto
already   ya
also   también
altar   el altar
Amazonian   amazónico/a
ambitious   ambicioso/a
American   americano/a,
   norteamericano/a
ancestor   el antepasado
and   y
Andean   andino/a
angry   enojado/a
anguish   la angustia
anisette (licor)   el anisado
ankle   el tobillo
anniversary   el aniversario
annoyance   el fastidio
annual   anual
to answer   contestar
to answer, attend   atender (ie)
anthropology   la antropología
antibiotic   el antibiótico
any, some   algunos/as
apartment   el apartamento
appearance   el aspecto
appetite   el apetito
appetizer, ticket for admission,
   entrance   la entrada
to applaud   aplaudir
apple   la manzana
application   la solicitud
to apply (for)   solicitar
appropriate   adecuado/a, apropiado/a
approval   la aprobación
archaeological   arqueológico/a
archaeology   la arqueología
architect   el/la arquitecto/a
architecture   arquitectura
area   el área
Argentinean   argentino/a
to argue   discutir
argument   el argumento, la pelea
arm   el brazo
armchair   la butaca
arrival   la llegada
arrival/departure time   la hora de
   llegada/salida
to arrive   llegar
arrogant   arrogante
as, like   adv. como

as . . . as   tan... como
as many as   tantos/as como
as much . . . as   tanto/a como
as soon as   tan pronto
ask for   pedir (i)
asphyxia   la asfixia
aspirin   la aspirina
assassination, murder   el asesinato
assignment, homework   la tarea
astronaut   el/la astronauta
at   a
at least   por lo menos
at random   azar, el azar
at the present time   actualmente,
   en la actualidad
athlete   el/la atleta
athletic   atlético/a
atmosphere   la atmósfera
attendance   la asistencia
attention, service   la atención
attitude   la actitud
attractive   atractivo [S.L.4]
aunt   la tía
authentic   auténtico/a
author   el/la autor/a
authoritarian   autoritario/a
authority   la autoridad
avenue   la avenida
average   el promedio
average, medium height   mediano/a
average, middle   adj. la media
avocado   el aguacate
award, prize   el premio

B

back   la espalda
backpack   la mochila
backyard, garden   el jardín
bad   malo/a
to bake   hornear
bakery   la panadería
balcony   el balcón
ball   la pelota
ballpoint pen   el bolígrafo
banana   el plátano/la banana
band   la banda
bank   el banco
banquet   el banquete

baptism, christening   el bautizo
bar   el bar
barbecue   la barbacoa
to bargain   regatear
baseball   el béisbol
basically   básicamente
basket, hoop   el/la cesto/a
basketball   el baloncesto/basquetbol
bat   el bate
bathing suit   el traje de baño
bathroom   el baño
battery   la batería/el acumulador
to be   estar, ser; be able to, can
  poder (ue); be admitted   ingresar;
  be bored   aburrirse; be born   nacer
  (zc); be enough   bastar; be
  fashionable   estar de moda; be glad
  (about)   alegrarse (de); be hot
  (weather)   hacer calor; be in love
  estar enamorado/a; be pleasing to,
  like   gustar; be successful   tener
  éxito; be worth   valer; be in charge
  estar a cargo; be fit   estar en forma
beach   la playa
beans   los frijoles
to beat   batir
beauty salon, barbershop   la
  peluquería
to become sick   enfermarse
bed   la cama
bedroom   el cuarto/dormitorio
beef/steak   de res
beer   la cerveza
before   antes
begin, start   comenzar (ie), empezar
  (ie, c)
beginning   el comienzo
behavior   el comportamiento
behind   detrás (de)
to believe   creer
below   abajo, continuación: a
  continuación
belt   el cinturón
benefit   el beneficio
best   mejor
between, among   entre
big   grande
bilingual   bilingüe
biology   la biología
biosphere   la biosfera
bird   el pájaro
birth   la natalidad
birthday   el cumpleaños
[S.L.5] blanket   la manta
blazer   el saco
blind   ciego/a
(city) block   la cuadra
blond   rubio/a
blood   la sangre
blouse   la blusa

[S.L.6] board of directors   la directiva
boarding pass   la tarjeta de
  embarque
boat   el bote
to boil   hervir (ie, i)
bone   el hueso
book   el libro
bookstore   la librería
boot   la bota
boring   aburrido/a
boss   el/la jefe/jefa
to bother, be bothered by   molestar
bottle   la botella
bowl   jugar a los bolos
bowling   los bolos
boxer shorts   el calzoncillo
boy   el chico
bra   el sostén
bracelet   la pulsera
brain   el cerebro
branch (business)   la sucursal
brand name   la marca
brave   valiente
Brazilian   brasileño/a
bread   el pan
to break   romper
to break down   descomponer
breakfast   el desayuno
to breathe   respirar
bridge   el puente
briefcase   el maletín
to bring   traer (g)
brother   el hermano
[S.L.7] brunet, brunette   moreno/a
to brush one's teeth   lavar(se) los
  dientes
to build   construir (y)
building   el edificio
bullfight   la corrida (de toros)
bullring   la plaza (de toros)
bumper   el parachoques
burning   la quema
bus   el autobús/bus
businessman/woman   el hombre/la
  mujer de negocios
busy   ocupado/a
but   pero
butter   la mantequilla
buy   comprar
by   por; that's why   por eso; for
  instance   por ejemplo; at least
  por lo menos; therefore   por lo
  tanto

C

[S.L.8] cabin (on boat)   el camarote
cabin, cockpit   la cabina
cafeteria   la cafetería

cage   la jaula
calcium   el calcio
calculator   la calculadora
calculus   el cálculo
to call   la llamada, llamar
calm, tranquil   tranquilo/a
calorie   la caloría
camel   el camello
camomile   la manzanilla
camp   el campamento
campaign   la campaña
to cancel   cancelar
cancer   el cáncer
candle   la vela
candy/sweets   el dulce
canned   enlatado/a
Cantonese   cantonés/cantonesa
cap   la gorra
capital   la capital
captain   el capitán/la capitana
car   el auto(móvil)/coche/carro
cardboard   (de) cartón
career, race   la carrera
Caribbean   caribeño/a
carnival, Mardi Gras   el carnaval
carpet, rug   la alfombra
carrot   la zanahoria
to carry out, take place   realizar (c)
cart, wagon   la carreta
case   el caso
cash register, box   la caja
cash   en efectivo
cashier   el/la cajero/a
to catch   atrapar
Catholic   católico/a
cause   la causa
celebrate   celebrar
celebration   la celebración
cellular phone   el celular
cemetery   el cementerio
to center   centrar(se)
center   el centro; shopping center
  centro comercial
century   el siglo
ceremony   la ceremonia
chair   la silla
chalk   la tiza
chalkboard   la pizarra
champagne   el champaña
champion   el campeón/la campeona
championship   el campeonato
change, exchange   cambiar
channel, canal   el canal
character   el carácter
character, person   el personaje
charm   el encanto
chart, cutting board   la tabla
to chase   perseguir
to check in (luggage)   facturar
check   el cheque

checking account   la cuenta: cuenta corriente
cheek   la mejilla
chemical   químico/a
chemistry   la química
cherry   la cereza
chest   el pecho
chicken   el pollo
child   el/la niño/a
Chilean   chileno/a
chocolate   el chocolate
choose   escoger (j)
chop   la chuleta
chopped, ground   picado/a
Christmas   la navidad
church   la iglesia
circumstance   la circunstancia
city   la ciudad
[S.L.9] civilization   la civilización
to clarify   aclarar
to clean   limpiar; clean   limpio/a
clear   despejado/a
client   el/la cliente, el/la cliente/a
clinic, hospital   la clínica
clock   el reloj
closet, armoire   el armario
clothing   la ropa; underwear   ropa interior [S.L.10]
cloudy   nublado/a
clue   la pista
coach   el/la entrenador/a
coarse   grueso/a
coat   el abrigo
coconut   el coco
coffee, coffee house   el café; after-dinner drink   plus café
cognate   el cognado
coherence   la coherencia
cold   el catarro, frío/a
collection   la colección
Colombian   colombiano/a
Colombian music and dance   la cumbia
Colombian typical dish   papas chorreadas
color, colorful   colorido
column   la columna
to comb   peinar(se)
to come   venir (g, ie)
to come back   regresar
to come from   proceder (de)
comfortable   cómodo/a
comic, funny   cómico/a
to comment, discuss   comentar
commerce   el comercio
commission   la comisión
communicate   comunicar(se) (qu)
community   la comunidad
company   la compañía/empresa
to compare   comparar

comparison   la comparación
compensation   la compensación
to compete   competir (i)
competition   la competencia
complex   complicado/a
composition   composición
computer   la computadora, el ordenador
computer science   informática
concert   el concierto
concierge   el/la conserje
condiment   el condimento
condition   la condición
condominium   el condominio
to congratulate   felicitar
congress, convention   el congreso
considerably   considerablemente
construction   la construcción
contact lenses   los lentes de contacto
contagion, spreading of a disease   el contagio
to contain   contener (g, ie)
contamination   la contaminación
contents,   contenido; controlled   el contenido
contest   el concurso
to continue   continuar
contract   el contrato, el contraste [S.L.11]
conversation   la conversación
to cook   cocinar
cooked   cocinado/a
cookie   la galleta
cool   fresco/a
to cool down   enfriar
to copy   copiar; copy   la copia
corn   el maíz/elote
corner   la esquina
correct   correcto/a
corresponding   correspondiente
cosmetic   el cosmético
cosmopolitan   cosmopolita
cost   costar (ue)
costume   el disfraz
costumed group   la comparsa
cotton   el algodón
cough   la tos, toser
counselor, adviser   el/la consejero/a
counter   el mostrador
country, nation   el país
courage   el coraje
course   el curso
court, golf course   la cancha
courtesy   la cortesía
cousin   el/la primo/a
to cover   cubrir
cowboy   el vaquero
crash   chocar (qu)
crazy   loco/a

cream   la crema
to create   crear
creative   creativo/a
credit card   la tarjeta de crédito
crime   el crimen
crisis   la crisis
crowd   la multitud
cruise   el crucero
Cuban   cubano/a
cucumber   el pepino
cultivation   el cultivo
cumin   el comino
cup   la taza
curiosity   la curiosidad
curious   curioso/a
curtain   la cortina
custom   la costumbre
customs   la aduana
to cut   cortar
cycling   el ciclismo
cyclist   el/la ciclista

D

dad   el papá
dairy (product), milky   lácteo/a
damage   el deterioro
to dance   bailar; dance   el baile
dance club   la discoteca
dancer   el/la bailarín/bailarina
danger   el peligro
dangerous   peligroso/a
data   los datos
date   la fecha
daughter   la hija
day   el día
dead   difunto/a, muerto/a
deaf   sordo/a
decorated   adornado/a
decuple, tenfold   el décuplo
deep-fried batter   el churro
defense   la defensa
deforestation   la deforestación
degree, grade   el grado
to delight, love   encantar
delighted   encantado/a
delinquency   la delincuencia
to deliver   entregar
demonstrative   el demostrativo
dense   denso/a
dentist   el/la dentista
department   el departamento
department store   el almacén
depressed   deprimido/a
to describe   describir
description   la descripción
desert   el desierto
to design   diseñar, el diseño
designer   el/la diseñador/a

desk   el escritorio
dessert   el postre
destination   el destino
devil   el diablo
diabetic   el/la diabético/a
dialog   el diálogo
diameter   el diámetro
dictionary   el diccionario
to die   morir (ue)
diet   la alimentación
difference   la diferencia
different   diferente
difficult   difícil
dining room   el comedor
dinner, supper   la cena, la
   comida
directory   el directorio
dirty   sucio/a
discount   el descuento
discrimination   la discriminación
dish, plate   el plato
dishwasher   el lavaplatos
dismissal time   hora de salida
disorganized   desorganizado/a
dissolved   disuelto/a
distance   la distancia
diverse, different   diverso
divorce   divorciarse, el divorcio
divorced   divorciado/a
to do, make   hacer (g); **pack** hacer la
   maleta; **ask questions** hacer
   preguntas; **become** hacerse; **play**
   the part hacer el papel
doctor   el/la doctor/a
doctor's office   el consultorio
dog   el perro, el/la perro/a
domestic   doméstico/a
Dominican   dominicano/a, el/la
   dominicano/a
door   la puerta
double   doble
double/single room   la habitación
   doble/sencilla
doubt   dudar
dough   la masa
dove   la paloma
downtown, center   el centro
drawing   el dibujo
dress   el vestido
to dress, get dressed   vestir(se) (i)
dresser   la cómoda
dressing room   el vestuario
to drink   beber; **drink** la bebida
drive, manage, handle   manejar
driver   el/la chofer
drop   la caída
drug   la droga
drug traffic   el narcotráfico
to dry (oneself)   secar(se); **dry** seco/a
dryer   la secadora

due to   debido a
during   durante
dynamic   dinámico/a

E

each, every, each   *adj.* cada
ear   el oído, la oreja
early   temprano
early morning, dawn   la
   madrugada [S.L.12]
earring   el arete
easily   fácilmente
east   el este
easy   fácil
to eat   comer
ecological   ecológico/a
economics, economy, inexpensive   la
   economía
Ecuadorian   ecuatoriano/a
edge   el borde
educated   educado/a
effect   el efecto
efficiency   la eficiencia
efficient   eficiente
egg   el huevo
egg yolk   la yema
elbow   el codo
electric   eléctrico/a
electrician   el/la electricista
electronic   electrónico/a
elegant   elegante
elementary   primario/a
elevator   el ascensor
to eliminate   eliminar
e-mail   el correo electrónico
to embrace   abrazar(se) (c)
emergency   la emergencia
emigrant   el/la emigrante
to emigrate   emigrar
empire   el imperio
employee   el/la empleado/a
empty   vacío/a
to encourage, incite   incentivar
end   el fin, el final
energetic   enérgico/a
energy   la energía
engineer   el/la ingeniero/a
English   el inglés
enlargement, expansion   la
   ampliación
entertainment   el entretenimiento, la
   diversión
enthusiasm   el entusiasmo
envelope   el sobre
environmental   ambiental, el medio
   ambiente
episode   el episodio
equality   la igualdad

eraser   el borrador
especially   particular: en particular
to establish, settle   establecer(se) (zc)
even   aun
event   el evento
every . . . hours   cada... horas
evidence   la evidencia
to examine   examinar
example   el ejemplo
excellent   excelente
exceptional   excepcional,
   privilegiado/a
excited   emocionado/a
excursion   la excursión
executive   el/la ejecutivo/a
exercise   el ejercicio
exhaustingly   exhaustivamente
expensive   caro/a
experience   la experiencia
experiment   el experimento
expert   el/la experto/a
explanation   la explicación
export   la exportación
to express   expresar
to extend, expand   extender(se) (ie)
extinction   la extinción
to extinguish, turn off, turn off the
   lights   apagar
extrovert   extrovertido/a
eyebrow   la ceja
eyelash   la pestaña
eyes   los ojos; **blue eyes** ojos azules;
   brown eyes café; **green eyes** ojos
   verdes, ojos (de color)

F

fabric   la tela
fabulous, great   fabuloso/a
face   la cara
factory   la fábrica
fair   la feria
faithfully   fielmente
to fall   caer(se); **fall asleep** dormirse
   (ue); **fall in love** enamorarse
false   falso/a
family   la familia
famous   famoso/a
fan   el/la aficionado/a
fanatic   fanático/a
fantastic   fantástico/a
far (from)   lejos (de)
farewell   la despedida
fascinating   fascinante
fashion show   desfile de moda, desfile
   de modas
fast   rápido/a
fat   gordo/a, la grasa
father   el padre

fatigue   la fatiga
fatigued, tired   fatigado/a
favorite   predilecto/a
fear   temer
feed   alimentar
to feel   sentirse (ie, i); feel, be sorry sentir (ie, i)
to feel like, want   tener deseos de + inf.
feeling   el sentimiento
festive   festivo
festivity   la festividad
fever   la fiebre
fiancé, boyfriend   el novio
fiancée, girlfriend   la novia
[S.L.13] fiber   la fibra
field   el campo
to fight   pelear
figure   la cifra
to fill (out)   llenar
filling   el relleno
film   la película
finalist   finalista
financed   financiado/a
financial   financiero
to find   encontrar (ue)
finger   el dedo
to finish   acabar
fire   el incendio
firefighter   el/la bombero/a
fireplace   la chimenea
first   primero/a
first floor   la planta baja
fish   el pescado
fishing   la pesca
to fit, be left over   quedar
to fix, repair   arreglar
flight   el vuelo
flight attendant   el/la auxiliar de vuelo
float   la carroza
floor   el piso
flour   la harina
flower   la flor
flu   la gripe
to fly   volar (ue)
flying   volador
fold   el pliegue
to fold, bend, turn   doblar
to follow, go on   seguir (i)
followed   seguido/a
follower   adepto/a, seguidor/a
following   adj. siguiente
food   el alimento
foot   el pie; on foot   a pie
football player   el/la futbolista
for   para
forehead   la frente
foreign   adj. extranjero/a
forest   el bosque; rain forest   bosque tropical

to forget   olvidar
fork   el tenedor
formation   la formación
former, old   antiguo/a
formula   la fórmula
fortress   la fortaleza
fortune   la fortuna
forward   adelante; later on   más adelante [S.L.14]
fountain, source   la fuente
fracture, break   fracturar(se)
free   libre; free time   tiempo libre
freeway   la autopista
to freeze   congelar(se)
French fries   las papas fritas
frequency   la frecuencia
fresh   fresco/a
fried   frito/a
friend   el/la amigo/a
front desk   la recepción
fruit   la fruta
to fry   freír (i)
full   lleno/a
full, busy   nutrido/a
funny, amusing   divertido/a
furnished   amueblado/a
furniture store   la mueblería

G

to gain weight   engordar
game   el juego/partido, el partido
garage   el garaje
garbage, trash   la basura
garlic   el ajo
gasoline   la gasolina
gate   la puerta (de salida)
gelatin   la gelatina
genealogical   genealógico/a
generous   generoso/a
genetic   genético/a
geography   la geografía
gesture   el ademán
to get along well   llevarse bien; get lost   perderse (ie); get married   casarse; get off, come down   bajar; lose weight   bajar de peso; get together   reunirse; get up   levantarse; get, take (out)   sacar
ghetto   el gueto
giant   gigante adj.
girl   la chica
to give (a present)   regalar; give advice   aconsejar; give, hand   dar
glass   el vaso
glass, drink   la copa
glove   el guante
glove compartment   la guantera

to go   ir; go shopping   ir de compras;
go away, leave   ir(se); go bed, lie down   acostar(se); go in, enter   entrar; go shopping   ir de compras; go straight ahead   seguir (i) derecho; go through; spend (time); pour, happen, come in have fun [S.L.15]pasar, pasarlo bien; call roll   pasar lista; What's going on? ¿Qué pasa?; go up, increase   subir; gain weight   subir de peso
God   Dios
godchild   el/la ahijado/a
godfather   el padrino
godmother   la madrina
gold   el oro
golf clubs   los palos
good luck   buena suerte
good-looking, handsome   guapo/a
[S.L.16]goods   los bienes; real estate   bienes raíces
[S.L.17]government   el gobierno
gradually   gradualmente, paulatinamente
to graduate   graduarse
graduation   la graduación
grain   el grano
grammatical   gramatical
granddaughter   la nieta
grandfather   el abuelo
grandmother   la abuela
grandson   el nieto
grape   la uva
grapefruit   la toronja/el pomelo
graphic   gráfico/a
great   gran, magnífico/a
greater   el/la mayor
[S.L.18]green pepper   el pimiento verde [S.L.19]
to greet   saludar(se)
greeting   el saludo
ground beef   molida/picada
group   el grupo
growth   el crecimiento
Guatemalan   guatemalteco/a
guest   la visita
guide   el/la guía
guitar   la guitarra
guitar player   el/la guitarrista
gymnasium   el gimnasio

H

habit   el hábito
hair   el cabello, el pelo; black hair   pelo negro; brown hair   pelo castaño
hairdresser   el/la peluquero/a

hairdryer el secador
half la mitad, media
half brother el medio hermano
half sister la media hermana
hamburger la hamburguesa
hamburger place la hamburguesería
hand la mano; **let's get to work**
  manos a la obra
handicraft la artesanía; **handicrafts**
  adj. artesanal
handkerchief el pañuelo
to hang (clothes), make (a bed)
  tender (ie)
Hanukka Januká
happy feliz
happy, glad alegre, contento/a
hard duro/a
hard-boiled egg huevo duro,
hardware shop la ferretería
hardworking trabajador/a
hat el sombrero
to hate odiar
to have (auxiliary verb) haber, tener
  (g, ie); **have a good time, have a**
  good time/fun divertirse (ie, i);
  have a(n) . . . ache tener dolor
  de...; **have breakfast** desayunar;
  have dinner cenar; **have just + past**
  participle acabar de + inf.; **have**
  lunch almorzar (ue); **have**
  tener (g, ie); **+ inf. have + verb**
  tener que; [S.L.20]**take place**
  tener lugar
[S.L.21] **he** él
he/she has, you (formal) have tiene
he/she is, you are (formal) está
head la cabeza
health la salud; **healthy** saludable,
  sano/a
to hear oír (g)
heart el corazón
heating la calefacción
height estatura
Hello? ¿Aló?
to help ayudar; **help** la ayuda
hemisphere el hemisferio
herb la hierba/yerba
here aquí
highway la carretera
hill la loma
hip la cadera
to hire contratar
his, her, their, your (formal) su
  [S.L.22]
Hispanic hispano/a
Hispanic festivities las Posadas
history la historia
hole el agujero
Holy Week Semana Santa
home el hogar

Honduran hondureño/a
honesty la honestidad
honeymoon luna de miel
hood el capó
hope la esperanza
horse *adj.* hípico/a
hospital el hospital
hot caliente
hour, time la hora
house, home, *adj.* casero/a
  [S.L.23]la casa
housewife, homemaker el ama de
  casa
How is it going? ¿Cómo te va?
How may I help you? ¿En qué puedo
  servirle(s)?
How much is it? ¿Cuánto cuesta?
human being el ser humano
humanities humanidades
humid, damp húmedo/a
to hurt doler (ue)
husband el esposo
hyperactive hiperactivo/a

I

I am . . . years old Tengo... años
I am soy
I don't know no sé [S.L.24]
I yo
I/we hope ojalá
I/you have tengo/tienes
ice el hielo
ice cream el helado
idealistic *adj.* idealista
identification la identificación
if si
illiteracy el analfabetismo; **illiterate**
  analfabeto/a
illness la enfermedad
immediately enseguida
immigrant el/la inmigrante
implant el implante
important importante
impressive impresionante
to improve mejorar
improvement, overcoming la
  superación
impulsive impulsivo/a
in en
in advance anterioridad: con
  anterioridad
in advance, before *adv.* antes
in cubes el cubo: en cubitos
in fact, really en realidad/realmente
in front of delante de, enfrente (de)
in relation respecto: con respecto a
in search of busca: en busca de
in the affirmative afirmativamente

inappropriate inapropiado/a
Inca el/la inca
income el ingreso
incorrect incorrecto/a
independence independencia;
  independent independiente
to indicate indicar
indicated, recommended indicado/a
inexpensive, cheap barato/a
infection la infección
infectious infeccioso/a
to influence influenciar, la influencia
informal informal
inhabitant el/la habitante
inhabited poblado/a
injection la inyección
inside, in dentro
to inspect revisar
institute el instituto
instrument el instrumento
insurance, sure (*adj.*), **safe** (*n.*) el
  seguro
intelligent inteligente
intention la intención
to interest interesar; **interested**
  (person), applicant el/la
  interesado/a; **interesting**
  interesante
interpreter el/la intérprete
[S.L.25]**interview** entrevistar, la
  entrevista; **interviewer** el/la
  entrevistador/a
intimate, close íntimo/a
to introduce introducir (zc)
introvert introvertido/a
to invent inventar; **investigate**
  investigar (gu)
invitation la invitación
to invite invitar
to iron planchar
iron grill la reja
ironic irónico/a
island la isla
It's hot Hace calor
itinerary el itinerario

J

jacket la chaqueta
jeans los vaqueros/jeans
Jesuit el jesuita
Jesus Jesús
jewel, jewelry la joya; **jewelry** la
  joyería
jogging suit, sweatshirt la sudadera
to jot down anotar
journalist, newspaperman/woman
  el/la periodista
joy la alegría

judge   el/la juez
juice   el jugo
to jump   saltar
jungle   la selva, la jungla

K

kept, preserved   conservado/a
key   la llave
king/queen   el rey/la reina
kinship   el parentesco
to kiss   besar
kitchen   la cocina
kitchen sink   el fregadero
knee   la rodilla
knife   el cuchillo
to know   saber
to know, meet   conocer (zc)

L

laboratory   el laboratorio
lack, scarcity   la escasez
lake   el lago
lamp   la lámpara
to land   aterrizar (c)
land, soil   la tierra
language   el idioma
language lab   el laboratorio de
   lenguas
language spoken in Paraguay   el
   guaraní
to last   durar; last, final   último/a
late   tarde, atrasado/a
Latin-American   latinoamericano/a
laundry room   la lavandería
law   la ley
lawn   el césped
lawyer   el/la abogado/a
layer   la capa
lazy   perezoso/a
lead   el plomo
to learn   aprender
leather   de cuero
to leave (behind), leave   dejar, salir (g)
lecture   la conferencia
left   la izquierda
leg   la pierna
legume, vegetable   la legumbre
lemon   el limón
to lend   prestar
length   la longitud
lengthy   prolongado/a
less than, fewer than   menos que
letter   la letra [S.L.26]
letter carrier   el/la cartero/a
lettuce   la lechuga
level   el nivel

librarian   el/la bibliotecario/a
library   la biblioteca
life   la vida
light   ligero/a
lightly covered with flour
   enharinado/a
to like   caer bien; you (familiar) like
   te gusta(n); you (formal) like   le
   gusta(n); I like   me gusta(n); I
   would like . . .   Me gustaría...,
   Quisiera...
likewise   igualmente
liking, taste   el gusto
lion   el león
lip   el labio
to listen, listen (to)   escuchar
literature   la literatura
little   un poco
to live   vivir
living room   la sala
lobster   la langosta
location   la localización, la ubicación
to lock up   encerrar (ie); locked up
   encerrado/a
lodging   el alojamiento
long   largo/a
to look (at)   mirar
to look for   buscar
to look terrible   tener mala cara
loose-fitting men's shirt   la guayabera
lord   el señor
to lose   perder (ie)
to lose weight   adelgazar (c)
loss   la pérdida
lost   perdido/a
lot   bastante bien
lottery   la lotería
to love   amar
lover   el/la amante
luggage   el equipaje
lukewarm   tibio/a
lunch   el almuerzo
lung   el pulmón
luxurious   lujoso/a

M

machine   máquina; camera   la
   máquina fotográfica; typewriter
   máquina de escribir
of Madrid   madrileño/a
[S.L.27] magazine   la revista
mail   por correo
mailbox   el buzón
to maintain   mantener (g, ie)
the majority   la mayoría
to make a reservation   reservar
to make a stopover   hacer
   escala

to make the bed   hacer la cama
man   el hombre
manager   el/la gerente (de ventas)
mango   el mango
manual   el manual
map   el mapa
margarine   la margarina
marked down   rebajado/a
market   el mercado
marriage, wedding   el matrimonio
married   casado/a
marvelous   maravilloso/a
masterpiece   obra maestra
material   el material
mathematics   las matemáticas
maximum   máximo/a
maybe   quizá(s)/tal vez
mayonnaise   la mayonesa
meaning   el significado
means   el medio
meat   la carne
medical doctor   el/la médico/a
medication, medicine   la
   medicina
meeting, gathering   la reunión
melody   la melodía
member   el/la integrante
memory   el recuerdo
menu   el menú; menu, letter   la carta
message   el mensaje
method   el método
Mexican   mexicano/a
Mexican band   el mariachi
Mexican liqueur   el tequila
microphone   el micrófono
microscope   el microscopio
microwave oven   el (horno)
   microondas
mile   la milla
milk   la leche
millennium   el milenio
mining   adj. la minería, minero/a
ministry   el ministerio
minus (for telling time)   menos
miracle   el milagro
mirror   el espejo
Miss   señorita (Srta.)
missionary   el/la misionero/a
mobility   la movilidad
model   el/la modelo
modern   moderno/a
mom   la mamá
monetary   monetario/a; monetary
   unit of Bolivia   el boliviano;
   monetary unit of Costa Rica and El
   Salvador   el colón; monetary unit of
   Honduras   el lempira; monetary unit
   of Nicaragua   el córdoba; monetary
   unit of Panamá   el balboa;
   monetary unit of Paraguay;

monetary unit of Peru nuevo sol;
  [S.L.28]monetary unit of Venezuela
  el bolívar
money el dinero
money, funds los fondos
monster el monstruo
month el mes
Moor el/la moro/a
more . . . than, . . . -er than (e.g.,
  shorter than) más... que
more or less más o menos
morning la mañana
most la mayor parte
mother la madre; mother adj.
  materno/a
motive el motivo
motorcycle la moto(cicleta)
mouse el ratón
mouth la boca
to move mover (ue); move la
  mudanza
movies el cine
Mr. señor (Sr.)
Mrs. señora (Sra.)
much, a lot mucho/a
muscle el músculo
museum el museo
music la música; background music
  música ambiental
musician el/la músico/a
mustard la mostaza
my mi
my name is . . . me llamo...
mystery el misterio

N

name el nombre
nanny la niñera
napkin la servilleta
narration la narración; narrator
  el/la narrador/a
narrow, tight estrecho/a
nation la nación
native nativo/a
nature la naturaleza
nausea la náusea
navigable navegable
near (close to) cerca (de)
neck el cuello
necklace el collar
to need hacer falta, necesitar
negative negativo/a
neighbor el/la vecino/a
neighborhood el barrio, el vecindario
neither . . . nor no (ni)... ni
neither, nor, either adv. tampoco
nephew el sobrino
nerve el nervio

nervous nervioso/a
nevertheless sin embargo
new nuevo/a;
[S.L.29] news la noticia
newspaper el periódico
next al lado (de)
Nicaraguan nicaragüense
nice agradable; nice, charming
  simpático/a
niece la sobrina
night adj. nocturno/a
night stand la mesa de noche
nightgown el camisón
noise el ruido
nominated nominado/a
north el norte
nose la nariz
not any, none ninguno/a
not even ni siquiera
to not get along llevarse mal
notable, noteworthy notable; notably
  notablemente
note, grade la nota
notebook el cuaderno
noun el sustantivo
novel la novela
novelist el/la novelista
now ahora
now and then otra vez [S.L.30]
nowadays hoy en día
number el número
nurse el/la enfermero/a
nutrition la nutrición

O

objective el objetivo, fin de
to obtain, get obtener (g, ie)
of, from de
of course desde luego, ¡Cómo no!,
  ¡Claro!
of the del (contraction of de + el)
offer la oferta, ofrecer (zc)
office la oficina
oil el aceite
old mayor, viejo/a; oldest el/la
  mayor
olive la aceituna, oliva: de oliva
on top encima
on, above sobre
once una vez
one adj. solo/a [S.L.31]
onion la cebolla
only adv. sólo
only child hijo/a único/a
open-air market el mercado al aire
  libre
opening la vacante
operate operar

operation la operación
opinion la opinión
opportunity la oportunidad
opposite, contrary contrario/a
optimistic adj. optimista
optional optativo/a
orange la naranja
orchestra la orquesta
order el orden; law and order el
  orden público; order, command la
  orden, el mandato
organizer el/la organizador/a
orthography la ortografía
of Otavalo, Ecuador otavaleño/a
other, another otro/a; again
  otra vez
ought to, should deber
our nuestro/a(s)
outdoors al aire libre
outskirts las afueras
outstanding, distinguished destacado/a
over there allá
own propio/a
oxygen oxígeno

P

P.O. box el apartado postal (de
  correos)
pacemaker el marcapasos
package el paquete
page la página
painted pintado/a
painter el pintor, el/la pintor/a
painting la pintura
pair el par; without equal sin par
pajama el/la piyama
palace el palacio
panic el pánico
pants los pantalones
pantsuit el traje pantalón
pantyhose las pantimedias
papaya la papaya
paper el papel; switch roles
  cambiar de papel; play the part
  hacer el papel
parachute el paracaídas
parade el desfile
paragraph el párrafo
Paraguayan paraguayo/a
parents los padres
park el parque
part el repuesto
participant el/la participante;
  participate participar; participation
  la participación
partner, classmate el/la compañero/a
party la fiesta
passenger el/la pasajero/a

passive   pasivo/a
passport   el pasaporte
pastime   el pasatiempo
pastry shop   la pastelería
patient   n. el/la paciente
to pay   pagar
payment   el pago
pea   la arveja
pear   la pera
peasant   el/la campesino/a
pencil   el lápiz
peninsula   la península
penning (of bulls)   el encierro (de los toros)
people   la gente
pepper   la pimienta, el ají
percentage   el porcentaje
perfectionist   perfeccionista
to permit, allow   permitir
[S.L.32]perspective   la perspectiva
Peruvian   peruano/a
pessimist   pesimista
petroleum, oil   el petróleo
pharmacist   el/la farmacéutico/a
phase   la fase
philosophy   la filosofía
phobia   la fobia
photo   la foto (grafía)
photocopier   la fotocopiadora
phrase   la frase
physically   físicamente
physics   la física
physiotherapist   el/la fisioterapista
pianist   el/la pianista
to pick up   recoger (j)
picture   el cuadro
pie, cake   el pastel
piece, object   la pieza
pigeonhole   el casillero
pill   la pastilla
pillow   la almohada
pilot   el/la piloto; to pilot, fly pilotear
pin   el alfiler
pineapple   la piña
pizza place   la pizzería
place   el lugar; to take place tener lugar
plaid   de cuadros
to plan   planear; plan + verb pensar + inf.
plan, level   el plano/a
plane   el avión
planet   el planeta
plastic   plástico/a
plates   la placa
play (an instrument)   tocar (un instrumento)
play (game, sport)   jugar (ue)
player   el/la jugador/a

plea   el ruego, la súplica
pleased/nice meet you   mucho gusto
pleasure   el placer
plumber   el/la plomero/a
poem   el poema
poet   el/la poeta
pole   el polo
polemic   la polémica
policeman, policewoman   el policía/la (mujer) policía
political science   las ciencias políticas
politician, political (adj.) el/la político/a
politics   la política
polka-dotted   de lunares
polluted, contaminated contaminado/a
polyester   el poliéster
poor   pobre
popular   popular; popularity popularidad
population   la población
pork   el cerdo
portable   portátil
portion   la porción
Portuguese   portugués/a
position   el puesto
positive   positivo/a
post card   la tarjeta postal
potato   la papa
pottery [S.L.33]filled with candies   la piñata
poultry, foul   las aves
pound   la libra
to practice   practicar; practice, practical adj. la práctica
precious, beautiful   precioso/a
precise time   hora americana/inglesa
precisely   precisamente
precision   la precisión
to prefer   preferir (ie)
pregnant   embarazada
preparation   el preparativo, la preparación
to prepare   preparar
to prescribe   recetar
present time   la actualidad
present, current   actual; present, here presente
present, gift   el regalo
preservation   la conservación
to press   apretar (ie)
pressure   la tensión (arterial)
pretty   bonito/a
price   el precio
prince   el príncipe
private   privado/a
probably   probablemente

problem   el problema
procession   la procesión
productivity   la productividad
professor   el/la profesor/a
profile   el perfil
to program   programar; program el programa,
to prohibit, forbid   prohibir
prohibition   la prohibición
promise   la promesa
pronoun   el pronombre
protection   la protección
province   la provincia
psychiatrist   el/la psiquiatra
psychologist   el/la (p)sicólogo/a
psychology   la (p)sicología
public   público/a
Puerto Rican   puertorriqueño/a
punctual   puntual
punctuation   la puntuación
purse   la bolsa
to put to bed   acostar (ue); put on makeup maquillar(se); put on ponerse; put, turn on poner (g)

Q

quack doctor   el/la curandero/a
quality   la calidad
quantity, amount   la cantidad
quarter   cuarto
question   la pregunta
quiet   callado/a

R

racket   la raqueta
radiator   el radiador
radio   el/la radio
radio announcer   el/la locutor/a
rail   el riel
rain   la lluvia, llover (ue)
raincoat   el impermeable, la gabardina
rain forest   el bosque tropical
to raise   levantar
raisin   la pasa
Ramadan   el ramadán
rate, interest   la tasa
raw fish dish   el ceviche
to read   leer
ready   dispuesto/a
really   realmente
rearview mirror   el espejo retrovisor
reason   la razón

rebellious   rebelde
receipt   el recibo
recently   *adv.* recién
reception   la recepción; **receptionist**
   el/la recepcionista
recess   el receso
recipe, prescription   la receta
to recommend   recomendar
recycle   reciclar
redhead   pelirrojo/a
to refer   referir(se) (ie, i)
reference   la referencia
refrigerator   el refrigerador
region   la región
relationship   la relación
relatives   los parientes
released   liberado/a
religious   *adj.* religioso/a
remedy   el remedio
to remember   recordar (ue)
to rent   alquilar, el alquiler
reparation, repair   la reparación
reporter   el/la reportero/a
to represent   representar;
   representative el/la
   representante
reproduction   la reproducción
reserve   la reserva
reserved   reservado/a
resident   el/la residente
resource   el recurso
to respect   respetar
responsible   responsable
to rest   descansar; **rest** el descanso, el
   reposo, el resto
restless   inquieto/a
result, outcome   el resultado
résumé   el currículum
to return   volver (ue)
revision, inspection   la revisión
rib   la costilla
rice   el arroz
rich, wealthy   rico/a
to ride   montar; **ride a bicycle**
   montar en bicicleta **right (legal)** el
   derecho, **(direction)** la derecha;
   Right? ¿Verdad?
ring   el anillo
risk, danger   el riesgo
river basin   la cuenca
road, way   el camino
robe   la bata
robot   el robot
rock   la roca
rocket   el cohete
roof   el techo
room   la habitación
round trip   de ida y vuelta
ruins   las ruinas
to run   correr

S

to take photos   sacar (qu) fotos
sad   triste
safe and sound   sano/a y salvo/a
safe box   la caja fuerte
safety, security   la seguridad
salad   la ensalada
salad dressing   el aderezo
salary   el sueldo
sale   la rebaja
sales   las ventas
salesman, saleswoman   el/la
   vendedor/a
salesperson   el/la dependiente/a
salt   la sal
Salvadoran   salvadoreño/a
salvation   la salvación
same   *adj.* igual; **same thing** lo
   mismo; **like, same as** al igual que
sample   la muestra
sand   la arena
sandal   la sandalia
sandy   arenoso/a
to save   ahorrar
sawdust   el aserrín
to say, tell   decir (g, i)
scarf   la bufanda
scene   la escena
schedule   el horario
school   *n.* la escuela, *adj.* escolar
sciences   ciencias
scientist   el/la científico/a
sculptor   el/la escultor/a
sea   el mar
seat   el asiento
seaweed   el alga
second   segundo/a
secondary   secundario/a
section   la sección
sedentary   sedentario/a
to see   ver
seed   la pepa, la semilla
to seem   parecer (zc)
selection   la selección
to sell   vender
senator   el/la senador/a
to send   enviar, mandar
sentence   la oración
sentimental   sentimental
separation   la separación
series   la serie
serious   serio/a
seriousness   la gravedad
to serve   servir (i)
to set the table   poner la mesa
set, group,   el conjunto; **joint** *adj.*
   conjunto
severe, serious   severo/a
sex   el sexo

sharp   en punto
to shave   afeitar(se)
she   ella
sheet   la sábana
shellfish   los mariscos
ship/boat   el barco
shirt   la camisa
shoe   el zapato
shop window   el escaparate
shopping center   el centro comercial
short (in length)   corto/a; **short (in**
   stature) bajo/a
short course of studies   el cursillo
shorts   los pantalones cortos
shoulder   el hombro
to show   mostrar (ue); **show** el
   espectáculo
shower   la ducha
shrimp   el camarón; **shrimp (in Spain)**
   la gamba
sick   *adj.* enfermo/a
sign   el letrero
signal   la señal
signature   la firma
silk   la seda
silly, foolish   tonto/a
silver   la plata
similar   semejante
similarity   la semejanza
simply   simplemente
simultaneously   simultáneamente
since   desde, ya que
sincere   sincero/a
to sing   cantar
singer   el/la cantante
single   soltero/a
siren   la sirena
sister   la hermana
to sit down   sentar(se) (ie)
situation, location   la situación
size   el tamaño, la talla
to skate   patinar
to ski   esquiar
skiing, ski   el esquí
skin   la piel
skirt   la falda
sky   el cielo
to sleep   dormir (ue)
sleeping pill   el somnífero
slipper   la zapatilla
slope   el médano, la bajada
slope, court, track   la pista
slowly   despacio
small meat pie   la empanada; **typical**
   Bolivian meat pies empanadas
   salteñas
[S.L.34]small   pequeño/a
smart, ready   listo/a
to smoke   fumar
to sneeze   estornudar

to snow   nevar (ie); snow   la nieve
soap   el jabón
soap opera   la telenovela
soccer   el fútbol
society   la sociedad
sociology   la sociología
sock   el calcetín
soda   el refresco
sodium   el sodio
sofa   el sofá
soft   suave
solid color   de color entero
solution   la solución
to solve   resolver (ue)
something   algo
son   el hijo
song   la canción
sorrounding   el entorno
soup   la sopa
sour   agrio/a
south   el sur
southeast   el sureste
southwest   suroeste
space   el espacio, adj. espacial
spaceship   la nave espacial
space shuttle   el transbordador
    espacial
spacious   espacioso/a
Spanish   el español, adj. español/a
Spanish American   adj. criollo/a
Spanish speaker   el/la
    hispanohablante
sparrow   la golondrina
to speak   hablar
special   especial; especially   en
    especial
specialty   la especialidad
species   la especie
specific   determinado/a
to specify, point out   especificar (qu)
spectator   el/la espectador/a
speed   la velocidad
to spend   gastar
spice   la especia
spinach   las espinacas
spirit, disposition   el espíritu
spoon   la cuchara
spoon(full)   la cucharada
sport   adj. deportivo/a
sportsman/woman   el/la deportista
square   cuadrado/a
stadium   el estadio
stage   la etapa
stamp   el sello
to stand in line   hacer cola
standard   estándar [S.L.35]
state, condition   el estado
statistic   la estadística
steak   el bistec
steering wheel   el volante

to step on   pisar
stepfather   el padrastro
stepmother   la madrastra
stereo   el estéreo
still, yet   aún, todavía
stockings, socks   las medias
stomach   el estómago
stone   la piedra
to stop   detener (g, ie)
stopping point   la escala
store   la tienda
story   el cuento
stove   la estufa
strategy   la estrategia
strawberry   la fresa
street   la calle
stress   el estrés
to stretch   estirar
striped   de rayas
strong   fuerte
structure   la estructura
student   el/la alumno/a, el/la
    estudiante, adj. estudiantil
student's desk   el pupitre
studious   estudioso/a
to study   estudiar; study, studying   el
    estudio
style   el estilo
subway, meter   el metro
suddenly   de repente
sugar   el/la azúcar
suggestion   la sugerencia
suit   el traje
suitcase   la maleta
summary   el resumen; to summarize
    en resumen
summit, top   la cima
sun   el sol
to sunbathe   tomar el sol
sunglasses   las gafas de sol
supermarket   el supermercado
superstore   la megatienda
support   el apoyo
surfer   el/la surfista
surgeon   el/la cirujano/a
to surpass, overcome   superar
sweater   el suéter
sweep   barrer
to swim   nadar; swimming   la
    natación
swimming pool   la piscina
symbol   el símbolo; to symbolize
    simbolizar
symptom   el síntoma

T

table   la mesa
tablecloth   el mantel

to take a bath, bathe   bañar(se);
    take a nap   dormir la siesta;
    take a walk, stroll   pasear;
    take advantage   aprovechar;
    take away, remove   quitar; take
    care of   cuidar(se); take notes
    tomar apuntes; take notes
    tomar notas; take off   despegar,
    quitar(se); take, drink   tomar
talent   el talento
to talk, converse   conversar; talkative
    conversador/a
tall   alto/a
tape recorder, cassette player   la
    grabadora
tax   el impuesto
team   el equipo
to tear   romper
teaspoon   la cucharadita, la
    cucharita
technical   adj. el/la técnico/a;
    technician   el/la técnico/a
technique   la técnica
technology   la tecnología
telepathy   la telepatía
telephone   el teléfono, el teléfono, adj.
    telefónico/a
television set   el televisor
to tell, count   contar (ue)
temperament   el temperamento
tennis   el tenis
tennis player   el/la tenista
terrace   la terraza
territory   el territorio
to terrorize   aterrorizar (c)
test, examination   el examen
that   (adj.) ese/a, que
thaw   el deshielo
the (contraction of a + el)   al;
    the   lo; the important thing   lo
    importante; [S.L.36] [S.L.37]
    [S.L.38]
[S.L.39]theater   el teatro
then   entonces; then, after
    luego
there   ahí, allí
there is, there are   hay; there was,
    there were   había
thermometer   el termómetro
they   ellos/ellas; they, you (plural) are
    son
thin   delgado/a
thing   la cosa
to think   pensar (ie)
this   este/a, esto
this way   así
threaten, menace   amenazar (c)
throat   la garganta
through   a través de
throw   lanzar (c)

ticket, passage el billete, el boleto/ pasaje; **ticket for admission** la entrada
tidy ordenado/a
to tidy up ordenar
tie la corbata
tile el azulejo
time el rato, el tiempo; **free time** tiempo libre
timid tímido/a
tire la llanta
tired cansado/a
title el título
toast la tostada
today hoy
together juntos/as
toilet el inodoro
tolerant tolerante
tomato el tomate
tomato sauce la salsa de tomate
tomorrow mañana
tooth el diente
torture la tortura
to touch tocar
tourist *adj.* turístico/a
tournament el torneo
toward, near hacia
towel la toalla
town el pueblo
toy el juguete
tradition la tradición; **traditional** tradicional
traffic el tráfico
train el tren
training el entrenamiento
tranquilizer tranquilizante
to translate traducir (zc)
transparent transparente
transportation el transporte
to travel viajar; **travel agency** la agencia de viajes; **travel agent** el/la agente de viajes; **traveler's check** el cheque de viajero
tray la bandeja
tree el árbol
trophy el trofeo
tropical tropical
truck el camión
true, certain *adv.* cierto
trunk el maletero
trust la confianza
trustworthy fiable
to try on probarse (ue)
T-shirt la camiseta
tub la bañadera
tunic la túnica
tunnel el túnel
turkey el guajolote, el pavo
turn, shift el turno
twin gemelo/a

to twist torcer(se) (ue)
type el género; **type, style, kind** el tipo
type of soup el ajiaco
typical típico/a, típico/a; **typical Catalonian dance** la sardana; **typical Chilean music** la cueca; **typical Colombian music** el vallenato; **typical music of the Dominican Republic** el merengue; **typical Panamanian dress** la pollera; **typical Peruvian music** la marinera; **typical Venezuelan music** el joropo

U

[S.L.40]U
ugly feo/a
ulcer la úlcera
umbrella el paraguas
umpire, referee el árbitro
uncle el tío
undecided indeciso/a
under debajo (de)
to understand entender (ie)
unemployed desempleado/a
unexpected inesperado
unfinished inconcluso/a
uniform el uniforme
union la unión
united unido/a
unity la unidad
university la universidad, *adj.* universitario/a
unknown desconocido/a
unpleasant antipático/a
urban urbano/a
urgent urgente; **urgently** urgentemente
Uruguayan uruguayo/a
to use usar
used to, accustomed acostumbrado/a

V

vacation las vacaciones
to vacuum pasar la aspiradora; **vacuum cleaner** la aspiradora
valley el valle
valuable valioso/a
value, price el valor
vanilla la vainilla
variable, changeable variable
variant la variante
various, several varios/as
VCR la videocasetera

vegetable el vegetal, la verdura
vegetation la vegetación
vein la vena
Venezuelan venezolano/a
verb el verbo
to verify verificar (qu)
versatile versátil
victory el triunfo
video el video
view la vista
vinegar el vinagre
vineyard el viñedo
violence la violencia
violinist el/la violinista
virgin la virgen
virtual virtual
visa la visa
to visit visitar
vitality la vitalidad
vitamin la vitamina
vocabulary el vocabulario
voice la voz
volleyball el voleibol
volunteer el/la voluntario/a
to vote votar

W

waist la cintura
to wait for, hope, expect esperar
waiter/waitress el/la camarero/a
waiting list la lista de espera
to wake up despertar(se) (ie)
to walk caminar; **walk** el paseo, la caminata
walker el/la caminante
wallet la billetera
to want querer (ie)
warming el calentamiento
to wash (oneself) lavar(se)
washbowl, bathroom sink el lavabo
washer la lavadora
wastepaper basket el cesto
to water regar (ie); **water** el agua, *adj.* acuático/a
wave la ola
way la manera, por cierto
we nosotros/nosotras
weak débil
wealth la riqueza
to wear, take llevar
to wear a costume disfrazarse
weaving el tejido
[S.L.41]wedding la boda
week la semana
weekend el fin de semana
weight el peso
well *(interj.)* pues
what, that which lo que

What a pity! ¡Qué lástima!, ¡Qué pena!

What is he/she/it like? ¿Cómo es?

What's the weather like? ¿Qué tiempo hace?

What's wrong (with you)? ¿Qué te/le(s) pasa?

What's your name? (familiar) ¿Cómo te llamas?

What's your name? (formal) ¿Cómo se llama usted?

wheat el trigo

wheel la rueda

when *adv.* cuando

where (*interrog.*) dónde

Where (to)? ¿Adónde?

Where is . . . ? ¿Dónde está...?

whether ya sea

while mientras

Who is . . . ? ¿Quién es...?

whose? ¿de quién?

wide ancho/a

widow la viuda

widower el viudo

wife la esposa

will, will power la voluntad

to win ganar

wind el viento

window la ventana, la ventanilla

windshield el parabrisas

windshield wiper el limpiaparabrisas

wine el vino; **red wine** el vino tinto

winner el/la ganador/a

to wish, want desear

with con; **with me** conmigo; **with you (familiar)** contigo

without sin

wood la madera

wool la lana

word la palabra

to work trabajar; **work** la obra; **play** obra de teatro

worker el/la obrero/a

World Wide Web la red

worldwide mundial

to worry preocupar(se)

worse, worst peor

wrist la muñeca

to write escribir

writer el/la escritor/a

Y

year el año

yes sí

yogurt el yogur

you (familiar) tú; **you (formal)** usted; **you (plural)** ustedes; **you, him, it** lo; [S.L.42] [S.L.43] **you are (familiar)** eres, estás; **you are (formal), he/she is** es

young joven; **young man/woman** el/la joven; **youngest** el/la menor

your (familiar) tu

yours, his, hers, theirs suyo(-a, -os, -as)

CREDITS

TEXT CREDITS

p. 48: "Un buen repaso a la Universidad de Salamanca" reprinted with permission from Alberto López Nájera; **p. 79:** ® All Rights Reserved by World Editors, Inc.; **p. 457:** "El cielo puede esperar" from Quo magazine N° 8. Reprinted with permission from Quo—H F Revistas; **pp. 489–490:** El Etnógrafo by Jorge Luis Borges. *Elogio de la sombra,* 1969. © 1969 by Jorge Louis Borges. Reprinted with the permission of the Wylie Agency Inc.; **p. 505:** "En las altas esferas" by Socorro Ramirez. *FemPress.* Reprinted with permission; **p. 506:** La mitad de los espanoles que viajan, mantienen o han tenido algun contacto con la red. *El Pais,* Sept. 7, 2004. Reprinted with permission from Agencia EFE, todos los derechos reservados; **p. 537:** Mafalda comic strip, reprinted by permission of Joaquin S. Lavado, Quino, toda Mafalda, Ediciones de la Flor, 1997; **p. 550:** "Apocalipsis" © Denevi, Marco, *Falsificaciones,* Buenos Aires, Corregidor, 1999. Used with permission.

PHOTO CREDITS

p. 2 © Robert Frerck/Odyssey/Chicago; p. 5 (top) Ian O'Leary; p. 5 (center) Copyright © 2004 by Robert Frerck and Odyssey Productions, Inc.; p. 6 (top) Pearson Learning Photo Studio; p. 22 © Robert Frerck/ Odyssey/Chicago; p. 24 (top) Robert Frerck; p. 24 (center) © Robert Fried/robertfriedphotography.com; p. 28 Robert Frerck; p. 51 (top) © Robert Frerck/Odyssey/Chicago; p. 51 (center) Jeremy Horner; p. 51 (bottom) Peter Menzel Photograpy; p. 52 (top) John Morrison; p. 52 (center) Charles Graham; p. 52 (bottom right) Stockbyte; p. 52 (bottom left) D. Donne Bryant Stock Photography; p. 53 (top) John Wood; p. 53 (center left) Pearson Education Corporate Digital Archive; p. 53 (bottom right) Joanna B. Pinneo; p. 58 AP Wide World Photo; p. 60 (top right) © Jimmy Dorantes/latinfocus.com; p. 60 (bottom right) Peter Menzel Photography; p. 61 (top) EyeWire Collection; p. 65 (top left) Photolibrary.com; p. 65 (top mid left) Ryan McVay; p. 65 (top mid-right) Chabruken; p. 65 (top right) Stockbyte; p. 79 (center left) © World Editors®; p. 79 (center right) World Editors®; p. 85 (center left) Robert Brenner; p. 85 (mid-center) Tony Freeman; p. 85 (bottom) Getty Images, Inc.; p. 86 (top) Andrea Booher; p. 86 (center) John Neubauer; p. 86 (bottom) Jeff Greenberg; p. 87 Angelo Cavalli; p. 92 Tony Freeman; p. 94 (top right) SuperStock, Inc.; p. 94 (center) Nik Wheeler; p. 94 (bottom) Robert Frerck; p. 95 © Bob Daemmrich/PhotoEdit; p. 98 (center left) © latinfocus.com; p. 98 (center right) © latinfocus.com; p. 98 (bottom) Ian O'Leary © Dorling Kindersley; p. 101 Kevin Schafer; p. 116 Bill Pogue; p. 121 (top right) Myrleen Ferguson Cate; p. 121 (center right) Russell Nicolas; p. 121 (bottom right) Reuters/Silva Izquierdo; p. 122 (bottom left) Robert Frerck; p. 123 (top right) William Albert Allard/NGS Image Collection; p. 123 (top left) Ernesto Rios; p. 128 Myrleen Ferguson; p. 130 (top right) N. Frank; p. 130 (center) K. McGlynn; p. 152 Mary Kate Denny; p. 153 Bruce Ayres; p. 157 (top right) Tony Freeman; p. 157 (center left) Robert Harbison; p. 157 (center) Tony Freeman; p. 157 (bottom right) Rachel

Epstein; p. 158 (bottom left) A.G.E. FotoStock; p. 159 (top right) Peter Menzel; p. 159 (top left) David Ashby © Dorling Kindersley; p. 164 Anna Elias; p. 166 (top) © Chip and Rosa Maria de la Cueva Peterson; p. 197 (top left) Mahaux Photography; p. 197 (top right) Philippe Colombi; p. 197 (center) Bob Daemmrich Photography, Inc.; p. 197 (bottom right) Rob Lewine; p. 198 (bottom left) Nik Wheeler; p. 199 (top left) Rob Crandall; p. 199 (top right) NGS Image Collection; p. 204 © David Allen/Corbis; p. 209 (top) Ulrike Welsch; p. 235 (top right) Rob Crandall; p. 235 (center left) Beryl Goldberg; p. 235 (bottom right) Juan Silva; p. 236 (bottom right) Rob Crandall; p. 236 (bottom left) A.G.E. FotoStock; p. 237 (top left) Yann Arthus-Betrand; p. 237 (top right) Syndicated Features/Topham Picture Point; p. 242 A.G.E. FotoStock; p. 244 (top right) Marcos Brindicci/Reuters; p. 244 (center) Bill Bachmann; p. 244 (bottom right) Reuters/ Sam Mircovich; p. 269 (top left) Carl Schneider; p. 269 (top right) David Young-Wolff; p. 269 (center left) Tony Freeman; p. 269 (center right) Carrie Beecroft; p. 271 L. Mangino; p. 273 (top) Claudia Daut/Reuters; p. 273 (center left) Chad Ehlers; p. 273 (center) © latinfocus.com; p. 273 (bottom) © Ricardo Barbato/latinfocus.com; p. 274 (center right) Daniel Rivademar; p. 274 (center left) © Russell Gordon/Odyssey/Chicago; p. 275 (top left) José Fuste Raga; p. 275 (top center) George Haling; p. 275 (top right) Mula–Eshet; p. 275 (center right) © Wolfgang Kaehler www.wkaehlerphoto.com; p. 280 A. Ramey; p. 282 (top right) Owen Franken; p. 282 (center) © Robert Frerck/Odyssey/Chicago; p. 282 (bottom right) Joe Viesti; p. 283 (top) Jeremy Horner; p. 283 (center left) © Robert Frerck/Odyssey/Chicago; p. 283 (bottom) Larry Mangino; p. 287 (top) Pascal Le Segretain; p. 306 (top left) © Robert Frerck/Odyssey/Chicago; p. 306 (center right) Charles Lenars; p. 306 (bottom left) Terrance Klassen; p. 311 (top) Garry Adams; p. 311 (top left) AP Wide World Photos; p. 311 (center) Nik Wheeler; p. 311 (bottom right) Copyright © 2004 by Robert Frerck and Odyssey Productions, Inc.; p. 312 (center left) David R. Frazier; p. 312 (center right) Ken Welsh; p. 312 (bottom left) Will & Deni McIntyre; p. 313 (center left) Betrahd Demee; p. 313 (top left) Steve Vidler; p. 313 (top right) Patricia Jordan; p. 313 (bottom) © Robert Frerck/Odyssey/Chicago; p. 318 Kaluzny/Thatcher; p. 320 (top left) Michael Newman; p. 320 (top right) Courtesy of Carmen Gonzalez; p. 320 (bottom) Ed Lallo; p. 321 (top left) © Robert Frerck/Odyssey/ Chicago; p. 321 (top right) Bob Daemmrich; p. 321 (center left) Rob Crandall; p. 321 (center right) Elena Rooraid; p 325 (center) José L. Palaez; p. 345 Gordon, Larry Dale; p. 349 (top right) Tony Freeman; p. 349 (top left) Tony Freeman; p. 349 (top center) Lawrence Migdale; p. 349 (bottom right) Mark Harvey; p. 350 (bottom left) AP Wide World Photos; p. 350 (bottom right) © Fernando Pastene/latinfocus.com; p. 351 (top right) Lea; p. 351 (top left) Walter Bibikow; p. 356 Charles Sleicher; p. 362 (top) © Robert Frerck/Odyssey/Chicago; p. 362 (center right) © Robert Frerck/Odyssey/Chicago; p. 362 (bottom left) Jeremy Horner; p. 362 (bottom

right) Englebert Photography, Inc.; p. 379 Jenny Mills; p. 385 (top right) Bill Cardoni; p. 385 (top left) © Robert Frerck/Odyssey/ Chicago; p. 385 (bottom right) © Jeremy Horner/Corbis; p. 386 (bottom right) Aldo Brando; p. 387 (top left) © Hubert Stadler/ Corbis; p. 387 (top right) © Ken Laffal; p. 387 (center right) Jeremy Horner; p. 392 José L. Pelaez; p. 398 (bottom) Amy Etra; p. 399 (top) Paul Smith; p. 399 (center) David R. Frazier; p. 417 AP Wide World Photos; p. 423 (top right) AP Wide World Photos; p. 423 (center left) Beryl Goldberg; p. 423 (bottom right) Adalberto Rios; p. 423 (center right) AP Wide World Photos; p. 424 (bottom center) José Fuste Raga; p. 424 (bottom right) Angelo Cavalli; p. 424 (bottom left) Joe Viesti; p. 425 (top left) © Tom Bean/Corbis; p. 425 (top right) Joe Viesti; p. 425 (center right) Kevin O'Hara; p. 430 Tom McCarthy; p. 432 (top) Claudia Dhimitri; p. 432 (center) John F. Mason; p. 432 (bottom) Michele Burgess; p. 461 (top right) David Young-Wolff; p. 461 (top left) Mary Altier; p. 461 (bottom left) Pedro Coll; p. 461 (bottom right) © Steve Starr/Corbis; p. 462 (bottom left) Ken Welsh; p. 462 (bottom center) Sarah Stone; p. 462 (bottom right) J.G. Fuller; p. 463 (top right) Wolfgang Kaehler; p. 463 (top left) HIRB; p. 463 (center right) Ken Gillham; p. 468 © José Fuste Raga/Corbis; p. 470 (top left) Peter Jordan; p. 470 (center right) Vincent West/Reuters; p. 470 (bottom left) Lalo Yasky; p. 471 (top left) Marcos Brindicci; p. 471 (top right) J.C. Francolon; p. 472 (top) Index/ Bridgemen Art Library; p. 472 (center) © Francis G. Mayer/Corbis. All rights reserved; p. 472 (bottom) Terry Vine; p. 489 Christopher R. DeCorse; p. 492 Daniel Aguilar/ Reuters; p. 495 (top) Frida Kahlo. The Frame, Self-Portrait, (ca. 1937–38). Oil on aluminum, under glass and painted wood, 28.5 × 20.5 cm. © 2003 Banco de Mexico Diego Rivera & Frida Kahlo Museums Trust. Av. Cinco de Mayo No. 2, Col. Centro, Del. Cuauhtemoc 06059, Mexico; p. 495 (mid-center) Sergio Larrain; p. 495 (center left) © Bettmann/ Corbis; p. 495 (center right) Steve Sands/New York Newswire; p. 500 Marc Pokempner; p. 505 (top) David R. Frazier; p. 520 Javier Soriano/AFP; p. 524 Neil Beer; p. 527 (top) AP Wide World Photos; p. 527 (bottom left) Ian Dryden; p. 527 (bottom right) A. Schommer; p. 532 Nick Souza/latinfocus.com; p. 535 Kevin Horan; p. 538 (top center) NASA; p. 538 (top right) NASA/Johnson Space Center; p. 553 (top) Michael Newman; p. 553 (bottom left) Danny Lehman; p. 553 (center left) Organization of American States; p. 553 (bottom right) Victor Englebert; p. 554 (top left) Tony Morrison; p. 554 (top right) © Russell Gordon/Odyssey/Chicago; p. 554 (bottom left) Bill Gleasner

Cover image

Antonio Gaudi y Cornet. Mosaics in Park Guell, Barcelona. Mosaics made from ceramic pieces set into concrete stand by the stairway in Gaudi's Park Guell, Barcelona, Spain. Date created: 1900–1914. Photographer: Charles Lenars.

D.F. Reproduction authorized by the Instituto Nacional de Bellas Artes y Literatura.CNAC/MNAM/Dist. Reunion des Musees Nationaux/Art Resource, NY

INDEX OF LANGUAGE FUNCTIONS

INDEX

Mar Caribe

OCÉANO ATLÁNTICO

Barranquilla
Cartagena
Maracaibo
Caracas
Barquisimeto
Río Orinoco
VENEZUELA
Medellín
CORDILLERA DE LOS ANDES
Manizales
Bogotá
Cali
COLOMBIA
Salto Ángel
GUYANA
Georgetown
Paramaribo
SURINAM
Cayenne
GUAYANA FRANCESA (Francia)

Quito
ECUADOR
Ecuador
Guayaquil
Cuenca
Iquitos
Manaus
Río Amazonas
Belém
Islas Galápagos (Ec.)
Fortaleza

Cajamarca
Río Madeira
Trujillo
PERÚ
Río Branco
B R A S I L
Recife

Lima
Machu Picchu
Ayacucho
Cuzco
Salvador

OCÉANO PACÍFICO
I. Pinta
I. Marchena
I. Fernandina
I. San Salvador
Santa Cruz
I. Santa Cruz
I. Isabela
Puerto Ayora
I. San Cristóbal
Puerto Villamil
Puerto Baquerizo Moreno
ISLAS GALÁPAGOS (ECUADOR)

Arequipa
Lago Titicaca
BOLIVIA
La Paz
Brasília
Cochabamba
Santa Cruz
Arica
Sucre
Belo Horizonte
Iquique
Potosí
PARAGUAY
Río de Janeiro
Antofagasta
São Paulo
Santos
Trópico de Capricornio

OCÉANO PACÍFICO
Cabo Norte
Volcán Katiki
Hanga Roa
Cabo Cumming
Mataveri
ISLA de PASCUA (CHILE)

Salta
Asunción
Salto Iguazú
San Miguel de Tucumán
CHILE
Desierto de Atacama
ARGENTINA
Pôrto Alegre
Coquimbo
Córdoba
Río Paraná
Río Uruguay
Rivera
Valparaíso
Mendoza
Rosario
URUGUAY
Santiago
Buenos Aires
Montevideo
La Plata
CORDILLERA DE LOS ANDES
Río de la Plata
OCÉANO ATLÁNTICO
Concepción
Bahía Blanca

Puerto Montt

OCÉANO PACÍFICO

Estrecho de Magallanes
Islas Malvinas (Br.)
Punta Arenas
TIERRA DEL FUEGO
Cabo de Hornos

América del Sur